当代齐鲁文库·山东社会科学院文库
THE LIBRARY OF CONTEMPORARY SHANDONG SELECTED WORKS OF SHANDONG ACADEMY OF SOCIAL SCIENCES

山东社会科学院 编纂

科学社会主义通论（卷一）

宋士昌 主编

中国社会科学出版社

图书在版编目(CIP)数据

科学社会主义通论：全4册 / 宋士昌主编. —北京：中国社会科学出版社，2016.12
ISBN 978-7-5161-8689-3

Ⅰ.①科… Ⅱ.①宋… Ⅲ.①科学社会主义理论 Ⅳ.①D0-0

中国版本图书馆 CIP 数据核字（2016）第 182748 号

出 版 人	赵剑英
责任编辑	冯春凤
责任校对	张爱华
责任印制	张雪娇
出　　版	中国社会科学出版社
社　　址	北京鼓楼西大街甲 158 号
邮　　编	100720
网　　址	http://www.csspw.cn
发 行 部	010-84083685
门 市 部	010-84029450
经　　销	新华书店及其他书店
印刷装订	环球东方（北京）印务有限公司
版　　次	2016 年 12 月第 1 版
印　　次	2016 年 12 月第 1 次印刷
开　　本	710×1000 1/16
印　　张	156
插　　页	2
字　　数	2556 千字
定　　价	640.00 元（全 4 册）

凡购买中国社会科学出版社图书，如有质量问题请与本社营销中心联系调换
电话：010-84083683
版权所有　侵权必究

《山东社会科学院文库》
编委会

主　　任	唐洲雁　张述存
副 主 任	王希军　刘贤明　王兴国（常务） 姚东方　王志东　袁红英
委　　员	（按姓氏笔画排序） 王　波　王晓明　刘良海　孙聚友 李广杰　李述森　李善峰　张卫国 张　文　张凤莲　张清津　杨金卫 侯小伏　郝立忠　涂可国　崔树义 谢桂山
执行编辑	周德禄　吴　刚

《山东社会科学院文库》
出版说明

党的十八大以来，以习近平同志为核心的党中央，从推动科学民主依法决策、推进国家治理体系和治理能力现代化、增强国家软实力的战略高度，对中国智库发展进行顶层设计，为中国特色新型智库建设提供了重要指导和基本遵循。2014年11月，中办、国办印发《关于加强中国特色新型智库建设的意见》，标志着我国新型智库建设进入了加快发展的新阶段。2015年2月，在中共山东省委、山东省人民政府的正确领导和大力支持下，山东社会科学院认真学习借鉴中国社会科学院改革的经验，大胆探索实施"社会科学创新工程"，在科研体制机制、人事管理、科研经费管理等方面大胆改革创新，相继实施了一系列重大创新措施，为建设山东特色新型智库勇探新路，并取得了明显成效，成为全国社科院系统率先全面实施哲学社会科学创新工程的地方社科院。2016年5月，习近平总书记在哲学社会科学工作座谈会上发表重要讲话。讲话深刻阐明哲学社会科学的历史地位和时代价值，突出强调坚持马克思主义在我国哲学社会科学领域的指导地位，对加快构建中国特色哲学社会科学作出重大部署，是新形势下繁荣发展我国哲学社会科学事业的纲领性文献。山东社会科学院以深入学习贯彻习近平总书记在哲学社会科学工作座谈会上的重要讲话精神为契机，继续大力推进哲学社会科学创新工程，努力建设马克思主义研究宣传的"思想理论高地"，省委、省政府的重要"思想库"和"智囊团"，山东省哲学社会科学的高端学术殿堂，山东省情综合数据库和研究评价中心，服务经济文化强省建设的创新型团队，为繁荣发展哲学社会科学、建设山东特色新型智库，努力做出更大的贡献。

《山东社会科学院文库》（以下简称《文库》）是山东社会科学院"创

新工程"重大项目，是山东社会科学院着力打造的《当代齐鲁文库》的重要组成部分。该《文库》收录的是我院建院以来荣获山东省优秀社会科学成果一等奖及以上的科研成果。第二批出版的《文库》收录了丁少敏、王志东、卢新德、乔力、刘大可、曲永义、孙祚民、庄维民、许锦英、宋士昌、张卫国、李少群、张华、秦庆武、韩民青、程湘清、路遇等全国知名专家的研究专著18部，获奖文集1部。这些成果涉猎科学社会主义、文学、历史、哲学、经济学、人口学等领域，以马克思主义世界观、方法论为指导，深入研究哲学社会科学领域的基础理论问题，积极探索建设中国特色社会主义的重大理论和现实问题，为推动哲学社会科学繁荣发展发挥了重要作用。这些成果皆为作者经过长期的学术积累而打造的精品力作，充分体现了哲学社会科学研究的使命担当，展现了潜心治学、勇于创新的优良学风。这种使命担当、严谨的科研态度和科研作风值得我们认真学习和发扬，这是我院深入推进创新工程和新型智库建设的不竭动力。

实践没有止境，理论创新也没有止境。我们要突破前人，后人也必然会突破我们。《文库》收录的成果，也将因时代的变化、实践的发展、理论的创新，不断得到修正、丰富、完善，但它们对当时经济社会发展的推动作用，将同这些文字一起被人们铭记。《山东社会科学院文库》出版的原则是尊重原著的历史价值，内容不作大幅修订，因而，大家在《文库》中所看到的是那个时代专家们潜心探索研究的原汁原味的成果。

《山东社会科学院文库》是一个动态的开放的系统，在出版第一批、第二批的基础上，我们还会陆续推出第三批、第四批等后续成果……《文库》的出版在编委会的直接领导下进行，得到了作者及其亲属们的大力支持，也得到了院相关研究单位同志们的大力支持。同时，中国社会科学出版社的领导高度重视，给予大力支持帮助，尤其是责任编辑冯春凤主任为此付出了艰辛努力，在此一并表示最诚挚的谢意。

本书出版的组织、联络等事宜，由山东社会科学院科研组织处负责。因水平所限，出版工作难免会有不足乃至失误之处，恳请读者及有关专家学者批评指正。

《山东社会科学院文库》编委会
2016年11月16日

顾　问：（按姓氏笔画为序）
　　　　张汉清　赵　曜　高　放　靳辉明
主　编：宋士昌
副主编：（按姓氏笔画为序）
　　　　王晓明　李爱华　李荣海　李述森
　　　　林辉基　徐东礼　韩民青

目 录

总 绪

第一节 科学社会主义发展的阶段性及四次历史性飞跃 ……… （1）
第二节 科学社会主义发展内容的多维性 ……………………… （9）
第三节 科学社会主义发展的普遍性与特殊性 ………………… （16）
第四节 《科学社会主义通论》的理论性质及其意义 ………… （25）

第一卷 马克思恩格斯的科学社会主义与 19 世纪的国际共产主义运动

导论 科学社会主义的理论性质、基本特点及其伟大意义 ……… （1）

上篇 马克思恩格斯科学社会主义的创立及其基本问题

第一章 唯物主义历史观的形成 ………………………………… （3）
第一节 告别青年黑格尔派 ……………………………………… （3）
第二节 超越费尔巴哈 …………………………………………… （19）
第三节 新社会历史观的诞生 …………………………………… （25）
第四节 唯物史观的丰富和发展 ………………………………… （40）

第二章 剩余价值学说的创立 …………………………………… （54）
第一节 马克思恩格斯：开始研究经济关系 …………………… （54）
第二节 马克思主义政治经济学的确立 ………………………… （68）
第三节 马克思主义政治经济学的基本内容 …………………… （80）

第三章 社会主义从空想到科学的发展 ………………………… （98）

  第一节 空想社会主义概述 …………………………（98）
  第二节 两大发现：社会主义从空想变为科学 …………（113）
  第三节 科学社会主义的创立和发展 ……………………（120）

第四章 人类社会发展总趋势的揭示 ………………………（126）
  第一节 社会演化的基本形态 ……………………………（126）
  第二节 人类社会发展的动力 ……………………………（142）
  第三节 "两个必然"的理论 ……………………………（163）

第五章 资本主义社会的系统剖析 ………………………（173）
  第一节 客观评价资本主义的历史地位 …………………（173）
  第二节 深刻揭露资本主义的本质特征 …………………（179）
  第三节 科学认识资本主义的发展演变 …………………（188）
  第四节 辩证对待资本主义的文明成果 …………………（198）

第六章 无产阶级历史使命的论述 ………………………（209）
  第一节 阶级分析：透视人类社会的奥秘 ………………（209）
  第二节 无产阶级：不只是受苦最深的阶级 ……………（218）
  第三节 资本主义的掘墓人，新社会制度的创造者 ……（232）

第七章 无产阶级政党理论的构建 ………………………（241）
  第一节 组建政党：使无产阶级作为一个阶级来行动 …（241）
  第二节 向全世界公开说明：共产党人的目的和意图 …（253）
  第三节 党的组织建设的认真探索 ………………………（262）
  第四节 党的相互关系的正确阐述 ………………………（276）

第八章 无产阶级革命问题的阐发 ………………………（286）
  第一节 "革命是历史的火车头" …………………………（286）
  第二节 无产阶级革命的性质和根本问题 ………………（293）
  第三节 无产阶级革命的基本方式 ………………………（298）
  第四节 无产阶级革命的战略策略 ………………………（303）

第九章 无产阶级专政思想的确立 ………………………（318）
  第一节 过渡时期：无产阶级专政的必要性 ……………（318）
  第二节 无产阶级专政的内容和形式 ……………………（325）
  第三节 无产阶级专政的历史进程 ………………………（332）

第十章 共产主义社会的科学预见 ………………………（339）

第一节	"在批判旧世界中发现新世界"	(339)
第二节	人类最高理想的社会	(345)
第三节	为共产主义事业而努力奋斗	(355)

下篇　19世纪的国际共产主义运动

第十一章	共产主义者同盟	(363)
第一节	对正义者同盟的改造	(363)
第二节	共产主义者同盟的诞生	(370)
第三节	共产主义者同盟经受革命风暴的洗礼	(375)
第四节	共产主义者同盟的解散及其历史地位	(386)

第十二章	1848年欧洲革命中无产阶级的斗争	(395)
第一节	法国无产阶级的革命斗争	(395)
第二节	无产阶级在德国革命中的斗争	(403)
第三节	东南欧被压迫民族和人民的革命斗争	(413)
第四节	"革命死了，革命万岁！"	(421)

第十三章	第一国际	(427)
第一节	国际工人协会的创建	(427)
第二节	国际工人协会的革命活动	(441)
第三节	国际工人协会的内部斗争	(454)
第四节	"国际是不会被人遗忘的"	(466)

第十四章	巴黎公社	(476)
第一节	巴黎无产阶级起义的胜利	(476)
第二节	建立无产阶级政权的第一次尝试	(485)
第三节	保卫工人政权的英勇战斗	(491)
第四节	公社的原则是永存的	(498)

第十五章	欧美各国社会主义政党的建立	(506)
第一节	德国社会主义工人党的形成和发展	(506)
第二节	马克思恩格斯对各种错误思潮的批判	(518)
第三节	美法英等国社会主义政党和组织的建立	(533)
第四节	"社会主义比任何时候都富有生命力"	(542)

| 第十六章 | 第二国际 | (547) |

第一节　第二国际在风雨中诞生 …………………………（547）
第二节　对国际工人运动的促进 …………………………（553）
第三节　反对修正主义的斗争 ……………………………（560）
第四节　第二国际的破产 …………………………………（571）
第五节　为工人运动的广泛发展"准备基础的时代" ………（577）

主要参考文献 ………………………………………………（582）
后记 …………………………………………………………（590）

总　　绪

　　一个半世纪以来，世界社会主义经历了由空想到科学、由理论到实践、由一国实践到多国实践的发展过程。尽管其间遭遇过大大小小的挫折，但社会主义的出现，总归改变了世界的格局，使世界的发展呈现出多姿多彩的面貌。社会主义作为理论、运动、制度的综合体，一经在历史中出现，其前进的步伐虽历经挫折，但却势不可挡，并正以自身所蕴含的客观必然性及巨大生命力，向世人展示着它的进步与未来。

　　人类社会是在总结以往经验的基础上开辟未来的，作为理性而自觉的社会制度，社会主义更是如此。150多年来，社会主义的发展历程，经历过高潮和低谷，包括革命胜利后的喜悦和建设过程的巨大成功，又有低谷的回旋甚至于社会主义在世界范围内发生的制度性雪崩；既有社会主义国家的制度推进，又有遍布世界的社会主义思潮、运动的遥相呼应；既有挫折后的沉沦，又有磨难中的奋起。社会主义经过150多年时间的洗礼，其丰富而深刻的经验教训积淀为一部生动的历史教科书。历史经验是社会主义推进的宝贵财富。可以说，在21世纪伊始，回视、总结、反思社会主义发展的过程，是我们合理地把握社会主义未来的理论基础和重要前提。

第一节　科学社会主义发展的阶段性及四次历史性飞跃

　　科学社会主义是一个发展过程和阶段的统一。在人类社会历史的演进中，社会主义作为理论、运动、制度的综合体，自有其所承担的历史使命，自有其产生、发展、终结的历史，因而表现为一个完整且又相对独立的动态过程。但在时代发展中，由于社会主义与时代特点的结合，使其发展过程在不同的时间坐标系中呈现着不同特点，因而又具有了鲜明的阶段性。以发展过程与阶段统一的视角认识和理解社会主义，社会主义理论与实践曾发生了四次巨大的历史性飞跃。正是在这一飞跃中，凸现出科学社会主义与时俱进的品格与特征。

一 社会主义发展过程与阶段的统一论

马克思和恩格斯历来把人类社会视为过程的集合体，并具体阐明了人类社会通过过程转化向前发展的理论。人类社会是按照由低级到高级的发展过程不断转化的。不仅整个人类社会是一个服从于一定规律支配的自然历史过程，而且每个社会阶段都是受一定规律支配的自然历史过程。过程及其转化、过程阶段的统一，是人类社会内在联系的客观反映与必然趋势。

"过程"通常是指事物在空间上的扩展和时间上的推移，也即是事物产生、发展、转化及其灭亡的历史。它也是一个社会发展进化的概念。社会主义发展过程，从总体方面来说，包括两层意思：首先，从社会发展方面考察，社会主义社会是人类社会历史发展过程中的一个阶段。由于它自身所包含的矛盾，随着生命力的发展和社会的日益进步，它必然要发展到更高的阶段上去。从辩证发展的角度来看，社会主义体现着由简单到复杂的发展轨道，因而是一个过程。其次，从社会主义制度本身来考察，社会主义有一个由理论到实践，以及在实践发展中不断进行自我改革和自我完善的过程。社会主义发展的过程性，体现着它与社会发展规律的呼应，折射出它在历史行程中存在与发展的必然性，以及左右着它自身发展进步的连续性。

所谓社会主义发展阶段论，可以作广义与狭义的理解，也可以作宏观、中观、微观三个角度的理解。从宏观上说，马克思在《哥达纲领批判》中，首次阐明了关于共产主义社会两个发展阶段的学说，分析了共产主义社会第一个阶段和高级阶段的基本特征，以及它们之间的区别和联系。马克思认为，从资本主义社会到共产主义社会，需要经历三个发展阶段，即从资本主义到共产主义社会的第一阶段的过渡时期；共产主义社会的第一阶段即我们现在所理解的社会主义阶段；共产主义社会的高级阶段。就此意义而言，社会主义阶段亦即上述所理解的社会主义的完整过程。微观理解即社会主义制度在与某些具体国家国情的结合中，对社会主义发展水平的客观把握。邓小平在分析中国社会主义发展时,指出:"我们党的十三大要阐述中国社会主义是处在一个什么阶段,就是处在初级阶段,是初级阶段的社会主义。社会主义本身是共产主义的初级阶段,而我们中国又处在社会主义的初级阶段,就是不发达的阶段。"① 严格来说,作为社会主义初级阶段,是社会主义还不完善、发展还不充分的阶段。对于社会主义阶段,还有一个中观方面的理解,即从社会主义理论诞生以来,作为理论、运动、制度的结合体,社会主义在世界发展进程中所呈现出的阶段性。

由于社会主义与时代有一个结合问题,因而使社会主义在世界发展的不同时期呈现出新的面貌和特征。这一特征,体现在人类对科学社会主义的理解中,体现在这一理论指导上的社会主义运动中,更体现在社会主义现实制度的实践运行中。社会主义本身是一个"世界历史"进程,是人类社会必经的发展阶段,因而,以世界眼光审视全球社会主义不同发展阶段的特点,既是马克思主义的内在要求,也是现实马克思主义者的一项使命。本书对社会主义的总体研究,就是依此而加以展开的。以世界眼光审视社会主义发展,有着重要意义:其一,有助于人们理解社会主义的全球意义和巨大价值。在分析世界社会主义理论、运动、制度这一波澜壮阔的历史过程中,可以认识马克思主义、科学社会主义对现实世界的巨大解释力;其二,社会主义本身不是封闭性产物,它有着广阔的开放性胸襟,有着向实践、向人类、向未来敞开的品质。通过对全球性社会主义的研究,可以使不同的无产阶级政党、不同的社会主义理论、制度之间形成发展经验的互相吸收、互相借鉴,从而使社会主义在交流中获得极大的丰富和发展。其三,有助于全球范围内社会主义的整体推进,使社会主义与人类历史形成科学的互律、互动。

二 科学社会主义理论与实践的四次历史性飞跃

自19世纪40年代科学社会主义诞生以来,世界社会主义理论、运动的发展经历了四个时期,社会主义学说实现了巨大的飞跃,社会主义运动得以蓬勃发展,社会主义制度在转化为现实之后也在逐步巩固和完善。

---

① 《邓小平文选》第3卷,人民出版社1993年版,第252页。

(一) 科学社会主义理论与实践的第一次飞跃

科学社会主义的创始人之所以能把社会主义由空想变成科学，一方面是由于19世纪初三大空想社会主义者的著作"抨击现存社会的全部基础。因此，他们提供了启发工人觉悟的极为宝贵的材料"[①]。这些材料成了科学社会主义的直接思想来源。恩格斯认为："德国的理论上的社会主义永远不会忘记，它是站在圣西门、傅立叶和欧文这三个人的肩上的。"[②] 马克思和恩格斯运用唯物史观和剩余价值学说，揭示了资本主义生产方式的内在规律，克服了三大空想社会主义者的英雄史观、理性决定一切、不了解阶级斗争的意义等根本缺陷，才使社会主义发生了由空想到科学的质的飞跃。

第一次理论飞跃完成的标志是1848年2月《共产党宣言》的发表。它是马克思主义学说第一次完整的阐述，也是科学社会主义的第一部纲领性文件。马克思主义创始人通过这一纲领性文件及其他科学社会主义著作，不仅对科学社会主义的研究对象作了明确的回答和完整的表述，而且根据资本主义的矛盾冲突和无产阶级解放运动的实践，揭示了科学社会主义理论的一系列基本观点、基本原理，构成了从自由资本主义向垄断资本主义过渡时期的科学社会主义的理论体系。

科学社会主义理论的诞生，有力地指导了世界社会主义运动。19世纪40年代之后，欧洲工人阶级从自发的阶级转化为自为的阶级，在批判资本主义、追求社会主义过程中掀起了一次次革命风暴。这就预示着，世界再也不会在原有轨道上推进了，人类社会从此展开了最生动最壮观的丰富历史。

(二) 科学社会主义理论与实践的第二次飞跃

人类对社会主义的认识与实践发生第二次飞跃的代表人物是列宁，其标志是世界上第一个社会主义国家的诞生。列宁对科学社会主义的重大贡献，在于他把这一科学理论创造性地运用于帝国主义和无产阶级革命的时代，揭示了俄国革命和建设的特殊规律，率先创建了科学社会主义实体，使科学社会主义获得了崭新的内容，并获得了巨大发展。从此，人类历史

[①] 《马克思恩格斯选集》第1卷，人民出版社1995年版，第304页。

[②] 同上书，第635页。

开始了帝国主义和无产阶级革命时期的科学社会主义的新的发展阶段。

社会主义制度在俄国出现之后，即开始了对社会主义建设的构想和探索。从1917年到1921年，俄共实行的是向社会主义"直接过渡"的路线，是用"强攻"战术领导苏维埃国家。其主要目标是：在生产资料公有制的基础上，自上而下地建立一个涵盖整个社会的生活消费公社，按照一个全国性的计划把全国所有经济活动最大限度地联合起来，使生产最大限度地得以集中，对劳动尺度和消费尺度实行严格的计算和监督。1921年后，列宁在不断总结"战时共产主义"政策的经验教训的基础上，对俄国建设社会主义的途径和方法，形成了新的构想，探索并实行了"新经济政策"。按照列宁的说法："我们不得不承认我们对社会主义的整个看法根本改变了。"[①] 列宁的社会主义建设构想包括多方面的内容，且在实践中得以落实。列宁认为：社会主义必须从俄国的实际出发，探索符合俄国国情的社会主义。决不能用"纯粹、一般"的眼光看待俄国的社会主义建设，因为"俄国是个介于文明国家和初次被这场战争最终卷入文明之列的整个东方各国即欧洲以外各国之间的国家，所以俄国能够表现出而且势必表现出某些特殊性"，"而且这些特殊性到了东方国家又会产生某些局部的新东西。"[②] 总结俄国的国情，列宁认为，社会主义革命取得胜利之后，只能通过曲折迂回、间接过渡的道路进入社会主义。在推进社会主义过程中，工作重点应由政治斗争向经济建设实现战略转移。同时，建设社会主义必须充分发挥商品货币经济的作用，建立工农联合的新的经济基础，并进行经济、政治、思想、文化全方位辩证统一的社会主义建设。正如邓小平后来所总结的："社会主义究竟是什么样子，苏联搞了很多年，也并没有完全搞清楚，可能列宁的思路比较好，搞了个新经济政策，但是后来苏联的模式僵化了。"[③]

在俄国社会主义理论与制度建设形成巨大飞跃的同时，世界性社会主义运动亦开展得如火如荼。20世纪上半叶，世界各地共产党组织如雨后春笋，并在马克思列宁主义的指导下开展着多种形式的斗争。资本主义国

---

① 《列宁选集》第4卷，人民出版社1995年版，第773页。
② 同上书，第776页。
③ 《邓小平文选》第3卷，人民出版社1993年版，第139页。

家工人阶级政党在为"自己政权"的形成探索着各种社会主义道路，殖民地半殖民地国家的共产党则为了摆脱帝国主义的控制而进行着解放斗争。同时，共产国际对世界性社会主义也曾发挥过指导作用。如果说，第一次飞跃时期，"共产主义的幽灵"主要的是在欧洲上空游荡，而第二次飞跃时期，科学社会主义的"幽灵"则在世界的大地上漂移。

（三）科学社会主义理论与实践的第三次飞跃

1945年第二次世界大战结束后，社会主义在世界范围内迅速发展，到1959年古巴革命成功时，在欧洲、亚洲、拉丁美洲，已有15个国家走上社会主义道路，形成了一个强大的社会主义体系。各国在社会主义建设道路上进行了自己的探索，使社会主义事业在世界范围内获得了重大发展。中国革命的胜利是继俄国"十月革命"之后发生在20世纪最重大的事件。以毛泽东为代表的中国共产党人，把马克思列宁主义创造性地应用于中国革命的实践，经过反复探索，在总结成功经验和失败教训的基础上，找到了中国自己的革命道路，创立了毛泽东思想。毛泽东思想是马克思列宁主义普遍原理与中国革命具体实际相结合的产物，在中国国情这一具体条件下，它成功地解决了关于新民主主义革命、关于社会主义革命和社会主义建设、关于革命军队的建设和军事战略、关于思想政治工作和文化工作、关于党的建设等一系列基本问题，以独创性的理论丰富和发展了马克思列宁主义，创立了社会主义从一国实践发展为多国实践、并形成世界社会主义体系时期的科学社会主义。

"二战"之后所建立的一系列社会主义国家，在艰难的环境中都有程度不同的发展。由于社会主义制度的巨大影响，一些非社会主义国家的共产党也通过不同的斗争方式，证明和扩展着社会主义的影响。世界性社会主义运动形成了空前的高涨。资本主义国家共产党在新的环境中寻求自身存在合法性的根据，开始选择不同于传统的斗争形式。一些殖民地半殖民地国家，由于无产阶级政党的参与，在反殖民主义斗争中实现了国家的独立。社会主义制度确立之后，到20世纪70年代中期，虽然历经坎坷，但却在世界更为广阔的领域中取得了历史性进步。虽然由于社会主义体系的破裂，共产党之间发生了争论，产生了消极影响，但世界社会主义事业发展的事实是不容否定的。

（四）科学社会主义理论与实践的第四次飞跃

从20世纪60年代中期开始，相对世界资本主义的稳定和发展，社会主义国家在经济建设中走了弯路，存在不同程度的困难，面临着当代资本主义的严峻挑战。在这一现实面前，许多国家先后认识到苏联社会主义模式的弊端，纷纷进行改革。至20世纪70年代后期，正当一些社会主义国家的共产党冲破苏联模式的束缚，寻求有本国特色的社会主义之路，为实现科学社会主义发展的新飞跃而苦苦探索的时候，以邓小平为代表的中国共产党人，把马克思列宁主义普遍原理与中国社会主义改革开放和现代化建设实践相结合，成功地走出了一条中国特色的社会主义建设道路。中国特色社会主义，是在当代世界社会主义改革的大潮中，为捍卫马克思主义的科学社会主义，迎着风浪前进的典型代表。在实践中，邓小平围绕社会主义发展道路、社会主义初级阶段、社会主义本质、社会主义改革开放、社会主义两个文明建设、社会主义的政治保证、依靠力量和领导力量等重大问题进行探索，在新的形势下对"什么是社会主义以及怎样建设社会主义"这一历史基本问题形成了全新意义的答案，并在这一探索中形成了"邓小平理论"。这一探索的成果，是马克思列宁主义、毛泽东思想的新发展，是实现现实社会主义由单一模式向模式多样化过渡时期新的历史性飞跃的理论总结。

20世纪80年代末90年代初，苏东一些社会主义国家纷纷改旗易帜，使社会主义在世界范围内遭受重大挫折。但是，社会主义并没有在这一复杂局面中沉沦。以江泽民为核心的第三代中共中央领导集体，坚持和发展马克思列宁主义、毛泽东思想、邓小平理论，大力推进社会主义改革开放，坚持物质文明、政治文明与精神文明一起抓，使社会主义制度在完善中迸发出无穷生机，从而在理论和实践两个方面捍卫和发展了社会主义。在理论上提出了"三个代表"重要思想，形成了对共产党执政规律、社会主义建设规律、人类社会发展规律等方面的重大创新性认识。其他社会主义国家也把科学社会主义原理与本国具体国情相结合，在社会主义建设中走出了新的路子。其他国家的无产阶级政党也随着形势的变化，探索斗争形式，世界社会主义运动出现了多样化发展的积极态势。

社会主义发展的四个阶段、四次飞跃、四个高潮，说明社会主义虽然面对各种挑战和困难，但迎难而上，在世界发展中开拓出自身的新境界、新天地。这既初步证实了社会主义的优越性,又充分显示出社会主义的科学性和强大生命力。

三 科学社会主义与时俱进的特点

科学社会主义理论不是凝固不变的,同样,以其所指导的社会主义运动和社会主义制度建设,也不是静止的。江泽民认为:"与时俱进,就是党的全部理论和工作要体现时代性,把握规律性,富于创造性。"[①] 科学社会主义具有与时俱进的特点。

社会主义与时俱进,要求社会主义在发展中,必须跟踪时代的特点,必须反映世界发展的总体特点。迄今为止,社会主义制度是最能体现效率与公正的社会制度,它应该在不同的时代站在历史的最高处,在世界之发展背景中置于制高点。时代发展到何种程度,社会主义也应该发展到何种程度,社会主义必须体现时代特征,成为时代精神的体现者和时代潮流的领先者。社会主义是世界性的运动或制度,是"世界历史"推动中所孕育、产生的新生事物,因此,它必须深刻反映世界发展的特点,总结世界经济、政治、文化发展中的新鲜经验,跟随世界的发展而进步。社会主义的历史和实践证明,只有这样,社会主义才能在时代和世界的推进中实现自己的历史任务及最终理想。否则,社会主义就会成为时代和世界的落伍者,就会在历史的发展中丧失自身存在的根据。

从科学社会主义诞生150年的历史行程看,在不同的阶段,无论理论、运动还是制度,都围绕一个主题来进行,这一主题即"什么是社会主义,怎样建设社会主义。"之所以如此,是因为社会主义所面临的环境始终处于变化之中。世界发生重大变化,各国的实际也在发生重大变化,无产阶级政党本身也发生着重大变化。人类社会发展层出不穷的新情况期待新的理论创新,社会主义运动实践有赖于在新条件下对新道路的开辟。因此。对于"什么是社会主义以及怎样建设社会主义"这一历史性基本问题,不可能形成一劳永逸的答案。对这一问题的求索,是一个长期性课题,也是一个异常艰巨的任务。马克思、恩格斯立足于人类社会发展规

[①] 江泽民:《全面建设小康社会,开创中国特色社会主义事业新局面》,人民出版社2002年版。

律，在批判资本主义的前提下发现、提出了社会主义理论。他们对于"什么是社会主义"，作了谨慎而科学的初步构想。列宁所处的时代是帝国主义和无产阶级革命的时代。在这一时代中，列宁在领导俄国革命和指导世界革命的过程中，对什么是社会主义作出了新的回答，并在此基础上对怎样建设社会主义形成了新的理解。如社会主义从"共同革命胜利论"向一国革命胜利论的转化，社会主义必须充分发挥商品经济的作用，社会主义建设有建立在国情基础上的特殊性，社会主义是一个改革开放的社会，等等。这一系列的新思想、新判断，使科学社会主义推进到一个崭新阶段——列宁主义阶段。毛泽东在领导中国革命和社会主义建设的过程中，结合时代特色和中国国情，在对什么是社会主义以及怎样建设社会主义的探索中，形成了具有新时代特点和中国气派的答案。邓小平结合和平与发展这一时代特征，在总结历史经验教训的基础上，对"什么是社会主义以及怎样建设社会主义"作出了进一步的回答。对于中国社会主义的初级阶段、社会主义的本质、社会主义发展道路等问题上的理解，产生了全新意义，充分地体现着20世纪末中国共产党的认识和实践水平。"三个代表"重要思想，更是立于21世纪的更高起点，对社会主义建设和党的建设这两大历史性课题所形成的新的理论概括。

当代世界，已呈现出经济全球化、政治多极化、文化多元化的发展特点。这一时代的变化，为马克思主义的丰富性理解和飞跃性发展，提供了前提与根据。当前社会主义理论、运动、制度在世界上形成了多种探索形式、多种发展道路，都说明了这个特点。面对当代世界各种错综复杂的矛盾，面对风云激荡、瞬息万变的世界，面对社会主义运动提出的一系列新课题，社会主义只有在理论和实践的双重探索上不断进行开拓创新、与时俱进，才能奋发有为、前景灿烂。这是社会主义的内在要求，也是其生命力的本质之所在，更是走向未来的不竭动力和源泉。根据时代的发展而发展，结合实践的变化而变化，是科学社会主义的根本品质。

第二节 科学社会主义发展内容的多维性

科学社会主义发展，从内容上看，有着"一"与"多"相结合的特点，这一特点可以具体地诠释为"一总三分"。所谓一总，即指科学社会主义的发展，内含着严密的逻辑，是一个科学的整体；所谓"三分"，指科学社会主义包括理论、运动、制度建设三个方面的内容。把握其"一总三分"的特点，对于理解科学社会主义的运动与发展，对于推进社会主义建设事业具有重大意义。

一 科学社会主义发展是一个整体运行过程

科学社会主义是无产阶级解放及社会主义建设实践的理论体系，它研究无产阶级解放斗争的性质、条件和目的，更关注社会主义建设的方向、道路和实践问题。科学社会主义的科学性恰恰蕴含在其内容的丰富性之中。科学社会主义有着多方面的理论观点，这些观点有着相对独立的价值。但这些观点并不仅仅是一棵棵孤立的"大树"，而是由多种"树木"构成的"森林"，其严密逻辑把这一个个观点缀连成不可分割的整体。科学社会主义丰富的内容，构成了统一的一块"整钢"。

科学社会主义是一个"整体"，其含义是要求人们在研究、实践这一理论体系时，必须实事求是地把握住这一理论体系的真谛和精髓。否则，"为我所用"式的乱引"语录"，或是抓住一个观点进行僵死的理解，就会肢解科学社会主义，销蚀社会主义的生命力和历史价值。这当然不是真正的马克思主义者之所为。

邓小平针对中国"文化大革命"期间对毛泽东思想任意加以割裂和歪曲的做法，进行了严肃的批判。就如何理解毛泽东思想，他指出："毛泽东思想有丰富的内容，是完整的一套，怎么能够只把'老三篇'、'老五篇'叫作毛泽东思想，而把毛泽东的其他著作都抛开呢？怎么能够抓住一两个观点，就片面的进行宣传呢？"[①] 这里虽然谈的是毛泽东思想，但其中所体现的认识方法，完全可以适用于科学社会主义。科学社会主义作为一个完整的理论体系，其中的任一观点都不是孤立存在的，只有立足于整体，才能深刻认识某一观点的意义。脱离了完整体系，对某一观点的理解就会走样、变形。因此，对于科学社会主义，只有在整体性中才能掌握其科学性。科学社会主义的发展是一个整体推进过程。在科学社会主义发展150多年的历史行程中，之所以形成了马克思主义阶段、列宁主义阶

---

① 《邓小平文选》第2卷，人民出版社1994年版，第36—37页。

段、毛泽东思想阶段、邓小平理论阶段，是因为他们在理论与实践上完整理解了科学社会主义，并在现实实践的基础上整体推进了科学社会主义的发展。

科学社会主义的完整性，不仅体现在理论方面，也体现在运动和制度方面。这一完整性在运动和制度方面的体现，即指世界社会主义有着相互学习、借鉴的品质，又指社会主义运动、制度的发展中充分反映、体现着科学社会主义的基本精神。这是因为，科学社会主义不只是一种一般的理论学说，而且还是人类社会发展中必经的一个阶段，是一种社会形态。作为描述社会形态的社会主义，必然有着总体性要求。这种要求在社会主义运动和社会主义制度建设中充分地得到了体现。回顾社会主义发展的历史，可以看出这一问题。由于历史上曾有过空想社会主义、社会民主主义以及其他各种面貌的"社会主义"，在理论和实践上与科学社会主义可能有着某些"话语"的相似，但从总体上看则是相异、相悖的，如果不坚持科学社会主义的完整理解，就可能导致科学社会主义与杂七杂八"社会主义"的混淆。20世纪60至70年代，当时自称社会主义国家的有数十个之多，但大多与科学社会主义貌合神离。当代西方马克思主义，虽然也对马克思主义的"幽灵"很推崇，但由于是对马克思主义的肢解，或是对马克思主义的任意诠释，我们也并不认为其是真正的马克思主义。

总之，科学社会主义是完整性的理论和整体性推进运动形式的总括。任何对其的肢解或断章取义，都背离了科学社会主义的实质，在实践上也是对科学社会主义事业的背离。

二 社会主义发展：理论、运动与制度

科学社会主义理论与实践虽体现着整体性特征，但在社会主义的推进过程中，又是沿着理论、运动、制度三个维度而发展的。社会主义的内涵结构本身就包含理论、运动、制度三个层面。首先，它是一种运动——"共产主义不是教义，而是运动。它不是从原则出发，而是从事实出发。"[①] 其次，它又是一种观念和理论。科学社会主义是现实运动反映在人们主观领域的意识形态，同时，"共产主义作为理论，是无产阶级立场

---

① 《马克思恩格斯选集》第1卷，人民出版社1995年版，第210—211页。

在这种斗争中的理论表达,是无产阶级解放条件的理论概括。"① 第三,社会主义还是一种制度,是作为无产阶级治理国家、实现利益的外在规范。

科学社会主义首先是一种学说,一种理论体系。恩格斯在 1847 年为共产主义者同盟起草的纲领草案《共产主义原理》一文中,就明确指出:"共产主义是关于无产阶级解放的条件的学说。"② 同年,他在《共产主义者和卡尔·海因岑》一文中又指出:"在共产主义作为理论的时候,那么它就是无产阶级立场在这个斗争中的理论表现,是无产阶级解放的条件的理论概括。"③ 科学社会主义的理论体系就是科学社会主义的基本原理及其内在的必然联系。但是,我们今天理解的科学社会主义,已经不仅仅是马克思恩格斯所理解的那些内容。由于时代和社会历史条件的变化,科学社会主义经过列宁、毛泽东、邓小平等人的发展,内容已得以极大的丰富,因此,科学社会主义,既包括对"什么是社会主义"的理解,更包括对"怎样建设社会主义"的回答。所以,从发展的高度,从全球的角度而言,科学社会主义包括无产阶级革命和社会主义建设两个方面的要求,简而言之,它是"革命"和"建设"的理论的总和。因此,我们不能拘泥于马克思恩格斯在特定时代条件下对科学社会主义的认识。这是我们应有的科学态度。马克思主义经典作家和无产阶级政党之所以重视科学社会主义理论的建设,是因为科学社会主义实践本身是一个理性而自觉的过程。它所实现的奋斗目标,它所承担的历史使命,是难以单凭感情、激情而达到的,只有在科学理论的指导下,社会主义才能在贴近人类社会发展规律的基础上向前拓展。

科学社会主义作为理论,其产生几乎与社会主义运动的发展是同步的。任何思想体系的产生都不是"无中生有",而是受到历史条件所制约、决定的。科学社会主义在资本主义大工业发展、无产阶级形成为独立政治力量的条件下才有可能产生出来。正如毛泽东所说:"人们能够对于社会历史的发展作全面的历史的了解,把对于社会的认识变成了科学,这

---

① 《马克思恩格斯选集》第 1 卷,人民出版社 1995 年版,第 211 页。
② 同上书,第 210 页。
③ 《马克思恩格斯全集》第 4 卷,人民出版社 1958 年版,第 312 页。

只是到了伴随巨大生产力——大工业而出现近代无产阶级的时候，这就是马克思主义的科学。"[1] 19世纪40年代，欧洲工人运动进入新时期，无产阶级反对资产阶级的阶级斗争发展到一个新阶段。三大工人运动实践说明，无产阶级作为一种独立的政治力量登上了历史舞台，其斗争已具有了"改朝换代"的革命追求。科学社会主义正是适应无产阶级运动和斗争的要求而产生的。科学社会主义理论一经产生，立即与工人运动发生了紧密联系。一方面，无产阶级运动在理论的指导下，具有了自觉的性质和社会主义特点；另一方面，科学社会主义理论在共产主义的运动实践中又进一步得到完善和发展。二者相互促进、相得益彰，形成了良性的互动效应。自科学社会主义诞生以来，社会主义运动历经19世纪下半叶的曲折发展、20世纪上半叶的高潮迭起、50—70年代在"冷战"中奋进，一直到70年代之后的挫折和辉煌交错、多样化发展，科学社会主义的趋势是日渐成熟和生机无限。分析科学社会主义忽视了其运动这一个方面，科学社会主义的科学性价值就得不到体现，也就不会获得对社会主义的真正理解。

科学社会主义发展还有另一个维度，即社会主义制度。科学社会主义制度，是在列宁领导下实现的。这是20世纪初世界舞台上的一个重大事件。它是科学社会主义所结出的第一个现实果实，也是对科学社会主义的使命和理想追求进行的实践验证。虽然马克思恩格斯对于社会主义制度等也进行过谨慎的预想，但总归是在理论中的体现。"十月革命"的成功，才使这一预想的实践作用得到发挥。自社会主义制度出现之后，科学社会主义的发展内容又开辟出一个新的阵地，并成为人们理解、检测社会主义水平的最主要的"参照系"。社会主义制度出现后，历经曲折，逐步发展，一直到20世纪中叶十几个社会主义国家出现，社会主义制度建设进入全面发展时期，其取得的成绩令世人瞩目。但后来由于内部发展的动力不足，再加上外部干扰因素过多，导致20世纪80年代末90年代初一系列社会主义制度的崩坍。但中国、越南、古巴、朝鲜、老挝等社会主义国家在艰难中奋起，通过改革使社会主义胜利地挺进到21世纪，并在新世纪的起点上焕发出社会主义的生机。社会主义制度的生命力，仍然在向未来世界展示着。

---

[1] 《毛泽东选集》第1卷，人民出版社1991年版，第283—284页。

社会主义理论、运动、制度三者不是孤立存在，而是相互影响，相互促进的。一般来说，在社会主义运动和制度建设中，由于时代条件的新变化，社会主义理论又在不断地被修正、发展着。当然，由于具体国情的不同，对于社会主义的探索中也呈现出理解的差异性和多样性，但是，在对社会主义基本本质的维护上，都有着共同的立场和原则。比如，社会主义必须坚持以马克思主义为指导；社会主义必须坚持共产党的领导；必须在坚持公有制为主体的前提下走共同富裕的道路；社会主义必须适应时代的发展，始终体现先进生产力发展的要求，始终体现先进文化的前进方向，始终代表最广大人民的根本利益，等等。否则，就违背了科学社会主义的主旨，也就不是真正的社会主义。

当代，科学社会主义发展，正呈现出理论、运动、制度良性互动的推进态势。针对20世纪末期的社会主义动荡和挫折，各国共产党通过对科学社会主义理论发展经验教训的反思，进行对马克思主义的重新解读、重新理解，并结合当代世界发展特点和本国实际，在实践中发展着科学社会主义理论。社会主义运动通过动荡洗礼和分化组合，在经过了一段时间的消沉之后，重新活跃，并结合新的实践提出了社会主义革命的新步骤、新举措。社会主义制度建设，虽然经过了大浪淘沙，仅存少数几个社会主义国家，但却在新的起点上，通过改革举措的实施，使社会主义制度日趋完善，并在历史的潮头向着未来昂首阔步，奋勇前进。

三　社会主义发展多维性分析的方法论意义

社会主义发展具有"一总三分"的特点，对于社会主义的研究，也应体现出总、分结合的思路。否则，就会使科学社会主义或者归之于抽象的窠臼，或者形成相对主义的理解，很难展现其真实内容与生命力。对社会主义发展进行多维性分析，具有重要的方法论意义。

从理论上看，坚持对社会主义多维性分析，可以激发理论的活力和创新精神，从而使其永葆与时俱进的品格。以往理解或研究科学社会主义，往往是从马克思、恩格斯理论的内在逻辑出发，想当然的引出其结论，这就使社会主义不可避免地具有了抽象意义。实际上，科学社会主义创立后的150多年间，其理论始终处在发展进程中。这一发展，与社会主义运动和制度建设的推进如影相随。时代的转换及其新特点的出现，使社会主运动及其制度建设，必须在对现实实践的观照中，形成新的特点。而在运动与制度更新的基础上，又推进了科学社会主义理论的发展。以往对科学社会主义理论研究的主要教训，恰恰在于忽视运动和制度的现实更新要求，用抽象理论评判、分割现实，导致理论的停滞，并进而影响社会主义运动和制度的应有创新，以至于在实践上对社会主义造成不良后果。历史上，我们曾把世界上一些共产党对社会主义的新探索，理解为修正主义而大加挞伐，总以其某些理解因与马克思的个别结论没有保持"一致"而冠之以"离经叛道"的帽子。而社会主义国家，没有从时代变化的基础上认识到社会主义运动、制度更新的必要性，只是从马克思的个别理论出发来确定社会主义的现实步骤，进而造成教条主义的泛滥。这一教训是深刻的。从社会主义运动和制度建设的角度看，社会主义实践都是在理论指导下进行的。社会主义理论与运动和制度的结合各有其特点。在世界性社会主义运动和制度的发展过程中，既有过对理论理解的教条主义化方向，也有过通过对马克思主义的错误理解而导致实践发生扭曲、变形的问题。由于忽视了对理论、运动、制度综合性研究，对社会主义实践造成的损害是多方面的：首先，从社会主义国家自身的发展来看，由于在时代进步中不能协调制度与理论发展的同步，相当多的国家都经历过"左"的思想的蹂躏，从而在社会主义经济、政治体制方面呈现出僵化色彩，致使社会主义活力不足，最终导致发展上的困难。另一方面，在社会主义理论与制度拉开距离并出现挫折时，苏东一些社会主义国家走向另一极端，即干脆摆脱科学社会主义的指导，而转向民主社会主义，以致在实践上与社会主义道路分道扬镳，最终使共产党丢掉了执政地位，使社会主义制度灰飞烟灭。其次，对科学社会主义作分割理论、运动、制度式的理解，导致视野闭塞和对社会主义运动和制度评价标准的自以为是。由于大多数政党只是以自身的运动和制度特征来理解科学社会主义，因而在认识其他政党的社会主义运动或社会主义制度时，如果和自己的不同，往往便认为是教条主义或修正主义，因而造成20世纪五六十年代社会主义体系内部的争论、分裂和互相攻击，甚至一些国家有着不同或对立的"马克思主义政党"组织。这种分裂，既削弱了社会主义理论在世界的影响，同时对社会主义运动和社会主义制度的发展也造成严重的伤害。

只有从理论、运动、制度统一的高度把握科学社会主义，才能使社会主义形成整体性和科学性的统一、理论与实践的统一。更重要的，坚持这一科学的认识方法，在三者统一中理解科学社会主义的整体性，对于当代世界社会主义理论、运动、制度发展的价值整合具有重要意义。同时，它提示人们：只有在三者的结合中，才能推动科学社会主义理论与实践的健康发展，只有在社会主义运动、制度之间通过相互参照和借鉴才能推进社会主义的发展。

第三节 科学社会主义发展的普遍性与特殊性

社会主义发展，既体现着社会主义的普遍、共同的"本质"，又有着特殊性要求。这是社会主义发展的一个规律性特点。这一特点决定了社会主义作为人类社会发展的历史必然和统一趋势，在具体实践中则表现为模式的多样性与特殊性。

一 科学社会主义理论与具体实践相结合是一重大原则

矛盾的普遍性与特殊性的关系，深刻表现了事物自身矛盾的本质，揭示了事物内在矛盾及其发展的丰富内容。研究事物的矛盾，归根到底都是从不同的角度研究矛盾的普遍性与特殊性。正如毛泽东所说，矛盾的普遍性和特殊性"这一共性个性、绝对相对的道理，是关于事物矛盾问题的精髓"[①]。科学社会主义作为一种社会矛盾的展开过程，也有其普遍性与特殊性。二者的统一，既是认识社会主义运行过程的应有视角，也是社会主义实践发展中的活的灵魂。

社会主义普遍本质的形成和体现，是建立在人类社会发展规律的基础上的。社会主义是人类社会发展中的一个"自然历史过程"，是社会形态演进中的一个必经阶段。社会主义绝不是主观臆想的产物，而是人类社会规律通过自身的客观力量所反映出的必然。科学社会主义的创立者马克思和恩格斯依据社会发展规律的提示，并从当时所处的资本主义社会这一环境的研究入手，通过分析资本主义社会的细胞——商品，揭示了资本主义的内在"奥秘"及其存在的暂时性，把握了资本主义生产方式的固有矛

[①] 《毛泽东选集》第 1 卷，人民出版社 1991 年版，第 320 页。

盾和资本主义的特殊运动规律，阐明了社会主义必然代替资本主义的特殊运动规律，论述了无产阶级革命和社会主义建设的一般原理。这一原理，成为各国无产阶级和被压迫人民、被压迫民族的战斗旗帜和行动指南。科学社会主义一经产生，其中所包含的普遍性原则及理论意义，便吸引着世界无产阶级为之而奋斗。随即，理论的科学性转化为实践层面上的科学性，在20世纪，欧美及亚洲各国无产阶级及其政党在马克思主义指引下，开展了无产阶级反对资产阶级的革命斗争，使社会主义由理想变为现实，并从一国胜利到多国胜利。

科学社会主义包括的基本原则和普遍性特征，有着丰富的内容，如承认社会主义是资本主义的必然替代物，并把这一替代过程视为人类社会发展规律的展示；社会主义社会承认无产阶级和人民群众在国家政权、经济组织中的主体地位和作用；社会主义有追求公有制和最终消灭剥削的意向；社会主义具有按劳分配的发展趋向；社会主义在物质、精神、政治三个文明建设中必须有相对资本主义的更高速度和质量，等等。同时，这种普遍性，还包括研究、推进社会主义的科学方法，如：社会主义研究和建设，不是从抽象的原则出发，而是从客观事实出发，从时代发展的新特点出发，社会主义要在保持与时俱进的姿态中始终寻求着新的发展动力和发展前景。对此，马克思认为："在将来某个特定的时刻应该做什么，应该马上做些什么，这当然完全取决于人们将不得不在其中活动的那个特定的历史环境。"[①]

认识矛盾的普遍性，掌握科学社会主义的基本原则，有着重要意义，同样，认识社会主义发展的特殊性，亦具有重要意义。这是因为，一个事物之所以能够同其他事物区别开来，就在于其内部包含的矛盾具有不同于其他事物的特殊性。不了解事物矛盾的特殊性，就无从确定一个事物区别于其他事物的特殊本质，就不能发现事物运动和发展的特殊原因，也就谈不上正确处理事物的矛盾。科学社会主义蕴含着普遍性特点，但在实践推进过程中，它最终又通过一个个具体而特殊的运动、制度来体现。社会主义的特殊性，就在于它在与当时当地的历史条件的结合中，呈现出不同的面貌，体现出不同的"特质"。马克思和恩格斯曾明确指出，不管世界历史

---

① 《马克思恩格斯全集》第35卷，人民出版社1971年版，第154页。

发生了多大变化,《共产党宣言》所阐述的一般原理整个来说是完全正确的。但是,对基本原理的实际运用,"随时随地要以当时的历史条件为转移"。① 时代以及所制约的情况在不断地发生变化,而各国的国情又有所不同,因此,科学社会主义基本原理在不同时期不同国度里的实际运用,当然会有所不同。列宁就此认为,马克思主义所提供的"只是总的指导原理,而这些原理的应用,具体地说,在英国不同于法国,在法国不同于德国,在德国又不同于俄国"。② 理论既有普遍适用的范围,又有使其保持真理性的特殊"语境"。这就要求,只有从当时当地的客观实际出发,创造性地运用科学社会主义理论,制定出适合本国国情的路线、方针、政策,才能引导革命和建设不断取得胜利。否则,只能遭受挫折和失败。

坚持科学社会主义基本原理与具体实践相结合,是一条重要的马克思主义原则,是推动社会主义事业前进的根本保证。回顾科学社会主义的发展历史,社会主义运动和制度建设遵循这一原则,就会成长、壮大;违背这一原则,就会导致挫折甚至失败。列宁坚持科学社会主义的理论指导,在帝国主义条件下,根据其发展不平衡规律,抓住其统治的薄弱环节,认为社会主义革命可以在一国或少数几个国家首先取得胜利,这就与马克思的革命共同胜利论有了理解上的差异,并在实践上一举取得俄国社会主义革命的胜利。毛泽东在探索中国革命道路时,坚持了社会主义原则,但又结合中国国情,对革命道路作出了不同于俄国中心城市武装起义的形式,而选择了农村包围城市的中国式道路,并取得了革命成功。在 20 世纪末期,针对中国社会主义如何发展,邓小平从时代精神、时代特征和中国国情这一客观条件的变化出发,指出:"我们多次重申,要坚持马克思主义,坚持走社会主义道路。但是,马克思主义必须是同中国实际相结合的马克思主义,社会主义必须是切合中国实际的有中国特色的社会主义。"③ 这是对科学社会主义与具体实践相结合这一原则的灵活运用,也是对长期历史经验的科学总结。

科学社会主义基本原则与具体实践的统一,是一个整体性原则,决不

---

① 《马克思恩格斯选集》第 1 卷,人民出版社 1995 年版,第 248 页。
② 《列宁选集》第 1 卷,人民出版社 1995 年版,第 274—275 页。
③ 《邓小平文选》第 3 卷,人民出版社 1993 年版,第 63 页。

允许割裂。如果在理论和实践上割裂了二者的统一关系，将会发生重大的失误。脱离具体实践，科学社会主义就会转化为抽象、僵滞的东西，就会在理论和实践上犯教条主义与"左"的错误。在社会主义运动和社会主义制度建设中，之所以长期存在教条主义习气，并在实践上妨碍了社会主义活力和优越性的迸发，关键的就是割裂了二者的统一关系。这表现为在社会主义的推进过程上，不照顾时代变化和国情所体现的新特点，只是从书本出发，从理论出发，使社会主义带着经济、政治体制的偏失而匆忙上路，从而阻碍了社会主义的发展。对科学社会主义能否做到坚信而不迷信，直接关系到社会主义的生死存亡。正如邓小平在反思社会主义发展的历史经验教训之后所指出的那样："一个党，一个国家，一个民族，如果一切从本本出发，思想僵化，迷信盛行，那它就不能前进，它的生机就停止了，就要亡党亡国。"① 要坚持科学社会主义，就必须结合具体实践加以理解、贯彻和发展，这是因为，科学社会主义原则从来不是教条，而是行动的指南。要坚持社会主义，就必须根据它的基本原则和基本方法，不断结合变化着的实际，探索解决新问题的答案，从而在推进社会主义实践的同时也发展马克思主义理论本身。只有采取如此的态度，才能在开拓社会主义发展新道路的同时，开辟出科学社会主义理论的新境界。另一方面，具体实践也不能脱离科学社会主义原则的指导。社会主义实践虽然需要根据时代的变化而在路线、政策方面适时作出调整，但决不允许脱离社会主义基本原则而对其作出随意性的解释。这是因为，科学社会主义产生于人类历史规律所支配的社会发展进程中，有着客观必然性与科学性。邓小平在总结中国改革开放和社会主义现代化建设的成功经验时指出："我们搞改革开放，把工作重心放在经济建设上，没有丢马克思，没有丢列宁，也没有丢毛泽东。老祖宗不能丢啊！"② 这是中国成功探索和开辟中国特色社会主义发展道路的基本经验。

二 社会主义发展的多样性

坚持科学社会主义基本原理与各国具体实际相结合，这一原则本身就

---

① 《邓小平文选》第2卷，人民出版社1994年版，第143页。
② 《邓小平文选》，第3卷，人民出版社1993年版，第369页。

内含着对社会主义发展多样性特点的确认。这是因为，各个国家的具体国情，包括经济、政治、文化、历史诸因素有着与他国不同的特点，因而在社会主义革命道路、社会主义发展阶段和社会主义发展形式的选择上，都有着某种程度的"自我"特点。在原则和实际的结合中，社会主义必然呈现出丰富性、多样性的品质。

社会主义发展的多样性特点，决定了社会主义发展中不存在一个固定不变的模式，也不允许照搬别国的模式。按照人类社会发展的规律，各国都要走向社会主义，但是由于时代和国情的不同，各国实现社会主义的道路和模式又是多种多样的。正如列宁所说："一切民族都将走向社会主义，这是不可避免的，但是，一切民族的走法都不会完全一样，在民主的这种或那种形式上，在无产阶级专政的这种或那种形态上，在社会主义生活各方面的社会主义改造的速度上，每个民族都会有自己的特点。"① 社会主义随着时代的发展和社会环境、各国国情的变化而作为过程出现，因此，社会主义不存在抽象的、固定不变的统一发展模式。承认统一模式的存在，那也就预示着对本国具体特点的忽略和放弃，而对别国模式的照搬，这在历史中从来没有成功的范例。

社会主义发展的多样化，这是一个朴素而实在的真理。而在认识并承认这一真理的过程中，许多人付出了沉重的代价。在世界社会主义发展史上，一种僵化的社会主义模式长期束缚着人们的思想，把苏联的经验神圣化，把权力过分集中的体制与社会主义制度划等号，这不仅严重影响了社会主义的发展，而且败坏了社会主义的声誉。实际上，大多数社会主义国家，在一定历史时期都照搬了苏联模式。这一照搬的后果是：首先，照搬本身就说明社会主义脱离了自己的国情，使社会主义成为没有"自己特点"的社会主义，这就难免使社会主义具有抽象、僵化特征。其次，从照搬的模式来看，苏联社会主义本身没有适时坚持科学社会主义原理与时代条件相结合的原则，因而有着明显的僵滞特点。这种特点随着模式的输出无疑感染了他国社会主义，这就使社会主义国家的抽象性特征雪上加霜。20世纪70年代开始，一系列社会主义国家所以形成改革浪潮，其实践指向即是对苏联模式的否定和放弃，尤其是中国社会主义的改革，更是

---

① 《列宁全集》第28卷，人民出版社1990年版，第163页。

在放弃模式照搬的前提下对中国式社会主义发展道路的探索。邓小平通过科学地分析世界社会主义事业发展的历史和现状,明确指出:"固定的模式是没有的,也不可能有。"①"照抄照搬别国经验、别国模式,从来不能得到成功。这方面我们有过不少教训。"②"坦率地说,我们过去照搬苏联社会主义的模式,带来很多问题。"③ 这深刻地说明,坚持社会主义,不等于坚持某种单一的社会主义模式;改革或抛弃某种社会主义模式,不等于改掉或抛弃社会主义;某种社会主义模式的失败,也不等于整个社会主义事业的失败。在这一思想的指引下,中国共产党在处理社会主义基本原则的统一性与社会主义发展道路的多样性、社会主义基本原则的普遍性与中国具体国情的特殊性的相互关系的问题上,取得了重大突破,开创了一条充满生机和活力的中国特色的社会主义发展道路。

当代世界社会主义理论、运动和制度发展中,多样化的趋势日渐明朗。这一多样化,既是科学社会主义与本国实际结合的产物,又是时代发展形成的必然。当代世界和时代的发展,其多样化特点非常鲜明。对此,江泽民认为:"世界是丰富多彩的。各国文明的多样性,是人类社会的基本特征,也是人类文明进步的动力。应尊重各国的历史文化、社会制度和发展模式,承认世界多样性的现实。世界各种文明和社会制度,应长期共存,在竞争比较中取长补短,在求同存异中共同发展。"④ 作为世界文明、世界实践进程中的一部分,社会主义发展具有多样性是不言而喻的。首先,从理论方面看,在当代世界,由于科学社会主义与不同的国家特点相结合,因而在理论上出现了丰富性的特征,并结合自己的实践推动着社会主义理论向多样性的方向发展。其次,从社会主义运动的角度看,其形式的探索更是异彩纷呈。比如:在发达国家中,经历了苏东剧变的冲击之后,生存下来的共产党为了走出低谷谋求新的发展,普遍进行理论反思和政策调整,相继修改了党章和党纲,根据新形势重新确立了指导思想和路线。在党的指导思想上,除少数党仍坚持过去对马克思主义的理解而没有明显更新倾向外,大多数党则强调必须尊重本国的进步思想和革命传统,

---

① 《邓小平文选》第3卷,人民出版社1993年版,第292页。
② 同上书,第2—3页。
③ 同上书,第261页。
④ 《江泽民论有中国特色社会主义(专题摘编)》,中央文献出版社2002年版,第535页。

从实际出发，丰富、深化和发展马克思主义。在社会主义道路问题上，强调社会主义要有民族特色，突出强调民主、自由、人权、平等是社会主义的根本因素。提出要在社会主义框架内通过民主变革、改造现行资本主义社会，超越资本主义，进而实现社会主义、共产主义。在对资本主义的认识上，各国共产党普遍承认资本主义仍有调整能力，资本主义总危机尚未到来，共产主义低潮尚未过去。发展中国家的共产党，大多把摆脱贫困、摆脱压迫作为社会主义的现实目标，并通过调整斗争方式，普遍转向合法斗争。而一些原社会主义国家的共产党，在丢掉政权之后开始反思过去，总结教训，并在对社会主义的积极探索中寻求自身存在的合法性。在社会中的地位不同，面临的国情不同，使社会主义运动在世界中呈现着多样化发展的特点。再次，从社会主义制度发展的角度来看，多样化特点更加明显。苏东社会主义制度消失之后，各社会主义国家结合自己的国情及独特的环境，对于如何建设社会主义问题进行摸索，按照自己独特的发展道路向前迈进。中国社会主义在中共第二代、第三代领导集体的领导下，在经济、政治、文化诸领域进行全方位改革，使社会主义理论得到极大发展，社会主义制度焕发出巨大生命力。越南在社会主义旗帜下，提出将继续坚持以经济建设为中心，以党的建设为关键，对农业、工业、所有制结构进行改革，并在马克思列宁主义和胡志明思想的指导下，推动了社会主义的全面进步。老挝社会主义在发展中，对自身阶段的认识，定位为老挝仍处在建设和发展人民民主制度、为逐步进入社会主义创造必要条件的历史阶段。古巴面对美国的封锁，继续高扬社会主义旗帜，并坚持局部性改革和"纠偏"，体现了新经济政策，改变了靠外援求发展、优先实现国家工业化的旧的方针，提出了自力更生求生存，优先发展食品工业和创汇产业的新方针。社会主义民主建设不断增强，在党的性质理解中突出民族性，增加广泛性。朝鲜社会主义面对复杂的国际环境和自然困难，在坚持计划经济和公有制经济的基础上，提出了建设"主体社会主义强盛大国"的战略。朝鲜近年来也进行了一些改革，进一步放宽限制，农业形势特别是粮食问题有了好转，在发展对外关系方面有了较大突破。几个社会主义国家的发展各有特点，即使同是实行改革开放的国家，在社会主义上的理解上也有差异。这都是社会主义发展多样性所允许的。

三 科学社会主义多样化发展的未来趋势

进入21世纪之后，在20世纪兴起又在20世纪遭遇重大挫折的社会主义，其前景如何，成了人们关注的热点之一。西方一些政治家预言，在20世纪崛起的社会主义在21世纪将会灭亡，并将作为最反常的政治和理性畸形物被载入史册。社会民主党预言，21世纪将是社会民主主义战胜科学社会主义的世纪，社会民主党人将是传播"社会主义"的唯一力量。上述有关对社会主义未来的理解，由于脱离了历史，缺少了科学，因而是主观随意、一厢情愿的。关于对社会主义未来的畅想，马克思和恩格斯一直持十分谨慎的态度。恩格斯在回答记者关于共产党人将提出什么样的最终目标这一问题时，指出："我们没有最终目标。我们是不断发展者，我们不打算把什么最终规律强加给人类。关于未来社会组织方面的详细情况的预定看法吗？您在我们这里连它们的影子也找不到。"① 在评论《资本论》第一卷出版时，恩格斯又指出，一些读者"可能会以为他从这本书里会知道共产主义的千年王国看来到底是什么样子。谁期望得到这种愉快，谁就大错特错了"②。但是，社会主义本身又具有理性性质，又具有"展望未来"的特点。我们当然不能教条式地预料未来，但我们在审视、把握现时代特征及其社会主义发展特点的前提下，可以初步认识社会主义的未来。可以认为：21世纪的社会主义将会五彩纷呈，各具特色，21世纪是社会主义借助全球化和新科技革命而有所作为，大展宏图，并同资本主义进行和平竞争的世纪。社会主义多样性发展的趋势已日益明朗，但其在21世纪的展开，将受到全球化进程的洗礼。社会主义与全球化有着密切的联系。马克思和恩格斯始终用"世界历史"眼光审视和把握社会主义，他们认为，生产力的普遍发展会给人们带来普遍的交往，而"交往的任何扩大都会消灭地域性的共产主义"，因此，共产主义的实践"是以生产力的普遍发展和与此有关的世界交往的普遍发展为前提的。"③ 当代，经济全球化已成为世界发展的大趋势。传统社会主义由于在理论和实践中

---

① 《马克思恩格斯全集》第22卷，人民出版社1965年版，第629页。
② 《马克思恩格斯全集》第16卷，人民出版社1964年版，第243页。
③ 《马克思恩格斯选集》第1卷，人民出版社1995年版，第40页。

具有封闭性特点,因而没有在与世界经济全球化的互动中撞击出自身应有的活力。随着经济全球化的纵深发展,社会主义与全球化的全面"遭遇"不可避免。面对这一情景,社会主义合理的态度不是躲避而是自觉地融入其中,并在适应全球化的过程中发展自身。全球化不是销蚀一个民族、一个国家的自主性和独立性,而是在某种意义上丰富着民族的个性和特殊性。因此,社会主义的多样化不仅不会在全球化中被消解,反而为社会主义的多样性提供了一个巨大的空间和历史舞台。21世纪,随着全球化的推进,社会主义的多样性发展将会闪放出灿烂的光彩。

21世纪,社会主义与资本主义将会在互相依存、和平竞争中成熟和壮大。全球化是随着资本主义而出现的。在以往的发展中,资本主义是全球化的最大受益者。但全球化并不是资本主义的独属物。从发展的空间角度分析,资本主义随着交往的扩大,而形成了自身的发展。但当资本主义的触角凭借全球化这一载体而渗入到世界各个空间时,它的发展的极限已经到来。当资本主义的内在矛盾已不能外移、转嫁时,其各种弊病就会暴露无遗。从当代来看,资本主义的发展速度开始放缓,资本主义社会结构明显活力不足,全球化对资本主义所形成的"限制"已日渐端倪。在全球化进程开展如火如荼的20世纪80—90年代,一系列社会主义国家出现了崩塌局面,完全是因为社会主义从封闭转向开放,在全球化的冲击下而形成了一个"不安定"区间,由于经受不住震荡而使社会主义遭遇"临时性"挫折。可以说,在全球化的竞争中,社会主义制度以其自身的活力和公正性,将有着更大的赢面。社会主义有着充满希望的未来和辉煌的前景。

21世纪的时代特点,将使多样化的社会主义发展推进到新的发展阶段。21世纪,时代的主题仍是和平与发展。这一时代特征,为社会主义营造出空前的机会和外部条件。在战争与革命的时代环境中,社会主义在应付错综复杂的内外条件下尚取得重大发展;和平与发展的时代,社会主义国家应用经济增长、社会公正、社会全面发展的优越性吸引群众,并向人类证明:社会主义是社会发展的必由之路,社会主义优于资本主义;社会主义理论是最完善的思想体系,社会主义运动是向最美好理想追求的环节与过程,社会主义制度建设是走向美好未来的载体并为理想的实现开辟着道路;社会主义理论、运动、制度不仅不会在21世纪沉沦,反而会赢得自己的未来与胜利。

第四节 《科学社会主义通论》的理论性质及其意义

科学社会主义诞生以来，由于它的科学性与影响力，吸引了众多人的广泛研究。即使在中国，科学社会主义研究类的教材、专著就有上百种之多。本书之所以称为《科学社会主义通论》，自有其与以往科学社会主义研究的不同之处，其独特之点，即突出了在研究对象、研究方法和框架体系方面的创新性和系统性。

一 《科学社会主义通论》的研究对象和研究方法

科学社会主义是关于社会主义理论、运动、制度的基本观点、内在规律、主要特征及其相互关系的科学。《科学社会主义通论》，即是通过对社会主义理论、运动、制度的综合考察，在其相互作用、相互促进的过程中揭示社会主义产生、演变和发展的历史过程及其规律的研究专著。《科学社会主义通论》就其特征而言，具有包容着社会主义原理、社会主义运动、社会主义制度的综合性，同时它又有理论、运动、制度各自纵向一脉相承而又与时俱进，横向涵盖贯通而又交叉辐射的立体性分析与探索。《科学社会主义通论》之所以称为通论，就在于它在时间上打通了马克思和恩格斯、列宁、毛泽东、邓小平等所代表的社会主义发展的不同阶段，形成了社会主义从历史到现实的"过渡"；在空间上打通了理论、运动、制度三者之间的关系，使其形成为整体性活动；在内容上打通了社会主义普遍原则和具体"现实"的互动，从而丰富了科学社会主义的科学性、生动性。而这类问题恰恰是以往研究中所忽视的，但又恰恰是研究社会主义所必需的。我们之所以迎难而上，把其作为研究课题，其动力就在这里。

《科学社会主义通论》与社会主义思想史的研究对象不同。社会主义思想史是研究社会主义思想或学说产生、演变和发展的历史过程及其规律的科学。它要考察的是社会主义理论的历史，这就要求人们通过按照社会主义的理论逻辑来了解社会主义是什么。它一般不把社会主义的实践进程包容入自己的视野。而《科学社会主义通论》则不同，其研究对象不仅仅是思想史，而且还包括社会主义运动、社会主义制度发展的实践进程。它从多侧面、多角度考察社会主义理论与实践的互动过程。它所涉及的内容比社会主义思想史要宽泛得多。可以说，《科学社会主义通论》浓缩着社会主义理论、实践发展的整个进程。

《科学社会主义通论》与社会主义运动史、社会主义制度史等学科的研究对象也不同。后者研究的是社会主义实践活动的发展史。尽管它也涉及到科学社会主义理论问题，但不可能揭示理论的发展全貌和与时俱进的特点。它是对理论"背景"的借用，而不是对理论发展的关切。而《科学社会主义通论》则贯通了理论与实践的统一，把理论逻辑与实践逻辑通融为一个历史轨道从而把社会主义的发展特征一览无余地展示出来。理论的科学性和实践的合理性，在二者的互动、互证中而加以体现。思想史的合理性因缺乏实践的支撑往往具有某些虚幻的意义；实践史的描述如果没有理论的结合也就具有了"不确定性"和"自发性"色彩。就此意义而言，科学社会主义通论的研究对象，对此学科的建设有着更大的科学性、严谨性要求，对研究者的自身素养也提出更高的要求和挑战。科学社会主义通论，对于社会主义思想史、社会主义运动史而言，更具有综合意义。

《科学社会主义通论》与科学社会主义原理学科的研究对象亦不同。科学社会主义原理是研究变革资本主义世界、建设社会主义新世界的一般规律的科学，是关于"变革"和"建设"的基本原理，仍属于理论学科。它虽然也关注科学社会主义的实践进程，但更重视的是理论逻辑的推进，实践逻辑只不过作为辅线而隐蕴于其学科的背后。而《科学社会主义通论》则主张理论与实践相统一的"逻辑"，它在二者统一的基础上展示社会主义的整体性。如果说，科学社会主义原理是从"静态"的角度把社会主义变革和发展中的经验通过历史的沉淀而在思想中固定下来，而《科学社会主义通论》则是动态的把社会主义描述为一个连续不断的前进过程，是从历史的视角把社会主义发展规律还原为活生生的产生和运用过程；原理性研究揭示的是社会主义侧面，《科学社会主义通论》展示的是社会主义发展的全貌。

《科学社会主义通论》既然有着独特的研究对象，也就要求相应的研究方法与之适应。其研究方法体现着如下特点：

首先，史论结合。《科学社会主义通论》既是对社会主义发展历史的展示，又是通过理论、运动、制度的综合分析而对社会主义发展规律的提炼。史论相互映照，相互促进，相互佐证，成为本书的一个特色。被研究的激情以及科学社会主义内蕴的科学精神所支配，研究者身不由己地"回到"马克思、列宁、毛泽东等时代，身临其境般的与"马克思"对话，就当时的社会主义运动、制度发展的特点进行意见"交换"。我们在聆听了伟人的"教诲"后，又结合不同时代社会主义运动、制度发展的实际，形成了我们自认为的"不易之论"。

其次，理论与实践的结合。科学社会主义的巨大历史意义和实践价值，就产生于理论与实践的结合中。脱离了实践的理论易"虚"，脱离了理论的实践则"盲"，这是千古不变之论。为了既克服以往科学社会主义研究中的一些"纸上谈兵"倾向，又克服社会主义的"非理性"特点，我们把理论与实践结合的方法作为《科学社会主义通论》研究中的主要原则。我们之所以把社会主义理论、运动、制度的推进纳入统一视野进行整体研究，即是我们力图对这一原则的实际贯彻。

再次，时间坐标与空间坐标的统一。科学社会主义发展是连续性与阶段性相统一的过程。其发展的连续性，使我们可以把握社会主义的历史感，其发展的阶段性使我们认识了社会主义的创新意义和时代感。从时间坐标上分析，科学社会主义产生以来的150多年，是一面飘扬的旗帜，而在不同的历史过程，科学社会主义面对不同的环境和历史任务，其在发展中又显现出不同的阶段。揭示出这种阶段性，可以向人们展示出科学社会主义发展的持续性、创新性及与时俱进的特点。从空间坐标上分析，社会主义本身是"世界历史"性产物，作为理论、运动、制度发展的结晶体，体现着统、分结合的显著特点。不同阶段所面临的时代背景与世界大势，也构成了新的审视社会主义的宏观背景。空间坐标的定位，使对科学社会主义的研究少了一些笼统性，使不同阶段的社会主义成为人们可感觉、可理解的活生生的客体。时间与空间统一坐标的构造，是《科学社会主义通论》所要求的，在实际操作中，它也确实是我们顺利完成此书的方法论条件。

二 《科学社会主义通论》的框架体系

《科学社会主义通论》有着独特的研究对象，有这一对象所决定的方法论要求，在此基础上，我们形成了此书的框架体系。全书共分四卷，每卷包含科学社会主义理论、运动、制度三个方面的内容。

第一卷，马克思恩格斯的科学社会主义与19世纪的国际共产主义运动。

19世纪40年代，科学社会主义诞生。本卷从发展意义上，分析了科学社会主义产生的历史条件、理论前提，并揭示了科学社会主义的形成过程。从理论上，阐述了关于人类社会发展的总趋势、关于资本主义的一般理论、无产阶级的社会地位与历史使命、无产阶级政党、无产阶级革命、过渡时期和无产阶级专政、共产主义社会及发展阶段等科学社会主义的基本原理。科学社会主义产生之后，与国际共产主义运动形成互动作用。从共产主义者同盟的建立，到1848年欧洲革命、第一国际、第二国际、巴黎公社，半个世纪的革命运动过程及经验在书中得到反映。社会主义制度由于还没有建立，因此没有专设篇目。但马克思和恩格斯关于社会主义制度的构想，在本卷有所体现。

第二卷，列宁主义、社会主义在一国胜利与20世纪前半期的世界社会主义运动。

19世纪末20世纪初，世界进入了帝国主义和无产阶级革命的时代，以列宁为主要代表的马克思主义者，捍卫和发展了科学社会主义，并把这个学说转化为社会现实，在世界上建立了第一个社会主义国家。本卷揭示了列宁在社会主义理论方面的丰富和发展，展现了苏联社会主义制度的探索及得失。20世纪前半期也是世界社会主义运动蓬勃发展的时期。

第三卷，毛泽东思想、中国社会主义制度的确立与社会主义在多国胜利时期的世界社会主义运动。

"二战"之后，一系列社会主义国家开始出现，社会主义从一国实践扩展到多国实践，形成为一种世界性体系。这一阶段，对科学社会主义作出巨大建树和贡献的代表人物是毛泽东。毛泽东在长期的革命和建设实践中创建了新民主主义理论和社会主义建设理论，极大地丰富了科学社会主义理论宝库。中国社会主义制度的确立，为经济、政治、文化、政党、法律等具体制度的建设奠定了基础。在世界社会主义运动中，"苏联模式"曾对各社会主义国家产生影响。发达和发展中国家的共产党通过各种形式为实现社会主义目标在进行斗争，与此同时，世界民族解放运动在20世纪 50—70 年代形成高潮。社会主义理论和运动在世界上渐成燎原之势。

第四卷，邓小平理论、中国特色社会主义的成功探索与社会主义模式多样化时期的世界社会主义运动。

自 20 世纪 70 年代中期开始，各社会主义国家通过对苏联模式的反思，开始了新一轮改革热潮。以邓小平为代表的中国共产党人，把科学社会主义原理与中国实际相结合，走出一条中国特色的社会主义道路，并创造了邓小平理论。江泽民继续推进这一理论的发展，形成了"三个代表"重要思想。中国社会主义制度日趋完善和发展。审视世界性社会主义运动，由于苏东社会主义的坍塌，世界社会主义运动遭受重大挫折。几个社会主义国家在新形势下继续进行着自己的探索。发达国家与发展中国家的共产党，结合新的实践形成对社会主义的新认识。社会主义运动多样化发展趋势日见明朗。

《科学社会主义通论》的结构体系，有着总、分结合的特点：从四个阶段体现社会主义的总体进程；从理论、运动、制度三个层面展示社会主义内容的丰富性。

三 《科学社会主义通论》研究的现实意义

对于科学社会主义的纵向发展与横向展开进行全景式的综合性研究，是一项艰巨的系统工程。这一工程的开展，具有巨大的现实意义。

开阔视野，把握社会主义的世界历史进程。社会主义不是封闭性的产物，而是一个具有世界历史性特点的、波澜壮阔的宏大过程。马克思和恩格斯作为科学社会主义的创始人，他们一开始就以世界眼光理解社会主义理论与运动。150 多年来，科学社会主义以其内在的科学价值，向世界展示了自身的合理性，并在与资本主义的竞争中，推进了人类社会历史的发展，改写了世界发展的格局与面貌。因此，对科学社会主义综合性研究，既可以通过了解社会主义在世界各地的发展，加深对社会主义发展规律的认识，又可以使人跳出地域性局限，在一个广阔的平台上审视和感受社会主义运行过程，并在社会主义与各地实际的结合中体味到社会主义的多样性特征。

以史为鉴，深化对社会主义的理解和认识。一切现实的社会现象和思想观念都是历史的产物。世界的今天是过去历史的延续，而今天的奋斗又描绘着未来丰富的画卷。不懂得过去的历史就不懂得今天的现实，也就不懂得未来世界究竟走向何处。人们应该站在历史与现实的交汇点上，从唯物主义历史观中引出对现实和未来的分析。当把科学社会主义总体过程作为研究对象时，历史唯物主义要求我们把它的过去、现在和未来联结在一起，作为一个不可分割的历史运动来看待。了解历史，是为了把握现实，把握现实则是为了更好地走向未来。近年来，面对苏联和东欧社会主义制度的消失，有人对社会主义的前途丧失了信心，认为社会主义在与资本主义竞争中难以保持优势。通过对科学社会主义进行通论性研究，我们可以发现：科学社会主义诞生150多年来，以自己的生命力在人类历史上留下了如此清晰的轨线，这本身即是社会主义内在力量的深刻表现。社会主义在推进过程中，虽然也遭遇到失误与挫折，但任何社会形态的发展，都是以挫折的出现为代价的。社会主义出现问题，是任何社会发展都所经历过的"常态"。面对困难和挫折，社会主义没有沉沦，而是义无返顾地奋身而起，继续在人类历史的演进中承担着自己应有的角色。社会主义理论、运动、制度发展的历史，是社会主义创造、走向辉煌的历史。

　　立足现实，推进中国特色社会主义事业。21世纪，我国进入全面建设小康社会，加快推进社会主义现代化的新的发展阶段。中国社会主义向着未来继续推进改革和建设大业。中国是世界发展和全球化进程中的一部分，中国的发展必须融入世界；中国社会主义是世界社会主义运动的一部分，中国社会主义发展也必须放置于世界社会主义的大背景中加以理解。科学社会主义在长期的历史发展中，积累了丰富的经验和教训，这是推进中国特色社会主义建设进程的宝贵财富，其影响深远，有着理论与实践的多重意义。从理论上说，作为指导思想的邓小平理论和"三个代表"重要思想，本身与马克思列宁主义、毛泽东思想一脉相承。要真正把这一理论学懂、学透，必须"沿流溯源，究其首尾"。具体地说，只有通过研究科学社会主义理论与实践，通过对社会主义的历史比较和国际观察，才能认识和理解邓小平理论与"三个代表"重要思想是怎样坚持和发展马克思主义的，才能掌握邓小平理论和"三个代表"重要思想的精髓和实质，并提高在实践中贯彻这一理论的自觉性。从实践上看，中国特色社会主义建设，是一个"规律性"的推进过程。江泽民认为："只要我们站在时代的前列，立足于新的实践，把握住时代特点，运用马克思主义基本原理研究现实中的重大问题，不断深化对共产党执政规律、对社会主义建设的规律、对人类社会发展规律的认识，不断吸取一切科学的新经验、新思想、新成果，我们就能够对丰富和发展马克思主义作出新的贡献。"① 研究科学社会主义理论与实践，可以使人们掌握社会主义的发展规律，并用这种规律性认识分析新情况，解决新问题，总结新经验，指导新实践。同时，世界社会主义运动，都对"什么是社会主义，怎样建设社会主义"进行探索，其经验对中国社会主义的推进，有积极的启发意义。

明辨方向，划清科学与非科学社会主义的界限。150多年前，马克思和恩格斯创立科学社会主义时，就曾对当时形形色色的"社会主义"进行清理和批判。在科学社会主义150多年的发展中，各种非科学社会主义总是如影相随。非科学社会主义的思潮和流派，大多是从科学社会主义内部所滋生和演变的。当代世界，社会主义流派五花八门，民主社会主义、市场社会主义、生态社会主义、新共产主义等等，不一而足。通过《科学社会主义通论》的研究，可以了解这些"社会主义"的来龙去脉，把握科学社会主义与非科学社会主义斗争的过程。同时，通过科学社会主义与其他社会主义的比较性认识，可以使人们真正认识邓小平理论和"三个代表"重要思想的正确性。当然，对于非科学社会主义的理解，也不能采取以往教条主义的做法而予以"一棍子打死"，在社会主义发展多样化的当代，不能一概否定非科学社会主义探索中的某些合理因素。但是，科学社会主义的原则和立场必须坚持，值得坚持。

---

① 江泽民：《在庆祝中国共产党成立八十周年大会上的讲话》，《人民日报》2001年7月2日。

第一卷

马克思恩格斯的科学社会主义与19世纪的国际共产主义运动

导论　科学社会主义的理论性质、基本特点及其伟大意义

科学社会主义又称科学共产主义，它作为一种思想体系，有广义和狭义之分。广义的科学社会主义是马克思主义的同义语；狭义上的科学社会主义则和马克思主义哲学、政治经济学等一样，是马克思主义的一个重要组成部分。本书主要从狭义上来研究和阐述科学社会主义。

马克思和恩格斯创立了科学社会主义的基本原理。科学社会主义的创立具有社会历史必然性：近代资本主义的发展为科学社会主义的产生准备了物质前提；无产阶级的成长和斗争为科学社会主义的产生奠定了阶级基础；人类优秀的文化成果尤其是空想社会主义学说的发展为科学社会主义提供了思想来源。

一　科学社会主义的理论性质

科学社会主义是研究无产阶级领导其他劳动人民进行革命斗争、建立和建设社会主义并最终实现共产主义的一般规律的科学。它揭示了人类社会发展的必然趋势，反映了无产阶级和其他劳动人民的意志和要求，是指导无产阶级和其他劳动人民正确地开展革命斗争、成功地建立社会主义制度、顺利地进行社会主义建设并最终实现共产主义社会的思想武器。这是科学社会主义区别于其他任何学科所独具的基本性质。

首先，科学社会主义揭示社会主义社会建立的历史必然性，并回答谁来建立社会主义和怎样建立社会主义的问题。马克思和恩格斯从历史唯物主义的基本原理出发，深刻地剖析了资本主义社会的基本矛盾运动，从而得出了社会主义必然代替资本主义的科学论断。他们还分析了资本主义社会中无产阶级和资产阶级的对立，阐明了无产阶级的特性和历史使命，从

而找到了变革资本主义、建立社会主义的基本力量。他们还考察了社会变革的基本方式，提出了革命是历史火车头的道理，阐述了无产阶级进行革命斗争的必要性。科学社会主义创始人提出的这些理论，奠定了科学社会主义最基本的立场和观点，具有普遍的指导意义。各国无产阶级及其政党以这一基本立场和观点为指导，结合本国的具体情况，开展了蓬勃多样的革命实践活动。一些经济文化相对落后的国家首先取得无产阶级革命斗争的胜利，建立起社会主义制度。当代发达资本主义国家的无产阶级和其他劳动群众针对各自面临的新情况和新问题，积极探索争取社会主义胜利的新路子。各国无产阶级革命斗争的实践，在一定程度上印证了社会主义建立的必然性，同时也提出了一些需要具体、深入研究的新课题。

其次，科学社会主义阐明社会主义社会的基本形态，回答什么是社会主义。科学社会主义创始人根据社会发展的客观规律，对社会主义社会（即共产主义社会第一阶段）的基本形态进行了预测，概括了社会主义社会的经济特征、人的特点及其相互关系，分析了社会主义社会的发展进程，展示了它的优越性和强大生命力，勾画了作为完备形态的社会主义社会的概貌。社会主义实践的历史进程，由于受不同国家社会历史条件的影响，必然会呈现出多样化的表现，特别是在经济文化落后的国家，先于发达资本主义国家进入社会主义社会后，在社会主义初级阶段上，必然会有自己的某些特殊表现。这些特殊表现既体现了科学社会主义创始人关于未来社会主义社会基本形态论述的本质内容，又不是那种理想社会图景的简单仿造。马克思和恩格斯早已申明，他们不打算给未来社会设计既成的方案，只是揭示它的一般发展趋势和总的发展目标。各国无产阶级及其政党不能把革命导师的某些论述教条化；而应以他们的思想为原则指导，结合本国实际情况，去奋力开拓前进，不断探索。

再次，科学社会主义探讨建设社会主义的规律，回答如何搞好社会主义建设的问题。马克思和恩格斯是在资本主义条件下创立科学社会主义基本理论的，受这种历史条件的限制，他们没有也不可能对怎样建设社会主义进行系统的论述，而只是作了某些一般的说明，比如，社会主义社会要大力发展生产力，社会主义社会是不断改革的社会等。社会主义建设是前所未有的辉煌事业，研究和探索社会主义建设的规律具有特别重要的意义。已经建立社会主义制度的国家应当把研究社会主义建设的规律，作为科学社会主义研究的重点，既要坚持革命导师所作的社会主义建设一般规律的论述，又要结合本国国情，探索社会主义建设的具体规律，包括经济建设、民主政治建设、思想文化建设等各个方面，以及不同发展阶段的特殊规律。中国共产党提出的建设中国特色的社会主义理论，就是关于建设社会主义的一般规律同中国社会主义建设的特殊规律的有机结合；是对科学社会主义关于社会主义建设理论的极大丰富和发展。

最后，科学社会主义指明社会主义的发展前途，回答何谓共产主义社会。这里所说的共产主义，是指共产主义社会的高级阶段。共产主义是一种什么样的社会？为什么要实现共产主义？科学社会主义创始人对此曾作过许多明确的阐述。但是，这些阐述不是该问题研究的终结，而只是奠定了一个基础。共产主义社会究竟如何？怎样才能实现？仍需要一代又一代的无产阶级和共产党人在实践中继续探索、研究。

总之，科学社会主义奠定了它的基本原理，所以对各国无产阶级和其他劳动人民从事革命斗争、进行社会主义建设具有巨大的指导作用；同时它也要求各国无产阶级和其他劳动人民在革命或建设实践中不断研究新情况，解决新问题，丰富和发展科学社会主义，使它的指导作用更有力、更直接，更见成效。

二 科学社会主义的基本特点

科学社会主义作为一个独立的思想体系，表现出如下鲜明的理论特点：

1. 严密的科学性和巨大的先进性

科学社会主义是建立在唯物史观和剩余价值学说基础上的科学理论。它不是从主观的"理性"原则出发，把社会发展的原因归结为伟大人物头脑中所作的某种合乎"理性"的思想活动。科学社会主义是从社会实际出发，立足于对社会基本矛盾运动的分析，从资本主义社会的经济发展中论证实现社会主义的客观必然性，研究无产阶级和资产阶级"这两个阶级及其相互斗争的那种历史的经济的过程；并在由此造成的经济状况中找出解决冲突的手段"。[①] 这样，科学社会主义便成为人类社会发展的客

[①] 《马克思恩格斯选集》第3卷，人民出版社1995年版，第739页。

观规律的反映,而不是某些伟大人物头脑中的幻想,从而具有了真正的科学的价值。

科学社会主义的科学性决定了它是先进的理论,具有先进性,它把社会看作一个不断进步发展的过程,指明社会发展的动力,揭示社会运动的规律,昭示社会进步的前途。它决不像有些理论那样反映的是落后的生产方式,企图拉历史车轮后退;也不像有些理论那样仅反映某一时期、某一方面的社会发展状况,带有很大的历史局限性,随着社会的进一步发展,便成了保守的东西。科学社会主义是随着社会的实践不断发展的,同时,站在历史的潮头,引导社会历史的前进。换言之,科学社会主义的先进性在于它的科学性,其科学性标明了它必然具有先进性。

2. 鲜明的阶级性和彻底的革命性

科学社会主义就其阶级本质来说,是研究无产阶级解放运动的科学,不是研究其他阶级的解放运动,也不是研究抽象的"人"的解放运动。如果离开了无产阶级的解放而侈谈"人"的解放,社会主义学说就成了资产阶级也可以接受的东西。科学社会主义是总结无产阶级最初的解放斗争经验而创立的,它又给无产阶级为实现彻底的解放而进行的斗争以理论指导,它也要随着无产阶级解放斗争的发展而不断发展完善。所以科学社会主义体现的是无产阶级的利益和要求,反映的是无产阶级的意志和愿望。当然,科学社会主义所体现和反映的并不仅仅是无产阶级一个阶级的私利。无产阶级在社会化大生产中的地位,决定了它是革命性最坚决最彻底和最有前途的阶级,它能够代表全体劳动人民的利益,担负起在全世界实现没有剥削、没有压迫、没有阶级的共产主义社会制度的光荣任务。恩格斯曾明确指出:"完成这一解放世界的事业,是现代无产阶级的历史使命。考察这一事业的历史条件以及这一事业的性质本身,从而使负有使命完成这一事业的今天受压迫的阶级认识到自己行动的条件和性质,这就是无产阶级运动的理论表现即科学社会主义的任务"。[①]

科学社会主义鲜明的阶级性决定了它具有彻底的革命性。列宁说过:"马克思认为他的理论的全部价值在于这个理论'按其本质来说,它是批

---

① 《马克思恩格斯选集》第 3 卷,人民出版社 1995 年版,第 760 页。

判的和革命的'。后一性质的确完全地和无条件地是马克思主义所固有的"。① 科学社会主义毫不隐瞒地号召无产阶级开展反对资本主义的革命斗争,并引导无产阶级不停顿地把这种斗争进行到底,直至在全世界范围内消灭资本主义,建立和建设社会主义,最终实现共产主义。它同一切反动的、保守的、不革命的理论是相对立的,并同这些理论作坚决的不妥协的斗争。所以,马克思曾把科学社会主义称为"革命的社会主义"。②

3. 直接的现实性和全面的开放性

科学社会主义来自于现实,又服务于现实。这里所讲的现实,是指每一社会发展阶段的实际情况。无产阶级的解放运动在不同历史时期有不同的表现,因而在理论上也有不同的要求。在资本主义条件下,科学社会主义主要表现为研究无产阶级革命斗争的性质、条件和胜利后建设怎样的国家政权等问题。当社会主义制度在某些国家建立后,科学社会主义的研究重点就是如何巩固、完善社会主义制度,更好地进行社会主义建设的问题。这都是不同历史条件下的社会现实对科学社会主义提出来的理论要求。如果科学社会主义失去了现实性,也就失去了它对社会发展的指导意义。正如列宁所提出:"马克思只是研究和探讨现实过程,马克思认为理论符合于现实是理论的惟一标准"。③

科学社会主义的现实性要求其理论本身具有开放性,是一个开放的体系,而不是一个封闭的僵化的体系。科学社会主义是在吸收一切人类文明的优秀成果的基础上创立的,正如列宁所说:"马克思主义这一革命无产阶级的思想体系赢得了世界历史性的意义,是因为它并没有抛弃资产阶级时代最宝贵的成就,相反却吸收和改造了两千多年来人类思想和文化发展中的一切有价值的东西。"④ 科学社会主义作为一门从宏观上起指导作用的综合性理论学科,也总是积极吸收其他学科的某些知识和真理,以丰富自己的内容分析和理论论证。科学社会主义的开放性更主要的表现在它随着社会现实的发展变化而不断丰富完善上,分析新情况,研究新问题,形成新思想。科学社会主义具有自我扬弃更新的功能,是自觉发展的科学思

---

① 《列宁选集》第1卷,人民出版社1995年版,第82—83页。
② 《马克思恩格斯选集》第1卷,人民出版社1995年版,第462页。
③ 《列宁选集》第1卷,人民出版社1995年版,第31页。
④ 《列宁选集》,第4卷,人民出版社1995年版,第299页。

想体系，善于修正自身某些过时的或片面的东西。这种开放性使科学社会主义永葆强盛的生命力，更好地发挥对无产阶级革命斗争和社会主义建设事业的指导作用。

三 科学社会主义在马克思主义中的地位

马克思主义是一个十分完备和严整的科学体系，马克思主义哲学、马克思主义政治经济学和科学社会主义三部分互相联系，不可分割，构成一块"整钢"。三部分对于无产阶级解放事业来说，都是非常重要的，不可缺少的。但是由于它们各自的研究重点和任务不同，因而在马克思主义体系中的地位和作用也就各有不同。科学社会主义在整个马克思主义理论体系中占有极为重要的地位，是"一个核心问题"。①

第一，科学社会主义是马克思主义哲学、政治经济学的归宿和落脚点。马克思主义哲学、政治经济学是科学社会主义的理论基础，但它却不可能具体阐明无产阶级如何推翻资本主义，实现社会主义、共产主义。这个任务最终是由科学社会主义来完成的。所以，如果没有科学社会主义，就不可能显示出马克思主义哲学、政治经济学的伟大历史作用。而马克思主义哲学、政治经济学只有落脚到科学社会主义，才能成为变革现实的物质力量。因此，科学社会主义是马克思主义哲学、政治经济学合乎逻辑的必然结论，是理论上的归宿。

第二，科学社会主义是马克思主义的本质所在。马克思主义思想体系归根结底所要解决的基本问题，是关于为什么要建立社会主义、怎样建立社会主义和社会主义究竟是什么以及如何建设社会主义的理论。而这些问题正是科学社会主义的基本内容。

第三，科学社会主义是区别真假马克思主义的主要标志。科学社会主义鲜明地体现了马克思主义的立场和观点，是无产阶级解放运动的纲领和旗帜，所以资产阶级学者攻击马克思主义，总是首先攻击科学社会主义；一切机会主义、修正主义者歪曲马克思主义，也主要是歪曲科学社会主义的基本理论。是否坚持和捍卫马克思主义，首先就是要看是否坚持和捍卫科学社会主义。

---

① 《马克思恩格斯选集》第3卷，人民出版社1995年版，第348页。

四 科学社会主义的伟大意义

科学社会主义的诞生是人类思想发展史上的一次创造性飞跃，是人类认识自我、透析社会、推动社会进步发展的最重要的理论成果。科学社会主义的创立和实施，具有伟大的意义。

第一，科学社会主义是无产阶级解放斗争的思想武器。

无产阶级的解放事业，是人类解放历程中最伟大、最壮丽的事业。要完成这一宏伟大业必须以科学社会主义理论指导无产阶级的行动。在社会主义发展史上，许多杰出人物提出过各种各样社会变革方案，以寻求建立美好社会制度的途径，但都因其缺乏科学性而不能指导无产阶级获得真正的解放。甚至在非科学的理论指引下，使无产阶级的解放事业步入了歧途，遭受挫折和失败。科学社会主义的诞生，给无产阶级的解放事业提供了正确的思想武器。它从总结无产阶级解放斗争的经验中来，又必定能回到无产阶级解放斗争的实践中去，给无产阶级指明前进的道路和方向，引导无产阶级解放运动不断从胜利走向新的胜利。科学社会主义创立后的一个半多世纪的风雨历程，尽管走得很不平坦，但世界社会主义运动仍在实践中不断探索前进。

第二，科学社会主义是世界社会主义发展的精神动力。

科学社会主义揭示了社会主义必然代替资本主义这一历史规律，激励着各国无产阶级和劳动群众为之而努力奋斗。但是这一规律在实际运行中并不是直线推进的。人类历史的发展就像一条历史长河，有飞流直下，一泻千里的奔腾，也有碰到峭壁险滩时的滞流或回流。只有掌握了科学社会主义理论，才能认清，不管人类社会的发展多么曲折蜿蜒，社会主义代替资本主义是历史长河的一种基本流向，不可动摇。

科学社会主义具有的与时俱进、开拓进取的理论品质，是世界社会主义发展源源不竭的精神动力。

第三，科学社会主义是社会主义者的行动指南。

科学社会主义正确地揭示了人类社会发展的规律，也集中体现了无产阶级和广大劳动人民的意志和利益。它可以使每个社会主义者树立起正确的世界观和人生观，以乐观向上的态度来对待社会、对待事业和人生。它帮助人们确立远大的奋斗目标，采取健康有益的行为方式，树立坚忍不拔的毅力，为人类进步做出自己应有的贡献，同时也实现自身的价值目标。

以科学社会主义为行动指南，可以增强人们辨别是非的能力。社会是个大舞台，各种思想和行为都会在这个大舞台上表演出来。人们崇尚真善美，贬斥假恶丑，但不同思想修养的人往往对真善美和假恶丑有着不同的评判标准。怎样才能确立正确的评判标准和提高分辨能力呢？这就要使每一位社会主义者掌握科学社会主义这一思想武器，提高自己的思想修养，以是否符合无产阶级和广大劳动人民的利益，是否符合社会主义的发展进步为最根本的标准，来衡量人们的言行，从而崇真弃假，兴善除恶，扬美抑丑，克服真假不辨、善恶不分甚至以丑为美的不良现象，切实使真善美的东西大行于天下，人心纯正，世道昌明！

早在130年前，恩格斯就指出："社会主义自从成为科学以来，就要求人们把它当作科学看待，就是说，要求人们去研究它。"[①] 在研究中，把握科学社会主义的真谛；在研究中，获得科学社会主义的教益；在研究中，展现科学社会主义的强大生命力。

[①] 《马克思恩格斯选集》第2卷，人民出版社1995年版，第636页。

上 篇

马克思恩格斯科学社会主义的创立及其基本问题

第一章　唯物主义历史观的形成

唯物主义历史观是科学社会主义的理论基石之一。马克思和恩格斯在创立科学社会主义理论的过程中，首先实现了世界观和政治立场的转变，创立了唯物主义历史观，为实现社会主义从空想到科学的飞跃奠定了科学基础。唯物主义历史观的主要来源是德国的古典哲学。马克思和恩格斯从黑格尔唯心主义哲学出发，经过费尔巴哈的机械唯物主义，走向了唯物辩证的哲学观。他们批判地继承了黑格尔哲学中的辩证法思想，克服了它的唯心主义体系的局限性；批判地继承了费尔巴哈哲学的唯物主义思想，克服了它的唯心主义历史观的局限性。在这个基础上，实现了唯物论和辩证法的有机统一，确立了科学的历史观。本章主要结合马克思和恩格斯世界观和政治立场转变的过程，分析马克思主义唯物主义历史观的形成及其基本原理，并研究马克思和恩格斯晚年对唯物主义历史观的完善和发展，以说明唯物主义历史观对科学社会主义理论的奠基意义。

第一节　告别青年黑格尔派

一　走进黑格尔哲学的殿堂

马克思是在大学阶段开始从事哲学研究的，引导他走向哲学道路的是黑格尔唯心主义哲学。从后来保留下来的资料来看，马克思在这段时间的哲学思想主要体现在他的博士论文中。

1835年10月，马克思进入波恩大学法律系读书，1836年10月转入柏林大学法律系。在柏林大学阶段（1836年10月到1841年3月），马克思的哲学思想主要是以黑格尔的唯心主义为精神支柱，他的政治思想属于革命民主主义。当时的柏林是普鲁士的政治、经济、文化中心，也是各种社会矛盾的集中地。柏林大学是德国最著名的大学,具有激进的资产阶级民主主义思想传统,又是黑格尔哲学的中心。黑格尔的哲学思想在这里影响很大。他去世后,他的许多学生仍在研究、发挥和宣传黑格尔哲学。马克思学的专业虽然是法律,但他的兴趣却十分广泛。在波恩大学,他对文学、诗歌、历史等很感兴趣,写了大量的诗歌。在柏林大学,他除了主修法律课程外,还刻苦学习了外语、文学、艺术、哲学、历史、自然科学等。马克思开始时喜欢康德和费希特的哲学,并不喜欢黑格尔哲学,特别厌恶它的晦涩、冗长的话语。然而,1837年4—5月间,马克思对黑格尔哲学的态度发生了很大转变。由于马克思学习过度紧张,损害了健康,他便接受了医生的建议,到柏林郊区的施特拉劳居住休养。在这里,马克思静心地系统研读了黑格尔的哲学著作,深深地为黑格尔哲学思想所吸引。他情不自禁地以诗歌来抒发自己的感受:

"发现了最崇高的智谋,领会它深邃的奥秘,
我就像神那样了不起,像神那样披上晦暗的外衣,
我长久地探索着,漂流在汹涌的思想海洋里,
在那儿我找到了表达的语言,就紧抓到底。"①

对马克思思想的转变起了重大影响的是柏林大学法学教授、黑格尔的学生爱德华·甘思。甘思具有进步的资产阶级民主主义思想倾向,信仰黑格尔哲学,坚持并宣传黑格尔哲学关于发展变化的观点,为许多进步大学师生所仰慕。在甘思的指导下,马克思对黑格尔哲学有了更深入的理解。

乔治·威廉·弗里德里希·黑格尔(1770—1831年),是德国古典哲学的主要代表,德国最著名的唯心主义辩证法思想家。他继承和发展了自康德以来德国哲学的革命成果,批判了形而上学的哲学观,创立了一个包括自然、社会和人类思维在内的严整而庞大的客观唯心主义哲学体系。他的代表作是《精神现象学》、《逻辑学》、《精神哲学》等。自1818年秋天开始,黑格尔曾在柏林大学任教。在那里,他系统发挥了他的哲学思想,在许多师生中产生了强大的吸引力。他的学生和其他的一些崇拜者逐步形

---

① 《马克思恩格斯全集》第40卷,人民出版社1982年版,第651页。

成了黑格尔学派，学习、研究和宣传黑格尔哲学，从事现实的政治运动。在这前后，黑格尔哲学在整个德国哲学界引起了重大的反响，几乎控制了德国的思想领域，尤其是深受广大进步青年的崇尚，被他们认为是进行理论思维和实践活动的依据。并且，黑格尔哲学还受到了当时德国普鲁士政府的推崇，被确定为国家哲学。在19世纪30年代，黑格尔哲学的影响达到了高峰。恩格斯指出："正是在1830年到1840年，'黑格尔主义'取得了独占的统治，它甚至或多或少地感染了自己的敌手；正是在这个时期，黑格尔的观点自觉地或不自觉地大量渗入了各种科学，也渗透了通俗读物和日报，而普通的'有教养的意识'就是从这些通俗读物和日报中汲取自己的思想材料的。"[①]

黑格尔对德国古典哲学的主要贡献，在于他以发展观和辩证法思想批判了形而上学的哲学思想。第一，他认为，一切事物都是运动和发展变化的，永恒不变的东西是不存在的。人类社会的历史就是人类本身不断发展的过程。恩格斯曾指出："黑格尔第一次——这是他的巨大功绩——把整个自然的、历史的和精神的世界描写为一个过程，即把它描写为处在不断的运动、变化、转变和发展中，并企图揭示这种运动和发展的内在联系。"[②] 第二，黑格尔把矛盾看作是一切事物发展变化的动力。他提出，矛盾是客观的、普遍的，无处不有、无时不在，一切事物、一切发展过程都存在矛盾。"运动不过就是矛盾的表现"，"运动就是实有的矛盾本身"。[③] 他还说："事实上无论在天上或地上，无论在精神界或自然界，绝没有像知性所坚持的那种'非此即彼'的抽象东西。"他批判了认为不存在矛盾的形而上学的观点，指出："说矛盾不可设想，那是可笑的。"[④] 第三，黑格尔认为，事物的发展变化是有规律的，不是盲目的。他在历史上第一个以唯心主义的形式系统研究了辩证法的基本规律。他指出，思维的任务就是揭示事物运动的规律，达到对事物的深刻认识。他全面阐述了对立统一规律、否定之否定规律和质量互变规律等辩证法的规律。黑格尔的上述这些思想，在当时具有重大的理论意义，也具有一定的现实政治

---

① 《马克思恩格斯选集》第4卷，人民出版社1995年版，第220页。
② 《马克思恩格斯全集》第20卷，人民出版社1971年版，第26页。
③ 黑格尔：《小逻辑》（下），商务印书馆1976年版，第66、67页。
④ 黑格尔：《小逻辑》，商务印书馆1980年版，第258页。

意义。

但是，黑格尔哲学具有根本的缺陷。它在本质上是唯心主义的。它在创造辩证法、反对形而上学的同时，将形而上学哲学的唯物主义合理内核也抛弃了。这就是前进中的倒退。黑格尔从理性、观念、精神的发展变化来研究、解释事物发展变化的根源，把这些主观性的东西称为"绝对精神"，认为绝对精神是万物之源，万物又回归到绝对精神，符合绝对精神的事物才是合理的、现实的。而德意志国家的意志就是绝对精神的最高体现和集中代表。他解释说，理性不存在于单个人的"主观的"精神中，而存在于国家的"客观的"总体精神中，个人所追求的最高理性就是国家的客观精神，这种最高的绝对理念、绝对精神的体现者就是普鲁士王国。在他看来，人类历史的发展就是"绝对精神"的发展过程，在发展过程中起支配作用的是精神的力量，是"绝对精神"异化的结果。开始，在社会中存在的每一个制度或者条件代表一个"正题"；但是，任何一个正题都不是十全十美的，由于缺乏绝对理性而有缺陷，这些缺陷必然地要引出一个代表理性的另一面的"反题"；从这两者之间的矛盾中，就会出现某种与这两者都不相同，但又吸收了它们中有价值的东西，这就又出现了一个"合题"。这个合题本身在发展过程中又会变成一个"正题"，同一个新的"反题"相抗衡，从而又导致了一个新的"合题"。人类社会的历史就是这样沿着这种否定之否定的道路，不停地发展下去，永无止境。[①] 黑格尔认为，事物的发展无论如何都不会超出绝对精神的范畴，不会超出德意志国家的意志这个绝对精神的最高体现的境界，他的哲学是人类认识的终结，德意志国家是人类历史发展的顶点。

由此看来，黑格尔的辩证法思想和他的唯心、保守的哲学体系之间存在着不可克服的矛盾，体系的保守性限制了辩证法思想的价值。按照辩证法的思想来说，世界上不存在顶点、绝对，不存在最高的绝对精神。而黑格尔却一边宣传辩证法，一边宣传绝对精神。同时，他将国家的意志看成是绝对精神、理性、正义的体现，为国家的宗教教义进行哲学辩护。黑格尔哲学理论中的矛盾，反映了19世纪20—30年代德国社会发展中的阶级矛盾状况，以及在当时社会历史条件下德国资产阶级既希望进行对自己有

---

① 参见葛锡有等《马克思主义诞生史》，吉林人民出版社1982年版，第23页。

利的社会变革，又害怕发生推翻自己的激烈的无产阶级革命的矛盾心理。在德国，由于封建主义势力强大，资本主义发展缓慢，资产阶级在发展过程中表现出了两面性。一方面，他们为了发展自己的经济，需要争取本阶级的自由、民主权利，因此具有反封建专制统治的愿望和要求；另一方面，在资产阶级发展壮大的同时，无产阶级也逐步成长了起来，他们已经不满足进行民主革命，争取一般的民主自由权利，而是直接提出了进行社会主义革命，推翻资本主义的革命要求。因此，资产阶级又害怕社会变革的深入会引发无产阶级革命，触及自己的利益。在这种条件下，资产阶级只是希望在不彻底推翻封建统治的前提下，由国王进行对自己有利的自上而下的政治变革。黑格尔哲学中强调发展变化，主张推动社会历史前进的辩证法思想，反映了资产阶级要求民主自由的政治愿望；而其中的强调绝对精神、德意志国家至高无上的保守思想，则反映了资产阶级害怕革命、反对进行深刻社会变革的政治倾向。相对来说，黑格尔早期哲学中的辩证法思想鲜明一些，而他的晚期哲学中的保守思想突出一些。起初，资产阶级要求变革社会的愿望并不强烈，它们能够接受黑格尔哲学，普鲁士国王也赞许黑格尔哲学。后来，德国社会矛盾愈益尖锐、激化，而黑格尔哲学却愈益保守。一部分资产阶级要求变革社会的愿望越来越强烈，他们对黑格尔哲学的软弱、妥协已不满足。这种政治矛盾反映在理论上必然促使黑格尔哲学内部矛盾的尖锐化，导致这个学派的分化甚至解体。

  黑格尔哲学对马克思的吸引力主要是其中的辩证法思想。马克思在写给父亲的信中指出，他在柏林大学之初曾经试图创立一个完整的法哲学体系，但这个尝试没有成功，他认识到不首先获得一种更加现实而具体的哲学世界观，就不可能在包括法学在内的科学研究领域取得成就。所以，对正确世界观的渴求促使马克思下功夫研究哲学问题。通过对黑格尔哲学的研究，马克思发现了其中的价值。他说："开头我搞的是我慨然称为法的形而上学的东西，也就是脱离了任何实际的法和法的任何实际形式的原则、思维、定义，这一切都是按费希特的那一套，只不过我的东西比他的更现代化，内容更空洞而已。在这种情况下，数学独断论的不科学的形式从一开始就成了认识真理的障碍，在这种形式下，主体围绕着事物转，这样那样议论，可是事物本身并没有形成一种多方面展开的生动的东西。……在生动的思想世界的具体表现方面，例如，在法、国家、自然界、全部哲学方面，情况就完全不同：在这里，我们必须从对象的发展上细心研究对象本身，决不应任意分割它们；事物本身的理性在这里应当作为一种自身矛盾的东西展开，并且在自身求得自己的统一。"① 在这段话中，马克思当时把理性作为事物的源泉和本质，这当然是唯心主义的。但是，他已经认识到理性自身是相互矛盾的，应该从事物的发展上，从相互联系的观点，来研究事物的矛盾和统一。这是具有辩证法思想的，是受了黑格尔哲学的启发而提出的。

马克思转向黑格尔哲学，并不是完全机械地接受它，而是从开始就采取了批判性的学习态度。马克思发现了黑格尔哲学的辩证法内容和唯心主义保守体系之间的矛盾，认为在保守的理论体系掩盖下的辩证的发展思想才是黑格尔哲学的真正有价值的东西，而保守的理论体系暴露了他在政治上的软弱实质，并且试图将黑格尔哲学中的合理内核与它的保守体系区别开来。他根据对黑格尔发展观的领悟，试图使哲学紧跟时代发展的要求，解释世界，改造世界，将哲学斗争与现实的斗争结合起来；他强调发挥人的主观意识、理性的能动性，不承认神、绝对精神的至高无上性。

在马克思转向黑格尔哲学的同时，恩格斯也大致转向了黑格尔哲学。1838 年 7 月，恩格斯受父亲的指使到不来梅经商，直到 1841 年 3 月。不来梅是当时德国资本主义比较发达的城市，有政治和思想自由的气氛，民主主义和自由主义性质的社会团体"青年德意志"在这里开展了有较大影响的反封建、反宗教、主张政治自由的民主运动。恩格斯开始参加了"青年德意志"运动，为它的刊物撰稿，表达自己的民主主义立场。1839 年年底，恩格斯通过青年黑格尔派分子施特劳斯转向了黑格尔哲学。施特劳斯的《耶稣传》为恩格斯提供了与宗教信仰决裂、确立无神论思想的有力武器。恩格斯在一封信中说："由于施特劳斯，我现在走上了通向黑格尔主义的阳关大道……我应汲取这个精深博大的体系中最重要的要素。"② 恩格斯一方面为黑格尔哲学中的辩证法思想所吸引，另一方面又对黑格尔哲学采取了批判的学习态度，特别是反对它的保守、落后的体系。

---

① 《马克思恩格斯全集》第 40 卷，人民出版社 1982 年版，第 10—11 页。
② 《马克思恩格斯全集》第 41 卷，人民出版社 1982 年版，第 544 页。

马克思和恩格斯的生活道路不同，但他们都在斗争中接受了黑格尔哲学，参加了青年黑格尔运动。所以说，黑格尔哲学是马克思和恩格斯哲学活动的开端，是他们世界观、历史观的起点。

二　参加青年黑格尔派的活动

1831年黑格尔逝世后，黑格尔学派分裂为老年黑格尔派和青年黑格尔派两大派别。老年黑格尔派代表的是黑格尔哲学中保守的倾向，他们是一些黑格尔的亲密朋友和学生，以编写黑格尔的著作、阐发黑格尔的思想为己任。他们抛弃了黑格尔哲学体系中的辩证法，却捍卫其绝对观念的理论，幻想黑格尔的哲学是最终的、国家的哲学。他们在政治上维护普鲁士的封建国家制度，仍然把它称为是世界理性的体现。所以，这个学派是落后的、保守的。青年黑格尔派是继承和发展了黑格尔哲学中的辩证法思想、积极主张进行社会变革的派别，他们以改造黑格尔哲学，使之适应社会变革的需要为己任，其中有些人逐步与黑格尔哲学决裂，走上了唯物主义的道路。这个学派的代表人物主要有施特劳斯、布鲁诺·鲍威尔、埃德加·鲍威尔、麦克斯·施蒂纳、阿尔诺德·卢格、路德维希·费尔巴哈等等。他们进行理论和政治活动的时间主要是在19世纪30年代初至40年代初这10余年，在这期间经历了几个不同阶段，形成了一种思想运动，被称为青年黑格尔运动。

青年黑格尔学派对黑格尔哲学的批判和改造主要是围绕着宗教和国家问题展开的，目的是借助于批判宗教来批判国家，并进而引出无神论、唯物论的哲学观。在黑格尔看来，哲学和宗教是统一的，它们在形式上虽不相同，但都是绝对精神的体现。这实际上是在为封建国家的宗教作哲学上的辩护。青年黑格尔分子对黑格尔哲学的批判和超越就是从批判他的宗教哲学开始的。1831年费尔巴哈匿名发表了《关于死和灵魂不灭的思想》一文，只承认整个人类灵魂不死，而反对个人灵魂不死。这是青年黑格尔派中最早出现的对神学表示怀疑的观点。1835年施特劳斯发表的《耶稣传》拉开了宗教批判的序幕。施特劳斯反对黑格尔以哲学论证宗教，否认哲学和宗教的一致性，认为宗教和哲学在本质上是不同的。特别是，他提出，耶稣只是一个平凡的人，福音书中的故事不是真实的，而是一些神话故事，是在基督教团体内部无意识地形成的，反映了这些团体信仰救世主的观念。施特劳斯反对从任何象征的意义上来理解基督教和圣经故事,而要求把它们放在一定的历史联系中进行批判和研究,并指出人们之所以把耶稣看成为上帝的化身,是后人把它神话的结果。《耶稣传》对于圣经的解释仍是唯心主义的,且没有说明宗教的根源,但是它在反对宗教和黑格尔哲学方面所起的作用是巨大的。1838年青年黑格尔分子切什考夫斯基发表了《历史哲学引论》一书,从黑格尔的学说出发推演出了"行动哲学"思想。他从世界历史发展的角度提出,行动哲学就是实践哲学,就是对社会生活施加影响的哲学。他主张把黑格尔的只适用于过去的思辨哲学改造成为指导未来的行动哲学。其实质是企图使黑格尔哲学适应资产阶级自由主义政治斗争的需要,是青年黑格尔运动从哲学批判转向政治批判的思想呼声。另一个青年黑格尔分子布鲁诺·鲍威尔则站在无神论的立场上,通过与施特劳斯论战的形式表达了他的自我意识哲学理论。他反对施特劳斯把福音故事的产生看成是无意识的,认为福音故事的形成是通过人们的意识,由故事编造者们为了宗教的目的故意制造出来的,是人们的自我意识的产物,而作者的这种有意识的创作活动又是他那个时代的矛盾和精神的反映。由此鲍威尔便否定了圣经故事和耶稣存在的真实性。鲍威尔还提出,人的"自我意识"是万物的根源,是世界历史的真正创造者和发展动力,而历史就是"自我意识"发展的历史。他运用自我意识理论解释宗教和历史的发展,把宗教看作是自我意识异化的产物,认为基督教的出现曾使人类认识到自我意识的普遍性,并从盲目的自然崇拜中解放出来,在当时具有进步作用;但是,当人类已经意识到自己的独立性和理性世界的真实性时,基督教就成了自我意识的异化物,成了"人类精神的枷锁"。所以,要消除异化,就必须在人的自我意识中爆发革命,进行批判,其任务就在于揭露和铲除现存制度中的一切不合理的东西,以实现自我意识的本质要求。费尔巴哈在此基础上又前进了一步,他彻底打破了黑格尔的唯心主义哲学体系,将对黑格尔宗教观的批判建立在了唯物主义理论的基础之上。他在1841年发表的《基督教的本质》等著作中尖锐地指出,一切宗教都是自然和人的本质的异化,神的本质就是人的本质,是人的本质的异化的表现形式。所以,要想消灭神,就必须消灭使人的本质产生异化的现存制度。这是青年黑格尔派中最激进的思想表现,把对黑格尔唯心主义哲学的批判引向了深入。

总的看来，青年黑格尔派对于黑格尔哲学的批判和超越主要表现为两点。第一，在哲学上，他们企图消除黑格尔哲学的保守理论体系和辩证法内容之间的矛盾，发展他的辩证法思想，指出历史是不断向前发展的，过去曾经合理的东西今天也会落后甚至反动，借以表达对现存宗教和政治制度的不满。他们批判黑格尔的宗教观，否定神性，是为了突出人性和人的能动性，向封建制度的精神支柱发起攻击。这就将哲学和宗教的批判引导到政治批判。第二，在政治上，他们克服了黑格尔哲学中为封建皇帝辩护的保守思想，表达了当时正在兴起的资产阶级激进民主主义的思想解放倾向，是对封建宗教制度和政治制度进行斗争而发起的一场运动，为1848年的资产阶级革命准备了必要的舆论条件。这对于激励一切进步阶级、阶层的人们反对黑暗的封建专制统治，追求民主、自由和社会进步，具有一定的积极意义。所以，青年黑格尔派出现以后，就吸引了许多进步青年。但是，青年黑格尔运动也有明显的局限性。它主要停留在意识形态的批判上，没有根本突破黑格尔哲学的窠臼，且参加运动的人数不多，到后来就解体了。

马克思是在进入柏林大学不久参加青年黑格尔派运动的。当时青年黑格尔派活动的中心是柏林的"博士俱乐部"，参加这个俱乐部的大多是青年教师，主要的有布鲁诺·鲍威尔、阿道夫·道滕堡、爱得华·梅因、莫泽斯·赫斯、卡尔·科本、路德维希·布尔、麦克斯·施蒂纳、阿尔诺德·卢格，等等。他们思想进步，思维活跃，经常聚集在一起研究黑格尔哲学，讨论哲学和政治问题。马克思也经常参加"博士俱乐部"的活动。在"博士俱乐部"里，马克思比其他青年黑格尔分子年龄小约10岁左右，但是，他思维敏捷，观点独到，表现出了卓越的知识和才能，很快成为了俱乐部的核心人物之一。爱得华·梅因说马克思"是一个很有才能的青年黑格尔分子"，莫泽斯·赫斯称赞马克思"也许是当今现有的惟一的伟人，真正哲学家"，卡尔·科本则说马克思"是一个思想巨人"。[①] 马克思在"博士俱乐部"里的活动主要是从事理论研究工作，特别是研究哲学，系统学习了黑格尔、康德、休谟、莱布尼茨、亚里士多德等哲学家

[①] 转引自何宝骥、李应柴：《国际共产主义运动历史长编》（第一卷），吉林人民出版社1987年版，第40页。

的著作。同时，马克思还经常与其他青年黑格尔分子在施特黑利咖啡馆聚会，交流学术，揭露时弊，批判宗教。在与青年黑格尔派的交往中，马克思不仅走进了黑格尔哲学的殿堂，而且实现了世界观、人生观的重大进步。马克思在1837年11月写给父亲的信中回顾了他的思想变化过程，表明了对黑格尔哲学的看法。他指出："在患病期间，我从头到尾读了黑格尔的著作，也读了他大部分弟子的著作。……我接触到一个'博士俱乐部'，其中有几位讲师，还有我的一位最亲密的柏林朋友鲁滕堡博士。这里在争论中反映了很多相互对立的观点，而我同我想避开的现代世界哲学的联系却越来越紧密了"。① 在信中，马克思把自己转向黑格尔哲学看作是"过去一段时期结束的界标"，"同时又明确地指出生活的新方向。"②

这一阶段，马克思的哲学思想虽然还处在唯心主义阶段，但是他在政治上强烈的革命民主主义立场必然推动哲学世界观的进一步发展。马克思哲学思想的这些特点，主要体现在他的博士论文中。

马克思博士论文的准备和正式写作时间是从1839年初到1841年3月，论文研究的题目是《德谟克利特的自然哲学和伊壁鸠鲁的自然哲学的差别》。从1839年初开始，马克思就对古希腊哲学，特别是伊壁鸠鲁主义、斯多葛主义和怀疑论进行了研究，写出了7本读书笔记，最后缩小了研究范围，主要对德谟克利特和伊壁鸠鲁二人的自然哲学进行比较研究。马克思所以要选择这个题目作为博士论文，目的是借助于对古希腊哲学史的考察，研究德国哲学在黑格尔之后的发展方向。马克思认为，古希腊哲学在亚里士多德之后的发展与德国哲学在黑格尔之后的发展有相似之处。伊壁鸠鲁主义、斯多葛主义和怀疑论的哲学都是"自我意识"哲学，而在黑格尔之后的德国青年黑格尔派的哲学也是"自我意识哲学"，它们都是时代精神的体现，是人的自主能动性的反映。黑格尔对亚里士多德之后的希腊哲学持敌视态度，认为伊壁鸠鲁主义、斯多葛主义和怀疑论的哲学是希腊哲学的暗淡的结局，而马克思认为这些哲学思想是希腊哲学的丰富和发展，是理解希腊哲学的真正历史的钥匙。这是对黑格尔哲学的重大创新，表明了马克思对于民主自由思想的表达。在博士论文中，马克思

---

① 《马克思恩格斯全集》第40卷，人民出版社1982年版，第16页。

② 同上书，第8页。

对于德谟克利特的自然哲学和伊壁鸠鲁的自然哲学的异同进行了深刻研究，精辟论述了它们在认识论方面的区别，体现出了马克思的无神论和辩证法思想。马克思指出，德谟克利特和伊壁鸠鲁都是原子论哲学家，他们的共同原则是原子和空虚，但在认识论上却有很大的差异。德谟克利特是怀疑论者，认为感性世界是主观的假象，作为真理和原则的原子本身没有现实性，始终是纯粹抽象的范畴；而伊壁鸠鲁是独断论者，认为感性世界是客观存在的现象，本质世界与现象世界不是相互矛盾的，感性知觉是对外部世界的反映。德谟克利特注重事物发展的必然性，把一切都归结为必然性；而伊壁鸠鲁则注重偶然性，认为必然性是不存在的。马克思指出，他们在哲学思想上的不同，是在不同历史条件下的时代精神的不同表现。德谟克利特哲学是自由的希腊精神的体现，它充分肯定世界发展的合理性、必然性，是希腊城邦繁荣、发展的产物；而伊壁鸠鲁哲学则是希腊城邦衰落、崩溃时期的产物，反映了人们在这时的消极、被动、被迫在内心世界寻求安宁的思想状态和社会追求。在这里，马克思从社会历史背景的不同去研究哲学认识之间的区别，具有了唯物主义的思想萌芽。

在论文中，马克思还根据唯心主义辩证法观点，研究了伊壁鸠鲁关于原子偏斜运动的思想及其哲学意义。伊壁鸠鲁认为，原子在空虚中有三种运动形态，第一种是直线式的下落，第二种是脱离直线而偏斜，第三种是众多原子的冲击。第一种和第三种运动形式是德谟克利特和伊壁鸠鲁二人共同认可的，而第二种运动形式则是伊壁鸠鲁对德谟克利特的原子论观点所作出的重大修改。马克思从伊壁鸠鲁的原子运动说看出了他哲学思想中所包含的唯物论和辩证法。他指出，伊壁鸠鲁以原子按直线运动表述了原子的物质性，又以原子的偏斜运动表述了原子在运动中的能动性，事实上是通过分析原子独立、自由运动的原则来表示自己对于物质世界现实性、多样性发展变化的认识。马克思还运用黑格尔的否定之否定的辩证法学说阐述了伊壁鸠鲁的原子三种运动思想。他认为，直线运动、偏斜运动和众多原子的冲击是原子生命运动过程中的三个环节，如果直线运动表现原子的肯定方面，那么偏斜运动就是对它的否定，而众多原子之间的相互冲击则是否定之否定。经过这样的运动，一个感性的世界就被创造出来了。马克思的这些解释虽然还没有脱离唯心主义哲学的束缚，但很明显已经具有了唯物论的思想萌芽，他开始从唯物论的角度研究事物的辩证运动。

马克思在博士论文中举起了无神论的旗帜。他公开为无神论者伊壁鸠鲁的思想辩护，以申明自己的无神论立场，把它作为向提倡宗教迷信的德国专制制度发起进攻的理论武器。他借用代表争取自由象征的普罗米修斯的话说："老实说，我痛恨所有的神。"① 所有的神，既包括天上的神，也包括尘世的神。天上的神指的是上帝，尘世的神指的就是大大小小的封建统治者。马克思以比青年黑格尔派更加彻底的战斗精神，发表了自己对德国现状的强烈不满。所以，马克思的博士论文不仅具有学术意义，还具有现实的政治意义，是马克思革命民主主义思想的写照。

博士论文在马克思早期哲学思想发展中占有重要地位。恩格斯后来对这篇论文作了这样的评价："马克思已经精通黑格尔的辩证法，不过在自己的研究过程中还没有迫切感到要以唯物主义辩证法来代替它，但在那时，他在运用黑格尔辩证法方面，而且就是在毫无疑问是黑格尔学说中最强有力的方面，即思维的历史方面，已经脱离黑格尔而完全独立自主了。"②

恩格斯参加青年黑格尔派的活动是在柏林服兵役期间。他在这里与青年黑格尔分子建立了比较密切的联系，经常到柏林大学听课，深入研究并掌握了黑格尔哲学的基本精神。在这期间，普鲁士国王加强了思想控制，对青年黑格尔派实行压制措施。柏林大学聘请思想保守的哲学家弗里德里希·威廉·谢林讲学，攻击黑格尔哲学，为统治阶级辩护。恩格斯积极投入了反对当局思想控制的斗争，批判了谢林的哲学观点。他于1841年底到1842年初接连发表了《谢林论黑格尔》、《谢林论启示》和《谢林——基督哲学家》等文章，尖锐批判了谢林对黑格尔和青年黑格尔派的攻击，捍卫了黑格尔哲学中的辩证法，赞扬了青年黑格尔派反封建的民主要求，还抨击了谢林的非理性主义，阐发了黑格尔哲学中人类自我意识的伟大力量。这位柏林大学的旁听生的文章引起了德国思想界的很大震动。但是，

---

① 《马克思恩格斯全集》第40卷，人民出版社1982年版，第189页。
② 《回忆马克思恩格斯》，人民出版社1957年版，第387页。转引自庄福龄主编《马克思主义发展史》（第一卷），人民出版社1996年版，第72页。

恩格斯与青年黑格尔派不同，他不仅进行理论研究，还接触实际，研究社会问题，积极参加反对封建制度的斗争，注重思想和行动、理论和实践的结合。

马克思和恩格斯虽然参加了青年黑格尔派的运动，一度也是青年黑格尔派的积极分子，在青年黑格尔派的影响下从事了大量的理论和政治活动，但在哲学和政治追求上同他们有很大区别。青年黑格尔派多数是只进行哲学理论上的研究，至多是对现存的不合理制度进行一下抨击，而不愿意与旧制度彻底决裂，马克思和恩格斯则主张把哲学的批判变成对旧制度批判的武器，使二者紧密结合起来；青年黑格尔派多数是资产阶级自由主义者，而马克思和恩格斯从开始就是革命民主主义者；青年黑格尔派大多主张自我意识哲学，突出个别先进人物的力量，轻蔑群众的实践活动，看不起人民，而马克思和恩格斯关心社会，重视群众的实践活动和经验；青年黑格尔派没有力量推动黑格尔的哲学实现质的飞跃，甚至有人主张倒退到费希特时代，而马克思和恩格斯一直努力发展、改造黑格尔哲学。他们经过理论研究和实践活动克服了青年黑格尔派的局限性，创立了认识世界和改造世界的科学理论。在这个意义上，恩格斯指出："从黑格尔学派的解体过程中还产生了另一个派别，惟一的真正结出果实的派别。这个派别主要是同马克思的名字联系在一起的。"①

三 与青年黑格尔派分道扬镳

大致从1841年底马克思大学毕业到1844年间，马克思和恩格斯一边积极参加社会政治活动，了解社会，接触现实，一边刻苦从事哲学和经济学的研究，初步完成了由唯心主义向唯物主义、由革命民主主义向共产主义的转变。这期间，马克思和恩格斯在世界观、历史观上接受费尔巴哈的哲学，用来反思、批判黑格尔的唯心主义哲学，告别青年黑格尔派。马克思的主要理论活动是，1842年撰写批判德国政治制度的政论文章，研究国家的性质和作用；从1842年下半年到1843年上半年，参与、主持《莱茵报》的工作，研究物质利益、经济关系与阶级、国家的关系；从1843年春到1844年春，研究资产阶级经济学理论和空想社会主义理论，创办

---

① 《马克思恩格斯选集》第4卷，人民出版社1995年版，第242页。

《德法年鉴》，写作《黑格尔法哲学批判》，发表《论犹太人问题》、《黑格尔法哲学批判导言》，批判青年黑格尔派的唯心主义哲学，写作《1844年经济学—哲学手稿》，研究经济问题，运用费尔巴哈的异化理论揭示资本主义的经济过程和规律。恩格斯的主要理论活动是，1841年底到1842年底在柏林，开始接受黑格尔的哲学，特别对他的辩证法思想产生兴趣，后来接受了费尔巴哈的唯物主义，并对黑格尔哲学产生了怀疑；从1842年11月到1843年11月在曼彻斯特，在《莱茵报》等各种进步杂志上发表论文，比如《英国对国内危机的看法》、《国内危机》、《各个政党的立场》、《谷物法》、《大陆上社会改革运动的发展》、《英国工人阶级的状况》等，研究资本主义社会的矛盾和工人阶级的历史使命；1843年底到1844年初在《德法年鉴》上发表《政治经济学批判大纲》和《英国状况——评托玛斯·卡莱尔的"过去和现在"》，研究资本主义经济规律，论证消灭资本主义私有制、实现社会主义的必然性。

在这些著作中，马克思和恩格斯对黑格尔哲学和青年黑格尔派的批判主要集中在以下几个问题上：

第一，批判了黑格尔的唯心主义国家观，初步阐明了国家的本质和根源。黑格尔用唯心主义历史观解释国家，将国家看成是"伦理观念的实现"。他认为，家庭、市民社会、国家是伦理观点发展的三个阶段，都是"绝对观念"的产物和表现。他还说，家庭、市民社会本身并没有独立性，它们是国家的概念领域，是国家的有限性领域，由私人利益占统治地位的家庭和市民社会向构成普遍利益的国家的转变是绝对观念的要求。这就是说，是国家决定家庭和市民社会，而不是家庭和市民社会决定国家。这种国家观的实质是维护当时德国统治阶级国家的权威，害怕无产阶级和广大人民的革命运动。马克思开始受黑格尔国家观的影响，也把国家看成是理性的体现。但是，1842年马克思在《莱茵报》工作期间，遇到了需要对经济利益和国家发表意见的问题。他发现国家总是维护私有者的利益，而不管人民群众的疾苦，因此不是理性的体现。他开始撰写论文，怀疑、批判黑格尔的国家观。在1843年夏天，马克思在克罗茨纳赫大量研究了历史和经济问题后，写出了《黑格尔法哲学批判》一文，系统批判了黑格尔的唯心主义国家观，这是马克思对黑格尔的第一次批判。马克思研究了王权、行政权、立法权、君主制和民主制等问题，指出是市民社会决定国家，而不是国家决定市民社会，"政治国家没有家庭的天然基础和市民社会的人为基础就不可能存在"。① 后来，马克思在《〈政治经济学批判〉序言》中概括了这本书的研究成果："我的研究得出这样一个结果：法的关系正像国家的形式一样，既不能从它们本身来理解，也不能从所谓人类精神的一般发展来理解，相反，它们根源于物质的生活关系，这种物质的生活关系的总和，黑格尔按照18世纪的英国人和法国人的先例，称之为'市民社会'，而对市民社会的解剖应该到政治经济学中去寻求。"② 这就解决了市民社会与政治国家的关系问题，为下一步马克思对于黑格尔哲学的批判打下了基础，表明马克思在走向唯物主义的道路上迈了一大步。

第二，批判了青年黑格尔派的唯心主义宗教观，解决了宗教斗争和政治斗争的关系。青年黑格尔派不懂得宗教产生的根源和实质，仅仅在宗教领域研究如何解决宗教矛盾问题。其代表人物布鲁诺·鲍威尔先后发表论文《犹太人问题》、《现代犹太人和基督教徒获得解放的能力》，指出犹太人和基督教徒之间的严重对立是由于宗教信仰不同造成的，主要是因为犹太人坚持自己的宗教信仰而与整个社会处于对抗的地位。如果犹太人放弃犹太教，基督教徒放弃基督教，一切人都放弃自己的宗教，那么，犹太人的解放就可以解决了。显然，这种观点没有认识到宗教压迫的实质，混淆了宗教问题和政治问题的关系。为了批驳布鲁诺·鲍威尔的观点，马克思于1844年春在《德法年鉴》上发表了论文《论犹太人问题》。马克思站在唯物主义的立场上，分析了市民社会、国家与宗教的关系，把宗教看成是社会生活的反映，把宗教斗争与政治斗争结合了起来。他说："在我们看来，宗教已经不是世俗狭隘性的原因，而只是它的表现。因此，我们用自由公民的世俗桎梏来说明他们的宗教桎梏。我们并不认为：公民要消灭他们的世俗桎梏，必须首先克服他们的宗教狭隘性。我们认为：他们只有消灭了世俗桎梏，才能克服宗教狭隘性。我们不把世俗问题化为神学问题，我们要把神学问题化为世俗问题。"③ 这就是说，必须把宗教斗争与

---

① 《马克思恩格斯全集》第1卷，人民出版社1956年版，第252页。
② 《马克思恩格斯全集》，第13卷，人民出版社1962年版，第8页。
③ 《马克思恩格斯全集》第1卷，人民出版社1956年版，第425页。

政治斗争结合起来,通过政治斗争,推翻封建统治,解决宗教问题。在同期写成的《〈黑格尔法哲学批判〉导言》中,马克思进一步发挥了《论犹太人问题》的思想,提出必须把对宗教的批判变成对德国社会现实的批判。马克思指出:"废除作为人民的虚幻幸福的宗教,就是要求人民的现实幸福。要求抛弃关于人民处境的幻觉,就要求抛弃那需要幻觉的处境。因此,对宗教的批判就是对苦难尘世——宗教是它的神圣光环——的批判的胚芽。"① 实际上,马克思这里已经明确认识到,单纯的宗教斗争并不能解决宗教压迫,必须进行政治斗争,"向德国制度开火",才能消灭宗教压迫的根源,实现政治上的解放。马克思这方面的思想是受了费尔巴哈的启示的。

第三,批判了青年黑格尔派蔑视人民群众的唯心主义观点,指出人民群众是社会历史发展的动力。青年黑格尔派颠倒了物质生产和思想意识的关系,自然也就否定人民群众在历史发展中的作用。他们站在唯心主义的立场上,把"自我意识"、"精神"说成是历史的主体,把历史说成是"自我意识"、"精神"的历史,是作为"消极的"物质因素的群众与作为"积极的"精神因素的少数代表人物相对立的历史。他们还蔑视群众,把自己作为"自我意识"、"精神"的代表、推动历史的动力。马克思和恩格斯于1844年9月—11月合写了《神圣家族》一文,批判了这种错误观点。他们认为,历史是由从事物质资料生产的人民群众创造的,而不是由英雄人物创造的,人民群众既是物质财富的生产者,又是革命的推动力量。自以为高居于人民之上的神圣家族式的人物,什么也没有创造。马克思和恩格斯还指出,任何革命的深度和广度,它所取得的成就,都取决于人民群众参加的程度。"历史活动是群众的事业,随着历史活动的深入,必将是群众队伍的扩大。"② 在此基础上,马克思和恩格斯论述了无产阶级的经济地位和历史作用。他们指出,在资本主义社会,无产阶级是物质财富的创造者,也是精神财富的创造者,他们与资产阶级处于矛盾的统一体中。资产阶级是保守的方面,无产阶级是破坏的方面。因此,私有制在发展的过程中将把自己推向灭亡,无产阶级在斗争过程中将解放自己。这

---

① 《马克思恩格斯全集》第1卷,人民出版社1956年版,第2页。
② 《马克思恩格斯选集》第2卷,人民出版社1995年版,第104页。

是马克思和恩格斯运用唯物主义观点研究历史得出的正确结论,是无产阶级历史使命学说的基础。

可见,马克思和恩格斯对青年黑格尔派的理论批判,实际上是对黑格尔哲学唯心主义体系的批判。他们批判性地吸收了黑格尔哲学和青年黑格尔学派中的辩证法思想,抛弃了它们的唯心主义理论体系,确立了唯物辩证的哲学世界观。他们把哲学的研究对象确定为客观存在着的自然界和人类社会,把推动事物发展变化的矛盾看作是自然和社会历史中的矛盾,而把意识、观念等精神性的东西看作是自然和社会矛盾的反映。这样,就正确解释了被黑格尔唯心主义哲学颠倒了的主、客观关系。在这个基础上,他们将哲学批判与政治批判相结合,把唯物论引入社会历史领域,着重研究了人类社会内部的矛盾及其发展变化的规律,实现了辩证法和唯物论的统一,创立了唯物主义历史观。

第二节 超越费尔巴哈

一 转向费尔巴哈哲学

从1841到1844年,马克思和恩格斯的世界观、历史观处在由唯心主义向唯物主义转变的过程中。在这一阶段,费尔巴哈哲学对他们的思想起了很大影响。它为马克思和恩格斯批判黑格尔哲学提供了思想武器,是黑格尔唯心主义与马克思主义唯物史观的中间环节,是唯物主义历史观诞生的理论前提。马克思和恩格斯对于费尔巴哈哲学思想的吸收,主要是运用它的唯物主义思想,特别是其中的人本主义思想,研究当时的经济、政治和社会问题,追究人类社会发展变化的根本原因和内在规律,寻找变革资本主义的出路。

路德维希·费尔巴哈(1804—1872年),是德国唯物主义哲学的代表人物。在1838年以前,他信仰黑格尔唯心主义哲学。在一些著作中,他捍卫、解释黑格尔的哲学观点,宣扬理性是世界的内在基础,而概念是事物的本质。1838年12月,他发表了论文《实证哲学批判》,开始批判包括黑格尔在内的实证主义宗教观点。1839年他发表了《黑格尔哲学批判》一文,比较彻底地批判了黑格尔的唯心主义哲学。在这前后,他参加了青年黑格尔派,逐步与黑格尔的唯心主义哲学决裂。1841年费尔巴哈出版了《基督教的本质》一书，全面阐发了他的人本主义世界观，批判了唯心主义宗教观，重新恢复了唯物主义权威。这部书在当时德国哲学界引起很大反响，为青年黑格尔运动注入了活力。恩格斯后来回忆说："这部书的解放作用，只有亲身体验过的人才能想象到。那时大家都很兴奋：我们一时都成为费尔巴哈派了。"① 费尔巴哈在1842年撰写的《关于哲学改造的临时纲要》和在1843年撰写的《未来哲学原理》等著作也有较大影响。在以上论文、著作中，费尔巴哈有力地批判了德国唯心主义哲学，特别是黑格尔的唯心主义哲学体系，推动了黑格尔学派的瓦解，为重新确立唯物主义哲学的统治地位做出了重要贡献，成为马克思主义哲学的重要来源之一。

费尔巴哈的唯物主义哲学观的基本思想主要有如下几点：第一，世界是物质的，自然界是不依赖于人的意识而存在的，人与自然界是统一的。他要求人们唯物地观察自然界和人类，认为世界和人的存在既不需要上帝，也不需要"绝对观念"。费尔巴哈指出，在哲学上最根本的东西是人和自然，而人和自然决不是主观意识的实体，不是绝对精神、理念的产物，而是客观的、普遍的实体；人和自然是第一性的，人本身就是自然发展的产物，意识、精神、理念则是人的派生物，存在是主体，思维是宾词；在人和自然界之外没有别的东西，没有上帝。所以，一切想要超出自然和人类的思辨都是不现实的。他说："哲学是关于真实的、整个的现实界的科学；而现实的总和就是自然（普遍意义的自然）。最深奥的秘密就在最简单的自然物里，这些自然物，渴望彼岸的幻想的思辨者是踩在脚底下的。只有回到自然，才是幸福的源泉。"② 可见，他的哲学的出发点是人类和自然，这就坚持了唯物主义的观点。第二，反对宗教和神学，突出人的现实性、自然性，创立了人本主义理论。在《基督教的本质》一书中，费尔巴哈提出了人本主义异化理论，将宗教看成是人的本质的异化。他指出，是人创造了神，而不是神创造了人；宗教的本质就是人的本质，是清除了和摆脱了个人局限性的人的本质，理想化的人的本质；神的特性是高度完善化了的人的特性。所以，他认为，要想消灭宗教，消灭神，就

---

① 《马克思恩格斯选集》第4卷，人民出版社1995年版，第222页。
② 《费尔巴哈哲学著作选集》上卷，三联书店1959年版，第84页。

必须改变人的现存生活。第三，将对宗教的批判与对哲学的批判结合起来，使哲学批判为政治斗争服务。费尔巴哈认为，黑格尔的哲学是主观和客观颠倒的思辨哲学，他不明白主体和客体的关系，因而对于宗教的批判是不正确的。他致力于把宗教世界归结为世俗世界，把对宗教的批判归结为对现实的批判，通过宗教批判使哲学为现实政治斗争服务，使哲学从神学的支配下解放出来，关注人以及人与人之间的关系。

总起来说，费尔巴哈通过批判黑格尔哲学，对于德国古典哲学乃至马克思主义哲学所做出的贡献就在于，清除了黑格尔哲学的唯心主义迷雾，弘扬了欧洲唯物主义哲学传统，为人们认识世界、改造世界提供了唯物主义武器。在费尔巴哈的影响下，青年黑格尔派中的激进分子，包括马克思、恩格斯，纷纷离开了黑格尔唯心主义立场，逐步转向唯物主义。所以，马克思和恩格斯在没有彻底完成世界观和政治立场的转变以前，对费尔巴哈的评价比较高，并且在哲学观上受了他的影响。恩格斯在谈到1841年费尔巴哈的著作《基督教的本质》时，指出："它直截了当地使唯物主义重新登上王座，这就一下子消除了这个矛盾。自然界是不依赖任何哲学而存在的；它是我们人类（本身就是自然界的产物）赖以生长的基础；在自然界和人以外不存在任何东西，我们的宗教幻想所创造出来的那些最高存在物只是我们自己的本质的虚幻反映。魔法被破除了；'体系'被炸开并被抛在一旁了，矛盾既然仅仅是有在于想象之中，也就解决了。"① 这个评价不仅适用于《基督教的本质》一书，也适用于费尔巴哈的整个哲学。马克思后来指出："和黑格尔比起来，费尔巴哈是极其贫乏的。但是，他在黑格尔以后起了划时代的作用，因为他强调了为基督教意识所厌恶而对于批判的发展却很重要的某几个论点，而这些论点是被黑格尔留置在神秘的 clair-obscur［朦胧状态］中的。"② 因此说，马克思和恩格斯在创立唯物主义世界观、历史观的过程中，吸收了费尔巴哈唯物主义思想的合理成分，费尔巴哈哲学是马克思和恩格斯走向马克思主义的桥梁。

---

① 《马克思恩格斯选集》第4卷，人民出版社1995年版，第222页。
② 《马克思恩格斯全集》第16卷，人民出版社1964年版，第29页。

二 对费尔巴哈哲学的超越

费尔巴哈的唯物主义是有严重缺陷的。恩格斯形象地说，费尔巴哈"下半截是唯物主义者，上半截是唯心主义者"。[①] 第一，他正确地批判了黑格尔哲学的唯心主义观点，但却在批判的同时抛弃了其中的辩证法思想，回到了形而上学的老路。第二，他的自然观和社会观是唯物主义的，但他不了解实践的作用，不能在实践的意义上研究人的社会性和能动性，因而不能说明社会生活的本质。他研究的人，是抽象的人，自然的人，没有实践能动性的人。他离开了人类和社会历史的辩证发展研究人，论述人本主义，不能将唯物主义贯彻到底，不能完成批判唯心主义的任务。第三，他的社会历史观是唯心主义的。他鼓吹建立爱的宗教，还企图在爱的基础上建立超阶级、超历史、永恒适用的伦理道德原则。在马克思和恩格斯世界观转变的初期，费尔巴哈的思想具有一定的启发意义。随着马克思和恩格斯思想转变的深化，他们便与费尔巴哈分道扬镳了。正因为如此，我们既要考察费尔巴哈哲学对马克思和恩格斯的积极影响，也要考察后来马克思和恩格斯对于费尔巴哈哲学的超越和批判。

从1842年秋到1843年春，马克思在《莱茵报》工作期间，遇到了需要对国家、法律和经济利益等问题发表意见的若干现实难题。按照黑格尔的解释，国家、法律是绝对精神的体现，是人类理性的最高表现。但事实上，国家、法律却只是保护一部分有产者的利益，对穷人不管不问。理论和现实之间发生了尖锐的矛盾。在这时，马克思已经受到了费尔巴哈唯物主义哲学的启示。他开始将国家、政府、法律看作是绝对精神、理性的异化和私有财产者的代表，而不是正义、公正的体现，由此对封建国家的性质和作用发生了怀疑，进行了批判。在这一阶段，马克思在社会实践面前动摇了对黑格尔哲学的信念，逐步放弃了对现存国家、政权和法律的理性幻想，并利用费尔巴哈的唯物主义哲学观，研究国家和市民社会的关系，探索国家的本质。

1843年春天，马克思被迫离开《莱茵报》后，先来到了克罗茨纳赫，同年10月，他偕同新婚不久的妻子燕妮移居到法国巴黎。1844年

[①] 《马克思恩格斯选集》第4卷，人民出版社1995年版，第241页。

初，他与卢格等人创办了《德法年鉴》。在这一年左右的时间，马克思深入研究了英、法等国的政治经济学、历史学，找到了揭开历史之谜的正确道路。马克思在《德法年鉴》上发表了《〈黑格尔法哲学批判〉导言》和《论犹太人问题》两篇论文，有力批判了黑格尔唯心主义哲学。这两篇论文的思想明显地受费尔巴哈人本主义哲学的影响。费尔巴哈在反对黑格尔宗教、思辨哲学的斗争中，以自然代替了绝对精神，以人代替了自我意识，以人的本质的异化来解释宗教现象，确立了人在哲学和现实生活中的地位。这对马克思的研究很有帮助。马克思肯定并接受了费尔巴哈的自然主义和人本主义观点，并运用这种观点研究国家、社会制度领域的矛盾和人与人之间的不平等关系，批判黑格尔的唯心主义哲学。马克思认识到，国家、法律等政治关系不是人类绝对精神的体现，不是公正无私的象征，而是建立在一定经济利益基础之上、用来保护财产私有者的利益的。因此，必须从经济学中而不能从哲学中去研究这些政治关系的本质。马克思还认识到，宗教是现实世界的反映，是人为了掩盖现实的矛盾或者摆脱现实的苦难而创造出来的，必须在尘世间寻找宗教产生和宗教压迫的根源。他指出："人创造了宗教，而不是宗教创造人"，"反宗教的斗争间接地就是反对以宗教为精神抚慰的那个世界的斗争。"[1] 马克思由此提出，只有把反宗教的斗争与反对统治阶级的政治斗争相结合，推翻现存的政治制度，才能消灭宗教和宗教压迫，实现人的政治和社会解放。如何实现人的解放？马克思认为，必须依靠受剥削、受压迫的无产阶级进行革命，将批判的武器与武器的批判结合起来，推翻旧政权，消灭私有制。他在《〈黑格尔法哲学批判〉导言》中说，德国人解放的头脑是哲学，它的心脏是无产阶级。这样，马克思既学习了费尔巴哈，又超越了费尔巴哈，初步得出了历史唯物主义和共产主义的结论。

马克思和恩格斯受费尔巴哈哲学影响最大的是其中的异化理论。这主要体现在马克思在1844年写作的《1844年经济学—哲学手稿》中。在这篇论文中，马克思在对经济学进行了大量研究的基础上，运用费尔巴哈的异化理论分析了资本主义经济制度的剥削实质和发展趋势，试图

---

[1] 《马克思恩格斯选集》第1卷，人民出版社1995年版，第1、2页。

论证资本主义必然灭亡的规律。"异化"是黑格尔哲学和费尔巴哈哲学的基本概念。黑格尔讲的异化是指"绝对精神"的异化，指的是"绝对精神"是一切事物的创造者，整个宇宙间的事物都是"绝对精神"的外化、物化、对象化和异化的结果和表现。费尔巴哈的"异化"理论指的是人的本质的异化。他认为，历史发展的过程是人的本质——人的本质的异化——人的本质的复归的过程。马克思的《1844年经济学—哲学手稿》中的异化观主要是受了费尔巴哈异化思想的影响，具有人本主义的性质。但他赋予了异化以经济的内容，将资本主义生产过程和结果看作工人阶级的劳动和本质的异化。他指出了资本主义异化的四种表现形式。一是劳动产品的异化。即工人的劳动产品成了同工人相对抗的东西，工人生产的产品越多，创造的财富越多，他受的剥削越重，越贫穷。二是劳动过程的异化。劳动产品的异化源于劳动过程的异化。在资本主义制度下，工人的劳动不属于自己，而属于资本家。工人劳动不是幸福，而是受折磨、摧残。三是人类的本质的异化。自愿劳动是人的天然需要。但在资本主义制度下，工人从事的劳动不是自愿的劳动，而是被迫的劳动，不是发展他们的体力和智力，而是为了衣食住行等生理的需要进行机械、乏味、单调的劳动。四是人与人的异化。上述三个方面的异化的结果就是人与人之间的异化，人与人之间的对立，即工人与资本家之间的对立。马克思认为，异化的根源在于私有制，只有消除私有制才能彻底消除异化。这一时期马克思的异化理论具有明显的费尔巴哈人本主义性质，但是它已经超出了费尔巴哈的思想境界，对资本主义经济矛盾及其解决途径的认识达到了一个新的高度。

由于费尔巴哈哲学是形而上学唯物主义，它没有也不可能完成对黑格尔哲学的批判，不可能为马克思的社会主义思想提供科学的世界观。所以，马克思和恩格斯在运用费尔巴哈的唯物主义哲学时，从一开始就没有照抄照搬他的现成结论，而是有所创造和发展。这主要表现为，费尔巴哈对黑格尔唯心主义哲学的批判，只是局限在自然和宗教领域，而马克思和恩格斯的批判将对宗教的批判与对政治的批判紧密结合了起来；费尔巴哈仅仅提出了宗教异化的理论，而马克思和恩格斯则进一步提出了政治和经济异化的理论；费尔巴哈是研究抽象的人、人的本质，而马克思和恩格斯是把人作为社会关系的产物、社会制度的组成部分来研究。尽管马克思和恩格斯的思想比费尔巴哈前进了一大步，但在 1846 年马克思主义唯物史观产生以前，他们的思想还不成熟。随着马克思和恩格斯思想的深入，他们对费尔巴哈的批判和超越是必然的。

第三节　新社会历史观的诞生

一　唯物主义历史观的创立

1944 年春天，马克思和恩格斯在大致相同的时间完成了世界观和政治立场的转变。下一步摆在他们面前的理论任务，就是系统地清算德国古典哲学的思想遗产，继承和发展其思想精华，创立科学的历史观。这是马克思恩格斯思想理论发展的需要，更是无产阶级革命事业发展的需要。1844 年 8 月，恩格斯在归国途中，在巴黎会见了马克思。他们志同道合，理论观点相同，都有为无产阶级解放事业奋斗终生的宏伟理想。从此，他们在理论上密切合作，开始了唯物史观的创立过程。

马克思和恩格斯创立唯物主义历史观，否定了黑格尔的唯心主义理论体系而从中吸收了辩证法精华，丢弃了费尔巴哈的唯心主义历史观而吸收了其唯物主义精华，然后将这两方面的精华有机地组合在一起。这是一个全新的理论创造过程，具有质的飞跃。这里的关键是，马克思和恩格斯在吸收了黑格尔的辩证法思想和费尔巴哈的唯物论思想的基础上，通过对社会生活的深刻体验和对经济学的深入研究，对于社会历史发展演变的内在动因和规律有了科学的认识。仅仅有黑格尔和费尔巴哈哲学思想的启发是远远不够的，对政治经济学的研究为唯物史观的诞生起了特别重要的作用。如果说马克思和恩格斯在开始从事经济研究时，受到了黑格尔和费尔巴哈哲学思想的帮助，特别是借助了费尔巴哈的异化理论，那么，在他们初步完成了世界观和政治立场的转变后，则是利用对于经济学的研究成果反思、批判、超越黑格尔和费尔巴哈的哲学思想，发现社会历史变迁的秘密。

马克思和恩格斯在巴黎会晤后，一边合作撰写《神圣家族》，批判青年黑格尔派，一边致力于政治经济学的研究。他们一起阅读和研究亚当·斯密、大卫·李嘉图、让·巴·萨伊、西斯蒙第、毕莱、西尼耳等英国经济学家的著作。马克思还打算写一部《政治经济学批判》的巨著，并在 1845 年 2 月与出版商卡·列斯凯签订了出版《政治和政治经济学批判》一书的合同。为此目的，马克思和恩格斯于 1845 年 7—8 月间旅居英国曼彻斯特。在这里，他们除了与工人运动的领袖会见外，利用大量的时间，刻苦研读威·配第、托玛斯·图克、库伯、科贝特等经济学家的著作。在此基础上，马克思很快就完成了《政治和政治经济学批判》一书的手稿第一稿。这一阶段马克思和恩格斯的政治经济学研究，为超越德国古典哲学，创立唯物史观提供了理论基础，也为他们创立剩余价值学说打下了坚实基础。

通过对政治经济学的研究，马克思和恩格斯认识到，人类社会发展的根源是物质资料的生产和再生产，历史活动的主体是与现实的生产和生产关系相联系的活生生的人，人类的能动的社会实践活动创造历史。这就从根本上与黑格尔哲学和费尔巴哈哲学划清了界限。如马克思和恩格斯从社会生产入手，通过经济现象来解释政治和精神现象发生、发展的规律，将唯物论和辩证法彻底贯穿到了社会历史领域，创立了唯物史观，实现了社会历史理论的根本变革。他们是借助于政治经济学使哲学科学化，又借助于哲学打破了政治经济学的资产阶级局限性，既改造了哲学又改造了政治经济学，形成了马克思主义的哲学和政治经济学。

1845 年到 1846 年，是马克思和恩格斯唯物主义历史观正式确立和形成的阶段。这一阶段，他们最具代表性的著作是，马克思 1845 年春天写作的《关于费尔巴哈的提纲》和马克思恩格斯 1845 年 11 月至 1846 年 8 月合作撰写的《德意志意识形态》。在这两篇论著中，马克思和恩格斯系统批判了当时的各种旧哲学，彻底清算了黑格尔和费尔巴哈哲学的影响，阐发了唯物史观的基本原理。《关于费尔巴哈的提纲》主要是批判费尔巴哈的社会历史观，确立马克思主义社会历史观的理论基础。马克思称自己的哲学是"新唯物主义"，以表示对旧唯物主义的区别。恩格斯说，这一论著是"包含着新世界观的天才萌芽的第一个文件"。[①]《德意志意识形态》一书的副标题是"对费尔巴哈、布·鲍威尔和施蒂纳所代表的现代德国哲学以及各式各样先知所代表的德国社会主义的批判"。它系统批判了包括黑格尔、费尔巴哈哲学在内的德国古典哲学的错误，同时全面阐明唯物主义历史观的一系列基本原理，是马克思主义唯物史观形成的重要代表作。

这两篇论著所阐明的唯物主义历史观不同于唯心主义历史观的主要之

[①] 《马克思恩格斯选集》第 4 卷，人民出版社 1995 年版，第 213 页。

点在于:

第一,把实践引入人与自然界的关系中,阐明了人类的实践特性。包括费尔巴哈在内的一切旧唯物主义者都不懂得实践的作用,不懂得人具有通过实践认识和改造世界的能动性,从而把实践从人与客观世界的关系中排除了出去。他们都把人仅仅看作是能够适应自然界的人,是感性的、自然的动物,把自然界中的一切事物看成是不受人的活动影响的纯粹自然的存在,而不能认识到人具有社会实践的特性,能够通过实践能动地改造自然和社会。这样,他们就把自然客体只是看作认识的对象,而不是改造的对象,把人与自然的统一、主观与客观的统一只看成是消极地依赖自然,反映自然。马克思指出:"从前的一切唯物主义(包括费尔巴哈的唯物主义)的主要缺点是:对对象、现实、感性,只是从客体的或者直观的形式去理解,而不是把它们当作感性的人的活动,当作实践去理解,不是从主体方面去理解。因此,和唯物主义相反,能动的方面却被唯心主义抽象地发展了,当然,唯心主义是不知道现实的、感性的活动本身的。"① 马克思深刻指出,人不仅是自然的产物,还是实践的产物,实践性是人的根本特性;实践是人们认识的基础和源泉,是检验认识正确与否的唯一标准。他说:"人的思维是否具有客观的[gegenstandliche]真理性,这不是一个理论问题,而是一个实践的问题。人应该在实践中证明自己思维的真理性","关于思维——离开实践的思维——的现实性或非现实性的争论,是一个纯粹经院哲学的问题。"② 这样,马克思在对人的理解上,就超越了费尔巴哈的机械的、自然的人本主义局限性,为深入探索人类社会发展变化的规律打下了基础。

第二,把实践引入社会历史领域,揭示了社会生活的实践性本质。马克思指出:"全部社会生活在本质上是实践的。"③ 这就是说,实践不仅是沟通自然和人之间关系的桥梁,也是人与人之间社会关系赖以建立和发展的基础。通过社会实践,尤其是生产实践,人们不仅可以能动地改造自然与人本身,还产生了人与人之间的社会联系,即社会。如马克思所说:"人的本质并不是单个人所固有的抽象物,在其现实性上,它是一切社会

---

① 《马克思恩格斯选集》第1卷,人民出版社1995年版,第54页。
② 同上书,第55页。
③ 同上书,第56页。

关系的总和。"① 在改造自然的实践中，人们在一定社会阶段上，建立起生产关系、政治关系、思想关系等等。随着实践的发展，人类社会不断进步，人的社会本质也不断发展和完善起来。这样，就产生了人的社会性和人类社会的历史。人类社会的发展，就是人们在生产力发展的一定阶段上，在特定的社会关系中从事各种实践活动，能动地改造自然和社会的过程。而旧唯物主义，包括费尔巴哈的唯物主义，则不懂得实践在人类社会发展中的作用。他们看不到人的社会性，只看到人的自然性，把人与人的关系归结为自然感情的关系或者"爱"的关系。费尔巴哈也谈实践，但他从自然的人本主义的观点出发，把实践看成是人们为了满足生理上的需要而从事的利己活动，比如吃、喝、日常交往，等等。这就不能正确认识社会关系和社会矛盾的产生和发展，不能把握住人类社会的本质和发展规律。马克思在实践的意义上将人的关系归结为社会关系，将社会关系归结为生产力和生产关系的相互作用，为创立完整的社会形态理论准备了前提。这是把唯物主义原理运用到社会历史领域所做出的贡献。

第三，社会实践的主体是现实的人，社会发展的基础首先表现为现实的人的物质生产活动。马克思和恩格斯基于对经济学、历史学和哲学的深入研究，将历史活动的前提确定为现实的人，将历史看作是现实的人的历史。"现实的人"，指的是处在一定的社会关系中，始终进行着物质资料与人自身生产和再生产的活生生的人。"现实的人的历史"，是以生产力的发展为基础，以人与自然之间的交互作用为前提，由现实的人的物质生产活动创造的历史。马克思和恩格斯指出，他们研究历史的方法"是从现实的、有生命的个人本身出发"；"它从现实的前提出发，它一刻也不离开这种前提。它的前提是人，但不是处在某种虚幻的离群索居和固定不变状态中的人，而是处在现实的、可以通过经验观察到的、在一定条件下进行的发展过程中的人。只要描绘出这个能动的生活过程，历史就不再像那些本身还是抽象的经验论者所认为的那样，是一些僵死的事实的汇集，也不再像唯心主义者所认为的那样，是想像的主体的想象的活动。"② 在马克思恩格斯看来，"现实的人"的活动首先是物质生产活动，是物质资

---

① 《马克思恩格斯选集》第1卷，人民出版社1995年版，第56页。

② 同上书，第73页。

料的生产与再生产。"这里所说的个人不是他们自己或别人想象中的那种个人,而是现实中的个人,也就是说,这些个人是从事活动的,进行物质生产的,因而是在一定的物质的、不受他们任意支配的界限、前提和条件下活动着的。"① 这就是说,人类社会的历史是人类自身与自然界进行物质交换的客观活动过程,是人类能动地认识自然、改造自然,从而不断取得文明进步的过程。只有在自然和社会的关系中,才能科学说明人的生存、活动及其本质,找到社会发展变化的规律。这是马克思和恩格斯对于唯物主义历史观的现实出发点的明确表达,是历史唯物主义与历史唯心主义的根本区别,为我们揭示人类社会的发展规律提供了正确观点和方法,既与将社会的发展看作是"自我意识"的产物的青年黑格尔派的唯心主义历史观划清了界限,又与将人看作纯粹自然的动物的费尔巴哈的机械唯物主义划清了界限。

总之,马克思和恩格斯创立的唯物史观,将实践引入社会生活,引入人类的认识领域,科学地说明了人、人类历史和社会发展的本质,并进而搞清楚了社会历史发展过程中各个因素的地位及其相互关系,阐明了社会发展变化的客观规律。这样就将唯物论和辩证法彻底运用到了社会历史领域,克服了费尔巴哈机械唯物主义的局限性,创立了历史唯物主义理论。在《德意志意识形态》中,马克思和恩格斯对于历史唯物主义世界观和方法论的一般理论做了如下概括:"这种历史观就在于:从直接生活的物质生产出发阐述现实的生产过程,把同这种生产方式相联系的、它所产生的交往形式即各个不同阶段上的市民社会理解为整个历史的基础;从市民社会作为国家的活动描述市民社会,同时从市民社会出发阐明意识的所有各种不同理论的产物和形式,如宗教、哲学、道德等等,而且追溯它们产生的过程。这样做当然也能够完整地描述事物(因而也能够描述事物的这些不同方面之间的相互作用)。"②

在1859年写作的《〈政治经济学批判〉序言》中,马克思对唯物主义历史观又做了明确的概括。他指出:"人们在自己生活的社会生产中发生一定的、必然的、不以他们的意志为转移的关系,即同他们的物质生产

---

① 《马克思恩格斯选集》第1卷,人民出版社1995年版,第71—72页。
② 同上书,第92页。

力的一定发展阶段相适合的生产关系。这些生产关系的总和构成社会的经济结构，即有法律的和政治的上层建筑竖立其上并有一定的社会意识形式与之相适应的现实基础。物质社会的生产方式制约着整个社会生活、政治生活和精神生活的过程。不是人们的意识决定人们的存在，相反，是人们的社会存在决定人们的意识。社会的物质生产力发展到一定阶段，便同它们一直在其中活动的现存的生产关系或财产关系（这只是生产关系的法律用语）发生矛盾。于是这些关系便由生产力发展的形式变成生产力的桎梏。那时社会革命的时代就到来了。随着经济基础的变更，全部庞大的上层建筑也或慢或快地发生变革。在考察这些变革时，必须时刻把下面两者区别开来：一种是生产的经济条件方面所发生的物质的、可以用自然科学的精确性指明的变革，一种是人们借以意识到这个冲突并力求把它克服的那些法律的、政治的、宗教的、艺术的或哲学的，简言之，意识形态的形式。我们判断一个人不能以他对自己的看法为根据，同样，我们判断这样一个变革时代也不能以它的意识为根据；相反，这个意识必须从物质生活的矛盾中，从社会生产力和生产关系之间的现存冲突中去解释。"[1]

这段概括表明，历史唯物主义是从物质生活的生产方式内部的矛盾运动来研究社会历史的本质及其变迁规律，把社会生产力的发展看作是一切社会变革的动因，而把社会意识理解为社会存在和发展变化的反映，这就彻底冲破了历史唯心主义的理论束缚。

二　唯物主义历史观的基本原理

（一）物质生产活动是人类社会存在和发展的基本条件

黑格尔的唯心主义哲学把人类历史的发展看作是绝对精神的演化。青年黑格尔派认为，应该把历史归结为人本身的活动，而不能归结为上帝或绝对精神之类的神秘东西。但他们把人理解为"自我意识"，仍然没有摆脱唯心主义的束缚。费尔巴哈则把人理解为"类"，即自然的、孤立的、抽象的人，而不是处在一定的经济和社会条件下进行实践活动的现实的人。马克思和恩格斯指出："这些哲学家没有一个想到要提出关于德国哲学和德国现实之间的联系问题，关于他们所作的批判和他们自身的物质环

---

[1]《马克思恩格斯选集》第2卷，人民出版社1995年版，第32—33页。

境之间的联系问题。"①

如前所述，马克思和恩格斯认为，社会历史就是现实的人的历史，社会的发展就是人们通过实践能动地改造自然和自身的客观历史过程。现实的人是与自然和社会交往中的人，是社会关系的产物，不是抽象的、孤立的个人。马克思和恩格斯指出："全部人类历史的第一个前提无疑是有生命的个人的存在。因此，第一个需要确认的事实就是这些个人的肉体组织以及由此产生的个人对其他自然的关系。……任何历史记载都应当从这些自然基础以及它们在历史进程中由于人们的活动而发生的变更出发。"②

马克思和恩格斯指出，物质资料的生产是现实的人及其社会历史活动的第一个因素。"我们首先应当确定一切人类生存的第一个前提，也就是一切历史的第一个前提，这个前提是：人们为了能够'创造历史'，必须能够生活。但是为了生活，首先就需要吃喝住穿以及其他一些东西。因此第一个历史活动就是生产满足这些需要的资料，即生产物质生活本身，而且这是这样的历史活动，一切历史的一种基本条件，人们单是为了生活就必须每日每时去完成它，现在和几千年前都是这样。"③ 这说明，生产实践是人类最基本的社会实践活动，是人们从事一切物质和精神活动的基础；人们在生产中所发生的经济关系是最基本的社会关系，是政治法律关系和思想意识形态的基础；离开了生产，人类一天也不能生存。所以，只有从生产活动和经济关系入手，才能把握人类社会发展变化的根本动因。

物质资料的生产是一个循环往复、不断满足需要的再生产过程。马克思和恩格斯指出："已经得到满足的第一个需要本身、满足需要的活动和已经获得的为满足需要用的工具又引起新的需要，而这种新的需要的产生是第一个历史活动。"④

历史活动是物质资料的生产与人类自身的生产的有机统一。马克思和恩格斯指出："一开始就进入历史发展过程的第三种关系是：每日都在重

---

① 《马克思恩格斯选集》，第 1 卷，人民出版社 1995 年版，第 66 页。
② 同上书，第 67 页。
③ 同上书，第 78—79 页。
④ 同上书，第 79 页。

新生产自己生命的人们开始生产另外一些人,即增殖。"① 人口的增殖起初表现为家庭关系,后来进一步表现为新的社会关系。他们还指出,社会,包括物质资料的生产和人自身的生产,表现为双重关系,一是自然关系,二是社会关系。人们在进行物质生产、改造自然的同时,也在改造自身,发展自身,在生产发展的不同阶段上有不同的社会关系和社会文明与之相适应。马克思和恩格斯认为,从这几个方面来考察人们的物质生活和社会历史,就为历史唯物主义奠定了坚实基础。

(二) 社会存在决定社会意识

社会存在和社会意识的关系问题是全部哲学世界观的基本问题,正是依据对这一问题的不同回答,人们将哲学划分为唯物主义和唯心主义两大派别。无论是黑格尔哲学,还是费尔巴哈哲学,都没有科学地回答这个基本问题。马克思和恩格斯在正确解决了历史发展的前提和社会生活的本质以后,便正确解决了社会存在和社会意识的关系。

第一,社会意识是对社会存在的反映,社会存在是社会意识的内容。马克思和恩格斯指出:"意识 [das bewuβtsein] 在任何时候都只能是被意识到了的存在 [das bewuβte sein],而人们的存在就是他们的现实生活过程。如果在全部意识形态中,人们和他们的关系就像在照相机中一样是倒立成像的,那么这种现象也是从人们生活的历史过程中产生的,正如物体在视网膜上的倒影是直接从人们生活的生理过程中产生一样。"在马克思和恩格斯看来,"不是意识决定生活,而是生活决定意识。"② 意识是人脑对客观外界现实存在的反映,社会意识是人脑对社会存在的反映,思想、观念、宗教等主观领域的矛盾是社会现实中的矛盾在人们意识上的反映。不是社会意识决定社会存在,而是社会存在决定社会意识。"意识一开始就是社会的产物,而且只要人们存在着,它就仍然是这种产物。"③ 意识无论是正确反映了社会存在,还是歪曲反映了社会存在,它的内容都来自于社会现实。所以,马克思主义认为,只有深入研究社会物质生活条件的发展变化及其矛盾运动,才能够透彻理解一切社会制度和社会现象的本

---

① 《马克思恩格斯选集》第 1 卷,人民出版社 1995 年版,第 80 页。
② 同上书,第 72—73 页。
③ 同上书,第 81 页。

质，并进而找到社会意识表现的根源。反之，如果仅仅从社会意识的范畴去解答社会历史发展变化的秘密，必将陷入唯心主义。根据这种认识，马克思和恩格斯指出，宗教压迫源于现实的社会压迫，消灭宗教压迫的唯一出路是消灭社会压迫。

第二，在阶级社会里，社会意识具有阶级性。马克思和恩格斯指出，在社会分工使物质劳动和精神劳动分离以后，意识就获得了阶级性。因为，在阶级社会里，个人分别属于不同的阶级，个人的生活条件取决于本人所从属的一定阶级的条件，具有相同阶级地位的阶级有着相同的社会意识，不同阶级的社会意识也不相同。另一方面，在阶级社会里，统治阶级的思想意识往往超出本阶级的范围而在全社会占统治地位，从而表现出社会意识的某种相对的"独立性"。马克思和恩格斯从意识的社会根源、阶级性的角度对此作了阐发。他们指出："统治阶级的思想在每一时代都是占统治地位的思想。这就是说，一个阶级是社会上占统治地位的物质力量，同时也是社会上占统治地位的精神力量。支配着物质生产资料的阶级，同时也支配着精神生产资料，因此，那些没有精神生产资料的人的思想，一般地是隶属于这个阶级的。占统治地位的思想不过是占统治地位的物质关系在观念上的表现，不过是以思想的形式表现出来的占统治地位的物质关系；因而，这就是那些使某一个阶级成为统治阶级的关系在观念上的表现，因而这也就是这个阶级的统治的思想。"[1] 这一论断有力地揭穿了一切剥削阶级打着"人民"、"民主"的旗号而宣扬的统治阶级思想的真面目，这一论断也启发人民，要想推翻统治阶级的思想意识，首先必须推翻它们在经济和政治上的统治地位。如马克思和恩格斯所说："意识的一切形式和产物不是可以通过精神的批判来消灭的，不是可以通过把它们消融在'自我意识'中或化为'幽灵'、'怪影'、'怪想'等等来消灭的，而只有通过实际地推翻这一切唯心主义谬论所由产生的现实的社会关系，才能把它们消灭；历史的动力以及宗教、哲学和任何其他理论的动力是革命，而不是批判。"[2]

第三，社会意识随着社会生产的发展而发展。社会存在、社会生产是

---

[1] 《马克思恩格斯选集》第1卷，人民出版社1995年版，第98页。
[2] 同上书，第92页。

不断发展变化的，在社会存在、社会生产基础上产生的社会意识也在不断变化。随着先进阶级的产生，必然产生革命意识。无产阶级是历史上最先进的阶级，它代表先进的生产方式和生产力，必然产生共产主义的意识，进行实现共产主义的社会革命。"革命之所以必需，不仅是因为没有任何其他的办法能够推翻统治阶级，而且还因为推翻统治阶级的那个阶级，只有在革命中才能抛掉自己身上的一切陈旧的肮脏东西，才能建立社会的新基础。"①

可见，马克思和恩格斯关于社会存在和社会意识的相互关系的论述，体现了唯物主义历史观的根本观点，有力回击了历史唯心主义的谬论。后来恩格斯指出："人们的意识决定于人们的存在而不是相反，这个原理看来很简单，但是仔细考虑一下也会立即发现，这个原理的最初结论就给一切唯心主义，甚至给最隐蔽的唯心主义当头一棒。关于一切历史性东西的全部传统的和习惯的观点都被这个原理否定了。政治论证的全部传统方式崩溃了。"②

（三）生产力和生产关系的相互作用是社会发展的根本动力

马克思和恩格斯在人类哲学史上第一次科学阐发了生产力和生产关系的辩证关系，揭示了人类社会的最基本规律。

在《德意志意识形态》中，马克思和恩格斯还没有明确使用"生产关系"的概念，但已理解了它们的内涵，并在生产力和生产关系的辩证统一中研究了人类物质生产活动的本质。他们在《哲学的贫困》和《雇佣劳动与资本》中，发挥了《德意志意识形态》中的思想。

第一，人们在进行物质生产的过程中，一方面要处理与自然的关系，另一方面要处理社会关系。前者指的是人类征服自然、改造自然的活动和能力，即生产力；后者指的是人们在生产活动中所结成的社会交往关系，即生产关系。生产力与生产关系的统一构成一定社会的生产方式。关于生产力的含义，马克思和恩格斯指出："一定的生产方式或一定的工业阶段始终是与一定的共同活动方式或一定的社会阶段联系着的，而这种共同活动方式本身就是'生产力'；由此可见，人们所达到的生产力的总和决定

---

① 《马克思恩格斯选集》第 1 卷，人民出版社 1995 年版，第 91 页。
② 《马克思恩格斯全集》第 13 卷，人民出版社 1962 年版，第 527 页。

着社会状况,因而,始终必须把'人类的历史'同工业和交换的历史联系起来研究和探讨。"① 关于生产关系的含义,马克思和恩格斯主要是联系财产关系进行研究,在《德意志意识形态》用了"社会关系"、"交往关系"、"交往形式"、"交往方式"等概念来表达,指明它是人们在生产活动中所形成的以所有制关系为核心的经济关系,是与生产力发展的一定阶段相适应的物质关系。后来,他们明确指出,生产关系就是人们在生产过程中建立起来的社会关系。

第二,生产力与生产关系是辩证统一的。马克思主义认为,生产力是社会发展的决定性力量,生产力的发展状况和要求决定生产关系的性质和形式。在《德意志意识形态》中,马克思和恩格斯主要是联系分工、生产力、生产关系三个因素的交互作用,论述了生产力与生产关系的统一和矛盾关系。他们具体考察了分工的发展及其对生产力和生产关系的影响。分工起初是自然的分工,后来在生产发展的基础上出现了社会的分工。社会分工与生产力的发展相互作用,它一方面是生产力发展的结果,另一方面又促进生产力的新的更大的发展。所以,"一个民族的生产力发展的水平,最明显地表现于该民族分工的发展程度。任何新的生产力,只要它不是迄今已知的生产力单纯的量的扩大(例如,开垦新的土地),都会引起分工的进一步发展。"② 在分工和生产力发展的各个历史阶段上,就会形成不同的社会经济关系与之相适应。马克思和恩格斯指出:"分工发展的各个不同阶段,同时也就是所有制的各种不同形式。这就是说,分工的每一个阶段还决定个人的与劳动材料、劳动工具和劳动产品有关的相互关系。"③ 他们研究了随着分工的发展在历史上先后出现的部落所有制、古代公社所有制、国家所有制和封建所有制等形式,并分析了在这些不同的所有制基础上形成的不同的经济和政治关系。这说明,生产力决定生产关系,生产关系的变革是由生产力的状况和发展要求引发的。在《哲学的贫困》中,马克思明确强调,生产力的发展是人类全部历史的基础,在社会发展中具有决定作用。他说:"社会关系和生产力密切相联。随着新

---

① 《马克思恩格斯选集》第1卷,人民出版社1995年版,第80页。
② 同上书,第68页。
③ 同上。

生产力的获得，人们改变自己的生产方式，随着生产方式即保证自己生活的方式的改变，人们也就会改变自己的一切社会关系。手工磨产生的是封建主为首的社会，蒸汽磨产生的是工业资本家为首的社会。"① 但是，生产关系不是被动地适应生产力发展的要求，先进的生产关系能够积极地促进生产力的进一步发展。马克思和恩格斯还反复强调，交往形式对于各民族的发展及各民族之间的关系具有重要意义。他们指出，某一个地方创造出来的生产力能否得到尽快发展，取决于交往扩展的情况；只有在交往具有世界性质，并以大工业为基础的时候，保存住已创造出来的生产力才有可能。

第三，生产力和生产关系的矛盾运动引起社会的变革。唯物主义历史观认为，生产力和生产关系的相互作用推动社会历史的进步和发展。生产力是能动的革命的力量，随着生产力的发展，原来适应生产力要求的生产关系将变成生产力的桎梏。这时变革旧的生产关系，就成为了社会前进的必然要求。新的生产关系诞生后，还会经历这种从适应到不适应的过程。马克思和恩格斯指出："已成为桎梏的旧交往形式被适应于比较发达的生产力，因而也适应于进步的个人自主活动方式的新交往形式所代替；新的交往形式又会成为桎梏，然后又为别的交往形式所代替。由于这些条件在历史发展的每一阶段都是与同一时期的生产力的发展相适应的，所以它们的历史同时也是发展着的、由每一个新的一代承受下来的生产力的历史，从而也是个人本身力量发展的历史。"② 在资本主义社会里酝酿起来的生产力和生产关系的矛盾必将导致资本主义私有制的灭亡和社会主义、共产主义公有制的胜利。但是，公有制取代私有制需要有相应的经济条件。马克思和恩格斯指出："在工业发展的一定阶段上必然会产生私有制。""在大工业中，生产工具和私有制之间的矛盾才是大工业的产物，这种矛盾只有在大工业高度发达的情况下才会产生。因此，只有随着大工业的发展才有可能消灭私有制。"③ 他们还进一步指出，将来的社会主义社会是生产力高度发达的社会，生产力的大发展和社会交往的普遍化是进行社会主义

---

① 《马克思恩格斯选集》，第4卷，人民出版社1958年版，第144页。
② 《马克思恩格斯选集》第1卷，人民出版社1995年版，第124页。
③ 同上书，第104页。

变革的前提条件；如果没有这两个条件，就不可能有科学的社会主义，就会产生社会的贫穷化，甚至旧社会一切陈腐的东西也要死灰复燃。这是根据历史唯物主义理论得出的精辟结论，已为实践所证明。

(四) 经济基础和上层建筑的统一构成一定社会形态

马克思和恩格斯对于生产力和生产关系、社会存在和社会意识之间矛盾运动及其规律的深入研究，为进一步揭示经济基础与政治、法律、国家、阶级等上层建筑的关系问题指明了方向。

第一，生产关系的总和构成特定形式的社会。马克思和恩格斯在《德意志意识形态》中，用"市民社会"、"社会结构"、"社会组织"等概念来表达经济基础的含义，还没有明确使用"经济基础"、"社会形态"的概念。他们指出："在过去一切历史阶段上受生产力制约同时又制约生产力的交往形式，就是市民社会。"[①] 这里，"市民社会"指的就是经济基础，即一定社会的生产关系的总和。"市民社会这一名称始终标志着直接从生产和交往中发展起来的社会组织，这种社会组织在一切时代都构成国家的基础以及任何其他的观念的上层建筑的基础。"[②] 在《雇佣劳动与资本》中，马克思提出，生产关系的总和构成社会的经济基础，并揭示了社会形态运动、发展的规律。他说："人们在生产中不仅仅影响自然界，而且也相互影响。他们只有以一定的方式共同活动和相互交换其活动，才能进行生产。为了进行生产，人们相互之间便发生一定的联系和关系；只有在这些社会联系和社会关系的范围内，才会有他们对自然界的影响，才会有生产。"他还进一步说："各个人借以进行生产的社会关系，即社会生产关系，是随着物质生产资料、生产力的变化和发展而变化和改变的。生产关系总和起来就构成所谓社会关系，构成所谓社会，并且是构成一个处于一定历史发展阶段上的社会，具有独特的特征的社会。古代社会、封建社会和资产阶级社会都是这样的生产关系的总和，而其中每一个生产关系的总和同时又标志着人类历史发展中的一个特殊阶段。"[③] 这段论述已经蕴含了马克思以后提出的"经济社会形态"理论的思想，说明社会生

---

① 《马克思恩格斯选集》第 1 卷，人民出版社 1995 年版，第 87—88 页。
② 同上书，第 130—131 页。
③ 同上书，第 344—345 页。

产关系决定社会形态的本质和主要特征,是区别和划分人类历史发展各个阶段或各种社会形态的基本标志。

第二,经济基础决定上层建筑,上层建筑是经济基础的反映,法权关系和国家都是所有制关系的表现,是一定社会的经济基础的产物。马克思和恩格斯指出:"国家是统治阶级的各个个人借以实现其共同利益的形式,是该时代的整个市民社会获得集中表现的形式,所以可以得出结论:一切共同的规章都是以国家为中介的,都获得了政治形式。""实际上国家不外是资产者为了在国内外相互保障各自的财产和利益所必然要采取的一种组织形式。"① 后来他们又指出:"那些决不依个人'意志'为转移的个人的物质生活,即他们的相互制约的生产方式和交往方式,是国家的现实基础,而且在一切还必须有分工和私有制的阶段上,都是完全不依个人的意志为转移的。这些现实的关系决不是国家政权创造出来的,相反地,它们本身就是创造国家政权的力量。在这种关系中占统治地位的个人除了必须以国家的形式组织自己的力量外,他们还必须给予他们自己的由这些特定关系所决定的意志以国家意志即法律的一般表现形式。"② 这样,就真正搞清楚了国家的来源和实质,同把国家当作是理性表现的唯心主义划清了界限。

第三,政治和观念等上层建筑具有相对的独立性。一定的上层建筑是在一定的经济基础之上产生的,但是上层建筑产生以后就具有了相对的独立性并对经济基础具有反作用。在一般情况下,上层建筑的变化往往落后于经济基础的变化,在经济基础发生了变化,新的经济基础出现以后,旧的上层建筑还不会自动退出历史舞台。马克思和恩格斯指出:"较早时期的利益,在它固有的交往形式已经为属于较晚时期的利益的交往形式所排挤之后,仍然在长时间内拥有一种相对于个人而独立的虚假共同体(国家、法)的传统权力,一种归根结底只有通过革命才能被打倒的权力。由此也就说明:为什么在某些可以进行更一般的概括的问题上,意识有时似乎可以超过同时的经验关系,以致人们在以后某个时代的斗争中可以依

---

① 《马克思恩格斯选集》第1卷,人民出版社1995年版,第132页。
② 《马克思恩格斯全集》第3卷,人民出版社1960年版,第377—378页。

靠先前时代理论家的威望。"① 马克思和恩格斯还认识到，上层产建筑和经济基础之间的矛盾，是由生产关系和生产力之间的矛盾所制约的。他们指出："如果这种理论、神学、哲学、道德等等和现存的关系发生矛盾，那么，这仅仅是因为现存的社会关系和现存的生产力发生了矛盾。"②

这样一来，马克思和恩格斯就辩证地研究了生产力、生产关系和上层建筑几个因素之间的相互关系，论证了它们共同构成的社会形态的内在统一以及这几个因素在社会形态中的地位和作用。

（五）阶级斗争和政治革命是推动社会变革的有力杠杆

在写作《黑格尔法哲学批判》和《神圣家族》时，马克思和恩格斯已经认识到，尽管国家往往采取一种似乎代表整个社会共同利益的共同体的形式，但在国家内部存在着不平等的阶级，它们之间存在着斗争，国家代表和维护的是财产所有者的利益。

在《德意志意识形态》中，马克思和恩格斯把阶级矛盾和阶级斗争的根源归结为生产力和生产关系之间的冲突，还结合社会分工系统考察了阶级的起源和历史发展，阐明了阶级和阶级斗争的经济根源和实质。在此基础上，他们指出，在阶级社会里，生产关系的变革往往要通过革命。"按照我们的观点，一切历史冲突都根源于生产力和交往形式之间的矛盾"；"生产力和交往形式之间的这种矛盾——正如我们所见到的，它在迄今为止的历史中曾多次发生过，然而并没有威胁交往形式的基础——每一次都不免要爆发为革命，同时也采取各种附带形式，如冲突的总和，不同阶级之间的冲突，意识的矛盾，思想斗争，政治斗争，等等。"③ 他们还分析了资本主义社会的阶级对立和阶级斗争，得出了无产阶级革命的结论。

在《共产党宣言》中，马克思和恩格斯提出，人类社会自原始社会解体以来的历史都是阶级斗争的历史。他们运用历史唯物主义理论分析了资本主义社会的阶级状况和阶级斗争，得出了无产阶级必然进行革命，推翻资本主义的科学结论。贯穿《共产党宣言》始终的基本思想就是历史

---

① 《马克思恩格斯选集》第1卷，人民出版社1995年版，第124页。
② 同上书，第82页。
③ 同上书，第115页。

唯物主义的生产力观点和阶级斗争观点，其目的是阐明无产阶级革命和无产阶级专政是变革资本主义、建设社会主义的根本要求。在《共产党宣言》1883年德文版序言中，恩格斯指出："贯穿《宣言》的基本思想：每一历史时代的经济生产以及必然由此产生的社会结构，是该时代政治的和精神的历史的基础；因此（从原始土地公有制解体以来）全部历史都是阶级斗争的历史，即社会发展各个阶段上被剥削阶级和剥削阶级之间、被统治阶级和统治阶级之间斗争的历史；而这个斗争现在已经达到这样一个阶段，即被剥削被压迫的阶级（无产阶级），如果不同时使整个社会永远摆脱剥削、压迫和阶级斗争，就不再能使自己从剥削它压迫它的那个阶级（资产阶级）下解放出来。"①

第四节 唯物史观的丰富和发展

一 原始社会基本特征及其发展规律的新探索

马克思和恩格斯在创立唯物史观时期，主要是根据对资本主义社会矛盾运动的研究来揭示社会的发展规律，那时他们对古代社会的研究薄弱一些。在19世纪70—80年代，为了完善唯物史观的理论，研究世界无产阶级革命运动提出的新问题，马克思和恩格斯对古代社会的状况和发展规律进行了深入研究。在1879—1881年间，马克思阅读了大量的其他学者关于人类社会的历史起源和东方社会发展道路的资料，写出了具有极高学术价值的笔记，后人统称"人类学笔记"。在这前后，马克思还就俄国村社制度的发展前途问题发表了一系列很有价值的观点。马克思在生前没有来得及公开发表这些研究成果。恩格斯整理和阐发了马克思的思想，并结合自己的研究，从1884年3月底到5月底写成了《家庭、私有制和国家的起源》一书。在书中，恩格斯系统论述了唯物史观关于原始社会史的基本观点，阐述了家庭、私有制、国家的本质及其产生和发展的历史，考察了人类历史上阶级、阶级斗争和国家政权兴衰的客观规律，论证了资本主义被社会主义代替的必然性。

第一，论证了两种生产的理论。两种生产，即物质资料的生产和人自

---

① 《马克思恩格斯选集》第1卷，人民出版社1995年版，第252页。

身的生产。马克思和恩格斯早在《德意志意识形态》等著作中就对这个问题作过初步研究，在《家庭、私有制和国家的起源》中，恩格斯根据考古学、人类学、民族学等学科研究的新成果，对这个问题进行了明确论述。恩格斯指出："根据唯物主义观点，历史中的决定性因素，归根结蒂是直接生活的生产和再生产。但是，生产本身又有两种。一方面是生活资料即食物、衣服、住房以及为此所必需的工具的生产；另一方面是人自身的生产，即种的繁衍。一定历史时代和一定地区内的人们生活于其下的社会制度，受着两种生产的制约：一方面受劳动的发展阶段的制约，另一方面受家庭的发展阶段的制约。劳动越不发展，劳动产品的数量、从而社会的财富越受限制，社会制度就越在较大程度上受血族关系的支配。"① 这段论述集中说明了人类社会存在和发展的物质基础和历史趋势。在这以前，马克思和恩格斯侧重论述了物质资料的生产和再生产在社会发展中的决定作用，而对于人口自身生产在社会发展中的作用认识不够充分。恩格斯关于两种生产理论的论述告诉我们，人自身的生产也是社会历史发展的决定性因素，它与物质资料的生产和再生产是相互影响、相互作用的，这种相互影响、相互作用在社会发展的不同阶段有不同的特点，使社会历史由低级向高级不断进化。这就为进一步揭示家庭、私有制和国家的起源、实质等问题提供了理论基础。

第二，论述了原始社会的特征和发展规律。恩格斯运用丰富的实际资料，科学地研究了原始社会的婚姻和家庭关系的演变，探索了原始氏族制度的特征、解体及私有制和阶级的形成。恩格斯指出，家庭作为经济细胞和社会生活的主要组织形式，不是从来就有的，而是生产发展到一定社会阶段的产物，并且随着生产力的发展和社会经济关系的变化逐步由低到高经历了血缘家庭、普那路亚家庭、对偶家庭、一夫一妻制家庭等阶段。家庭经历的这些阶段，标志着原始社会发展的不同程度。恩格斯详细分析了在不同社会生产发展阶段上，家庭、婚姻关系和氏族组织的特点。他说明，人类在原始社会相当长的时期内，处在氏族社会阶段，以财产公有和人人平等劳动为基本特征，没有剥削、压迫，没有阶级、国家，主要依靠社会传统和习俗来调整社会关系。在这种社会条件下，生产力水平很低，

---

① 《马克思恩格斯选集》第4卷，人民出版社1995年版，第2页。

社会制度在很大程度上受人自身生产的支配。到了原始社会后期，随着生产力的发展和劳动生产率的提高，出现了剩余产品和产品的交换，使一部分人拥有私有财产、占有另一部分的劳动成为可能。随后，在生产和交换发展的推动下，社会出现了三次大的分工，即游牧业和农业的分离、手工业和农业的分离、商业从其他产业中分离出来。三次社会分工的结果是，产生了私有制、阶级和社会的不平等，原始氏族制度瓦解，阶级社会诞生。如恩格斯所说："氏族制度已经过时了。它被分工及其后果即社会之分裂为阶级所炸毁，它被国家代替了。"① 恩格斯的论述表明，私有制、阶级和国家是与社会生产发展的一定历史阶段相联系的，它们的出现不可避免，但又不会永远存在下去。

第三，论述了国家的起源、本质和发展趋势。恩格斯指出，国家并不是从来就有的，而是随着私有制和阶级的出现而出现的，是一个阶级为了维护自己的财产利益而压迫其他阶级的工具，是阶级矛盾不可调和的产物和表现。"确切说，国家是社会在一定发展阶段上的产物；国家是承认：这个社会陷入了不可解决的自我矛盾，分裂为不可调和的对立面而又无力摆脱这些对立面。而为了使这些对立面，这些经济利益互相冲突的阶级，不致在无谓的斗争中把自己和社会消灭，就需要有一种表面上凌驾于社会之上的力量，这种力量应当缓和冲突，把冲突保持在'秩序'的范围以内；这种从社会中产生但又自居于社会之上并且日益同社会相异化的力量，就是国家。"② 他还说："由于国家是从控制阶级对立的需要中产生的，由于它同时又是在这些阶级的冲突中产生的，所以，它照例是最强大的、在经济上占领统治地位的阶级的国家，这个阶级借助于国家而在政治上也成为占统治地位的阶级，因而获得了镇压和剥削被压迫阶级的新手段。"③ 这就是说，国家的本质不是民主的机关，不是公正的裁判员，而是统治阶级实行统治的机关。恩格斯指出，国家具有不同于氏族组织的特点：一是国家不是按照血缘关系，而是按照地域来划分国民；二是国家设有专门的警察、监狱和法庭等公共强制机关，用来保护统治阶级，镇压被

---

① 《马克思恩格斯选集》第4卷，人民出版社1995年版，第169页。
② 同上书，第70页。
③ 同上书，第172页。

统治阶级。恩格斯还指出，国家不会也不可能永恒存在下去，它将随着无产阶级革命的胜利和社会主义新制度的建立而逐步消亡。"现在我们正在以迅速的步伐走向这样的生产发展阶段，在这个阶段上，这些阶级的存在不仅不再必要，而且成了生产的真正障碍。阶级不可避免地要消失，正如它们从前不可避免地产生一样。随着阶级的消失，国家也不可避免地要消失。在生产者自由平等的联合体的基础上按新方式来组织生产的社会，将把全部国家机器放到它应该去的地方，即放到古物陈列馆去，同纺车和青铜斧陈列在一起。"①

二 唯物史观基本原理的全面阐发

在19世纪80年代，面对马克思主义在工人运动中越来越大的影响，欧洲资产阶级哲学家、思想家极力贬低、反对马克思主义哲学，以消除它的巨大威力。他们抹杀马克思主义哲学和德国古典哲学的本质区别，把马克思主义哲学说成是费尔巴哈哲学和黑格尔哲学的简单继承，还打出了新康德主义和新黑格尔主义的旗帜，企图复活德国古典哲学。为了回击他们的歪曲和进攻，用马克思主义科学理论武装各国工人运动，恩格斯在1886年写作了《路德维希·费尔巴哈和德国古典哲学的终结》这一名著。在这部著作中，恩格斯首次系统论述了马克思主义哲学与德国古典哲学的关系，说明马克思主义哲学的产生具有革命性的意义；阐明了哲学的基本问题及其实质，批判了费尔巴哈的唯心主义历史观；深刻论述了历史唯物主义的基本原理，指出了历史唯物主义与一切旧唯物主义哲学的本质区别，使人们加深了对唯物主义历史观的认识。

在该书中，恩格斯是从如何发现和理解社会历史发展的规律的角度论述历史唯物主义基本原理的。目的是将唯物辩证法彻底运用于社会历史领域，揭示社会历史的本质及其发展变化的内在的必然联系，指导无产阶级和广大人民正确认识和变革旧社会，建立新社会。

第一，恩格斯研究了社会历史发展的规律性。马克思主义诞生以前的多数历史学家、哲学家在社会历史观上是唯心主义者，他们否定社会发展的客观规律性，把人的思想观念、意志、感情等主观因素看作是历史发展

---

① 《马克思恩格斯选集》第4卷，人民出版社1995年版，第174页。

的最终原因。恩格斯指出，社会历史的发展与自然界的发展一样，都有不以人的意志为转移的客观规律，只是二者具有不同的表现和特点。在自然界，一些盲目的、无意识的自然力量发挥作用，自发地体现出自然规律。但在社会历史领域，活动的主体是有主观意识、有目的的个人，社会的规律通过人的活动体现出来。从表面上看，社会发展受偶然因素的支配，但在这些偶然因素的背后又始终隐蔽着必然性。人的主观愿望和目的究竟能否实现，最终是由历史的、现实的、客观的、主观的等方面的综合因素决定的，具有一定的规律性。恩格斯说："在表面上是偶然性在起作用的地方，这种偶然性始终是受内部的隐蔽着的规律支配的，而问题只是在于发现这些规律。"①

第二，恩格斯提出了研究和发现社会发展规律的途径和方法。恩格斯指出，社会历史的发展是通过人们有目的的活动体现出来的，是人民群众创造的。所以，要想研究和发现社会发展的规律，就必须探索使广大群众、整个民族、整个阶级行动的背后的根源。通过分析这种根源，就能够找到引起人民群众进行社会变革的社会动因、来龙去脉和得失成败的原因。在唯物史观看来，社会变革的深刻根源不是存在于人们的观念和意识中，而是存在于社会生产方式和交换方式的矛盾运动中。恩格斯指出："一切社会变迁和政治变革的终极原因，不应当到人们的头脑中，到人们对永恒的真理和正义的日益增进的认识中去寻找，而应当到生产方式和交换方式的变更中去寻找；不应当到有关时代的哲学中去寻找，而应当到有关时代的经济中去寻找。"② 这就是说，唯物史观是从人民群众的物质生活条件入手研究社会变革的规律。而一切唯心主义哲学家则是从人们的愿望、意志等精神领域寻找社会变革的规律，因此，他们不能从根本上说明历史的真相。

第三，恩格斯考察了社会生产方式及其基本矛盾运动的规律，论述了阶级斗争在社会历史发展中的直接作用。他通过研究欧洲特别是英法两国近代历史的发展，阐明了阶级斗争和经济斗争之间的关系。他指出，阶级的产生和发展是由经济原因引起的，阶级斗争是为了经济利益而进行的，

---

① 《马克思恩格斯选集》第4卷，人民出版社1995年版，第247页。
② 《马克思恩格斯选集》，第3卷，人民出版社1995年版，第617—618页。

政治权力只是用来实现和维护经济利益的手段。在资本主义社会，阶级对立日益简单化、尖锐化，主要表现为无产阶级和资产阶级的斗争。无产阶级反对资产阶级的斗争，是资本主义社会基本矛盾运动的政治表现，是推动资本主义社会变革的直接动力。

第四，恩格斯通过分析上层建筑对经济基础的依赖关系，论证了经济基础决定上层建筑的原理。恩格斯将上层建筑分为国家、法律等政治部分和哲学、宗教等意识形态部分两个方面，分别论述了它们与经济基础的关系。他指出，它们都是由经济基础决定、为经济基础服务的，但是各个不同部分与经济基础的关系有远有近，有直接有间接。国家、政治、法律制度与经济基础的关系最近，联系最直接；而哲学和宗教等意识形态则远离经济基础，社会经济条件通过国家、政治、法律制度作用于哲学和宗教。但是，意识形态与国家、政治、法律一样，也是由经济基础决定的。恩格斯的这一思想，使马克思主义唯物史观与一切唯心史观非常鲜明地区分了开来。

三　社会基本矛盾运动的辩证分析

到 19 世纪 90 年代，国际共产主义运动的发展已取得了重大成就，马克思主义在欧美国家广泛传播并已在各国工人运动中确立了指导地位。在这种情况下，马克思主义唯物史观受到了来自各方面的曲解、反对和攻击。资产阶级、小资产阶级的学者不断对唯物史观进行歪曲和攻击，企图削弱马克思主义在工人阶级中的影响。他们的代表人物是德国莱比锡大学的教授保尔·巴尔特。他把马克思的历史唯物主义称为"经济唯物主义"、"技术决定论"、"机械论"、"社会静力论"等，批判马克思的唯物史观只承认经济因素在社会发展中的作用，忽视甚至否定了思想意识的独立性及其对社会发展的作用，实际上是把人看成了受经济摆布的机器，是机械决定论、宿命论。他断言马克思只是经济学家，不是哲学家。他还公然提出要克服马克思主义的这种"片面性"，提出社会发展是由地理环境、人口、经济、政治、科学、道德等要素平行、独立起作用的结果。在工人运动内部，一方面，一些青年知识分子、大学生以学习和宣传马克思主义为时髦，实际上不懂马克思主义的实质，而是对马克思主义采取教条主义、生搬硬套的态度，造成了马克思主义的庸俗化。他们中的代表人物、"青年派"分子恩斯特把唯物史观降低为庸俗的社会宿命论,他说,在马克思那里历史完全是自动地形成的,丝毫没有人的参与,而且经济关系就像在玩弄棋子一样玩弄人。另一方面,一些机会主义者歪曲马克思主义,为他们的和平改良主义作论证。他们将马克思主义唯物史观歪曲为"经济史观"、"经济唯物主义"、否定上层建筑、意识形态的反作用,从而为反对无产阶级革命和专政、宣扬"和平长入"社会主义寻找借口。以上各种错误观点的共同点就在于,没有全面理解马克思主义唯物史观的精神实质,机械地、教条地将唯物史观归结为经济主义。

为了批判这些对唯物史观的歪曲和攻击,澄清人们思想中的各种模糊认识,使马克思主义更加有力地指导工人运动,恩格斯在 1890 年到 1894 年间写给康·施米特、约·布洛赫、瓦·博尔吉乌斯等人的信中,结合对唯物史观的新阐发,进一步论述了社会历史发展中的辩证运动规律。

第一,恩格斯论证了经济基础和上层建筑的相互关系,指出了各种因素在社会发展中的作用。恩格斯指出,社会历史的发展是一个复杂的运动,是各种社会因素和力量综合起作用的结果。经济因素是第一位的因素,是基础,同时发挥作用的还有其他的因素。历史唯物主义并不是只承认经济因素,而否认其他因素。1890 年 9 月 21 日,恩格斯在致约·布洛赫的信中指出:"根据唯物史观,历史过程中的决定性因素归根到底是现实生活的生产和再生产。无论马克思或我都从来没有肯定过比这更多的东西。如果有人在这里加以歪曲,说经济因素是惟一决定性的因素,那么他就是把这个命题变成毫无内容的、抽象的、荒诞无稽的空话。经济状况是基础,但是对历史斗争的进程发生影响并且在许多情况下主要是决定着这一斗争的形式的,还有上层建筑的各种因素"。"这里表现出这一切因素间的相互作用,而在这种相互作用中归根到底是经济运动作为必然的东西通过无穷无尽的偶然事件……向前发展。"[1] 恩格斯的这段简明的论述,既坚持了历史唯物论,又坚持了历史辩证法,有力回击了对唯物史观的歪曲和攻击。在唯物史观创立初期,由于当时反对唯心主义斗争的需要,马克思和恩格斯突出了经济因素在社会发展中的决定作用,这是必要的。但是,一些人由此对唯物史观产生了误解。1893 年 7 月 14 日,恩格斯在致

---

[1] 《马克思恩格斯选集》第 4 卷,人民出版社 1995 年版,第 695—696 页。

弗·梅林的信中指出:"我们大家首先是把重点放在从基本经济事实中引出政治的、法的和其他意识形态的观念以及以这些观念为中介的行动,而且必须这样做。但是我们这样做的时候为了内容方面而忽视了形式方面,即这些观念等等是由什么样的方式和方法产生的。这就给了敌人以称心的理由来进行曲解或歪曲,保尔·巴尔特就是个明显的例子。"① 在19世纪90年代,恩格斯对经济基础和上层建筑的关系作了辩证的论述,加深了对唯物史观基本原理的理解。

第二,恩格斯论述了上层建筑的相对独立性及其对经济基础的反作用。1890年10月27日,恩格斯在致康·施米特的信中指出:"总的说来,经济运动会为自己开辟道路,但是它也必定要经受它自己所确立的并且具有相对独立性的政治运动的反作用,即国家权力的以及和它同时产生的反对派的运动的反作用。"② 后来,恩格斯在致瓦·博尔吉乌斯的信中又指出:"政治、法、哲学、宗教、文学、艺术等等的发展是以经济发展为基础的。但是,它们又都互相作用并对经济基础发生作用。并非只有经济状况才是原因,才是积极的,其余一切都不过是消极的结果。这是在归根到底总是得到实现的经济必然性的基础上的相互作用。……人们自己创造自己的历史,但他们是在既定的、制约着他们的环境中,在现有的现实关系的基础上进行创造的,在这些现实关系中,经济关系不管受到其他关系——政治的和意识形态的——多大影响,归根到底还是具有决定意义的,它构成一条贯穿始终的、惟一有助于理解的红线。"③ 恩格斯对上层建筑中的诸因素的能动作用分别进行了考察,说明任何上层建筑都是建立在一定经济基础之上、为经济基础服务的,上层建筑对经济基础的制约作用是不可忽视的。正确反映经济和社会发展规律的上层建筑,对经济和社会的发展起积极作用;落后的、腐朽的上层建筑对经济和社会的发展起消极作用。但是,相对于经济基础的决定性作用来说,上层建筑的反作用始终是第二位的。恩格斯还以国家权力为例,说明它对经济发展的反作用有三种不同情况。一是沿着同经济发展相一致的方向起作用,对经济的发展

---

① 《马克思恩格斯选集》第4卷,人民出版社1995年版,第726页。
② 同上书,第701页。
③ 同上书,第732页。

起积极作用；二是沿着同经济发展相反的方向起作用，对经济的发展起阻碍作用，并最终导致自身的崩溃；三是推动经济朝某些方向发展，又阻碍经济朝另外一些方向发展。第三种情况最终还是归结为前两种情况中的一种。恩格斯的分析深化了对于上层建筑反作用的认识。

第三，恩格斯针对保尔·巴尔特等人攻击唯物史观否定意识形态的作用的谬论，论述了意识形态的本质及其相对独立性。1890年10月27日，恩格斯在致康·施米特的信中揭示了社会意识形态相对独立性的几种具体表现。其一，意识形态具有历史继承性。恩格斯指出，每一个时代的哲学作为分工的一个特定的领域，都具有自己的特殊继承性，都具有由它的先驱者传给它，而它便由此出发的特定的思想材料作为前提。正是由于历史的继承性，社会意识形态的各种形式才能够不断发展；其二，意识形态的发展与社会经济的发展不平衡、不同步。在经济上落后的国家，在思想文化上可能是先进的国家。恩格斯指出："经济上落后的国家在哲学上仍然能够演奏第一小提琴：18世纪的法国对英国来说是如此（法国人是以英国哲学为依据的），后来的德国对英法两国来说也是如此。"[①] 当然，这种不平衡、不同步是相对的，不是绝对的；其三，各种意识形态因素是相互作用、相互制约的。恩格斯指出，一定形式的意识形态的发展，除了受经济条件的制约外，还要不同程度地受其他意识形态因素的影响，尤其是受政治和法律观点的影响。比如，"对哲学发生最大的直接影响的，是政治的、法律的和道德的反映。"[②]

第四，社会历史的发展是各种合力综合起作用的结果。恩格斯认为，社会历史发展的根本原因是经济因素，生产力的发展、生产力与生产关系的矛盾运动推动社会的发展。但是，社会历史是人们活动、创造的历史，是各种人的意志和力量相互作用的结果。而现实的人们的各种活动、意志和力量，说到底，又都是由特定历史条件下的经济、政治和社会状况决定的。所以，社会的发展表现为各种力量构成的合力作用的结果。他指出："历史是这样创造的：最终的结果总是从许多单个的意志的相互冲突中产生出来的，而其中每一个意志，又是由于许多特殊的生活条件，才成为它

[①] 《马克思恩格斯选集》第4卷，人民出版社1995年版，第704页。
[②] 同上。

所成为的那样。这样就有无数互相交错的力量，有无数个力的平行四边形，由此就产生出一个合力，即历史结果，而这个结果又可以看作一个作为整体的、不自觉地和不自主地起着作用的力量的产物。因为任何一个人的愿望都会受到任何另一个人的妨碍，而最后出现的结果就是谁都没有希望过的事物。所以到目前为止的历史总是像一种自然过程一样地进行，而且实质上也是服从于同一运动规律的。"[①] 恩格斯的这段论述，既坚持了社会的发展是一种自然历史过程的基本观点，又体现出了人的主观意识和社会活动在社会发展中的作用。

恩格斯的上述观点，既坚持了唯物论，又坚持了辩证法思想，是对马克思和恩格斯早期唯物史观理论的阐发和补充。他们早年为了批判唯心主义而突出经济因素的决定意义，强调唯物史观的理论基础。现在，恩格斯为了批判将唯物史观歪曲为经济主义的错误思想，在坚持原有观点的基础上，强调了社会发展过程中各因素之间的辩证关系。这样，就进一步划清了唯物主义历史观与唯心主义、经济唯物主义的界限。

四　世界历史发展多样性的科学预断

马克思和恩格斯在研究西方国家的工人运动和社会主义革命的同时，一直很关心东方落后国家的革命和社会发展道路问题。早在19世纪40年代，他们就在《德意志意识形态》、《共产党宣言》等著作中从"世界历史"的角度探讨了西方发达国家与东方落后国家之间的相互关系。在19世纪50年代，中国、印度等东方落后国家掀起了反对英国等西方国家殖民统治的轰轰烈烈的革命运动。马克思开始对这些东方国家进行了初步研究，提出了"亚细亚生产方式"的概念。马克思发现并概括了这些国家不同于西方国家的特点，主要是土地以国有制为基础，在一些国家仍存在着原始村社制度，国家的职能既具有政治性也具有经济性，经济基础是自给自足的小生产，上层建筑以封建国家的政治专制为主要特征。马克思认为，这些国家的革命对于动摇西方资本主义国家的社会制度具有重要意义，是西方无产阶级革命的同盟军。至于这些国家将来的发展趋向，马克思倾向于认为，它们将不可避免地走向资本主义，然后实现社会主义。在

---

① 《马克思恩格斯选集》第4卷，人民出版社1995年版，第697页。

《1857—1858经济学手稿》中,马克思对"亚细亚生产方式"进行了集中研究,把亚细亚所有制看成是最古老、保存时间最长的所有制,并试图揭示它的发展规律。在1859年写成的《〈政治经济学批判〉序言》中,马克思把亚细亚的、古代的、封建的和现代资本主义的生产方式看作是人类社会经济形态演进的几个发展阶段,把亚细亚生产方式作为人类社会特别是东方社会发展的初始阶段。马克思对于东方社会的研究,为提出人类社会发展道路的多样性打下了理论基础。

19世纪70年代以后,对俄国革命和社会发展道路的关注,促使马克思深入研究俄国等东方国家特殊的社会发展规律,并形成了内涵丰富的东方社会发展理论。在历史上,俄国是典型的封建国家,原始公社类型的村社始终是农村的基本社会、经济和政治组织形式,土地公有,国家定期在村社之间进行分配,村民有公有财产,共同劳动,平均分配,村社内部和相互之间没有大的分化,建立在村社之上的是封建专制主义国家。1861年沙皇进行废除农奴制改革以后,传统的经济社会结构受到了较大的冲击,资本主义经济因素迅速滋生,但还保留着浓厚的封建性质。19世纪70年代后,俄国社会各种矛盾激化起来,国内农民、工人的革命运动强烈震撼着旧的社会秩序。在这种情况下,俄国革命民主主义理论家就俄国革命和将来的社会发展道路问题展开了争论。较多的理论家认为,俄国的国情历来与西方国家不同,革命后也不可能走西方式的资本主义道路,而可以由村社制度直接进入社会主义制度。他们还认为资本主义是祸害,而俄国村社具有天然的社会主义因素,村社社员天然具有社会主义的觉悟。后人称这些理论家为民粹派。另一些理论家则认为,马克思在《资本论》等著作中论证了人类社会发展的普遍规律,一切国家都要先经历资本主义阶段,然后才能在条件成熟时向社会主义过渡,所以,俄国革命的前途只能是资本主义。在以上观点争执的过程中,革命家、理论家维·伊·查苏利奇等人向马克思请教,请马克思谈谈自己的看法。为了回答这个重要的问题,马克思学习了俄语,深入研究了俄国的历史、经济和社会结构,并同时研究了其他东方国家的发展道路问题,发展了他从前关于东方社会发展道路的思想。马克思关于俄国革命和社会发展道路的思想主要体现在1877年写的《给〈祖国纪事〉杂志编辑部的信》、1881年写的《给维·伊·查苏利奇的复信》等文献中。他对东方社会的研究成果集中体现在一系列读书笔记中。在同一时期,恩格斯也关心俄国问题,他在1877年写的《流亡者文献》和1894年写的《〈论俄国的社会问题〉跋》等著作中,论述了自己的观点。

马克思和恩格斯关于俄国等东方国家社会发展道路的思想主要有如下几点:

第一,不同的国家有不同的发展道路,《资本论》的理论主要是根据西欧国家的情况形成的,不能生搬硬套。在《给〈祖国纪事〉杂志编辑部的信》中,马克思批判了尼·康·米海洛夫斯基简单地把《资本论》中的结论运用到俄国,而提出马克思认为俄国只能走资本主义道路的说法。他指出,《资本论》关于资本主义起源和历史发展的理论只是根据西欧国家的情况提出来的,并不意味着俄国将来走资本主义道路还是走别的道路,不能把这一结论变成到处适用的教条。他说:"他一定要把我关于西欧资本主义起源的历史概述彻底变成一般发展道路的历史哲学理论,一切民族,不管它们所处的历史环境如何,都注定要走这条道路——以便最后都达到在保证社会劳动生产力极高度发展的同时又保证每个生产者个人最全面的发展的这样一种经济形态。但是我要请他原谅。他这样做,会给我过多的荣誉,同时也会给我过多的侮辱。"[1] 在《给维·伊·查苏利奇的复信》中,马克思再次指出,《资本论》关于资本主义运动的"历史必然性"的观点明确地限于西欧各国,"在《资本论》中所作的分析,既没有提供肯定俄国农村公社有生命力的论据,也没有提供否定俄国农村公社有生命力的论据"[2]。很明显,马克思对俄国问题采取了从实际出发、具体问题具体分析的严谨态度。

第二,俄国社会在特定的历史条件下有可能走出一条非资本主义发展道路。在《给〈祖国纪事〉杂志编辑部的信》中,马克思根据他的研究,指出:"我得出这样一个结论:如果俄国继续走它在1861年所开始走的道路,那它将会失去当时历史所能提供给一个民族的最好的机会,而遭受资本主义制度所带来的一切灾难性的波折。"[3] 显然,马克思的意思是说,

---

[1] 《马克思恩格斯选集》第3卷,人民出版社1995年版,第341—342页。
[2] 同上书,第774—775页。
[3] 同上书,第340页。

俄国社会有两种可能的发展趋向，即原来的村社制度的发展可能会避免资本主义的前途，而在1861年改革后村社很可能会在资本主义力量的冲击下瓦解，从而俄国不可避免地走上资本主义道路。在《给维·伊·查苏利奇的复信》中，马克思明确提出，村社有两种发展前景，或者是公有制战胜私有制，或者是私有制战胜公有制；一切取决于不同的历史环境，极为相似的事变发生在不同的历史环境中就引起了完全不同的结果。他全面分析了当时俄国的村社与历史上欧洲其他国家的公社存在和发展的不同环境、俄国村社的优势、俄国国内外革命的形势等条件，认为俄国具备走非资本主义发展道路的可能性。他指出："在俄国，由于各种情况的独特结合，至今还在全国范围内存在着的农村公社能够逐渐摆脱其原始特征，并直接作为集体生产的因素在全国范围内发展起来。正因为它和资本主义生产是同时存在的东西，所以它能够不经受资本主义生产的可怕的波折而占有它的一切积极的成果。"① 后来，恩格斯也持这种观点，并把这个看法扩大到了其他东方国家。

第三，俄国社会向社会主义社会过渡必须具备相应的国际国内条件，在经济文化落后的基础上不可能直接建立起社会主义。马克思和恩格斯与民粹主义者不同，他们并不认为俄国的村社能够直接成为社会主义的基础，可以跨越生产力发展的历史阶段而进入社会主义社会形态。他们有严格的条件限制。这就是，在国内，俄国要发生民主革命，为村社的发展创造良好的社会条件；在国际上，要有西方国家无产阶级紧接着夺取政权，组织社会主义生产，并在经济上给予俄国以帮助。马克思指出，即使在这种条件下，俄国要实现社会主义，还要经过一系列的社会变革。恩格斯在《〈论俄国的社会问题〉跋》中，对这个问题做了既唯物又辩证的透彻论证。他指出："俄国的公社存在了几百年，在它内部从来没有出现过要把它自己发展成高级的公有制形式的促进因素；……对俄国的公社的这样一种可能的改造的首创因素只能来自西方的工业无产阶级，而不是来自公社本身。西欧无产阶级对资产阶级的胜利以及与之俱来的以社会管理的生产代替资本主义生产，这就是俄国公社上升到同样的阶段所必需的先决条

---

① 《马克思恩格斯选集》第3卷，人民出版社1995年版，第762页。

件。"① 他还指出:"较低的经济发展阶段解决只有高得多的发展阶段才产生了的和才能产生的问题和冲突,这在历史上是不可能的。在商品生产和单个交换以前出现的一切形式的氏族公社同未来的社会主义社会只有一个共同点,就是一定的东西即生产资料由一定的集团共同所有和共同使用。但是单单这一个共同特征并不会使较低的社会形式能够从自己本身产生出未来的社会主义社会,后者是资本主义社会的最独特的最后的产物。每一种特定的经济形态都应当解决它自己的、从它本身产生的问题;如果要去解决另一种完全不同的经济形态的问题,那是十分荒谬的。这一点对于俄国的公社,也同对于南方斯拉夫人的扎德鲁加、印度的氏族公社、或者任何其他以生产资料公有为特点的蒙昧时期或野蛮时期的社会形式一样,是完全适用的。""然而,不仅可能而且无庸置疑的是,当西欧各国人民的无产阶级取得胜利和生产资料转归公有之后,那些刚刚进入资本主义生产而仍然保全了氏族制度或氏族制度残余的国家,可以利用公有制的残余和与之相适应的人民风尚作为强大的手段,来大大缩短自己向社会主义社会发展的过程,并避免我们在西欧开辟道路时所不得不经历的大部分苦难和斗争。……这不仅适用于俄国,而且适用于处在资本主义以前的阶段的一切国家。"② 在这里,恩格斯既分析了俄国村社公有制与社会主义公有制的本质区别,强调它本身不能直接进入社会主义,又指出在一定条件下村社向社会主义方向发展的可能性。

马克思和恩格斯的上述观点,坚持了唯物论和辩证法的统一。既坚持了从各国的实际出发,尊重各国社会发展道路的多样性,承认社会发展过程中可能会出现的一定形式的跳跃现象,没有用一个统一的社会发展模式去限定世界各国丰富多彩的历史道路;又坚持了历史唯物主义的基本观点,始终把生产力的发展作为社会发展进步的基础和物质前提,把社会历史的继承性和发达国家的援助与交往作为不发达国家迈向现代化的必要条件。这是他们坚持用世界历史的眼光,结合现实情况,从社会历史发展的世界性和民族性相统一的高度得出的结论,在很大程度上也适用于其他的落后国家,因此对丰富和发展唯物史观具有方法论的指导意义。

---

① 《马克思恩格斯选集》第3卷,人民出版社1995年版,第440—441页。
② 《马克思恩格斯选集》,第4卷,人民出版社1995年版,第442—443页。

第二章　剩余价值学说的创立

马克思和恩格斯从19世纪40年代起，在批判地继承英国古典政治经济学的基础上，对资本主义生产方式和社会形态进行了全面深入的考察，揭露了剩余价值的秘密，创立了马克思主义政治经济学。剩余价值理论是科学社会主义的基石，"它使明亮的阳光照进了经济学领域，而在这个领域中，从前社会主义者像资产阶级经济学家一样曾在深沉的黑暗中摸索。科学社会主义就是以此为起点，以此为中心发展起来的。"[①]

第一节　马克思恩格斯：开始研究经济关系

一　马克思转向政治经济学的研究

马克思开始是以一个哲学家的身份从事写作的。大学期间，他学习法律专业，不过把主要精力用在研究哲学上，他的博士论文《德谟克利特的自然哲学和伊壁鸠鲁的自然哲学的区别》便是一篇哲学论文，早期的著作和文章也多属哲学范畴。但马克思并没有停留在纯哲学的范围内，19世纪40年代，在一系列因素的作用下，马克思迈出了决定性的一步，从哲学转向政治经济学研究。这一历史时期的特点是：资本主义生产方式已经在西欧的主要国家中建立了统治地位，工人阶级与资产阶级的阶级矛盾日趋尖锐，上升为主要的矛盾，无产阶级已经以一支独立的政治力量出现于历史舞台。

英、法等国资产阶级统治的巩固和加强，促进了生产力的迅速发展，19世纪40—50年代，资本主义几乎席卷了英、法所有的经济部门。例

[①]《马克思恩格斯选集》第3卷，人民出版社1995年版，第548页。

如，英国工业生产和农业生产中都广泛使用着雇佣劳动，当时仅仅在工业和运输业中的工人就达到200万人以上。法国的资本主义发展水平虽然不及英国，但仍然达到了很高的程度。1847年巴黎就有7117家企业雇佣了10个以上的工人；投入商业和工业的资本总额，1830年为300亿法郎，1848年达450亿法郎。当时经济上远远落后于英、法的德国，大工业生产也获得了迅速发展。例如，它于1835年开始修筑铁路，到1840年铁路干线将近500公里，而到1845年则增加到2000多公里。

然而，资本主义的迅速发展，机器的广泛采用，非但没有增进工人群众的福利，反倒加重了对他们的剥削和压迫。自从英国1825年发生第一次全面性的经济危机以来，各主要资本主义国家相继发生了周期性的经济危机。频繁爆发的危机导致工人失业队伍增大，工人生活困苦，工人阶级和资产阶级的矛盾日益尖锐，工人阶级反对资产阶级的斗争日趋激烈。

最初，工人阶级反对资产阶级的斗争还以个别和零星的形式出现，到19世纪30—40年代，则进入有组织的斗争时期。在一系列的斗争中，工人阶级逐渐认识到，单是经济斗争不能把工人阶级从资本主义压迫下解放出来，这样，工人阶级反对资产阶级的斗争就从要求增加工资和破坏机器发展到罢工斗争，从个别地方发展到全国范围，从和平斗争发展到自发的武装起义。其中最具有代表意义的是：法国里昂工人起义、英国工人的宪章运动和德国西里西亚纺织工人起义。

无产阶级反对资产阶级的斗争迫切需要正确的革命理论加以指导，可是在当时思想理论界占统治地位的，是为资产阶级辩护、粉饰资本主义矛盾的资产阶级庸俗经济学，以及虽能揭露资本主义矛盾，但仍试图在保存资本主义私有制的条件下，进行改良的空想社会主义思潮。时代赋予无产阶级新的历史使命，需要创造一种新的科学的革命理论，即科学社会主义，来担负起指导无产阶级革命运动的任务。然而，把社会主义由空想变为科学，这是一个全面的、综合性的任务。如果哲学、政治经济学和社会主义学说处于彼此分割的状态，是不可能完成这个任务的。理论形态的马克思主义是哲学、政治经济学和科学社会主义三者的有机统一体。社会主义要由空想变为科学，必须用辩证唯物主义和历史唯物主义的方法，解剖资本主义的生产方式，得出科学社会主义的结论。

马克思回顾在布鲁塞尔创立科学社会主义的历史时说："我们在这些

小册子里，对构成当时同盟的秘密学说的那种英、法两国社会主义或共产主义同德国哲学这二者的杂拌儿进行了无情的批判；为了代替这种杂拌儿，我们提出把对资产阶级社会经济结构的科学研究作为惟一牢靠的理论基础。"① 列宁也强调指出："资本主义社会必然要转变为社会主义这个结论，马克思完全是从现代社会的经济运动规律得出的。"② 可见，运用经济理论科学地剖析及阐明资本主义社会阶级结构和经济运动规律，是创立科学社会主义必不可缺少的理论前提。马克思转向经济学研究，正是适应了时代的要求。

在《莱茵报》的工作，为马克思研究经济学问题提供了契机。马克思于 1841 年大学毕业后，本来准备在大学任教，但是由于普鲁士反动政府迫害进步学者，他未能如愿，便转入新闻界，投身于社会政治活动。

《莱茵报》于 1842 年 1 月 1 日在科伦创刊，起初是政府的机关报。1842 年马克思开始给《莱茵报》写稿，同年 10 月担任该报主编。这个报纸很快就变成了德国民主派中最革命的战斗机关报。在主编《莱茵报》期间，马克思遇到了"要对物质利益发表意见"的难事，诸如莱茵省议会关于森林盗伐和地产细分的辩论；当时的莱茵省总督冯沙培尔先生和《莱茵报》之间就摩泽尔农民状况展开的官方论战；以及关于自由贸易和保护关税的辩论等。马克思积极参与到这些辩论中来，发表了《第六届莱茵省议会的辩论》、《摩泽尔记者的辩护》等笔锋犀利的文章。在辩论中，马克思站在贫苦劳动人民一边，捍卫他们的利益，反对普鲁士政府的专制制度。与此同时，马克思逐步意识到，这些问题仅靠法律、靠上层建筑是解决不了的，而必须从经济生活、从经济基础中去寻找答案。对他来说，这是一个全新的领域，他深感自己经济知识的缺乏，于是，将注意力偏向了社会经济领域。1859 年马克思在《〈政治经济学批判〉序言》中曾指出，对这些问题的讨论，"是促使我去研究经济问题的最初动因。"③ 他后来不止一次地对恩格斯说过，正是由于对盗窃林木法的研究和对摩泽尔农民生活状况的考察，才促使他从纯粹政治转向研究经济关系，研究社

---

① 《马克思恩格斯全集》第 14 卷，人民出版社 1964 年版，第 464—465 页。
② 《列宁选集》第 2 卷，人民出版社 1995 年版，第 439 页。
③ 《马克思恩格斯选集》第 2 卷，人民出版社 1995 年版，第 31 页。

会主义。

这一时期，马克思就"物质利益"所发表的意见，主要体现在1842年10月的《第六届莱茵议会的辩论（第三篇论文）》和1843年1月的《摩泽尔记者的辩护》这两篇文章中。

当时的德国正处在资本的原始积累阶段即从封建制度到资本主义制度过渡的社会转型期。贵族、地主不仅对森林、草地和从前农民公共使用的土地进行大规模掠夺，而且通过其在议会的代表要求把贫民拾捡枯枝、采野果等习惯权利列为犯罪，严加惩治。为此，普鲁士政府制定林木盗窃法，提交莱茵省议会讨论通过。法案荒谬地规定，未经林木占有者许可，在森林中拾取枯枝属于盗窃行为。第六届莱茵省议会就所谓林木盗窃问题进行激烈的辩论。马克思根据议会记录，从法理的角度，为贫民的习惯权利进行辩护，严厉谴责林木占有者贪图私利的阶级本性，反驳了贵族和资产者的特权要求，揭露和批判了普鲁士法律制度维护剥削者利益的反动本质。

马克思首先指出："捡枯枝和盗窃林木是本质上不同的两回事。"[①] 枯枝已经与作为财产的活的有机体分离了，它们作为财产的微不足道的偶然附属品，是自然界给予穷人的布施。林木占有者所占有的只是树木本身，而树木已经不再占有从它身上落下的树枝了。拾捡枯枝是贫民的习惯权利，与盗窃林木有着根本不同的性质。然而，出于自身利益的考虑，林木所有者的代表们一方面要求把民事纠纷变成刑事问题，另一方面又要通过立法把取证、审判和惩治等国家权力交给林木所有者支配，这实际上使得国家和法律沦为林木占有者的工具。马克思讥讽道："林木占有者的利益应该成为左右整个机构的灵魂。一切国家机关都应该成为林木占有者的耳、目、手、足，为林木占有者的利益探听、窥视、估价、守护、逮捕和奔波。"[②] "小偷盗窃了林木占有者的林木，而林木占有者就利用小偷来盗窃国家本身。"[③]

尽管马克思主要是从法律理论的角度进行评论的，但在这里，他已经

[①] 《马克思恩格斯全集》第1卷，人民出版社1956年版，第138页。

[②] 同上书，第160页。

[③] 同上书，第169页。

觉察出在习惯法转化为成文法的背后实际经济关系的变动。马克思指出，盗窃林木的"犯罪行为的实质并不在于侵害了作为某种物质的林木，而在于侵害了林木的国家神经——所有权本身"。[①]

《摩泽尔记者的辩护》一文主要探讨的是摩泽尔河沿岸葡萄种植者的贫困问题。1834年1月1日关税同盟的形成，加之竞争的加剧，摩泽尔沿岸一度繁荣的葡萄种植业陷入绝境，小葡萄园主纷纷破产。对此，葡萄种植业促进协会抱怨当局没有对葡萄种植业者的贫困状况给予足够的重视，更没有采取有利的措施给他们以实际的帮助。官方管理机构则持有相反的看法，认为贫困状况是自然原因或个人经营不善引起的，与政府管理制度无关。马克思把双方分歧归结为市民应当适应国家的管理制度，还是国家的管理工作应当为市民而存在。实际上就是法的形式与物质利益的关系。在摩泽尔河沿岸贫困问题上，马克思已明确意识到在体现立法者意志的法律关系的背后存在一种不以当事人意志为转移的客观利益关系。他说：人们"在研究国家生活现象时，很容易走入歧途，即忽视各种关系的客观本性，而用当事人的意志来解释一切。但是存在着这样一些关系，这些关系决定私人和个别政权代表者的行动，而且就像呼吸一样地不以他们为转移。"[②]

马克思任《莱茵报》编辑期间，对现实物质利益问题的讨论，使他认识到，法的关系并不是由人类理性精神的发展决定的，而是取决于不以当事人的主观意志为转移的经济关系。由此开始，经济关系进入马克思的研究视野。

转向政治经济学的研究，也是马克思的思想不断深化的必然结果。19世纪30—40年代，在欧洲一些主要国家特别是法国，空想社会主义和空想共产主义还颇为流行。1842年9月底至10月初，在德国报刊上开展了关于共产主义和社会主义的讨论。马克思以笔战的形式，积极参与这场涉及无产阶级切身利益的共产主义大辩论。他在对西欧工人运动实际情况的考察中，已经看到当时流行的"社会主义"和"共产主义"理论不具有"现实性"。指出对欧洲社会的现实决不能闭目塞听，对法国当时的共产

[①] 《马克思恩格斯全集》第1卷，人民出版社1956年版，第168页。

[②] 同上书，第216页。

主义思想家的著作决不能根据肤浅的、片面的想象妄加批判，而是要在不断深入研究的基础上作出科学的批判。他反对空想社会主义者的种种"实践经验"，主张对共产主义进行理论论证。激烈的斗争使马克思的思想发展具有了关注现实、研究现实的明确方向。可以说，对共产主义进行理论论证的需要，是推动马克思从事政治经济学研究的另一动因。

1843年3月，由于《莱茵报》的革命倾向，遭到了反动政府的迫害，马克思被迫退出了《莱茵报》，该报不久便停刊。马克思从此移居巴黎，在这里，他撰写了《〈黑格尔法哲学批判〉导言》，探讨了市民社会同国家和法的关系。后来，马克思回忆说："我的研究得出这样一个结果：法的关系正像国家的形式一样，既不能从他们本身来理解，也不能从所谓人类精神的一般发展来理解，相反，他们根源于物质的生活关系，这种物质的生活关系的总和，黑格尔按照18世纪的英国人和法国人的先例，称之为'市民社会'，而对市民社会的解剖应该到政治经济学中去寻求。"① 即对经济领域进行研究，是理解市民社会，进而也是理解包括国家和法的关系在内的整个资本主义社会结构的出发点。马克思思想的内在发展，要求他深入到政治经济学领域中去。马克思说："我在巴黎开始研究政治经济学，后来因基佐先生下令驱逐移居布鲁塞尔，在那里继续进行研究。"②

二 恩格斯对政治经济学的研究

年轻时代的恩格斯同样对哲学有着浓厚的兴趣。早在1839年初，恩格斯就潜心研究青年黑格尔派的著作。1841年9月，恩格斯因服兵役来到柏林，他便利用业余时间到柏林大学旁听，并和青年黑格尔派建立了密切的联系，积极参加青年黑格尔派博士俱乐部的活动。但没过多久，逐步转向唯物主义的恩格斯与仍然坚持唯心主义的青年黑格尔派发生了严重的分歧。

1842年10月，恩格斯服役期满离开柏林。同年11月底，恩格斯从德国巴门来到英国曼彻斯特，在他父亲与他人合资的工厂里从事经营管理。英国是当时资本主义最发达的国家，而曼彻斯特是英国纺织工业中

---

① 《马克思恩格斯选集》第2卷，人民出版社1995年版，第32页。

② 同上。

心，资本主义发展所造成的灾难在这里表现得特别明显和突出。居英期间，恩格斯"抛弃了社交活动和宴会"，抛弃了资产阶级的"红葡萄酒和香槟酒"，走进英国工人阶级生活的深处，到工人住宅区访问他们，参加他们的集会，对工人们所遭受的深重无边的痛苦有了深入的了解，获得了大量揭露资本主义剥削的实际材料。通过对英国社会的深入研究，恩格斯明确看到了经济因素在社会发展中所起的决定性作用，看到了物质利益在英国政治斗争和政党斗争中的基础作用。与此同时，他在考察大陆各国，特别是法、德各种社会主义学说时，深切地感到像圣西门、傅立叶这样伟大的空想社会主义者在批判资本主义时，由于缺乏对社会经济情况的深入分析和了解，而仅仅是根据一些抽象的理性原则来进行，使得他们的学说十分缺乏现实的基础。这促使恩格斯开始潜心研究资本主义社会的经济问题。"英国是政治经济学的故乡"，这一时期，恩格斯研读了斯密、斯图亚特·穆勒、李嘉图、马尔萨斯等资产阶级经济学家的著作。在此基础上，他于1843年底至1844年初写出了《政治经济学批判大纲》。这是恩格斯研究政治经济学的最初结果，也是马克思主义政治经济学的开山之作。

《政治经济学批判大纲》是从对资产阶级政治经济学的批判开始的。恩格斯指出，政治经济学的产生是商业扩展的自然结果，是随着资本主义的产生而出现的。无论是重商主义还是自由主义经济学家，都是为资本主义私有制而存在的。"政治经济学没有想到提出私有制的合理性的问题"，因此，它的产生无非是用"一门完整的发财致富的科学来代替那简陋的非科学的生意经"。[①] 在对政治经济学发展历程的考察中，恩格斯肯定了以斯密和李嘉图为代表的自由主义政治经济学的进步意义。因为它探索了私有制的各种规律，打破了重商主义体系，使人们的注意力从商业领域转移到了生产领域。但是，由于斯密和李嘉图仍然是私有制的拥护者，根本没有想到提出私有制的不合理性和消灭私有制的问题，他们的学说"同样是伪善、矛盾和不道德的"。[②] 恩格斯又深刻意识到，随着资本主义的发展，无产阶级与资产阶级的矛盾日趋尖锐，政治经济学也日益成为为资

[①] 《马克思恩格斯全集》第1卷，人民出版社1956年版，第596页。
[②] 同上书，第598页。

本主义辩护的工具，越来越庸俗化。他指出："距离我们时代越近的经济学家越不老实。时代每前进一步，要把政治经济学保持在时代的水平上，诡辩术也必须提高一步。"① 恩格斯的论述，一针见血地揭示了资本主义经济学的实质及其发展趋势，证明资本主义经济学的根本缺陷在于不承认资本主义生产方式的历史过渡性。

恩格斯在《政治经济学批判大纲》中还初步表述了关于生产资料私有制是资本主义社会基础的原理，把生产资料的资本主义私有制作为资本主义一切利益冲突和一切矛盾的根源。正如列宁所指出的："《政治经济学批判大纲》一文，从社会主义的观点考察了现代经济制度的基本现象，认为那些现象是私有制统治的必然结果。"② 恩格斯分析，在资本主义社会中，私有制首先造成了资本和劳动的对立。资本不过是积累起来的劳动，如果离开了劳动，资本就什么也不是。但由于私有制的存在，劳动的产物却被资本家占有，与劳动对立起来。不仅如此，私有制还造成了资本与资本、土地与土地、劳动与劳动的分裂，从而使得资本家与资本家、地主与地主、工人与工人之间相互对立。资本主义社会的竞争、工人阶级的贫困、像彗星一样有规律出现的经济危机，也都是资本主义私有制的必然结果。资本主义私有制条件下，竞争难以避免，资本主义竞争与生产的无政府状态，决定了整个社会无法实现总供求的均衡，经济危机每隔5年到7年就会爆发一次，"而且一定是一次比一次更普遍，因而也一次比一次更严重"。③ 经济危机造成贫富分化加剧，阶级对抗加深，最终引起社会革命。以往的资产阶级经济学家十分崇尚自由竞争制度，认为在自由竞争条件下，市场机制会自发调节社会的经济活动，不会出现严重的生产过剩危机。恩格斯与以往经济学家的根本区别在于，他不是把经济危机看作偶然出现的、暂时的、局部的现象，而认为是周期出现的自然规律；不是用供求的偶然失调来解释经济危机，而是从资本主义经济制度本身来分析，说明经济危机是资本主义私有制的必然产物。透过危机规律的分析，恩格斯论证了资本主义私有制的根本局限性。他指出，要彻底消除由于生产的

---

① 《马克思恩格斯全集》第1卷，人民出版社1956年版，第599页。
② 《列宁选集》第1卷，人民出版社1995年版，第93页。
③ 《马克思恩格斯全集》第1卷，人民出版社1956年版，第614页。

盲目性和竞争所导致的经济危机，消除资本主义社会普遍存在的失业、贫困、各式各样的罪恶，就必须消灭资本主义私有制。他说："我们要用消灭私有制、消灭竞争和利益对立的办法来结束这种人类堕落的现象。"① 恩格斯预言，在未来社会，人们将有意识地按照生产发展的水平和消费者的需要安排生产，从而可以避免有竞争的波动和竞争引起的危机的倾向。

《政治经济学批判大纲》在批判资产阶级经济学家价值理论的基础上，较为深入地探讨了价值决定问题。当时欧洲经济学界有两大主流价值观：一是李嘉图的劳动价值论，认为价值是由生产费用决定的；二是萨伊的效用价值论，认为价值是由物品的效用决定的。在恩格斯看来，这两种观点都具有片面性，萨伊的效用价值论忽视了生产费用，而李嘉图的劳动价值论则忽视了效用或使用价值。事实上，物品的价值包含生产费用和效用两个方面的因素，"价值是生产费用对效用的关系。价值首先是用来解决某种物品是否应该生产的问题，即这种物品的效用是否能抵偿生产费用的问题。只有在这个问题解决之后才谈得上运用价值来进行交换的问题。如果两种物品的生产费用相等，那么效用就是确定它们的比较价值的决定性因素。"② 在这里，虽然恩格斯在创立科学价值理论方面只是作了初步尝试，但他已敏锐地意识到旧价值理论的不足，意识到价值理论在新的经济体系中的重要地位，这些都为马克思主义政治经济学的建立奠定了基础。

由于生活阅历的不同，恩格斯研究政治经济学比马克思稍早些。马克思认真阅读了恩格斯的《政治经济学批判大纲》，作了详细的摘录，并给予极高的评价。在《1844年经济学—哲学手稿》的序言中，马克思把恩格斯的《政治经济学批判大纲》称为是在经济科学方面内容丰富而有独创性的著作。另外，在《政治经济学批判大纲》序言中，马克思称赞恩格斯的这本著作是"批判经济学范畴的天才大纲"。③ 恩格斯从政治经济学入手，对资本主义所进行的深刻分析，使马克思进一步认识到了研究政治经济学对于剖析资本主义社会经济结构，揭示历史发展必然趋势的重大

---

① 《马克思恩格斯全集》第1卷，人民出版社1956年版，第621页。
② 同上书，第605页。
③ 《马克思恩格斯全集》第13卷，人民出版社1962年版，第9页。

意义。此后，马克思和恩格斯之间建立了通信联系。1844年8月，两位革命导师在巴黎见面，发现彼此在一些重大理论方面意见一致，从此成为最亲密的战友，建立起终生不渝的革命友谊和伟大合作。列宁曾说过："同恩格斯的交往显然促使马克思下决心去研究政治经济学，而马克思的著作使这门科学发生了真正的革命。"①

《政治经济学批判大纲》不仅标志着恩格斯从唯心主义到唯物主义、从革命民主主义到共产主义转变的完成，而且奠定了马克思主义政治经济学发展道路上的第一块里程碑，具有十分重要的意义。当然，由于受当时主客观条件的限制，作为第一部马克思主义经济学著作的《政治经济学批判大纲》中也难免存在这样那样的不足，如理论观点还不够成熟，个别地方还没有彻底摆脱空想社会主义的影响；一些提法也不够准确，如认为价格脱离价值是对价值规律的破坏。恩格斯在1884年写给叶甫盖尼娅·帕普利茨的信中曾谈到，虽然"至今对自己的这第一本社会科学方面的著作还有点自豪"，但也清楚地知道，其中"不仅缺点很多，而且错误也很多"。② 尽管如此，这部著作在马克思主义政治经济学发展史上的历史价值是不能低估的。

1844年9月初，恩格斯从巴黎回到了阔别多年的巴门，除参加一些宣传共产主义的集会外，埋头整理从英国实地调查和收集的材料，致力于写作一部"向全世界控诉英国资产阶级所犯下的大量杀人、抢劫以及其他种种罪行"，③ 阐述无产阶级伟大历史作用的重要著作——《英国工人阶级状况》。这部著作于1845年5月出版，书中对马克思主义经济学的一些原理，特别是无产阶级贫困化问题和人口过剩问题，作了经典性的阐述。它表明恩格斯的经济学观点具有鲜明的无产阶级性质，也标志着恩格斯的经济学研究进入一个新的阶段。

首先，恩格斯以产业革命为切入点，考察了工人阶级的产生及其经济地位，剖析了工人阶级贫困化的制度根源。18世纪后期，英国爆发了产业革命。纺织机和蒸汽机的发明，使纺织、煤矿、冶金、机械制造等生产

---

① 《列宁全集》第2卷，人民出版社1984年版，第8页。
② 《马克思恩格斯全集》第36卷，人民出版社1974年版，第172页。
③ 《马克思恩格斯全集》第27卷，人民出版社1972年版，第11页。

部门发生了根本变革。对于产业革命，资产阶级经济学家只看到随工业革命而来的生产力的巨大发展，看到产业革命使资产阶级发财致富，因此，对它颂扬备至。小资产阶级经济学家从其立场出发，只看到产业革命使中小生产者破产和贫困，则咒骂产业革命。恩格斯以科学的态度看待这一问题，把工业革命看成是社会经济向前发展的必然结果。分析了资本主义生产方式是如何合乎历史规律地产生的，又是如何合乎历史规律地向前发展并出现两大敌对阶级的。他指出，机器代替了手工工具，工厂代替了作坊，迅速发展起来的社会生产力改变了整个社会的阶级结构，把居民中间的一切差别简化为工人和资本家之间的对立。物质资料的生产既是一种"摇撼旧世界基础"的杠杆，同时又创造出能够摧毁资产阶级统治并使资本主义制度灭亡的手段和力量。

工人阶级的诞生是产业革命最重要的产物。恩格斯指出："小工业创造了资产阶级，大工业创造了工人阶级"。① 工业革命的结果，使大机器工业代替了工场手工业，大大推动了社会生产力的迅猛发展，使英国成为当时世界上最发达的资本主义国家。与此同时，大机器的广泛使用，使小生产者纷纷破产，一个人数众多高度集中的现代无产阶级迅速形成。由产业革命造成的工人阶级，被剥夺了生产资料和生活资料。他们一贫如洗，没有任何财产，变成了真正的无产者。表面上看来，他们摆脱了人身依附，可以自由出卖自己的劳动力，似乎是自由的，但工人所拥有的自由是一种虚假的自由。恩格斯写道："好一个自由！无产者除了接受资产阶级向他们提出的条件或者饿死、冻死、赤身露体地到森林中的野兽那里去找一个藏身之所，就再没有任何选择的余地了。"②

恩格斯利用详实的材料，细致地描述了工人阶级所遭受的剥削和压迫，揭露了两大阶级之间的根本对立。他分析道，在集中了大批工人阶级的大城市，资本家握有一切，而大批穷人只能勉强活命。工人阶级到处都遭受资产阶级敲骨吸髓的剥削，生活条件极其恶劣。与资产阶级奢靡的生活形成鲜明对比的是，工人吃得差，挨饿是经常的事；住宅简陋狭小，许多人还无家可归；穿得也很坏，只能粗衣蔽体。工人的劳动条件也极其恶

---

① 《马克思恩格斯全集》第2卷，人民出版社1957年版，第300页。
② 同上书，第360页。

劣。男女工人在憋闷潮湿的工厂里，从事16小时或更长时间的艰苦劳动，常常要连续劳动40多个小时。工作环境差，劳动保护跟不上，加之无休止的劳动，患病和工伤事故造成的伤亡人数之多，骇人听闻。"除了许多畸形者，还可以看到大批残废者：这个缺一只或半只胳膊，另一个人缺一只脚，第三个人少半条腿；简直就好像是生活在一批从战争中归来的残废者里面一样。"① 童工更加不幸，许多不满10岁的孩子，每天工作10几个小时，不少幼小的生命被活活折磨而死。正如恩格斯所说，他的这本书从头一页到最末一页都是对英国资产阶级的公诉状。恩格斯把资本家对工人的残酷剥削称为"社会谋杀"。

恩格斯揭示了工人阶级贫困化的制度根源。恩格斯并没有仅仅停留在上述现象的描述上，他进一步证明，工人阶级的贫困化绝不是个别地区和个别部门的现象，而是所有工业、矿山、农业部门的普遍现象，其根源在于资本主义私有制。在资本主义经济中，"无产者除了自己的两只手就什么也没有，昨天挣的今天就吃掉，受各种各样的偶然事件的支配，没有任何保证使自己能够获得最必要的生活必需品，——任何危机，主人的任何逞性都能使他失业"。② 也就是说，由于工人一无所有，不得不受掌握生产资料的资本家的支配，不能摆脱生活无保障、生活水平随经济的波动而急剧变动的现实。恩格斯谴责了资本主义私有制所造成的使人变成商品并导致人类严重堕落的社会现象，并明确指出，要用消灭私有制、消灭竞争和利益对立的办法来结束这种人类堕落的现象。

其次，恩格斯结合对资本主义经济周期运动的分析，阐述了资本主义相对过剩人口理论。工人阶级不仅是产业革命的产物，而且是产业革命的受害者。资本不断积累，机器的广泛使用，必然造成大面积的相对过剩人口。恩格斯指出："机器上的每一种改进都抢走了工人的饭碗，而且这种改进愈大，工人的失业就愈多。"③ 这种过剩人口作为产业后备军，有时扩大，有时缩小，随经济周期运动而变化。过剩人口的"扩大或缩小，要看市场能使他们中间的小部分还是大部分得到工作而定……它在危机时

---

① 《马克思恩格斯全集》第2卷，人民出版社1957年版，第450页。
② 同上书，第401页。
③ 同上书，第421页。

期人数激增，而在繁荣和危机之间的时期人数也相当多。"① 恩格斯还认为，相对过剩人口不仅是资本积累和经济周期运动的必然结果，反过来，它又构成资本主义经济周期运动的必要条件，可以为资本家随时提供扩大生产所需要的劳动力，资本家又能够随时把多余的劳动力推给社会。恩格斯以英国为例，指出："英国工业在任何时候，除短促的最繁荣的时期外，都一定要有失业的工人后备军，以便在最活跃的几个月内有可能生产市场上所需要的大批商品。"② 在这里，恩格斯对资本主义相对过剩人口产生的原因及其作用的分析，与马克思后来完成的资本主义人口规律理论的分析十分接近。

最后，恩格斯从分析私有制出发，探究了自由资本主义时期经济发展的规律，预言社会革命不可避免。他认为，只要私有制存在，一切终究都会归结为竞争；竞争渗透到资本主义社会的各个方面，造成了人们处于相互奴役的状况，造成社会成员急剧的两极分化和对立。竞争规律是"孕育着革命的规律"。③ 在自由竞争的条件下，生产处于无政府状态，这必然导致商业危机，这种危机有规律地反复出现，而且一次比一次严重，最终引发社会革命。因此，社会主义革命是资本主义制度本身矛盾运动的必然结果。另外，大工业的发展不仅使工人阶级在人数上不断扩大，而且也促进了工人的阶级意识的增长。恩格斯指出，工人同资本家的对立越尖锐，工人中的无产阶级意识也越发展、越明朗化。他们逐渐意识到自己是一个整体，是一个阶级；逐步意识到自己的地位与利益，从而形成反对资产阶级的独立运动。基于此，恩格斯预言社会革命即将到来。他说："正如我们可以有把握地从已知的数学公理中得出新的定理一样，我们也可以有把握地从现存的经济关系和政治经济学的原理中得出社会革命即将到来的结论。"④

恩格斯以英国为例，揭示了这个表面繁荣的社会中蕴藏着的深刻矛盾：政治上毫无真正的自由可言，甚至"浸沉在中世纪野蛮境地"；经济上贫富分化严重，少数有产者财富迅速增长，人数众多的无产者一贫如

---

① 《马克思恩格斯全集》第 2 卷，人民出版社 1957 年版，第 369 页。
② 同上。
③ 《马克思恩格斯全集》第 1 卷，人民出版社 1956 年版，第 614 页。
④ 《马克思恩格斯全集》第 2 卷，人民出版社 1957 年版，第 624 页。

洗，勉强度日；精神上空虚，没有思想；生活秩序混乱，无政府状态盛行。身处其中的工人阶级异常不满和痛恨这一社会制度，"这种愤怒经过不长的时间（这个时间几乎是可以算出来的）就会爆发为革命"。① 他相信，这是一场比其他任何革命更深刻、更广泛的真正的革命，这样一场革命必不可免地会导致资本主义的灭亡和无产阶级的胜利。"资产阶级脚下的地基就这样逐渐地动摇起来，总有一天，资产阶级的整个国家的和社会的建筑物将连同它的基础一同倾覆。"② 恩格斯还告诫英国工人阶级，不要寄希望于用和平的方式解决英国社会问题，暴力革命才是唯一可能的出路。

恩格斯第一个证明了工人阶级不只是一个受苦受难的阶级，而且是一个能够解放自己的阶级。在此之前，有些学者尤其是空想社会主义者，也曾对资本主义的罪恶进行了无情的揭露和批判，同情无产阶级的遭遇，并试图找到消除阶级对立的办法。然而，由于他们看不到无产阶级和广大劳动人民群众的伟大力量，强调"天才人物"的决定作用，甚至把实现社会主义的希望寄托于统治阶级"发善心"上，因而他们的学说必然陷于纯粹的空想。与之不同，恩格斯认为，工人阶级有自己的利益和原则，有自己的世界观，是实现社会变革的先进力量，有着远大的前程。工人阶级所处的那种低下的经济地位和非人的生活状况，必然引起他们对资本主义制度的强烈不满，推动他们去争取本身的最终解放。他明确指出，这些被当作牲口看待的工人，对当权的资产阶级怀有烈火般的憎恨。为了捍卫自己的尊严，为了改善自己的生活状况，他们必然要进行反抗资产阶级的斗争；只有在反抗斗争中，才能充分表现自己的革命品质，显示自己最动人、最高贵、最合乎人情的特性。

恩格斯的《英国工人阶级状况》一书具有很高的价值，不仅丰富了马克思主义政治经济学的内容，而且其中的有关无产阶级的阶级特性、历史作用、革命途径的思想，是对当时正在形成的科学社会主义的极为重大的贡献。马克思在《资本论》中多次提到和引用其中的材料，给予极高的评价。恩格斯于1892年在重印这部著作时指出：本书无论在优点方面

---

① 《马克思恩格斯全集》第2卷，人民出版社1957年版，第298页。
② 同上书，第548页。

或缺点方面都带有作者青年时代的痕迹，"但是当我重读这本青年时期的著作时，发现它毫无使我羞愧的地方"。①

第二节 马克思主义政治经济学的确立

一 剩余价值论的初步奠定

马克思剩余价值学说的创立有一个过程。如前所述，1843年，马克思被迫离开《莱茵报》编辑部，迁居巴黎。在巴黎期间，马克思开始对政治经济学进行系统的研究。他研读了斯密、李嘉图、萨伊等人的大量经济学著作，作了批判性的摘录。到1845年1月马克思离开巴黎时，已写了7本研究政治经济学的笔记，这些笔记后来被统称为《巴黎笔记》。1845年2月移居比利时首都布鲁塞尔后，马克思进一步钻研了大量有关政治经济学原理和经济史的文献资料，并写了许多阅读笔记，保存下来的《布鲁塞尔笔记》就有三大卷。从1843年底到1847年的4年间，马克思的经济学研究成果主要有：《1844年经济学—哲学手稿》、《哲学的贫困》、《雇佣劳动与资本》等。在与恩格斯合写的《神圣家族》、《德意志意识形态》中，也涉及到政治经济学的一些重要理论问题。在这些著作中，马克思揭露了资产阶级对无产阶级的剥削及其秘密，对剩余价值理论进行了初步论证。

（一）运用唯物史观，确立了马克思主义政治经济学的研究对象，为剩余价值理论的创立铺平了道路

政治经济学作为一门独立的科学，始于17世纪的古典经济学派。资产阶级古典经济学家对政治经济学的研究对象进行了一定程度的探讨，但由于他们受其立场、观点和方法的局限，没有能够科学地确定政治经济学的研究对象和方法，而是把它归结为一门研究国民财富的增进，研究物与物关系的科学。

与资产阶级古典经济学家不同，马克思和恩格斯从研究政治经济学伊始，就力图将资本主义私有制及其内在矛盾作为经济研究的主题。马克思在他的第一部政治经济学著作——《1844年经济学—哲学手稿》中指出，

---

① 《马克思恩格斯选集》第4卷，人民出版社1995年版，第418页。

要用异化劳动和私有制这两个因素阐明国民经济的一切范畴,同时批评资产阶级学者从劳动与资本对立这个事实出发,但既没有说明这个事实,也不理解私有制的经济规律,无法指出这些规律怎样从私有制的本质中产生出来。在这里,虽然没有明确提出政治经济学的研究对象问题,但马克思已经意识到政治经济学这门学科具有强烈的社会性质,这实际上已包含着后来以社会生产关系作为政治经济学研究对象的思想萌芽。

19世纪40年代中期,马克思与恩格斯合作完成了《神圣家族》和《德意志意识形态》。尤其在《德意志意识形态》中,他们对费尔巴哈和青年黑格尔派进行了全面批判,对唯物史观作了系统全面的阐述,从而为科学地确立政治经济学的研究对象提供了方法论基础。首先,他们指出,物质的生产活动是人类社会活动的基础,其他一切活动,如理论和政治等活动都以物质生产活动的变化为转移,意识的各种形式都是建立在社会生活的物质因素的基础上。其次,首次提出了生产方式这个经济范畴,阐明了生产方式在整个社会生活中起决定作用的原理,并第一次阐述了生产力和生产关系的一般规律。他们认为,生产关系决定其他社会关系,构成了社会的经济基础,而意识形态和政治等都是建立在这个基础上的上层建筑。虽然当时还把生产关系称为"交往关系"或"交往形式",但已经提出生产关系必须适合生产力性质的规律。最后,提出了社会经济形态概念及社会形态学说,根据不同的"所有制形式"来划分人类历史发展阶段,根据劳动者与劳动的材料、工具和产品关系来划分所有制的不同形式。

19世纪40年代后半期,马克思把他们创立的历史唯物主义原理应用到政治经济学研究中,在1847年发表的《哲学的贫困》里,首次系统阐述了政治经济学的研究对象和方法。马克思在这一著作中使用了生产关系概念,并进一步分析了生产力和生产关系的辩证关系。指出:"每一个社会中的生产关系都形成一个统一的整体",[①] "社会关系和生产力密切相连。随着新生产力的获得,人们改变自己的生产方式,随着生产方式即谋生的方式的改变,人们也就会改变自己的一切社会关系。"[②] 针对资产阶级和小资产阶级经济学家把经济范畴看作是"人类本性"或理性的体现,

---

① 《马克思恩格斯选集》第1卷,人民出版社1995年版,第142页。

② 同上书,第141—142页。

马克思明确指出，经济范畴只不过是客观存在的生产关系的理论表现，极其抽象。"人们按照自己的物质生产率建立相应的社会关系，正是这些人又按照自己的社会关系创造了相应的原理、观念和范畴。所以，这些观念、范畴也同它们所表现的关系一样，不是永恒的。他们是历史的、暂时的产物。"① 透过上述经济范畴不过是社会生产关系的理论表现及其具有历史暂时性的观点，我们不难看出，马克思在这里实际上已阐明了政治经济学的研究对象应当是特定生产方式之下的社会生产关系。因为政治经济学的理论体系和它所探讨的经济规律要由经济范畴构成，既然经济范畴不过是生产方面社会关系的理论表现，那么，政治经济学的研究对象只能是生产关系。马克思指出生产关系是随生产力的变化而变化，因而，作为生产关系理论表现的经济范畴不仅具有客观性，而且具有历史性。但是，马克思并没有因为生产关系取决于生产力，而认为经济范畴是生产力和生产关系的统一或生产方式的理论表现。在之后的《雇佣劳动与资本》一书中，马克思给自己规定的任务是"更切近地考察一下资产阶级的生存及其阶级统治和工人的奴役地位所依为基础的经济关系本身"。②

马克思将政治经济学定位于研究生产关系，而不是生产力，定位于研究人与人之间的关系，而不是物与物的关系，从而引发了政治经济学的革命变革。毫不夸张地说，正因为马克思超越了资产阶级古典经济学家们的狭隘视野，科学地确定了马克思主义政治经济学的研究对象，才使他有可能揭示剩余价值的实质和根源，揭示资本主义发生、发展和必然走向灭亡的规律；有可能以剩余价值为中心建立一个全新的经济理论体系。

（二）批判地继承了古典经济学的劳动价值论，为剩余价值理论奠定了基础

劳动价值理论与剩余价值理论密切相关，前者是后者的理论基础。要说明剩余价值的来源，必须首先解释清楚价值的质、价值的量、价值的源泉和价值规律等。

劳动价值论有着悠久的历史，从17世纪中叶起，它就成为资产阶级反对封建贵族的理论武器。到了18世纪，斯密已明确区分了使用价值和

---

① 《马克思恩格斯选集》第1卷，人民出版社1995年版，第142页。
② 《马克思恩格斯全集》第6卷，人民出版社1961年版，第474页。

交换价值，得出了劳动是衡量一切商品交换价值的真实尺度的重要结论。李嘉图则进一步发展了斯密的关于劳动决定价值的学说，提出了劳动时间决定商品价值的原理，把劳动价值论发展到资产阶级界限内可能达到的最高成就。

马克思和恩格斯开始研究经济学的时候，就涉及到劳动价值论这一当时经济学理论的热点问题。同恩格斯一样，马克思最初对劳动价值论基本持否定态度。19世纪40年代中后期，随着唯物史观的创立，马克思和恩格斯敏锐地发现了蕴含在古典劳动价值论中的科学价值，于是，从基本上否定它转向基本上肯定它，批判地继承它。

马克思在这一时期对劳动价值理论的贡献主要体现在以下几个方面：

1. 认定价值是一个历史范畴。马克思在《哲学的贫困》中批评李嘉图犯有"把资产阶级的生产关系当作永恒范畴的一切经济学家的通病"，① 仅从物和物的角度理解价值，把价值看作是永恒的、自然存在的经济范畴。在马克思看来，价值是一定的生产关系，是个历史范畴。他指出，价值、货币这一类经济范畴是一种社会关系，这种关系只是其他经济关系的整个锁链中的一个环节，是和一定的生产方式相适应的。

2. 确认劳动是价值的源泉，价值由劳动时间决定。早在《神圣家族》中，马克思在分析蒲鲁东的价值论时曾指出，生产某个物品所必须花费的劳动时间属于这个物品的生产费用；如果撇开竞争，某个物品的生产费用也就是它值多少。这就是说，在把竞争撇开的前提下，马克思认为物品的价值"本质上取决于生产该物品所需要的劳动时间"。② 在《哲学的贫困》一书里，进一步深化了对这一问题的认识。指出："只要承认某种产品的效用，劳动就是它的价值的源泉。劳动的尺度是时间。产品的相对价值由生产这种产品所需的劳动时间来确定。"③

3. 阐述了价值规律及其作用。马克思在1845年所写的对穆勒著作的摘录里已经认识到，价值和价格的背离不是对价值的"破坏"，而正是价值规律的必然表现。指出，供求的平衡，生产费用和交换价值的协调是相

---

① 《马克思恩格斯选集》第1卷，人民出版社1995年版，第183页。
② 《马克思恩格斯全集》第2卷，人民出版社1957年版，第62页。
③ 《马克思恩格斯全集》第4卷，人民出版社1958年版，第88页。

对的、短暂的，而供求的变动，生产费用和交换价值的不协调则是绝对的、经常的。蒲鲁东认为强制实行等价交换，就能够在资本主义范围内消灭资本主义剥削。在《哲学的贫困》中，马克思驳斥了蒲鲁东的观点，说："等量的劳动时间的交换并没有改变生产者的相互地位，正如工人和工厂主的相互关系没有任何改变一样。"① 也就是说，商品按照由劳动所决定的价值来交换，并不能改变工厂主和雇佣工人之间的相互地位。紧接着在《雇佣劳动与资本》中，又系统阐述了价值规律及其作用。他指出，由于供求的波动，每次都把商品价格引导到生产费用的水平；虽然商品的实际价格始终是高于或低于生产费用，但是上涨和下降是相互抵消的，因此总的说来价格是由生产费用决定的。换句话说，由于受供求的影响，价格围绕价值上下波动，但价值与价格的偏离会互相抵消，这并不违反价值规律。他进而谈到，价值规律对于资本主义生产"起着极可怕的破坏作用，并像地震一样震撼资产阶级社会的基础"。②

总之，19世纪40年代中后期，马克思在与蒲鲁东的辩论中，批判地继承了古典经济学的劳动价值论，阐述了马克思主义劳动价值论的基本思想，对剩余价值理论的创立有着十分重要的意义。当然，由于当时还没有建立起劳动二重性学说，马克思还并不十分清楚什么劳动创造价值以及怎样创造价值，因此并没有完成劳动价值论。

（三）事实上已区分了"劳动"和"劳动力"，基本上揭示了剩余价值的来源

马克思对剩余价值的研究，是从考察雇佣劳动和资本的对立关系开始的，剩余价值理论的萌芽显然同《1844年经济学—哲学手稿》联系在一起。在那里，马克思试图深入揭示资本主义剥削的本质及机制。按照马克思的意思，在分析资产阶级社会中工人阶级的状况时，要求自己说明的基本问题就是工人的劳动产品和他相异化。如果说马克思以前的社会主义者只是说工人的产品被资本家非法掠夺了，那么，马克思则把自己的任务归结为：说明在资本主义范围内，对工人阶级的剥削是合乎规律的，把它作为"一个必然的发展过程"的表现。为此，马克思从研究劳动产品的异

---

① 《马克思恩格斯全集》第4卷，人民出版社1958年版，第95页。
② 《马克思恩格斯全集》第6卷，人民出版社1961年版，第483—484页。

化过渡到了研究劳动本身。

在《哲学的贫困》中，马克思批判蒲鲁东把劳动创造的价值和"劳动商品"的价值相混同，把生产商品的劳动和"劳动商品"相混同的谬论，指出不能用"劳动价值"构成一切商品的价值，"劳动价值"和劳动所创造的价值在量上是不相等的。马克思还批判了蒲鲁东否认"劳动"在资本主义社会中成为商品这一客观事实。他认为，"由于劳动被买卖，因而它也和任何其他商品一样，也是一种商品，因此它也有交换价值"，[1]而"劳动"成为商品乃是资本主义社会借以存在的基础；并且指出"劳动"成为商品这一事实里包含了一个"可怕的现实"，即工人遭受资本家剥削，"劳动产品在直接劳动者与积累劳动占有者之间的不平等分配"。[2]尽管马克思这里继续沿用了"劳动商品"、"劳动价值"这些古典经济学家的用语，但他给这些概念赋予了新的含义，增添了足以说明雇佣劳动与资本之间的剥削关系的新内容。事实上，马克思这时已经把劳动（力）看作是商品，明确地将劳动作为创造具有一定价值的商品的过程同劳动作为工人出卖给资本家的商品区别开来，即把作为商品的"劳动力"和劳动力使用的"劳动"区分开来。而且意识到，劳动所创造的价值大于劳动（力）的价值，这之间的差额就是资本家财富的来源。

在1849年出版的《雇佣劳动与资本》中，马克思对上述思想有了更明确的表述。第一，劳动（力）并非向来就是商品，只是在资本主义制度下才成为商品。工人出卖自己的劳动（力），表面上看是自由的，而为了生活他们不得不出卖劳动（力）。工人是从属于整个资产阶级的。与此同时，马克思批判了资产阶级经济学家把资本看作物的谬论，指出资本"是资产阶级的生产关系"，[3]"积累起来的劳动"只是在资本主义生产关系下才成为资本的。它"借交换直接的、活的劳动而保存下来并增殖起来。除了劳动能力以外一无所有的阶级的存在是资本的必要前提"。[4] 这告诉我们，资本是个历史范畴，具有社会属性，其增殖的根源在于工人的活劳动。第二，劳动（力）既然是商品，它与一切商品一样有使用价值

---

[1] 《马克思恩格斯全集》第4卷，人民出版社1958年版，第100页。
[2] 同上书，第95页。
[3] 《马克思恩格斯全集》第6卷，人民出版社1961年版，第487页。
[4] 同上书，第488页。

和价值。马克思认为,劳动(力)的价值"是由生产费用即为创造劳动(力)这一商品所需要的劳动时间来决定的",① 准确地说,"就是维持工人生存和延续工人后代的费用"。第三,在确定劳动(力)价值的基础上,马克思详细地论述了资本家与雇佣劳动的交换。与空想社会主义者不同,马克思证明这一交换并不是对等价交换的破坏,而是按等价交换的原则进行的。问题的关键在于,该交换后面发生了根本不同于其他商品交换的新现象。他说:"工人拿自己的劳动换到生活资料,而资本家拿归他所有的生活资料换到劳动,即工人的生产活动,亦即创造力量。这种力量不仅能补偿工人所消费的东西,并且还使积累起来的劳动具有比以前更大的价值。"② 工人所创造的价值超过了劳动(力)的价值,超过的部分被资本家无偿占有,就成为剩余价值。这样,马克思在价值规律的范围内基本上揭示了资本主义剥削的秘密。第四,马克思指出,资本的利益和雇佣劳动的利益是截然对立的。工资和利润互成反比,利润增加多少,工资就降低多少;而利润降低多少,则工资就增加多少。

区分劳动和劳动力,是解决剩余价值产生的关键。马克思在《哲学的贫困》和《雇佣劳动与资本》中,实际上已将二者区分开来,从而基本上说明了剩余价值的来源。恩格斯在《资本论》第二卷序言中曾明确指出,当时马克思"不仅已经非常清楚地知道'资本家的剩余价值'是从那里'产生'的,而且已经非常清楚地知道它是怎样'产生'的"。③ 因此可以说,马克思的剩余价值思想在 19 世纪 40 年代末已经初步形成了。

二 完整体系的创立历程

如前所述,马克思从 1843 年开始系统地研究政治经济学,到 19 世纪 40 年代末,已初步形成了马克思主义政治经济学,其主要标志是:建立了马克思主义政治经济学方法论的哲学基础;确立了马克思主义政治经济学的研究对象;奠定了劳动价值论和剩余价值论的初步基础;等等。但

---

① 《马克思恩格斯全集》第 6 卷,人民出版社 1961 年版,第 484 页。
② 同上书,第 489 页。
③ 《马克思恩格斯全集》第 24 卷,人民出版社 1972 年版,第 12 页。

是，在这一时期，马克思主义政治经济学的理论体系还没有真正建立起来。

1848年欧洲大革命爆发后，马克思重返德国，参加和领导德国革命，创办了《新莱茵报》，担任该报主编和共产主义同盟中央委员会主席，一度中断了政治经济学研究。1849年5月，新《莱茵报》被迫停刊，马克思再次被迫离境，于该年8月底移居伦敦。此期间，他一方面继续从事共产主义同盟领导机关的重新组建工作，总结1848年欧洲革命的经验；另一方面，恢复对政治经济学的系统研究，以期尽快建立起无产阶级政治经济学理论体系。

（一）《1857—1858年经济学手稿》

从1850年秋天开始，马克思经常到不列颠博物院图书馆去收集资料，再次研究了可能发现的所有重要的经济学文献。不仅阅读了斯密和李嘉图等许多经济学家的著作，还专门阅读了有关经济史、货币银行、人口问题的书，甚至阅读了与经济问题有关的自然科学著作，如工艺学、技术史等，广泛收集了大量的经济资料，写了大量读书笔记和手稿。到1853年，近三年的时间，马克思写了24册政治经济学笔记。1854年底到1855年初，马克思重读了自己过去10余年写的经济学笔记，并做了简要的索引，为写作自己的政治经济学著作做了较充分的准备。但是，由于家庭经济上的困难和马克思本人身体状况的恶化，他不得不再次中止这一研究工作。

1856年，马克思预计欧洲将要爆发新的经济危机，为了迎接危机之后到来的无产阶级革命，马克思加速自己的经济研究，准备在危机和新的革命高潮到来之前，完成自己的经济学著作。他在1857年12月写给恩格斯的信中说："我现在发狂似地通宵总结我的经济学研究，为的是在洪水之前至少把一些基本问题搞清楚。"[①] 1857年经济危机爆发。这场经济危机虽然没有像马克思预料的那样引致一场席卷欧美的无产阶级革命，但却迎来了由马克思本人发动的一场政治经济学上的伟大革命。1857年至1858年5月，马克思写了一部篇幅浩瀚、内容丰富的经济学手稿，即《1857—1858年经济学手稿》，又被称为《政治经济学批判》（1857—1858年草稿）。手稿从价值和货币问题入手，系统阐述了资本和剩余价值

---

① 《马克思恩格斯全集》第29卷，人民出版社1972年版，第219页。

理论。一是严格区分了劳动和劳动力，分析了劳动力商品的特性，揭示了剩余价值的来源；二是第一次明确提出了剩余价值这一范畴，把剩余价值从利润、利息、地租等各种具体形式里抽象出来，使剩余价值一般与剩余价值特殊完全区分开来，从而揭示了剩余价值的本质。至此，马克思已解决了建立剩余价值理论必须解决的上述两个关键问题；三是首次提出并初步分析了剩余价值生产的两种方法——绝对剩余价值生产和相对剩余价值生产。除此之外，马克思在手稿中对政治经济学的研究对象、研究方法和政治经济学理论体系的结构也作了详尽的论述。《1857—1858年经济学手稿》是马克思十几年政治经济学研究的结晶，其内容几乎涉及了后来《资本论》的全部主要问题，所以它实际上是马克思《资本论》的第一稿，在马克思主义政治经济学的创立过程中占有重要的地位。

（二）《政治经济学批判》

马克思在1858年5月完成上述手稿以后，立即对手稿进行加工整理，着手出版《政治经济学批判》一书。按照马克思当时的计划，"全部著作分成六个分册：（1）资本（包括一些绪论性的章节）；（2）地产；（3）雇佣劳动；（4）国家；（5）国际贸易；（6）世界市场。"[①] 拟定在前3册研究资本主义社会三大阶级的经济生活条件，揭示政治经济学的基本原理；后3册研究资本主义社会更具体更复杂的经济现象，最后以世界市场作结尾。这些计划和设想其实也是马克思创建新的经济学体系的构想和思考。1859年6月，由商品和货币两章组成的《政治经济学批判》第1分册公开出版了，该书系统阐明了马克思主义的劳动价值论和货币理论。一是第一次提出并论证了劳动二重性学说。马克思从商品出发，区分了商品的自然属性和社会属性，进而由商品的二重属性引申出劳动二重性。认为商品的二重属性根源于劳动二重性，"生产交换价值的劳动是抽象一般的和相同的劳动，而生产使用价值的劳动是具体的和特殊的劳动"。[②] 劳动二重性学说的提出，排除了长期以来困扰劳动价值论发展的理论障碍，马克思正是运用自己创立的劳动二重性学说完成了对劳动价值论的科学改造；二是揭示了交换价值的本质，指出

---

① 《马克思恩格斯全集》第29卷，人民出版社1972年版，第531页。
② 《马克思恩格斯全集》第13卷，人民出版社1962年版，第24页。

交换价值表现为物与物的关系，但本质上却是商品生产者之间的经济关系，是隐藏在商品的物的外壳之下的人与人之间的关系；三是揭示了货币产生的历史必然性。马克思从商品内在矛盾的运动和发展出发，系统阐述了价值形式，说明货币的产生是商品内在矛盾发展的必然结果。四是详细分析了货币的各种职能，指出货币在商品经济中执行价值尺度、流通手段、储藏手段、支付手段和世界货币五种职能。《政治经济学批判》第1分册是马克思重要的经济学著作之一，标志着马克思经济学说发展到了一个新的阶段。

（三）《1861—1863年经济学手稿》

在《政治经济学批判》第1分册出版后，马克思原想尽快出版第2分册。但是，领导国际工人运动的繁重工作占去了马克思不少时间，贫病交加的艰苦生活条件也使马克思的研究常常受到干扰，特别是为了回击福格特对共产主义运动的污蔑，马克思不得不再次中断经济学著作的写作，直到1861年下半年才重新回到经济学的研究上来。到1863年7月，马克思完成了一部新的经济学手稿，通常称它为《1861—1863年经济学手稿》。它由23册笔记组成，长达1472页，仍以《政治经济学批判》为标题，实际上是《资本论》的第二稿，《资本论》的体系不仅在纲目上而且在主要细节上都大体确定了。在这部手稿里，马克思进一步完善了劳动价值论和剩余价值理论，对资本主义经济运动趋势作了深入的分析。体现在：一是丰富和发展了劳动力商品理论，对劳动力商品存在的历史条件、劳动力商品的使用价值和价值做了详细的论述。二是区分了商品价值和生产价格，已基本清楚价值是如何转化为生产价格的。三是引入超额剩余价值的概念，说明相对剩余价值产生是资本家追求超额剩余价值的必然结果。四是指出了资本积累的历史趋势，即一方面是资本家财富的积累，另一方面是工人状况的相对恶化。资本积累会使资本家和雇佣工人之间的对立关系永恒化。五是进一步发展了经济危机理论，强调尽管商品交换本身包含着商品危机的可能性，货币作为支付手段又容易引发货币危机，但这只是危机的可能性，危机要由可能变为现实，根源在于资本主义基本矛盾。这部手稿在马克思主义政治经济学的创立过程中同样占有重要的地位，体现了随着时间的推进和研究的深入，马克思的基本经济理论不断向纵深发展，日臻完善。

(四)《资本论》

在写作《1861—1863年经济学手稿》过程中,马克思改变了原定的写作计划,决定他的政治经济学著作将以《资本论》为标题单独出版,而《政治经济学批判》这个名称只作为副标题。从1863年7月,马克思以《资本论》为标题,重新写作他的政治经济学著作。在写作《资本论》手稿过程中,马克思提出了《资本论》4卷(册)的结构计划:第1卷资本的生产过程;第2卷资本的流通过程;第3卷总过程的各种形式;第4卷理论史。前3卷是理论部分,第4卷是历史部分,即"学说史述评"。这4卷就是现在《资本论》4卷的体系。可以看出,马克思主义政治经济学完整的理论体系在那时已经确定下来。到1865年底,马克思为《资本论》写了一份新的手稿,这就是《1863—1865年经济学手稿》。到这时《资本论》的主要内容已经完成,意味着马克思主义政治经济学的创立过程已基本完成。该手稿被看作是《资本论》的第3稿。

从1866年元旦开始,马克思对《资本论》初稿做最后的文字润色和誊清工作。起初,从自己的著作是个"艺术的整体"考虑,马克思决定在整部《资本论》作为一个完整的东西完成以前,不送任何一部分去出版。后来由于国际工人运动的发展,迫切需要用马克思主义政治经济学作指导,根据恩格斯的建议,马克思改变计划,决定把第1卷誊清后立即送去出版。历时一年多紧张的工作,终于在1867年3月完成了《资本论》第1卷的定稿工作,同年9月在德国汉堡问世。

《资本论》第1卷出版后,马克思根据变化了的新情况,继续修订和补充第1卷,帮助出版俄文译本,校订法文译本,并着手对《资本论》其他3卷进行整理和改写。1883年3月14日,还未等完成后3卷的修改出版工作,马克思就与世长辞了。去世时,他的书桌上还放着正在修改的《资本论》第2卷、第3卷的原稿。恩格斯继承了马克思未竟的事业,他中断了自己从1873—1883年研究自然科学和写作《自然辩证法》的工作,开始整理编辑《资本论》。经过恩格斯的艰苦努力,《资本论》第2卷、第3卷分别于1885年和1894年胜利出版。列宁曾指出:"整理这两卷《资本论》,是一件很费力的工作。奥地利社会民主党人阿得勒说得很对:恩格斯出版《资本论》第2卷和第3卷,就是替他的天才朋友建立了一座庄严宏伟的纪念碑,无意中也把自己的名字不可磨灭地铭刻在上面了。"① 遗憾的是，恩格斯还没来得及把第4卷整理好，在《资本论》第3卷出版后的第二年就逝世了。生前他曾委托考茨基整理原稿，作为第4卷出版。但考茨基却把它作为一部与《资本论》平行的独立著作，命名为《剩余价值史》，分3卷分别于1904年、1905年和1910年出版。1954—1962年，苏联马列主义研究院重新整理出版了第4卷手稿，命名为《剩余价值理论》。4卷《资本论》从写作到出版，前后用了100多年的时间，才得以以完整的体系呈现在人们面前。

凝聚马克思毕生心血的《资本论》共4卷，4000多页，300多万字，它博大精深，体系完整，结构严谨，是马克思主义政治经济学最重要的著作。4卷《资本论》以劳动价值论为基础，以资本和劳动的关系为轴心展开，剩余价值如一根红线贯穿始终。第1卷论述资本的直接生产过程，中心分析剩余价值生产；第2卷论述资本的流通过程，中心分析剩余价值的实现；第3卷论述资本主义生产的总过程，中心分析剩余价值的分配；第4卷论述剩余价值理论，中心研究剩余价值理论的历史。《资本论》系统阐述了马克思主义政治经济学的基本原理，对资产阶级政治经济学进行了详尽的批判。它的出版具有划时代的意义，标志着马克思主义政治经济学创立过程的完成，标志着马克思主义政治经济学完整体系的诞生。

《资本论》不仅是马克思主义政治经济学的恢弘巨著，而且是一本科学社会主义的重要著作。马克思的《资本论》以其鲜明的无产阶级立场，全面阐明了资本主义社会资产阶级和无产阶级之间的对立关系，揭露了资本主义制度的剥削本质；科学论证了无产阶级的历史使命；揭示了资本主义经济运动的规律，得出了资本主义必然灭亡、社会主义必然胜利的结论。《资本论》为无产阶级反对资产阶级，推翻资本主义制度，提供了锐利的思想武器。恩格斯在谈到《资本论》的伟大意义时说："自从世界上有资本家和工人以来，没有一本书像我们面前这本书那样，对于工人具有如此重要的意义。"② 他还指出："《资本论》在大陆上常常被称为'工人阶级的圣经'。任何一个熟悉工人运动的人都不会否认：本书所作的结论

---

① 《列宁选集》第1卷，人民出版社1995年版，第95页。
② 《马克思恩格斯选集》第2卷，人民出版社1995年版，第589页。

日益成为伟大的工人阶级运动的基本原则"。① 剩余价值理论在《资本论》中第一次得到全面、系统、经典的论述，剩余价值学说的建立，成为社会主义从空想变成科学的基石之一，科学的社会主义就是从此开始，以此为中心发展起来的。

第三节 马克思主义政治经济学的基本内容

马克思主义政治经济学包含的内容十分广泛，主要包括劳动价值论、剩余价值论、资本积累理论、循环周转理论、社会总资本再生产理论、价值转形理论、剩余价值分配理论、经济危机理论等。下面主要以《资本论》为依据，侧重介绍马克思经济理论中最具有代表意义的劳动价值论、剩余价值理论和资本积累理论，以使人们对剩余价值学说有一个较全面、深刻的理解。

一 劳动价值论

商品价值由劳动创造这个正确观点，是由古典学派的威廉·配第首先提出来的，斯密和李嘉图继承和发展了配第的上述观点，但他们最终没有建立起系统而科学的劳动价值理论。马克思在批判地继承古典学派劳动价值论的基础上，进行了创造性的发展，创立了科学的劳动价值理论。在《资本论》第一卷第一章中，对商品的使用价值和价值这两个因素的分析，对商品价值从质和量两方面进行的分析，对体现在商品中的劳动二重性的分析，对价值形式的分析，对商品拜物教的分析，等等，构成了马克思主义劳动价值论的主要内容。总体上看，马克思的劳动价值论主要是围绕价值展开的。

（一）价值质的规定

在资本主义社会，商品经济占统治地位，单个商品是资本主义经济的"细胞"，它包含着资本主义一切矛盾的萌芽，所以，马克思从商品入手研究资本主义生产关系。马克思指出："资本主义生产方式占统治地位的社会的财富，表现为'庞大的商品堆积'，单个的商品表现为这种财富的

---

① 《马克思恩格斯全集》第23卷，人民出版社1972年版，第36页。

元素形式。因此，我们的研究就从分析商品开始。"①

商品是用来交换的劳动产品。一切商品都具有两个要素：一是使用价值；二是价值。因此，商品是使用价值和价值的对立统一体。

商品首先是一种物品，能够满足人们的某种需要。商品的这种能满足人们某种需要的属性，就是商品的使用价值，即"物的有用性使物成为使用价值"。② 使用价值是商品的自然属性，它本身并不反映人与人之间的社会关系。在一切社会形态中，使用价值都构成财富的物质内容。然而，商品的使用价值是商品交换价值的物质承担者，于是，商品的使用价值便与一定的社会生产关系联系起来。

交换价值是"一种使用价值同另一种使用价值相交换的量的关系或比例"。③ 不同的商品能够按一定比例相互交换，表明它们之间有着共同的东西。共同的东西不是使用价值，也不是具体劳动，而是抽象的人类劳动。这种凝结在商品中的无差别的人类劳动，就是商品的价值。价值是商品的社会属性，体现着商品生产者之间互相交换劳动的社会关系。

在古典经济学那里，李嘉图同斯密一样，由于不了解商品和商品价值的本质，经常把价值和交换价值混为一谈。马克思在《政治经济学批判》里，虽然已经把生产中作为抽象劳动的"结晶"的交换价值，同在交换中用一种商品作为另一种商品的价值表现的交换价值分开来研究，但还是把价值叫作交换价值。在《资本论》中，马克思把价值从交换价值里抽象出来，严格区分了两个概念，说明价值是交换价值的内容和基础，交换价值则是价值的表现形式，从而揭示了价值的质的规定性，回答了"什么是价值"这一重要问题。

(二) 价值量的规定

商品价值不仅有质的规定性，还有量的规定性。作为一般人类劳动的凝结，价值在质上是相同的，但在量上是不同的。既然商品价值是由人类劳动创造的，价值量只能由劳动量来计量。而劳动量是由劳动时间来计算

---

① 《马克思恩格斯全集》第23卷，人民出版社1972年版，第47页。
② 同上书，第48页。
③ 同上书，第49页。

的,劳动时间便成为衡量价值量大小的尺度。由于主客观生产条件的不同,不同生产者生产同一种商品所耗费的个别劳动时间各不相同。显然,商品的价值量不是由个别生产者所耗费的个别劳动时间决定,而是由生产该商品所耗费的社会必要劳动时间决定。所谓"社会必要劳动时间是在现有的社会正常的生产条件下,在社会平均的劳动熟练程度和劳动强度下制造某种使用价值所需要的劳动时间。"①

商品的价值量不是固定不变的,它随着劳动生产率的变化而变化。劳动生产率越高,一定时间内生产的产品数量越多,每件商品内包含的劳动量就越少,单位商品的价值量也就越小。反之,劳动生产率越低,生产单位商品所耗费的必要劳动时间就越多,该商品的价值量就越大。"可见,商品的价值量与体现在商品中的劳动的量成正比,与这一劳动的生产力成反比。"②

斯密和李嘉图都很重视价值量的研究,并且承认价值量决定于劳动时间,但由于不懂得形成价值实体的是抽象劳动,因而,把生产中耗费的劳动同交换中购买的劳动混淆起来,陷于自相矛盾的混乱状态中。马克思在揭示价值质的规定性的基础上,科学解决了价值量的大小是由什么决定和怎样决定的问题。

(三) 价值的源泉

一切商品都具有使用价值和价值两个因素,那么,这两个因素从何而来?商品价值是由劳动创造的,那么,究竟什么样的劳动形成价值?围绕这些问题,马克思创造性地提出了劳动二重性学说。

生产商品的劳动具有二重属性:一方面是具体劳动,另一方面是抽象劳动。具体地说,不同的商品具有不同的使用价值,不同的使用价值是由不同种类的劳动创造的。这种在一定的具体形式下进行的生产使用价值的劳动,就叫作具体劳动。具体劳动反映的是人与自然的关系,是人类社会存在和发展的永恒条件。尽管具体劳动千差万别,但它们都是人类劳动力的支出,都是人的体力和脑力的耗费。这种撇开具体形式的无差别的一般人类劳动,就叫作抽象劳动。抽象劳动是劳动的社会属性,体现着商品生

---

① 《马克思恩格斯全集》第 23 卷,人民出版社 1972 年版,第 52 页。
② 同上书,第 53—54 页。

产者之间通过商品交换而相互交换自己劳动的社会关系。具体劳动和抽象劳动是同一劳动的两个方面。

商品二因素是由劳动二重性决定的。具体劳动创造商品的使用价值，而抽象劳动形成商品的价值。马克思指出："一切劳动，从一方面看，是人类劳动力在生理学意义上的耗费；作为相同的或抽象的人类劳动，它形成商品价值。一切劳动，从另一方面看，是人类劳动力在特殊的有一定目的的形式上的耗费；作为具体的有用劳动，它生产使用价值。"①

劳动创造价值的学说，最先是由古典经济学派提出的。但由于他们不懂得劳动二重性，也就弄不清什么是劳动创造价值，不明白同一劳动如何能够既生产商品的使用价值，同时又创造出商品的价值，其劳动价值论很不完善。劳动二重性学说是由马克思首先批判地证明了的，它的创立具有极为重要的意义。马克思运用这一理论，论述了什么是劳动创造价值、怎样创造价值、为什么形成价值的问题，揭示出剩余价值的源泉，从而建立起科学的劳动价值理论和剩余价值理论。正如马克思自己所评价的那样，劳动二重性学说是"理解政治经济学的枢纽"。②

（四）价值形式

商品具有使用价值和价值二因素，因而商品也就有两种表现形式，即以使用价值表现的自然形式和以交换价值表现的价值形式。商品的价值是抽象劳动的凝结，具有客观实在性。但是，从外在形式看，价值又是看不见摸不着的，具有超感觉性。商品自身无法将自己的价值表现出来，只有借助于商品与商品的交换才能表现出来。研究价值形式及其发展，旨在说明价值和价值量是怎样通过价值形式表现出来的，并进而揭示货币的起源和本质。

价值形式随着商品生产和商品交换的发展而发展，在历史上共经历了四个发展阶段：简单价值形式、扩大价值形式、一般价值形式和货币形式。所谓简单价值形式是指一种商品的价值偶然地表现在另一种商品上，这种价值形式存在于原始社会后期。在简单价值形式中，处在等式左端相对价值形式上商品的价值表现在处在等式右端等价形式上商品的

---

① 《马克思恩格斯全集》第23卷，人民出版社1972年版，第60页。
② 同上书，第55页。

使用价值上，其价值量也借助于两个商品的交换比例相对表现出来。随着生产力的发展和第一次社会大分工的出现，交换成为经常的事情，一种商品不是偶然地和另外一种商品相交换，而是经常地和多种商品相交换，这样，简单价值形式便发展为扩大价值形式。与简单价值形式相比，扩大价值形式的价值表现更充分。但是，由于商品的价值仍没有一种统一的价值表现形式，商品交换经常因缺乏一个共同的等价物而发生困难。于是，随着商品交换的发展，逐步从众多商品中分离出一种商品，成为共同的等价物，一切商品的价值都通过这种商品来表现，这种价值形式就是一般价值形式。从扩大的价值形式过渡到一般价值形式，是一次质的飞跃，原来的物物交换被以一般等价物为媒介的商品交换所代替。但在这一阶段，一般等价物还没有完全固定在某一种商品上，往往因时因地而异，这同样限制了商品交换的发展，客观上要求由一种商品固定地充当一般等价物。金银等贵金属本身具有体积小、价值大、质地均匀、便于分割、便于保存和携带等特点，特别适合充当货币材料，最终由它们独占一般等价物的地位，一般价值形式便发展为货币形式。货币形式是价值形式的完成形式。

马克思透过对价值形式发展序列的分析，在经济学说史上，第一次深刻揭示了货币的起源和本质。即货币是商品交换发展的自发产物，是商品经济内在矛盾发展的必然结果。从本质上说，货币是固定地充当一般等价物的特殊商品，它体现着商品生产之间的社会关系。价值形式理论是科学的劳动价值论中重要的内容，它使商品二因素理论、劳动二重性理论和商品拜物教理论在商品经济发展的历史序列中得到了证实，从而使劳动价值论的内在结构具有高度的统一性。

（五）价值的本质

商品本来是人们劳动的产物，并没有什么神秘之处，但在以私有制为基础的商品经济中，商品却成为一种独立于生产者之外并支配他们命运的神秘力量，于是，人们拜倒在商品面前，这就是商品拜物教。为了揭示价值的本质，马克思在《资本论》第一章第四节中分析了商品拜物教的性质及其秘密。

商品的这种神秘性质不是来自商品的使用价值，也不是来自价值规定的内容，而是由商品形式本身引起的。马克思指出："劳动产品一旦作为商品来生产，就带上拜物教性质，因此拜物教是同商品生产分不开的。"① 首先，价值是由劳动创造的，但形成价值的劳动必须依附于某一物体，通过物的形式来表现。其次，价值量由劳动时间决定，但它同样不能直接表现出来，必须通过另一种商品的一定量来表现。最后，生产者之间交换劳动的社会关系也不能直接表现出来，而是通过商品与商品的交换关系才能表现出来。这样，商品形式就把人们本身劳动的社会性质表现为劳动产品本身的物的性质，表现为这些物的天然属性，把生产者之间的社会关系表现为物与物的关系。正是这一切，使商品本身神秘化了。归根到底，引发拜物教幻觉的根源在于，以私有制为基础的社会里商品生产者的劳动具有二重性质。一方面他们的劳动是私人劳动；另一方面又是社会劳动。私人劳动要转化为社会劳动，必须借助于商品交换。在商品生产者面前，他们的私人劳动的社会关系不是表现为劳动中的直接的社会关系，而是颠倒地表现为物与物之间的关系。商品拜物教将随着它赖以产生和存在的经济条件的消失而消失。

马克思的商品拜物教理论彻底克服了资产阶级古典经济学价值理论中非社会性和非历史性的致命缺陷，揭示了价值的社会性和历史性，揭示了价值的本质。说明只有在劳动产品成为商品的条件下，抽象劳动才能形成价值，价值是个历史范畴。价值绝不是劳动产品固有的自然属性，它体现着商品生产者之间的社会关系，是一种社会属性。但是，人与人的关系被商品以物的形式掩盖了，因此，价值的本质是物的外壳掩盖下的人与人之间的社会关系。

（六）价值规律

价值规律是指商品的价值由生产商品的社会必要劳动时间决定，商品交换以价值量为基础实行等价交换。价值规律是商品经济的基本规律，只要有商品生产和商品交换，价值规律就必然存在并发挥作用。马克思指出："在私人劳动产品的偶然的不断变动的交换关系中，生产这些产品的社会必要劳动时间作为起调节作用的自然规律强制地为自己开辟道路，就像房屋倒在人的头上时重力定律强制地为自己开辟道路一样。"②

----

① 《马克思恩格斯全集》第23卷，人民出版社1972年版，第89页。
② 同上书，第92页。

货币出现后，一切商品的价值都由货币来衡量，表现为价格。既然价格是价值的货币表现，价值规律又要求商品等价交换，商品的价格理应与价值一致。但事实上，二者经常发生背离，这是由供求不一致造成的。当商品供过于求时，价格低于价值，当商品供不应求时，价格高于价值。尽管价格经常背离价值，但它总是自发地围绕着价值上下波动。若从较长时期和从全社会的商品总体来看，价格低于或高于价值的部分会互相抵消，价格与价值大体一致。所以，价格以价值为轴心上下波动，不但没有违反价值规律，恰恰是价值规律贯彻其作用的表现形式。恩格斯曾指出："只有通过竞争的波动从而通过商品价格的波动，商品生产的价值规律才能得到贯彻，社会必要劳动时间决定商品价值这一点才能成为现实。"①

价值规律主要具有三方面的作用：（1）自发地调节生产资料和社会劳动在各生产部门之间的分配。价格的涨落如同指示器，引导企业相应地调整生产规模和生产方向，从而使各部门之间保持大体平衡的比例关系。马克思指出："价值规律不过作为内在规律，对单个当事人作为盲目的自然规律起作用，并且是在生产的各种偶然变动中，维持着生产的社会平衡。"②（2）自发地刺激商品生产者不断改进技术，提高劳动生产率，从而促进整个社会劳动生产力的发展。商品交换按社会必要劳动时间决定的社会价值进行，为了使个别劳动时间低于社会必要劳动时间，以便在竞争中占优势，每个商品生产者都不断改进技术，提高劳动生产率，最终推动整个社会生产力的发展。马克思形象地说："这个规律一次又一次地把资产阶级的生产甩出原先的轨道，并迫使资本加强劳动的生产力，因为它以前就加强过劳动的生产力；这个规律不让资本有片刻的停息，老是在它耳边催促说：前进！前进！"③（3）在一定的历史条件下，会引起商品生产者的分化。优胜劣汰难以避免地会引起富者越富、贫者越贫的分化现象。

（七）价值转形

在简单商品生产及资本主义发展初期，商品交换是以价值为基础的。随着资本主义生产的发展，特别是机器大工业的产生和发展，随着资本和

---

① 《马克思恩格斯全集》第 21 卷，人民出版社 1965 年版，第 215 页。
② 《马克思恩格斯全集》第 25 卷，人民出版社 1974 年版，第 995 页。
③ 《马克思恩格斯选集》第 1 卷，人民出版社 1995 年版，第 358 页。

劳动力在不同部门之间自由转移，平均利润率形成，价值转化为生产价格。按照逻辑与历史相一致的方法，马克思在第一卷研究价值的基础上，在《资本论》第三卷系统论述了平均利润和生产价格理论，即价值转形理论。

价值转化为生产价格共经过六个步骤：（1）不变资本和可变资本转化为成本价格。资本主义企业生产的商品的价值是由不变资本、可变资本和剩余价值三部分构成的，其中不变资本和可变资本是资本家生产商品所花费的本钱或生产费用，叫成本价格。不变资本和可变资本都被包括在成本价格这个范畴中，也就抹杀了二者在价值增殖中的不同作用，模糊了剩余价值的来源。（2）剩余价值转化为利润。剩余价值本来是可变资本的增加额，但当所费资本转化为成本价格之后，不变资本与可变资本的区别被掩盖，剩余价值就必然表现为成本价格的增加额。资本家不仅把剩余价值看作是他的全部所费资本的增加额，而且看作是全部预付资本的增加额。一旦把剩余价值看作是全部预付资本的产物时，剩余价值便转化为利润。剩余价值转化为利润，同样掩盖了资本家对工人的剥削。（3）剩余价值率转化为利润率。剩余价值和利润是同一个东西，当剩余价值被看作是可变资本的产物时，用剩余价值和可变资本相比，就是剩余价值率；当剩余价值被看作是全部预付资本的产物时，用剩余价值同预付总资本相比，就是利润率。利润率转化为剩余价值率，使资本主义关系进一步神秘化了。（4）利润率转化为平均利润率。不同部门由于有机构成不同，就会有不同的利润率，这就意味着，等量资本在不同部门带来的利润量是不同的。追求利润是资本的本能，为了获得更多的利润，各部门资本家之间必然展开激烈的竞争。部门之间竞争、资本自由转移的结果是各部门利润率趋于平均，形成平均利润率。平均利润率是社会剩余价值总量与社会预付总资本之比。（5）利润转化为平均利润。平均利润率形成以后，各生产部门的资本家便根据平均利润率获得与其资本大小相适应的利润，"按照这个一般利润率归于一定量资本（不管它的有机构成如何）的利润，就是平均利润。"[①] 利润转化为平均利润以后，各部门资本家获得的利润不一定与本部门工人所创造的剩余价值相等，似乎平均利润与工人的劳动

---

① 《马克思恩格斯全集》第25卷，人民出版社1974年版，第177页。

没有联系，这就更加掩盖了资本主义剥削。（6）价值转化为生产价格。随着利润转化为平均利润，商品不再按成本价格加利润出售，而是按成本价格加平均利润出售，商品价值就转化为生产价格。

马克思的生产价格理论即价值转形理论，有着十分重大的意义。首先，它的创立意味着马克思主义劳动价值论的完成。资产阶级古典经济学家李嘉图等人当时已经看到价值范畴在资本主义商品生产中的发展和变化，但由于种种因素的限制，他们不能说明价值是怎样转化为生产价格的，甚至把二者混同，不能解决价值规律同等量资本获得等量利润之间的矛盾，最终导致李嘉图学派理论体系的瓦解。马克思解开了这道难题，使自己的劳动价值论得以最终完成。其次，揭示了整体资产阶级与整体无产阶级的对立关系。平均利润和生产价格理论表明，在资本主义社会，工人不仅受直接雇佣他们的资本家的剥削，而且受整个资产阶级的剥削。资本家之间尽管在争夺利润上存在这样那样的矛盾，但在剥削无产阶级这个根本问题上，他们的利益是完全一致的。马克思指出："资本家在他们的竞争中表现出彼此都是虚伪的兄弟，但面对着整个工人阶级却结成真正的共济会团体。"[①] 因此，无产阶级为了改变受剥削、受压迫的地位，必须团结起来，推翻资产阶级的统治。

劳动价值论是剩余价值论的基础，也是马克思主义全部政治经济学的基础。正是在科学的劳动价值论的基础上，马克思阐明了资本主义经济运动的规律。

二 剩余价值论

剩余价值理论是马克思主义政治经济学的核心，主要由剩余价值生产理论、剩余价值实现理论和剩余价值分配理论构成，分别在《资本论》第一卷、第二卷、第三卷中得到阐述。其中，剩余价值生产理论尤为重要。

（一）剩余价值产生的前提条件

马克思对剩余价值的分析，是从货币如何转化为资本开始的。在《资本论》第一卷第二篇，他比较了商品流通公式和资本流通公式，说明

[①] 《马克思恩格斯全集》第 25 卷，人民出版社 1974 年版，第 221 页。

货币尽管是资本的最初表现形式，但作为货币的货币和作为资本的货币是根本不同的。货币仅仅充当流通媒介，资本的本质特点则是能够增殖，因此，资本是能够带来剩余价值的价值。剩余价值的产生与价值规律是矛盾的。按照价值规律，商品交换必须遵循等价交换的原则，价值形式变化，价值量不变。然而，资本在运动中又确实发生了价值增殖。那么，剩余价值究竟是从哪里产生的呢？马克思分析到，要获得剩余价值，货币所有者必须在市场上找到一种特殊商品，这种商品的使用价值具有创造价值的能力，并且能创造出比自身价值更大的价值。这种特殊商品就是劳动力。劳动力成为商品，是货币转化为资本的前提。一方面，工人把劳动力卖给资本家，资本家付给工人工资，工资是劳动力的价值或价格，其交换符合等价交换的原则；另一方面，劳动力的使用即劳动创造的价值大于劳动力的价值，多出的部分被资本家以剩余价值形式无偿占有。由此可见，劳动力商品理论，即遵循了价值规律，又解释了剩余价值的来源。

任何社会都存在劳动力，但劳动力成为商品是一定历史条件下的产物。劳动力要成为商品，必须具备两个条件：一是劳动者具有人身自由，可以自由地支配自己的劳动力；二是劳动者除了自己的劳动力以外，一无所有，失去了任何的生产资料和生活资料，为了生存，不得不出卖劳动力。马克思把这两个条件概括为"双重自由"，即"一方面，工人是自由人，能够把自己的劳动力当作自己的商品来支配，另一方面，他没有别的商品可以出卖，自由得一无所有，没有任何实现自己的劳动力所必需的东西。"① 劳动力商品和其他商品一样，具有使用价值和价值。劳动力商品的价值由三部分组成：一是维持劳动力自身生存所必须的生活资料的价值；二是维持劳动者家属生存所必须的生活资料的价值；三是一定的教育、训练费用。劳动力的使用就是劳动，它能够创造出比自身价值更大的价值，剩余价值就是由此而来的。

剩余价值从何而来，是一个"爆炸性问题"。马克思劳动力商品理论的创立，揭露了资本主义剥削的秘密和劳动者在资本主义制度下的地位，是政治经济学上的重大革命。对于这一点，恩格斯曾多次指出，马克思

---

① 《马克思恩格斯全集》第23卷，人民出版社1972年版，第192页。

"研究了货币向资本的转化,并证明这种转化是以劳动力的买卖为基础的。他以劳动力这一创造价值的属性代替了劳动,因而一下子就解决了使李嘉图学派破产的一个难题,也就是解决了资本和劳动的相互交换与李嘉图的劳动决定价值这一规律无法相容这个难题。"①

(二) 剩余价值的源泉

资本家购买了劳动力,只是为剩余价值生产提供了前提。要真正揭示剩余价值产生的秘密,必须深入到资本主义生产过程内部。资本主义的生产过程实质上就是剩余价值的生产过程。

马克思首先分析一般劳动过程。所谓劳动过程,是指劳动者运用劳动工具作用于劳动对象,创造出物质产品的过程。劳动过程体现着人与物之间的关系,是人类生活的永恒的自然条件。资本主义劳动过程的结果是生产出一种使用价值。然而,资本家进行生产经营活动的目的并不是为了某种使用价值,而是为了获得剩余价值。马克思说:"生产剩余价值或榨取剩余劳动,是资本主义生产的特定内容和目的。"② 为了达到榨取剩余价值的目的,资本家必然要延长工人的劳动时间,使他们创造的价值大于劳动力的价值。当工人创造的价值等于劳动力价值时,仅仅是个价值形成过程;当工人创造的价值大于劳动力的价值时,价值形成过程便转化为价值增殖过程。"价值增殖过程不过是超过一定点而延长了的价值形成过程"。可见,资本主义生产过程是劳动过程和价值增殖过程的统一。

资本家预付的资本可以分为两部分,即用来购买生产资料的资本部分和用来购买劳动力的资本部分。资本的这两个组成部分,在价值增殖中起着不同的作用。用来购买生产资料的那部分资本,在生产过程中只转换其存在的物质形式,价值量不变,马克思称之为不变资本;用来购买劳动力的那部分资本,在生产过程中改变了自己的价值,实现价值增殖,马克思称之为可变资本。

把资本区分为不变资本和可变资本,是马克思的一大功绩,具有重大意义。它告诉我们,不变资本不过是生产剩余价值的条件,只有可变资本

---

① 《马克思恩格斯全集》第24卷,人民出版社1972年版,第22页。
② 《马克思恩格斯全集》第23卷,人民出版社1972年版,第330页。

才能带来剩余价值，只有雇佣工人的剩余劳动才是剩余价值的唯一源泉。这一区分，不仅进一步揭示了剩余价值的来源，而且"提供了一把解决经济学上最复杂的问题的钥匙。"①

剩余价值来源是一个敏感而关系重大的问题，资产阶级经济学家从没给出合理的解释。马克思说："这些资产阶级经济学家实际上具有正确的本能，懂得过于深入地研究剩余价值的起源这个爆炸性问题是非常危险的。"②唯有马克思透过资本主义经济的假象，科学地揭示了剩余价值的来源。

（三）剩余价值量

对剩余价值的考察，不仅应揭示它的质的规定性，还要考察剩余价值量。剩余价值量有剩余价值相对量和剩余价值绝对量之分。

剩余价值相对量就是剩余价值率。剩余价值只是用来购买劳动力的可变资本价值变动的结果，与不变资本无关，那么，要衡量资本家对工人的剥削程度，就只能拿剩余价值和可变资本相比较。马克思把剩余价值与可变资本的比率称为剩余价值率。由于可变资本是工人在必要劳动时间内用必要劳动生产的，剩余价值是由工人在剩余劳动时间用剩余劳动创造的，所以，剩余价值率也可以用剩余劳动与必要劳动之比来表示。剩余价值率体现了资本家对工人的剥削程度。马克思明确指出："剩余价值率是劳动力受资本剥削的程度或工人受资本家剥削的程度的准确表现。"③

剩余价值的绝对量是指资本家雇佣的全部工人在剩余劳动时间内所创造的剩余价值的数量。决定剩余价值绝对量的因素有两个：一是剩余价值率；二是预付可变资本的数量。二者均与剩余价值量成正方向变化，一种因素的减少可以由另一种因素的增加来补偿，表明资本家要增加剩余价值，有两种方法可供选择：要么增加工人人数；要么提高剥削程度。

历史上一切剥削制度都是建立在无偿占有劳动者的剩余劳动基础之上的，对剩余劳动的不同榨取形式，把各种剥削制度区分开来。资本家是以剩余价值的形式无偿占有工人的剩余劳动的，这正是资本主义剥削与以往

---

① 《马克思恩格斯全集》第 24 卷，人民出版社 1972 年版，第 22 页。
② 《马克思恩格斯全集》第 23 卷，人民出版社 1972 年版，第 564 页。
③ 同上书，第 244 页。

各种剥削形式不同的地方。鉴于资本主义生产的目的不是为了使用价值，而是为了剩余价值，由此推断，资本家对剩余价值的追求是无止境的。

(四) 剩余价值的生产方法

剩余价值的生产方法有两种：一是绝对剩余价值生产；二是相对剩余价值生产。

生产剩余价值，是资本主义生产的特定内容和目的，而生产和增加剩余价值的方法，首先的、基本的方法就是绝对剩余价值的生产方法。在资本主义社会，工人在必要劳动时间内创造劳动力价值，在剩余劳动时间内为资本家创造剩余价值。在劳动力价值一定的前提下，资本家要获得更多的剩余价值，就必须延长工作日。这种在必要劳动时间不变的条件下，由工作日的绝对延长而生产的剩余价值就叫作绝对剩余价值。马克思说："我把通过延长工作日而生产的剩余价值，叫作绝对剩余价值。"[1] 在《资本论》第一卷第八章对绝对剩余价值生产的分析中，马克思运用大量真实的历史资料，以血与火的文字，深刻揭露了资产阶级残酷的剥削和贪婪的本性，对无产阶级寄予深切的同情和期望。指出，在工作日长度问题上，存在着"二律背反"，即资本家延长工作日的要求和工人缩短工作日的要求，都得到商品交换规律的承认。既然商品交换原则本身并不能确定工作日的长度，工作日的实际长度就取决于无产阶级与资产阶级的力量对比。马克思明确指出："在平等的权利之间，力量就起决定作用。"[2]

用延长工作日的办法榨取剩余价值，总是有一定限度的——不仅工作日有一个客观界限即 24 小时，而且延长它会遇到工人的强烈反对。这样，资本家要榨取更多的剩余价值，就需要在工作日长度不变的条件下，通过改变工作日两个组成部分的比例，缩短必要劳动时间，相应地延长剩余劳动时间来达到目的。这就是相对剩余价值生产。马克思说："我把通过缩短必要劳动时间、相应地改变工作日的两个组成部分的量的比例而生产的剩余价值，叫作相对剩余价值。"[3] 要降低劳动力的价值，就要降低生活资料的价值；而要降低生活资料的价值，就必须提高全社会的劳动生

---

[1] 《马克思恩格斯全集》第 23 卷，人民出版社 1972 年版，第 350 页。

[2] 同上书，第 262 页。

[3] 同上书，第 350 页。

率。全社会劳动生产率的提高有一个由点到面的过程。为获得超额剩余价值，个别资本家采用新技术，提高劳动生产率。竞争的压力会使得其他资本家争先效仿，从而引起整个社会劳动生产率的提高，超额剩余价值消失，相对剩余价值随之出现。可见，相对剩余价值的生产，是作为个别资本家追求超额剩余价值的结果而实现的。

（五）剩余价值分配

随着资本主义的发展，从产业资本的运动中分离出不从事直接生产活动的独立的商业资本、借贷资本和银行资本。在资本主义社会还存在着大土地所有者和农业资本家。他们都以一定的形式从产业工人或农业工人创造的剩余价值中瓜分到相应的份额。马克思运用科学的抽象法，在《资本论》第一卷揭示剩余价值本质的基础上，在第三卷又回到了资本主义经济的现实的、表面的现象形态上来，阐述了剩余价值的具体形式，说明资本家集团是如何参与剩余价值分配的。

马克思首先考察了产业资本家集团内部是怎样按预付资本大小来瓜分剩余价值的。如前所述，因有机构成的不同，相同的投资在不同的部门会获得不同的利润，内在追求利润的动力促使不同部门之间展开竞争，通过资本在不同部门之间的转移，引起相应商品价格的涨落和利润率的升降，最终形成平均利润率。于是，不同部门的产业资本家就根据"等量资本获得等量利润"的原则，依照资本的大小，按平均利润率分得一份剩余价值，即平均利润。

商业资本是随着资本主义商品经济的发展而逐渐从产业资本运动中分离出来的、专门经营商品买卖的资本，是产业资本的独立化部分。资本家投资于商业和投资于其他产业一样，目的也是为了获得利润。然而，商业资本本身并不会创造价值和剩余价值，商业利润是产业工人创造的剩余价值的一部分。商业资本作为独立的职能资本，不仅要获得利润，而且要获得平均利润。商业资本和产业资本之间的竞争，形成包括商业资本在内的全社会统一的平均利润率。

借贷资本家则以利息的形式参与剩余价值的瓜分。利息是职能资本家为取得贷款而付给借贷资本家的一部分平均利润，它同样来自产业工人创造的剩余价值。平均利润分为利息和企业利润两部分，是由同一资本的所有权和使用权分离引起的。开办银行、专门从事银行业务的银行资本家不同于借贷资本家,不以得到低于平均利润的利息为满足,而要获得与其自有资本相适应的平均利润。银行利润也是产业工人所创造的剩余价值的一部分。

在资本主义农业中,存在着三个互相依存又互相对立的阶级:大土地所有者、农业资本家和农业工人。农业资本家投资于农业,同投资于其他产业一样,也要求获得平均利润,否则会把资本转移到别的行业。而无论什么样的土地,如果不向土地所有者缴纳地租,资本就不能转向农业部门。所以,资本主义地租是农业资本家作为使用土地的报酬交给土地所有者的超过平均利润以上的那部分剩余价值。资本主义地租主要有两种类型:级差地租和绝对地租。农业资本家获得的平均利润和土地所有者获得的地租均来源于农业工人的剩余劳动。

由于阶级的局限性和方法论上的错误,资产阶级经济学家通常以利润、利息、地租来代替剩余价值,马克思则把剩余价值一般作为一个独立的范畴来考察,把利润、利息和地租等看作是剩余价值的发展了的具体形态,从而对以往的利润论进行了根本的变革,创立起科学的剩余价值理论。马克思在1858年1月14日给恩格斯的信里曾经写道:"我已经推翻了迄今存在的全部利润学说。"[①]

马克思在劳动价值论的基础上,通过对资本主义生产过程的分析,揭示了资本主义生产的实质是剩余价值生产,揭露了剩余价值的来源和资本主义剥削的秘密,论证了无产阶级与资产阶级对立的经济根源。列宁指出:"剩余价值学说是马克思经济理论的基石。"[②]

三 资本积累理论

所谓资本积累就是剩余价值转化为资本。资本是在运动中不断增殖的,剩余价值不断从资本中产生,又不断转化为资本。因此,研究资本主义经济,就不能孤立地、静止地去研究它,而必须把它放在不断运动的状态下,用发展的观点客观、真实地去研究它,以得出一次性生产过程研究所无法得出的结论,进一步揭示资本主义的剥削实质和资本主义经济运行

[①] 《马克思恩格斯全集》第29卷,人民出版社1972年版,第250页。
[②] 《列宁选集》第2卷,人民出版社1995年版,第312页。

的内在矛盾。基于这种考虑，马克思在《资本论》第一卷第七篇，系统地阐述了资本积累理论，其中主要包括资本积累的本质、资本积累的一般规律和资本积累的历史趋势。

（一）资本积累的本质

资本主义再生产的特点是扩大再生产，但由于简单再生产是扩大再生产的基础和起点，所以，研究资本积累必须从简单再生产开始。从简单再生产的角度分析，资本主义生产过程呈现出这样几个新特点：（1）用来购买劳动力的可变资本，是工人用自己的劳动创造的。如果从孤立的一次生产过程看，工人的工资似乎是由资本家垫支的；但从再生产过程看，工人得到的工资不过是前一个时期所创造的价值的一部分。因此，不是资本家养活工人，而是工人自己养活自己。（2）资本家的全部资本也是由工人的劳动创造的。不管资本家最初的资本从何而来，经过一定的时期，资本家所拥有的资本都会是由工人创造的剩余价值转化而来的。（3）工人的个人消费完全从属于资本家榨取剩余价值的需要，是资本主义再生产的必要条件。从简单再生产的角度分析，还可以看到，资本主义再生产不仅是物质资料的再生产，而且是资本主义生产关系的再生产：一方面不断再生产出资本家；另一方面，又不断再生产出雇佣工人。马克思指出："把资本主义生产过程联系起来考察，或作为再生产过程来考察，它不仅生产商品，不仅生产剩余价值，而且还生产和再生产资本关系本身：一方面是资本家，另一方面是雇佣工人。"① 所以，无产阶级只有用革命手段，推翻整个资产阶级的统治，才能从资本主义的锁链中解放出来。

从表面上看，资本和雇佣劳动的交换完全符合商品生产和商品流通规律，但是，扩大再生产和积累的过程暴露了这种"等价交换"的虚假性。这是因为，首先，资本家用来购买劳动力的那部分资本，是不付等价物而从工人身上榨取的剩余价值的一部分。其次，这部分资本，不仅要由工人劳动创造的价值来补偿，而且在补偿时还需要为资本家创造出新的剩余价值。分析表明，资本积累的本质是资本家利用无偿占有工人的剩余劳动，来无偿占有更大量的剩余劳动，以增殖资本价值，扩大资本规模。马克思

---

① 《马克思恩格斯全集》第 23 卷，人民出版社 1972 年版，第 634 页。

说:"劳动力的不断买卖是形式。其内容则是,资本家用他总是不付等价物而占有的别人的已经物化的劳动的一部分,来不断换取更大量的别人的活劳动。"① 马克思关于资本积累本质的论述,是对资本主义剥削的进一步揭露。

(二) 资本积累的一般规律

在资本主义社会,对利润的内在追求和竞争的外部压力,促使资本家不断进行积累。伴随资本积累和生产力的发展,资本有机构成不断提高,可变资本在总资本中的比重逐步缩小,资本对劳动力的需求相对减少;与此同时,由于大批妇女、儿童加入劳动大军,农民和其他小生产的大量破产,劳动力的供给绝对增加。劳动力供过于求,形成大量相对过剩人口,无产阶级的地位和生活状况必然随之恶化。资本积累的结果是:在一极是资本家占有的资本和财富的积累;在另一极是工人的贫困的积累。马克思指出:"社会的财富即执行职能的资本越大,它的增长的规模和能力越大,从而无产阶级的绝对数量和他们的劳动生产力越大,产业后备军也就越大。可供支配的劳动力同资本的膨胀力一样,是由同一些原因发展起来的。因此,产业后备军的相对量和财富的力量一同增长。但是同现役劳动军相比,这种后备军越大,常备的过剩人口也就越多,他们的贫困同他们所受的劳动折磨成反比。最后,工人阶级中贫苦阶层和产业后备军越大,官方认为需要救济的贫民也就越多。这就是资本主义积累的绝对的、一般的规律。"②

资本积累的一般规律是马克思主义资本积累理论的核心。只有揭示出资本主义积累的一般规律,才能科学地说明资本积累和无产阶级贫困化之间的内在联系,才能彻底剖析资本主义积累的本质和历史发展趋势,揭示出无产阶级革命的客观必然性。

(三) 资本积累的历史趋势

资本主义制度是在剥夺小私有者的基础上建立起来的,"这种剥夺的历史是用血和火的文字载入人类编年史的"。③ 资本主义生产方式确立以

---

① 《马克思恩格斯全集》第23卷,人民出版社1972年版,第640页。

② 同上书,第707页。关于"成反比",译者云:"马克思亲自校订过的法文版中是:'成正比'。"

③ 同上书,第783页。

后，剥夺的过程并没有结束。然而，现在的剥夺变成了资本家剥夺资本家。这种剥夺是通过资本集中进行的。随着资本的积聚和集中，一方面，资本主义生产日益社会化。表现为：社会分工越来越细，生产越来越专业化；各部门、各企业之间的联系更加密切；土地日益被有计划地利用；劳动资料日益转化为共同使用的劳动资料，等等。另一方面，生产资料的所有权却越来越集中到少数大资本家手里。生产社会性和生产资料的资本主义私人占有之间的矛盾，成为资本主义的基本矛盾。这一矛盾的发展，表明资本主义生产关系已严重束缚了生产力的发展，资本主义制度必然被新的社会制度所取代。资本主义社会化大生产的发展，不仅为资本主义制度的灭亡准备了物质条件，而且造就了资本主义制度的掘墓人——无产阶级。因此，资本主义的灭亡和社会主义、共产主义的胜利是同样不可避免的。马克思指出："资本的垄断成了与这种垄断一起并在这种垄断之下繁盛起来的生产方式的桎梏。生产资料的集中和劳动的社会化，达到了同他们的资本主义外壳不能相容的地步。这个外壳就要炸毁了。资本主义私有制的丧钟就要响了。剥夺者就要被剥夺了。"①

关于资本积累历史趋势的分析，不仅使马克思完成了资本积累学说，而且得出了《资本论》全书的革命结论。正如恩格斯所指出的：这部著作中"关于剥夺者被剥夺的概括是非常光辉的"。②

马克思的资本积累理论，从再生产的角度进一步揭露了资本主义的剥削实质，剖析了资本主义生产方式的基本矛盾，得出了资本主义必然灭亡、社会主义必然胜利的科学结论，为无产阶级反对资产阶级的斗争提供了重要的理论依据。列宁说："马克思对资本积累的分析是极其重要和新颖的"。③ 这一学说的系统阐明也是马克思主义政治经济学创立完成的主要标志之一。

---

① 《马克思恩格斯全集》第 23 卷，人民出版社 1972 年版，第 831—832 页。
② 《马克思恩格斯（资本论）书信集》，人民出版社 1976 年版，第 232 页。
③ 《列宁选集》第 2 卷，人民出版社 1995 年版，第 432 页。

第三章　社会主义从空想到科学的发展

伴随着资本主义的产生，就产生了对资本主义的批判，这便是空想社会主义。空想社会主义是社会主义理论的初级形态。它产生于资本原始积累时期的西欧主要资本主义国家，前后有300多年的历史发展过程。空想社会主义是和不成熟的资本主义生产状况、不成熟的阶级状况相适应的不成熟的理论。它反映了早期无产阶级要求改造现存社会制度，建立高于资本主义的新制度的愿望和要求，是科学社会主义的直接思想来源。

人类进入19世纪以后，随着资本主义生产的发展，其基本矛盾日益暴露，无产阶级解放运动深入发展，创立科学社会主义成为时代的要求和历史发展的必然。唯物史观和剩余价值学说两大理论发现，为科学社会主义的创立奠定了理论基础。两大发现是科学社会主义理论的基石。

1848年《共产党宣言》的发表，标志着科学社会主义的初步创立；《资本论》对科学社会主义进行了严密的科学论证，使科学社会主义有了坚实的政治经济学基础；19世纪70年代恩格斯在《反杜林论》中对科学社会主义作了系统阐述，标志着科学社会主义理论的发展完善。

第一节　空想社会主义概述

从16世纪初期到19世纪40年代科学社会主义诞生以前，空想社会主义的发展经历了三个时期，即16和17世纪的早期空想社会主义；18世纪的空想社会主义；19世纪初期批判的空想社会主义。

一　16、17世纪的早期空想社会主义

16、17世纪，是空想社会主义在英、意、德三国开始产生和在欧洲

开始流传的时期。在这一时期，欧洲历史进入了资本主义阶段。由于新航路的开辟和新大陆的发现，以及新的生产技术的广泛应用，使资本主义生产迅猛发展，形成了以资本主义为中心的世界市场。农民和手工业者迅速两极分化，一种新的生产方式即资本主义生产方式诞生了，新的阶级即资产者和无产者出现了。随着资本主义的发展，两大阶级的矛盾日益突显。其中，英国是资本主义发展最早、最快的国家，意大利和德国也有了资本主义萌芽，与这种经济发展和阶级关系变化相适应，空想社会主义最早在这些国家出现。其主要代表人物是英国的托马斯·莫尔和意大利的康帕内拉以及德国的闵采尔。

（一）莫尔

英国人文主义者托马斯·莫尔（1478—1535年）于1516年出版的《乌托邦》，标志着空想社会主义的产生。

托马斯·莫尔是16世纪初英国著名的政治家。他生活在封建制度解体和资本主义制度萌芽的时期。这时，资本主义工场手工业已经产生并有所发展，其中发展最快的是毛纺织业。毛纺织业的迅速发展引起了对羊毛需求的激增和羊毛价格的上涨，从而使牧羊业成为特别有利可图的行业。于是，一些英国贵族开始大量圈地从事牧羊业。圈地运动把大量农民从他们世代耕种的土地上赶走，四处流浪。政府为了阻止农民流浪，制定了严厉的惩罚措施，迫使走投无路的农民去接受资本主义的无情剥削。圈地运动所造成的灾难，引起了莫尔对劳动人民的深切同情和对没有剥削和压迫的理想社会的美好向往，从而使他超越了资产阶级人文主义的界限，逐步形成了空想社会主义思想。1516年，莫尔写成并发表了人类思想史上第一部空想社会主义著作——《乌托邦》。

《乌托邦》一书全名为《关于最完美的国家制度和乌托邦新岛的既有益又有趣的金书》，该书对旧世界进行了犀利的批判，并描绘了理想中的新世界。

《乌托邦》对封建专制制度和刚刚开始产生的资本主义剥削进行了尖锐的批判和揭露。莫尔认为：现今一切昌盛的国家只是一伙富有者狼狈为奸，表面上和名义上代表国家，实则为私人利益打算。他们施展种种阴谋诡计，首先把自己已经骗得的东西保存巩固起来，其次用极为低廉的工钱迫使穷苦人替他们干活出力，如同驱使牲畜一般。针对当时资本主义原始积累的圈地运动，莫尔一针见血地指出：你们的绵羊本来是那么驯服，吃一点点就满足，现在据说变得很贪婪很凶残，甚至要把人吃掉，把你们的田地、家园、城市要踩躏完了。莫尔对刚刚萌芽的资本主义制度的批判是很深刻的。

《乌托邦》还初步揭露了旧世界的祸根——私有制。它指出：假使私有制度存在，假使金钱是衡量一切的标准，国事的进行就不可能公正顺利。如果不彻底废除私有制，产品不可能公平分配，人类不可能获得幸福。私有制存在一天，人类中绝大的一部分也是最优秀的一部分将始终背上沉重而甩不掉的贫困灾难担子。莫尔对私有制的批判，开创了社会主义思想史上的光辉篇章。莫尔也正是从这里出发，提出了他改造旧世界的蓝图。

莫尔首次描绘了一个没有剥削、没有压迫的理想社会。在《乌托邦》一书中，莫尔通过对乌托邦社会的详尽描述，阐明了他理想中的美好社会。在这个社会里，乌托邦的财产归全民所有，私有财产已被消灭，居民的房屋也要每隔10年抽签调换一次。乌托邦实行有组织的社会生产和普遍的义务劳动制度，家庭虽然仍是社会的基本经济单位，但是已经成了为满足社会需要而进行生产的基层作业组。乌托邦已消灭了城乡之间的对立，实行消费品按需分配原则，并实行有计划的生产。

莫尔在资本主义萌芽时期就无情地揭露了资本原始积累的种种罪恶，描绘了没有剥削和压迫的理想社会，反映了下层劳动人民追求幸福的美好愿望，创立了反映这种愿望的空想社会主义学说。尽管由于历史条件的限制，莫尔不可能对私有制的罪恶和未来社会的设想做出更为深层的解释，但却为后人留下了珍贵的思想材料。他是当之无愧的空想社会主义的奠基人。

(二) 康帕内拉

托马斯·康帕内拉（1568—1639年）是意大利的进步思想家和爱国者。他于1602年在监狱中写出了空想社会主义的著作《太阳城》。《太阳城》在内容和形式上深受《乌托邦》的影响，也是通过对未来社会的空想描写来表达自己的空想社会主义思想。在《太阳城》中，康帕内拉以一个航海者的身份讲述了他对意大利现存制度的不满和理想中的太阳城的特征。

康帕内拉指出:"意大利社会就好像是一个培养罪恶的学校",在那里,辛勤劳动的工匠受人鄙视,游手好闲的人反而受到尊敬,这就不能不产生越来越多的恶棍。就那波利斯城的7万居民来说,其中差不多只有1万至1.5万人从事劳动;这些人由于逐日从事他们力所不能及的不间断的工作而精疲力竭,或濒于死亡。至于其余游手好闲的人,却因无所事事、吝啬、疾病、放荡、高利盘剥而在危害着自己。那些在贫困的压迫下不幸沦为奴仆的人们都不大愿意去履行社会义务和完成有益的工作。这段描写不但充分表现了作者对劳动人民的同情和对剥削者的厌恶,而且充分暴露了当时社会的腐朽性。康帕内拉由此把批判的矛头直接指向了意大利的统治者。康帕内拉指出,这个国家总是捧一些不学无术的人做政府的首脑,之所以认为他们适合做政府的首脑,只是因为他们出身于统治阶级,或者他们是由统治集团中选出来的而已。这些论述表明康帕内拉看到了统治阶级和被统治阶级的区别,并初步认识到了国家是统治阶级的工具。康帕内拉认为,现实社会中的种种罪恶现象都是由贫富对立引起的,"违反誓约、卑躬屈膝、撒谎、偷窃、不整洁等都源于贫穷;劫掠、傲慢、骄傲、吹牛、游手好闲等等恶习都源于富贵。"所以他说:"贫与富是国家制度的主要缺点。"他认为"自私自利是万恶之因:是产生诡辩、伪善和残暴行为这三大恶习的主要的罪恶之源。"

康帕内拉把他理想中的国家叫作"太阳城",即实行共产主义制度的国家。在太阳城里,私有制已经被彻底废除,全部生产资料和一切生活资料都归大家共同占有。同莫尔的乌托邦一样,太阳城也是由社会组织生产。太阳城实行普遍的义务劳动,男子一般从事较重的劳动,女子从事较轻的工作,身有残缺的人也被安排在适当的岗位上各尽所能。在太阳城里,每个人所从事的劳动都不会危害身体,反而会发展他们的体力。农业是受到特别重视的部门。太阳城实行按需分配的原则,不过,这里实行的是有严格监督的按需分配制度。"负责人员严密地监视着,不让任何人获取超过他所应得的东西"。康帕内拉的这种设想比莫尔的按需分配思想稍逊一筹,反映了利己主义支配下的社会现实对康帕内拉思想的限制。

与莫尔相比,康帕内拉所生活的年代晚了近百年。此时,资本主义的残暴性、掠夺性以及其他弊端更明显地暴露出来,因而康帕内拉对资本主义的批判,对未来新社会的设想在不少方面比莫尔更深刻,他对空想社会主义的贡献主要在于：

第一，康帕内拉把公有制度下的社会的一切劳动，都看成是全社会有益的、必要的劳动，是社会全体成员的光荣义务。在"太阳城"里，虽然每个人可以自由选择工作，但是谁也不挑挑拣拣，重此轻彼，这实际上是脑力劳动和体力劳动的平等问题。在莫尔那里，脏活、累活是通过保留奴隶的办法来解决的，康帕内拉则让全社会的成员自愿去做。这样，在社会主义思想史上，康帕内拉第一次提出了劳动光荣的思想，体力劳动与脑力劳动结合的思想，为科学社会主义的创立提供了宝贵的思想材料。

第二，康帕内拉在社会主义思想史上第一次比较系统明确地提出了社会主义教育思想。他主张后代由国家精心培育，既要学习文化知识，又要锻炼身体；既要课堂学习，又要走出课堂，到田间地头同生产劳动相结合，学会各种农牧业操作和手工艺。这些思想对马克思主义创始人也有很大启发。

第三，康帕内拉在莫尔的基础上，进一步表述了由国家、社会组织管理整个社会经济的思想。从生产、分配、消费到外贸，都是有计划地进行的。在那里，商品、货币不复存在，只是对外贸易或对外交往时保留货币的作用。由此看出，康帕内拉已预见到未来国家职能的变化，即从专政的工具、镇压的机器变为管理经济、管理社会的机构。

第四，康帕内拉看到了科学技术在社会发展和进步中的作用。他设计的太阳城非常注意运用科学技术来发展生产力。由于科学技术的发展带动了生产力的发展，使"太阳城"人的劳动比"乌托邦"人减少，而"太阳城"人比"乌托邦"人的生活更加丰富多彩。这说明，康帕内拉是用发展的、进步的眼光来看待新社会的。

当然，康帕内拉的思想中也有不少消极的东西，例如，在太阳城里，最高领导人不是选举产生，而是终身任职，权力极大；太阳城实行公妻制；太阳城是政教合一的国家。这对后世的空想社会主义者产生了不好的影响。

（三）闵采尔

16世纪初德国农民战争时期，平民领袖、思想家托马斯·闵采尔（1490—1525年），在空想社会主义史上独树一帜，占有特殊的地位。他不仅直接投身于工农革命运动，而且在批判旧世界的基础上，提出了暴力革命的思想。他主张通过暴力革命推翻反动政权，建立千载太平天国的理想社会。这种社会实行一切财产公有，平均分配产品，坚决根除私人占有制度。恩格斯对闵采尔的主张和学说评价很高，他说，闵采尔已经站到了无神论的边缘，"他的政治纲领也接近于共产主义学说"。[①]

早期空想社会主义开创了空想社会主义史上两种不同类型：一种是莫尔的纯粹空想幻想式的理论性的思想体系，它远离劳苦人民的实际生活；另一种是闵采尔偏重于革命实践的思想体系。这两种形式都表达了无产阶级先驱者对未来美好社会制度的憧憬，但都是空想地描写理想社会制度的，都在不同程度上具有禁欲主义和平均主义的特色。

二　18世纪的空想社会主义

18世纪，资本主义进入工场手工业时期。那时，法国虽然还是一个典型的封建专制国家，但资本主义经济已经有了相当的发展，形成了一个强有力的新兴资产阶级。为了推翻强大的封建专制制度，法国的资产阶级掀起了一场声势浩大的启蒙运动。启蒙运动的兴起和发展，不但为18世纪法国资产阶级革命作好了舆论准备，而且促进了现代无产阶级先驱者的意识的发展，这样的政治土壤直接导致了以摩莱里、马布利和巴贝夫为代表的空想社会主义的产生。

（一）摩莱里

摩莱里（生卒年月不详）是18世纪法国杰出的空想社会主义者。摩莱里出身平民，当过教员。其代表作是1755年出版的《自然法典》。

在《自然法典》的第四篇《合乎自然界蓝图的法制的蓝本》中，摩莱里提出"基本的和神圣的法律"共有三条。第一条："社会上的任何东西都不得单独作为私有财产属于任何个人，但因生活的需要，因娱乐或因进行日常劳动而当前使用的物品除外。"这就是说，要实行公有制。第二条："每个公民都是依靠社会供养维持生计和受到照料的公务人员。"这就是说，每个公民都有劳动权、工作权、生活保障权。第三条："每个公民都要根据自己的力量、才能和年龄促进公益的增长。"这就是说，每个公民都有各尽所能的义务。这三条基本法律，勾画出了摩莱里关于理想

[①] 《马克思恩格斯全集》第7卷，人民出版社1960年版，第414页。

社会的轮廓：在这个理想社会里，实行土地、山林、房舍、产品等财富公有制，消灭私有制；人人参加劳动，不得以任何借口逃避为社会造福的义务，法律压制游手好闲的恶习；实行平均主义的按需分配，消灭货币和贸易，公民之间不得买卖和交换；实行严密的计划经济，从组建城市、组织专业生产单位，安排生产数量、品种到分配产品，都有严格的计划指标；在政治制度方面，摩莱里选择了君主制政体作为他的理想社会的政体；关于文化教育，摩莱里认为这是改造旧社会、建设新社会的要旨，在《自然法典》中专列了防止父亲溺爱子女的教育法。

摩莱里的空想社会主义，抛弃了早期空想社会主义普遍存在的梦幻般的神秘色彩，把理想生活置于现实生活的基础上，他不再用"乌托邦"式的描绘，而是用庄严、简明的法律条文展现出来。他所提出的公有制、劳动权、计划经济、各尽所能等思想，对后期的空想社会主义者产生了积极的影响。

在肯定摩莱里思想的积极方面的同时，也必须看到他思想中的消极成分，主要是：第一，关于理想的政治制度。摩莱里主张实行君主立宪制，君主的职务是终身制的，人民享有的政治民主权利极为有限。第二，关于平均主义和禁欲主义。针对旧制度的贫富悬殊、腐朽没落的状况，摩莱里正确的提出了消灭私有制，消灭特权的主张，但是，他却同时主张，各行各业的人要穿相同数量和质量的衣服，衣服的颜色也要统一，住房要实行相同的形式和大小，日用生活品也要人人相同。这些都是空想的，办不到的。

（二）马布利

加布里埃尔·邦诺·德·马布利（1709—1785年），出生于法国贵族家庭，毕业于耶稣会学院，先后担任过神职和外交官，后因对现存社会感到厌恶，放弃官职，献身于社会科学研究。其影响较大的著作有：1758年写成的《论公民的权利和义务》、1768年发表的《向哲学家经济学家提出的对政治社会天然固有的秩序的疑问》、1776年发表的《论法制或法律的原则》。他的许多著作具有论战性、理论性和逻辑性的特色。

马布利认为，私有制是一种违反自然状态的制度。首先，它造成了贫富悬殊、阶级分化，导致了一小部分人对大部分人的压迫，暴君专制也随之出现。其次，它造成了贪欲、竞争、掠夺、游手好闲等种种腐败现象。

自然界赋予人类以理性、自由和幸福这三种本能。自由是利用理性的保证，理性是幸福的指导者。既然人类享有这三种本能，那么任何人、任何社会和政府，就无权剥夺公民享受这种幸福，公民就有权改变不符合自然状态的法律和制度。

关于未来社会的经济制度，马布利主张实行土地、财富公有制。共和国的第一条法律就是禁止财产私有，只有在财产公有制度下才能得到幸福。马布利还批判了重农学派关于个人私有权、生活必需品私有权和土地私有权密不可分的观点。

关于未来社会的政治制度。马布利主张建立与君主专制相对立的、同自由和法制相联系的共和国。他说："只要爱自由，就足以建立共和制。但是，能够维护共和国和使它繁荣的，只有法律。可见，联合这两种感情应当是政治的主要目的。"马布利坚决反对终身制和世袭制。他认为，终身任职必然使公务员老迈和空谈，造成营私舞弊和胡作非为。世袭的政权更不好。马布利把立法看作是国家政治生活的基础。法律必须依靠人民制定出来。如果立法机关掌握在人民手里，人民就会有最英明和最有益的法律。想在君主政体或贵族之下建立公正合理的法律是可笑的。人民只要为公益着想的法律，而有理由拒绝奴役人的法律。

马布利以其著作繁多，思想深刻、论证有力而奠定了他在社会主义思想史上的特殊地位。其主要理论贡献和特点有以下几点：（1）马布利首次以理论论证的方式阐述了空想社会主义观点。马布利以前的空想社会主义者，有的是以文学游记的形式，有的是以法律的形式来表达空想社会主义，而马布利则采用了理论论证的形式。马布利的空想社会主义著作，紧紧抓住公有制、按需分配、民主与法制等原则，从理论上、历史经验上加以论证，有较强的逻辑力量和说服力。（2）马布利初步揭示了人类社会阶级的存在及其利害冲突。他看到了劳动工人与拥有大量财产的私有者、佃户同地主之间的对立，揭示了阶级的存在、不同阶级的利害冲突以及从国家制度到思想观点的阶级实质。（3）马布利是国内正义战争理论的论证者。在马布利看来，既然人类理性、自然状态要求平等、自由、幸福，就必须废除私有制，建立公有制。既然剥削者的阶级利益维护私有制，反对公有制，那么人民动外科手术切除私有制的肿瘤便是必然的、合理的。（4）马布利是平均主义和禁欲主义的理论家。他同摩莱里有所不同，摩莱里着重从具体主张中体现出他的平均主义和禁欲主义,马布利则从理论上阐明平均主义和禁欲主义。

(三) 巴贝夫

弗朗斯瓦·诺埃尔·巴贝夫(1760—1797年)出生于法国一个贫苦家庭,在法国资产阶级革命中改名为格拉古·巴贝夫。他16岁丧父后便辍学并独立谋生。先后当过土地丈量员的秘书,法院公证处公证员的助手,法律专家的雇员。他在这些具体的工作中加深了对现实社会的了解,逐步形成了他对现实的判断。巴贝夫在失学后还坚持不懈地自学,特别是摩莱里的《自然法典》对他影响很大。在实际生活和启蒙思想家的影响下,巴贝夫开始认识到私有制的不公平,产生了完全平等的思想。1786年他开始阐述初步的共产主义思想,1789年发表的《永久地籍册》一书,把平均地权看作是消灭社会不平等的唯一途径。

巴贝夫的空想社会主义是在法国资产阶级革命胜利后成熟起来的,对于新上台的资产阶级,巴贝夫作了相当深刻的批判:

第一,揭露了资本主义是新的剥削方式。巴贝夫说,在城乡间到处可见的90%的穿得破破烂烂的人,才是直接的商品生产者,但是,恰恰是这些人什么必需品也没有。资本主义竞争也只会使占有大量资本的人越来越富,导致财力雄厚者对市场的垄断以及廉价消费品的消失,巴贝夫触及到了资本主义剥削的一些特有现象,如资本主义商品生产的本质、自由竞争、垄断、工人出卖劳动力、两极分化等等。

第二,揭露了资本主义新的剥削制度。巴贝夫认为,在资产阶级共和国里,已经重新组合成四个等级:一生丁占有者等级、十生丁占有者等级、五十生丁占有者等级、一法郎占有者等级。实质上就是指无产阶级、中产阶级和大资产阶级。巴贝夫从财产占有程度到政治权利享有程度来分析经济关系,开始接近了问题的实质。

第三,揭露了资本主义发展只能导致人民革命的必然性。他说,由于一切物质都掌握在统治者手里,广大群众因无权支配而难以继续生存下去,这些情况规定了伟大革命的时机,使那些值得向往的、早就预言过的时代到来,那时,财产关系的变革乃是不可避免的,穷人奋起革命反对富人也是历史的必然。

在批判资本主义制度的同时,巴贝夫设想了一种崭新的国民公社制度来取代资本主义制度。它的大体轮廓是：

在经济制度方面。生产资料、劳动产品都是公有财产，属于人民所有，由人民支配。国民公社实行人人劳动，消灭不劳而获、游手好闲，实行平均分配的办法，消灭剥削制度，实行计划调节生产，整个国家生产、分配、消费都有节奏地进行。

在政治制度方面。新的政治制度要在消灭旧制度、旧恶习的基础上建立起来。理想的政治制度是自由、平等的共和国。要制定为人民谋福利的宪法。根据宪法的原则，建立中央政权，来领导、组织全国的经济生活和政治生活。新政治制度的中心是人民，革命就是为了追求大多数人的幸福，如果这个目标没有达到，革命就没有成功。

在文化教育方面。他认为，各民族的命运取决于对人进行教育的方法，巴贝夫虽然没有具体规划新社会的教育方案，但是，人人受教育，通过教育来改造人、改造社会，这一思想是非常明确的。

巴贝夫是早期空想社会主义者与19世纪三大空想社会主义思想家之间承前启后的最有影响的一位代表。他虽自认为是摩莱里、马布利的学生，受到他们的政治思想的深刻影响，但是，他却不是一个单纯的模仿者。他的空想社会主义理论有许多创新之处：他企图用阶级和阶级斗争的观点来观察人类社会；他提出并实践了用武力破旧立新的主张，在其革命策略思想中，还包括建立革命组织，将革命分阶段进行的主张；他提出了人民如果没有物质上的福利，没有经济上的解放，政治解放就是空话的思想；他提出未来社会要采用新机器、发展生产力，有较丰富的物质生活和精神生活，而不是苦行僧的、禁欲主义的。这些思想，奠定了巴贝夫在18世纪空想社会主义者中的重要地位。当然，巴贝夫的思想中也有糟粕，他主张不仅在消费品分配方面，而且在智力、职业分工方面都是绝对平均主义。马克思认为，平均主义是小资产阶级的思想体系，是危害革命事业的腐蚀剂，是阻碍社会进步的世界观。

三 19世纪初期批判的空想社会主义

19世纪初是空想社会主义发展的最重要的时期，这一时期，资本主义制度已经在法国建立起来，工业革命在英国正迅猛发展。英、法两国资产阶级在经济上政治上的统治地位已经确立，资本主义基本矛盾以及无产阶级和资产阶级的对立日益明显。19世纪初期产生的批判的空想社会主义就是这种社会状况的产物。其主要代表人物是法国的圣西门、傅立叶和英国的欧文。

（一）圣西门

克劳德·昂利·圣西门（1760—1825年）是19世纪初期法国伟大的空想社会主义者。他出生在法国一个封建贵族家庭，自幼受到良好的教育，从小就对自然科学和唯物主义哲学发生浓厚兴趣，对宗教迷信持批判态度。1779年，他随军赴北美参加美国独立战争，立过战功。圣西门这次近五年的革命战争实践，促进了他最初在启蒙学者那里接受的资产阶级世界观的发展。1789年，法国资产阶级大革命爆发后，大批封建贵族纷纷逃往国外，他却返回国内，放弃伯爵爵位，投入革命洪流。这标志着他终于完成了从封建贵族到资产阶级民主主义者的转变。在法国资产阶级建立了政治统治以后，圣西门决心"为人类的理智开辟新的里程"。圣西门认为，这首先要从科学研究入手。在进行了几年的科学研究以后，圣西门开始著书立说。他于1802年写成并于次年发表的《一个日内瓦居民给当代人的信》，1808年发表的《19世纪科学著作导论》，初步阐述了他的社会主义思想。这标志着他完成了从一个民主主义者到社会主义者的转变。在以后的10年里，圣西门又发表了一系列著作，从哲学、历史、政治、经济等方面进一步阐发他的社会主义思想。

圣西门亲身经历了法国社会大动荡时期的重大历史事件。他虽然还没有明确使用资本主义这个概念，实际上却对新建立的资本主义社会进行了尖锐的批判。

圣西门认为，资本主义的政治制度是新的压迫制度。他认为，法国的政治形势十分令人痛心，三权分立的实行并没有真正解决社会问题。他说，法国如果突然失去3000名科学家、艺术家和手工业者，国家就会遭到极大的不幸，整个民族会变成一具没有灵魂的僵尸，而如果死去3万王公、贵族、主教、元帅这些游手好闲者，不会给社会带来任何损害。圣西门这一精彩的讽刺和揭露，为后来的革命者所吸取。

圣西门认为，资本主义制度在经济上对劳动人民掠夺是极为残酷的。他十分关注法国无产阶级的贫困状况，并指出，造成工人贫困的原因是一小撮统治者为了豢养行政机构和暴力机关的大批官员，采取税收和公债的形式加强对劳动人民的剥削，致使国民交纳的税收比革命前增加了一倍。圣西门虽没有揭示资本主义剥削的根源，但在一定程度上看到了雇佣工人和企业主的经济对立，以及资本主义社会的一些经济特征。

圣西门认为，资本主义意识形态的特征是冷酷的利己主义，他指出，利己主义这个人类的坏疽侵害着一切政治肌体，使人类道德沦丧、贪得无厌，对公益事业毫不关心。在资本主义社会，利己主义占着支配地位。利己主义导致整个社会分裂和瓦解。给人类社会带来极为严重的后果。

圣西门还看到了资本主义这一社会形态的过渡性质。同时认为，人类社会是一个进步的发展的过程，法国大革命以后建立的政治制度代替封建制度是一个历史的进步。但是，资本主义社会不过是旧的封建制度和未来社会制度之间的一个"中间的和过渡的体系"，当它阻碍社会发展时，就没有存在的必要。圣西门在资本主义制度还刚刚确立时就看到了这一制度的过渡性质，这是需要远见和勇气的。

圣西门关于未来社会的设想，集中体现在他关于实业制度的论述中。所谓实业制度，就是他所向往的自由、平等和幸福的黄金时代。实业制度的最高权力机构是最高行政委员会和最高科学委员会。人人都要劳动是实业制度一项重要的社会原则，圣西门认为，未来社会有最大限度的平等，其中一个重要表现是实行普遍劳动的原则。有计划地组织整个社会的生产，是实业制度区别于资本主义制度的一个重要特征。在分配方面，圣西门提出未来社会中每个人的收入应当同他的才能和贡献成正比，他认为，获得人们尊敬的真正权利是自己的才能和贡献。在教育方面，圣西门谴责旧的教育制度培养的是奴隶和自私自利的人。在实业制度中，必需十分重视道德品质的教育和各种能力的培养，并应进行生产劳动教育。

圣西门在社会主义史上第一次提出和论证了未来社会组织的目的和实现这一目的的手段问题；第一次明确提出了国家消亡的思想；他关于未来社会按才能选拔干部以及每个人的地位和收入应同他的才能和贡献相适应的原则，也是颇有独创性的。但圣西门并不主张废除私有制和消灭阶级差别，所以在实业制度下仍然存在着少数人对多数人的压迫和剥削。

（二）傅立叶

沙利·傅立叶（1772—1837年），出生于法国东部一个商人家庭，傅立叶在中学毕业后从商，生活阅历使他对资本主义社会的种种罪恶，特别是资本主义商业的内幕有更深的了解。傅立叶十分重视对现实生活的调查研究。低下的社会地位使他易于接近下层劳动人民，他同情他们的疾苦，深入地思考社会问题，逐步形成他的空想社会主义思想体系。1803年，傅立叶在《里昂公报》上发表论文《全世界和谐》，第一次公布了自己的发现。他指出，现存文明制度是不合理的，必将被和谐制度所代替。这篇论文标志着他的社会主义学说初步形成。

傅立叶对资本主义制度进行了无情的批判，这也是傅立叶学说中最精彩、最有生命力的部分。

傅立叶揭露了资本主义制度对雇佣工人的残酷剥削。他敏锐地看到了资本主义工业化给劳动人民带来的苦难。他批判道，文明制度创造了大规模的工业生产和高度发展的科学艺术，却不能保证给予人民劳动和面包。

揭露了资本主义生产的无政府状态及其严重后果。傅立叶认为，文明制度虽然创造了大规模生产，但是这一制度的经济结构"像一盘散沙"，生产仍是分散经营，从而造成生产的无政府状态和生产者之间的激烈竞争，导致整个社会经济混乱，供求失调，使经济危机成为资本主义制度下不可避免的现象。

对资本主义工商业进行了细致而深刻的揭露。傅立叶认为，商业欺诈是文明制度下一切灾难的一个根本原因。他在《论商业》一书中无情地揭露了资本主义商业的种种罪行，并指出，资本主义商业之所以如此猖獗，是由于得到资产阶级政府和资产阶级学者的庇护。他还指出，资产阶级政府实际上是商人的代理人和支持者。

傅立叶从社会发展的规律性角度批判了资本主义制度永恒性的论调。在对资本主义制度进行了无情的批判以后，傅立叶指出："我的目的不在于提高文明程度，而在于消灭这个制度。"

傅立叶所设想的未来社会的理想制度叫"和谐制度"。和谐制度将是摆脱贫困、灾难和不幸，保证人类情欲得到充分满足的幸福社会。和谐制度是以自愿参加为原则的生产和消费的协作组织，是建立在大生产和科学艺术充分发展的基础上的。人人参加劳动，是和谐制度所坚持的社会主义原则。傅立叶坚决反对在消费品分配领域的平均主义。他指出："在协作制度下，任何平均主义都是政治毒药"。但是傅立叶在反对平均主义原则以后，并没有正确解决新社会的分配问题，而是提出所谓按比例分配。这种原则使资产阶级凭借资本取得的利润大大超过一般劳动者的收入，从而保留了剥削。傅立叶从情欲学说出发，对禁欲主义作了彻底的否定。他批评马布利等人禁绝一切生活享受，主张凡是符合人类自然本性的情欲都应得到满足。和谐制度的人们应当享受比文明制度中的国王和贵族更富裕的生活。

在空想社会主义史上，傅立叶是与圣西门齐名的伟大的思想家。傅立叶对空想社会主义的论述有其独特之处：他认为，人类社会是有规律地从低级向高级不断运动和发展的，人类社会是有历史分期的，生产资料的性质是划分社会发展阶段的基本标志，这一思想已经具有了唯物主义历史观的萌芽，为马克思主义者正确认识人类社会提供了重要的思想资料；傅立叶对资本主义制度进行了最尖锐的批判和无情的讽刺，是启发工人觉悟的宝贵财富；他还第一次论证了协作化的优越性，并认为，按自愿原则组织起来，实行工、农、商、科学、教育、艺术和家务劳动的全面协作，是建立和谐社会的首要条件和基本原则。

傅立叶所设想的和谐制度也有其明显的缺陷。他虽然对资本主义制度进行了无情的批判，但并没有指出生产资料私有制是资本主义剥削和一切罪恶的根源，因而也就没有提出消灭私有制的思想；他虽然论证了协作制度的优越性，但在协作制度里，资产阶级却享有剥削收入以及在劳动等方面的特权；傅立叶还反对阶级斗争和暴力革命，认为革命是"最坏的一种社会苦难"，他拒绝一切政治斗争，一直寄希望于达官贵人解囊相助，帮助他建立协作社，这使他陷入空想而不能自拔。

（三）欧文

罗伯特·欧文（1771—1858年）是19世纪初期英国伟大的空想社会主义者。他出生于英国的一个手工业者家庭，只读完初级小学，9岁开始当学徒。不到30岁，他就成为苏格兰的新拉纳克大纺织厂的经理，那时他以改良家和慈善家的身份，对企业进行了一系列改革，在改革中逐步形成了自己的共产主义理论。1820年写成的《致拉纳克郡报告》一文标志着他的空想共产主义理论的形成。

欧文对资本主义制度的批判，具有英国产业革命时代的特征。

欧文认为，资本主义制度下使用机器的社会后果，是加强了对无产阶级的剥削。欧文认为，在资本主义社会，每一次机械方面的新发明，都造成一场大灾祸,它使大量的工人被机器排挤而失业,使大量的童工和女工成为资本榨取的对象。欧文还认为,在资本主义制度下使用机器,必然导致经济危机。

欧文指出,资本主义私有制是无产阶级贫困化和现代社会一切罪恶的根源。他明确指出,"私有财产是贫困的唯一根源"。私有制、宗教以及资产阶级婚姻制度是资本主义社会"三位一体的祸害",而私有制是其中的主要祸害。

欧文对资产阶级国家进行了严厉的批判。他谴责建立在私有制基础上的各国政府为了少数剥削者的利益,采取暴力和欺骗手段掠夺和折磨生产阶级,并为他们制造低劣、有害和罪恶的条件。

欧文共产主义学说的理论基础,是他的"关于人的性格形成"的观点。他继承和发展了18世纪法国启蒙学者爱尔维修的"人是环境的产物"的论点,认为人的性格主要是由他出生以后所处的社会环境决定的。为了使人的善良性格和品质得到培养和发展,就要铲除恶的环境影响,创造善的环境,从而把社会成员都变成善良、聪明、有用的人。他又认为,有害于人类的恶劣环境是没有经验和无知的人所造成和支持的,是由于人们没有受到良好的教育所致。因此,社会环境归根到底是由人的意志决定的。这使欧文始终没有走出唯心主义的迷宫。

欧文从他的人的性格形成理论出发,提出了改造资本主义社会,建立理想社会的方案。欧文认为,未来社会应是许多合作公社的联合体,或者称和谐公社。公社是构成新社会的基层组织,是一个由500到3000人组成的独立的生产和消费单位。生产资料公有制是公社的经济基础,在合理组织起来的社会里,私有财产将不再存在,纯粹个人日常用品以外的一切东西都变成公共财产。公社实行按需分配的原则,在这个理性社会里,财富的分配将是一切生活问题中最简单的问题,每个社员可以随意到公社仓库领取自己所需的物品,高度地享受一切。为了使新社会的人得到全面发展,所有的人一生下来都要受到良好的教育,他主张每个社员不仅要有丰富的科学文化知识,而且要十分重视道德修养,在任何情况下都应坚持真理,不迷信,不怕死。

欧文不仅是一个伟大的空想社会主义理论家,而且是一个伟大的实践家。1824年,他在美国印第安纳州购买了3万英亩土地,进行了"新和谐公社"试验，参加者达 10000 人，但只办了 4 年，资本主义的汪洋大海便吞没了共产主义公社的孤岛。公社最终瓦解，几乎耗尽了他的全部财产，但这并没有动摇欧文改革的意志。欧文一直没有找到实现共产主义的正确道路，但是对于解放无产阶级的信念始终不渝，直到 87 岁临终前不久，还发表演讲，宣传共产主义理论。

欧文是 19 世纪最杰出的空想社会主义者，他的理论和实践在社会主义思想史上具有非常重要的地位。欧文认为，劳动是创造价值的源泉，工人生产出的除了必要的生活资料以外的"剩余产品"被少数企业主以利润的形式占有了，私有财产是贫困的惟一根源。生产资料公有制比私有制具有无可比拟的优越性；生产力的巨大发展是改造资本主义制度的重要条件。他的关于未来社会将消灭阶级和剥削、实行生产资料公有制、按需分配、政治民主、重视教育等思想，对后世的思想家极有启发意义。

当然，欧文的社会主义理论是空想的、不成熟的。他坚决反对阶级斗争和暴力革命；他虽然同情无产阶级的苦难，看到了无产阶级和资产阶级的对立，却未能认识到无产阶级的历史作用；他从人的性格形成理论出发论证旧社会灭亡的必然性，而不是从社会基本矛盾出发。这都决定了他的学说的空想性。

第二节　两大发现：社会主义从空想变为科学

科学社会主义的创始人——马克思和恩格斯，在参加 19 世纪 40 年代的阶级斗争实践和理论研究的过程中，发现了唯物史观和剩余价值学说（主要内容详见第一、第二章）。正是由于这两大发现，使马克思和恩格斯能够正确评价空想社会主义的历史功绩和局限性，从而吸取了空想社会主义中有价值的思想，克服了空想社会主义的局限性，使社会主义由空想变为科学。

一　两大发现：对空想社会主义科学评判的圭臬

唯物史观的发现，是马克思和恩格斯的一个伟大贡献。1844 年，他们在合著的第一部著作《神圣家族》中，通过对青年黑格尔派首领鲍威尔否认无产阶级和人民群众历史作用的唯心史观的批判，强调了人们的物质生产对整个社会历史发展的决定作用，阐明了人民群众是历史的创造者的历史唯物主义观点。在1845—1846年合著的《德意志意识形态》一书中，他们针对黑格尔派的唯心主义和费尔巴哈思想中的唯心史观，第一次科学地论述了历史唯物主义的一系列重要原理，把唯心主义从社会历史领域驱逐出去，使对社会历史的研究，第一次有可能克服人们过去对历史和政治所持的混乱和武断的见解，而成为真正的科学。

剩余价值学说的提出是马克思和恩格斯的另一伟大贡献。要解决资本主义的固有矛盾，就要分析资本主义的本质，找到资本主义剥削的秘密。马克思和恩格斯运用唯物史观对资本主义制度进行了深入分析，并批判地吸收了英国古典政治经济学的劳动价值论，创立了剩余价值学说，具体地揭示了资本主义社会发展的特殊规律。剩余价值的初步发现是在1847年马克思的《哲学的贫困》一书和同年在布鲁塞尔德意志工人协会做的几次讲演，即后来汇编成《雇佣劳动与资本》的小册子中。尽管这时马克思还没有使用"剩余价值"这一科学概念，但已提出了剩余价值理论的初步原理。对此，恩格斯曾指出：《哲学的贫困》一书和《雇佣劳动与资本》的讲演，"不仅非常清楚地知道'资本家的剩余价值'是从哪里'产生'的，而且已经非常清楚地知道它是怎样'产生'的"。[①] 虽然剩余价值理论的最后完成是19世纪50年代末的事，但是，剩余价值理论的初步发现，使社会主义者早先像资产阶级经济学者一样在深沉的黑暗中摸索的经济领域，得到了明亮的阳光的照耀。科学社会主义就是从此开始，并以此为中心发展起来的。

唯物史观和剩余价值学说这"两大发现"，为马克思和恩格斯提供了认识社会历史的科学的方法和强大的思想武器，他们运用这"两大发现"分析了空想社会主义，从而正确评价了空想社会主义的历史功绩和局限性。

马克思和恩格斯首先充分肯定了三大空想社会主义者的历史功绩。明确指出，批判的空想的社会主义和共产主义的进步历史意义就在于，它本身包含着科学社会主义的萌芽。其主要表现是：

1. 对资本主义制度的无情揭露和批判。马克思和恩格斯对此评价很

[①] 《马克思恩格斯全集》第24卷，人民出版社1972年版，第12页。

高。并在他们的许多著作里,充分利用了这种揭露和批判提供的材料。马克思和恩格斯认为,空想社会主义者的著作中含有批判的成分,"这些著作抨击现存社会的全部基础。因此,它们提供了启发工人觉悟的极为宝贵的材料"。① 因而在社会主义发展史上具有不可磨灭的功绩。

2. 在批判资本主义制度的基础上,对未来社会提出了一系列积极主张和合理设想。空想社会主义"关于未来社会的积极的主张,例如消灭城乡对立,消灭家庭,消灭私有营利,消灭雇佣劳动,提倡社会和谐,把国家变成纯粹的生产管理机构",② 为马克思和恩格斯全面深刻地揭露资本主义本质,科学地预见未来理想社会,提供了有益的思想材料。

3. 空想社会主义的历史观包含着向历史唯物主义趋进的合理因素,如认为历史是不断进步和不断发展的,历史的发展是有规律可循的,并试图从生产发展上探求历史发展的动力,等等。

恩格斯曾经不止一次地提到空想社会主义者对创立科学社会主义的贡献。他说:"德国的理论上的社会主义永远不会忘记,它是站在圣西门、傅立叶和欧文这三个人肩上的。虽然这三个人的学说含有十分虚幻和空想的性质,但他们终究是属于一切时代最伟大的智士之列的,他们天才地预示了我们现在已经科学地证明了其正确性的无数真理。"③

马克思和恩格斯在充分肯定三大空想社会主义者的历史功绩及其学说的积极成分的同时,也明确指出和批判了他们的根本缺陷,彻底否定了三大空想社会主义者学说中的消极成分。马克思和恩格斯认为,空想社会主义的根本缺陷是:

1. 他们没有认识到资本主义雇佣劳动制的本质,不了解资本主义必然灭亡,社会主义必然胜利的客观规律。三大空想社会主义者,不是从人类社会的物质生产方式出发,不是从生产力与生产关系的矛盾运动中寻求人类社会的发展规律,而是从先验的理性出发来解释历史,认为资本主义不合乎理性,而他们设想的新社会则是合乎理性的社会制度。他们从抽象的人类理性出发,从天才人物头脑中设想出种种社会改革方案,并认为这

---

① 《马克思恩格斯选集》第 1 卷,人民出版社 1995 年版,第 304 页。
② 同上。
③ 《马克思恩格斯选集》第 2 卷,人民出版社 1995 年版,第 636 页。

种天才人物的出现,"并不是历史发展进程所必然产生的、不可避免的事情,而纯粹是一种侥幸的偶然现象。这种天才人物在 500 年前也同样可以诞生,这样他就能使人类免去 500 年的迷误、斗争和痛苦"。①

2. 只把无产阶级当作受苦最深、值得可怜和同情的阶级,而不把它当作埋葬旧社会、建设新社会的伟大力量。他们不了解无产阶级的历史地位和历史使命,找不到能够改变资本主义、实现社会主义的社会力量。三大空想社会主义者只是对无产阶级受剥削受压迫的遭遇表示同情,却未能认识到它的伟大力量和历史作用。他们把希望寄托在资产者和统治者身上。圣西门认为法国当时的最高统治者、资产者和有"理性"的人,是实现社会变革的依靠力量。傅立叶在报纸上登广告呼吁资本家捐献自己的财产,参加"法朗吉"的试验组织。欧文曾向英国女王、俄国沙皇、美国总统以及神圣同盟的君主们发出呼吁,想依靠这些统治者的头面人物进行社会改革。对此,马克思和恩格斯批评道:"空想社会主义者看不到无产阶级方面的任何历史主动性,看不到它所特有的任何政治运动。""诚然,他们也意识到,他们的计划主要是代表工人阶级这一受苦最深的这一阶级的利益。在他们的心目中,无产阶级只是一个受苦最深的阶级。""他们总是不加区别地向整个社会呼吁,而且主要是向统治阶级呼吁。他们以为人们只要理解他们的体系,就会承认这种体系是最美好的社会的最美好的计划。"②

3. 他们不懂得阶级斗争是阶级社会发展的直接动力,未能找到实现社会主义的正确途径。三大空想社会主义者虽然看到了资本主义社会的某些阶级对立,但却反对阶级斗争和暴力革命。幻想用理性来说服资产阶级,通过和平道路来改造社会。圣西门认为改革家绝不应当用刺刀来实现自己的想法。傅立叶认为革命是"最大的社会灾难"。欧文认为革命的暴力是急躁和无知的产物。马克思和恩格斯指出:空想社会主义者"拒绝一切政治行动,特别是一切革命行动;他们想通过和平的途径达到自己的目的,并且企图通过一些小型的、当然不会成功的试验,通过示范的力量来为新的社会福音开辟道路。""这种对未来社会的幻想的描绘,在无产阶级还很不发展、因而对本身的地位的认识还基于幻想的时候,同无产阶

---

① 《马克思恩格斯选集》第 3 卷,人民出版社 1995 年版,第 357 页。
② 《马克思恩格斯选集》第 1 卷,人民出版社 1995 年版,第 304 页。

级对社会普遍改造的最初的本能的渴望相适应的。"① 马克思和恩格斯一针见血地指出:"批判的空想的社会主义和共产主义的意义,是同历史的发展成反比的。阶级斗争越发展和越具有确定的形式,这种超乎阶级斗争的幻想,这种反对阶级斗争的幻想,就越失去任何实践意义和任何理论根据。"②

19世纪以前,由于资本主义的生产方式还不发达,资本主义的基本矛盾还未充分暴露,无产阶级还不成熟,无力采取独立的政治行动。与这一客观历史条件相适应,就只能产生空想的、不能实现的社会主义学说。正如恩格斯所深刻指出的,空想社会主义这种"不成熟的理论,是同不成熟的资本主义生产状况、不成熟的阶级状况相适应的"。③

二 两大发现:社会主义从空想成为科学的基石

在正确评判空想社会主义的基础上,马克思和恩格斯对空想社会主义学说作了批判地继承,并进一步运用唯物史观和剩余价值学说这两大发现,考察和研究人类社会,发现了社会历史的发展规律;剖析了资本主义社会产生、发展的过程,揭露了资本主义剥削的秘密,从而得出了资本主义必然灭亡和社会主义、共产主义必然胜利的科学结论。使社会主义从空想变成了科学。

为什么唯物史观和剩余价值学说这两大发现会使社会主义从空想变成科学呢?

(一)"两大发现"揭示了社会发展的客观规律,论证了资本主义将被社会主义所代替的必然性

唯物史观从人们要生存,就首先需要吃、喝、住、穿这个基本的事实出发,提出了社会存在决定社会意识这一历史唯物主义的最基本的观点,并在这个基本观点的基础上,阐述了生产方式的变革是社会发展的决定力量,生产力和生产关系的矛盾作用是社会发展的根本动力。马克思指出:"社会的物质生产力发展到一定阶段,便同它们一直在其中活动的现存生产

---

① 《马克思恩格斯选集》第1卷,人民出版社1995年版,第304页。
② 同上。
③ 《马克思恩格斯选集》第3卷,人民出版社1995年版,第608页。

关系或财产关系（这只是生产关系的法律用语）发生矛盾。于是这些关系便由生产力的发展形式变成生产力的桎梏。那时社会革命的时代就到来了。随着经济基础的变更，全部庞大的上层建筑也或慢或快地发生变革。"① 这段精辟的概括告诉人们，社会的发展首先是生产力的发展，生产力决定生产关系，生产关系一定要适合生产力的性质和发展要求，当生产关系即经济基础变革以后，上层建筑也要随之发生变革。人类社会就是这样从低级社会形态向高级社会形态发展的，这是不以人们意志为转移的历史发展的客观规律。正是在这个规律的作用下，人类社会已经从原始社会、奴隶社会、封建社会发展到资本主义社会。马克思和恩格斯所发现的这个历史唯物主义的基本原理告诉人们，随着资本主义社会生产力的发展，资本主义必然被更高级的社会制度，即社会主义制度、共产主义制度所代替。这种观点使社会主义摆脱了空想的性质，而将其放到了资本主义社会形态内部矛盾运动这个现实基础上，从而与空想社会主义划清了界限。

在唯物史观的基础上，马克思详尽地剖析了资本主义的生产过程，揭示了其隐蔽的剥削本质，论证了资本主义将被社会主义所代替的必然性。剩余价值理论证明，资本家付给工人的工资并不是工人所创造的全部价值，而是其中的一部分，其余部分被资本家无偿地占有了，这就是剩余价值，这是资本家剥削工人的秘密所在，也是资本家获得财富的唯一源泉。空想社会主义虽然也批判过现存的生产方式及其后果，"但是，它不能说明这个生产方式，因而也就制服不了这个生产方式；它只能简单地把它当作坏东西抛弃掉。它越是激烈地反对同这种生产方式密不可分的对工人阶级的剥削，就越是不能明白指出，这种剥削是怎么回事，它是怎样产生的"。② 剩余价值理论的发现，克服了空想社会主义的这个缺陷。它通过阐述剩余价值产生的过程，揭示了资本主义生产方式的剥削本质，证明了"现代资本家，也像奴隶主或剥削徭役劳动的封建主一样，是靠占有他人无酬劳动发财致富的，而所有这些剥削形式彼此不同的地方只在于占有这种无酬劳动的方式有所不同罢了"。③ 资产阶级的所谓"公道"、"正义"、"平等"，完

---

① 《马克思恩格斯选集》第2卷，人民出版社1995年版，第32—33页。
② 《马克思恩格斯选集》第3卷，人民出版社1995年版，第740页。
③ 同上书，第338页。

全是虚伪的空话；资本主义制度同奴隶制、封建制一样，有其产生、发展和灭亡的历史必然性。这就为社会主义由空想变成科学奠定了坚实的经济理论基础。

（二）"两大发现"阐述了无产阶级的历史地位和历史使命，指明了无产阶级是变革资本主义、实现社会主义的社会力量

唯物史观认为，人民群众是历史的创造者，是真正的英雄，他们不仅是社会物质财富和精神财富的创造者，而且是社会变革的决定力量。历史上一切真正的革命运动，实质上都是人民群众起来摧毁旧制度的斗争。这一历史唯物主义的原理清楚地告诉人们，变资本主义社会为社会主义、共产主义新社会，只能依靠千百万无产阶级和广大劳动群众的积极性、主动性和首创精神，而绝不能只依靠几个脱离群众的"天才人物"的个人奋斗。这是唯物史观和唯心史观的根本区别之一。

剩余价值学说，阐明了无产阶级的真正历史地位。在资本主义制度下，工人阶级一无所有，为了生存，不得不将自己的劳动力出卖给资本家。资本家为了榨取剩余价值，一方面采取种种手段，力图把工人劳动创造的剩余价值提高到最大限度，而把工人个人消费降低到生理上最低需要的限度；另一方面不断扩大生产规模和更新设备，提高竞争能力，来加强对工人的剥削，使得工人阶级不仅成为受压迫最深，而且受剥削最重的阶级。无产阶级在资本主义社会中的这种地位，决定了他们富有革命彻底性，是先进的、有前途的阶级。这样，推翻资本主义，实现社会主义的历史使命就落在他们肩上。无产阶级只有完成这一历史使命，才能获得彻底解放。所以说，资本主义社会在其发展的过程中，不仅造就了自身灭亡的物质条件，同时也准备了实现这一变革的社会力量即无产阶级。这就克服了空想社会主义者忽视无产阶级和广大劳动人民的伟大力量，把实现社会主义的希望寄托在统治阶级"发善心"上这一缺陷。从而找到了实现社会主义的伟大力量。

（三）"两大发现"正确地说明了阶级斗争的历史作用，揭示了变革资本主义、实现社会主义的正确途径

唯物史观认为，在阶级社会里，社会内部的基本矛盾表现为阶级矛盾，阶级斗争是阶级社会发展的直接动力。马克思和恩格斯运用辩证唯物主义的世界观，考察了人类社会发展的全过程及其各个方面之后得出结论

说：自从原始社会解体以来，"全部历史都是阶级斗争的历史，即社会发展各个阶段上被剥削阶级和剥削阶级之间、被统治阶级和统治阶级之间斗争的历史"。[①] 新旧社会形态的更替是阶级斗争的必然结果，阶级斗争是推动阶级社会向前发展的动力。这个原理说明，社会主义是无产阶级反对资产阶级的阶级斗争的必然产物。正如恩格斯所说："社会主义现在已经不再被看作某个天才头脑的偶然发现，而被看作两个历史地产生的阶级即无产阶级和资产阶级间斗争的必然产物。它的任务不再是构想出一个尽可能完善的社会体系，而是研究必然产生这两个阶级及其相互斗争的那种历史的经济的过程；并在由此造成的经济状况中找出解决冲突的手段。"[②] 这个手段就是无产阶级的革命斗争。

剩余价值理论揭示了无产阶级和资产阶级对立和斗争的经济根源，为无产阶级革命的不可避免性提供了科学的论证。在资本主义社会，两大阶级的矛盾表现为激烈的阶级冲突，这种矛盾，资本主义制度无法解决，只有经过无产阶级的革命斗争才能解决。而资产阶级追求剩余价值的欲望是无止境的，工人只要还有一滴血、一块肉、一根筋可供榨取，就绝不肯罢休。作为统治阶级的资产阶级，为了维护自己的经济、政治利益，必然利用它把持着的国家政权残酷地镇压无产阶级的反抗。因此，无产阶级只有进行阶级斗争并把这种斗争转变为推翻资产阶级统治的无产阶级革命，才能使自己获得解放。这就从根本上克服了空想社会主义拒绝一切政治行动、反对阶级斗争的改良道路的缺陷，从而为无产阶级变革资本主义、实现社会主义指明了正确途径。

综上所述，唯物史观和剩余价值理论，第一次深刻揭示了社会主义代替资本主义的客观必然性，找到了变革资本主义、实现社会主义的阶级力量和正确途径，使社会主义终于驱散了空想的迷雾，奠立在了坚实的基础之上。

第三节 科学社会主义的创立和发展

1848年2月，马克思和恩格斯为世界上第一个无产阶级政党即共产

---

① 《马克思恩格斯选集》第1卷，人民出版社1995年版，第252页。
② 《马克思恩格斯选集》第3卷，人民出版社1995年版，第739页。

主义者同盟起草的纲领性文件——《共产党宣言》的发表,标志着科学社会主义的正式诞生。此后,资本主义国家的科学技术有新的发展,电力代替了蒸汽动力,社会生产力显著提高。资本主义社会的基本矛盾以及无产阶级和资产阶级的矛盾日益暴露,马克思主义理论和国际工人运动进一步结合。马克思和恩格斯热情支持并参加了许多革命实践活动,及时总结社会主义运动的新经验,批判各种非无产阶级的社会主义流派,使科学社会主义理论不断得到充实,臻于完善。马克思和恩格斯发表了一系列著作,其中,马克思历时25年于1867年出版的《资本论》第1卷,以及由恩格斯整理出版的《资本论》第2、第3卷,通过对资本主义的深刻分析,以无可辩驳的事实和无懈可击的逻辑,对科学社会主义进行了严密的论证。以论文形式发表于1876—1878年,后来汇集成书的《反杜林论》,对科学社会主义理论作了系统阐述,标志着马克思主义的科学社会主义理论走向了成熟。

一 科学社会主义的初步创立

1848年《共产党宣言》的发表,标志着科学社会主义的初步创立。

《共产党宣言》是一部划时代的光辉文献,是无产阶级解放的战斗纲领。它全面地系统地阐述了科学社会主义的基本原理。列宁认为:《共产党宣言》已对马克思学说作了"完整的、系统的、至今仍然是最好的阐述"。①《共产党宣言》的发表,标志着科学社会主义的诞生。列宁指出:"这部著作以天才的透彻而鲜明的语言描述了新的世界观,即把社会生活领域也包括在内的彻底的唯物主义、作为最全面最深刻的发展学说的辩证法,以及关于阶级斗争和共产主义新社会创造者无产阶级负有的世界历史性的革命使命的理论。"②

《宣言》的基本思想是:"每一个历史时代的经济生产以及必然由此产生的社会结构,是该时代政治的和精神的历史的基础;因此(从原始土地公有制解体以来)全部历史都是阶级斗争的历史,即社会发展各个阶段上被剥削阶级和剥削阶级之间,被统治阶级和统治阶级之间斗争的历

---

① 《列宁选集》第2卷,人民出版社1995年版,第305页。
② 同上书,第416页。

史;而这个斗争现在已经达到这样一个阶段,即被剥削被压迫的阶级(无产阶级),如果不同时使整个社会永远摆脱剥削、压迫和阶级斗争,就不再能使自己从剥削它压迫它的那个阶级(资产阶级)下解放出来"。①《宣言》的这一基本思想,奠定了科学社会主义理论的基础,它划清了科学社会主义同其他各种社会主义学说的界限。

《宣言》由一个简短的引言和四章组成。它揭示了资本主义必然灭亡、共产主义必然胜利是社会发展的客观规律;指出了无产阶级肩负着埋葬资本主义、建设社会主义的伟大历史使命;论证了无产阶级革命和无产阶级专政是实现无产阶级历史使命的必由之路;指出了无产阶级政党即共产党的领导是无产阶级实现其历史使命的根本保证。

《宣言》最后以"全世界无产者,联合起来!"的伟大战斗口号为结束语,号召全世界无产阶级和共产党人,发扬无产阶级国际主义精神,为实现无产阶级的伟大历史使命而斗争。

《共产党宣言》是无产阶级政党第一个公开的纲领性文件,是科学社会主义创立的标志,是一部划时代的不朽著作。《共产党宣言》创造了一个时代,它开辟了无产阶级解放运动的新纪元,它所阐明的基本原理一直鼓舞着、推动着世界无产阶级解放运动的发展。《宣言》的问世标志着科学社会主义与工人运动相结合的开始。从此,科学社会主义进入理论与实践紧密结合、互相推进的时代。

二 科学社会主义的严密论证

《资本论》是马克思的主要著作,是马克思40年辛勤笔耕的主要成果。它不仅是一部政治经济学的伟大著作,而且是一部科学社会主义的伟大著作。如果说《共产党宣言》标志着科学社会主义的初步创立,那么,《资本论》则是对科学社会主义的严密论证。它使科学社会主义的一系列结论,建立在了铁的事实和严密的逻辑之上,使科学社会主义有了坚实的政治经济学基础。《资本论》是"工人阶级的圣经"。

《资本论》首先对资本主义必然灭亡的规律进行了科学的论证。马克思认为,社会化大生产为资本主义的灭亡准备了物质条件,为无产阶级的

---

① 《马克思恩格斯选集》第1卷,人民出版社1995年版,第252页。

解放准备了物质基础；无产阶级的历史使命是推翻资本主义制度和最后消灭阶级；暴力革命是使无产阶级获得解放的正确途径，通过和平的和合法的手段实现社会革命也是可能的。其次，《资本论》对未来社会进行了宏观的设想。在《资本论》第1卷里，马克思把无产阶级通过革命建立起来的新社会设想为"自由人联合体"，这个"自由人联合体"即消灭了阶级和阶级对立的社会组织，包括共产主义社会两个不同的发展阶段：初级阶段即社会主义社会和高级阶段即共产主义社会。马克思设想在未来的"自由人联合体"里，生产资料公有，消费资料按劳分配，进而实现按需分配，社会生产有计划按比例发展，生产力高度发展，社会成员将是自由的全面发展的新人，人们摆脱了盲目必然性的统治和人对人的统治，摆脱了为了生存而进行的斗争，实现了从必然王国到自由王国的飞跃。

《资本论》在科学社会主义的发展史上具有十分重要的地位，它是叙述科学社会主义的主要著作，它使科学社会主义得到了严密的论证。马克思和恩格斯在19世纪40年代的著作中，包括"成熟的马克思主义的最初著作"《哲学的贫困》和《共产党宣言》中，唯物主义历史观还只是作为一种"科学的假说"提出来的，剩余价值论只是一种科学理论的起点和"萌芽"；相应地，科学社会主义原理也提得比较抽象。而在《资本论》中，马克思经过对人类阶级社会的最后一种、也是最高一种形态——资本主义社会进行了"最确切、最缜密和最深刻的研究"之后，唯物主义历史观和剩余价值理论才成为"科学的证明了的原理"；相应地，作为马克思主义三个主要组成部分之一的科学社会主义原理，也只是在《资本论》中才得到了科学的论证，正如恩格斯所指出的，《资本论》第1卷"是马克思主义的主要著作，这部著作叙述了他的经济学观点和社会主义观点的基础以及他对现存社会、资本主义生产方式及其后果进行的批判的基本轮廓"。[①]"任何人，不管他对社会主义采取什么态度，都不能不承认，社会主义在这里第一次得到科学的论述"。[②]

三　科学社会主义的系统论述

19世纪70年代，通过对巴黎公社革命的经验总结和对拉萨尔主义的

[①]《马克思恩格斯选集》第3卷，人民出版社1995年版，第333页。
[②]《马克思恩格斯全集》第16卷，人民出版社1964年版，第411—412页。

不懈斗争，马克思和恩格斯捍卫和发展了科学社会主义的基本理论。而在1876年汇编成册的《反杜林论》一书中，恩格斯则对科学社会主义进行了系统而全面的论述。

《反杜林论》是恩格斯在批判德国的杜林主义，捍卫科学社会主义学说的斗争中写作完成的。1875年，德国工人运动中的两派——爱森纳赫派和拉萨尔派——在哥达代表大会上合并成统一的"德国社会主义工人党"，结束了两派工人的对立状态，促进了工人运动的发展。这时，柏林大学的讲师杜林，却冒出来鼓吹要对社会主义理论进行"全面改革"。他不仅向德国公众提出了一套详尽的社会主义理论体系，而且还提出了一个改造社会的完备计划。杜林先后发表了《国民经济学和社会主义批判史》等三部著作，以此向科学社会主义学说展开了全面的进攻，妄图以小资产阶级的假社会主义取代无产阶级的科学社会主义。恩格斯从1876年5月开始，投入清算和批判杜林主义、捍卫科学社会主义学说的斗争。到1878年7月，共用了两年多时间，写了一系列批判杜林主义的论文，在《前进报》上陆续发表，后来汇成《反杜林论》一书。

恩格斯在《反杜林论》中第一次完整地论述了社会主义从空想发展为科学的历史过程。首先，恩格斯指出："现代社会主义"即（科学社会主义）的产生有其物质经济根源和思想理论来源。它的物质根源深藏在经济的事实中，是资本主义基本矛盾的科学反映；它的思想理论来源则是从19世纪三大空想社会主义者的思想材料出发。由于三大空想社会主义者的学说是18世纪法国启蒙学者理性原则的进一步发展，从而说明了科学社会主义作为一种思想理论体系，并不是凭空产生的，它不仅有其物质根源，而且还是在继承前人优秀思想成果的基础上产生的。其次，恩格斯深刻阐述了科学社会主义和空想社会主义的历史联系，指出两者都是资本主义基本矛盾和阶级冲突在思想上的反映。空想社会主义是不成熟的资本主义生产状况的表现形式，科学社会主义则是成熟的资本主义生产状况的科学反映。

在完整地论述了社会主义从空想发展为科学的历史过程以后，恩格斯紧接着指出：科学社会主义是资本主义基本矛盾和阶级冲突在观念形态上的反映，资本主义必然为社会主义代替。恩格斯全面分析了资本主义社会的生产力和生产方式之间的冲突，科学地阐明了社会主义产生的物质经济根源；分析了资本主义社会中生产资料和产品的私人占有同社会化生产的矛盾的形成过程，进而分析了个体生产者占有和资本主义占有这两种性质上很不同的私人占有形式，从而揭示了生产社会化同资本主义占有这一资本主义基本矛盾；通过对资本主义基本矛盾的两种表现形式的运动变化的分析，恩格斯进一步揭露了资本主义经济危机的不可避免性，并且进一步指出，只有用生产资料的社会主义公有制代替生产资料的资本主义私有制，才能解决资本主义的基本矛盾，只有无产阶级取得国家政权，并且首先把生产资料变为国家财产，真正由社会占有生产资料，才能完成生产资料的社会主义公有制代替生产资料的资本主义私有制这一根本变革。这一切都说明了资本主义为社会主义代替的历史必然性。

从唯物史观出发，恩格斯不仅分析了社会主义代替资本主义的历史必然性，提出了完成社会主义代替资本主义的变革道路，而且概略地预言了未来社会主义社会的基本特征，展现了社会主义制度的优越性及其发展前景。这些特征包括：由社会占有全部生产资料，促使生产不断地加速发展；为满足全体人民的生活需要，未来社会主义将自觉地有计划地组织生产；由社会直接占有生产资料以后，阶级必将消灭，国家也将自行消亡；未来社会主义社会不仅将消灭旧的社会分工，为人们提供全面发展的机会，而且将消灭城乡对立，促使城乡结合；未来社会主义将是"人类由必然王国进入自由王国的飞跃"。

《反杜林论》通过批判杜林的"小资产阶级的假社会主义"，全面、系统地阐述了科学社会主义的基本理论，有力地避免了杜林主义对党的机体的侵蚀。1880 年，恩格斯应法国工人党领袖拉法格的请求，将《反杜林论》中的"引论"第 1 章和第 3 篇的第 1、2 章加以改编，以《社会主义从空想到科学的发展》为题出版。马克思将该书誉为"科学社会主义的入门"。[①] 总之，《反杜林论》可以说是马克思主义的百科全书，是科学社会主义理论的集成之作。列宁评价说：《反杜林论》"最明确最详尽地"阐述了马克思和恩格斯的观点，它同《共产党宣言》一样，"是每个觉悟工人必读的书籍"。[②]

[①] 《马克思恩格斯全集》第 19 卷，人民出版社 1963 年版，第 263 页。
[②] 《列宁选集》第 2 卷，人民出版社 1995 年版，第 310 页。

第四章　人类社会发展总趋势的揭示

作为科学社会主义的创始人，马克思和恩格斯基于对当时社会历史条件的深刻考察，创立了彻底的唯物史观和马克思主义经济学说。在这一过程中，他们运用科学的世界观和方法论，对人类社会历史发展特别是资本主义社会的发展进行了全面系统的考察和论证，从而揭示了人类社会发展的客观规律和历史趋势。马克思和恩格斯关于人类社会发展动力的揭示、关于基本社会形态的划分以及对于"两个必然"理论的阐述，在整个科学社会主义理论体系中具有里程碑式的重大意义。

第一节　社会演化的基本形态

"社会形态"是马克思和恩格斯社会历史理论中的一个重要概念。在考察社会性质、社会阶段的特点以及社会过程的演进时，他们经常用到这一概念。比如在《德意志意识形态》中谈到私人利益和公共利益之间的矛盾以及国家实质时，马克思曾经指出："每一个力图取得统治的阶级，即使它的统治要求消灭整个旧的社会形态和一切统治，就像无产阶级那样，都必须首先夺取政权，以便把自己的利益又说成是普遍的利益，而这是它在初期不得不如此做的。"① 又如在1852年的《路易·波拿巴的雾月18日》中马克思讲到，丹东、罗伯斯庇尔、拿破仑这些英雄人物，通过自身的努力去粉碎封建制度，为法国资产阶级社会在欧洲大陆上创造了一个符合时代要求的适当环境，"但是，新的社会形态一形成，远古的巨人

---

① 《马克思恩格斯选集》第1卷，人民出版社1995年版，第84—85页。

连同复活的罗马古董……就都消失不见了"。① 从马克思的相关论述看，社会形态不仅包括生产力、生产关系和上层建筑，而且还包括其他一切社会要素，社会形态实际上是以物质生产力为客观前提，以人与人在生产中的关系为中轴的全部社会关系的内在结合。

在马克思和恩格斯看来，"历史不外是各个世代的依次更替。每一代都利用以前各代遗留下来的材料、资金和生产力；由于这个缘故，每一代一方面在完全改变了的环境下继续从事所继承的活动，另一方面又通过完全改变了的活动来变更旧的环境",②"历史常常是跳跃式地和曲折地前进的，如果必须处处跟随着它，那就势必不仅会注意许多无关紧要的材料，而且也会常常打断思想进程；……因此，逻辑的方式是惟一适用的方式。但是，实际上这种方式无非是历史的方式，不过摆脱了历史的形式以及起扰乱作用的偶然性而已。历史从哪里开始，思想进程也应当从哪里开始，而思想进程的进一步发展不过是历史过程在抽象的、理论上前后一贯的形式上的反映；这种反映是经过修正的，然而是按照现实的历史过程本身的规律修正的，这时，每一个要素可以在它完全成熟而具有典型性的发展点上加以考察。"③ 马克思主义创始人为了全面深入地认识社会历史演进规律，简单明了地表述社会历史各个重大时期的社会结构的本质、模式、特点和动力，把握社会历史从过去到现在以及走向未来的轨迹，曾经遵循着逻辑与历史相统一的科学方法，以对社会历史现实过程和客观规律的深刻把握为基石，从不同视角对社会历史演进具有常规性的具体图景进行了多侧面的透视和概括。在这一方面，马克思曾经依据生产力和生产工具的更新和变换对社会发展的各个阶段进行过测度和划分，以此为标准，马克思认为人类社会先后经历了石器时代、青铜时代、铁器时代和大机器工业时代。也曾依据生产关系的两重结构把人类社会划分为五大形态和三大形态。马克思认为，物质生产活动具有个别劳动与社会劳动的两重性，由此必然形成生产关系的两重结构。生产关系的纵向结构指的是人们对于个别劳动的占有关系，它包括人们在生产劳动前对劳动条件的占有关系，生产

---

① 《马克思恩格斯选集》第1卷，人民出版社1995年版，第585—586页。
② 同上书，第88页。
③ 同上书，第2卷，人民出版社1995年版，第43页。

劳动过程中人们之间职能分配关系以及产品分配关系，其实质是生产者同生产资料的结合方式，它决定着生产劳动的社会性质。以此为尺度和图景概括人类社会历史演进，依次排列为原始社会、奴隶社会、封建社会、资本主义社会、社会主义和共产主义社会五大形态。生产关系的横向结构，指的是个别劳动与社会总劳动的关系，或者说社会劳动的总体分配方式，通过这种社会的劳动物质交换，人们对个别劳动的占有转化为对社会劳动的占有。其本质是个别劳动的社会结合方式，它决定着社会生产的经济形式。以此为尺度和图景来概括人类社会历史演进，依次可排列为自然经济形态、商品经济形态和时间经济形态。另外，马克思和恩格斯还把从原始社会到资本主义社会为止统称作人类社会的史前时期，而共产主义才是真正的人类历史的开端。① 而到了马克思晚年，又进而提出了人类社会发展的原生形态、次生形态和再次生形态。② 可见，马克思和恩格斯对于社会存在的性质和社会进步的实质与标志的理解是全面的，他们并不是单纯把所有制形式的变更以及社会中一部分人对另一部分人的胜利看作社会进步的惟一标志，而是同时把生产力的发展、人在劳动中对自然界及在社会关系中自由度的增长等等都看作是社会进步的重要标志。

必须看到，马克思主义创始人关于社会发展演进的各种具体图景，必然具有鲜明的时代特征。由于社会历史发展的不平衡性和地域性、民族性特征，这些图景中的某个图景，可以在一定时期中被突出、强化，在历史唯物主义历史演进理论中居于主导地位，但却始终不能上升为世界历史的预成的普遍的公式，不能用以裁减世界的历史发展。因此，作为唯物史观最重要组成部分的社会形态理论，是马克思和恩格斯站在世界历史的高度，运用历史和逻辑相统一的方法，对人类社会发展的一般规律的深刻揭示，它最集中、最典型地展现了人类社会历史进程中的普遍性与特殊性的辩证统一。

一 社会"五形态"说

用社会五形态的具体图示来确定社会历史演进的各个阶段，是马克思

---

① 参见《马克思恩格斯选集》第2卷，人民出版社1995年版，第33页；《马克思恩格斯选集》第3卷，人民出版社1995年版，第634页。

② 《马克思恩格斯全集》第19卷，人民出版社1963年版，第432—433页。

和恩格斯对历史唯物主义的重要贡献，同时，也是他们社会规律观的基本内容。关于社会五形态论的思想贯穿于马克思、恩格斯的一系列主要著作中，从《德意志意识形态》、《共产党宣言》、《雇佣劳动与资本》、《〈政治经济学批判〉序言》、《1857—1858年经济学手稿》、《资本论》、《反杜林论》直至《家庭、私有制和国家的起源》等，不断得到充实与完善。

关于这一理论的最初思考，开始于马克思任《莱茵报》主编时期，《黑格尔法哲学批判》是这一理论的萌芽。之后，在《1844年经济学—哲学手稿》中，有关社会结构和历史分期的理论都有了一定程度的发展，从而勾画出了社会形态理论的雏形。当然，这个时期马克思的社会形态理论还远未完成。在社会结构方面，他只是把物质笼统地理解为生产，还没有区分出生产中的生产力和生产关系，因而抛开生产关系这一中介环节直接用生产来说明上层建筑，把上层建筑的各个部分都看作是生产的特殊形态。这一时期，马克思还没有认识到不是生产或生产力直接决定社会政治关系和思想关系，而是只有作为生产关系总和的经济基础才能决定上层建筑。在历史分期方面，由于缺乏经济学和原始社会方面的实际材料，马克思更多的还是从哲学思辨的角度来构思的，他对社会历史的分期还没有克服黑格尔"三段论"的影响。这些缺陷，在马克思以后的研究中逐步得以克服，而其社会形态理论也因此逐步走向完善。

1846年《德意志意识形态》的撰著，标志着马克思主义社会形态理论的初步形成。在该书中，由于"交往关系"这一概念的提出，使得马克思对于历史过程的认识发生了质的飞跃，他已不再像1844年那样用异化劳动来说明历史，而是用生产力发展所引起的所有制形式的变化来解释历史的发展，根据所有制的不同把人类社会划分为依次更替的五种社会形态，并对每种形态的基本特征作了分析。他指出："分工发展的各个不同阶段，同时也就是所有制的各种不同形式。"[①] 第一种所有制形式是部落所有制，第二种所有制形式是古代公社所有制和国家所有制，第三种所有制是封建的或等级的所有制，第四种所有制是资本主义所有制，第五种是共产主义所有制形式。其中，关于将部落所有制看作人类所有制的原始形式的观点，由于缺乏人类史研究的历史根据，因而存在着不妥之处。但

---

① 《马克思恩格斯选集》第1卷，人民出版社1995年版，第68页。

是，有关所有制形式历史演化的思想，可以看作是经济的社会形态历史演进理论的初始提法。这个理论在当时虽然还只是一种假设，其用语也与后来的用语不尽相同，但它是马克思关于社会形态理论初步形成的标志。

马克思关于社会五种形态理论的表述还出现在1859年的《〈政治经济学批判〉序言》中。他在这里指出："大体说来，亚细亚的、古代的、封建的和现代资产阶级的生产方式可以看作是经济的社会形态演进的几个时代。资产阶级的生产关系是社会生产过程的最后一个对抗形式……人类社会的史前时期就以这种社会形态而告终。"[①] 需要指出的是，《〈政治经济学批判〉序言》中的这一表述，只能看作是马克思对经济的社会形态演进作出的一种逻辑概括。鉴于当时的人们对人类社会原始形态的认识还缺乏人类学的史料根据，马克思在这里把亚细亚生产方式作为经济的社会形态历史演进的初始形态，显然是不科学的。事实上，《序言》中所说的亚细亚生产方式，只是人类原始社会解体以后出现的一种历史演化形态，即既有土地公有、又有国家专制的带有东方社会特质的经济社会形态。不过尽管如此，对于《序言》中关于经济的社会形态演进的历史逻辑及其在马克思人类历史进程学说中的地位，应该给予足够的认识。从一定意义上说，正是经济的社会形态理论的确立，马克思的经济理论研究才获得了历史过程学说的思想支撑，而《资本论》的完成，也正是对马克思有关经济的社会形态理论的一个科学证明。

1867年出版的《资本论》第1卷，是马克思社会形态理论的运用和深化。在这部不朽的著作中，马克思深入细致地分析了资本主义社会形态，明确提出经济的社会形态的发展是一种自然历史过程。它的发表表明马克思的社会形态理论达到了一个新的高度。在《资本论》中，马克思从各个社会形态中取出一个形态（即商品经济关系）加以研究，并根据大量材料把这个形态的活动规律和发展规律作了极为详尽的分析。不过，《资本论》绝不仅仅限于对资本主义这一社会的考察。为了科学论证资本主义制度的产生、发展和灭亡的必然性，《资本论》还考察了前资本主义各种社会形态即亚细亚、古代和封建社会依次演进的规律性，考察了资本主义国家以外的民族和地区的历史和现状，以此来证明资本主义社会形态

---

① 《马克思恩格斯选集》，第2卷，人民出版社1995年版，第33页。

不过是人类社会发展总过程中的一个合乎规律的发展阶段，而且它必将被共产主义所代替。在《资本论》中，社会形态理论真正地由假设变为科学。正如达尔文第一次把生物学放在完全科学的基础上一样，"马克思也推翻了那种把社会看作可按长官意志（或者说按社会意志和政府意志，反正都一样）随便改变的、偶然产生和变化的、机械的个人结合体的观点，探明了作为一定生产关系总和的社会经济形态这个概念，探明了这种形态的发展是自然历史过程，从而第一次把社会学放在科学的基础之上"。[①] 当然，社会形态理论至此并未达到完美无缺的程度，因为原始社会的地位问题尚未解决，而东方社会发展道路问题也未真正展开。这些不足之处，在马克思晚年的研究中得到了最终克服。

从马克思的思想进程看，他在19世纪50年代下半叶和60年代写作《资本论》及其手稿时，就已经认识到东方社会发展道路特殊性的问题，看到了东方社会在历史上走着与西方社会完全不同的道路，这就是当时马克思所理解的前资本主义社会发展的两条路线，即西方"自由的小土地所有制解体，以及以东方社会为基础的公共土地所有制解体"，但是由于这时历史只为东方落后国家提供了西方资本主义这样一条道路，因而他又认为当历史的车轮驶入资本主义时代后，东方社会的特殊性将不复存在，它只有纳入世界的统一框架，经过西方式资本主义的发展，才能通向共产主义。70年代以后，"已经站在变革的门前"的俄国的未来社会发展前景引起了马克思的关注。为了能够对俄国的未来社会发展作出准确的判断，他尽快学习和掌握了俄文，并对俄国的土地制度和俄国1861年后的政治、经济发展的官方的和非官方的文献及学术著作进行研究。在此基础上，马克思在1877年1月《给〈祖国纪事〉杂志编辑部的信》、1881年3月给俄国女革命家查苏利奇的复信及复信初稿和1882年1月《共产党宣言》俄文第二版序言等重要文献中，表述了像俄国这样以农村公社和亚细亚生产方式为基础的东方落后国家，如果革命在适当时候发生则可以不通过资本主义制度的"卡夫丁峡谷"，而通过吸取资本主义制度所取得的一切肯定成果走上社会主义道路的思想，从而使社会历史发展五形态论的思想进一步得以完善。

---

① 《列宁选集》第1卷，人民出版社1995年版，第10页。

综观马克思的社会形态理论,可以看出,马克思阐明的关于人类社会历史发展的基本规律,不在于人类社会按某几种具体社会形态依次递进的必然性,而在于生产力与生产关系、经济基础与上层建筑之间的矛盾运动,推动着人类社会从低级向高级发展的必然性。马克思在《资本论》第1卷第1版序言中曾指出:"我的观点是把经济的社会形态的发展理解为一种自然史的过程。不管个人在主观上怎样超脱各种关系,他在社会意义上总是这些关系的产物。同其他任何观点比起来,我的观点是更不能要个人对这些关系负责的"。① "一个社会即使探索到了本身运动的自然规律……它还是既不能跳过也不能用法令取消自然的发展阶段。"② 这里所说的"不能跳过也不能用法令取消"的,既是指生产力的发展程度的自然发展阶段,也包括与之相适应的人们的社会经济交往形式的自然发展阶段。显然,马克思的社会形态理论首先是从一般意义上讲的,即从作为"类"的人类社会发展的总体历史上讲的,具有非常明确的世界史的意义。也就是说,从整个人类历史来看,人类社会如同自然界的发展一样,有其客观的、必然的、不以人的主观意志为转移的客观规律。但是,马克思主义的科学之处,就在于它是全面的、深刻的革命的辩证法。马克思在指出人类社会是一个自然史过程的同时,也明确指出人类历史又决非等同于纯粹的自然界。同样,马克思在指出了整个人类社会发展的总体规律后,又从来不认为每一个具体的国家、每一个具体的民族都只能是一种发展模式。这种历史发展的统一性和多样性的辩证统一,实际上是体现了马克思主义哲学中矛盾的普遍性与特殊性的关系。事实上,对于历史上德国没有经过奴隶社会而进入封建社会、美国没有经过封建社会而进入资本主义社会这样一些特殊的事例,马克思和恩格斯是早就注意到了,但无论是德国还是美国,又都是整个世界史已经进入了封建社会和资本主义社会以后才开始自己的演变的。正因为如此,马克思和恩格斯从来不把五种社会形态演进的规律对应于每一个具体的国家,把它当作不可逾越的教条。1877年,在写给俄国《祖国纪事》杂志编辑部的信中,针对米海洛夫斯基对他的历史发展理论的曲解,马克思明确指出:"他一定要把我关于西

---

① 《马克思恩格斯选集》第2卷,人民出版社1995年版,第101—102页。
② 同上书,第101页。

欧资本主义起源的历史概述彻底变成一般发展道路的历史哲学理论,一切民族,不管他们所处的历史环境如何,都注定要走这条道路,——以便最后都达到在保证社会劳动生产力高度发展的同时又保证每个生产者个人最全面的发展的这样一种经济形态。但是我要请他原谅。他这样做,会给我过多的荣誉,同时也会给我过多的侮辱。"① 这是因为"极为相似的事变发生在不同的历史环境中就引起了完全不同的结果"。② 对此,马克思在1881年回答俄国"劳动解放社"社员关于俄国历史发展的前景问题写给查苏利奇的复信草稿中作了进一步的阐明,他指出,他在《资本论》中阐述资本主义产生的历史过程时,"明确地把这一运动的'历史必然性'限于'西欧各国'"。③ 不仅如此,在这封复信草稿中,马克思还明确地提出了一个十分重要的设想:由于俄国所处的历史环境,俄国的发展"有可能不通过资本主义制度的卡夫丁峡谷,而占有资本主义制度所创造的一切积极的成果"。④ 这说明,并不是所有的国家都必须经过资本主义阶段,才能进入人类理想的共产主义,资本主义制度的"卡夫丁峡谷"——资本主义制度所带给人类的种种灾难——是可以跨越的。马克思指出:"'农业公社'的构成形式只可以有两种选择:或者是它所包含的私有制因素战胜集体因素,或者是后者战胜前者。先验地说,两种结局都是可能的,但是,对于其中任何一种,显然都必须有完全不同的历史环境。一切都取决于它所处的历史环境"。⑤ "假如俄国革命将成为西方无产阶级革命的信号而双方互相补充的话,那么现今的俄国土地公有制便能成为共产主义发展的起点。"⑥

由此可见,马克思的五种社会形态依次更替理论是一种包含着统一性和多样性辩证统一的完整的科学理论,只不过在不同的历史时期,马克思有不同的研究重点:19世纪40—60年代,他主要致力于人类社会发展的普遍规律的研究,而晚年他则将注意力集中于各个国家和民族特

---

① 《马克思恩格斯选集》第3卷,人民出版社1995年版,第341—342页。
② 同上书,第342页。
③ 同上书,第761页。
④ 同上书,第769页。
⑤ 同上书,第765页。
⑥ 《马克思恩格斯选集》第1卷,人民出版社1995年版,第251页。

别是东方社会落后国家特殊发展道路的考察。需要指出的是,当他在晚年之前侧重于研究人类社会发展规律的统一性和普遍性时,他并没有将各个民族和国家发展道路的特殊性弃之不论,而是在世界历史的有机整体中来把握这种特殊性;当他晚年侧重于研究单个民族和国家发展的特殊道路时,他也没有脱离人类社会历史发展规律的统一性和普遍性对其的制约和影响。在这里,马克思和恩格斯虽然发现了人类历史发展的共同规律,但并没有规定统一发展的模式。人类社会的历史演进,就其总体和一般进程来说,必然有规律地依次经历各大历史阶段,呈现出由简单到复杂、由低级到高级的螺旋式上升过程。但是,这种有规律的进程在各个国家、地区、民族并不是一刀切地表现为一种模式、一种程序,而是在发展方式、阶段、顺序的各个方面表现出丰富的多样性。正因为如此,马克思和恩格斯从来都反对把他们关于历史必然性的思想简单化为一种单一的、僵化的模式,并且用以裁减多姿多彩的社会历史演进过程。恰如他们所言,"社会历史演进,可以由无数不同的经验的事实,自然条件,种族关系,各种从外部发生作用的历史影响等等,而在现象上显示出无穷无尽的变异和程度差别"。[1] "如果不把唯物主义方法当作研究历史的指南,而把它当作现成的公式,按照它来裁减各种历史事实,那它就会转变为自己的对立物"。[2]

二 社会"三形态"说

马克思在1857—1858年写的《政治经济学批判》,尽管是一部草稿,但其中却包含着许多理论生长点和天才思想的萌芽。马克思认为,人的存在的历史完成是通过三大社会形态实现的。他写道:"人的依赖关系(起初完全是自然发生的),是最初的社会形态,在这种形态下,人的生产能力只是在狭窄的范围内和孤立的地点上发展着。以物的依赖性为基础的人的独立性,是第二大形态,在这种形态下,才形成普遍的社会物质交换,全面的关系,多方面的需求以及全面的能力的体系。建立在个人全面发展和他们共同的社会生产能力成为他们的社会财富这一基础上的自由个性,

---

[1] 《马克思恩格斯全集》第25卷,人民出版社1974年版,第892页。
[2] 《马克思恩格斯选集》第4卷,人民出版社1995年版,第688页。

是第三个阶段。第二个阶段为第三个阶段创造条件。"① 马克思在这里所讲的这三大形态,虽然是以人的发展作为综合指示器,但是它们的基础和根本内涵却是社会经济的不同性质和发展形式。

在人类社会的第一阶段,由于人类征服自然的能力极其低下,人们必须在相互依赖中获得必要的生存条件,而且共同体对于个体的人来说,具有绝对的至上性和优先性。人的社会角色的定位是以"身份"为坐标和参照的。因此,人们无法摆脱人身依附关系的束缚和根本制约。马克思写道:"共同体是实体,而个人则不过是实体的附属物,或者是实体的纯粹天然的组成部分";②"个体被置于这样一种谋生的条件下,其目的不是发财致富,而是自给自足,把自己作为公社成员再生产出来"。③ 个人对共同体的依赖关系决定了他们的生产能力只能在狭窄的范围内和孤立的地点上十分缓慢地发展着。生产力的低下必然使分工和交换处于很不发达的状态,这又反过来使人的依赖性得以长期延续。"交换手段拥有的社会力量越小,交换手段同直接的劳动产品的性质之间以及同交换者的直接需求之间的联系越是密切,把个人互相连接起来的共同体的力量就必定越大——家长制的关系,古代共同体,封建制度的行会制度。"④ 最后在以人的依赖关系为基础的社会里,人和人之间的相互关系,也是明明白白的,从而使人的劳动具有直接的社会性。"如果考察的是产生不发达的交换、交换价值和货币制度的那种社会关系,或者有这种制度的不发展程度与之相适应的那种社会关系;那么一开始就很清楚,虽然个人之间的关系表现为较明显的人的关系,但他们只是作为具有某种(社会)规定性的个人而互相交往,如封建主和臣仆、地主和农奴等等,……或属于某个等级等等。"⑤ 马克思进而指出,原始社会、奴隶社会和封建社会作为自然经济形态和群体社会的三个具体历史阶段,一方面都服从于自然经济和人的依赖关系这一总的背景,在人的自由、价值发展上都共含着一个基本特征,这就是以对群体利益的推崇、膜拜,吞没和消弭了个体的自我发展,以对

---

① 《马克思恩格斯全集》第 46 卷(上),人民出版社 1979 年版,第 104 页。
② 同上书,第 474 页。
③ 同上书,第 477 页。
④ 同上书,第 104 页。
⑤ 同上书,第 110 页。

个体的压抑、牺牲，实现群体的肯定。而另一方面，又以生产力和人自身发展的不同程度为内容和依据，形成了人的依赖关系的不同内容和形式。正如马克思所言："这些古老的社会生产机体比资产阶级的社会生产机体简单明了得多，但它们或者以个人尚未成熟，尚未脱掉同其它人的自然血缘联系的脐带为基础，或者以直接的统治和服从的关系为基础"；① 因此，"人都是互相依赖的……物质生产的社会关系以及建立在这种生产的基础上的生活领域，都是以人身依附为特征的"。② 不过，这一社会形态在总体上还是呈现为人的依附关系不断松弛和人的主体能力、价值不断提高的历史过程，也正因为如此，自然经济和群体社会，作为社会和人类自身发展的最初阶段，它的历史功绩是不可磨灭的。

到了以商品经济占主体地位的社会形态，人的存在实现了由"身份"到"契约"的历史性转变。在这一阶段，以商品经济为基础，人与人通过商品交换的中介建立间接社会联系，个人摆脱了各种关系人身份，获得了形式上的独立性。但与此同时，却陷入了新的物的崇拜，被物所支配和控制。这一阶段，被马克思简称为商品经济形态或物化社会，而与此相对应的，主要是指"五大形态"中的资本主义社会。在这一阶段，"交换的需要和产品向纯交换价值的转化，是同分工，也就是同生产的社会性按同一程度发展的"；③ "一切产品和活动转化为交换价值，既要以生产中人的（历史的）一切固定的依赖关系的解体为前提，又要以生产者互相间的全面依赖为前提。每个人的生产，依赖于其他一切人的生产；同样，他的产品转化为他本人的生活资料，也要依赖于其他一切人的消费"。④ 于是，"活动的社会性，正如产品的社会形式以及个人对生产的参与，在这里表现为对于个人是异己的东西，表现为物的东西"；"在交换价值上，人的社会关系转化为物的社会关系，人的能力转化为物的能力。"⑤ 这样，以物的依赖性为基础的人的独立性，就成为第二大社会形态的主要特征。马克思进而写道："在发达的交换制度中，人的依赖纽带、血统差别、教育

---

① 《马克思恩格斯全集》第23卷，人民出版社1972年版，第96页。
② 同上书，第94页。
③ 《马克思恩格斯全集》第46卷（上），人民出版社1979年版，第91页。
④ 同上书，第102页。
⑤ 同上书，第103—104页。

差别等等事实上都被打破了,被粉碎了(一切人身纽带至少都表现为人的关系);各个人看起来似乎独立地(这种独立一般只不过是幻想,确切些说,可叫作——在彼此关系冷漠的意义上——彼此漠不关心)自由地互相接触并在这种自由中互相交换";"看起来有很大的自由"。① 但是另一方面,人又处在创造自身社会关系的过程之中,还不能驾驭总的社会联系。个体与社会矛盾并没有得到有机协调,个人和社会仍处于隔离状态,人的社会生活明显地分裂为两个领域,因而也不可能派生出全新的个人自由和价值。为此马克思指出:"物的依赖关系无非是与外表上独立的个人相对立的独立的社会关系";② "交换价值作为整个生产制度的客观规律这一前提,从一开始就已经包含着对个人的自然存在的完全否定,因而个人完全是由社会决定的。"③ 由此可见,契约关系是以契约双方各自的相互独立为前提的,只有在人与人之间平等关系的基础上才能被建构起来。尽管这种平等和独立在第二阶段不可避免地带有表面的意义,但它相对于第一阶段来说,毕竟是一种巨大的历史进步。

在马克思的表述中,他把第二种社会形态称作现代社会,第三种社会形态则是未来社会,前者为后者创造条件。在马克思看来,第三种社会形态以自由劳动和时间经济为基础,人已完全从物种关系和社会关系中提升出来,个人获得充分的自由和价值,从而成为社会结合的真正主人。这一阶段应该等同于理想形态的社会主义社会和共产主义社会,可以简称为时间经济或自主社会。在这一阶段,"劳动表现为不再像以前那样被包括在生产过程中,相反地,表现为人以生产过程的监督者和协调者的身份同生产过程本身发生关系";④ "全面发展的个人——他们的社会关系作为他们自己的共同的关系,也是服从于他们自己的共同的控制的——不是自然的产物,而是历史的产物。要使这种个性成为可能,能力的发展就要到达一定的程度和全面性,这正是以建立在交换价值基础上的生产为前提的,这种生产才在产生出个人同自己和同别人的普遍异化的同时,也产生出个人

---

① 《马克思恩格斯全集》第46卷(上),人民出版社1979年版,第110页。
② 同上书,第111页。
③ 同上书,第200页。
④ 同上书,第46卷(下),人民出版社1980年版,第218页。

关系和个人能力的普遍性和全面性"。① 显然，这就需要以享有充分的可以支配的自由时间为前提。为此，马克思指出："真正的财富就是所有个人的发达的生产力。那时，财富的尺度决不再是劳动时间，而是可以自由支配的时间。"② 在时间经济中，人对物的依赖关系转化为"自由人的联合体"。在这种联合体中，人与自然和社会的关系上升到一个新的历史高度。人对自然的关系已从消极的索取、拥有和享用关系转变为积极的占有，人"'对物的'需要和享受已失去了自己的利己主义性质，而自然界失去了自己的赤裸裸的有用性"。③ 劳动不再表现为活动本身的充分发展，即表现为"自我实现，主体的物化，也就是实在的自由"。④ 与此同时，个人与社会的结合，既不需要血缘、自然传统和权力的维系，也不再屈从于机器和财产，而是以人的自然关系，即人的志趣、情感、思维为基础，以人的自我实现为目的，建立起一种灵活的自由的联系。马克思明确指出：在未来的自主社会，"作为完成了的自然主义，等于人本主义，而作为完成了的人本主义，等于自然主义；它是人和自然之间、人和人之间的矛盾的真正解决，是存在和本质、对象化和自我确立、自由和必然、个体和类之间的抗争的真正解决。它是历史之谜的解答，而且它知道它就是这种解答。"⑤ 由此可见，在这一阶段，人已经消除了与自然和社会的外在对立，不仅从各种具有依附性的身份关系中解放出来，而且也消除了社会关系的物化，从而作为社会的真正主人自由地支配着自然社会环境。社会也由此完成了由物化社会到自主社会的上升。

需要指出的是，同"五形态论"一样，马克思关于三种社会形态的论述也是其研究社会演进问题长期积累的理论结晶，相关思想也见之于他的其他一些作品之中。例如在《德意志意识形态》里已经可以明显地看到三形态论的萌芽，而《1857—1858年经济学手稿》显然是为创作《资本论》做准备的。《资本论》的许多篇章，特别是第1卷第一篇——商品与货币，很明显是手稿的展开和深化，其中关于"商品的拜物教性质及

---

① 《马克思恩格斯全集》第46卷（上），人民出版社1979年版，第108—109页。
② 同上书，第46卷（下），人民出版社1980年版，第222页。
③ 同上书，第42卷，人民出版社1979年版，第73页。
④ 同上书，第46卷（下），人民出版社1980年版，第112页。
⑤ 同上书，第42卷，人民出版社1979年版，第73页。

其秘密"同《手稿》联系尤为直接。在这里虽然重点是要说明"以物的依赖性为基础的人的独立性",即第二大社会形态,但对于第一种社会形态和第三种社会形态也分别作了深入的剖析。所以,它与"三形态论"可以说是一脉相承的。

马克思的社会三形态论深刻地表明,人类的发展史首先是经济的发展史,自然经济、商品经济和未来的时间经济是缺一不可、依次更替的三大阶段,这是由社会生产力的发展状况及其客观进程所决定的。社会化大生产是在商品经济的发展过程中自然形成和确立的,没有发达的商品经济就不可能形成"普遍的社会物质交换,全面的关系,多方面的需求以及全面的能力的体系";① 就不可能造成"生产力的普遍发展和与此相关的世界交往的普遍发展";② 从而也就不可能为第三阶段的时间经济和人的全面发展"创造条件"。③ 因此,虽然在五种社会形态的演进变革序列中,东方落后国家有可能在特定的历史条件下,不经过完整的资本主义发展阶段而直接走向社会主义社会,但商品经济却是不可跨越的。商品经济作为三种经济形态中的一种独特类型,起着承上启下的中介作用,它是整个人类社会经济发展不可逾越的阶段。

三 文明发展的历史阶段

社会历史演进作为人自身存在和发展的方式,在其深层表现为人类文明的积聚、演进和融合。在人类社会的连续历史发展过程中,每一社会形态实际上都以扬弃的方式包含着以往整个人类文明发展史。马克思主义的经典作家虽然并未对文明概念作出具体统一的规定,但是他们依据历史唯物主义对文明作出的种种论述,实质上都贯穿着一个基本精神,这就是立足于人与动物的根本区别,把文明理解为人类通过实践活动对自然和社会能动改造的结果,以及在此过程中人类自身的丰富和发展。在这里,历史唯物主义从人类能动地改造世界的实践活动来理解文明概念,必然把文明理解为与人类社会同步发展的历史范畴,并且表现为从无到有、由贫乏到

---

① 《马克思恩格斯全集》第46卷(上),人民出版社1979年版,第104页。
② 同上书,第3卷,人民出版社1960年版,第39页。
③ 同上书,第46卷(上),人民出版社1979年版,第104页。

丰富、由低级到高级的发展过程。在人类社会发展的不同阶段上，文明的内容、性质和程度是各不相同的。大体说来，人类文明的发展可以划分为三个大的时期，即文明的产生时期、进入文明时代的时期和文明高度发展的时期。每一大的时期中，又可以划分为大小不同的许多发展阶段。人类文明的发展过程，既是连续的、渐进的和前后相继不断积累的，同时又是间断的、自我扬弃和不断变革的。

由于原始社会的人类，刚刚从自然界脱胎而来，还处于自身的童年。劳动活动表现为简单地占有现成天然物，还未能创造出自然界所未有的东西，人的智力发展很不成熟。从这时的生产力水平、人的需要和生活方式看，人基本上还是一种自然生物。因此，恩格斯赞同摩尔根的意见，把这段时期细分为"蒙昧时代"与"野蛮时代"。但是，恩格斯并未把人类原始社会排除在人类文明发展史之外，而是把其作为文明发展史的开端，作为人类文明发展史上的"蒙昧"、"野蛮"阶段。正是在这两个阶段，人类已经开始对于外部神秘世界的探索和对于自身的反思，积累着生产和生活的经验知识，创造着物质的和精神的宝贵财富，完善着自身赖以生存的社会关系和社会制度，奠定着人类文明的一般性基础。从人类文明发展的角度看，原始社会是人类文明的起源时期，是人类开始在物种方面从其他动物中提升出来，但又未完全提升出来的时期。

人类文明发展的第二个阶段，是人类进入文明时代。恩格斯指出，文明时代是社会发展的一个阶段，是学会对天然产物进一步加工的时期，是真正的工业和艺术产生的时期。文明时代与阶级社会的三大社会经济形态相对应，存在着"特有的三大奴役形式；公开的而近来是隐蔽的奴隶制始终伴随着文明时代"，"奴隶制是古希腊罗马时代世界所固有的第一个剥削形式；继之而来的是中世纪的农奴制和近代的雇佣劳动制。"[①] 显然，文明时代是从奴隶社会开始的，其后历经了封建社会和资本主义社会。在恩格斯看来，文明时代的出现和发展本来是一种进步，是对蒙昧和野蛮的否定。但是，文明时代始终不可能超脱私有制和阶级对抗这个根本性基础，因而必然贯穿着矛盾的对抗和各种危机，并且总是以牺牲大多数人的利益和自然资源、社会财富和大量浪费为前提的，浸透着血腥的残酷、卑

---

① 《马克思恩格斯选集》第4卷，人民出版社1995年版，第176页。

鄙的私欲和极度的贪婪。正如恩格斯所言:"文明每前进一步,不平等也同时前进一步。随着文明而产生的社会为自己所建立的一切机构,都转变为它们原来的目的的反面。"① 需要指出的是,文明时代所包含的对立、自我否定因素,与文明时代一样,并不是个别人物的罪恶,而是由社会生产力的一定发展而又发展不足所决定的。从社会发展的总体过程来考察,文明时代是人类文明发展的中介环节,它既是以往人类文明发展的必然结果,又是更高类型文明产生的必经阶段。文明时代既创造了灿烂的物质文明、政治文明和精神文明,完成了由动物到人的第一次提升,从而为更高类型文明的产生提供了前提;同时,又产生了种种野蛮、欺骗和罪恶,从而导致了自身的瓦解,加速了更高类型文明到来的历程。恩格斯曾经引用摩尔根的话指出:自从文明时代开始以来所经过的时间,只是人类将要经历的生存时间的一小部分。社会的瓦解,即将成为以财富为惟一的最终目的的那个历程的终结,因为这一历程包含着自我消灭的因素。管理上的民主,社会中的博爱,权利的平等,普及的教育,将揭开社会的下一个更高的阶段,经验、理智和科学正在不断向这个阶段努力。这将是古代氏族的自由、平等和博爱的复活,但却是在更高形式上的复活。显然,这个阶段,就是社会主义、共产主义社会,是更高类型的文明的形成和发展。

社会主义新型文明是人类文明发展的更高阶段。它的显著特征,就是社会在生产资料公有制的基础上消灭了阶级压迫和对立,人类从自身的社会关系中提升出来,成为自然界和社会的真正主人,实现了由必然王国向自由王国的历史性飞跃。在这一阶段,作为社会主体的人民群众不仅成为社会主人能动地参与社会活动,而且可以在根本利益一致的基础上协调后统一行动,社会发展被纳入人的有目的控制之中,社会从此进入了自觉发展的新阶段。恩格斯精辟地指出:"至今一直统治着历史的客观的异己的力量,现在处于人们自己的控制之下了。只是从这时起,人们才完全自觉地自己创造自己的历史;只是从这时起,由人们使之起作用的社会原因才大部分并且越来越多地达到他们所预期的结果。这是人类从必然王国进入自由王国的飞跃。"② 在这个自由王国中,人类历史之舟实际上已经越过

---

① 《马克思恩格斯选集》,第3卷,人民出版社1995年版,第482页。
② 同上书,第634页。

了物质生产的此岸，到达了物质生产的彼岸，属于非物质生产的领域。此时，人们从从事物质生产的必要劳动时间中解放出来，即直接把社会必要劳动缩减到最低限度，与此相适应，给所有的人腾出了时间。"时间实际上是人的积极存在，它不仅是人的生命的尺度，而且是人的发展的空间。"[①] 因此，每个人都可以充分运用自由时间来发挥自己的创造性、个性和自己的聪明才智，即每个人都会"在艺术、科学等等方面得到发展"[②]。"于是，人在一定意义上才最终地脱离了动物界，从动物的生存条件进入真正人的生存条件……人们第一次成为自然界的自觉的和真正的主人，因为他们已经成为自身的社会结合的主人了"[③]。

第二节　人类社会发展的动力

社会历史发展的动力问题是社会历史观的最基本问题之一。作为社会历史观的范畴，社会历史发展的动力是指构成人类社会向前发展的原因。这个原因表现为社会历史中一种内在的促进的因素而直接成为社会形态更替、发展、进步的源泉和推动力。

在马克思主义的唯物史观产生以前，在社会历史发展的动力问题上，充满着各种宗教迷信和唯心主义的观点。社会历史的发展或者被看成是"上帝"或"神"的意志所使然，或者被看成是天才和伟人的推动。而旧唯物主义者虽然批判了这些错误的观点，但他们也未能正确解决社会历史发展的动力问题。因为他们往往只局限于诸如外部的社会地理环境、社会的政治制度，甚至用历史上杰出人物的嗜好、气质、怪癖来解释社会历史的发展，其结果是依然陷于历史观中的唯心主义泥潭。

正是在对唯心史观的反思和批判中，马克思和恩格斯科学地把社会历史发展的动力问题置于历史客体和历史主体及其相互作用的基础上予以理解，认为社会历史发展正是从作为历史主体的人对历史客体作用的活动中产生的。在马克思看来，"人自己创造自己的历史"，而社会历史中表现

---

① 《马克思恩格斯全集》第47卷，人民出版社1979年版，第532页。
② 同上书，第46卷（下），人民出版社1980年版，第219页。
③ 《马克思恩格斯选集》第3卷，人民出版社1995年版，第633—634页。

出来并构成社会历史基本内涵的历史规律，正是"人们自己的社会行动的规律"。① 这样，在马克思和恩格斯所界定的社会历史发展的动力系统中，实质上包含着两方面的内涵：一方面是作为历史主体的人的活动，另一方面是作为历史活动对象而存在的历史客体。为此他们指出，人类社会历史正是在历史主体和历史客体的相互作用中生成并发展着的。以此为主轴，马克思和恩格斯从推动人类社会发展的内在动力谈起，进一步阐述了社会基本矛盾的运动规律，并创造性地提出了人类有目的性的活动与历史发展的合力思想，从而比较完整地揭示出了人类社会发展的真正动力。

一 人类的需要是社会发展的内在动力

从社会学史上看，古典的社会发展理论主要是建立在达尔文进化论基础上的。社会学的创始人孔德提出人类社会必然要经历征服、防御和工业三大发展阶段；斯宾塞也把人类社会的发展与自然界的进化直接连在一起，把它看作是自然界进化的延续和高级阶段。他们虽然肯定了人类社会发展的事实，但却用生物学的观点来说明发展的原因，把"物竞天择、适者生存"这一生物学原则看作是推动社会发展的最终动力。在描述和解释社会发展运动时，古典进化论所使用的许多概念和范畴往往都是直接从生物学引进的，他们把社会看作具有结构和职能的有机体，相应地把城市称为器官、把阶级称为组织、把家庭称为细胞和元素，并用"结构"、"功能"、"分化"、"整合"等这样一套术语来分析、考察和解释各种社会现象。应当说，这种用生物学原则来说明人类社会发展动力的方法有着很大的缺陷。首先，这种方法没有充分考虑到人类社会与自然界的本质区别，而是通过可疑的类比来确定自然界与人类社会之间的同一性，所以整个理论实际上是建筑在一个非常不牢靠的基础之上的；其次，这种方法完全忽视了人类社会的实践活动，不是从人类自身的实践活动中寻找和发现社会发展的动力，而是借用一套外在的原则和概念来先验地解释人类的活动和社会发展的必然性。因此，它既不能真实地描述人类社会的运动发展，也不能合理地证明这种发展的必然性。

与古典进化发展论不同，马克思和恩格斯并不把自己的理论基础建立

---

① 《马克思恩格斯选集》第3卷，人民出版社1995年版，第634页。

在进化论上,而是深入研究和细心考察人类社会的历史和现实人类的实践活动,从中发现了人类社会发展的一般规律和推动社会发展的动力机制。马克思对社会发展动力的说明始于一个简单而深刻的真理,这就是人类作为一种"类"的存在,时时刻刻充满着各种欲望和需要。这种内在的"类"的本性,使得在人类社会历史活动中,历史的主客体关系不仅仅体现为反映者和被反映者的层面上,而且包含着历史主体对客体的需要、欲望及情感、意志的关系。按照马克思的说法,"对自然界的独立规律的理论认识本身不过表现为狡猾……,其目的是使自然界……服从人们的需要。"① 为此,马克思批评了英国唯物主义者无视人的需要、意志、情感、热情的缺陷,指出科学的唯物主义不应只承认知识和理性,而忽视"人的整个身心"的需要。"人们奋斗所争取的一切,都同他们的利益有关","任何人如果不同时为了自己的某种需要和为了这种需要的器官而做事,他就什么也不能做。"② 在马克思看来,人的需要和利益是人类社会存在与发展的第一个前提,是人类一切活动的动机和目的。没有人的各种各样需要的驱动,社会就会成为一泓死水,抑制了人的需要,社会发展就会停滞,而扭曲了人的需要,社会就要倒退。这样,历史发展的动力便在历史主体的需要那里得到了科学而合理的说明。需要是驱使人活动的内在的原动力,因而需要也就构成了人类历史发展的内在动力。

作为唯物史观的基本范畴,人类的需要虽然是在与动物相似的生理需要的基础上发展起来的,但是人类的需要在质上和量上都远远超越了动物的需要,而获得属人的特性。在马克思看来,人不同于动物的根本特征在于人是社会的存在物,人不仅有自己的需要,而且还能自觉意识到这种需要,并通过实践活动去满足这种需要。按照马克思的说法,"一个种的全部特性、种的类特性就在于生命活动的性质,而人的类特性恰恰就是自由的自觉的活动"。③ "动物只是按照它所属的那个种尺度和需要来创造,而人却懂得按照任何一种尺度来进行生产,并且懂得怎样处处都把内在的尺度运用到对象上去";"人不仅像在意识中那样理智地复现自己,而且能

---

① 《马克思恩格斯全集》第 46 卷(上),人民出版社 1979 年版,第 393 页。
② 同上书,第 3 卷,人民出版社 1960 年版,第 329 页。
③ 同上书,第 42 卷,人民出版社 1979 年版,第 96 页。

动地、现实地复现自己，从而在他所创造的世界中直观自身"，①"人以其需要的无限性和广泛性区别于其他一切动物"。② 在论及工人的劳动力价值时，马克思曾对人类的需要这一范畴作出这样的论述："生活水平不仅包括满足生理上的需要，而且包括满足由人们赖以生息教养的那些社会条件所产生的一定需要。"③ 任何个人都生活在社会之中，离开社会的个人是不能存在的，因而在这种社会性制约下，"私人利益本身已经是社会所决定的利益，而且只有在社会所创造的条件下并使用社会所提供的手段，才能达到，也就是说，私人利益是与这些条件和手段再生产相联系的"。④

以此为基础，马克思进而将人类需要上升到人类本性的高度来阐释。他指出，人作为社会历史活动的主体，"他们的需要即他们的本性"，"作为确定的人，现实的人，你就有规定，你就有使命，你就有任务……，这是你的需要及其与现存世界的联系而产生的。"⑤ 也正因为如此，人的需要和为满足这种需要而进行的实践活动，构成了人类社会存在的基础和发展的动力。在马克思看来，人类的存在与需要的存在是一体的，只要人类存在，需要就永远存在。人类的需要是一个开放的、无限发展的历史过程。在由需要推动的人类实践中，主体和客体互相作用，不断产生出人类需要的新对象，也不断产生出人类需要自身。按照马克思的说法，"在再生产的行为本身中，不但客观条件改变着，……而且生产者也改变着，炼出新的品质，通过生产而发展和改造自身，造成新的力量和新观念，造成新的交往方式、新的需要和新的语言。"⑥ 在这个过程中，人的需要的种类随着历史的发展而不断增加，并进一步分化出许多新的更高的层次——也正因为如此，人类社会的历史才表现为不仅是物质资料生产和再生产的历史，而且是人类需要的生产和再生产的历史。正如马克思所言，"全部历史都是为了使'人'成为感性意识的对象和使'作为人'的需要成为

---

① 《马克思恩格斯全集》第42卷，人民出版社1979年版，第97页。
② 同上书，第49卷，人民出版社1982年版，第130页。
③ 同上书，第16卷，人民出版社1964年版，第164页。
④ 同上书，第46卷（上），人民出版社1979年版，第102—103页。
⑤ 同上书，第3卷，人民出版社1960年版，第514页。
⑥ 同上书，第46卷（上），人民出版社1979年版，第494页。

（自然的、感性的）需要所做的准备";① 而"整个历史也无非是人类本性的不断改变而已"。② 由此可见，在马克思的眼里，正是人类需要的不断满足和不断产生，构成了人类历史的全部内涵，也正是作为人类社会发展内在动力的需要及其表现出来的特性，才赋予了人类历史自觉性、能动性的品性，并使得人类社会历史呈现出既纷繁复杂、又不断走向进步的必然趋势。

二 社会基本矛盾推动人类社会的发展

历史唯物主义理论在考察并揭示社会发展的动力因素时，有诸种不同的提法，比如社会的生产力发展、阶级斗争、科学技术以及人民群众的历史作用等等。这些因素在马克思主义的创始人那里分别是以"历史发展的最终动力"、"现代历史发展的动力"、"历史发展的有力杠杆"和"创造历史的根源"等提法而被合理地纳入了社会历史发展的动力系统之中。需要指出的是，如果从逻辑和历史相统一的原则考察，所有这些因素只能被恰当地理解为是人的需要这一社会发展内在动力的外在表现形式，因为在马克思看来，人类的需要作为社会发展的内在动力是自在的，但却不是自为的，它必须借助于社会的基本矛盾运动这一外在形式才能间接地发挥其动力作用。为此马克思明确指出："我们首先应当确定一切人类生存的第一个前提，也就是一切历史的第一个前提，这个前提是：人们为了能够'创造历史'，必须能够生活。但是为了生活，首先就需要吃喝住穿以及其他一些东西。因此第一个历史活动就是生产满足这些需要的资料，即生产物质生活本身，而且这是这样的历史活动，一切历史的一种基本条件，人们单是为了能够生活就必须每日每时去完成它，现在和几千年前都是这样。"③ 在这里，人类的需要既然表现为所有社会历史活动的原因，而人类社会的诸种现象和形式的存在均表现为需要这一原因的结果，那么一个重要的任务便是要揭示其中最普遍、最本质和最必然的社会因果联系，这就是真正推动和促进人类社会发展的客观规律。

---

① 《马克思恩格斯全集》第42卷，人民出版社1979年版，第82页。
② 《马克思恩格斯选集》第1卷，人民出版社1995年版，第172页。
③ 同上书，第78—79页。

为此，马克思在创立并论证他关于历史的新见解的时候，对社会发展动力进行了客观的、全面的考察。他指出："整个所谓世界历史不外是人通过人的劳动而诞生的过程"。① 在他看来，推动历史发展的决定性因素不是人的思想动机，也不是精神动力，而是现实生活的生产和再生产，物质生活资料的生产是人类社会赖以生存和发展的前提。以此为基础，马克思科学地描述了人类社会的发展图景：人类要存在就必须进行生产，而要生产就必须结成一定的生产关系。但生产力和生产关系之间并不总是相互适应的，因为生产力总是最活跃的因素，而生产关系却是相对稳定和保守的。"社会的物质生产力发展到一定阶段，便同它们一直在其中运动的现存生产关系或财产关系（这只是生产关系的法律用语）发生矛盾。于是这些关系便由生产力的发展形式变成生产力的桎梏。那时社会革命的时代就到来了。随着经济基础的变更，全部庞大的上层建筑也或慢或快地发生变革。在考察这些变革时，必须时刻把下面两者区别开来：一种是生产的经济条件方面所发生的物质的、可以用自然科学的精确性指明的变革，一种是人们借以意识到这个冲突并力求把它克服的那些法律的、政治的、宗教的、艺术的或哲学的，简言之，意识形态的形式。我们判断一个人不能以他对自己的看法为根据，同样，我们判断这样一个变革时代也不能以它的意识为根据；相反，这个意识必须从物质生活的矛盾中，从社会生产力和生产关系之间的现存冲突中去解释。"② 从马克思对于社会基本矛盾运动规律的这一经典描述中可以清楚地看到：社会历史发展是生产力与生产关系、经济基础与上层建筑矛盾运动的必然结果，而生产力则是推动这一矛盾运动的最终动力。

（一）生产力是社会发展的最终动力

在马克思主义哲学史上，恩格斯第一次提出了"人类生产力"的观点。在1844年出版的《政治经济学批判大纲》中，为了清算马尔萨斯人口论的错误，恩格斯借用了资产阶级经济学家艾利生关于"土地生产力"的观点，并作了进一步的发挥，提出了"人类生产力"的思想。这一思想的提出，表明恩格斯已经初步猜测到了物质生产在人类社会全部生活中

---

① 《马克思恩格斯全集》第42卷，人民出版社1979年版，第131页。
② 《马克思恩格斯选集》第2卷，人民出版社1995年版，第32—33页。

的决定作用。在此之后，马克思和恩格斯又在《德意志意识形态》一书中，第一次阐述了生产力和生产关系的辩证发展规律，从而在根本上揭示了人类社会发展的内在奥秘。而后，在1859年《〈政治经济学批判〉序言》和1867年出版的《资本论》第一卷中，生产力范畴真正被赋予确切的涵义，生产力是社会发展最终动力的思想也得以进一步完善。

在马克思和恩格斯看来，生产首先是人和自然间的物质交换过程，而所谓生产力，它本身是一种力或力量，即"生产能力"。[①] 马克思和恩格斯认为，"生产力是人们的实践能力的结果，但是这种能力本身决定于人们所处的条件，决定于先前已经获得的生产力，决定于在他们以前已经存在不是由他们而是由前一代人创立的社会形式"，"任何生产力都是一种既得的力量，是以往活动的产物"。[②] 这样，生产力作为解决人与自然矛盾的根本方式，作为满足人生存和发展最基本需要的能力，其内部矛盾必然是人和物的矛盾。也正因为如此，生产力自身的发展必然是从人和自然这一矛盾的对峙和抗争中获得发展动力的。从这个意义上说，没有人的生存和发展的需要，就没有生产力的发展，从而也就没有基于生产力发展基础之上的整个人类社会历史的发展。

关于生产力的构成要素，马克思曾经做过明确的阐述。在《资本论》中，马克思指出："劳动生产力是由多种情况决定的，其中包括：工人的平均熟练程度，科学的发展水平和它在工艺上的应用的程度，生产过程的社会结合，生产资料的规模和效能，以及自然条件。"[③] 在马克思看来，劳动工具不仅是劳动力发展程度的尺度，而且可以大体上反映劳动在其中进行的社会关系的状况。他强调说："动物遗骸的结构对于认识已经绝迹的动物的机体有重要的意义，劳动资料的遗骸对于判断已经消亡的社会经济形态也有同样重要的意义。各种经济时代的区别，不在于生产什么，而在于怎样生产，用什么劳动资料生产。劳动资料不仅是人类劳动力发展的测量器，而且是劳动借以进行的社会关系的指示器。"[④] 当然，马克思并不否认其他劳动资料在生产力构成中的作用。他同时指出："广义地说，

---

① 《马克思恩格斯全集》第25卷，人民出版社1974年版，第999页。
② 《马克思恩格斯全集》第27卷，人民出版社1974年版，第477—478页。
③ 同上书，第23卷，人民出版社1972年版，第53页。
④ 同上书，第204页。

除了那些把劳动的作用传达到劳动对象、因而以这种或那种方式充当活动的传导体的物以外，劳动过程的进行所需要的一切物质条件都算作劳动过程的资料。它们不直接加入劳动过程，但是没有它们，劳动过程就不能进行，或者只能不完全地进行"。①

在马克思和恩格斯看来，生产过程不仅是人和自然间的物质交换过程，更重要的是人和人之间的相互作用过程。因为生产从来都是社会的生产，从来都是在一定的社会关系下进行的。马克思指出："人们在生产中不仅仅影响自然界，而且也互相影响。他们只有以一定的方式共同活动和互相交换其活动，才能进行生产。为了进行生产，人们相互之间便发生一定的联系和关系；只有在这些社会联系和社会关系的范围内，才会有他们对自然界的影响，才会有生产。"② 这就是说，生产力是和生产关系结合起来的，决不可能有脱离生产关系的生产力。

在《哲学的贫困》一书中，马克思曾经第一次运用生产关系这个范畴去说明资本主义社会的经济关系，这是历史唯物主义理论体系发展过程中的一个重大突破。但就当时的情况看，马克思还未对生产关系的本质内容作出严格的逻辑规定，生产关系只是被当作包罗社会各种经济关系的"总体系"。而在《〈政治经济学批判〉序言》中，生产关系作为一个独立的哲学范畴，已经从社会关系中划分出来了。在该书中，马克思强调，"人们在自己生活的社会生产中发生一定的、必然的、不以他们的意志为转移的关系，即同他们的物质生产力的一定发展阶段相适合的生产关系。这些生产关系的总和构成社会的经济结构，即有法律的和政治的上层建筑竖立其上并有一定的社会意识形式与之相适应的现实基础。"③ 他进而指出，在生产关系当中，生产、分配、交换、消费这四者"构成一个总体的各个环节，一个统一体内部的差别"，其中"一定的生产决定一定的消费、分配、交换和这些不同要素相互间的一定关系"。④

社会的生产过程是不能够停止的。人们不能停止消费，也就不能停止生产。马克思进而指出，在构成生产方式的生产力和生产关系两个方面之

---

① 《马克思恩格斯全集》第23卷，人民出版社1972年版，第205页。
② 《马克思恩格斯选集》第1卷，人民出版社1995年版，第344页。
③ 同上书，第2卷，人民出版社1995年版，第32页。
④ 同上书，第17页。

间，生产力是最活跃、最革命的因素，因而是社会基本矛盾运动的终极动力。正如马克思所言，"手推磨产生的是封建主的社会，蒸汽磨产生的是工业资本家的社会"。[①] 从根本上说，某种生产关系的必然出现，是社会生产力发展的结果，生产关系的发展和变更决定于生产力的发展和变更。"各个人借以进行生产的社会关系，即社会生产关系，是随着物质生产资料、生产力的变化和发展而变化和改变的"。[②] 以此为基础，马克思和恩格斯对社会基本矛盾运动作了辩证的分析：生产力发展到一定阶段，使相对稳定的生产关系越来越不能适应，必然引起生产关系的相应变革，而生产关系（经济基础）变革的客观要求，又导致上层建筑领域的变革。这是生产力决定生产关系，生产关系又作为经济基础决定上层建筑的过程。与此同时，新的上层建筑的建立，保证了新的生产关系的形成和发展，而新的生产关系又促进生产力获得解放。这是上层建筑反作用于经济基础（生产关系），生产关系又反作用于生产力的过程。这两个运动方向相反的过程，是彼此不能分开的。按照马克思和恩格斯的看法，整个人类的历史，就可以归结为"生产力—生产关系（经济基础）—上层建筑"的决定作用和反作用的过程，而且正是社会基本矛盾中的这种循环往复，形成了生产方式依次更替、社会形态由低级向高级不断进化和变革的过程。由此马克思和恩格斯得出结论，社会基本矛盾运动是社会历史发展的最基本的动力，而这个动力，又是以生产力为最终动因的，生产力的发展构成了社会发展动力的真正的现实的源泉。

需要指出的是，在历史唯物主义的创始人那里，科学技术的作用始终是备受关注的。自 18 世纪 50 年代产业革命兴起，随着新能源——煤的应用，各种纺织机、蒸汽机、炼钢高炉相继问世，开创了大机器工业时代。马克思和恩格斯在自己的时代里亲身感受到了科技革命给社会带来的巨大变化和发展，密切地注意科学的各种发现和发展状况。在 1844 年的《政治经济学批判大纲》中，恩格斯第一次提出了科学就是生产力的思想。当时科学的成果虽已被大面积地使用起来，但它的作用还未被经济学家深刻地感受到。恩格斯的天才之处，就在于他最先从哲学上概括了科学对生

---

① 《马克思恩格斯选集》第 1 卷，人民出版社 1995 年版，第 142 页。

② 同上书，第 345 页。

产力的作用。他指出:"科学发展的速度至少也是和人口增长的速度一样的;人口的增长同前一代人的人数成比例,而科学的发展则同前一代人遗留下的知识量成比例,因此在最普通的情况下,科学也是按几何级数发展的。"① 与此同时,马克思也很早就萌发了"科学技术是生产力"的思想。早在19世纪50年代,马克思就已提出"生产力中也包括科学"的说法,在《资本论》中,他进一步指出:"劳动生产力的发展……特别是和自然科学及其应用方面的进步联系在一起。"② 恩格斯曾说:"在马克思看来,科学是一种在历史上起推动作用的、革命的力量。任何一门理论科学中的每一个新发现——它的实际应用也许还根本无法预见——都使马克思感到衷心喜悦。"③

当然,"科学技术是生产力"这一思想虽说是由马克思和恩格斯最先提出来的,但只是偶尔提到,他们自己并没有对这一思想特别关注,也没有进一步展开论述。在马克思和恩格斯的时代,科学技术的发展速度和规模,以及在推动经济发展和引起产业结构的作用等方面,都与今天相距甚远。因此,他们虽然非常重视科学技术的作用,但主要是把它当作一种能促进生产力发展的力量,而不是生产力本身。也正因为如此,当马克思在《资本论》中论及劳动过程时,仅把"有目的的活动或劳动本身,劳动对象和劳动资料"④ 这三者视为最基本的要素。这也说明了为什么在马克思主义者内部多年来一直恪守"三要素"的说法。

(二) 阶级斗争是对抗性社会发展的直接动力

在马克思和恩格斯所创建的历史唯物主义理论中,虽然生产力的发展是造成生产关系和上层建筑变革的终极根源,虽然生产力的发展也造就了社会变革的进步力量,但生产力的发展并不能使生产关系和上层建筑自然而然地发生变革。在旧的剥削阶级社会中,社会基本矛盾表现为强烈的阶级矛盾和阶级对抗。变革生产关系和上层建筑就表现为激烈的阶级斗争。因此阶级斗争是推动社会发展的直接动力,是解放生产力的必由之路。所以,按照马克思和恩格斯的观点,人类社会的发展,有两种不同层次的动

---

① 《马克思恩格斯全集》第1卷,人民出版社1956年版,第621页。
② 同上书,第25卷,人民出版社1974年版,第97页。
③ 《马克思恩格斯选集》第3卷,人民出版社1995年版,第777页。
④ 《马克思恩格斯全集》第23卷,人民出版社1972年版,第202页。

力：第一层次动力为社会基本矛盾运动，这是人类社会发展的根本动力，贯穿于社会历史发展的各社会形态；第二层次动力为阶级斗争，这是解决社会基本矛盾的根本途径和根本手段，是社会发展的直接动力。社会基本矛盾对社会发展的根本动力作用，正是通过解决社会基本矛盾的根本途径和根本手段这一直接动力得到实现的。第一层次动力决定第二层次动力，第二层次动力反映和体现第一层次动力。

在马克思和恩格斯看来，阶级的存在是同生产发展的一定的历史阶段联系着的。社会是否划分为阶级，划分为哪些阶级，并不决定于其他因素，而是决定于当时的社会生产方式，特别是决定于同一定的生产力水平相适应的社会生产关系，简言之，决定于生产资料所有制。在生产资料公有制条件下，社会不划分为阶级；在生产资料私有制条件下，社会一定划分为剥削者和被剥削者，一定划分为阶级。而且，有什么样的生产资料所有制，有什么样的生产关系，就有什么样的阶级。这是很自然的。在生产资料私有制条件下，生产关系一定会表现为阶级关系，在生产关系中处于相同地位的人，在社会上便属于同一阶级。马克思和恩格斯的这个见解奠定了阶级分析方法的基础。

在《共产党宣言》中，马克思和恩格斯明确地指出：自原始社会的所有制解体以来，"至今一切社会的历史都是阶级斗争的历史"。"在过去的各个历史时代，我们几乎到处都可以看到社会完全划分为各个不同的等级，看到社会地位分成多种多样的层次。在古罗马，有贵族、骑士、平民、奴隶，在中世纪，有封建主、臣仆、行会师傅、帮工、农奴，并且几乎在每一个阶级内部又有一些特殊的阶层。"[①] 在这个历史过程中，阶级斗争以多种多样的形式出现，并对社会发展起不同的推动作用。

马克思和恩格斯指出，在人类社会的原始公社阶段，生产资料归公社公有，公社成员共同劳动并平均分配共同劳动所得的果实。在这样的生产关系下，社会当然不会划分为阶级。只有在原始公社瓦解时期，生产力的发展使人剥削人成为可能，才发生了生产资料的私有，才开始使用奴隶。这时候，"除了自由民和奴隶的差别以外，又出现了富人和穷人的差

[①] 《马克思恩格斯选集》第1卷，人民出版社1995年版，第272—273页。

别，——随着新的分工，社会又有了新的阶级划分"。① 在奴隶制度下，奴隶主不但占有了全部生产资料，而且占有了生产者。这样，"从第一次社会大分工中，也就产生了第一次社会大分裂，即分裂为两个阶级：主人和奴隶、剥削者和被剥削者"。② 奴隶制瓦解以后，跟着出现的是封建制社会。在封建制社会中，领主和地主占有了最重要的生产资料——土地，而农奴或农民则使用自己所有的部分生产资料来耕种领主或地主的土地。在封建制度下，阶级斗争的主要对手是农民对贵族地主阶级。一部封建社会史就是这两大阶级斗争的历史。之后，"从封建社会的灭亡中产生出来的现代资产阶级社会并没有消灭阶级对立。它只是用新的阶级、新的压迫条件、新的斗争形式代替了旧的。但是，我们的时代，资产阶级时代，却有一个特点：它使阶级对立简单化了。整个社会日益分裂为两大敌对的阵营，分裂为两大相互直接对立的阶级：资产阶级和无产阶级"。③ 这样，阶级斗争的发展就到了一个新的历史时期。

可见，在对抗性社会里，基本对立的阶级的关系并不是人和人互助合作的关系，而是人对人压迫剥削的关系。在这样的压迫剥削关系下，阶级和阶级的利益是敌对的。在这种敌对关系下，豪富和贫困、快乐和痛苦就成了互相敌对而又互相联系的社会生活中的两极。在这种敌对关系下，是和非、善和恶都有不同的标准：对一个阶级有利的事情，对另一个阶级恰好不利；一个阶级说好得很的事情，另一个阶级却要说糟得很。为此恩格斯明确指出："由于文明时代的基础是一个阶级对另一个阶级的剥削，所以它的全部发展都是在经常的矛盾中进行的。生产的每一进步，同时也就是被压迫阶级即大多数人的生活状况的一个退步。对一些人是好事的，对另一些人必然是坏事，一个阶级的任何新的解放，必然是对另一个阶级的新的压迫。"④

以此为基础，马克思和恩格斯把阶级斗争看成是对抗性社会形态的客观发展规律。按照这一规律，"一切历史上的斗争，无论是在政治、宗教、哲学的领域中进行的，还是在其他意识形态领域中进行的，实际上只

---

① 《马克思恩格斯选集》第 4 卷，人民出版社 1995 年版，第 164 页。
② 同上书，第 161 页。
③ 同上书，第 1 卷，人民出版社 1995 年版，第 273 页。
④ 同上书，第 4 卷，人民出版社 1995 年版，第 177—178 页。

是各社会阶级的斗争或多或少明显的表现，而这些阶级的存在以及它们之间的冲突，又为它们的经济状况的发展程度、生产的性质和方式以及由生产所决定的交换的性质和方法所制约"。① 这说明，阶级斗争是阶级社会中客观的必然现象，其根源在于阶级利益的根本对立。这种客观存在对社会的发展起着巨大的推动作用，而这一作用则主要表现在阶级斗争成为阶级社会发展的直接动力。也正是在这个意义上，恩格斯强调："自从原始公社解体以来，组成为每个社会的各阶级之间的斗争，总是历史发展的伟大动力。"②

这样，在马克思和恩格斯的理论中，社会生产力虽然被视为人类社会发展的最终动力，但却不是人类历史前进的直接动力，而直接动力则是来自阶级斗争。在他们看来，生产力的发展是通过一种间接或曲折的方式来实现的。造成这种分离的原因是由于在以往的阶级社会中，生产关系的存在样式总是和统治阶级的利益联系在一起，统治阶级为了自己的利益，总是要千方百计地维护现存的生产关系。因此当生产力的发展到了一定阶段，需要改变旧的生产关系时，它的要求并不能直接得到满足，而是必须通过物质生产之外的力量来实现。另一方面由于物质生产方式是整个社会系统的基础，其内部矛盾和生产力的要求必然会反映到社会政治领域，这样就形成了分别代表先进生产力和落后生产关系的两大阶级的斗争和对抗。阶级斗争的必然结果是导致社会革命，革命以暴力的方式强行摧毁旧的生产关系，建立起适合生产力发展的新的生产关系，它满足了生产力的要求，同时也使社会发展得到实现。所以，生产力虽然是社会发展的最终力量，但在资本主义中，生产力和交往手段在现存关系下只能带来灾难，这种生产力已经不是上升的力量，而是破坏的力量。因此，在当时的社会条件下，社会的发展既不是由它来体现的，也不是由它自身来实现的。换句话说，社会发展的重心不在经济领域，而是在政治领域。因此，马克思对社会发展的关心主要集中在政治领域，他创建了社会革命的理论——科学社会主义，并为无产阶级的解放事业贡献了自己的一生。在科学社会主义理论中，描述社会发展的两个基本概念是"阶级斗争"和"革命"，整

---

① 《马克思恩格斯全集》第 21 卷，人民出版社 1965 年版，第 291 页。
② 同上书，第 22 卷，人民出版社 1965 年版，第 560 页。

个学说也主要是围绕着这两个概念来展开的。

必须看到,说"阶级斗争是对抗性社会发展的动力",和说"生产方式是社会发展的决定力量",二者并不矛盾。这首先是因为,阶级斗争是和生产发展的状况相联系的。恩格斯说:"剥削阶级和被剥削阶级、统治阶级和被压迫阶级之间的到现在为止的一切历史对立,都可以从人的劳动的这种相对不发展的生产率中得到说明。只要实际劳动的居民必须占用很多时间来从事自己的必要劳动,因而没有多余的时间来从事社会的公共事务——劳动管理、国家事务、法律事务、艺术、科学等等,总是必然有一个脱离实际劳动的特殊阶级来从事这些事务;而且这个阶级为了它自己的利益,从来不会错过机会来把越来越沉重的劳动负担加到劳动群众的肩上。"① 他还说:"在现代历史中至少已经证明,一切政治斗争都是阶级斗争,而一切争取解放的阶级斗争;尽管它必然地具有政治的形式(因为一切阶级斗争都是政治斗争),归根到底都是围绕着经济解放进行的。"② "迄今的一切革命,都是为了保护一种所有制以反对另一种所有制的革命。它们如果不侵犯另一种所有制,便不能保护这一种所有制。"③ 由此可以看出,阶级斗争根源于社会经济关系的冲突,根源于社会的基本矛盾。因此阶级斗争的作用,也必须从不同时代生产发展的状况、社会基本矛盾的状况来说明。也就是说,阶级斗争有其固有的客观规律以及不同的性质、规模和方式,只有依据社会基本矛盾辩证运动的客观要求,才能正确地估计它的作用。进一步说,只有有利于解放生产力、有利于社会经济发展的阶级斗争,才能起到推动社会发展的作用。而反动阶级对人民的镇压,以及人为制造的所谓"阶级斗争",都不应包括在社会发展动力的范畴之内。这是因为阶级斗争之所以是阶级社会发展的直接动力,归根结底在于它对生产力的发展起着推动的作用。

在马克思和恩格斯看来,"被压迫阶级的存在就是每一个以阶级对抗为基础的社会的必要条件。因此,被压迫阶级的解放必然意味着新社会的建立。要使被压迫阶级能够解放自己,就必须使既得的生产力和现存的社

---

① 《马克思恩格斯选集》第3卷,人民出版社1995年版,第525页。
② 同上书,第4卷,人民出版社1995年版,第251页。
③ 同上书,第113页。

会关系不再能够继续并存。在一切生产工具中,最强大的一种生产力是革命阶级本身。革命因素之组成为阶级,是以旧社会的怀抱中所能产生的全部生产力的存在为前提的"。① "只有在没有阶级和阶级对抗的情况下,社会进化将不再是政治革命。"② 所以,在阶级社会,由于生产力和生产关系的矛盾而发生的阶级斗争,以及阶级斗争不可调和时发生的革命,就是历史发展的动力。

马克思和恩格斯的理论是科学的,也是深刻的。它真正地描述了人类社会的运动发展轨迹,论证了无产阶级为推动历史进步和自身的解放而进行斗争并取得胜利的合理性和必然性,并强调无产阶级反对资产阶级的阶级斗争是"现代社会变革的巨大杠杆"。③ 但是,马克思所描述的社会发展图景是以阶级社会为背景来展开的,而在一个无产阶级夺取并巩固了自己的政权,阶级对立趋于淡化的社会中,这一图景是否会发生变化呢?按照马克思的看法,阶级不是从来就有的,也不会永久地存在下去,它只是人类社会发展中某一阶段的产物。而一旦社会进入到了无阶级或阶级对立的阶段,上述图景肯定是要发生变化的,社会将采用一种更合理、更有效率的方式向前发展。当然,马克思没有进一步表明替代政治革命的是什么,但从历史唯物主义的原理中不难推论出,在政治革命之后,社会发展将直接诉诸于生产力的发展。那么,社会主义到底存不存在矛盾?具体表现形式和解决方式是什么?科学社会主义理论的发展源于社会主义发展的实践。马克思在总结巴黎公社实践的过程中,在1875年的《哥达纲领批判》中初步探讨了这一问题。他认为,作为共产主义低级阶段的社会主义社会还存在着矛盾,如生产和分配之间的矛盾,按劳分配中所包含的形式上平等和事实上不平等之间的矛盾等,解决这一矛盾的惟一方法是"集体财富的一切源泉都充分涌流",实行"各尽所能,按需分配"。④ 之后,恩格斯在进一步研究现存社会制度发展变化的基础上明确指出:"我认为,所谓'社会主义社会'不是一种一成不变的东西,而应当和其它

---

① 《马克思恩格斯选集》第1卷,人民出版社1995年版,第194页。
② 同上书,第195页。
③ 同上书,第3卷,人民出版社1995年版,第685页。
④ 同上书,第305—306页。

社会制度一样，把它看成是经常变化和改革的社会"。① 这表明，改革代替政治革命将成为社会主义社会中解决自身矛盾的基本方式。当然，由于缺少社会主义实践，恩格斯在当时只是从社会主义社会与其他社会制度变化发展的同一性上论述社会主义社会改革的一般意义，而没有作具体的阐述。但是尽管如此，恩格斯却给我们留下了今后解析社会主义社会发展动力的科学公式：矛盾要求改革，改革引起变化，变化促成发展。

三　人类有目的性的活动与历史发展的合力思想

在马克思和恩格斯看来，就人类社会发展的动力体系来讲，无论是作为内在动力的人类需要，还是作为这一需要的外在实现方式——生产方式，它们都要以目的的形式存在于历史活动的主体人那里。正是人所确立的目的和目的性的活动，使人类由蒙昧时代发展到了文明时代，而"创造这一切，拥有这一切，并为这一切而斗争的不是历史，而正是人，现实的、活生生的人"。② 以此为基础，马克思和恩格斯把社会历史的发展理解为这样一个辩证的发展过程：人类按照自身的需要和欲望，从事物质的和精神的活动，以实现自身的利益和价值，这构成社会历史发展的"动力因"；而这个满足需要及实现利益、价值的过程又必然通过生产方式中生产力和生产关系、经济基础和上层建筑的矛盾运动来实现，这构成人类社会历史发展的"形式因"。整个历史发展的动力体系，是通过历史主体基于对历史发展规律的自觉把握，通过主体的意志努力和目的性的活动而发挥作用的。

(一) 人民群众是历史的创造者

在马克思主义哲学产生以前，一切旧哲学都毫无例外地从社会意识决定社会存在的原则出发研究社会历史，把历史看成是观念的实现，并且只是哲学家本人所喜爱的那些观念的逐步实现。那时既谈不上真正的历史观，也谈不上真正的社会科学，存在的只是极其混乱和武断的见解，历史领域就成为唯心主义的最后一个避难所。鉴于此，恩格斯在1888年的《路德维希·费尔巴哈和德国古典哲学的终结》一书中明确指出："在这

---

① 《马克思恩格斯全集》第37卷，人民出版社1971年版，第443页。
② 同上书，第2卷，人民出版社1957年版，第118页。

里也完全像在自然领域里一样,应该通过发现现实的联系来清除这种臆造的人为的联系;这一任务,归根到底,就是要发现那些作为支配规律在人类社会的历史上起作用的一般运动规律。"①

社会历史的发展证明,尽管在社会领域中各个人都有自觉期望的目的,但是仔细观察可以发现,人们所期望的东西很少如愿以偿,许多预期的目的在大多数场合都彼此冲突,有些人的目的一开始就注定实现不了,有的则缺乏实现的手段而落空。为此恩格斯指出,人的思想动机并不是社会历史发展的最后原因,它在人类历史的发展中并不具有决定性的意义,关键在于进一步研究,"在这些动机背后隐藏着的又是什么样的动力?在行动者的头脑中以这些动机的形式出现的历史原因又是什么?"② 恩格斯认为,探讨人类社会发展的规律,一方面必须从人行动的动机入手,因为离开了人的行动动机,否定了人的意志的作用,无疑抹杀了社会现象的特殊性,就无从揭示历史的奥秘;但另一方面,又不能拘泥于人行动的动机,否则,就会陷入用观念解释社会存在的历史唯心主义中去。因此恩格斯强调说:"如果要去探究那些隐藏在——自觉地或不自觉地,而且往往是不自觉地——历史人物的动机背后并且构成历史的真正的最后动力的动力,那么问题涉及的,与其说是个别人物、即使是非常杰出的人物的动机,不如说是使广大群众、使整个整个的民族,并且在每一民族中间又是使整个整个阶级行动起来的动机",因为"这是能够引导我们去探索那些在整个历史中以及个别时期和个别国家的历史中起支配作用的规律的惟一途径"。③

在马克思和恩格斯看来,人民群众不仅是社会物质财富和社会精神财富的创造者,而且是社会变革和发展的决定力量。"人们自己创造自己的历史",④ 而历史不过是追求着自己目的的人的活动而已。在《神圣家族》一书中,马克思和恩格斯基于对历史事实的唯物主义分析,第一次对群众的历史作用作了历史唯物主义的科学概括。他说,"历史活动是群众的事

---

① 《马克思恩格斯选集》第4卷,人民出版社1995年版,第247页。
② 同上书,第248页。
③ 同上书,第249页。
④ 同上书,第1卷,人民出版社1995年版,第585页。

业，随着历史活动的深入，必将是群众队伍的扩大"。① 历史是由人们时代延续的活动谱写和创造的历史。必须看到，在强调人民群众是历史的创造者的同时，马克思和恩格斯并没有因此否定和忽视杰出人物和普通个人在历史发展中的作用。在他们看来，相对于人的整体而言，个人"是一个特殊的个体，并且正是他的特殊性使他成为一个个体，成为一个现实的、单个的社会存在物"。②"我们知道个人是微弱的，但是我们也知道整体就是力量。"③ 在恩格斯看来，"恰巧某个伟大人物在一定时间出现于某一国家，这当然纯粹是一种偶然现象。但是，如果我们把这个人去掉，那时就会需要有另外一个人来代替他，并且这个代替者是会出现的，不论好一些或差一些，但是最终总是会出现的。恰巧拿破仑这个科西嘉人做了被本身的战争弄得精疲力竭的法兰西共和国所需要的军事独裁者，这是个偶然现象。但是，假如没有拿破仑这个人，他的角色就会由另一个人来扮演。"④ 恩格斯这番话不仅对于拿破仑是正确的，对古今中外一切历史人物都是正确的。在历史人物身上，表现着历史发展的必然性和偶然性的统一。必然性通过无数的偶然性来开辟自己的道路，偶然性则是必然性的表现形式。但这并不是说，历史人物不起什么特殊作用，只是这个作用不能超过历史发展的必然性罢了。正如马克思所言，"如果'偶然性'不起任何作用的话，那么世界历史就会带有非常神秘的性质。这些偶然性本身自然纳入总的发展过程中，并且为其他偶然性所补偿。但是，发展的加速和延缓在很大程度上是取决于这些'偶然性'的，其中也包括一开始就站在运动最前面的那些人物的性格这样一种'偶然情况'。"⑤ 应当说，马克思的论断决不是过分抬高了历史人物的作用，而是恰如其分地估计了他们的作用。

(二) 关于历史发展的合力思想

如前所述，在社会历史领域，无论是经济的运行还是经济运动与上层建筑诸因素的相互作用，都是通过社会的人去实现的。人作为历史的主

---

① 《马克思恩格斯全集》第 2 卷，人民出版社 1957 年版，第 104 页。
② 同上书，第 42 卷，人民出版社 1979 年版，第 123 页。
③ 同上书，第 1 卷，人民出版社 1956 年版，第 80 页。
④ 《马克思恩格斯选集》第 4 卷，人民出版社 1995 年版，第 733 页。
⑤ 《马克思恩格斯全集》第 33 卷，人民出版社 1973 年版，第 210 页。

体，从根本上说来，体现在人对历史的创造活动之中。有关人对历史的创造作用，特别是在创造历史的过程中个体所起的作用问题，恩格斯在晚年的历史唯物主义通信中作了深入说明。

在19世纪90年代，德国社会民主党人把唯物史观庸俗化、简单化为经济决定论、历史宿命论。在他们看来，唯物史观只见"经济因素"不见人的作用，"是棋子玩弄人，而不是人玩弄棋子"。针对这种错误观点，恩格斯提出了著名的"合力论"思想，这是对唯物史观的又一大贡献。

在此之前，马克思、恩格斯的一系列论述，可以说是恩格斯"合力论"思想形成的必要准备。在他们1844年合著的第一部著作《神圣家族》中，马克思、恩格斯写道："'历史'并不是把人当作达到自己目的的工具来利用的某种特殊的人格。历史不过是追求着自己目的的人的活动而已。"① 这是历史发展不同于自然发展的一个重要特点。历史是人活动的产物，历史发展的必然性、规律性就存在于人的有目的的活动之中，离开人的活动，历史无从存在，规律也就无所依附。在这里，强调历史活动有着不同于自然运动的特殊性，可以说是"合力论"产生的逻辑前提。在1878年的《反杜林论》中，恩格斯进而指出："当我们深思熟虑地考察自然界或人类历史或我们自己的精神活动的时候，首先呈现在我们眼前的，是一幅由种种联系和相互作用无穷无尽地交织起来的画面，其中没有任何东西是不动的和不变的，而是一切都在运动、变化、生成和消逝。"② 恩格斯强调考察包括人类历史在内的活动时，要注意其中的种种联系和作用。这一见解，在某种程度上潜在地包含了"合力论"的思想。而后，在《路德维希·费尔巴哈和德国古典哲学的终结》中，恩格斯则更加明确地指出："在自然界中（如果我们把人对自然界的反作用撇开不谈）全是没有意识的、盲目的动力，……相反，在社会历史领域内进行活动的，是具有意识的、经过思虑或凭激情行动的、追求某种目的的人；任何事情的发生都不是没有自觉的意图，没有预期的目的的"③ 他还说明，在社会活动中，尽管人们都有自觉期望的目的，但人们所期望的东西如愿以偿的

---

① 《马克思恩格斯全集》第2卷，人民出版社1957年版，第118—119页。
② 《马克思恩格斯选集》第3卷，人民出版社1995年版，第359页。
③ 同上书，第4卷，人民出版社1995年版，第247页。

很少，因为许多预期的目的在大多数场合都彼此冲突、相互矛盾。也就是说，"行动的目的是预期的，但是行动实际产生的结果并不是预期的，或者这种结果起初似乎还和预期的目的相符合，而到了最后却完全不是预期的结果"。① 在他看来，无论历史的结局如何，人们总是通过每一追求他自己的、自觉预期的目的来创造他们的历史，而这在许多不同方向活动的愿望及其对外部世界各种各样作用的合力，就是历史。恩格斯的这些见解，已经和他在致约·布洛赫的信中所阐述的"合力论"思想十分接近了。

两年之后，恩格斯在致约·布洛赫的信中，系统地展开论述了"合力论"思想。他写道："历史是这样创造的：最终的结果总是从许多单个的意志的相互冲突中产生出来的，而其中每一个意志，又是由于许多特殊的生活条件，才成为它所成为的那样。这样就有无数互相交错的力量，有无数个力的平行四边形，由此就产生出一个合力，即历史结果，而这个结果又可以看作一个作为整体的、不自觉地和不自主地起着作用的力量的产物。……但是，各个人的意志——其中的每一个都希望得到他的体质和外部的、归根到底是经济的情况（或是他个人的，或是一般社会性的）使他向往的东西——虽然都达不到自己的愿望，而是融合为一个总的平均数，一个总的合力，然而从这一事实中决不应作出结论说，这些意志等于零。相反地，每个意志都对合力有所贡献，因而是包括在这个合力里面的。"② 这一经典论述，标志着"合力论"已经完全形成。

恩格斯关于社会发展中的合力理论，包含着深刻的、丰富的思想内容，具有重要的理论意义和实践意义。

其一，"合力论"包含着社会历史中客观规律与人的有目的活动的有机统一。在恩格斯看来，历史决不是无主体的自在过程，相反，它是人们实践活动的产物。在创造历史的过程中，人们把其积极性、创造性、主动性赋予历史，使历史打上了主体创造活动的印迹。但是，问题的另一方面在于，如同自然界的发展一样，人类社会也是一个受客观规律支配的发展过程。这就决定了人们在历史活动中并不是随心所欲、为所欲为的，而要

---

① 《马克思恩格斯选集》第 4 卷，人民出版社 1995 年版，第 247 页。
② 同上书，第 697 页。

受到特定历史条件的制约。因此,任何个人都不能决定历史的命运,单个人意志起作用的方向、力量的大小都是由隐藏在人们思想背后的物质原因所决定,历史发展的总结局归根到底受经济运动的必然性支配,"所以到目前为止的历史总是像一种自然过程一样地进行,而且实质上也是服从于同一运动规律的"。① 这样,一方面,由于历史规律的客观性,就使得人们所期望的东西很难如愿以偿,规律比任何人的意志更强有力,它不顾任何人的意志和愿望实现自己;另一方面,规律又要通过人的活动贯彻下去,然而,人的意志、目的却是复杂多样的,甚至是彼此冲突的。这就形成了由多样性的意志相互冲突所构成的合力不可能同历史规律直接一致的情形。同时也表明,历史规律在社会领域不可能直线式地、毫无曲折地得以实现。人们的各种活动由于背后都隐藏着深刻的经济原因,因此使这些人的意志相互作用的结果所形成的合力,大致体现着历史规律起作用的主导方向、必然趋势。但是,在组成合力的一个个分力中,偏离、甚至背离这一主导方向的状况也是常有的。在这里,恩格斯用力的平行四边形法则所表现的合力,巧妙地实现了历史规律与人的有意识、有目的活动的辩证统一。

其二,"合力论"还体现了历史进程中必然性和偶然性的辩证统一。由于历史进程是通过各种不同的复杂交错的意志活动进行的,因此,尽管历史的必然性如同黑格尔所说的是一种"铁的势力",这就使历史过程始终贯穿着不以人的意志为转移的客观规律,而不是一大堆偶然事件的堆积。但是,历史必然性总是不能离开偶然性而独立地起作用,偶然性在历史进程中是必然性的表现形式和补充。恩格斯的"合力论"表明:(1)作为单个人的意志活动在历史中所起的作用是偶然的,但是,偶然性的背后总是隐藏着个人活动的经济的必然性,因为必然性总是通过偶然性来表现;(2)在历史进程中,每个单个的意志和力量作为偶然性起作用,但是,由各种单个意志和力量所汇成的合力,体现了历史发展的必然趋势;(3)历史进程中所有的单个意志和力量作为一个个的偶然因素,在历史合力中都有它的作用。一个个的历史事件,一个个人的有目的的行为,相对于历史规律而言,表现为偶然性,并且每一历史事件、每一行为,都遇

---

① 《马克思恩格斯选集》第4卷,人民出版社1995年版,第697页。

到许多始料不及的偶然情况，形成了历史运动的种种分力，构成了不可计数的合力，正是这些合力，使历史呈现出复杂性、多样性。历史事件就是从这些大量的偶然事件的相互影响中产生出来的，但其中贯穿着一个确定不移的总方向，就是不顾一切地贯彻着自己的铁的必然性，就是平行四边形的对角线所象征的那个"作为整体的、不自觉地和不自主地起作用的力量"，那个"总的平均数"、"总的合力"。由此可见，每个人的活动是偶然的，但是他们绝非不起任何作用，许多个人活动所构成的合力，就体现着历史发展的必然性。在这里，恩格斯通过"合力论"，把历史的必然性和历史的偶然性辩证地统一起来了。[1]

总之，恩格斯在晚年的历史唯物主义通信中，把人的活动与历史规律、个人意志与历史合力、历史的偶然性与必然性、社会领域各因素的"相互作用"与经济因素的"最终作用"在历史主体的创造活动中有机地结合起来，系统完整地阐述了历史唯物主义关于人类历史发展动力的思想，彻底消除了历史领域中唯心史观和机械决定论的种种错误见解，为马克思主义理论宝库添写了浓墨重彩的一笔。

第三节　"两个必然"的理论

1848年2月，标志着马克思主义正式诞生的《共产党宣言》在伦敦问世。在《共产党宣言》第一章最后一句话中，马克思和恩格斯写道："资产阶级的灭亡和无产阶级的胜利是同样不可避免的。"[2] 这就是马克思和恩格斯运用唯物史观和马克思主义经济学说，在深刻剖析人类社会特别是资本主义社会基本矛盾运动的基础上，经过科学概括而形成的著名政治命题——"两个必然"的理论。在马克思主义理论体系中，"两个必然"理论决不是一句空洞的口号，而是蕴含着极为丰富的内容。从根本意义上讲，"两个必然"理论是科学社会主义最基本的原理，它构成了其他科学社会主义原理所以能够建立的坚实基础。马克思主义的全部学说所要阐述

---

[1] 王复三、汪建主编：《马克思主义哲学史教程》，山东大学出版社1999年版，第335—336页。

[2] 《马克思恩格斯选集》第1卷，人民出版社1995年版，第284页。

和论证的都是这一根本原理。

一 "两个必然"揭示了人类社会的发展规律

作为第一部科学社会主义的理论著作和第一个国际性无产阶级政党的周详纲领,《共产党宣言》运用唯物辩证法、历史比较法和经济分析法,特别是运用唯物史观研究了资本主义生产方式的发展过程,从而揭示了资产阶级灭亡和无产阶级胜利的历史必然性。正如列宁所言:"马克思和恩格斯的具有世界历史意义的伟大功绩",就"在于他们用科学的分析证明了,资本主义必然崩溃,资本主义必然过渡到不再有人剥削人现象的共产主义"。[①]

按照恩格斯的说法,在《共产党宣言》中,始终贯彻了这样一些历史唯物主义的基本思想:"每一历史时代主要的经济生产方式和交换方式以及必然由此产生的社会结构,是该时代政治的和精神的历史所赖以确立的基础,并且只有从这一基础出发,这一历史才能得到证明;因此人类的全部历史(从土地公有的原始氏族社会解体以来)都是阶级斗争的历史,即剥削阶级和被剥削阶级之间、统治阶级和被压迫阶级之间斗争的历史;这个阶级斗争的历史包括有一系列发展阶段,现在已经达到这样一个阶段,即被剥削被压迫的阶级(无产阶级),如果不同时使整个社会一劳永逸地摆脱一切剥削、压迫以及阶级差别和阶级斗争,就不能使自己从进行剥削和统治的那个阶级(资产阶级)的奴役下解放出来。"[②] 为此,马克思和恩格斯在《共产党宣言》中首先根据社会生产关系一定要适合社会生产力发展的科学原理,深入考察人类社会的发展历史,从而揭示了资产阶级的产生、发展和灭亡的历史趋势。马克思和恩格斯认为,生产力与生产关系的矛盾是贯穿人类社会的基本矛盾。在生产关系一定要适应生产力性质的规律作用下,不断向前发展的社会生产力,要求生产关系作出相应的变革,取得有利其发展的新形式。奴隶制社会、封建制社会和资本主义社会都是肩负着发展生产力的使命出现在历史长河中的,这些社会形态都不能摆脱被新的社会形态取代的命运。说到底,这是因为它们都是私有制

[①] 《列宁选集》第3卷,人民出版社1995年版,第574页。
[②] 《马克思恩格斯选集》第1卷,人民出版社1995年版,第257页。

社会，社会的基本矛盾是对抗性的。生产资料私人占有的社会性质，决定了在这些社会形态中，虽然新的生产关系是解放、发展生产力的手段，但这个手段却是被私有者用来实现剥削目的的。于是，就出现了这样的情况：一方面是生产力的发展，另一方面则是束缚生产力的生产关系的发展，所以最终的结果必然是革命的发生，是生产资料占有方式的根本改变。

在《共产党宣言》中，马克思和恩格斯分析了人类历史上所有社会形态的产生和消亡都具有历史的必然性，因此，任何社会形态的存在都只具有暂时的合理性，其根源就在于物质生产力的不断发展。马克思和恩格斯认为，资本主义生产方式是在封建社会内部孕育和发展起来的，当生产力发展到一定程度，封建的所有制关系，就不再适应已经发展的生产力了，它变成了束缚生产力的桎梏，起而代之的是自由竞争以及与自由竞争相适应的社会制度和政治制度、资产阶级的经济统治和政治统治，因此，"现代资产阶级本身是一个长期发展过程的产物，是生产方式和交换方式的一系列变革的产物"。[1] 在马克思和恩格斯看来，资产阶级在历史上曾经起过非常革命的作用，按照他们的说法，"资产阶级在它的不到一百年的阶级统治中所创造的生产力，比过去一切世代创造的全部生产力还要多，还要大。自然力的征服，机器的采用，化学在工业和农业中的应用，轮船的行驶，铁路的通行，电报的使用，整个整个大陆的开垦，河川的通航，仿佛用法术从地下呼唤出来的大量人口，——过去哪一个世纪料想到在社会劳动里蕴藏有这样的生产力呢？"[2] 这说明，资本主义制度的确立确实适应了当时生产力的性质，在很大程度上促进了生产力的发展，同时它还迫使一切民族——如果它们不想灭亡的话——采用资产阶级的生产方式；它迫使它们在自己那里推行所谓的文明，即变成资产者。一句话，它按照自己的面貌为自己创造出一个世界。但与此同时，马克思和恩格斯也明确指出："现代的资产阶级私有制是建立在阶级对立上面、建立在一些人对另一些人的剥削上面的产品生产和占有的最后而又最完备的表现"。[3]

---

[1] 《马克思恩格斯选集》第1卷，人民出版社1995年版，第274页。
[2] 同上书，第277页。
[3] 同上书，第286页。

它"用公开的、无耻的、直接的、露骨的剥削代替了由宗教幻想和政治幻想掩盖着的剥削"。① 随着生产力的不断发展,资产阶级用来推翻封建制度的武器,又在直接威胁着资本主义社会制度的生存。马克思和恩格斯认为,资产阶级生存和统治的根本条件,是财富在私人手里的积累,是资本的形成和增殖;资本的条件是雇佣劳动,但在资本主义社会,生产力已经是社会化大生产了,它要求生产资料和产品归全社会共同所有,这样资本主义社会的生产关系即生产资料、劳动产品的资本家私人占有便与之发生不可调和的矛盾。资本主义制度无法克服它自身固有的生产社会化和生产资料私人占有之间的矛盾,也不可能消灭经济危机这个震撼整个资本主义世界的"社会瘟疫",它必然要同封建的生产关系一样,被新的、更高级的生产关系所取代。这样,正是生产关系一定要适应生产力性质的客观规律,决定了资本主义是一个历史范畴,它历史地产生,也将历史地灭亡。

与此同时,马克思和恩格斯还根据同一原理,分析了无产阶级的历史地位和历史使命,并以此作为"两个必然"理论的又一客观依据。马克思和恩格斯明确指出:"压迫者和被压迫者,始终处于相互对立的地位,进行不断的、有时隐蔽有时公开的斗争,而每一次斗争的结局都是整个社会受到革命改造或者斗争的各阶级同归于尽"。② 但是,过去的阶级斗争,无论是新兴地主阶级反对奴隶主的斗争,还是新兴资产阶级反对封建贵族的斗争,它们的目的都是要用一个压迫阶级代替另一个压迫阶级,用一种剥削制度代替另一种剥削制度,只有无产阶级反对资产阶级的斗争才能从根本上消灭一切压迫阶级,消灭一切剥削制度,为最终实现共产主义创造条件。在资本主义制度下,随着资产阶级即资本的发展,无产阶级即现代工人阶级也在同一程度上得到发展。无产阶级是先进和革命的阶级,也是富有组织性和纪律性的阶级。"在当前同资产阶级对立的一切阶级中,只有无产阶级是真正革命的阶级。其余的阶级都随着大工业的发展而日趋没落和灭亡,无产阶级却是大工业本身的产物"。③ 在资本主义制度下,无

---

① 《马克思恩格斯选集》第1卷,人民出版社1995年版,第275页。
② 同上书,第272页。
③ 同上书,第282页。

产阶级如果不起来炸毁构成官方社会的整个上层，就不能抬起头来，挺起胸膛。无产阶级的运动是绝大多数人的、为绝大多数人谋利益的独立的运动。工人革命的第一步就是使无产阶级上升为统治阶级，争得民主。对于无产阶级来说，在革命中"失去的只是锁链"，"他们获得的将是整个世界"。①

可见，马克思和恩格斯之所以作出资本主义必然为社会主义所代替的历史性结论，并不是出于痛恨资本主义的道德义愤，也不是源于向往社会主义的良好愿望，而是基于对资本主义经济运动规律的科学认识和对无产阶级世界历史使命的深刻把握。在《共产党宣言》中，马克思和恩格斯将他们的所有论证归结为这样一句话："资产阶级不仅锻造了置自身于死地的武器；它还产生了将要运用这种武器的人——现代的工人，即无产者。"② 从这个意义上讲，"两个必然"理论是在实践基础上运用唯物史观和马克思主义经济学说，深刻剖析人类社会特别是资本主义社会基本矛盾运动而形成的科学结论，这一结论体现了基本社会形态演进的规律和人类社会发展动力的本质。

在"两个必然"理论中，马克思和恩格斯在揭示人类社会发展一般规律的同时，也为我们提供了科学的世界观和方法论。关于这一点，首先体现于他们对待《宣言》中某些理论的历史局限性的科学态度上。

必须承认，在阐述"两个必然"学说和论证这个学说的合理性时，《共产党宣言》不可避免地留下了当时社会历史条件的痕迹。比如，在《共产党宣言》的第一章中曾经这样写道："因为社会上文明过度，生活资料太多，工业和商业太发达。社会所拥有的生产力已经不能再促进资产阶级文明和资产阶级所有制关系的发展……资产阶级的关系已经太狭窄了，再容纳不了它本身所造成的财富了。"③ 事实上，1847年欧洲资本主义的生产力和经济状况确实有了很大的进步和发展，但却并没有达到资本主义生产关系容纳不了的程度，而社会主义全面代替资本主义的时刻也远没有到来。由于《宣言》对资本主义发展的成熟程度估计过高，从而导

---

① 《马克思恩格斯选集》第1卷，人民出版社1995年版，第307页。
② 同上书，第278页。
③ 同上。

致对资本主义进一步发展的可能性估计偏低。对于这样的问题,马克思和恩格斯显示了博大的胸怀和科学的态度,他们只要意识到失误的存在,就能及时加以修正。恩格斯晚年在《卡·马克思〈1848年至1850年的法兰西阶级斗争〉一书导言》中,对过去著作中的论断,针对性极强地指出:"历史清楚地表明,当时欧洲大陆经济发展的状况还远没有成熟到可以铲除资本主义生产的程度"。[①] 马克思和恩格斯这种尊重历史、认真求实的精神和学风,并没有使"两个必然"的理论失去科学性,反而使这一理论建立在更加坚实的基础之上,也使这个学说更加成熟。

当然,要科学地认识《共产党宣言》的历史地位,必须弄清"两个必然"及其相关理论的真正历史坐标,并对当时的社会历史条件进行科学的定位。在《共产党宣言》发表时,国际共产主义运动还处于起步阶段。1848年革命即将到来但还没有爆发,23年以后才爆发了巴黎公社革命。因此,无产阶级革命,尤其是巴黎公社无产阶级专政的原则、形式、结构、职能等具体实践经验,不能不影响马克思和恩格斯对"两个必然"系统的研究和发展,而1847年的历史条件不可否认也限制了《共产党宣言》的成熟程度。为此,在1872年《共产党宣言》德文版序言中,马克思和恩格斯明确指出,根据巴黎公社的实际经验,"这个纲领现在有些地方已经过时了"。另一方面,《共产党宣言》是"共产主义者同盟"1847年11月在伦敦代表大会上委托马克思和恩格斯起草的一个准备公布的周详的理论和实践的党纲,既然其写作的初衷是一部党的纲领,因此它就不是在建构一个完整、系统、翔实的涉及并概括当时无产阶级革命运动所能遇到的全部实际问题的理论体系。此外,正如马克思和恩格斯在《共产党宣言》1882年俄文版序言中所指出的,"《共产党宣言》的任务,是宣告现代资产阶级所有制必然灭亡。"显然,要完成这样的历史任务,即论述"两个必然"的科学性,必须具备雄厚、严谨的理论基础。然而,在《共产党宣言》发表的时候,构成科学社会主义理论体系的两大基石还没有最后形成。毫无疑问,《共产党宣言》阐述了唯物史观的基本思想,但形成完善的历史科学,则是在马克思和恩格斯深入研究了资本主义经济关系及其规律之后。对于这一点,马克思在1859年的《〈政治经济学批判〉

---

① 《马克思恩格斯选集》第4卷,人民出版社1995年版,第512页。

序言》中给予了明确的肯定。剩余价值学说是在《资本论》及其手稿中完成的，马克思和恩格斯也多次强调，只有在《资本论》中，社会主义在这里才第一次得到科学的论述，科学社会主义从此开始，并以此为中心发展起来。可见，《共产党宣言》中的"两个必然"仅仅是作为党纲向旧世界宣战的第一声号角，至于"两个必然"的更周密、更科学的理论基石——唯物史观和剩余价值学说，则是在《宣言》发表后的革命斗争实践中最后完成的。

这样，"两个必然"从一个基本原则、一个论断，到成为系统完整的理论，前后经过了20年的时间。马克思在为《哲学的贫困》所写的序言中曾经谈道："在该书中还处于萌芽状态的东西，经过20年的研究之后，变成了理论，在《资本论》中得到了发挥。"[①] 不过，马克思和恩格斯认为《共产党宣言》是一个历史文件，他们从尊重文件的史学价值出发，没有权利、也不想事后加以修改。随着国际共产主义运动的发展和各国革命斗争经验的积累，实践中遇到越来越多的新问题需要回答，需要用新的科学理论去指导革命运动。为此，马克思和恩格斯在后来的岁月中，又不断总结革命斗争经验，站在当时社会历史条件对这些原理研究的高度上，通过《共产党宣言》再版的7篇序言和《1848至1850年的法兰西阶级斗争》、《法兰西内战》、《哥达纲领批判》、《反杜林论》、《资本论》等一系列著作，不断地补充、修正和完善《共产党宣言》中的思想，从而使"两个必然"学说真正成为经得起推敲和检验的真理。

从这个意义上讲，马克思主义决不应该被视为某个天才头脑的偶然发现，而应被看作是两个历史地产生的阶级即无产阶级和资产阶级之间矛盾斗争的必然产物，它的任务决不是要构想出一个尽可能完善的理论体系，更不是要留给后人一整套不可更改的神圣教义。为此，早在1847年，恩格斯就曾十分坚定地表达过这一思路和想法。他明确指出："海因岑先生异想天开地认为，"共产主义是一种从一定的理论原则即自己的核心出发并由此得出进一步的结论的教义。海因岑先生大错特错了。共产主义不是教义，而是运动。它不是从原则出发，而是从事实出发。共产主义者不是把某种哲学作为前提，而是把迄今为止的全部历史，特别是这一历史目前

[①] 《马克思恩格斯全集》第19卷，人民出版社1963年版，第248页。

在文明各国造成的实际结果为前提。……共产主义作为理论,是无产阶级立场在这种斗争中的理论表现,是无产阶级解放的条件的理论概括。"① 而在更早的 1843 年,马克思也表达过同样的思路和想法,他强调:"新思潮的优点就恰恰在于我们不想教条式地预料未来,而只是希望在批判旧世界中发现新世界。"② 正是基于这样一个根本的思路和想法,作为实现了哲学史上伟大变革、创立了科学社会主义的马克思和恩格斯,始终都在强调,他们的学说"已经根本不再是哲学,而只是世界观,它不应当在某种特殊的科学的科学中,而应当在各种现实的科学中得到证实和表现出来"。③ 必须看到,马克思和恩格斯之所以着力强调"哲学"与"世界观"的区别,关键是想向人们申明,他们的整个世界观不是教义,他们所提供的也不是现成的教条,而是进一步研究的出发点和供这种研究使用的方法,是一种在批判旧世界中发现新世界的方法。作为革命的无产阶级的科学世界观,科学社会主义不仅无情地批判了现存的资本主义生产方式及其后果,而且论及了消灭、变更这一生产方式的具体途径、形式和手段。但问题在于,"用来消除已经发现的弊病的手段,也必然以或多或少发展了的形式存在于已经发生变化的生产关系本身中。这些手段不应当从头脑中发明出来,而应当通过头脑从生产的现成物质事实中发现出来。"④ 马克思和恩格斯所揭示的这种思想本身及其所蕴含的认识方法,实际上为后人进一步发展和完善科学社会主义理论奠定了坚实的基础。

二 "两个必然"与"两个决不会"的内在统一

"两个决不会"的思想,是马克思在《〈政治经济学批判〉序言》中阐述的关于唯物史观的一条重要原理。按照他的说法,"无论哪一个社会形态,在它所能容纳的全部生产力发挥出来以前,是决不会灭亡的;而新的更高的生产关系,在它的物质存在条件在旧社会的胎胞里成熟以前,是决不会出现的。"⑤ 显而易见,马克思和恩格斯是坚持唯物史观的基本原

---

① 《马克思恩格斯选集》第 1 卷,人民出版社 1995 年版,第 210—211 页。
② 同上书,第 416 页。
③ 同上书,第 3 卷,人民出版社 1995 年版,第 481 页。
④ 同上书,第 741 页。
⑤ 同上书,第 2 卷,人民出版社 1995 年版,第 33 页。

理在对人类社会特别是资本主义社会发展趋势的分析中得出上述结论的。而在这一过程中,马克思主义的创始人所坚持的是彻底的唯物史观,这就使他们在分析人类社会历史发展过程并在此基础上预见其发展的最终趋势时真正做到了规律性与特殊性的有机统一。

在马克思和恩格斯看来,不把握事物发展(也包括社会历史发展)的规律性,也就无法揭示事物的本质及其发展的趋势和结果。列宁曾经指出:"马克思的全部理论,就是运用最彻底、最完整、最周密、内容最丰富的发展论去考察现代资本主义。自然,他们也就是运用这个理论去考察资本主义的即将到来的崩溃和未来共产主义的未来发展。"① 列宁还说:"马克思丝毫不想制造乌托邦,不想凭空猜测无法知道的事情,马克思提出共产主义的问题,正像一个自然科学家已经知道某一新的生物变种是怎样产生以及朝着哪个方向演变才提出该生物变种的发展问题一样。"② 在马克思和恩格斯看来,把握事物发展(包括社会历史发展)的规律性是极其重要的,但是仅仅到此还不够,还需要把握其发展的特殊性。否则就无法理解人类社会发展道路的多样性。尽管马克思和恩格斯在其一生中更多地分析和考察资本主义社会的发展规律,更多地关注发达的资本主义国家如何向社会主义过渡,但在人类社会向社会主义过渡的问题上,他们并不认为只有西方发达资本主义国家这一条道路,更不认为资本主义向社会主义的过渡会是一个简单一致的过程。与此同时,马克思和恩格斯也明确指出,共产主义要真正成为一种"世界性的制度",只有在新的世界体系中才能确立。正如他们所言,"无产阶级只有在世界历史意义上才能存在,就像共产主义——它的事业——只有作为'世界历史性的'存在才有可能实现一样。"③ 这就是说,社会主义代替资本主义是一个世界历史进程,"两个必然"的全面实现应当在世界历史意义上来理解。

在这里,"两个决不会"的思想与"两个必然"的理论具有内在的统一性。具体地说,资本主义社会的生产力越是发展,社会主义社会的物质存在条件就越是趋于成熟,资本主义社会所能容纳的全部生产力完全发挥

---

① 《列宁选集》第3卷,人民出版社1995年版,第186页。
② 同上书,第187页。
③ 《马克思恩格斯选集》第1卷,人民出版社1995年版,第87页。

出来之日，也就是社会主义社会的物质存在条件完全成熟之时，而在此时，"两个必然"将会全面实现。换言之，资本主义的发达同它的必然灭亡并不是对立的。资本主义越发达，就越是预示由整个社会共同占有生产资料和把生产成果转归整个社会共同占有不仅是必要的而且是可能的。这样，马克思和恩格斯的这两个著名论断一方面揭示了社会主义最终战胜资本主义是人类社会发展的必然，另一方面则指出旧社会的灭亡和新社会的产生最终要取决于生产力的水平，社会主义要最终在人类发展史上取代资本主义，必须依靠生产力的发展。因此"两个必然"理论的实现是一项艰巨的历史性任务，必然经过漫长而曲折的道路。从这个意义上讲，"两个决不会"与"两个必然"是同一个理论整体的有机组成部分，它真正体现了马克思主义唯物论和辩证法的高度统一。

第五章　资本主义社会的系统剖析

马克思和恩格斯生活在资本主义社会，但他们并没有像资产阶级那样极力为资本主义辩护，也没有像空想社会主义者那样对资本主义简单地否定和批判，而是通过对资本主义社会的深入剖析，揭示了资本主义产生、发展和最终将为更高社会形态所代替的一般规律，从而形成了马克思和恩格斯关于资本主义的一般理论。探讨马克思和恩格斯对资本主义社会系统剖析的思想，可以使人们客观地、科学地认识资本主义的历史地位、本质特征及其发展演变，从而确立起对待资本主义的科学态度。

第一节　客观评价资本主义的历史地位

一　资本主义在历史上的进步作用

马克思主义从来不隐讳自己的政治理论的主旨就是要消灭资本主义，但没有谁能像马克思和恩格斯那样，对资本主义的历史必然性和历史地位予以认真地看待，进行充分的肯定和透辟的分析。马克思在《1844年经济学—哲学手稿》中特别强调，工业资本家战胜封建大土地所有者以及工业战胜农业是历史的进步，并说："浪漫主义者为此留下的感伤的眼泪是我们所不取的"。[①] 在《资本论》中指出："资本的文明面之一是，它榨取剩余劳动的方式和条件，同以前的奴隶制、农奴制等形式相比，都更有利于生产力的发展，有利于社会关系的发展，有利于更高级的新形态的各种要素的创造。"[②]

[①]　《马克思恩格斯全集》第42卷，人民出版社1979年版，第83页。
[②]　《马克思恩格斯全集》第25卷，人民出版社1974年版，第925—926页。

马克思和恩格斯研究了封建土地所有制向资本主义所有制的转变,他们用唯物主义历史观考察了资本主义发展史,把它看成是资本主义生产方式战胜封建生产方式的过程。马克思说:"从现实的发展进程中……必然产生出资本家对土地所有者的胜利,即发达的私有财产对不发达的、不完全的私有财产的胜利"。① 这是不以人的意志为转移的。因此,尽管不甘心灭亡的封建阶级负隅顽抗,甚至并不惜诉诸暴力,都改变不了其覆灭的命运。马克思在《反革命在维也纳的胜利》一文中不无嘲讽地指出:"就算武器能帮助反革命在全欧洲复活,金钱也会促使它在全欧洲死亡。……刺刀尖碰上了尖锐的'经济'问题会变得像软绵绵的灯芯一样。"② 在资产阶级的强大的经济车轮面前,一切反抗都显得是那样的软弱无力。它迫使乡村屈服于城市,迫使东方从属于西方,迫使农民的民族从属于资产阶级的民族。总之,"它迫使一切民族——如果它们不想灭亡的话——采用资产阶级的生产方式";推行资产阶级的"文明",把自己"变成资产者"。③ 因此,由封建土地所有制向资本主义所有制过渡是不可抗拒的必然历史过程,任何阻止资本主义发展的行为,都是徒劳的。

马克思和恩格斯站在历史唯物主义的高度,肯定了资本主义是人类社会文明进步的产物。同时,对于资本主义在促进人类社会文明进步上所发挥的历史作用,也给予了充分的肯定。

第一,资本主义生产方式适应了生产力的性质,促进了生产力的发展。它不仅使大量小生产者都失去生产资料,成为受雇佣的劳动者,而且还抹去了一切向来受人尊敬和令人敬畏的职业的灵光,把医生、律师、教士、诗人和学者也变成了它出钱招雇的雇佣劳动者。它使生产工具,从而使生产关系,从而使全部社会关系革命化,资产阶级在它不到一百年的阶级统治中创造了比过去一切时代还要多、还要大的生产力。马克思和恩格斯赞叹道:"过去哪一个世纪料想到在社会劳动里蕴藏有这样的生产力呢?"不仅如此,在资本主义的社会化大生产条件下,科学技术第一次显

---

① 《马克思恩格斯全集》第 42 卷,人民出版社 1979 年版,第 110 页。
② 同上书,第 5 卷,人民出版社 1958 年版,第 542—543 页。
③ 《马克思恩格斯选集》第 1 卷,人民出版社 1995 年版,第 276 页。

现出它对生产力的巨大促进作用。马克思和恩格斯高度评价资本主义把科学技术引入社会生产力，使之成为社会生产力发展的重要因素，认为这是资本主义经济发展的巨大进步性。马克思在 19 世纪 60 年代初概括指出：只有资本主义生产方式才第一次使自然科学为直接的生产过程服务；第一次使自然科学在生产中的应用成为必要和可能；也只有资本主义生产方式才第一次在相当大的程度上，为自然科学创造了研究、观察、实验的物质手段。随着资本主义生产的扩展，科学因素第一次被有意识地和广泛地加以发展、应用并体现在生活中。[①]

第二，资产阶级日甚一日地消灭生产资料、财产和人口的分散状态，造成了经济的集中，进而又带来了政治的集中。它摧毁了封建割据的壁垒，使各自独立的、几乎只有同盟关系的、各有不同利益、不同法律、不同政府、不同关税的各个地区，结合为一个拥有统一的政府、统一的法律、统一的民族阶级利益和统一的关税的统一的民族，实现了民族和国家的统一。资产阶级民主战胜了封建专制。资产阶级用议会制结束了君主个人对国家的统治，用法制代替了人治，确立了社会生产、生活的科学意识和规范规则，使社会活动有章可循、有法可依，符合了现代文明发展的趋势。

第三，资产阶级把一切封建的、宗法的和田园诗般的关系都破坏了，它无情地斩断了把人们束缚于天然尊长的形形色色的封建羁绊，消除了一切固定的古老的关系以及与之相适应的传统观念和见解，确立了以"自由、平等、博爱"为核心的人本主义的新观念，科学文化的光明冲破了中世纪宗教统治的黑暗时代。当欧洲历史进入到工业文明时代，为适应资本主义经济社会发展的需要，代表新兴资产阶级要求的启蒙思想家们，坚决举起自由、平等、博爱等理性主义的旗帜，发起了向封建专制神性主义的进攻。一种信奉"天赋人权"的思潮勃然兴起，以人的权利神圣不可侵犯为由建立起"人的宗教"，这标志着人类自我解放的追求进入到了一个新的历史阶段。用历史的眼光来看，这些思想在反对整个欧洲封建专制主义的政治大革命中起了非常革命的作用。不仅如此，这种进步还会作用于未来，恩格斯曾援引摩尔根的话指出：管理上的民主，社会中的博爱，

---

① 《马克思恩格斯全集》第 47 卷，人民出版社 1979 年版，第 570、572 页。

权利的平等，普及的教育，将揭开社会的下一个更高的阶段，经验、理智和科学正在不断向这个阶段努力。①

第四，资产阶级创立并开拓了国际市场，它迫使一切国家的生产和消费都成为世界性的了。不断扩大产品销路的需要，驱使资产阶级奔走于全球各地。它必须到处落户，到处创业，到处建立联系，打破了世界民族间的隔绝状态，造成以全人类相互依赖为基础的世界交往。马克思和恩格斯对于资本主义的原始积累以及为了开拓世界商品市场和获得原料基地所进行的侵略战争，进行了深刻的揭露、抨击和谴责，但同时又辩证地看到，这种侵略在客观上又给被侵略国家带来了西方进步文明，尽管这对于被侵略国家和人民来说是极其痛苦和耻辱的。马克思认为，不列颠在印度的统治，通过蒸汽机和自由贸易的作用破坏了"小小的半野蛮半文明的公社，……结果，就在亚洲造成了一场前所未闻的最大的、老实说也是惟一的一次社会革命"。英国即使受极卑鄙的利益所驱使，干了很多罪行，却"充当了历史不自觉的工具"，在印度完成着双重使命："一个是破坏性的使命，即消灭旧的亚洲式的社会；另一个是重建的使命，即在亚洲为西方式的社会奠定物质基础。"② 马克思还写道："无论一个古老世界崩溃的情景对我们个人的感情来说是怎样难过，但是从历史观点来看，我们有权同歌德一起高唱：'我们何必因这痛苦而伤心，既然它带给我们更多欢乐？'"③

二 资本主义为新世界奠定基础

资本主义创造了日益强大的生产力，也造就了一个新的革命的无产阶级。这是资产阶级不愿看到但又不得不为之的两难选择。

其一，资产阶级为新世界创造物质基础。

资本主义会被更高级的社会形态所代替，而这个更高级的社会形态的产生是有条件的，必须建立在先进生产力的物质基础之上。在这种新的物质基础具备之前，新的社会形态是不会出现的。也就是说，新的社会形态

---

① 《马克思恩格斯选集》第4卷，人民出版社1995年版，第179页。
② 同上书，第1卷，人民出版社1995年版，第765、766、768页。
③ 同上书，第766页。

所赖以存在的物质基础是旧的社会形态为之奠定的。每一社会形态都为更高级的社会形态创造着物质基础。可见，未来社会主义社会赖以存在的物质条件是在资本主义生产方式内部逐渐形成起来的。马克思指出："一般说来，工业无产阶级的发展是受工业资产阶级的发展制约的，在工业资产阶级统治下，它才能获得广大的全国规模的存在，从而能够把它的革命提高为全国规模的革命；在这种统治下，它才能创造出现代的生产资料，这种生产资料同时也正是它用以达到自身革命解放的手段。只有工业资产阶级的统治才能铲除封建社会的物质根底，并且铺平无产阶级革命惟一能借以实现的地基。"① 正是从这个意义上讲，社会主义诞生的条件也正是资本主义灭亡的条件，而这个条件是资本主义自己创造的。

资本主义生产方式使分散的小生产变为集中的社会化大生产，个人使用的小的生产资料日益变为只能由许多人共同使用的生产资料；规模不断扩大的劳动过程的协作形式日益发展，生产本身从一系列的个人行动变成了一系列的社会行动；产品也从个人的产品变成了社会产品。与此同时，各国的生产活动日益被卷入世界市场体系。正是这种日益增强的生产的社会化，使资本主义时代所创造的生产力超出了过去一切时代所创造的全部生产力。这充分体现了资本主义的历史进步性。然而，随着生产力的进一步发展和资本主义生产内在规律的作用，生产的社会化同资本主义私有制的外壳必然发生尖锐的矛盾。生产力强大到资本主义生产关系再也不能适应的地步的时候，资本主义的生产关系就要被炸毁了，新的社会就要诞生了。正因如此，恩格斯强调说：未来的社会主义社会"是资本主义社会的最独特的最后的产物"。② 马克思明确指出："资产阶级历史时期负有为新世界创造物质基础的使命：一方面要造成以全人类互相依赖为基础的世界交往，以及进行这种交往的工具，另一方面要发展人的生产力，把物质生产变成对自然力的科学统治。资产阶级的工业和商业正为新世界创造这些物质条件，正像地质变革创造了地球表层一样。"③

其二，资产阶级创造了新社会的阶级基础。

---

① 《马克思恩格斯选集》第 1 卷，人民出版社 1995 年版，第 385 页。
② 同上书，第 4 卷，人民出版社 1995 年版，第 442 页。
③ 同上书，第 1 卷，人民出版社 1995 年版，第 772 页。

资本主义不仅为新的社会形态准备了物质基础,而且还创造了新社会的阶级基础——现代无产阶级。资本和雇佣劳动者是资本主义生产的两个基本前提,因此,马克思和恩格斯形象地说,资产阶级首先生产的是它自身的掘墓人。没有资本主义的充分发展,无产阶级本身也就不会团结和发展到真正有能力在旧社会中实行革命并使它自身革命化的程度。产业革命创造了一个大工业资本家阶级,同时也创造了一个人数远远超过前者的产业工人阶级。这个阶级,随着产业革命对一个又一个的工业部门的占领,在人数上不断地增加;随着人数的增加,它在力量上也增强起来。因此,没有现代的资产阶级,也就没有现代的无产阶级;没有资本主义生产方式的发展,也就没有现代无产阶级的壮大,也就不会有社会主义革命的发生。

马克思在分析1848年法国无产阶级六月起义失败的原因时指出:当时法国的工业虽然是整个大陆上最发达的工业,但是,也只是局限于巴黎,只有那里的无产阶级才拥有实际的力量和影响。而在全国其他地方,农民和小资产阶级却占有压倒多数。在这种情况下,无产阶级还无法把自己的利益提出来当做社会本身的革命利益,只能把它与资产阶级的利益并列在一起。① 1871年9月,马克思在纪念第一国际成立七周年大会上的讲话中,进一步总结巴黎公社的经验指出,建立无产阶级专政,"其首要条件就是无产阶级的大军"。②

恩格斯晚年对于德国工人阶级力量的壮大感到欣喜,因为,德国经过几十年的超速发展,已经变成了大工业国,而无产阶级已经强大到资产阶级在它面前束手无策的地步。恩格斯说:那时(19世纪40年代),德国是一个手工业和以手工劳动为基础的家庭工业国家,现在它已经是一个工业不断急遽发展的大工业国了。那时,只有极少数工人理解自己作为工人的地位和自己同资本在历史上经济上的对立,因为那时这种对立本身还刚刚产生。现在,哪怕只是想稍稍延迟一下德国无产阶级发展到完全理解它作为被压迫阶级的地位的过程,也必须对整个德国无产阶级使用非常法。那时,已经认识到无产阶级历史使命的少数人,不得不秘密地聚集在一起,分成3个人到20人不等的小团体悄悄地举行集会。现在,德国无产

---

① 《马克思恩格斯选集》第1卷,人民出版社1995年版,第386页。
② 同上书,第3卷,人民出版社1995年版,第126页。

阶级不再需要正式的组织，无论是公开或秘密的；思想一致的阶级同志间的简单的自然联系，即使没有任何章程、委员会、决议以及诸如此类的具体形式，也足以震撼整个德意志帝国。俾斯麦在欧洲、在德国境外是公断人；而在国内，却如马克思还在1844年就已经预见到的，德国无产阶级赫然可畏的大力士形象日益增长，对这个巨人来说，那个专供庸人使用的狭小的帝国建筑已经过于狭窄，他那魁伟的体格和宽阔的两肩不断壮大，有朝一日他从自己座位上站起来，就可以使帝国宪法的整个建筑变为废墟。① 可见，资本主义的发展，必然导致无产阶级的发展，而无产阶级的发展则是摧毁资本主义制度的阶级基础。马克思认为，这是雇佣劳动的积极方面，不然的话，"就不会创造出生产资料——解放无产阶级和建立新社会的物质资料，无产阶级本身也就不会团结和发展到真正有能力在旧社会中实行革命并使它自身革命化的程度"。②

第二节 深刻揭露资本主义的本质特征

资本主义的历史进步性只是相对的，是相对于封建农奴制而言的，它毕竟不是人类社会发展的完美社会形态。它是以雇佣劳动制度为基础的剥削制度。在资本主义社会，生产力虽然得到了极大的发展，但是，正如马克思指出的，在私有制的统治下，这些生产力只获得了片面的发展，对大多数人来说成了破坏的力量，而许多这样的生产力在私有制下根本得不到利用。

一 资本主义是私有制基础上的雇佣劳动制度

马克思指出，不论生产的社会形式如何，劳动者和生产资料始终是生产的因素。但是，二者在彼此分离的情况下只是可能性上的生产因素。凡要进行生产就必须使它们结合起来。实行这种结合的特殊方式和方法依社会结构不同而区分为各个不同的经济时期。在资本主义社会，这种结合是少数具有组织大规模生产的物质条件而又不依靠自身劳动来满足生产的资

---

① 《马克思恩格斯选集》第4卷，人民出版社1995年版，第209页。
② 《马克思恩格斯全集》第6卷，人民出版社1961年版，第659页。

本家，以等价交换的方式从市场上找到那些丧失了一切生产资料、一无所有的无产者，并把它们的劳动力作为商品购买回来，投入到商品生产中而实现的。可见，资本主义是生产资料归资本家私人占有基础上的雇佣劳动制度，它是资本主义的剥削基础。

雇佣劳动最早在封建社会末期简单商品生产者分化的基础上就产生了。不过那时的雇佣劳动现象是一种例外和救急方法。但是，当行会师傅和货币财富的拥有者变成了剥削雇佣工人的资本家，广大个体生产者被迫与生产资料分离变成无产者时，雇佣劳动就成了整个生产的通例和基本形式，暂时的雇佣劳动者变成了终身的雇佣劳动者，雇佣劳动也就进入了与机器大生产相联系的发展阶段。从雇佣劳动的产生与发展来看，雇佣劳动并不是资本主义的特有现象，它的出现比资本主义要早，只是到了资本主义社会才发展成为普遍的成熟方式，也就是资本主义雇佣劳动。恩格斯在分析资本主义生产方式形成过程时说道：最初的资本就已经遇到了现成的雇佣劳动形式。就是说，雇佣劳动是与市场经济相联系的范畴，市场经济不为资本主义所特有，雇佣劳动也同样不为资本主义所特有，雇佣劳动的发展同市场经济的发展有同步性，只不过是，在资本主义条件下，雇佣劳动成为剩余价值的生产方式而已。

雇佣劳动制度具有历史的进步作用，但是，私有制基础上的资本主义雇佣劳动并不是无产阶级的乐园，它是一种新的剥削制度，无产阶级被剥削的残酷程度并不比以前轻多少。正如恩格斯指出的那样：当资本主义社会实现了的时候，"新制度就表明，不论它较之旧制度如何合理，却决不是绝对合乎理性的。……富有的和贫穷的对立并没有化为普遍的幸福，……工业在资本主义基础上的迅速发展，使劳动群众的贫穷和困苦成了社会的生存条件。"[①]

马克思指出，在以私有制为基础的雇佣劳动制度下，资本和雇佣劳动之间的关系是一种剥削与被剥削的关系，但在现实生活中，它却被资本与雇佣劳动之间的等价交换关系所掩盖。资本主义商品经济中，劳动市场上通行的是劳动力商品买卖的等价交换原则，购买和出卖劳动力商品总是按价值规律进行的。但自从马克思科学地区分了劳动和劳动力这两个概念，

---

① 《马克思恩格斯选集》第3卷，人民出版社1995年版，第606页。

资本主义的剥削秘密便第一次被揭穿了。他明确指出：资本家在市场上购买的是工人的劳动力，工资是劳动力的价格，而不是工人劳动的价格。资本家在市场上购买到劳动力以后，便把它投入到生产过程中去，通过劳动者和生产资料的结合，资本主义生产也就开始了。在生产过程中，工人不仅生产出自己劳动力的价值，而且还生产出了一个大于自己劳动力价值的新价值，这个新价值虽然是雇佣劳动者创造的，但却被资本家无偿占有了，马克思称之为剩余价值。资本家正是通过对剩余价值的无偿占有，实现了对雇佣工人的剥削。可见，剥削不是存在于资本家购买劳动力的市场上的交换中，而是存在于交换之后的生产中。资本家宣扬的工人工作一天就得到一天的公平工资，其实是一个骗人的鬼话。因此，"资本家和工人之间的交换关系，仅仅成为属于流通过程的一种表面现象，成为一种与内容本身无关的并只能是它神秘化的形式。劳动力的不断买卖是形式，其内容则是，资本家用他总是不付等价物而占有的别人的已经物化的劳动的一部分，来不断再换取更大量的别人的活劳动。"① 可见，资本家与工人之间进行的等价交换只是一种形式，这种形式掩盖下的内容和结果则是不平等交换。

对于资产阶级标榜的所谓的资本家和雇佣工人在这种等价交换关系中的平等和自由，马克思强调的是，工人在再生产资本时，总是不断再生产出资本主义生产关系，即工人对资本家的依附性。与奴隶社会相比，资本主义社会里，劳动对资本的依附是一种生产关系的依附，而不是一种人身的依附。也正因为如此，资产阶级把其美化为"自由劳动"。实际上，对劳动者来说，"自由"只是意味着出卖劳动力的"自由"。表面上，工人只要愿意，就可以离开雇佣他的资本家，而资本家也可以随意辞退工人，只要工人使他不能再获得预期的利益。就是说，工人有选择某个资本家的自由，可以拒绝个别资本家的雇佣条件。然而，工人是以出卖劳动力为生的，如果他不想饿死，就不能离开整个购买者阶级即资本家阶级的雇佣。工人不是属于某一个资本家，而是属于整个资本家阶级。马克思一针见血地指出："罗马的奴隶是由锁链，雇佣工人则由看不见的线系在自己的所有者手里的。"②

---

① 《马克思恩格斯选集》第 2 卷，人民出版社 1995 年版，第 237 页。
② 同上书，第 232 页。

二　资本来到世间每个毛孔都滴着血和肮脏的东西

（一）对工人进行残酷奴役与剥削

马克思恩格斯对资本主义制度给人类带来的灾难进行了深刻的揭露。资本主义早期阶段，资本家对工人的剥削是极其野蛮、极其残酷的。自由、平等、博爱、人权、良心之类的遮羞布已被完全抛在了一边，暴露出聚敛财富的疯狂和压榨雇佣劳动者的冷酷面目。资本家腰包中财富的每一份增长，都浸透着广大雇佣工人的血和泪。恩格斯对19世纪上半期英国资本家对雇佣工人的残酷剥削以及雇佣工人的悲惨命运，曾经进行长达数年的详尽的调查，写成《英国工人阶级状况》一书。他指出：早期资本家对工人的剥削方式主要是以榨取工人创造的绝对剩余价值为主，因此，绝对地延长劳动时间，大幅度地增加劳动强度，是其惯于采用的手段。资本家对雇佣工人的敲骨吸髓式的剥削，完全超出了工人身体的承受力。当时的英国，雇佣工人的日均劳动时间都在14—16小时，工人吃饭和休息的时间被压缩的再也无法压缩。纺织工人不仅劳动时间长，而且劳动强度已至极限。一个女工一个工作日要走相当于20英里的路程，另外还要牵伸机器达4400次。"他们必须老是站着，无权坐下。谁要是在窗台上或筐子上坐一会儿，他就要受罚。"[①] 因此，许多工人身体出现畸形，脊柱弯曲，"膝盖向里弯，关节上的韧带常常松弛而缺少弹力，腿的长骨弯曲了；这些长骨头的粗的一端特别弯曲而且发育过度；这些病人都来自工作时间过长的工厂"[②]。当然，还有恶劣的工作环境，那时资本家根本不会给工人必要的劳动保护，致使工人中间的职业病发病率奇高。如纺织和丝麻工厂的工人，吸入大量的纤维屑，大都患有肺病。

马克思在《资本论》中引用当时英国官方公布的大量文字材料，揭示了资本主义制度下无产阶级的贫困生活：英国枢密院医官西蒙医生发表在1864年伦敦出版的《公共卫生。第6号报告。1863年》的调查报告中说："在农业工人中，联合王国最富庶的地区英格兰的农业工人营养最差。农业工人中缺乏营养的主要又是妇女和儿童，因为'男人要去干活，

---

① 《马克思恩格斯全集》第2卷，人民出版社1957年版，第441页。

② 同上书，第439页。

总得吃饭'。在调查过的各类城市工人中,营养缺乏的程度更为严重。'他们的饮食非常坏,以致必然发生许多严重的有害健康的不足现象'。"①伦敦工人居住的房屋十分拥挤。西蒙医生发表在 1866 年伦敦出版的《公共卫生。第 8 号报告》的调查报告中说:住房最坏时"会使人们不顾任何体面,造成肉体与肉体机能如此龌龊的混杂,如此毫无掩饰的性的裸露,以致使人像野兽而不像人。……对于在这样可诅咒的环境下出生的儿童来说,这种环境本身就是一种寡廉鲜耻的洗礼"。汉特医生在调查报告中说:"在伦敦,大约有 20 个大的贫民区,每个区有 1 万人左右,……在这些贫民区,住房过于拥挤和破烂的情形,比 20 年前糟糕得多。……即使把伦敦和新堡的许多地区的生活说成是地狱生活,也不算过分。"② 由于住房过分拥挤,空气和光线不足,致使流行病蔓延。新堡热病医院的恩布尔顿医生在 1866 年伦敦出版的《公共卫生。第 8 号报告》上发表的调查报告中说:"毫无疑问,伤寒病持续和蔓延的原因,是人们住得过于拥挤和住房肮脏不堪。……这些住房供水不良,厕所更坏,肮脏,不通风,成了传染病的发源地。"③ 资产阶级迫使无产者像奴隶一样地劳动,这在社会方面、生理方面、道德方面、知识方面,都是不折不扣的奴隶制度。

19 世纪上半期,资本家为了追求更加丰厚的利润,大量使用女工和童工,以求降低工资支出。在 30—40 年代的英国,全国各地对女工和童工的使用是极其普遍的。在英国首都伦敦,每个礼拜一、二,都有公开的早市,那里聚集着可以雇用的大量的儿童。1839 年,据统计英国全国工人中共雇用 24 万名妇女,39 万名童工。有的童工甚至年仅 7 岁零 4 个月就开始做工了,并且也从早晨 6 点工作到晚上 9 点,每天竟然做 15 个小时的工。马克思在《资本论》中引用了工厂视察员桑德斯 1844 年的报告,"在女工中,有些人接连好多星期,除了少数几天以外,都是从早晨 6 点干到深夜 12 点,中间只有不到 2 个小时的吃饭时间。因此,一星期当中有 5 天,都是每天 24 小时中只剩下 6 小时给她们上下班和睡觉。"④

在资本主义社会中,无产阶级随着资本积累的增加而具有日益贫困化

---

① 《马克思恩格斯全集》第 23 卷,人民出版社 1972 年版,第 719 页。
② 同上书,第 723 页。
③ 同上书,第 726 页。
④ 同上书,第 442 页。

的趋势,这是资本主义的绝对规律。早在《共产党宣言》中,马克思和恩格斯就指出:无产阶级"并不是随着工业的进步而上升,而是越来越降到本阶级的生存条件以下。工人变成赤贫者,贫困比人口和财富增长得还要快"。① 在社会生产无政府状态下,每个企业为了避免在自由竞争中被别人搞垮,为了提高自身在无政府状态下的生存能力,都不断地扩大生产规模、改进生产技术、提高生产效率、降低生产成本。恩格斯指出:"社会的生产无政府状态的推动力,使大工业中的机器无止境地改进的可能性变成一种迫使每个工业资本家在遭受毁灭的威胁下不断改进自己的机器的强制性法令。但是,机器的改进就造成人的劳动的过剩。"② 马克思在《资本论》中从生产过程中对资本主义生产造成工人大批失业,进而贫困化的趋势作了进一步的剖析。他指出,随着技术的改进,资本有机构成有逐步提高的趋势,在新增资本中,不变资本占有了越来越大的比例,而可变资本的比例却日趋减少。机器的改进也意味着原有资本中不变资本和可变资本的比例的重新分配,造成资本对原有工人的裁减。可变资本相对减少的趋势,不仅意味着大量工人的失业,而且意味着工资总水平的下降,造成雇佣工人日趋贫困化。他在《资本论》中一针见血地指出:"使相对过剩人口或产业后备军同积累的规模和能力始终保持平衡的规律把工人钉在资本上,比赫斐斯塔司的楔子把普罗米修斯钉在岩石上钉得还要牢。这一规律制约着同资本积累相适应的贫困积累。因此,在一极是财富的积累,同时在另一极,即在把自己的产品作为资本来生产的阶级方面,是贫困、劳动折磨、受奴役、无知、粗野和道德堕落的积累。"③

但是,随着生产力水平的提高,经济状况的好转,雇佣工人的生活状况的确也得到了一些改善,甚至出现了白领工人阶层。对此,马克思指出:劳动者生活水平的提高必须从发展的角度用社会尺度来衡量。在资本主义社会,劳动者生活的提高是以生产资本的迅速增加为前提的,生产资本的迅速增加,反映了财富、奢侈、社会需求和社会享受等同样的迅速的增加,但是,在这个过程中,劳动者生活水平的增长比起资本家增加的财

---

① 《马克思恩格斯选集》第 1 卷,人民出版社 1995 年版,第 284 页。
② 同上书,第 3 卷,人民出版社 1995 年版,第 747—748 页。
③ 同上书,第 2 卷,人民出版社 1995 年版,第 259 页。

富来讲，不仅不能等量齐观，而且是相对地大大降低了。马克思比喻说，一座房子不管怎样小，在周围的房子都是这样小的时候，它是能满足社会对住房的一切要求的。但是，一旦在这座小房子近旁耸立起一座宫殿，尽管小房子的规模随着文明的进步而扩大起来，但是，只要近旁的宫殿的规模同样地或更大程度地扩大起来，那座较小的房子居住者就会在那四壁之内越发觉得不舒服，越发不满意，越发感到受压抑。因此，"在工人自己所生产的日益增加的并且越来越多的转化为追加资本的剩余产品中，会有较大的部分以支付手段的形式流回到工人手中，使他们能够扩大自己的享受范围，有较多的衣服、家具等消费基金，并且积蓄一小笔货币准备金。但是，吃穿好一些，待遇高一些，特有财产多一些，不会消除奴隶的从属关系和对他们的剥削，同样，也不会消除雇佣工人的从属关系和对他们的剥削。"①

（二）对外进行野蛮的殖民侵略

资本主义的发展史就是一部赤裸裸的对外侵略史。马克思和恩格斯在考察了资本的形成以后指出：资本的原始积累绝不像资产阶级经济学家所描述的那样，"是牧歌式的解放运动。"事实上，一方面，它是资本家剥夺小生产者，使小生产者同生产资料分离的过程；另一方面，是依靠对外征服、奴役、劫掠得来的。因此，"资本来到世间，从头到脚，每个毛孔都滴着血和肮脏的东西。"② 这就是资本主义的发家史。"新被解放的人只有在他们被剥夺了一切生产资料和旧封建制度给予他们的一切生存保障之后，才能成为他们自身的出卖者。而对他们这种剥夺的历史是用血和火的文字载入人类编年史的。"③

在考察欧洲列强同落后民族、西方同东方民族关系的时候，西方资产阶级总是用"自由贸易"、"平等通商"、"人权博爱"和"文明人道"之类的辞藻掩蔽民族剥削和民族压迫的事实。马克思和恩格斯具体地考察了发生在非洲的、延续了400多年的奴隶贸易以及爱尔兰、阿尔及利亚、意大利、波兰、印度、中国等被压迫民族的历史遭遇，愤怒谴责欧洲列强推

---

① 《马克思恩格斯选集》第2卷，人民出版社1995年版，第247页。
② 同上书，第266页。
③ 同上书，第261页。

行的侵略政策和殖民政策，无情地揭露了欧洲列强对殖民地被压迫民族的残酷掠夺和野蛮统治，批驳了西方资产阶级所散布的殖民政策是传播"文明"、"人道"和"自由"的无耻谰言，揭示了民族剥削和民族压迫的实质。

恩格斯揭露道："美洲的发现是在此以前就已经驱使葡萄牙人到非洲去的那种黄金梦所促成的……，因此14世纪和15世纪的蓬勃发展的欧洲工业以及与之相适应的贸易，都要求有更多的交换手段。"[①] "葡萄牙人在非洲海岸、印度和整个远东寻找的是黄金；黄金一词是驱使西班牙人横渡到美洲去的咒语；黄金是白人刚踏上一个新发现的海岸时所要的第一件东西。"[②] 而在非洲，罪恶的奴隶贸易自从1442年第一批非洲奴隶运到欧洲开始，一直延续了400年，非洲大陆损失人口1亿—1亿5千万。马克思把奴隶贸易列为原始积累的主要因素之一。"美洲金银产地的发现，土著居民的被剿灭、被奴役和被埋葬于矿井，对东印度开始进行的征服和掠夺，非洲变成商业性地猎获黑人的场所；这一切标志着资本主义生产时代的曙光。这些田园诗式的过程是原始积累的主要因素。"[③] 没有非洲奴隶，新大陆的殖民地就不可能存在，没有殖民地的奴隶制度就没有大批的廉价原料。马克思说："奴隶制使殖民地具有价值，殖民地产生了世界贸易，世界贸易是大工业的必备条件。"[④] "殖民制度宣布，赚钱是人类最终的和惟一的目的"[⑤]。

马克思在《伊奥尼亚群岛问题》一文中，对英国殖民者所谓"用国民自由原则来教育他们"的谎言进行了有力的驳斥。他说："大不列颠对群岛所抱的人道感情，却表现为亨利·华德爵士以真正奥地利式的残酷性镇压了当时群岛上所发生的起义。20万居民中有8000人被处绞刑，被判受鞭笞、监禁和放逐；妇女和儿童被鞭打得皮开肉绽。"至于开发物质资源，"英国，这个主张自由贸易的英国，竟恬不知耻地给伊奥尼亚人加上出口税的负担，——这是似乎只有在土耳其的财政法典上才可能有的野蛮

---

① 《马克思恩格斯全集》第37卷，人民出版社1971年版，第485页。
② 同上书，第21卷，人民出版社1965年版，第450页。
③ 同上书，第23卷，人民出版社1972年版，第819页。
④ 同上书，第4卷，人民出版社1958年版，第145页。
⑤ 同上书，第23卷，人民出版社1972年9月版，第822页。

手段。……在英国统治的头23年当中，捐税增加了两倍"。英国人对岛上居民"自己的产品课出口税，在各岛之间课过境税，捐税增加和开支多得无力负担——这就是约翰牛赏赐给伊奥尼亚人的经济福利。按照他的在印刷所广场上的神托的说法，约翰牛侵占殖民地的惟一目的，是用国民自由的原则来教育它们；但是，如果我们看看事实，我们就会看到，伊奥尼亚群岛的例子，就和印度和爱尔兰一样，仅能证明：约翰牛要自己国里自由，就得到国外去奴役别国人民。"① 马克思在《不列颠在印度的统治》一文中又指出，不列颠人在印度的全部统治是肮脏的。不列颠人给印度斯坦带来的灾难，与印度斯坦过去所遭受的一切灾难比较起来，毫无疑问在本质上属于另一种，在程度上要深重得多。内战、外侮、革命、征服、饥荒——尽管所有这一切接连不断的对印度斯坦造成的影响显得异常复杂、剧烈和具有破坏性，它们却只不过触动它的表面，英国则摧毁了印度社会的整个结构，而且至今还没有任何重新改建的迹象。印度人失掉了他的旧世界而没有获得一个新世界，这就使他们现在所遭受的灾难具有了一种特殊的悲惨的色彩。②

马克思和恩格斯以大量事实揭露了欧洲列强推行其殖民政策的主要手段是野蛮的暴力和战争，批驳了西方资产阶级所散布的"东方野蛮论"，为东方被压迫民族伸张了正义。他们指出：所谓的"自由贸易"和"和平通商"一开始就带海盗式的掠夺性质。恩格斯在评述中英关系时曾经说过，如果英国人借端向中国人挑起的这场争执达到顶点，那么，可以预料，其结果将是一次新的陆海军远征。1841—1842年的远征使英国人轻而易举地从中国人那里抢走了大宗银两，这很可能引诱英国人再进行一次同样的尝试。"英国人虽然非常厌恶我们的海盗本性，然而他们自己却保留了大量的为我们16世纪和17世纪的共同祖先所特有的古老的海盗式掠夺精神。"③ 马克思分析说：英国人一而再，再而三地在中国使用暴力，发动海盗式的侵略战争，绝不是由于中国的"野蛮"而在于英国纯粹利己的"民族光荣"和"贸易利益"。马克思指出：熟悉近30年英国外交

---

① 《马克思恩格斯全集》第12卷，人民出版社1962年版，第707—709页。
② 《马克思恩格斯选集》第1卷，人民出版社1995年版，第761、762页。
③ 《马克思恩格斯全集》第12卷，人民出版社1962年版，第186页。

内幕的人们可以毫无疑问地断定：究竟谁是白河惨败和迫在眉睫的第三次英中战争的真正罪魁。① 正是"仁慈"的英国强迫中国进行正式的鸦片贸易，用大炮轰开了万里长城，用武力打开了天朝同尘世往来的大门，遂有中国的白银流向印度运往欧洲，英国和美国的工业品大量倾销到中国的太平洋沿岸地区。

第三节 科学认识资本主义的发展演变

资本主义是发展变化的，所以对资本主义的认识也要不断深化，不能停留在某一认识阶段上却步不前。这也正是马克思和恩格斯的科学态度之所在。马克思、恩格斯及时地把握和分析资本主义发展的新情况、新问题，不断充实和完善科学社会主义理论。

一 研究资本主义生产和资本形态的新变化

人类社会的发展是一个自然历史过程，资本主义作为一种社会制度，在人类历史进程中有其萌芽、确立、发展和衰亡的过程。马克思和恩格斯生活在19世纪，就像他们本人说的那样：资本主义发展到什么程度他们就认识到什么程度。随着资本主义的发展演化，马克思和恩格斯对资本主义的认识也在逐步地深入。

19世纪是资本主义自由竞争时期，奉行的是资产阶级的市场经济理论，即采取自由放任的经济政策。这一时期是单个资本发展的天堂和黄金时期，由于生产技术的改进和机器的大量使用，生产效率大大提高。海外市场的开拓，商品的大量出口和廉价原料的获得，使单个资本不仅迅速膨胀，而且数量也急速增加。由于生产规模的扩大，国内市场已无法跟上生产力的增长速度，资本主义固有的矛盾即生产的社会化与生产资料私人占有之间的矛盾开始凸显出来。1825年英国爆发了资本主义世界的第一次经济危机。危机最明显的表现是大量商品卖不出去，出现了商品过剩的危机。之后，1836年、1847年又相继发生了两次经济危机，而且程度越来越重，危害越来越大。与此同时，各种社会矛盾也急剧激化。

---

① 《马克思恩格斯选集》第1卷，人民出版社1995年版，第743页。

针对这种情况，马克思和恩格斯在《共产党宣言》中指出：周期性的商业危机已经越来越危及着整个资产阶级社会的生存，每当危机到来，就会发生一种在过去一切世代看来好像是荒唐现象的社会瘟疫，即生产过剩的瘟疫，社会突然发现自己回到了一时的野蛮状态；仿佛是一次饥荒、一场普遍的毁灭性战争，仿佛是工业和商业全部被毁灭了。这是什么缘故呢？因为社会文明过度，生活资料太多，工业和商业太发达。以上现象表明，社会所拥有的生产力已经不能在促进资产阶级文明和资产阶级所有制关系的发展，相反，生产力已经强大到这种关系所不能适应的地步，它已经受到这种关系的阻碍。资产阶级的关系已经太狭窄了，已经容纳不了它本身所造成的财富了。"资产阶级用来推翻封建制度的武器，现在却对准资产阶级自己了。"[1]

然而，1848年欧洲革命以后，欧洲各主要资本主义国家却进入了普遍繁荣时期。后来的事实表明，就是在革命时期，欧洲各资本主义国家经济仍以很高的增长率发展着。马克思和恩格斯在认真考察了欧洲各国经济发展的趋势及其对革命的影响后，于1850年1月得出了新的结论："在这种普遍繁荣的情况下，即在资产阶级社会的生产力正在以整个资产阶级关系范围内所能达到的速度蓬勃发展的时候，也就谈不到什么真正的革命。只有在现代生产力和资产阶级生产方式这两个要素互相矛盾的时候，这种革命才有可能。"[2] 尤其是后来第二次技术革命的兴起，给资本主义社会注入了巨大的生机。以电动机为标志的电力在工业中的应用，大大促进了资本主义社会生产力的发展。生产的飞速发展，工业的普遍繁荣，财富的剧增，使工人阶级的生活水平也得到了一定的改善。马克思和恩格斯认识到，资本主义还有很大的活力，还不会很快灭亡。1859年1月马克思指出："无论哪一个社会形态，在它所能容纳的全部生产力发挥出来以前，是决不会灭亡的；而新的更高的生产关系，在它的物质存在条件在旧社会的胎胞里成熟以前，是决不会出现的。"[3] 1885年3月恩格斯在伦敦《公益》杂志上发表文章，不无感慨地说："所有过去应用蒸汽和机器获得的

---

[1] 《马克思恩格斯选集》第1卷，人民出版社1995年版，第278页。
[2] 同上书，第470—471页。
[3] 同上书，第2卷，人民出版社1995年版，第33页。

惊人成果，和1850—1870年这20年间生产的巨大飞跃比起来，和输出与输入的巨大数字、和积累在资本家手中的财富以及集中在大城市里的人的劳动力的巨大数字比起来，就微不足道了。诚然，这个进步和以前一样被每十年一次的危机所中断：1857年有一次危机，1866年又有一次；但是危机的这些反复发作现在已经被看成是一种自然的、不可避免的事情，这种事情是命中注定的遭遇，但最后总是又走上正轨。"① 恩格斯后来在1895年《卡·马克思〈1848年至1850年的法兰西阶级斗争〉一书导言》中又反思道："历史表明，我们以及所有和我们有同样想法的人，都是不对的。历史清楚地表明，当时欧洲大陆经济发展的状况还远没有成熟到可以铲除资本主义生产的程度；历史用经济革命证明了这一点，从1848年起经济革命席卷了整个欧洲大陆，在法国、奥地利、匈牙利、波兰以及最近在俄国刚刚真正确立了大工业，而德国简直就成了一个头等工业国，——这一切都是以资本主义为基础的，可见这个基础在1848年还具有很大的扩展能力。"②

　　技术革命使资本主义的企业规模不断扩大，企业制度也发生了深刻变化。尤其是电力的广泛应用，有力地推动了生产企业的大型化和生产的社会化。各种新式的大型化的机械设备，各种自动传送装置和生产流水线随着电力的应用而得到了运用。特别是电力、钢铁、机械、化学、石油等重工业和交通运输业的发展，既要求建立大企业，使生产集中达到较高的程度，拥有规模经济优势，同时又要求生产更加专业化和实行广泛的协作，使整个经济联系更加紧密。因此，在自由资本主义时期单个资本家所有制的资本占有关系已经不适应生产力的发展要求，以股份资本经营管理形式出现的新型资本形态大量出现，这是资本形式和企业体制的一次重大飞跃。股份资本的出现在一定程度上缓解了资本主义基本矛盾，经济危机一度延缓和减轻，资产阶级和工人阶级的矛盾冲突也相对减少。新技术带来的生产的飞速发展，给广大雇佣工人带来了广泛的就业机会和收入的相对增加。马克思认为，虽然随着生产的发展工人受剥削的程度不会减轻，但是，生产的发展对于雇佣工人来说还是有利的。恩格斯根据资本主义正在

---

① 《马克思恩格斯选集》第4卷，人民出版社1995年版，第427页。
② 同上书，第512页。

经历的经济革命所带来的这些新情况,在1891年给倍倍尔的信中特别指出:"你说我似乎曾经预言资产阶级社会将于1898年崩溃。这是一个误会。……这样一个腐朽陈旧的建筑物,当它实际上已经过期之后,如果风平气稳,也还可以支撑数十年。因此,我当然要避免事先作这类预言。"①并指出,在资本主义相对稳定的情况下,"资产阶级的即资本主义的发展显得比革命的反抗更有力量;再要反对资本主义的生产,就需要新的更强大的推动力"。② 他还自我批评道:"历史表明我们也曾经错了,暴露出我们当时的看法只是一个幻想,历史走得更远;它不仅打破了我们当时的错误看法,并且还完全改变了无产阶级借以进行斗争的条件。"③

马克思在《资本论》第3卷中讲到股份公司成立时指出,生产力发展了,生产社会化程度提高了,以个别资本家所有为特征的资本主义企业形式已不适合生产力发展的要求,于是以社会资本形式出现的股份公司便产生了。在股份制中,资本直接取得了社会资本(即那些直接联合起来的个人的资本)的形式,而与私人资本相对立。马克思对股份公司的历史进步作用作了充分肯定。他认为,股份公司已不是原来意义上的"私人资本"和"私人企业",这是他对资本主义向社会主义转变越来越成熟的一种肯定。他指出:在股份公司内,职能已经同资本所有权相分离,因而劳动也已经完全同生产资料的所有权和剩余劳动的所有权相分离。资本主义生产极度发展的这个结果,是资本再转化为生产者的财产所必需的过渡点,不过这种财产不再是各个互相分离的生产者的私有财产,而是联合起来的生产者的财产,即直接的社会财产。另一方面,这是所有那些直到今天还和资本所有权结合在一起的再生产过程中的职能转化为联合起来的生产者的单纯职能,转化为社会职能的过渡点。

他进一步分析,股份公司进而垄断的发展,标志着资本主义生产已出现了向社会主义生产转变的"过渡点"。恩格斯在编辑《资本论》第3卷关于信用制度的章节所加的插话中明确告诉我们,股份公司的进一步发展,"已经最令人鼓舞地为将来由整个社会即全民族来实行剥夺做好了准

---

① 《马克思恩格斯全集》第38卷,人民出版社1972年版,第186页。
② 同上书,第36卷,人民出版社1974年版,第231页。
③ 《马克思恩格斯选集》第4卷,人民出版社1995年版,第510页。

备"。但同时马克思和恩格斯认为,股份制本身并不具有社会主义的性质,"这是资本主义生产方式在资本主义生产方式本身范围内的扬弃"。①

从这些论述可以看出,在资本主义社会内部,在不从根本上触及资本主义私有制本身的前提下,股份制的出现,是对资本主义生产关系从组织形式方面被迫进行的一次有限调整,即"消极地扬弃"。它在一定程度上缓和了生产的社会化同生产资料的资本主义私人占有制这一根本矛盾;同时它具有一定的利益协调功能,通过实行"两权分离"和所谓的"资本人民化"、"职工民主管理"等途径,将资本所有者、经营者和生产者三者的职能和与之相应的利益纳入了这一"最高"、"最适当"的资本组织形式,从而相对地协调了少数资产阶级同广大无产阶级之间对抗性的利益冲突。所有这些都为资本主义生产方式向联合的生产方式过渡提供了"形式上的手段"和"线索"。

马克思在《资本论》第3卷中还通过对资本主义信用的发展和股份公司的考察分析,揭示出资产阶级愈来愈成为一个多余的阶级。他指出:"与信用事业一起发展的股份企业,一般地说也有一种趋势,就是使这种管理劳动作为一种职能越来越同自有资本或借入资本的所有权相分离,……但是一方面,因为执行职能的资本家同资本的单纯所有者即货币资本家相对立,并且随着信用的发展,这种货币资本本身取得了一种社会的性质,集中于银行,并且由银行贷出而不再是由它的直接所有者贷出;另一方面,又因为那些不能在任何名义下,即不能用借贷也不能用别的方式占有资本的单纯的经理,执行着一切应由执行职能的资本家自己担任的现实职能,所以,留下来的只有管理人员,资本家则作为多余的人从生产过程中消失了。"② 这段话表明,马克思认为所有权与经营权的分离是实行股份制的一种必然结果,也可以说股份制本身就存在着使所有权与经营权相分离的内在功能。因为在股份制条件下,实际执行职能的已由资本家转化为单纯的经理,即别人的资本的管理人,而资本所有者则转化为单纯的所有者,即单纯的货币资本家。这样一来,资本所有权就同现实再生产过程中的职能完全分离了。对于这个问题,恩格斯在他的著述中亦表达了与马克思同

---

① 《马克思恩格斯全集》第25卷,人民出版社1974年版,第493、494、495页。
② 同上书,第436页。

样的观点，他在《〈反杜林论〉的准备材料》中写到："资本家本身不得不部分地承认生产力的社会性。大规模的生产机构和交通机构起初由股份公司占有，后来又由托拉斯占有，然后又由国家占有。资产阶级表明自己已成为多余的阶级；它的全部社会职能现在由雇佣的职员来执行了。"①1882年5月16日，在写给奥古斯特·倍倍尔的一封信中，他又指出："股份公司业已提供证明，资产者本身是何等的多余无用，因为全部管理工作都是由雇佣人员去做的，而国有化对此并没有增添任何新的论据。"②

恩格斯晚年对资本主义国有化的分析，有着更深层次的东西。从19世纪70年代开始，自由资本主义即向垄断资本主义阶段过渡，并出现了国家资本主义现象。恩格斯从发展的观点，肯定了国家资本主义的客观作用。他指出：国家资本主义的出现，意味着达到了一个新的为由社会本身占有一切生产力作准备的阶段。生产力归国家所有不是冲突的解决，但是它包含着解决冲突的形式上的手段，解决冲突的线索。它为社会主义提供了更直接的经济条件，使无产阶级在革命胜利后更便于以社会名义占有生产资料。恩格斯还认为，国家资本主义发展本身，又进一步暴露了资产阶级的寄生性和腐朽性。如果说，周期性的经济危机暴露出资产阶级无能驾驭现代生产力，那么，大的生产和交换机构向股份公司和国家财产的转变，表明资产阶级在这方面是多余的。随着生产社会化程度的提高，资产阶级日益脱离具体的生产过程，成为拿红利、剪息票、在资本交易所中进行投机的寄生阶层。"资本主义生产方式起初排挤工人，现在却在排挤资本家了，完全像对待工人那样把他们赶到过剩人口中去"。③

综上所述，在马克思看来，"资本主义生产的历史趋势被归结成这样：资本主义生产本身由于自然变化的必然性，造成了对自身的否定'；它本身已经创造出了一种新的经济制度的因素，它同时给社会劳动生产力和一切生产者个人的全面发展以极大的推动；实际上已经以一种集体生产方式为基础的资本主义所有制只能转变为社会所有制。"④ 可见，马克思和恩格斯总是根据资本主义的不断发展，得出一些新的认识论点，来修正

---

① 《马克思恩格斯全集》第20卷，人民出版社1971年版，第710页。
② 同上书，第35卷，人民出版社1971年版，第317页。
③ 《马克思恩格斯选集》第3卷，人民出版社1995年版，第628、629页。
④ 同上书，第341页。

和完善科学社会主义的理论。

二 分析资产阶级统治方式的新调整

随着资本主义社会生产力的发展，资本主义的生产关系、上层建筑必然会相应发生变化，虽然这些变化并非完全来自于资产阶级的意愿，而是被迫进行的，但是，它确实促进了资产阶级民主的进程。

首先，生产力发展本身要求资产阶级对其统治进行调整。恩格斯在《〈英国工人阶级状况〉1892年德文第二版序言》中指出："现代政治经济学的规律之一……就是：资本主义生产越发展，它就越不能采用作为它早期阶段的特征的那些小的哄骗和欺诈手段。"他描述说，在欧洲商业发展最低阶段，那些小气的骗人伎俩、狡猾手段，随着大工业的发展，在德国许多已经改变了，在大市场上已经不合算了。同样，英国工厂主对待工人的关系也发生了同样的变化。所以，恩格斯说："大工业看起来也变得讲道德了。"① 恩格斯承认，他在《英国工人阶级状况》一书中所描述的那些最令人触目惊心的恶劣现象，现在或者已经被消除，或者已经不那么明显，在大城市，公共卫生状况已大为改善：下水道已经修筑起来或改善了；在最坏的贫民窟中间，有许多地方修建了宽阔的街道。资产阶级为了培养高素质的工人，以便使他们能够创造更多的剩余价值，不得不开始"为广大人民着想"，各国先后实行了义务教育，19世纪80年代福利社会制度也开始出现。1883年英国率先建立了社会福利制度。德国则是最早制定社会保障法的国家，并于1883年以后，先后通过了疾病保障法、工伤事故保障法、老年和残废保障法等，其后其他资本主义国家也纷纷仿效。

另一方面，由于技术革命促使单个资本迅速集中，管理机制也发生了巨大的变化。大工厂主也更多地利用激励手段而不是惩罚手段来促使工人干更多的活，比如，计件工资和计时工资的采用，各种补贴奖金的发放，把工人的收入同其劳动数量和质量挂起钩来，调动了工人的积极性和主动性。这个时候，资本家已不再把工人仅仅看成是只会干活的工具，也开始让部分工人参与到工厂的管理中来，既让那些虽没有财产但精明能干、稳

---

① 《马克思恩格斯选集》第4卷，人民出版社1995年版，第419、420页。

重可靠、经营有方的人成为经营者。资本家这样做，正如马克思指出的那样，巩固了资本本身的统治，扩大了它的基础，使它能够从社会下层不断得到新的力量来补充自己。对此马克思一针见血地进行了揭露："一个统治阶级越能把被统治阶级中的最杰出的人物吸收进来，他的统治就越巩固，越险恶。"①

从这时起，资本家还更多地重视和利用工会的力量，而不是任凭工人与资本家对立。因为，企业规模越来越大，雇用的工人越来越多，对于资本家来说每次同工人发生冲突时所遭受的损失和困难也就越多。面对这种情况，工厂主，尤其是大的工厂主们也学会了避免必要的纠纷，也开始默认工联的存在和力量，最后甚至把罢工看作是实现他们自己目的的有效手段。因为，当他们的工业品根本找不到销路时，工人一旦罢工，他们就找到了关闭工厂的理由，并进而减少损失。工人状况比1848年好的有力证明就是，在他们举行的罢工中，10次有9次都是工厂主为了自己的利益，作为保证缩减生产产量的手段而挑起的，一旦工业品找不到销路，工厂主便通过工会鼓动工人罢工，而资本家则毫无例外地关闭工厂。这一现象，一方面出现了资本家与工人上层的勾结，出现了工人贵族；另一方面是工会吸引了工人团体、整体的活动合法化。这一时期，在工人运动的推动下，各国工人阶级的政党纷纷建立。这些变化显示了资本主义又向文明前进了一步。虽然这些对工人"正义和仁爱"的让步，事实上只是使资本加速积累于少数人手中的一种手段，但即使是这样，资产阶级的每一项调整，特别是对工人阶级的让步，都是对工人阶级有利的。

其次，无产阶级的斗争迫使资产阶级对统治方式进行调整。马克思指出："当文明已开始的时候，生产就开始建立在级别、等级和阶级的对抗上，……没有对抗就没有进步。这是文明直到今天所遵循的规律。到目前为止，生产力就是由于这种阶级对抗的规律而发展起来的。"② 在阶级社会中，生产力与生产关系的矛盾必然表现为阶级斗争。阶级斗争是推动历史发展的直接动力。随着资本主义生产方式的发展，无产阶级和资产阶级之间的斗争也日益激化，工人们开始联合起来，斗争形式也由经济斗争发

---

① 《马克思恩格斯全集》第25卷，人民出版社1974年版，第679页。
② 《马克思恩格斯全集》第4卷，人民出版社1958年版，第104页。

展为政治斗争，进而又组织了自己的政党。西欧各国无产阶级的不懈斗争，虽然没有推翻资产阶级统治，但却沉重打击了资本主义制度。为了在工人阶级强大的冲击下保住自己的统治，资产阶级不得不做出一些让步，使其统治看上去越来越文明、人道起来。当然，这并非是资产阶级本性的改变，而是无产阶级为争得民主进行抗争的结果。

19世纪30—40年代，欧洲出现了三次工人阶级反抗资产阶级统治争取民主权利的斗争高潮。英国的宪章运动是英国人民争取民主权利的最波澜壮阔的斗争，长达12年之久，经过了1839年、1842年、1848年三次高潮。1848年的欧洲革命对资产阶级统治的冲击作用是史无前例的。就连资产阶级也感叹道："一种无声的骚动不安开始在被我们的法律排斥在政治生活之外的下层阶级内部传播；从这里，正表现出把政治权力的范围扩大到全体公民的必要性。"[①] 经历了这场革命的马克思对法国工人阶级的六月起义给予了高度的评价："在1789年以来的许多次法国资产阶级革命，没有一次曾侵犯过秩序，因为所有这些革命都保持了阶级统治和对工人的奴役，保持了资产阶级秩序，尽管这种统治和这种奴役的政治形式时常有所改革。六月革命侵犯了这个秩序。"[②]

恩格斯在回顾无产阶级的斗争过程时，认为工人阶级通过斗争在资产阶级面前显示了巨大的力量，他们不得不改变统治方式。他说：英国的工厂主从反对立场中了解到，并且越来越了解到：没有工人阶级的帮助，资产阶级永远不能取得对国家的完全的社会统治和政治统治。这样，两个阶级之间的相互关系就逐渐改变了。从前被所有的工厂主视为望而生畏的工厂法，现在他们不但自愿地遵守，甚至还容许把它推广到所有工业部门中去。以前被看作恶魔现形的工联，现在被工厂主们当作完全合法的机构，当作在工人中间传播健康的经济学说的有用工具而受到宠爱和保护，甚至直到1848年还被宣布不受法律保护的罢工，现在也被认为有时很有用处。同时，在那些剥夺了工人同雇主平等的权利的法律中，至少已经废除了最令人反感的那一部分法律。十分可怕的人民宪章，实际上已经成了那些直到最近还在反对它的工厂主们自己的政治纲领。取消财产资格限制和秘密

---

① 萨尔沃·马斯泰罗内：《欧洲民主史》社会科学文献出版社1990年版，第114页。
② 《马克思恩格斯全集》第5卷，人民出版社1958年版，第155页。

投票现在已经成为法律。恩格斯说：改革已经大大接近于普选权。①

这一时期其他国家无产阶级争取普选权的斗争也取得了巨大进步。1848年法国七月王朝被推翻后，21岁以上的男性公民拥有了选举权。1875年通过的选举权法则进一步取消了财产和教育程度的限制。在美国1870年宪法修改后规定：不得因种族、肤色或以前是奴隶而剥夺公民的选举权。而德国已于1866年率先实现了普选权，走在了欧洲国家的前面。普选权的实现是无产阶级斗争的伟大胜利。

根据19世纪70年代以后西方资本主义的新变化，马克思和恩格斯在强调无产阶级不放弃"革命权"的同时，对于通过和平手段取得政权的可能性也给予了相当的重视。恩格斯在1871年致国际工人协会西班牙联合会的信中明确指出："普选权赋予我们一种卓越的行动手段。"② 他说：德国工人党派出了6个工人代表参加了国民代表会，这比起多年来通过报刊和集会进行的宣传，起了有利得多的作用。而法国工人通过自己的代表，在国民议会中将大声宣布我们的原则，在英国也有同样的情形。进入80年代，恩格斯对德国社会民主党利用普选权开展议会斗争取得成功和经验进行了总结。他说：德国工人阶级充分利用普选权，他们的选票逐年增加，并一步步地扩大了自己的阵地，取得了重大的胜利。"他们就一直这样使用选举权，以致他们自己得到了千百倍的好处，并成了世界各国工人的榜样。"③ 他说："由于这样有成效地利用普选权，无产阶级的一种崭新的斗争方式就开始发挥作用，并且迅速获得进一步的发展。……结果弄得资产阶级和政府害怕工人政党的合法活动更甚于害怕它的不合法的活动，害怕选举成就更甚于害怕起义成就。"④ 当恩格斯听到1895年德国社会民主党将在选举中获得250万张选票时，他指出："这意味着这样一种情况，在这种情况下，一个拥有250万选票以上的强大的党能迫使任何一个政府投降。"⑤ 在谈到美、英、法等国和平过渡的可能性时，他指出："可以设想，在人民代议机关把一切权力集中在自己手里、只要取得大多

---

① 《马克思恩格斯选集》第4卷，人民出版社1995年版，第426页。
② 同上书，第2卷，人民出版社1995年版，第639页。
③ 同上书，第4卷，人民出版社1995年版，第516页。
④ 同上书，第517页。
⑤ 《马克思恩格斯全集》第22卷，人民出版社1965年版，第291页。

数人民的支持就能够在按照宪法办事的国家里，旧社会可能和平地长入新社会"。① 恩格斯根据新的策略思想，一再告诫各国社会主义政党的领导人，必须抵制冒险主义的行动，把耐心的宣传组织工作和议会活动看成是"党的当前任务"。

第四节 辩证对待资本主义的文明成果

从历史发展的逻辑联系来看，人类社会是一个由低级向高级的发展过程。各个社会形态都依据社会发展的客观要求发挥了自己的历史作用，创造了有利于社会发展的文明成果。这些成果必然为下一个社会形态所继承和借鉴，成为社会继续进步和发展的基础因素。社会主义作为取代资本主义的一种更高的社会形态，也不是凭空产生的，对资本主义所创造的进步成果同样有继承和借鉴的关系。马克思指出："历史不外是各个世代的依次交替。每一代都利用以前各代遗留下来的材料、资金和生产力；由于这个缘故，每一代一方面在完全改变了的环境下继续从事所继承的活动，另一方面又通过完全改变了的活动来变更旧的环境。"② 因此，新的社会形态必须而且只能建立在旧社会形态创造的所有文明之上。共产主义作为取代资本主义的一种更高的社会形态，必须在资本主义所创造的全部先进生产力的基础上才能产生，必须继承和借鉴资本主义社会所创造的所有文明成果。社会主义对资本主义文明成果的继承，不仅是人类历史发展规律的表现，更是历史赋予社会主义的庄严使命。

一 要消灭资本主义私有制和雇佣劳动制度，但其先进的物质技术条件必须继承

资本主义私有制和雇佣劳动制度是不合理的剥削制度，无产阶级的社会主义革命，必须要消灭资本主义私有制和雇佣劳动制度，否则，无产阶级就不能获得彻底的解放。然而，社会主义革命胜利后，首先就要采取多种方式继承和运用资本主义社会遗留下来的物化的生产力，充分吸取和借

---

① 《马克思恩格斯全集》第22卷，人民出版社1965年版，第273页。
② 《马克思恩格斯选集》第1卷，人民出版社1995年版，第88页。

鉴资本主义生产、经营的现代化管理经验和先进的科学技术。这些成果是全人类发展的共同财富,它反映了发展生产和繁荣经济的一般规律,不能当作资本主义剥削的东西而一脚踢开。

马克思在1857年的《〈政治经济学批判〉序言》中对新社会形态的产生和旧社会形态灭亡的条件作了精辟阐述。这一阐述体现了他一贯坚持的生产力是社会变革的最终决定因素的历史唯物论。他说:"人类始终只提出自己能够解决的任务,因为只要仔细考察就可以发现,任务本身,只有在解决它的物资条件已经存在或者至少是在生成过程中的时候,才会产生。……在资产阶级社会的胎胞里发展起来的生产力,同时又创造着解决这种对抗的物质条件。"① 以此推论,资本主义的灭亡只有在生产力的发展已经超出了资本主义所能容纳的范围,也就是说在其内部生产力已没有发展的空间,达到了极限,这时资本主义就会让位于一个能继续适应生产力性质并促进其发展的新的社会形态,而此时的新社会形态,它为之服务的生产力在资本主义社会已经成熟。只有这时,新社会形态代替资本主义的任务才提到了议事日程。马克思把这个新社会形态称之为共产主义。可见,共产主义是从资本主义母体中十月怀胎,自然分娩而降生的。它继承了资本主义遗传给它的所有积极的因素,而抛弃资本主义的一切糟粕。共产主义对资本主义文明成果的关系是自然遗传,资本主义创造的生产力对于共产主义来说是一个既得的而不能选择的客观存在物,共产主义必须接过资本主义传过来的接力棒继续前进。

对于资本主义的物质技术条件的继承不仅是生产力自身的要求,也是无产阶级达到更高目标的基础,否定资本主义的物质基础就等于把自己置于空中楼阁,或等同于小资产阶级。马克思深刻地指出:"共产主义决不是人所创造的对象世界的即人的采取对象形式的本质力量的消逝、抽象和丧失,决不是返回到违反自然的、不发达的简单状态去的贫困。"②

马克思和恩格斯在关于俄国社会和俄国公社的发展前途的论述中,提出了吸取资本主义的一切肯定成果的著名论断。1861年俄国实行农奴制改革以后,俄国民粹派认为俄国可以利用农村公社的土地集体占有制,直

---

① 《马克思恩格斯选集》第2卷,人民出版社1995年版,第33页。
② 《马克思恩格斯全集》第42卷,人民出版社1979年版,第175页。

接过渡到社会主义。1875年恩格斯在《论俄国的社会问题》中对此进行了深刻的分析。他从历史唯物主义的立场出发,强调了生产力发展水平对于社会主义革命的决定作用,认为没有在资产阶级手中得到高度发展的生产力,就不会有社会主义,就是说资本主义发展起来的生产力是社会主义产生的前提条件。他说:"现代社会主义力图实现的变革,简言之就是无产阶级战胜资产阶级,以及通过消灭一切阶级差别来建立新的社会组织。为此不但需要有能实现这个变革的无产阶级,而且还需要有使社会生产力发展到能够彻底消灭阶级差别的资产阶级。……生产力只有在资产阶级手中才达到了这样的发展程度。"① 通过恩格斯的论述可以知道,资本主义创造的生产力,不是继承不继承的问题,而是没有这个物质基础,就根本谈不上社会主义。所以,他接下来讲,"可见,就是从这一方面来说,资产阶级正如无产阶级本身一样,也是社会主义革命的一个必要的先决条件。因此,谁竟然断言在一个虽然没有无产阶级然而也没有资产阶级的国家里更容易进行这种革命,那就只不过是证明,他还需要再学一学关于社会主义的初步知识。"② 恩格斯这里所阐述的社会主义与资本主义的关系,是唯物史观关于人类社会发展是一个自然历史过程的最清晰、最明了、最具说服力的表述。

马克思在1882年给查苏里奇的复信草稿中指出:俄国公社可以不通过资本主义的卡夫丁峡谷,享用资本主义的一切肯定成果。这里,马克思指出了落后国家可以吸收资本主义的文明成果,还指出了吸收资本主义文明成果的意义。他认为,如果俄国公社吸取了资本主义的一切文明成果,那么,"它就能直接变成现代社会所趋向的那种经济体系的出发点"。③ "现今的俄国土地公有制便能成为共产主义发展的起点"。④ 恩格斯也曾经提到要把资本主义社会的巨大生产力作为社会财富和社会工具掌握起来,并把资本主义的一整套交换机构(银行、信用公司)作为资本主义文明的代表。应该吸收的资本主义的文明成果决不仅仅指的是机器设备,还包括庞大的现代化的社会生产体系:资金、技术、人才、企业管理体系、交

---

① 《马克思恩格斯选集》第3卷,人民出题社1995年版,第272—273页。
② 同上书,第273页。
③ 《马克思恩格斯全集》第19卷,人民出版社1963年版,第451页。
④ 《马克思恩格斯选集》第1卷,人民出版社1995年版,第251页。

通运输、信息等等。

二　要摧毁资产阶级国家机器，但其合理的政治形式应当借鉴

马克思对打碎资产阶级国家机器所赋予的科学含义，以及关于对资产阶级国家机器的两种职能应予区别对待的原理，具有重大的理论意义和实际意义。工人阶级打碎旧国家机器，并不是像无政府主义者所鼓吹的那样，否定一切国家机构本身，而只是要消灭其具有剥削阶级统治性质的军事官僚机构。在这个过程中，还要借鉴资产阶级国家的合理的政治形式。

（一）借鉴资产阶级民主共和国的形式

资产阶级在反封建的斗争中建立了民主共和国形式，虽然这种民主共和形式带有明显的阶级性质，是为资产阶级服务的，但它要比封建的专制制度进步得多。马克思和恩格斯根据当时社会发展取得的成果，预测未来社会也必然采取民主共和国的形式。当然，它是建立在无产阶级上升为统治阶级的基础上，是在打碎资产阶级国家机器后建立起来的新的民主共和国形式。它是可以使劳动者获得经济解放和社会解放的政治形式。

马克思和恩格斯认为，无产阶级将来取得政权以后之所以必须采取民主共和国这一形式，是因为这一形式不仅是无产阶级取得政权的必要前提，而且是无产阶级进行统治的惟一政治形式。他们坚定地认为，无产阶级必须"把民主共和机构保存起来"作为无产阶级"改造社会"的工具。他们从法国大革命中看到了这一点。恩格斯指出，1789年的法国大革命所建立的民主共和国是资产阶级进行政治统治的政治形式，同时也是无产阶级进行政治统治的政治形式。他认为工人阶级将来建立的政治形式必然是民主共和国这种形式。"民主共和国甚至是无产阶级专政的特殊形式，法国大革命已经证明了这一点。"[①] 1894年，恩格斯又重申："对无产阶级来说，共和国和君主国不同的地方仅仅在于，共和国是无产阶级将来进行统治的现成的政治形式。"[②] "现成"二字意味着它是成熟的形式。根据恩格斯的有关论述，无产阶级民主共和国的基本内容和特点有：（1）实行代议制。这是资产阶级民主共和国最主要的特点之一。无产阶级取得政

[①] 《马克思恩格斯全集》第22卷，人民出版社1965年版，第274页。
[②] 《马克思恩格斯选集》第4卷，人民出版社1995年版，第734页。

权后，理所当然也得保留这一主要的形式和特点。恩格斯在讲到民主共和国的内容时还特别强调：无产阶级要"把一切政治权力集中于人民代议机关之手"。①（2）实行普遍的选举制。（3）采取单一的不可分的共和国形式，即实行单一制而不是联邦制。可以看出，这些都是资产阶级政治统治的成熟形式。

（二）利用和改造资产阶级国家的社会管理职能机构

资产阶级国家的社会管理职能，包括经济、教育、科学、文化等方面的活动。资本主义国家的这一职能是维护资产阶级统治的不可缺少的职能。马克思在研究了波斯和印度等国的情况以后指出：在亚洲，从远古的时候起一般说来就只有三个政府部门即财政部门，战争部门，最后是公共工程部门。"所以亚洲的一切政府都不能不执行一种经济职能，即举办公共工程的职能。"② 在自由资本主义时期，资本主义国家作为市场经济运作之外的"守夜人"，它的职能表现在三个方面：第一，保护社会，使其不受其他独立社会的侵犯；第二，尽可能保护社会各个人，使不受社会上任何其他人的侵害或压迫，这就是说，要设立严正的司法机关；第三，建立并维护某些公共事业及公共设施。19世纪70年代以后，自由资本主义开始向垄断资本主义过渡。在这一转变过程中，资本主义国家不再只是发挥"守夜人"的作用了，而是进一步强化了社会经济管理的职能，开始"综揽"相关的宏观经济活动。正如恩格斯晚年指出的那样："无论在任何情况下，无论有或者没有托拉斯，资本主义社会的正式代表——国家终究不得不承担起对生产的领导。这种转化为国家财产的必然性首先表现在大规模的交通机构，即邮政、电报和铁路方面。"③ 资本主义国家的管理职能比起以前任何社会，其体系之健全、运作之科学、效率之高都达到了惊人的地步。国家管理是每一个社会都具有的共性，无产阶级取得国家政权以后，对资产阶级国家的社会管理机构无需摧毁，而是接管过来，加以新的改造，就可以使其为社会主义服务。

（三）借鉴资产阶级民主形式，实现无产阶级的真正民主

资产阶级在反封建过程中建立起了资产阶级的民主政治制度，实现了

---

① 《马克思恩格斯全集》第22卷，人民出版社1965年版，第274页。
② 《马克思恩格斯选集》第1卷，人民出版社1995年版，第762页。
③ 《马克思恩格斯选集》第3卷，人民出版社1995年版，第752页。

以自由、民主、平等、人权为内容的资产阶级的民主。恩格斯早在1847年写的《共产主义原理》中就明确指出："无产阶级革命将建立民主的国家制度，从而直接或间接地建立无产阶级的政治统治。"① 在《共产党宣言》中马克思和恩格斯又指出："工人革命的第一步就是使无产阶级上升为统治阶级，争得民主。"② 恩格斯晚年仍郑重强调："《共产党宣言》早已宣布，争取普选权、争取民主，是战斗的无产阶级的首要任务之一"。③

普选权是资产阶级民主政治的基础和前提。选举作为资本主义政治制度运行中的一种机制，它的形成和发展经历了一个从人民很少享有选举权到形式上较广泛的享有选举权的长期演变的过程。经过无产阶级和广大人民群众的不懈斗争，资产阶级不得不进行扩大普选权的改革。经过多次改革，资产阶级的普选制度，至少在形式上逐步实现了从财产、教育、性别等条件限制选民的资格到取消这些限制的转变；从不平等选举权过渡到一切公民都以平等地位参加选举；从间接选举发展到直接选举；从公开投票进化到无记名的秘密投票，这些都推动了资本主义政治民主化的进程。

无产阶级在夺取政权以前，可以利用普选权，通过议会斗争来宣传自己的主张，积蓄革命力量；在夺取政权以后，普选制就自然而然的成了体现劳动人民当家作主、充分行使自身权利的重要的制度。

马克思总结巴黎公社的经验指出：无产阶级民主共和国当然地要实行普选制以及相应的监督制和撤换制，反对个人集权和专断独裁。无产阶级民主共和国在形式上同资产阶级共和国有相似之处。无产阶级的普选制是对资产阶级议会选举的扬弃，抛弃了资产阶级议会民主的虚伪外壳。马克思指出："普选权在此以前一直被滥用，或者被当作议会批准神圣国家政权的工具，或被当做统治阶级手中的玩物，只是让人民每隔几年行使一次，来批准议会制下的阶级统治的工具；而现在，普选权已被应用于它的真正目的：由各公社选举它们的行政的和创制法律的公务员。"④ 被选举出来的公职人员必须对选民负责，接受他们的监督，不称职者可随时予以撤换。因此，它不仅从政权形式方面有效地防止公职人员由社会公仆变为

---

① 《马克思恩格斯选集》第1卷，人民出版社1995年版，第239页。
② 同上书，第293页。
③ 同上书，第4卷，人民出版社1995年版，第516页。
④ 同上书，第3卷，人民出版社1995年版，第96页。

社会主人，而且从根本上改变了过去那种由极少数特权者把持的资产阶级选举制的反动、虚伪的性质，确保工人和其他劳动者享有管理国家的权利。

三　要消除资产阶级腐朽思想，但其有益的文化成果应予吸收

马克思主义历来认为，历史的发展是辩证的扬弃过程，而不是对历史的简单否定。社会主义要清除剥削阶级的腐朽思想，但应该吸取人类历史上一切进步的文化成果。社会主义要批判和清除的只是过去那些体现剥削阶级意志和利益的反人民、反历史进步的旧思想和旧文化，决不是对传统文化一概采取否定态度。人类精神文明是一个不断累积、进化的过程，割断了同历史文化的联系，就不可能有新的文化形态的产生。资本主义文化中，既有资产阶级的剥削、腐朽思想，也包含有反映现代社会要求的进步因素。前者是马克思和恩格斯坚决批判的东西，后者则是他们主张继承和借鉴的东西。

（一）马克思主义在批判继承资本主义的文明成果中诞生

马克思主义的产生离不开客观的社会历史条件，同样也离不开一定的思想文化条件。资本主义在发展进程中积累了大量的优秀文化成果，特别是德国的古典哲学、英国的政治经济学、英国和法国的空想社会主义学说。马克思主义吸取了上述理论先驱者的科学成就，是在批判地继承这些优秀成果的基础上进一步的创造发展。因此，马克思主义的产生，是人类思想进步的合乎逻辑的必然结果。恩格斯曾说："黑格尔的思维方式不同于所有其他哲学家的地方，就是他的思维方式有巨大的历史感作基础。……他是第一个想证明历史中有一种发展、有一种内在联系的人，……他的基本观点的宏伟，就是在今天也还值得钦佩。在《现象学》、《美学》、《哲学史》中，到处贯穿着这种宏伟的历史观，……这个划时代的历史观是新的唯物主义观点的直接的理论前提"。[①] 关于英国的古典政治经济学，恩格斯指出：马克思"在巴黎开始研究经济学时，是从伟大的英国人和法国人开始的。"[②] 古典经济学家对资本主义三个阶级经济利益之间对立的

[①] 《马克思恩格斯选集》第2卷，人民出版社1995年版，第42页。
[②] 《马克思恩格斯全集》第24卷，人民出版社1972年版，第11—12页。

分析，无疑有助于正确认识资本主义社会中的阶级关系和阶级斗争，马克思正是循着英国古典经济学家开辟的道路继续前进，终于科学地揭示了资本主义社会发展的基本规律和趋势。英国和法国的空想社会主义同样是马克思主义的一个重要来源。法国的圣西门、傅立叶和英国的欧文三大空想社会主义者的学说反映了资本主义确立时期，城乡广大无产者和广大劳动人民的政治愿望和经济要求，是现代无产阶级先驱者反抗资本主义剥削和压迫的理论表现。他们在批判资本主义和展望未来理想社会方面的有价值的思想成为科学社会主义的理论来源。

从马克思主义的产生和发展来看，自然科学成果也为之起了重要的作用。正是资本主义条件下科学的突飞猛进，才使马克思主义建立在了科学的基础上。特别是19世纪的科学发展，达到了一个前所未有的高度。早在《1844年经济学—哲学手稿》中，马克思就明确指出关于自然的科学也像关于人的科学一样，是共产主义世界观的一部分。他同时指出，一切科学，无疑也包括唯物主义的辩证法，"只有从自然界出发，才是现实的科学。"[1] 恩格斯说：以细胞学说、能量守恒和转化定律、生物进化论三大发现为代表的自然科学的巨大进步，论证了自然界的物质统一性，"我们现在不仅能够说明自然界中各个领域内的过程之间的联系，而且总的说来也能说明各个领域之间的联系了。这样，我们就能够依靠经验自然科学本身所提供的事实，以近乎系统的形式描绘出一幅自然界联系的清晰图画"。[2] 恩格斯也正是据此具体阐述了唯物辩证法的基本规律在自然界中的表现，他说："辩证法的规律是自然界的实在的发展规律。"[3] 在《自然辩证法》中恩格斯确立了唯物辩证法的三大规律：量转化为质和质转化为量的规律、对立的相互渗透的规律、否定之否定的规律；阐述了物质运动的基本形式：位置运动、物理运动、化学运动、生物运动。指出了各种运动之间的内在联系，从而证明了物质世界是相互联系并处于永恒运动之中的。这就把唯物辩证法彻底地从黑格尔的唯心主义中解放出来，确立了马克思主义的唯物辩证法。

---

[1] 《马克思恩格斯全集》第42卷，人民出版社1979年版，第128页。
[2] 《马克思恩格斯选集》第4卷，人民出版社1995年版，第246页。
[3] 同上书，第311页。

(二) 吸收资本主义的科学技术成就

资产阶级思想家培根提出了"知识就是力量"的口号。资产阶级用科学反对封建的迷信,并第一次引起了人类科学观念的更新,人类对客观世界的认识产生了飞跃。资产阶级在科学上的革命也引起了技术的革命。工业革命是科学技术发展的结果,而工业革命的胜利又反过来为科学的发展提供了巨大的推动力和观测、实验、交通等有利条件,把科学技术推到了一个新的发展阶段。正如马克思指出的那样,科学作为生产力作用过程的有机组成部分,最后成了生产力的要素,这与资本主义生产方式的创立和发展是相一致的。在社会经济史上,当整个生产过程表现为科学在工艺上的应用时,资本才造成了与自己相适应的生产方式。虽然在资本主义社会中科学的生产实践的神圣使命被无情的玷污了,其价值被资本家的目的所遏制。但是资本家为追求超额剩余价值不惜代价追求技术的领先,从而使现代教育得以诞生、全民义务教育实现,特别是现代科学知识第一次进入了教学内容,加速了科学知识的传播、普及和更新。资产阶级还促进了现代科学实验的诞生,从而启动了科学技术进步的加速器。科学对于资本家是获得剩余价值的手段,而对于社会主义来说,它虽然不是社会主义诞生的直接因素,但它使社会物质财富加速涌现,为社会主义的诞生奠定了物质条件。而资产阶级在全社会确立起来的尊重知识、尊重人才、提倡科学的理念,促进了人类文明的进步,同时这也是广大劳动人民最终走向解放的必由之路。所以,马克思指出,对自然认识的深入是推动社会进步的实际力量,自然科学通过工业的发展"进入人的生活并改造人的生活",为"人的解放"准备了条件。

(三) 批判地继承资产阶级的政治文化成果

资产阶级追求的东西也包含着无产阶级追求的内容。"资产阶级的平等要求也由无产阶级的平等要求伴随着。从消灭阶级特权的资产阶级要求提出的时候起,同时就出现了消灭阶级本身的无产阶级要求"。[①] 在反对封建专制斗争中,资产阶级思想家提出了自由、平等、人权的民主观,这些要求和口号顺乎历史的潮流,它本身是商品经济一般特性的表现,并不是资产阶级的专利品,因而是符合工人阶级和广大人民利益的。正因如

---

① 《马克思恩格斯选集》第3卷,人民出版社1995年版,第447页。

此，无产阶级必须吸取资产阶级民主观中的合理思想，发展无产阶级的民主观。资产阶级平等、自由、民主观念不断完善，无产阶级的自由、民主、平等观念也会不断发展。

人权理论是近代西方资产阶级为了对抗封建特权和宗教神权而提出来的。马克思在《神圣家族》一书指出："现代国家承认人权同古代国家承认奴隶制是一个意思。就是说，正如古代国家的自然基础是奴隶制一样，现代国家的自然基础是市民社会以及市民社会中的人……现代国家就是通过普遍人权承认了自己的这种自然基础"。[1] 恩格斯在《哲学的贫困》德文版序言中进一步指出："权利的公平和平等，是18、19世纪的资产者打算在封建制的不公平、不平等和特权的废墟上建立他们的社会大厦的基石。"[2] 从历史上看，近代资产阶级率先打出了人权的旗号，并以此想建立资本主义的所谓理性王国。从本质上看，资产阶级争取的决不是广大人民的人权，而是资产阶级的自己的权利。但是，在反封建的过程中，资产阶级为了调动和团结工人阶级和农民阶级共同推翻封建贵族的统治，以人权为旗号，并赋予其凡人皆有的普遍形式和公平合理的外观。因为它"如果不同时把武器交给无产阶级，资产阶级就不能争得自己的政治统治，不能使这种政治统治在宪法和法律中表现出来"。[3] 当然，资产阶级的人权是为了工业和商业的利益提出来的，可是它同时也必须为广大农民要求同样的平等权利，否则，农民就无法摆脱封建的人身依附关系，成为自由的雇佣工人。无产阶级、小资产阶级、农民阶级和资产阶级虽然有阶级矛盾和根本利益的冲突，但作为市民社会成员，作为自由的、在行动上不受限制的商品所有者来说，是有平等权利的。从这一点来看，无产阶级和资产阶级都享有作为市民社会成员的基本权利的人权。在资产阶级统治下，无产阶级可以用人权的旗帜要求资本家缩短工作时间、增加工资、实行男女同工同酬，争取教育权、医疗权和政治权包括罢工权、组织工会权等。因此，人权不仅反映了资产阶级的权利要求，而且在一定程度上反映了无产阶级及其他劳动人民的权利要求。马克思正是研究了资产阶级人权

---

[1] 《马克思恩格斯全集》第2卷，人民出版社1957年版，第145页。
[2] 同上书，第21卷，人民出版社1965年版，第210页。
[3] 同上书，第16卷，人民出版社1964年版，第85页。

发展的历史，科学地总结了工人运动的人权要求和人权思想，才创立了马克思主义的人权理论。因此，资产阶级人权既有糟粕的东西，又有合理的可以汲取的精华。无产阶级虽不能迷信资产阶级人权，但也不能采取历史虚无主义。无产阶级只有吸收和利用资产阶级人权不断争取自己的经济利益和政治权利，才能为最终消灭资产阶级的虚假人权创造条件。可见，批判地继承资产阶级的人权思想，是确定和发展社会主义人权的渊源。

第六章　无产阶级历史使命的论述

马克思和恩格斯不仅揭示了社会主义必然代替资本主义的客观规律，而且找到了实现这一伟大变革的社会力量——无产阶级。无产阶级是生活在资本主义社会最底层的群体，但是他们并不只是受苦最深的阶级，他们具有其他阶级所不具有的优秀品质和阶级特性，这决定了无产阶级必然成为资本主义的掘墓人和新社会制度的创造者。无产阶级的历史使命问题是科学社会主义的基本原理之一。

第一节　阶级分析：透视人类社会的奥秘

一　阶级产生的历史必然性

阶级概念并非马克思的首创。马克思本人曾说过："无论是发现现代社会中有阶级存在或发现各阶级的斗争，都不是我的功劳。在我以前很久，资产阶级历史编纂学家就已经叙述过阶级斗争的历史发展，资产阶级的经济学家也已经对各个阶级作过经济上的分析。"[①] 但是，马克思、恩格斯对于阶级的认识、分析，较之以前的资产阶级思想家，要深刻得多、科学得多，形成了建立在唯物史观基础上的马克思主义的阶级学说。

在马克思看来，阶级首先是一个历史范畴，它不是从来就有的，也不会永远存在下去。社会之划分为阶级，只是人类历史中一定阶段的现象，这种划分会随着人类社会历史的发展（主要是生产力的发展），而不断变换其形式与内容，最终走向无阶级的社会。因此，马克思旗帜鲜明地提

---

① 《马克思恩格斯选集》第 4 卷，人民出版社 1995 年版，第 547 页。

出,"阶级的存在仅仅同生产发展的一定历史阶段相联系"。① 这可以说是马克思对阶级学说的一个新贡献。

马克思以前的资产阶级思想家们虽然发现了阶级和阶级斗争存在的事实,但却看不到阶级产生的经济根源,而将其视为由于"法权"或"人性"、"人力"作用而导致的一种偶然的社会分化现象。马克思、恩格斯在分析考察了大量历史事实的基础上指出,阶级是由分工决定的,"在分工的范围内,私人关系必然地、不可避免地会发展为阶级关系,并作为这样的关系固定下来"。②

在原始氏族社会,由于生产力水平极端低下,分工是纯粹自然产生的;它只存在于两性之间。恩格斯曾经阐述过这种情况:在那时,男子作战、打猎、捕鱼,获取食物的原料,并制作为此所必需的工具。妇女管家,制备衣食——做饭、纺织、缝纫。男女分别是自己活动领域的主人:男子是森林中的主人,妇女是家里的主人。男女分别是自己的制造的和所使用的工具的所有者:男子是武器、渔猎用具的所有者,妇女是家内用具的所有者。"这里没有统治和奴役存在的余地","部落和氏族分为不同的阶级也是不可能的"。③ 原始社会后期,人们学会了驯养牲畜,学会了制造和使用金属工具,劳动生产率得到提高,劳动生产逐渐从自然分工演化为社会分工。首先是游牧部落从其余的野蛮人群中分离出来——这是第一次社会大分工,即畜牧业和农业的分工。从第一次社会大分工中,也就产生了第一次社会大分裂,分裂为两个阶级:主人和奴隶、剥削者和被剥削者。人类在生产工具方面进入铁器时代以后,又发生了第二次大分工:手工业和农业分离了。在前一阶段上刚刚产生并且是零散现象的奴隶制,现在成为社会制度的一个本质的组成部分了。个体家庭代替了氏族成为社会的经济单位,社会从野蛮时代进入了文明时代。文明时代巩固并加强了所有这些在它以前发生的各次分工,特别是通过加剧城市和乡村的对立而使之巩固和加强。"此外它又加上了一个第三次的、它所特有的、有决定意义的重要分工:它创造了一个不再从事生产而只从事产品交换的阶级——

---

① 《马克思恩格斯选集》第4卷,人民出版社1995年版,第547页。
② 《马克思恩格斯全集》第3卷,人民出版社1960年版,第513页。
③ 《马克思恩格斯选集》第4卷,人民出版社1995年版,第158—159页。

商人。在此以前，阶级的形成的一切萌芽，还都只是与生产相联系的"，①而商人阶级的形成，则越出了生产的范围，与交换相联系了。正因如此，马克思指出："阶级对立是建立在经济基础上的，是建立在迄今存在的物质生产方式和由这种方式所决定的交换关系上的。"② 恩格斯也说："社会阶级在任何时候都是生产关系和交换关系的产物，一句话，都是自己时代的经济关系的产物"。③ 这些阶级的存在以及它们之间的冲突，都是受它们的经济状况的发展程度、它们的生产的性质和方式以及由生产所决定的交换的性质和方式所制约的。

马克思和恩格斯在追溯阶级产生过程的基础上，进一步深刻揭示了阶级的实质——阶级是一个经济范畴，阶级是建立在物质生产方式和交换方式的基础上的，是生产关系和交换关系的产物。产生阶级的经济关系是处于历史发展中的时代的经济关系。经济的发展程度不同，时代不同，经济关系及其所产生的阶级也就不同。"只要生产的规模还没有达到不仅可以满足所有人的需要，而且还有剩余产品去增加社会资本和进一步发展生产力，就总会有支配社会生产力的统治阶级和贫穷的被压迫阶级。"④ 这就是说，社会分裂为剥削阶级和被剥削阶级、统治阶级和被统治阶级，是生产不大发展的必然结果。只要社会总劳动所提供的产品除了满足社会全体成员最起码的生活需要以外只有少量剩余，就是说，只要劳动还占去社会大多数成员的全部或几乎全部时间，这个社会就必然划分为阶级。至于各个时代的"阶级是什么样子，那要看生产的发展阶段。在依赖农业的中世纪，是领主和农奴；在中世纪后期的城市里，是行会师傅、帮工和短工；在17世纪是工场手工业主和工场手工业工人；在19世纪是大工厂主和无产者"。⑤

以上说明，经济因素是阶级产生的根源和存在的基础，是划分阶级的标准。然而，阶级又不只是具有共同经济地位的一群人。马克思和恩格斯认为，这群人只有作为一个整体来行动，并且成为政治上独立的社会集团

---

① 《马克思恩格斯选集》第4卷，人民出版社1995年版，第166页。
② 《马克思恩格斯全集》第5卷，人民出版社1958年版，第533页。
③ 《马克思恩格斯选集》第3卷，人民出版社1995年版，第739页。
④ 《马克思恩格斯选集》第1卷，人民出版社1995年版，第238页。
⑤ 同上书，第238页。

时，才是真正意义上的"阶级"。例如，资产阶级最初在政治上只是第三等级的一部分，还没有形成一个阶级，后来在反对封建专制的斗争中，资产阶级联合起来，由地域的联系发展到全国的联系，为自己的利益而进行夺取政权的斗争，资产阶级才从第三等级中分化出来，成为一个独立的阶级。马克思明确提出，资产阶级的形成经历了"从城市自治团体直到构成阶级"① 的各个历史阶段。无产阶级的形成过程也是如此。在初始阶段，工人们还是分散在全国各地并为竞争所分裂的群众，即还是分散的"无产者"，还未结成一个"阶级"整体。所以，马克思和恩格斯在《共产党宣言》中一再强调：共产党人最近的目的就是首先"使无产阶级形成为阶级"；"无产阶级在反对资产阶级的斗争中一定要联合为阶级"。②

可见，阶级是一个历史现象，它不是从来就有的，而是经历了一个产生、发展和逐步走向成熟的过程。在这个过程中，经济因素起着决定性作用，是表现阶级本质特征的因素。但是，人们在经济关系上构成为阶级，并不等于他们在政治上也就同时形成了阶级，这期间还有一个过程。马克思主义的阶级概念，不仅指在一定经济关系中处于共同地位的经济集团，而且也指在政治斗争中逐渐联合而形成的政治集团。当然，阶级作为政治集团的存在和发展，仍是以经济关系为基础的。

自从阶级产生以后，人类社会即跨入了阶级社会的门槛，从此便在阶级矛盾与斗争中发展、演化。马克思和恩格斯指出："在过去的各个历史时代，我们几乎到处可以看到社会完全划分为各个不同的等级，看到社会地位分成多种多样的层次。"③ 至今的一切社会的历史都是在阶级对立中运动的。尽管在不同的时代这种对立具有不同的形式，但是，"社会上一部分人对另一部分人的剥削却是过去各个世纪所共有的事实"。④ 关于有史以来人类社会阶级状况的发展变化，恩格斯曾经这样概括："随着在文明时代获得最充分发展的奴隶制的出现，就发生了社会分成剥削阶级和被剥削阶级的第一次大分裂。这种分裂继续存在于整个文明期。奴隶制是古希腊罗马时代世界所固有的第一个剥削形式；继之而来的是中世纪的农

---

① 《马克思恩格斯选集》第1卷，人民出版社1995年版，第194页。
② 同上书，第285、294页。
③ 同上书，第272页。
④ 同上书，第292页。

奴制和近代的雇佣劳动制。这就是文明时代的三大时期所特有的三大奴役形式；公开的而近来是隐蔽的奴隶制始终伴随着文明时代。"① 马克思也指出，"阶级间的关系的变化就是历史的变化"。②

马克思和恩格斯认为，阶级不是从来就有的，也不会永恒地存在下去，它终究是会被消灭的。但阶级的消灭是一个长期发展的历史过程，并不取决于人的主观愿望。恩格斯指出："社会阶级的消灭是以生产高度发展的阶段为前提的，在这个阶段上，某一特殊的社会阶级对生产资料和产品的占有，从而对政治统治、教育垄断和精神领导的占有、不仅成为多余的，而且成为经济、政治和精神发展的障碍。"③ 只有在这种条件下，才能够消灭阶级。反之，如果没有生产的高度发展，人们就不得不为争夺生活必需品而斗争，社会分裂为阶级的状况就不会改变。

一 阶级斗争的历史作用

早在马克思和恩格斯以前，一些资产阶级的历史学家和经济学家，以及空想社会主义的思想家们，就已明确承认了阶级斗争的客观存在，描述过阶级斗争的历史发展。但是，由于时代和阶级的局限，他们不可能完全科学地揭示阶级斗争的本质及其发展规律。马克思和恩格斯批判地吸取了前人的阶级斗争学说中的合理成分，深刻总结了人类历史发展的实际经验，特别是无产阶级反对资产阶级斗争的新经验，形成了崭新的阶级斗争理论，在人类思想史上第一次科学地揭示了阶级斗争的实质及其发展的规律性。

马克思说："人们奋斗所争取的一切，都同他们的利益有关。"④ 恩格斯也指出，阶级斗争是"基于物质利益的"。⑤ 无产阶级和资产阶级之间的斗争也同样"首先是为了经济利益而进行的"。⑥ 资本家的利益和雇佣劳动者的利益是截然对立的。"它们的物质利益和需要使得它们进行你死

---

① 《马克思恩格斯选集》第4卷，人民出版社1995年版，第176页。
② 《马克思恩格斯全集》第4卷，人民出版社1958年版，第352页。
③ 《马克思恩格斯选集》第3卷，人民出版社1995年版，第632页。
④ 《马克思恩格斯全集》第1卷，人民出版社1956年版，第82页。
⑤ 《马克思恩格斯选集》第3卷，人民出版社1995年版，第739页。
⑥ 同上书，第4卷，人民出版社1995年版，第250页。

我活的斗争。"① 这样，马克思和恩格斯就揭示了阶级斗争的根源。阶级斗争的根源存在于经济关系中，即基于生产资料私有制所产生的在经济关系上和物质利益上的根本对立。

阶级斗争在具体形式上并不局限于经济斗争。在阶级反对阶级的任何斗争中，斗争的直接目的都是政治权力。只有政治斗争，才能把许多性质相同的地方性的斗争汇合成全国性的斗争，汇合成阶级斗争。政治斗争是阶级斗争的高级形式，只有政治斗争才能够涉及阶级的整体利益，才是真正充分发展了的阶级斗争。

阶级斗争是阶级社会的普遍现象。在阶级社会中，生产力与生产关系这一社会基本矛盾直接表现为阶级斗争。马克思和恩格斯指出，自原始社会解体以来，至今一切社会的历史都是阶级斗争的历史。他们概述了过去各个历史时代的阶级划分和阶级斗争的情况。指出："自由民和奴隶、贵族和平民、领主和农奴、行会师傅和帮工，一句话，压迫者和被压迫者，始终处于相互对立的地位，进行不断的、有时隐蔽、有时公开的斗争，而每一次斗争的结局都是整个社会受到革命改造或者斗争的各阶级同归于尽。"② 具体说来，前一种结局是普遍规律，后一种则主要是指奴隶社会末期奴隶和奴隶主斗争的结局。奴隶社会末期，奴隶与奴隶主之间的阶级对立达到了空前激化的程度，旧的生产关系严重束缚着生产力的发展。奴隶阶级反抗奴隶主阶级的斗争愈演愈烈，最终导致了奴隶制度的崩溃。并且，奴隶阶级本身也与奴隶主阶级同归于尽，奴隶与奴隶主对立的社会形态彻底退出历史舞台，为新的社会形态——封建社会所取代，生产力的发展获得了一定的解放，这显然是一种历史的进步。封建社会主要的阶级矛盾是封建主阶级与农奴阶级之间的对立。封建制生产关系曾在一定历史时期内推动了生产力的发展，并且产生了新的社会阶级——资产阶级。但是，随着生产力的进一步发展，封建制生产关系的进步作用逐渐衰微，新兴的资产阶级联合工人和农奴经过反复、艰苦的阶级斗争，由资产阶级代替封建地主上升为统治阶级，结束了封建社会的历史。从封建社会的灭亡中产生出来的现代资产阶级社会虽然没有消灭阶级对立，但是资产阶级在

---

① 《马克思恩格斯全集》第6卷，人民出版社1961年版，第302页。
② 《马克思恩格斯选集》第1卷，人民出版社1995年版，第272页。

它已经取得了统治的地方把一切封建的、宗法的关系都破坏了,它对整个社会进行了革命性的改造,它创造了比过去一切世代所创造的全部生产力还要多、还要大的生产力。因此,资产阶级推翻封建地主阶级的阶级斗争也是一种历史的进步。

马克思和恩格斯高度评价了阶级斗争的意义。他们提出:"组成为每个社会的各阶级之间的斗争,总是历史发展的伟大动力。这种斗争只有在阶级本身消失之后、即社会主义取得胜利之后才会消失。"① "当文明一开始的时候,生产就开始建立在级别、等级和阶级的对抗上","没有对抗就没有进步。这是文明直到今天所遵循的规律。到目前为止,生产力就是由于这种阶级对抗的规律而发展起来的。"② 他们还说,"将近40年来,我们一贯强调阶级斗争,认为它是历史的直接动力,特别是一贯强调资产阶级和无产阶级之间的阶级斗争,认为它是现代社会变革的巨大杠杆"。③ 这样,马克思和恩格斯就把阶级斗争对于历史发展的积极作用提到了前所未有的高度。

阶级斗争在社会发展中的巨大作用,突出表现在社会制度的根本变革过程中。在阶级社会里,生产关系和生产力之间、上层建筑和经济基础之间的矛盾都必然表现为阶级斗争。当旧的生产关系已经成为生产力进一步发展的桎梏时,虽然生产力提出了改变旧的生产关系以适应其发展的要求,但是代表旧生产关系的反动统治阶级,由于其剥削本性的决定,一般不会自动退出历史舞台。它们会利用手中掌握的各种物质手段和精神手段,极力维护业已腐朽的生产关系和上层建筑,保护自己的统治地位和既得利益。在这种情况下,只有依靠代表生产力发展要求的先进阶级,拿起阶级斗争的武器,在各条战线上坚持不懈地与反动统治阶级作斗争,直至发动革命——阶级斗争的最高形式,推翻旧政权,消灭旧的生产关系,建立新的生产关系,才能够为生产力的进一步发展开辟道路,以新的更高级的社会形态取代旧的社会形态,完成社会发展的革命性飞跃。

阶级斗争对社会发展的推动作用,还表现在同一社会形态发展的量变

---

① 《马克思恩格斯全集》第22卷,人民出版社1965年版,第560页。
② 同上书,第4卷,人民出版社1958年版,第104页。
③ 《马克思恩格斯选集》第3卷,人民出版社1995年版,第685页。

过程中。只要人类社会还存在阶级剥削和压迫，被剥削、被压迫的阶级反抗统治阶级的斗争就不会停止。而每一次大的斗争，都在不同程度上打击了当时的统治阶级，迫使他们在政策上做出某些调整和改革，对被统治阶级做出一些让步，减轻剥削的程度，从而在一定程度上缓和了社会矛盾，或多或少地推动了生产力的发展和人类社会的进步。历史上曾经多次发生过的奴隶起义和农民战争，虽然它们不代表先进的生产方式，其斗争都以失败而告终，但都程度不同地打击了奴隶主和封建主的统治，动摇了奴隶社会和封建社会的根基，为最终推翻旧社会，建立新社会准备了条件。早期无产阶级反对资产阶级的斗争，许多也达不到摧毁资本主义制度的目的，但也迫使资产阶级不断改变统治手法并采取一系列改良措施，从而在一定程度上推动了社会的进步。

三　对社会进行阶级分析的意义

在阶级社会里，阶级和阶级斗争的存在是一个基本的事实。人们都隶属于一定的阶级，处于一定的社会阶级关系中。阶级斗争贯穿于社会生活的基本方面，影响和制约着社会运动的全过程。从这一基本事实出发，上升到理论高度，成为自觉坚持的历史观，这就是马克思主义的阶级观点。运用阶级和阶级斗争的观点，观察和分析阶级社会纷繁复杂的社会现象，认清社会生活的本质，把握具体的阶级关系及其发展变化的规律，并用以指导无产阶级的行动，这就是马克思主义的阶级分析方法。

阶级分析方法是马克思主义研究阶级社会历史的根本方法。是否运用阶级分析的方法研究社会历史问题，特别是研究资本主义和社会主义的关系问题，是科学社会主义与其他社会主义学说的一个重要分界线。

社会生活充满着各种矛盾，这是人所共知的事实。而马克思主义给我们指出了一条指导性的线索，使我们能够在这种看来迷离混沌的状态中发现规律性。这条线索就是阶级斗争的理论。只要有益于相互对立、相互冲突和社会地位不同的阶级存在，阶级之间的斗争就不会熄灭。因此，要认清人类社会从奴隶制过渡到封建制、最后又过渡到资本主义的复杂历史，必须牢牢把握住社会阶级划分的事实，阶级统治形式改变的事实，把它作为基本的指导线索，并用这个观点去分析一切社会问题。正如列宁所说："马克思的天才就在于他最先从这里得出了全世界历史所提示的结论，并且彻底地贯彻了这个结论。这个结论就是阶级斗争的学说。"①

总之,马克思和恩格斯建立在唯物史观基础上的阶级观点和阶级分析方法,为我们提供了一把透视人类社会奥秘的钥匙,至今仍是我们科学地考察社会问题的重要观点和方法之一。当然,马克思和恩格斯的阶级学说毕竟是在100多年前的欧洲社会产生的,今天世界范围内的阶级关系和阶级斗争态势,无疑都已发生了巨大变化,我们不可能要求马克思和恩格斯提出万古不变的结论。马克思主义本身也不是教条,而是行动的指南。我们既要反对那种完全否认阶级观点和阶级分析的倾向,更要反对把阶级分析庸俗化、扩大化、凝固化的错误做法。

阶级关系是阶级社会中人与人之间社会关系的基本方面,但却不是全部的、唯一的方面。阶级斗争只是人们社会实践的一种形式,而社会实践的其他重要领域——生产实践和科学实验,并不具有阶级的属性。因此,决不能把阶级观点同马克思主义的全部理论体系割裂开来,作片面化、绝对化的理解,而必须在马克思主义唯物史观的基础上,对阶级社会的历史和现实进行具体的、历史的、客观的分析,才能够正确地把握人类社会发展变化的本质及其规律性。

人类社会阶级结构和阶级关系的变迁,是一个客观的历史过程,是每一时代的生产力发展水平的反映和经济关系的产物。社会的阶级状况及其历史发展,归根到底,可以从社会的经济状况及其发展中得到说明。即使在同一社会形态内,具体的阶级构成和阶级状况也是不断变化的。马克思在论述工人阶级的发展历程时明确指出:"经济条件首先把大批的居民变为劳动者。资本的统治为这批人创造了同等的地位和共同的利害关系。所以,这批人对资本来说已经形成一个阶级,但还不是自为的阶级。在斗争(我们仅仅谈到它的某些阶段)中,这批人联合起来,形成一个自为的阶级。"② 另外,马克思和恩格斯在谈到资产阶级的变化时也说过:"现代资产阶级本身是一个长期发展过程的产物,是生产方式和交换方式的一系列变革的产物。"③ 因此,在分析现实的阶级关系时,我们既要认清某一阶

---

① 《列宁选集》第2卷,人民出版社1995年版,第314页。
② 《马克思恩格斯选集》第1卷,人民出版社1995年版,第193页。
③ 同上书,第274页。

级的共同本质，又要注意考察它的历史变化，否则就无法做出科学的阶级分析。

与阶级的产生、发展和消亡都是同生产发展的一定历史阶段相联系的一样，阶级斗争归根到底也是受着社会生产力和社会基本矛盾的发展状况制约的。阶级斗争是阶级社会发展的直接动力，但却不是人类社会发展的最终动力。生产力与生产关系的矛盾运动仍然是阶级社会前进的根本动力。阶级斗争是在生产力发展的基础上，与其他多种因素共同作用，从而为社会基本矛盾的解决开辟道路，推动阶级社会向前发展的。评价阶级斗争的历史作用，不能离开当时社会基本矛盾的状况和要求，而要以对社会生产力发展是否起了推动作用为最高标准。

第二节 无产阶级：不只是受苦最深的阶级

马克思和恩格斯不仅对阶级和阶级斗争作了一般规律上的揭示，还对每一历史阶段的阶级状况作了具体的考察分析，尤其是着重阐明了资本主义社会的阶级状况。他们提出：在奴隶社会和封建社会，阶级对立主要表现为"不同等级"的差别，而这种等级差别又被罩上了一层宗教的神圣外衣和伦理的温情面纱，因而很不明朗。资本主义社会破除了封建的等级特权制度，但并没有消灭阶级对立，它只是用新的阶级形式代替了旧的。其突出表现就是："它使阶级对立简单化了。整个社会日益分裂为两大敌对的阵营，分裂为两大相互直接对立的阶级：资产阶级和无产阶级。"[①]

一 无产阶级的形成及其本质

无产阶级是资本主义生产方式形成、发展的产物。它是和资产阶级一同产生、互相关联而又根本对立的阶级。马克思和恩格斯指出："资产阶级不仅锻造了置自身于死地的武器；它还产生了将要运用这种武器的人——现代的工人，即无产者。"[②] 这就是说，资本主义经济的发展不仅造成了资本主义必将为社会主义所代替的物质基础，还造就了利用这种物质

[①] 《马克思恩格斯选集》第1卷，人民出版社1995年版，第273页。

[②] 同上书，第278页。

基础来实现社会变革的伟大社会力量——无产阶级。

马克思主义认为,资本主义经济在封建母体内产生和发展,取决于两个基本条件:一是有人身自由但已失去了任何生产资料的劳动者;二是有为组织资本主义生产所必需的资本。这些条件,是在封建社会阶级分化和资本原始积累的过程中逐步产生的。在封建社会后期,不愿忍受封建领主残酷剥削和压迫的农奴与手工业者,想方设法逃离领地,或向封建主交纳代役租后,而聚集在城郊区域,成为专门从事手工业生产和商品买卖的城关市民。这些人中,有一些劳动能力强、生产条件较好、技术精湛、善于经营的人,逐步富裕起来。他们不断扩大生产规模,并开始雇佣帮工和学徒,逐渐发展成为最初的资产阶级分子。也有一些人,因为劳动能力弱,生产条件差,技术水平低,不善于经营等等,而逐渐破产,失去了生产资料,而不得不受雇于别人,成为早期的无产阶级成员。随着资本主义经济的发展,无产阶级也在同一程度上跟着发展。马克思和恩格斯指出:"以前的中间等级的下层,即小工业家、小商人和小食利者,手工业者和农民——所有这些阶级都降落到无产阶级的队伍里来了,有的是因为他们的小资本不足以经营大工业,经不起较大的资本家的竞争;有的是因为他们的手艺已经被新的生产方法弄得不值钱了。无产阶级就是这样从居民的所有阶级中得到补充的。"[①]

无产者最终形成为一个现代无产阶级,是工业革命的结果。18世纪60年代,英国的纺织业开始采用机器生产,拉开了工业革命的序幕。80年代,蒸汽机的发明和使用,为工业的发展提供了强大的动力,促进了资本主义工业的迅猛发展。继英国之后,欧美诸国相继掀起了工业革命的热潮,资本主义跨入了机器大工业的阶段。与此同时,大批的小生产者纷纷破产,一支人数众多的靠出卖劳动力为生的雇佣劳动者大军形成。对此,恩格斯曾说:"工业革命创造了一个大工业资本家的阶级,但是也创造了一个人数远远超过前者的工业工人的阶级。随着工业革命逐步涉及各个工业部门,这个阶级在人数上不断增加;随着人数的增加,它的力量也增强了。"[②]

[①] 《马克思恩格斯选集》第1卷,人民出版社1995年版,第280页。
[②] 同上书,第3卷,人民出版社1995年版,第712页。

可见，现代无产阶级就是丧失了生产资料、专靠出卖劳动力为生的雇佣劳动者阶级。恩格斯指出："无产阶级是指没有自己的生产资料、因而不得不靠出卖劳动力来维持生活的现代雇佣工人阶级。"[①]

恩格斯还比较分析了无产阶级与以往社会的劳动阶级的区别，从而更明确地揭示了无产阶级的本质。

首先，无产阶级不同于奴隶社会的奴隶。奴隶一次就被完全卖掉了，无产者必须一天一天、一小时一小时地出卖自己，单个的奴隶是某一个主人的财产，由于他与主人利害攸关，他的生活不管怎样坏，总还是有保障的。单个的无产者可以说是整个资产阶级的财产。他的劳动只有在有人需要的时候才能卖掉，因而他的生活是没有保障的。只有对整个无产者阶级来说，这种生活才是有保障的。奴隶处在竞争之外，无产者处在竞争之中，并且亲身感受到竞争的一切波动。奴隶被看作物，不被看作市民社会的成员。无产者被承认是人，是市民社会的成员。因此奴隶能够比无产者生活得好些，但无产者属于较高的社会发展阶段，他们本身处于比奴隶更高的阶段。在所有的私有制关系中，只要废除奴隶制关系，奴隶就能解放自己，并由此而成为无产者；无产者却只有废除一切私有制才能解放自己。

其次，无产阶级也不同于中世纪的农奴。农奴占有并使用一种生产工具，即一块土地，为此他要交出自己的一部分收益或者服一定的劳役。无产者用别人的生产工具为这个别人做工，从而得到一部分收益。农奴是交出，无产者是得到。农奴生活有保障，无产者生活无保障。农奴处在竞争之外，无产者处在竞争之中。农奴可以通过以下各种道路获得解放：或者是逃到城市里去做手工业者；或者是交钱给地主代替劳役和产品，从而成为自由的佃农；或者是把他们的封建主赶走，自己变成财产所有者。总之，农奴可以通过不同的办法加入有产阶级的队伍并进入竞争领域而获得解放。无产者只有通过消灭竞争、私有制和一切阶级差别才能获得解放。

最后，无产阶级还有别于工场手工业工人。16至18世纪，几乎任何地方的工场手工业工人都占有生产工具，如织布机、家庭用的纺车和一小块在工余时间耕种的土地。这一切，无产者都没有。工场手工业工人几乎

---

① 《马克思恩格斯选集》第1卷，人民出版社1995年版，第272页脚注。

总是生活在农村,和地主或雇主维持着或多或少的宗法关系。无产者通常生活在大城市,和雇主只有金钱关系。大工业使工场手工业工人脱离了宗法关系,他们失去了仅有的一点财产,因此而变成无产者。

总之,"完全没有财产的阶级,他们为了换得维持生存所必需的生活资料,不得不把自己的劳动出卖给资产者。这个阶级叫作无产者阶级或无产阶级。"①

二 无产阶级的社会地位

无产阶级是生活在资本主义社会最底层的群体。恩格斯认为:"工人阶级的状况是当代一切社会运动的真正基础和出发点,因为它是我们目前社会一切灾难的最尖锐最露骨的表现。"② 无产阶级被迫失去了一切生产资料,除了自己的劳动力以外,已经一无所有,只能成为"把自己零星出卖掉"的雇佣劳动者。"无产者在法律上和事实上都是资产阶级的奴隶,资产阶级掌握着他们的生死大权。它给他们生活资料,但是取回'等价物',即他们的劳动。"③

由于推广机器生产,无产阶级的劳动已经失去了任何独立的性质,因而对工人失去了任何吸引力。工人变成了机器的单纯的附属品,要求他做的只是极其简单、极其单调和极容易学会的操作。并且,机器越推广,分工越细致,劳动量也就越增加,或者是工作时间延长,或者是单位时间内的劳动强度加大。"挤在工厂里的工人群众就像士兵一样被组织起来。他们是产业军的普通士兵,受着各级军士和军官的层层监视。他们不仅仅是资产阶级的、资产阶级国家的奴隶,他们每日每时都受机器、受监工、首先是受各个经营工厂的资产者本人的奴役。"④ 分工更把强制劳动所具有的使人动物化的这种作用增强了好多倍。在大多数的劳动部门里,工人的活动都被局限在琐碎的纯机械性的操作上,一分钟又一分钟固定不变地重复着,年年都是如此。这种情形在使用机器和蒸汽动力以后也没有改变,工人们笨重的体力劳动有所减轻,但劳动的紧张程度并没有降低。他们要

---

① 《马克思恩格斯选集》第1卷,人民出版社1995年版,第232页。
② 《马克思恩格斯全集》第2卷,人民出版社1957年版,第278页。
③ 同上书,第360页。
④ 《马克思恩格斯选集》第1卷,人民出版社1995年版,第279页。

随着机器的运转紧张地操作,并且要付出极大的注意力,稍一走神、放松,就有被机器伤害的可能。这种强制劳动剥夺了工人除吃饭和睡觉所最必需的时间以外的一切时间,使他们没有一点空闲去呼吸新鲜空气,更不用说什么精神娱乐活动了,工作使人沦为牲口。

机器的使用在资本主义条件下给工人带来了极其有害的后果。机器的采用和不断改进,大大提高了劳动生产率。在生产规模不能突然迅速扩大的条件下,必然有许多人被排挤出来,失掉生活来源。恩格斯说:"机器上的每一种改进都抢走了工人的饭碗,而且这种改进愈大,工人失业的就愈多。因此,每一种改进都像商业危机一样给某一些工人带来严重的后果,即匮乏、贫穷和犯罪。"[1] 不仅如此,现代工业越发达,青壮男工就越受到女工和童工的排挤。因为随着机器的使用,劳动所需的体力和技艺程度降低,有些工作女工和童工完全也可以胜任,而女工和童工的工资一般要比青壮男工少得多。"对工人阶级来说,性别和年龄的差别再没有什么社会意义了。他们都只是劳动工具,不过因为年龄和性别的不同而需要不同的费用罢了。"[2] 于是,大量青壮男工的就业竞争压力加剧,随时都有失业的危险,其工作和生活来源变得毫无保障。这种状况破坏了工人阶级的家庭,父母无力对子女进行抚养、教育,反而让子女过早地承担家庭重任;子女对父母的亲情关系也大大削弱,无产阶级的家庭已失去了充分发展的形式。

现代的工人只有当他们找到工作的时候才能生存,而且只有当他们的劳动增殖资本的时候才能找到工作。这些不得不把自己零星出卖的工人,像其他任何货物一样,也是一种商品,所以他们同样地受到竞争的一切变化、市场的一切波动的影响。如果他们侥幸找到工作,就是说,如果资产阶级发了慈悲,愿意利用他们来发财,那么等待着他们的是勉强能够维持灵魂不离开躯体的工资,如果他们找不到工作,那么只有去做贼,或者饿死,而警察所关心的只是他们悄悄地死去,不要打扰了资产阶级。无产阶级已经被置于人们所能想象的最令人愤怒的非人的地位了。他们除了自己的两只手就什么也没有,昨天挣的今天就吃掉。受各种各样的偶然事件的

---

[1] 《马克思恩格斯全集》第 2 卷,人民出版社 1957 年版,第 421 页。
[2] 《马克思恩格斯选集》第 1 卷,人民出版社 1995 年版,第 279—280 页。

支配，没有任何保证使自己能够获得最必要的生活必需品。任何危机，雇主的任何逞性都能使他们失业。奴隶的生存至少会因为他主人的私利而得到保证，农奴也还有一块用来养活自己的土地，二者都至少还有不至于饿死的保障；而无产阶级却只有指靠自己，但是，社会又不许他们把自己的力量变为完全可以指靠的力量。如果今天还能够生存，那么明天是否还有这种可能，就绝对没有把握了。

在资本主义社会里，工人出卖劳动力给资本家，资本家对工人支付工资，所以工资实际上是劳动力这一特殊商品的价值的货币表现。但是，由于劳动力是看不见的，人们看到的只是工人为资本家劳动一定的时间。而且，工人是在为资本家劳动后才取得工资的；劳动的复杂程度和熟练程度不同，所得工资也不同；工资的多少又是按劳动时间的长短或产品数量的多少来计算的，工人劳动一天得一天的工资，劳动一小时得一小时的工资，或者干一件活得一件活的工资。因此就产生了一种假象，似乎工人出卖的不是劳动力，而是劳动，工资不是劳动力的价值或价格，而是劳动的价值或价格，是全部劳动的报酬。事实上劳动力的价值和劳动力的使用所创造的价值是两个不同的量，两者的差额就是剩余价值，它被资本家无偿占有。工资的现象形态则把两者的差别掩盖起来，表现为同一个东西。马克思指出："工资的形式消灭了工作日分为必要劳动和剩余劳动、分为有酬劳动和无酬劳动的一切痕迹。全部劳动都表现为有酬劳动。"[①] 实际上，这是由资本主义生产关系所引起的一种假象。

资本家为了从工人身上榨取更多的剩余价值，总是千方百计地压低工人的工资。由于劳动力价值包含着两方面的要素：一是纯生理的要素，二是历史的和道德的要素。因此，工资水平有很大伸缩性。资本家力图把工资压到劳动力价值的最低界限，即纯生理要素决定的界限。工人阶级必须经过斗争，才能使劳动力价值体现历史的和道德的要素的要求，使工资随着社会经济文化的发展而有所提高。工人阶级为了反对资产阶级的剥削，反对资本家把工资压到劳动力价值的最低界限，甚至压到劳动力价值以下，开展了争取提高工资的斗争。这种斗争虽然具有十分重要的意义，但是，不能从根本上改变无产阶级被剥削的地位。而且，由于资本主义社会

---

① 《马克思恩格斯全集》第23卷，人民出版社1972年版，第590页。

经常存在大量的相对过剩人口，劳动力商品供过于求，总有等待就业的无产者愿意接受低工资，以避免因为失业而饿死。这样，工人的斗争就常常归于失败。

资本家除了尽可能地降低工资和加重工人的劳动负担以外，还绞尽脑汁想出各种办法来克扣和勒索工人微薄的收入。恩格斯指出：在工人里，"厂主是绝对的立法者。他随心所欲地颁布工厂规则；他爱怎样就怎样修改和补充自己的法规"。① 而这些工厂法规都为资产阶级法律所承认，从而得到法律的保护。工人的工资本来就很低，再加上各种名目繁多的罚款和盘剥，所剩下的就更难维持生活了。并且，"当厂主对工人的剥削告一段落，工人领到了用现钱支付的工资的时候，马上就有资产阶级中的另一部分人——房东、小店主、当铺老板等等向他们扑来。"② 经过了资产阶级层层盘剥的工人的居住环境和衣食状况是极为恶劣的。恩格斯曾描述过19世纪30—40年代英国工人的状况：挤满了工人阶级的贫民窟是城市中最糟糕的地区的最糟糕的房屋，那里潮湿、肮脏、破烂不堪。家具总是少得可怜或者干脆没有，一捆麦秸常常成为全家的床铺。绝大多数工人都穿得很坏。用来做衣服的料子都是非常不合适的。而且除了破破烂烂的工作服以外，工人们通常没有其他的衣服。尽管大多数工人的衣服本来就不好，还常常要把比较好的衣服送到当铺里去换些钱，以购买维持生命所必需的食物。工人们只买得起最差的食物，而且食物的质和量都要由工资来决定。所以，挨饿是很正常的，疾病和死亡也就不可避免。③ 除此以外，工人们由于从小就在极端恶劣的条件下从事力所难及的工作，身体发育得很差，瘦弱不堪，很多人都变成畸形。再加上资本家只顾多赚钱而不考虑工人的生命安全，工人缺乏最起码的安全设备，经常导致工人伤残。以致工业城市中，"除了许多畸形者，还可以看到大批的残废者：这个人缺一只或半只胳膊，另一个人缺一只脚，第三个人少半条腿；就好像是生活在一批从战争中归来的残废者里面一样。"④

工人阶级的物质生活状况是极端恶劣的。至于他们的精神生活就更糟

---

① 《马克思恩格斯全集》第2卷，人民出版社1957年版，第464页。
② 《马克思恩格斯选集》第1卷，人民出版社1995年版，第280页。
③ 《马克思恩格斯全集》第2卷，人民出版社1957年版，第303—358页。
④ 同上书，第450页。

了。资本主义社会的教育是极不合理的，工人及其子女一般都没有接受教育的机会和条件。资产阶级所关心的只是工人怎样能给其创造更多的剩余价值。工人受多少教育，受什么教育，怎样受教育，完全根据资产阶级的需要来确定，那就是将工人训练成机器。广大工人群众非常缺少文化，他们也不能参加正常的文化娱乐活动，很多人只能以酗酒或赌博等来消愁解怨。所有这一切，都必然对工人的精神和道德造成极坏的影响。工人阶级根本得不到全面的发展，他们还受到资产阶级的政治压迫。他们完全被剥夺或者事实上被剥夺了管理社会和参与政治的权利。即使少数接受了文化教育有能力参与政治活动的工人，也被严格地限制在一个狭小的政治圈子里。政治权力完全为资产阶级所垄断。

可见，无产阶级生活在资本主义社会的最底层，被资本主义制度压迫得喘不过气来。马克思和恩格斯把无产阶级称之为"现代奴隶"，甚至连奴隶的生活都难以维持。

不可否认，随着资本主义的发展，其劳动生产率和社会整体生活水平有了很大提高，无产阶级的劳动条件和生活状况也有了一定程度的改善。但是，这种改善只是相对的、暂时的。资产阶级"为了赢得火腿，可以给工人香肠"。[①] 无产阶级生活状况的改善相对于资产阶级日益膨胀的私有财产来说，是微不足道的，资本主义社会的两极分化现象不会因之而消除，资产阶级对无产阶级的沉重剥削依然存在，无产阶级的受雇佣地位也没有改变，他们仍旧是资产阶级发财致富的工具。"无产阶级，现今社会的最下层，如果不炸毁构成官方社会的整个上层，就不能抬起头来，挺起胸来。"[②]

三　无产阶级的阶级特性

尽管无产阶级是受压迫、受剥削、贫困无知的社会群体，但它绝不是无用的社会"赘疣"，不是任人宰割、只能受苦受难的阶级。恰恰相反，它身上蕴藏着巨大的革命力量，体现着社会进步的要求。哪里有压迫，哪里就有反抗。"由于在已经形成的无产阶级身上实际上已完全丧失了一切

[①] 《马克思恩格斯全集》第2卷，人民出版社1957年版，第362页。
[②] 《马克思恩格斯选集》第1卷，人民出版社1995年版，第283页。

合乎人性的东西，甚至完全丧失了合乎人性的外观，由于在无产阶级的生活条件中现代社会的一切生活条件达到了违反人性的顶点，由于在无产阶级身上失去了自己，同时他不仅在理论上意识到了这种损失，而且还直接由于不可避免的、无法掩饰的、绝对不可抗拒的贫困——必然性的这种实际表现——逼迫，不得不愤怒地反对这种违反人性的现象，由于这一切，所以无产阶级能够而且必须自己解放自己。"无产阶级"经受了劳动那种严酷的但是能把人锻炼成钢铁的教育"。[①] 无产阶级的社会地位决定了它具有其他一切社会阶级所不具备的优秀品质和阶级特性。

第一，无产阶级是大工业本身的产物，是先进生产力的代表者，是人类历史上进步的阶级。

马克思和恩格斯指出：在同资产阶级对立的一切阶级中，只有无产阶级是真正革命的阶级。中间等级，即小工业家、小商人、手工业者、农民，他们同资产阶级作斗争，都是为了维护他们这种中间等级的生存，以免于灭亡。所以，他们不是革命的，而是保守的，甚至是反动的，因为他们力图使历史的车轮倒转。流氓无产阶级是旧社会最下层中的消极的腐败部分，他们在一些地方也被无产阶级革命卷到运动里来，但是，由于他们的整个生活状况，他们更甘心于被人收买，去干反动的勾当。因此，"其余的阶级都随着大工业的发展而日趋没落和灭亡，无产阶级却是大工业本身的产物。"[②] 大工业越发展，无产阶级就越壮大，越有力量。

无产阶级不仅是资本主义社会物质财富的直接创造者，而且是先进生产力的代表者。无产阶级的阶级利益要求消灭资本主义私有制，建立社会主义公有制，这是与生产力发展的客观要求完全一致的。无产阶级与最先进的经济形式——社会化大生产，有着内在的联系。马克思说过："在一切生产工具中，最强大的一种生产力是革命阶级本身。革命因素之组成为阶级，是以旧社会的怀抱中所能产生的全部生产力的存在为前提的。"[③] 在所有阶级中，只有无产阶级才能适应生产力的不断发展，越来越使它成

[①] 《马克思恩格斯全集》第2卷，人民出版社1957年版，第45页。
[②] 《马克思恩格斯选集》第1卷，人民出版社1995年版，第282页。
[③] 同上书，第194页。

长壮大起来,因为它本身就是大工业的产物。现代生产力愈发展,无产阶级队伍就越壮大,他们在思想上、政治上就越成熟。无产阶级还是先进生产关系的代表者。由于它与日益发展的大工业和科学技术的广泛应用紧密联系在一起,由于它在消灭阶级之前将永远代表不断发展的生产力,所以它对不适应生产力发展的生产关系能够自觉地进行彻底的改革。只有无产阶级才能与生产关系一定要适应生产力发展要求的客观规律相适应。只有无产阶级才能把革命不断推向前进,直到彻底埋葬资本主义,消灭剥削,消灭阶级,实现共产主义。因此,无产阶级代表了人类社会发展的方向,是人类历史上最进步的阶级。

第二,无产阶级是不断发展壮大的力量,是有远大前途的阶级。

无产阶级不仅同资本主义工业同时产生,而且随着资本主义的发展不断成长壮大。产业革命到处都促使无产阶级和资产阶级以同样的速度发展起来。资产阶级愈发财,无产者的人数也就愈众多。因为只有资本才能使无产者找到工作,而资本也只有在雇佣劳动中才能增殖,所以无产阶级的增长是和资本的增长完全一致的,资本愈强大,无产阶级也就愈强大。资产阶级把自己的工业、商业和交通发展到什么程度,它也就使无产阶级成长到什么程度。

一方面,无产阶级的队伍不断壮大。资本主义大工业的不断发展和竞争力的加剧,不断排挤手工业和小企业,把大批的手工业者和小企业家抛向了无产阶级的行列。资产阶级为了追逐利润,扩大生产,多开工厂,还采取残酷手段,剥夺农民,抢占土地,强迫失去家园的农民到资本家工厂里去做工,充当雇佣劳动者。无产阶级就是这样从居民的所有阶级中得到补充的。另一方面,资本主义社会内部的所有冲突也在许多方面都促进了无产阶级的发展。资产阶级处于不断的斗争中:最初反对贵族;后来反对同工业进步有利害冲突的那部分资产阶级;还经常反对一切外国的资产阶级。在这一切斗争中,资产阶级都不得不向无产阶级呼吁,要求无产阶级援助,这样就把无产阶级卷进了政治运动。于是,资产阶级自己就把自己的教育因素即反对自身的武器给予了无产阶级。另外,工业的进步也把统治阶级的整批成员抛到无产阶级队伍里去,或者至少也使他们的生活条件受到威胁。他们也给无产阶级带来了大量的启蒙和进步的教育因素。不仅如此,资产阶级中也有一部分人,特别是已经提高到理论上认识整个历史运动这一水平的一部分资产阶级思想家,转到无产阶级方面来了。所有这些,都促进了无产阶级在政治思想上的成熟,决定了无产阶级不仅将作为最后一个被剥削阶级同资产阶级相对抗,把资本主义送进坟墓,而且在资产阶级被消灭以后,它还要继续存在下去,以完成建设社会主义、实现共产主义的历史使命。无产阶级是最有远大前途的阶级,人类的未来属于无产阶级。

第三,无产阶级是没有财产的阶级,其革命性最坚决最彻底。

历史上的被剥削阶级奴隶和农奴,在推翻奴隶制度和封建制度的斗争中是主要的革命力量。但是,由于时代和阶级的局限性,他们都不可能提出消灭私有制、消灭阶级的任务。资本主义社会里,农民、手工业者也受到资产阶级的剥削和压迫,对资本主义强烈不满,怀有革命的要求。但他们又是小私有者,为了保护他们的私有财产,往往要求恢复过时的个体小生产。因此,他们在革命中表现得不坚定,时常出现动摇。

历史上,封建地主阶级推翻奴隶制度的革命,资产阶级推翻封建制度的革命,都是用一种私有制代替另一种私有制,一种剥削制度代替另一种剥削制度的革命。他们的革命性是很不彻底的,他们在变革旧的生产关系和社会制度的同时,不但保留了大量的旧社会的残余,而且都对劳动人民实行新的压迫和剥削。

惟有无产阶级是人类历史上和现代社会中革命性最坚决最彻底的阶级,无产阶级除了自己的双手以外,一无所有,失去了任何生产资料,惟一的谋生手段就是以自己的劳动力作为商品,年复一年地出卖给资本家,成为雇佣奴隶。无产阶级在资本主义社会里是受苦最深的阶级,是整个资产阶级和资产阶级国家的奴隶。无产阶级是惟一同资产阶级直接对立、完全对立的阶级。他们生活在资本主义社会的最底层,经济地位极低,受剥削最重;政治上毫无权利,受压迫最深。所以,无产阶级只有废除自己的现存的占有方式,从而废除全部的现存的占有方式,才能取得社会生产力。无产阶级是生产资料私有制的天然对立者。他们没有什么自己的东西必须加以保护,现在的一切都是压迫无产阶级的,他们必须摧毁至今保护和保障私有财产的一切。只要私有制还存在,资本主义生产方式还存在,无产阶级就要受奴役,就不能胜利。马克思和恩格斯曾经指出:"对我们说来,问题不在于改变私有制,而只在于消灭私有制,不在于掩盖阶级对立，而在于消灭阶级，不在于改良现存社会，而在于建立新社会。"① 无产阶级只有消灭私有制，消灭阶级，建立共产主义社会制度，解放全人类，才能最终解放自己，取得彻底胜利。这就决定了无产阶级具有最大公无私的宽广胸怀，具有远大的政治眼光和崇高的理想，能够代表全体被剥削被压迫人民的根本利益，在革命中无所顾忌，勇往直前，是革命最坚决最彻底的阶级。

需要指出的是，贫穷是促使无产阶级走向革命的重要原因之一，但却不是惟一的、根本的原因。无产阶级是先进生产力的代表者，代表着人类社会前进的方向。无产阶级的阶级利益和社会化大生产的发展，都要求消灭资本主义私有制，建立社会主义公有制，最终实现共产主义。这是无产阶级革命性的根本原因。在资本主义制度下，工人的生活条件也会有所改善，这是无产阶级长期斗争的结果，是无产阶级直接运用科学技术推动生产力发展的结果。无产阶级不会因之而丧失革命性，反而会利用这些既得的成果，更有力地与资产阶级作坚决的斗争，直至取得彻底的解放。

第四，无产阶级是富有组织性、纪律性、力量最集中的革命阶级。

无产阶级是在社会化大生产中成长起来的。社会化大生产具有高度集中、紧密协作和连续性的特点。无产阶级在社会化的大工业中，像士兵一样被资本家组织起来，分工协作，集体劳动。严格的管理制度和操作规程把无产阶级培养成为一个具有严密组织性和纪律性的阶级，克服了农民、小资产者那种自由散漫和无组织的弱点。另外，在资本主义社会里，无产阶级不但直接受到个别资本家的剥削和压迫，而且还受到整个资产阶级的剥削和压迫。共同的命运，相同的遭遇把他们紧紧地联结在一起，使他们相互同情，相互支援，培养了无产阶级的集体主义精神和团结战斗的优良品德。尽管他们为了生活，也互相竞争，但是由于他们共同受资产阶级的剥削，没有根本的利害冲突，在无产阶级的先锋队——共产党的领导下，可以克服自身的缺点，团结成一个阶级，共同战斗。

产业革命使资产者和无产者都集中在最有利于发展工业的大城市里，人口的集中更促进了工人的发展。工人们开始感觉到自己是一个整体，是

---

① 《马克思恩格斯选集》第1卷，人民出版社1995年版，第368页。

一个阶级。他们已经意识到,他们分散时是软弱的,但联合起来就是一种力量。这促进他们在思想上政治上和资产阶级分离,促进了工人所特有的、也是在他们的生活条件下所应该有的那些见解和思想的形成,他们意识到了自己受压迫的地位,他们开始在社会和政治上发生影响和作用。大城市是工人运动的发源地:在这里,工人第一次开始考虑到自己的状况并为改变这种状况而斗争;在这里,第一次出现了无产阶级和资产阶级的对立。如果说社会机体的病患在农村中是慢性的,而在大城市中就变成急性的了,从而使人们发现了这种病的真实本质和治疗方法。大工业和大城市消除了工人和雇主之间的宗法关系的最后残迹。"在伪善地掩饰着工人的奴隶地位的宗法关系下,工人不能不仍然是一个精神上已经死亡的、完全不了解自己的利益的十足的庸人。只有当他和自己的雇主疏远了的时候,当他明显地看出了雇主仅仅是由于私人利益、仅仅由于追求利润才和他发生联系的时候",[1] 工人才开始认清自己的地位和利益,开始独立地发展起来,自觉地、坚定地走上了推翻资本主义,建立社会主义、共产主义的道路。另外,现代化的交通工具和日益完善的通信设备也为无产阶级相互支援和团结战斗提供了有利条件。并且,无产阶级的这种优秀品质会在反对资产阶级的共同斗争中逐步增强。

第五,无产阶级是富于国际团结、联合精神的阶级。

在马克思和恩格斯看来,无产阶级只有在世界历史意义上才能存在,就像共产主义只有作为"世界历史性"的存在才有可能实现一样。无产阶级在所有的民族中都具有同样的利益,在它那里民族独特性已经消灭,这是一个真正同整个旧世界脱离并与之对立的阶级。马克思曾经指出:"劳动的解放既不是一个地方的问题,也不是一个国家的问题,而是涉及存在现代社会的一切国家的社会问题"。[2] 恩格斯也说过:"单是大工业建立了世界市场这一点,就把全球各国的人民,尤其是各文明国家的人民,彼此紧紧地联系起来,以致每一国家的人民都受到另一国家的事情的影响。此外,大工业使所有文明国家的社会发展大致相同,以致在所有这些国家,资产阶级和无产阶级都成了社会上两个起决定作用的阶级,他们之

---

[1] 《马克思恩格斯全集》第2卷,人民出版社1957年版,第408—409页。
[2] 同上书,第609页。

间的斗争成了当前的主要斗争。"因此,共产主义革命"是世界性的革命,所以将有世界性的活动场所"①。

马克思和恩格斯在《共产党宣言》中第一次明确提出了"全世界无产者,联合起来!"的伟大战略口号,阐明了无产阶级国际主义的基本思想,论证了无产阶级国际主义的历史必然性,指明了它的根本目的和要求,强调了无产阶级的国际团结对于完成其历史使命的重要意义。资产阶级由于开拓了世界市场,使一切国家的生产和消费都成为世界性的了。不断扩大产品销路的需要,驱使资产阶级奔走于全球各地,到处建立联系。资本的势力从国内伸展到国外,逐渐形成世界体系,成为一种国际势力。各国资产阶级之间的国际联系更加广泛,结成了世界资产阶级压迫世界无产阶级和劳动人民的反动联盟。各国无产阶级面对的敌人是强大的国际性力量,如果没有无产阶级的国际团结,就不可能彻底战胜资产阶级,无产阶级的解放斗争就会被敌人各个击破,遭到失败。因此,"联合的行动,至少是各文明国家的联合的行动,是无产阶级获得解放的首要条件之一"②。

无产阶级的解放是国际性的事业,没有无产阶级的国际联合,革命事业就不能胜利。如果不就内容而就形式来说,无产阶级反对资产阶级的斗争首先是一国范围内的斗争。每一个国家的无产阶级当然首先应该打倒本国的资产阶级。但是,就其内容和实质而言,无产阶级革命是国际性的事业。因为,各国无产阶级的社会经济地位是共同的,他们有着共同的利益和共同的革命目标。在资本主义社会,全世界无产者都受到资本家的残酷剥削和压迫,他们除了自己的劳动力以外一无所有,都是资本家的雇佣奴隶。他们不仅受本国资本的剥削,而且受国际资本的剥削,受整个资产阶级的剥削。无产阶级的历史使命是国际性的,任何一国的无产阶级都不可能单独完成。各国无产阶级只有联合起来,推翻国际资本的统治,才能够摆脱自己作为雇佣奴隶的命运。无产阶级只有解放全人类,才能最终解放自己。为此,在各国无产者的斗争中,"共产党人强调和坚持整个无产阶

---

① 《马克思恩格斯选集》第1卷,人民出版社1995年版,第241页。
② 同上书,第291页。

级共同的不分民族的利益"。① 共产党人"到处都支持一切反对现存的社会制度和政治制度的革命运动","到处都努力争取全世界民主政党之间的团结和协调"。② 这正是无产阶级国际主义原则的体现。

综上所述,无产阶级决不仅仅是一个受苦最深的阶级,它是人类历史上伟大的阶级,是在思想上、政治上、组织上、力量上都非常强大的真正革命的阶级。无产阶级的阶级本质、社会地位和阶级特性决定了它必然要承担而且能够承担起埋葬资本主义、实现社会主义、共产主义的伟大历史使命。

第三节 资本主义的掘墓人,新社会制度的创造者

一 无产阶级的历史使命

列宁曾指出:"马克思和恩格斯的具有世界历史意义的伟大功绩,在于他们向各国无产者指出了无产者的作用、任务和使命就是率先起来同资本进行革命斗争,并在这场斗争中把一切被剥削的劳动者团结在自己的周围。"③ "马克思学说中的主要的一点,就是阐明了无产阶级作为社会主义社会创造者的世界历史作用。"④ 然而,剥削阶级对无产阶级却存有极端偏见,认为无产阶级是需要由他们来养活的多余的无用的人,甚至把无产阶级看作是社会的"溃疮",并担心这个"溃疮"会不断扩大,危及社会的健康发展。而空想社会主义思想家虽然把无产阶级看作受苦最深、值得同情的阶级,但却看不到无产阶级的伟大历史作用。只有马克思和恩格斯满腔热情地深入工人群众中进行调查研究,并亲身参加工人运动,在革命实践中发现了无产阶级的伟大力量。他们运用历史唯物主义基本原理和阶级斗争学说,深入分析了无产阶级的历史地位和阶级特点,明确指出:"这个阶级的历史使命是推翻资本主义生产方式和最后消灭阶级。这个阶级就是无产阶级。"⑤

---

① 《马克思恩格斯选集》第 1 卷,人民出版社 1995 年版,第 285 页。
② 同上书,第 307 页。
③ 《列宁选集》第 3 卷,人民出版社 1995 年版,第 574 页。
④ 《列宁全集》第 23 卷,人民出版社 1990 年版,第 1 页。
⑤ 《马克思恩格斯全集》第 23 卷,人民出版社 1972 年版,第 18 页。

早在 1844 年，马克思就根据他参加政治斗争的经验和对德、法等国社会各阶级的分析，在《〈黑格尔法哲学批判〉导言》中，深刻指出："无产阶级宣告迄今为止的世界制度的解体，只不过是揭示自己本身的存在的秘密"。"德国人的解放就是人的解放。这个解放的头脑是哲学，它的心脏是无产阶级"。[①] 这里，第一次得出了无产阶级是实现社会革命的社会力量这一重要结论，点明了只有无产阶级才是未来社会的真正创造者。几乎在同一时间，恩格斯也根据他对英国工人阶级状况的深入调查和研究，第一次说明了无产阶级不只是一个受苦的阶级，而且具有"摧毁整个资产阶级"的力量，是一个能够自己解放自己的阶级，是实现社会变革的最先进的社会力量。1845 年，马克思和恩格斯在他们合著的第一部著作《神圣家族》中，发展了他们关于无产阶级历史使命的学说，深刻分析了无产阶级和资产阶级的矛盾和斗争，明确指出，"无产阶级能够而且必须自己解放自己。但是，如果它不消灭它本身的生活条件，它就不能解放自己。如果它不消灭集中表现在它本身处境中的现代社会的一切违反人性的生活条件，它就不能消灭它本身的生活条件。""无产阶级由于其本身的存在必然在历史上有些什么作为。它的目的和它的历史任务已由它自己的生活状况以及现代资产阶级社会的整个结构最明显地无可辩驳地预示出来了。"[②] 1847 年，马克思又在《哲学的贫困》中进一步指出："劳动阶级在发展进程中将创造一个消除阶级和阶级对立的联合体来代替旧的市民社会，从此再不会有任何原来意义的政权了。"[③] 1848 年，马克思和恩格斯在科学社会主义的纲领性文献《共产党宣言》中，对无产阶级的伟大历史使命作了全面、完整、系统的阐述，并且指明了完成这一历史使命的道路和条件。概括地说，无产阶级的历史使命就是：在共产党的领导下，团结广大人民群众，经过无产阶级革命斗争，推翻资产阶级和一切剥削阶级的统治，建立无产阶级专政的国家政权，消灭一切私有制和私有观念，高速发展社会生产力，实现社会主义和共产主义，使全人类获得解放。后来，马克思恩格斯又多次强调：工人阶级的解放应当是工人阶级

---

① 《马克思恩格斯选集》第 1 卷，人民出版社 1995 年版，第 15、16 页。
② 《马克思恩格斯全集》第 2 卷，人民出版社 1957 年版，第 45 页。
③ 《马克思恩格斯选集》第 1 卷，人民出版社 1995 年版，第 194 页。

自己的事情，只能由工人阶级自己去争取。并且，"工人阶级的解放斗争不是要争取阶级特权和垄断权，而是要争取平等的权利和义务，并消灭一切阶级统治"①。

无产阶级的历史使命包括两方面内容：

一方面，无产阶级是资本主义的掘墓人，肩负着推翻资本主义制度的历史使命。无产阶级的历史使命不是主观臆造的，而是根源于社会物质条件的必然产物，是由资本主义制度的发展趋势和无产阶级的社会地位决定的。在资本主义社会里，无产阶级和资产阶级是阶级利益根本对立的两大对抗阶级。资产阶级掌握国家政权，占有生产资料，在政治上残酷压迫无产阶级，经济上最大限度地榨取工人创造的剩余价值。资产阶级财富的不断增长与无产阶级贫困的不断加深是资本主义发展的客观规律。资本主义生产方式是无产阶级受奴役和社会化生产受束缚的根源。无产阶级只有推翻资产阶级的统治，建立无产阶级专政，才能够摆脱受压迫受剥削的社会地位。

另一方面，无产阶级又是新社会制度的创造者，肩负着建立社会主义、共产主义的伟大历史使命。建立无产阶级专政只是无产阶级实现自身历史使命的一种手段，而不是最终目的。无产阶级取得统治地位以后，仍然同社会大生产紧密联系在一起，仍然是社会财富的直接创造者。无产阶级将利用自己的政治统治，一步一步地夺取资产阶级的全部资本，用生产资料的社会主义公有制取代资本主义私有制。因为，"工人阶级在成为一切劳动资料——土地、原料、机器等的所有者，从而也成为他们自己劳动的全部产品的所有者以前，就得不到真正的解放"。② 在此基础上，无产阶级还要"尽可能快地增加生产力的总量"，③ 建设社会主义，彻底消灭剥削，消灭阶级。另外，无产阶级在改造客观世界的同时，还必须改造自身的主观世界。无产阶级"为了谋求自己的解放，并同时创造出现代社会在本身经济因素作用下不可遏止地向其趋归的那种更高形式，他们必须经过长期的斗争，必须经过一系列将环境和人都加以改造的历史过程"。④

---

① 《马克思恩格斯选集》第2卷，人民出版社1995年版，第609页。
② 《马克思恩格斯全集》第19卷，人民出版社1963年版，第279页。
③ 《马克思恩格斯选集》第1卷，人民出版社1995年版，第293页。
④ 同上书，第3卷，人民出版社1995年版，第60页。

当阶级差别已经消灭而全部生产集中在联合起来的个人手里的时候,当公众的权力失去政治性质,每个人的自由发展成为一切人自由发展的条件的时候,无产阶级就完成了自己作为共产主义建设者的历史使命。

这两方面历史使命是互相联系,密不可分的。破坏旧世界是建设新世界的前提。只有推翻资产阶级的统治,建立无产阶级专政,才能利用政权力量,逐步变革生产资料私有制,建立生产资料公有制,建设社会主义和共产主义。而建设社会主义和共产主义又是推翻资本主义的必然趋势和必然结果。无产阶级如果不同时使整个社会摆脱阶级划分,从而摆脱阶级斗争,就不能争得自身的解放。只有在全世界实现了共产主义,全人类才能得到彻底的解放。

马克思和恩格斯关于无产阶级历史使命的学说,第一次把社会主义同无产阶级联系起来,找到了变革社会的阶级力量。社会主义只有成为无产阶级的行动目标,才能逐步变为现实;离开无产阶级,社会主义只是一种空想。无产阶级也只有认清自己的力量和使命,领导和团结其他劳动阶级为实现共产主义而战斗,才能获得自身的解放。

无产阶级的历史使命是伟大而艰巨的。它的实现将是一个长期的奋斗过程,其间会充满艰难险阻,会有曲折反复。这需要无产阶级始终发扬坚忍不拔、勇往直前的奋斗精神,胜不骄,败不馁,不达目的誓不罢休。

二 无产阶级实现历史使命的基本途径

无产阶级要实现自己的历史使命,必须立足现实,去努力争取,必须采取正确的途径,逐步推进共产主义事业的壮丽进程。

首先,无产阶级要进行多种形式的积极的反对资产阶级的斗争,使自己上升为统治阶级,建立自己的政治统治。无产阶级反对资产阶级的斗争,主要有三种基本形式,即经济斗争、政治斗争和理论(或思想)斗争。

经济斗争是工人要求增加工资,缩短工时,改善劳动条件和生活条件的斗争。罢工是经济斗争的一种常用形式。经济斗争是无产阶级反对资产阶级的最初形式,是无产阶级与资产阶级经济利益对立的直接的必然的产物,并且直到今天仍然是无产阶级反对资产阶级的重要斗争形式。这是因为,无产阶级进行经济斗争,不仅可以在一定程度上限制资本家对工人的残酷剥削,改善工人的劳动条件和生活条件,更为重要的是,无产阶级在反对资产阶级的经济斗争中得到了锻炼,提高了觉悟,增强了团结,这就为无产阶级进一步走上政治斗争做好了思想上和组织上的准备。因此,马克思和恩格斯都认为:"在工人阶级的斗争中,它的经济运动是和政治行动密切联系着的。"① 恩格斯曾经指出:"罢工是工人的军事学校,他们就在这里受到训练,准备投入已经不可避免的伟大的斗争中去"。② 马克思也说过,政治运动往往"从工人的零散的经济运动中产生"。③

然而,经济斗争又是有局限性的。"他们反对的只是结果,而不是产生这种结果的原因;他们延缓下降的趋势,而不改变它的方向;他们服用止痛剂,而不祛除病根。"④ 如果把经济斗争当作无产阶级斗争的主要的、甚至是惟一的斗争形式,而不去组织工人进行推翻资本主义制度的政治斗争,就会走向工联主义的道路,使无产阶级永远处于被奴役的地位。恩格斯就指出:"英国的工人运动多年来一直在为增加工资和缩短工作时间而罢工的狭小圈子里无出路地打转转,而且这种罢工不是被当做权宜之计和宣传、组织的手段,而是被当做最终的目的。工联甚至在原则上和根据章程排斥任何政治行动,因此也拒绝参加工人阶级作为阶级而举行的任何一般性活动。……所以,关于这里的工人运动,只能说这里有一些罢工,这些罢工无论是成功还是失败,都不能把运动推进一步。"⑤ 所以,马克思明确指出,工人"不应当只局限于这些不可避免的、因资本永不停止的进攻或市场的各种变动而不断引进的游击式的搏斗。"⑥ "应当摒弃'做一天公平的工作,得一天公平的工资!'这种保守的格言,要在自己的旗帜上写上革命的口号:'消灭雇佣劳动制度!'"。⑦

无产阶级为了消灭资本主义制度,争取彻底的解放,必须把经济斗争发展到政治斗争。政治斗争就是无产阶级为推翻资产阶级统治,建立无产

---

① 《马克思恩格斯全集》第17卷,人民出版社1963年版,第456页。
② 同上书,第2卷,人民出版社1957年版,第512页。
③ 《马克思恩格斯选集》第4卷,人民出版社1995年版,第604页。
④ 同上书,第2卷,人民出版社1995年版,第97页。
⑤ 《马克思恩格斯全集》第34卷,人民出版社1972年版,第352页。
⑥ 《马克思恩格斯选集》第2卷,人民出版社1995年版,第97页。
⑦ 同上。

阶级专政，最终实现共产主义而进行的斗争。马克思和恩格斯在《共产党宣言》中明确指出，"一切阶级斗争都是政治斗争。"① 恩格斯又说："在全部纷繁复杂的政治斗争中，问题的中心仅仅是社会阶级的社会的和政治的统治，即旧的阶级要保持统治，新兴的阶级要争得统治。"② 因此，暴力革命、武装夺取政权是无产阶级政治斗争的最高形式和最基本任务。除此以外，无产阶级的政治斗争还必须采取多种斗争形式相配合，包括游行示威、政治罢工、议会斗争等等。在每一次斗争中，无产阶级都能够锻炼自己的战斗能力，积聚革命力量，从而为最终夺取政权做准备。无产阶级的政治斗争不只是反对个别企业、个别行业的资本家，而是反对整个资产阶级；它的任务不是要作些改良，而是要摧毁资产阶级统治，建立无产阶级专政，为实现社会主义、共产主义提供政治前提；它的目的不是只争取某个工厂、行业、地区的工人的局部的暂时的利益，而是争取整个无产阶级的共同利益和长远利益；它不是只代表无产阶级的利益，而是代表全体劳动人民的利益，旨在彻底解放全人类。因此，政治斗争是无产阶级斗争的最主要的、起决定作用的斗争形式。

另外，无产阶级的经济斗争和政治斗争必然会反映到意识形态领域中来。无产阶级和资产阶级在意识形态领域进行的阶级斗争就是理论（或思想）斗争。理论（或思想）斗争是无产阶级反对资产阶级的阶级斗争的一种重要形式。因为，"任何一个时代的统治思想始终都不过是统治阶级的思想。"③ 在资本主义社会中，资产阶级思想体系占据着统治地位。资产阶级对无产阶级除了实行经济剥削和政治压迫以外，还在思想上千方百计地进行控制，模糊他们的阶级意识，给他们套上精神奴役的枷锁，以维护其统治。所以，无产阶级为了取得革命的胜利，必须开展批判资产阶级和一切剥削阶级的理论斗争，必须"同传统的观念实行最彻底的决裂"。④

理论（或思想）斗争的中心环节，就是用马克思主义武装无产阶级和广大劳动群众，用无产阶级的思想体系战胜资产阶级的思想体系。无产

---

① 《马克思恩格斯选集》第 1 卷，人民出版社 1995 年版，第 281 页。
② 《马克思恩格斯选集》第 3 卷，人民出版社 1995 年版，第 334 页。
③ 同上书，第 1 卷，人民出版社 1995 年版，第 292 页。
④ 同上书，第 293 页。

阶级不能自发地产生科学社会主义意识，不能自发地认识资本主义发展的客观规律和自己所担负的历史使命，也不能自发地正确实施经济斗争和政治斗争。只有靠无产阶级政党把马克思主义灌输到工人群众中去，无产阶级才能摆脱资产阶级和其他一切剥削阶级的思想影响，走上革命的道路。马克思曾经指出："批判的武器当然不能代替武器的批判，物质力量只能以物质力量来摧毁；但是理论一经掌握群众，也会变成物质力量。"① 恩格斯也曾称赞德国无产阶级"属于欧洲最有理论修养的民族"。并且认为，"这个优越之处无限重大，表现在以下的事实中：一方面，英国工人运动虽然单个行业有很好的组织，但是前进得非常缓慢，其主要原因之一就是对于一切理论的漠视；另一方面，法国人和比利时人由于初始形态的蒲鲁东主义而发生毒害和混乱，西班牙人和意大利人则由于经巴枯宁进一步漫画化的蒲鲁东主义而发生毒害和混乱。"只有德国工人"处于无产阶级斗争的前列"。② 因此，无产阶级，尤其是共产党人要充分认识理论（或思想）斗争的重大意义，在彻底揭露和批判资产阶级和其他一切剥削阶级思想体系，批判工人运动内部形形色色的机会主义思潮的同时，更要坚持不懈地用无产阶级的思想体系教育广大工人群众，为最终战胜资本主义，实现社会主义、共产主义，奠定思想理论基础。

总之，无产阶级反对资产阶级的经济斗争、政治斗争和理论（或思想）斗争三种斗争的基本形式都具有十分重大的意义，三者在无产阶级的革命进程中是相互联系、相互配合、缺一不可的。经济斗争是无产阶级最熟悉也是最容易接受的一种斗争形式，它涉及无产阶级的直接经济利益。马克思说："工人阶级的经济解放是一项伟大的目标，一切政治运动都应该作为手段服从于这一目标"。③ 因此，政治斗争如果没有经济斗争的配合，就不能团结和教育广大工人群众，就不能胜利地展开。但是，经济斗争如果脱离了政治斗争，也会滑向工联主义的道路。政治斗争是整个无产阶级反对整个资产阶级的斗争，它解决无产阶级革命的根本问题——政权问题。当阶级斗争不仅在政治领域内展开，而且围绕国家政权问题进

---

① 《马克思恩格斯全集》第1卷，人民出版社1956年版，第460页。
② 《马克思恩格斯选集》第2卷，人民出版社1995年版，第635、636页。
③ 同上书，第609页。

行时，才是真正充分发展了的阶级斗争。无产阶级只有经由政治斗争，掌握了国家政权，才能有效地解决经济斗争和理论斗争所要达到的目的。所以，必须把经济斗争与政治斗争紧密结合起来，成为统一的阶级斗争。同时，经济斗争和政治斗争又都离不开理论斗争。理论斗争是革命的先导。它反映并且指导着经济斗争和政治斗争。如果没有理论斗争，经济斗争和政治斗争就会丧失灵魂，迷失方向。当然，理论斗争如果离开了经济斗争和政治斗争的现实，也会成为教条主义的空谈，失去斗争的威力。恩格斯在总结德国工人运动的经验时，指出："自从有工人运动以来，斗争是第一次在其所有三方面——理论方面、政治方面和实践经济方面（反抗资本家）互相配合，互相联系，有计划地进行着。德国工人运动所以强大有力和不可战胜，也正是由于这种可以说是集中的攻击。"[①] 因此，无产阶级政党在领导无产阶级反对资产阶级的阶级斗争中，必须根据斗争发展的实际情况，巧妙地将三种斗争形式结合起来，才能够全面摧毁资产阶级的统治，使无产阶级上升为统治阶级，争得民主，成为国家和社会的主人。

其次，无产阶级将利用自己的政治统治，一步一步地夺取资产阶级的全部资本，把一切生产工具集中在国家即组织成为统治阶级的无产阶级手里，并且尽可能快地增加生产力的总量。

无产阶级夺取政权后，就要进行生产关系的变革，变生产资料资本主义私有制为无产阶级和其他劳动人民共同所有的公有制。生产资料私有制及建立其上的雇佣劳动制度是资产阶级剥削和压迫无产阶级及其他劳动人民的基础，所以无产阶级夺取政权后，"首先必须对所有权和资产阶级生产关系实行强制性的干涉"。[②] 不这样做，不建立生产资料的公有制，就不能彻底消灭剥削，无产阶级就不会实现完全彻底的解放。进行生产关系的大变革是一项很困难的事情，资产阶级不愿意丧失其对生产资料的垄断占有，不愿意因其私有制被消灭而丧失进行经济剥削和政治统治的特权，所以，他们还会做激烈的反抗。无产阶级必须要利用自己所掌握的国家政权的力量，迫使资产阶级就范，强制资产阶级接受改造。当然，变革资本

---

① 《马克思恩格斯选集》第2卷，人民出版社1995年版，第636页。
② 同上书，第293页。

主义生产关系也要根据不同国家的具体情况，视资产阶级不同阶层和集团的态度，采取相应的行之有效的改造措施；而且，来不得急躁冒进，不能操之过急，要根据社会生产力水平的要求，"一步一步地"，"在运动进程中"，"在发展进程中"，去完成这一任务。

生产力是人类历史发展的根本动力，是促进社会进步的最革命最活跃的因素。资产阶级之所以能够战胜封建阶级，就因为它所代表的新的生产方式能够极大地解放生产力，它以迅猛发展的生产力为武器摧毁了已成为束缚生产力发展桎梏的封建生产方式。无产阶级要战胜资产阶级，也要进行"类似的运动"，以生产力的更快发展为武器，来摧毁资本主义生产方式。无产阶级要创造出比资本主义生产方式能更大地解放生产力、发展生产力的新的生产方式，这样才能更好地适应人类社会进步的需要，实现由资本主义到社会主义的历史更替。建立生产资料公有制是进一步解放和发展生产力的基础，随着公有制的逐步确立，要把工作重心转移到经济建设上来，采取一切可能的方式和措施，促进生产力的大发展，尽可能快地增加生产力的总量。只有这样，才能巩固无产阶级革命的胜利成果，才能为实现共产主义社会奠定物质基础。否则，共产主义就只能是一句空话。

第七章 无产阶级政党理论的构建

马克思和恩格斯既是科学社会主义理论的创始人,也是无产阶级政党的奠基者。他们致力于科学社会主义理论与各国工人运动相结合,创建无产阶级政党,使无产阶级在党的领导下更好地开展解放斗争。马克思和恩格斯的建党活动,先后经历了共产主义者同盟、第一国际、欧美各国独立无产阶级政党的创建、第二国际初期这四个阶段。在这一过程中,马克思和恩格斯发表了大量有关建党的重要文献,总结创建无产阶级政党的经验,探索无产阶级政党发展的规律,形成了马克思主义关于无产阶级政党的学说。

第一节 组建政党:使无产阶级作为一个阶级来行动

一 建立无产阶级政党的必然性

政党是特定阶级利益的代表者,是特定政治力量的领导核心。政党建立的基础是阶级利益的需要,正是为了实现和维护一定阶级的共同利益,该阶级的骨干分子才组建政党以调动本阶级的整体力量,为这一目标而奋斗。

政党是阶级的组织,是阶级斗争的产物,但并不是说有阶级就一定有政党,也不是所有阶级社会里的阶级斗争都会产生政党。奴隶社会和封建社会是阶级社会,但并没有产生各阶级的政党。原因在于除了以阶级利益为基础这一根本点外,政党的产生还需要一定的条件,如阶级成员广泛联系统一的程度,阶级意识形成达到的水平,阶级组织活动的程度以及政治环境和技术条件的许可状况等等。所以,在古代社会,虽然也出现过带有各种政治色彩的集团,但还不是具有明确的政治纲领和确定的组织形式的政党。只是到了封建社会后期，随着资本主义工业的发展，才具备了建立现代政党组织的经济和政治条件。资产阶级为了更有力地同封建势力作斗争，为了维护本阶级的经济和政治利益，为了夺取国家政权并建立资产阶级的政治统治，才开始建立本阶级的政党。因此，资产阶级政党是资产阶级进行阶级斗争的组织，是争取和维护其经济和政治利益的重要工具。当然，资产阶级内部不同的阶层或群体，由于利益要求和政见不同，也可能会组建为不同的政党，它们彼此间也会有争斗和相互倾轧，但其所代表的阶级本质和根本利益是一致的。当它们面临无产阶级斗争的威胁时，便会毫不犹疑地站在一起。

无产阶级是作为资产阶级的对立面同时产生的。它随着资本主义的发展不断发展壮大。现代工人阶级是18世纪后半期产业革命以后形成的。现代工人阶级的形成，为无产阶级政党的产生奠定了阶级基础。然而，无产阶级虽然和资产阶级同时产生，但它认识自己的历史使命和组织自己独立的政党，却远比资产阶级要迟。主要原因在于无产阶级长期处于被剥削、被压迫的地位，生活在社会最低层，其建党的主观因素和客观条件要比资产阶级具备的差得多、晚得多。无产阶级建立自己的政党经历了一个长期斗争发展的过程。

马克思和恩格斯指出："无产阶级经历了各个不同的发展阶段。它反对资产阶级的斗争是和它的存在同时开始的。"[①] 开始，无产阶级反对资产阶级的斗争是自发斗争；以后，随着无产阶级队伍的壮大和各方面素质的提高，逐步发展转化为自觉的斗争。无产阶级建立自己的政党是自觉斗争阶段才出现的。这一发展过程包括如下几个方面的发展变化。

第一，从个别的分散的斗争走向联合的共同斗争。

马克思和恩格斯在《共产党宣言》中分析说："最初是单个的工人，然后是某一工厂的工人，然后是某一地方的某一劳动部门的工人，同直接剥削他们的单个资产者作斗争。""在这个阶段上，工人是分散在全国各地并为竞争所分裂的群众。"这种个别的分散斗争很难取得成功，往往会遭到资产阶级的迫害或解雇。正是在斗争的一次次失败中，无产阶级意识到了联合起来开展集体斗争的必要性。马克思和恩格斯在分析工人阶级走

---

① 《马克思恩格斯选集》第 1 卷，人民出版社 1995 年版，第 280 页。

向联合的原因时指出：一是随着工业的发展，无产阶级的人数增加了。这是他们"结合成更大的集体"的基础条件。无产阶级的力量日益增长，它越来越感觉到自己的力量。二是机器使劳动的差别越来越小，使工资几乎到处都降到同样低的水平，因而无产阶级内部的利益、生活状况也越来越趋于一致。资产者彼此间日益加剧的竞争以及由此引起的商业危机，使工人的工资越来越不稳定；机器的日益迅速的和继续不断的改良，使工人的整个生活地位越来越没有保障；单个工人和单个资产者之间的冲突越来越具有两个阶级的冲突的性质。三是大工业所造成的日益发达的交通工具为工人阶级的联合提供了便利条件。这种交通工具把各地的工人彼此联系起来。只要有了这种联系，就能把许多性质相同的地方性的斗争汇合成全国性的斗争，汇合成阶级斗争。中世纪的市民靠乡间小道需要几百年才能达到的联合，现代无产者利用铁路只要几年就可以达到了。马克思和恩格斯指出：无产阶级在自发斗争阶段虽然有时也能取得胜利，但这种胜利只是暂时的。而且，这种胜利也具有偶然性。马克思和恩格斯认为：在自发斗争阶段上，"他们斗争的真正成果并不是直接取得的成功，而是工人的越来越扩大的联合。"①

第二，从单纯的经济斗争发展为政治斗争。

工人阶级反对资产阶级的经济斗争也有一个不断发展的过程。

起初，工人们认为机器是导致他们贫困的根源，正是由于机器的大量使用，使他们劳动的气力和手艺变得不值钱了。所以，他们憎恨机器，便捣毁机器，或烧毁厂房。马克思说："工人破坏机器和普遍反对采用机器，这是对资本主义生产所发展起来的生产方式和生产资料的首次宣战。"②

然而，工人们对机器的破坏，不仅不能阻止机器的大量被采用，而且还会受到资产阶级的严厉处罚。斗争的实践教育工人必须转换斗争的方式。于是，工人便通过罢工来争取改善自己的生活状况和劳动条件，要求增加工资或反对资本家削减工资，要求缩短每天的劳动时间或抗议资本家延长工时，反对资本家体罚工人和解雇工人，要求改进劳动保护条件等

---

① 《马克思恩格斯选集》第1卷，人民出版社1995年版，第280—281页。
② 《马克思恩格斯全集》第47卷，人民出版社1979年版，第561页。

等。恩格斯将罢工称之为使工人受到训练的"斗争的学校"。[1] 工人阶级进行罢工斗争比捣毁机器的斗争前进了一大步，但罢工斗争仍局限于经济斗争的范围，而工人阶级单靠这种经济斗争还不能完全获得解放，必须再前进一步，由经济斗争过渡到政治斗争，即为夺取政权而开展的斗争。马克思和恩格斯指出："工人阶级由于经济斗争已经达到的本身力量的团结，同样应当成为它在反对大土地所有者和大资本家的政权的斗争中的杠杆"。[2] 恩格斯又说："英国的、其次法国的、最后德国的工人运动都是通过实质上是政治的斗争成长和巩固起来的"。[3] 自19世纪30年代起，英、法、德等国的工人阶级相继突破单纯经济斗争的范围，开始了政治斗争。1831年和1834年法国里昂工人的两次武装起义，1836年至1848年英国工人掀起的宪章运动，1844年德国西里西亚纺织工人起义，都是工人阶级开始走向政治斗争新阶段的突出表现。

第三，从追随资产阶级反封建上升到提出本阶级的独立政治要求。

工人阶级开初进行政治斗争，还不是出于本阶级的独立政治目标和要求而开展的。在自发斗争阶段上，工人阶级还提不出自己独立的政治目标和要求，还是追随资产阶级进行反对封建专制统治的政治斗争。马克思和恩格斯指出："当时资产阶级为了达到自己的政治目的必须而且暂时还能够把整个无产阶级发动起来。因此，在这个阶段上，无产者不是同自己的敌人作斗争，而是同自己的敌人的敌人作斗争，即同专制君主制的残余、地主、非工业资产者和小资产者作斗争。"[4]

无产阶级之所以能够被资产阶级组织发动起来帮助资产阶级从事反对封建势力的斗争，除了无产阶级自身发展水平的限制这一主观原因以外，还有一定的社会客观原因，使这一现象具有了某种程度的必然性。马克思和恩格斯曾分析指出："每一个企图取代旧统治阶级的新阶级，为了达到自己的目的不得不把自己的利益说成是社会全体成员的共同利益，就是说，这在观念上的表达就是：赋予自己的思想以普遍性的形式，把它们描绘成惟一合乎理性的、有普遍意义的思想。进行革命的阶级，仅就它对抗

---

[1] 《马克思恩格斯全集》第2卷，人民出版社1957年版，第513页。
[2] 同上书，第17卷，人民出版社1963年版，第456页。
[3] 同上书，第19卷，人民出版社1963年版，第111页。
[4] 《马克思恩格斯选集》第1卷，人民出版社1995年版，第280页。

另一个阶级而言，从一开始就不是作为一个阶级，而是作为全社会的代表出现的；它俨然以社会全体群众的姿态反对惟一的统治阶级。它之所以能这样做，是因为它的利益在开始时的确同其余一切非统治阶级的共同利益还有更多的联系，在当时存在的那些关系的压力下还不能够发展为特殊阶级的特殊利益。因此，这一阶级的胜利对于其他未能争得统治地位的阶级中的许多个人来说也是有利的，但这只是就这种胜利使这些个人现在有可能升入统治阶级而言。当法国资产阶级推翻了贵族的统治之后，它使许多无产者有可能升到无产阶级之上，但是只有当他们变成资产者的时候才达到这一点。由此可见，每一个新阶级赖以实现自己统治的基础，总比它以前的统治阶级所依赖的基础要宽广一些"。① 从以上所引这一大段的论述中，我们可以看出，它说明了这样两层意思：一是资产阶级之所以能发动起无产阶级与它一起进行反对封建势力的斗争，是因为起初资产阶级所从事的革命斗争确实代表了社会上一切受压迫的人民群众的共同利益，符合社会进步的需要，顺应了人类历史发展的趋向，因而能够得到包括无产阶级在内的人民大众的支持。二是无产阶级追随资产阶级开展反封建的斗争，对自己也有一定的益处，它可以为某些无产者个人社会地位的上升提供机会，所以，无产阶级能够被吸引参加资产阶级的革命。

然而，资产阶级以自由、平等、民主等漂亮的口号召唤无产阶级跟随其进行反对封建势力的斗争，并不能使无产阶级获得真正的政治解放。无产阶级在反对封建的斗争中发挥了巨大的革命作用，但是，每当革命取得一定胜利时，胜利果实便为资产阶级所独吞。结果是，无产阶级帮助资产阶级夺取了政权以后，资产阶级却反过来运用这一政权镇压无产阶级。无产阶级就是这样一次又一次地被愚弄、出卖，帮助资产阶级火中取栗。如果说无产阶级追随资产阶级进行反封建的斗争，对于无产阶级有什么好处的话，那就是无产阶级可以从中受到教育和锻炼，提高了他们的政治意识，增强了他们开展政治斗争的能力，对此，马克思和恩格斯指出：资产阶级呼吁无产阶级援助其反封建的斗争，"这样就把无产阶级卷进了政治运动。于是，资产阶级自己就把自己的教育因素即反对自身的武器给予了

---

① 《马克思恩格斯选集》第1卷，人民出版社1995年版，第100页。

无产阶级"。① 也就是说，无产阶级是从资产阶级那里接受了关于自由、平等、民主等等的政治思想教育，从资产阶级那里学会了开展政治斗争的艺术，如组建政党、集会抗议、游行示威乃至武装起义等，无产阶级逐渐看清了资产阶级虚伪的政治面目，开始摆脱资产阶级的政治控制，掀起反映自己独立政治要求的斗争。

第四，从"成立反对资产者的同盟"到"建立了经常性的团体"，再到"组织成为政党"。

这是马克思和恩格斯在《共产党宣言》中阐述无产阶级的组织状况时总结出的一个发展进程。

工人们开始进行的个别的、分散的罢工斗争，很难奏效，容易被资本家压制或破坏掉。这样，他们便逐渐意识到联合起来、组织起来的重要性。在举行罢工斗争时，广泛发动、联络，掀起同盟罢工或同情罢工。这样，壮大了斗争的声势，增强了斗争的威力，成功的可能性就大大增加。在罢工中也就自发地形成了"同盟"的一定组织形式，以便统一斗争的目标，协商行动策略和步骤。这是工人反对资产阶级斗争的最初组织表现。这种组织形式还具有偶然性和不确定性，往往罢工斗争结束，这种"同盟"也便随之而消失。

在斗争的发展中，工人阶级逐步认识到，不光在掀起罢工斗争时，需要有一定的组织，即便是在没有罢工运动发生的通常情况下，也需要有一定的工人组织。由它来集中工人的意见，代表工人阶级向资本家提出要求并进行谈判，组织、发动、领导罢工斗争，以维护工人阶级的利益。这样，工人阶级便建立起自己的经常性的团体，这便是工会。恩格斯说："工会及其所组织的罢工，其意义首先在于：它们是工人想消灭竞争的第一次尝试。它们存在的前提就是工人已经懂得，资产阶级的统治正是建筑在工人彼此间的竞争上，即建筑在无产阶级的不团结上，建筑在一些工人和另一些工人的对立上。而正因为工会努力反对竞争，反对现存社会制度的生命攸关的神经（虽然这种努力有很大的片面性和局限性），所以这个社会制度才把它看得这样地危险。"② 然而，工会毕竟还是只适应工人阶

---

① 《马克思恩格斯选集》第 1 卷，人民出版社 1995 年版，第 282 页。
② 《马克思恩格斯全集》第 2 卷，人民出版社 1957 年版，第 507 页。

级的经济斗争的需要而建立的初级组织形式，随着工人阶级从经济斗争走向政治斗争，工会这种初级组织形式就不能适应工人阶级独立政治斗争的要求了。因而，必须要建立更高形式的组织，这就是无产阶级政党。

马克思和恩格斯指出："无产者组织成为阶级，从而组织成为政党这件事，不断地由于工人的自相竞争而受到破坏。但是，这种组织总是重新产生，并且一次比一次更强大，更坚固，更有力。"[①] 19 世纪 30—40 年代，产生于英国工人中的宪章协会，法国布朗基领导建立的四季社，德国流亡工人成立的正义者同盟等，都是这样的工人政党。尽管它们本身还不成熟，思想上还受着非科学社会主义思潮的影响，组织上还带有宗派性，有的在行动上具有密谋性，但它们是无产阶级建立独立政党的最初尝试，为建立真正的无产阶级政党积累了经验，创造了条件。

无产阶级解放斗争的不断发展，奠定了建立无产阶级政党的阶级基础和组织基础，但是，要建立一个真正的无产阶级政党，必须要有科学社会主义理论作为指导。无产阶级政党是科学社会主义理论与工人阶级的解放运动相结合的产物。然而，这种结合，在欧美各国曾经历了一个很长的曲折过程。起初，一方面是工人开展罢工斗争乃至武装起义，一方面是一些社会主义思想家站在工人运动之外著书立说。由于各种社会主义学说没有同工人阶级的解放运动相结合，所以，便形成了社会主义学说的空想性和工人解放运动的自发性、盲动性等不良现象。

马克思和恩格斯作为杰出的思想家和社会活动家，促成了这种结合的实现。他们在总结无产阶级解放斗争的经验的基础上，进行了深入的科学研究，创立了科学社会主义理论，为无产阶级政党的建立提供了思想理论基础。他们还努力把科学社会主义理论传播到各国工人阶级中去，使科学的理论与革命的运动密切结合起来，为创建真正无产阶级的政党准备了成熟的条件。1847 年 6 月共产主义者同盟宣告成立，这是以科学社会主义理论为指导的第一个国际性无产阶级政党组织。1864 年 9 月，在马克思和恩格斯的指导下，又诞生了第一国际。第一国际作为各国工人阶级的联合组织，在领导和支持各国工人阶级解放斗争的发展中，发挥了极大作用。它虽然没有像共产主义者同盟那样，公开表明自己是共产党的性质、

---

① 《马克思恩格斯选集》第 1 卷，人民出版社 1995 年版，第 281 页。

目的和意图,但从其实际开展的活动和作出的贡献来看,它仍可被认为是一个"独立的无产阶级政党"。[①] 1869年成立的德国社会民主工党是最早在一个国家内建立起来的以科学社会主义为指导的无产阶级政党。19世纪70—80年代,欧美各国开始普遍建立无产阶级的社会主义政党。在此基础上,1889年7月,恩格斯领导成立了第二国际,使各国无产阶级政党进入了一个协商合作、团结战斗的新时期。正是由于这些各种形式的无产阶级政党的相继出现并积极工作,才促成了19世纪国际共产主义运动波澜壮阔、不断前进的历史洪流。

综上所述,无产阶级政党的产生不是偶然的现象,而是随着无产阶级解放斗争的发展并适应这种发展的需要所出现的一种必然的结果。

二 建立无产阶级政党的重大意义

马克思主义关于无产阶级政党学说的核心内容,是党在无产阶级解放事业中的领导作用问题。无产阶级的解放事业是经济上、政治上和思想上的全面、彻底的解放,并且只有使全人类都获得解放,无产阶级才能使自己最终得到解放。这是人类历史上前所未有的最深刻、最伟大的革命运动,也是一个长期而艰巨的历史任务。无产阶级要完成这个伟大任务,必须有自己政党的领导,否则,是根本不可能取得成功的。无产阶级政党的领导是无产阶级解放事业胜利的根本保证。党是无产阶级的教育者、组织者和领导者。

第一,只有建立无产阶级政党才能把科学社会主义理论灌输到工人运动中去,提高工人阶级的阶级觉悟。

无产阶级只有用科学社会主义理论来武装头脑,才能认清资本主义的本质,才能理解无产阶级的社会地位和历史使命,才能由自在的阶级转变为自由的阶级。但是,科学社会主义理论不是自发地在工人运动中产生的,尽管它的产生离不开工人运动,是在总结工人运动经验的基础上产生的。由于工人阶级在资本主义制度下处于受压迫受剥削的地位,过着贫困的生活,他们享受不到较高水平的文化教育,没有能力也没有时间和条件去从事科学研究,创造革命的理论。这项工作只有像马克思和恩格斯那样

---

① 《列宁选集》第2卷,人民出版社1995年版,第306页。

的有产阶级中的先进思想家才有能力、有精力去完成。他们形成了科学的世界观,能够正确认识社会发展的规律和趋势;他们实现了政治立场的转变,自觉站到"掌握着未来的阶级"——无产阶级一边来;他们付出了极为艰辛的努力,甚至做出了巨大的牺牲,才创立了科学社会主义理论。科学社会主义理论产生后,必须把它灌输到工人运动中去,发挥它的正确指导作用,引导工人运动摆脱分散状态,克服自发倾向,走向统一的自觉的斗争阶段。

要使各国无产阶级都能理解科学社会主义理论,这也是一项极为艰巨、极为困难的事情。马克思和恩格斯作为科学社会主义的创始人做了大量的宣传教育工作,但仅靠他们的努力是远远不够的。必须聚集一批各国工人运动中涌现出来的优秀分子,使他们先接受并掌握科学社会主义理论,组建起无产阶级的政党,然后再通过党的组织去做广泛的传播工作。马克思和恩格斯指出:共产党人的突出特点之一,就是"在理论方面,他们胜过其余无产阶级群众的地方在于他们了解无产阶级运动的条件、进程和一般结果"。[①] 没有党在工人群众中做大量的宣传、教育工作,工人群众就很难知晓、掌握科学社会主义理论。就不能正确地开展反对资产阶级的斗争。恩格斯曾把"组织和宣传的手段"看作是在政治领域同敌人斗争的"最有力的行动手段"。马克思主义诞生后,正是由于共产主义者同盟、第一国际及其欧美各国独立的无产阶级政党的大力传播,才为各国工人阶级所普遍接受,并逐渐战胜其他形形色色的非科学的社会主义思想,确立了科学社会主义在国际工人运动中的主导地位,大大提高了工人阶级的阶级觉悟。

第二,只有建立无产阶级政党才能把无产阶级组织起来,使之作为一个阶级来行动。

无产阶级斗争的历史表明,在资本主义制度下,当无产阶级还没有一个以马克思主义理论武装的革命政党来领导的时候,他们所开展的反对资本主义的斗争,通常只能是个别的、分散的、自发的,不可能形成有组织的统一的自觉的斗争。这种斗争的结果,往往会遭到资产阶级的镇压而归于失败,或者是受资产阶级和小资产阶级思想的影响、欺骗而误入歧途,

---

① 《马克思恩格斯选集》第 1 卷,人民出版社 1995 年版,第 285 页。

因之也不能成功。其根本原因就在于无产阶级还没有在以马克思主义为指导的无产阶级革命政党的领导下，组织成为一个统一的有觉悟的阶级。

在无产阶级解放斗争的进程中，也曾经产生过工人阶级的一些其他组织，如工会、合作社、互济会等。这些组织在不同程度上对联合工人开展共同斗争、维护工人的利益起了很重要的作用，但是，这些组织一般都带有行业性、区域性和单纯经济性的特点，还不足以把整个无产阶级组织成为一支团结统一的富有政治觉悟的战斗部队。无产阶级需要多种形式的阶级组织，但是，只有无产阶级政党才是它的最高组织形式。党以其明确的政治纲领和严密的组织制度发挥着任何其他工人组织所发挥不了的广泛而有力的领导作用，它甚至能够把所有其他工人组织都集合在自己的旗帜下面，向着共同的目标而齐心合力地奋斗前进。无产阶级解放斗争的实践说明，无产阶级只有在本阶级革命政党的领导下才能做到统一思想、统一行动、统一目标，才能摆脱自在阶级状态，而成为一个自为的阶级，从而真正地把自己组织成为一个团结性强、觉悟程度高的革命大军。这样，无产阶级的解放斗争才会有胜利的保障。对此，马克思和恩格斯在《共产党宣言》中就明确指出：共产党人的最近目的就是首先要"使无产阶级形成为阶级"，进而通过革命的方式，"推翻资产阶级的统治，由无产阶级夺取政权"。[①] 后来，马克思和恩格斯又强调指出："工人阶级在它反对有产阶级联合权力的斗争中，只有组织成为与有产阶级建立的一切旧政党对立的独立政党，才能作为一个阶级来行动。"[②]

第三，只有建立无产阶级政党才能使无产阶级摆脱资产阶级政党的影响和控制，开展独立的政治斗争。

无产阶级要取得革命的胜利，消灭资产阶级在经济和政治上对他们的剥削和压迫，必须首先摆脱资产阶级对他们的控制。因为资产阶级在反对封建统治的民主主义革命中，组建起本阶级的政党，千方百计地动员无产阶级给予支持。所以，这时期，"工人的大规模集结，还不是他们自己联合的结果，而是资产阶级联合的结果，当时资产阶级为了达到自己的政治目的必须而且暂时还能够把整个无产阶级发动起来。"资产阶级极力向无

[①] 《马克思恩格斯选集》第1卷，人民出版社1995年版，第285页。
[②] 《马克思恩格斯全集》第17卷，人民出版社1963年版，第455页。

产阶级鼓吹,"它所统治的世界自然是最美好的世界","它要求无产阶级实现它的体系,走进新的耶路撒冷"。① 然而,资产阶级政党根本不可能领导无产阶级获得解放,恰恰相反,它借助于无产阶级的力量取得政权,接着便运用这一政权加强对无产阶级的压迫和剥削。无产阶级必须认清资产阶级政党的真面目,摆脱它的影响和控制,建立自己的革命政党。对此,马克思和恩格斯曾说:"工人,首先是共产主义者同盟,不应再度降低自己的地位,去充当资产阶级民主派的随声附和的合唱队,而应该努力设法建立一个秘密的和公开的独立工人政党组织,同那些正式的民主派相抗衡,……无产阶级的立场和利益问题应该能够进行独立讨论而不受资产阶级影响。"② 恩格斯又说:"毫无疑问,旧政党的空洞的豪言壮语,正如你们所说的,吸引了人民的过多的注意力,因而给我们的宣传造成了很大的障碍。这种情况在无产阶级运动的最初年代中到处都发生过。在法国,在英国,在德国,社会主义者过去曾不得不反对,而且现在也还不得不同旧政党的影响和活动,即贵族的或资产阶级的、君主派的或者甚至是共和派的政党的影响和活动作斗争。各地的经验都证明,要使工人摆脱旧政党的这种支配,最好的办法就是在每一个国家里建立一个无产阶级的政党,这个政党要有它自己的政策,这种政策显然与其他政党的政策不同,因为它必须表现出工人阶级解放的条件。"③ 恩格斯还说:"在我们的策略中,对当代已经达到现代发展水平的各国来说,有一点是确定不移的:引导工人建立一个同一切资产阶级政党对立的、自己的、独立的政党。"④ 马克思和恩格斯之所以反复强调这一点,是因为只有以马克思主义武装起来的独立的无产阶级政党,才能正确认识社会各阶级相互之间的关系,科学地判断在什么情况下无产阶级可以和资产阶级联合,在什么情况下则应同资产阶级作坚决的斗争。共产党人支持资产阶级的民主主义运动,"但是,共产党一分钟也不忽略教育工人尽可能明确地意识到资产阶级和无产阶级的敌对的对立",以便在战胜封建阶级后"立即开始反对资产阶级本身的

---

① 《马克思恩格斯选集》第 1 卷,人民出版社 1995 年版,第 280、302 页。
② 同上书,第 369 页。
③ 同上书,第 2 卷,人民出版社 1995 年版,第 638—639 页。
④ 《马克思恩格斯全集》第 38 卷,人民出版社 1972 年版,第 442 页。

斗争"。①

第四，只有建立无产阶级政党才能为无产阶级的解放斗争指明正确的道路和方向，引导无产阶级取得最终胜利。

任何阶级革命如果找不到正确的道路、没有明确的发展方向，就是一种盲动，是不可能成功的。无产阶级革命作为人类历史上一次最伟大最深刻的社会变革运动，尤其需要探寻到正确的道路和发展方向。道路不正，就会使革命徒劳无功，甚至会付出极大的无谓的牺牲；方向不明，就会使革命懵懂不前，半途而废，甚至南辕北辙。而要使无产阶级革命沿着正确的道路开展，循着明确方向前进，必须有无产阶级政党的领导和指引。因为无产阶级政党有科学社会主义理论的指导，能够理论联系实际，从实际出发制定革命的战略和策略。无产阶级政党是由无产阶级先进分子所组成的，通晓阶级斗争和社会发展的规律，能够集中无产阶级的智慧和经验，科学地分析形势，有计划有步骤地组织进攻或退却，巧妙地运用各种斗争形式和组织形式，有效地战胜一切敌人，保证无产阶级解放斗争从胜利走向胜利。马克思曾明确指出，"保证社会革命获得胜利和实现革命的最终目标——消灭阶级，无产阶级这样组织成为政党是必要的。"② 恩格斯也曾指出："要使无产阶级在决定关头强大到足以取得胜利，无产阶级必须（马克思和我从1847年以来就坚持这种立场）组成一个不同于其他所有政党并与它们对立的特殊政党，一个自觉的阶级政党。"③

世界无产阶级解放斗争的实践已充分说明，没有一个以马克思主义为指导的无产阶级政党的领导，无产阶级的解放斗争就只能失败。如果这个政党变了质，背离了马克思主义的理论路线或脱离了无产阶级和人民大众的根本利益，无产阶级的解放事业也会遭受重大挫折。只有始终保持有一个以马克思主义为指导的真正无产阶级的政党，在这样的政党领导下，无产阶级的解放斗争才能沿着正确的道路和方向不断前进，直到取得彻底的胜利。

---

① 《马克思恩格斯选集》第1卷，人民出版社1995年版，第306页。
② 同上书，第2卷，人民出版社1995年版，第611页。
③ 同上书，第4卷，人民出版社1995年版，第685页。

第二节　向全世界公开说明：共产党人的目的和意图

一　共产党的性质和特点

当共产主义思潮在欧洲兴起，共产党刚刚诞生之际，就给旧世界以强烈的震撼和冲击，使一切反动势力都感到惊恐不安。从宗教势力到世俗政权，从封建贵族到资产阶级，都把共产主义视为可怕的"幽灵"，他们联合起来，对它进行所谓"神圣的围剿"。但是，反动统治阶级却并不真正了解共产主义究竟是一种什么样的思想，共产党究竟是一个什么样的组织。因而，各国当政的统治者就把所有反对自己并想取而代之的党派都骂为共产党；而每一个在野的反对党也拿"共产主义这个罪名"去回敬比自己"更进步"一些的反对党人甚至自己的反动敌人。由此，可以得出这样两点结论：（1）共产主义在欧洲已经产生了巨大的影响，被公认为一种强大的革命力量，威胁着剥削阶级的生存；（2）真正的共产党人必须向全世界公开说明自己的观点、目的和意图，驳斥反动势力关于"共产主义幽灵"的诽谤，以正视听。因而，马克思和恩格斯为共产主义者同盟制定了纲领性文献《共产党宣言》，阐明了共产党的性质、特点和目的意图。

关于共产党的阶级性质，马克思和恩格斯在《共产党宣言》中首先分析了无产阶级在资本主义制度下所处的社会地位，考察了无产阶级反对资产阶级斗争的发展进程，揭示了无产阶级的阶级特性，指明了无产阶级所肩负的历史使命。由此，就把共产党赖以建立的阶级基础作了深刻的阐述。在此基础上，《共产党宣言》明确提出问题："共产党人同全体无产者的关系是怎样的呢？"

对于这一问题，马克思和恩格斯首先用了三句简要明快的话语作答：
"共产党不是同其他工人政党相对立的特殊政党。
他们没有同整个无产阶级的利益不同的利益。
他们不提出任何特殊的原则，用以塑造无产阶级的运动。"[①]
我们认为，这三句话可分成两层意思来理解。也就是说，马克思和恩

[①]《马克思恩格斯选集》第1卷，人民出版社1995年版，第285页。

格斯是从两个不同的角度来谈共产党人与全体无产者的关系的。一是共产党人同欧美一些国家已经组建起来的其他工人政党的关系；二是共产党人同所有无产阶级群众的关系。

就第一层意思来说，在共产主义者同盟成立之前，在欧美某些国家已经建立了一些具有工人政党性质的组织，如1836年由德国流亡工人在巴黎组建的正义者同盟（共产主义者同盟的前身），1837年由布朗基领导成立的法国的"四季社"，1840年英国成立的"全国宪章协会"，1845年美国工人创立的"全国改革协会"（北美土地改革派）等等。这些工人政党，虽然还不是用科学社会主义理论武装起来的，但是它们确实都致力于维护无产阶级的利益，为无产阶级的解放而开展积极的斗争，所以在工人群众中有较大的影响，已被工人群众公认为代表自己利益的政党组织。《共产党宣言》就从最易于被工人群众理解和接受的这一角度出发，指出"共产党人不是同其他工人政党相对立的特殊政党"，其鲜明的寓意就是，新成立的共产党在阶级性质上同早先的工人政党是一样的，也是代表工人阶级利益的政党，是为工人阶级的解放事业而奋斗的政党。

就第二层意思来说，共产党的利益同整个无产阶级的利益是完全一致的，除了代表无产阶级的利益外，共产党没有也不应该有任何的私利。如果共产党存有或者去谋求同整个无产阶级的利益不同的利益，那么它就不可能是真正的无产阶级政党了。当然，各个国家的甚至各个不同行业的工人可能也会有自己的某些特殊的具体的利益要求，共产党不可能去一一代表并争取实现所有这些不同的特殊的和具体的利益要求，共产党所代表的只能是整个无产阶级的共同利益、根本利益，并为实现这种共同利益和根本利益而英勇奋斗。正因如此，共产党的所有活动原则，也都是适应无产阶级解放运动的需要而提出来的，既是对无产阶级解放斗争实践经验的科学总结，又是对人类社会发展规律和趋向的英明预见，完全符合整个无产阶级利益的要求。共产党绝不能从某种宗派集团的私利出发，来制定这样那样的特殊活动原则，再强加于无产阶级运动，扭曲无产阶级运动发展的正确轨道和趋向。如果这样的话，共产党也就背弃了整个无产阶级的共同利益和根本利益，也就称不上是真正的无产阶级政党了。由此，《共产党宣言》更进一步地把共产党的无产阶级性质宣示在人们面前。

共产党不仅是代表无产阶级利益的政党，而且是一个先进的无产阶级政党，是无产阶级的先锋队。对此，在《共产党宣言》中，马克思和恩格斯也作了具体明确的阐述，从而，表明了共产党的特点和优点。

第一，共产党同其他无产阶级政党不同的地方，一方面是，"在无产者不同的民族的斗争中，共产党人强调和坚持整个无产阶级共同的不分民族的利益"。①

马克思和恩格斯指出：在民族国家存在的情况下，由于各国的发展程度和具体国情不同，各国无产阶级解放斗争所面临的主要任务也不尽相同，所以，"就形式来说，无产阶级反对资产阶级的斗争首先是一国范围内的斗争。每一个国家的无产阶级当然首先应该打倒本国的资产阶级"。②对于各国无产阶级政党来说，毫无疑问，要首先代表本民族国家的无产阶级的利益，为本民族国家的无产阶级的解放而积极斗争。然而，就内容来说，"现代的工业劳动，现代的资本压迫，无论在英国或法国，无论在美国或德国，都是一样的，都使无产者失去了任何民族性"。③资本对无产阶级的压迫、剥削具有国际性，无产阶级反对资本主义的斗争也具有国际性，铲除资本压迫是各国无产阶级的共同任务，各国无产阶级打倒本国的资产阶级，是彻底消灭资本的国际压迫的一部分。各国无产阶级根本利益的这种一致性，决定了它们要联合起来，相互支援，共同战斗，而不能把自己的斗争仅仅局限于一国范围内。"联合的行动，至少是各文明国家的联合的行动，是无产阶级获得解放的首要条件之一。"④因此，各国的无产阶级政党，在领导本国无产阶级开展革命斗争时，就要从这种斗争的国际意义去认识，要从"整个无产阶级的不分民族的共同利益"上，去考虑革命斗争的战略和策略问题。

然而，以往建立的其他工人政党往往做不到这一点。由于它们在组织上不同程度地具有宗派主义的特点，它们甚至连本国无产阶级的共同利益都代表不起来，更谈不上代表"整个无产阶级不分民族的共同利益"了。它们通常只是某一国家中某一民族、某一行业甚或某一阶层工人的代表。这一局限性限制了它们的发展，也影响了它们开展的革命斗争成功的可能

---

① 《马克思恩格斯选集》第1卷，人民出版社1995年版，第285页。
② 同上书，第283—284页。
③ 同上书，第283页。
④ 同上书，第291页。

性。共产党必须抛弃这种民族的狭隘界限，把本国本民族无产阶级的利益同世界各国各民族的无产阶级的共同利益结合起来，坚持无产阶级的国际主义，为全世界无产阶级乃至全人类的解放而奋斗。这表明，共产党比其他工人政党具有更广泛的代表性。

第二，共产党区别于其他无产阶级政党的另一方面是，"在无产阶级和资产阶级的斗争所经历的各个发展阶段上，共产党人始终代表整个运动的利益"。①

无产阶级要在全世界范围内彻底战胜资产阶级，完成自己的历史使命，需要经过一个很长的奋斗历程。其间，根据无产阶级所面临的具体斗争任务不同，又会形成不同的发展阶段。无产阶级解放斗争只能循着不同发展阶段的历史衔接，一个阶段一个阶段地向前推进。既不能在某一发展阶段上停顿下来，裹足不前，也不能超越阶段，盲目过渡，企图一步跨入共产主义。这就要求无产阶级政党在任何时候都要把当前利益和长远利益结合起来，在努力实现无产阶级斗争的最近目标的同时，始终坚持共产主义的最终目标。要以每一发展阶段的胜利，逐步向整个共产主义运动的最终胜利推进；同时又以共产主义最终胜利为奋斗目标，引导和激励人们去努力完成每一发展阶段的历史任务。只有这样，无产阶级政党才能始终站在时代的前列，才能起到一个先进政党的领导作用。

而以往建立的其他工人政党在这方面也存有缺陷。它们往往在工人运动发展的某一时期，能够反映无产阶级的利益要求，能够带领无产阶级为实现某一发展阶段的任务而奋斗。但是，由于它们在指导思想上的非科学性、组织上的宗派性和行动上的密谋性，随着无产阶级自身的进步和斗争的不断发展，这些工人政党就明显落后了，不再适应无产阶级在新的发展阶段上开展革命斗争的需要了。这些政党所起的积极作用是同无产阶级解放运动的发展成反比的。所以，随着无产阶级解放斗争不断迈入新的发展阶段，这些工人政党便相继退出了历史舞台。共产党是科学社会主义理论与工人运动相结合的产物。科学社会主义本身就具有与时俱进的理论品质，它和不断发展的工人运动是互相促进，共同发展的。所以，共产党能够做到也必须做到在无产阶级解放斗争的"各个发展阶段上"，"始终代

---

① 《马克思恩格斯选集》第 1 卷，人民出版社 1995 年版，第 285 页。

表整个运动的利益",永葆生机与活力,直至最终完成无产阶级的伟大历史使命。

第三,共产党又一个鲜明的特点是,"在实践方面,共产党人是各国工人政党中最坚决的、始终起推动作用的部分"。①

这就是说,共产党是由无产阶级中最先进的分子组成的。共产党是无产阶级政党,但这并不意味着无产阶级中的所有成员都可以入党。无产阶级就其整个阶级来说,是最革命最先进的阶级,但就其各个成员来说,他们的觉悟程度是不同的,在无产阶级解放斗争中所起的作用也是有差别的,党只能吸收那些对无产阶级解放事业最忠诚、最坚定,能始终起模范带头作用的先进人物入党。只有这样的人组成的政党,才能成为无产阶级的先锋队。

共产党作为无产阶级政党,也并不是说只有出身于无产阶级的人才能入党。事实上,在无产阶级解放运动的每一发展阶段上,都有一些出身于非无产阶级甚至是剥削阶级的优秀分子被吸收到共产党内来。但是这些加入共产党的人,不是以他们所出身的哪个阶级的代表身份参加共产党的,而是经过对马克思主义的学习和社会实践的锻炼,已经实现了世界观和政治立场的根本转变,具备了无产阶级先进分子的条件,才成为共产党员的。马克思和恩格斯说过:"如果其他阶级出身的这种人参加无产阶级运动,那么首先就要求它们不要把资产阶级、小资产阶级等等的偏见的任何残余带进来,而要无条件地掌握无产阶级世界观。"② 恩格斯还说:"我们党内可以有来自任何社会阶级的个人,但我们绝对不需要任何代表资本家、中等资产阶级或中等农民的利益的集团。"③

共产主义者同盟作为在马克思和恩格斯指导下创立的第一个国际性的共产党,它还不是哪一个国家的无产阶级政党,而是聚集了当时欧洲许多国家的工人运动的优秀思想家、活动家而建立起来的,除德国人外,还有英国人、法国人、荷兰人、瑞士人、波兰人等。这些人大都曾创建或参加过本国的这种或那种形式的工人政党组织,经受过无产阶级解放斗争的风

---

① 《马克思恩格斯选集》第 1 卷,人民出版社 1995 年版,第 285 页。
② 同上书,第 3 卷,人民出版社 1995 年版,第 685 页。
③ 同上书,第 4 卷,人民出版社 1995 年版,第 494 页。

与火的考验,不愧为"各国工人政党人最坚决的、始终起推动作用的部分"。

第四,共产党还有一个鲜明的特点,那就是"在理论方面,他们胜过其余无产阶级群众的地方在于他们了解无产阶级运动的条件、进程和一般结果"。①

一个党是不是真正的无产阶级政党,不仅要看它是否主要由工人阶级的先进分子所组成,更要看它以什么样的理论为指导。共产党之所以能够成为先进政党并保持它的先进性,最根本的原因就在于它有科学社会主义理论作为自己的指导思想。恩格斯说过:"我们党有个很大的优点,就是有一个新的科学的观点作为理论的基础"。② 这个科学的观点就是马克思主义的辩证唯物论和历史唯物论。它使共产党能够正确认识和掌握社会发展的规律,从而确切地了解无产阶级解放运动的条件、进程和一般结果。也就是说,知道无产阶级解放运动在什么情况下采取什么样的途径,才能取得斗争的胜利,既不能盲目蛮干,也不能错失良机;知道无产阶级解放运动要经历哪些不同的发展阶段及相应的斗争任务,既不要落后于运动的实际水平,又不要超越运动发展所可能达到的限度;知道无产阶级解放运动所要达到的最终结果,坚定这一目标信念,既不应迷失方向,也不应半途而废。可想而知,共产党如果不能在理论方面达到上述的先进要求,它就与普通的无产阶级群众无异了,就起不到领导无产阶级解放运动获得最终胜利的先进政党的作用了。

以往建立的各种工人政党,都没有马克思主义理论的科学指导,所以,它们要么不懂得无产阶级解放运动的条件,盲目地掀起武装斗争,付出了血的代价,却根本没有胜利的可能。法国的布朗基派就曾经一再犯过这样的错误。也有的不清楚无产阶级解放运动的进程,企图毕其功于一役,结果只能是幻想。还有的党派不明白无产阶级解放运动的结果,没有远大的理想目标,只是为眼前的点滴利益而斗争,同样,不能实现无产阶级的真正解放。共产党必须克服这些弊端,坚持马克思主义理论的指导,切实了解无产阶级运动的条件、进程和一般结果,这样,才能领导无产阶

---

① 《马克思恩格斯选集》第1卷,人民出版社1995年版,第285页。
② 同上书,第2卷,人民出版社1995年版,第39—40页。

级不断走向胜利。

马克思和恩格斯不仅强调共产党要有"胜过其余无产阶级群众"的理论优点,而且强调党还要正确地对待和运用这一理论。马克思指出:"正确的理论必须结合具体情况并根据现存条件加以阐明和发挥。"[1] 恩格斯指出:"我们的理论不教条,而是对包含着一连串互相衔接的阶段的发展过程的阐明。"[2] 恩格斯批评有些人"只把理论当作一堆应当熟记和背诵的教条,像魔术师的咒语或天主教的祷词一样";[3] 这些人"认为只要把它背得烂熟,就足以满足一切需要"。[4] 可见,一个党拥有再好的理论,也必须把它与各国实际相结合,否则,仍然不能真正"了解无产阶级运动的条件、进程和一般结果"。

二 共产党的政治纲领

任何政党都会有自己的政治纲领,这是政党区别于其他社团组织的重要特征,也是政党存在的政治价值的突出表现。党的政治纲领一般包括它的奋斗目标以及为实现该目标所必需的基本途径。马克思和恩格斯十分重视无产阶级政党的政治纲领问题,强调制定党的政治纲领的重要性,并亲自制定和指导许多国家的无产阶级政党制定过政治纲领。马克思曾说:"制定一个原则性纲领(……),这就是在全世界面前树立起可供人们用来衡量党的运动水平的里程碑。"[5] 恩格斯也说:一个政党的新的纲领,"是一面公开树立起来的旗帜,而外界就根据它来判断这个党"。[6]

《共产党宣言》就是马克思和恩格斯为共产主义者同盟制定的政治纲领。在《共产党宣言》中,关于党的奋斗目标,是从最近目的和最终目的两方面来说的。

《共产党宣言》指出:"共产党人的最近目的是和其他一切无产阶级政党的最近目的一样的;使无产阶级形成为阶级,推翻资产阶级的统治,

---

[1] 《马克思恩格斯全集》第27卷,人民出版社1972年版,第433页。
[2] 《马克思恩格斯选集》第4卷,人民出版社1995年版,第680页。
[3] 《马克思恩格斯全集》第38卷,人民出版社1972年版,第94页。
[4] 《马克思恩格斯选集》第4卷,人民出版社1995年版,第677页。
[5] 同上书,第3卷,人民出版社1995年版,第296页。
[6] 同上书,第325—326页。

由无产阶级夺取政权。"① 无产阶级形成为阶级,取决于两个基本方面,一是无产阶级内部的联合、团结日益加强,二是无产阶级的政治觉悟不断提高。也就是,无产阶级在组织上和思想上都要成熟起来。要在这两方面都达到真正"形成为阶级"的要求,就离不开共产党的教育、组织和领导。无产阶级一旦作为一个阶级来行动,首要的目标就是要推翻资产阶级的统治,由无产阶级夺取政权。只有这样,无产阶级才能摆脱受压迫受奴役的状况,才能翻身成为社会的主人,取得彻底的解放。如果不能推翻资产阶级的统治而由无产阶级夺取政权,无产阶级在资本主义制度下开展斗争所取得的成就,充其量只是减少资产阶级对无产阶级压迫、剥削的残酷程度而已,而不能从根本上解决无产阶级的翻身解放问题。所以,无产阶级革命的根本问题是政权问题,无产阶级必须把夺取政权作为自己首要的奋斗目标。

共产党领导无产阶级完成夺取政权的最近日的是重要的,但这还不是它的最终目的,还不是其历史使命的最后完成。关于共产党人的最终目的,《共产党宣言》进一步分析指出:共产党用来指导革命斗争的科学原理,不是来自某些所谓"世界改革家"的主观意志,而是来自生产力与生产关系的矛盾运动的一般规律,来自由此而产生的现存社会的阶级斗争。这些科学原理是社会发展规律、阶级斗争规律的高度概括。任何新生阶级的革命运动都不仅仅要夺取政权,而且要消灭旧的所有制关系,这是历史发展的必然要求。因而,无产阶级革命也要废除旧的所有制关系,代之以新的所有制关系,这是按照历史发展规律推动历史前进的必然表现。《共产党宣言》分析说:历史上的一切所有制关系,从原始公社所有制到奴隶主阶级所有制上、封建地主阶级所有制,再到资产阶级所有制,都有其产生、发展和被废除的历史过程,都不是永恒的。法国资产阶级革命便废除了封建的所有制,代之以资产阶级的所有制。所以,共产主义革命也不例外,也必然会引起社会所有制关系的大变更——废除资产阶级的所有制。由于资产阶级所有制是建立在阶级对立、阶级剥削上面的最后而又最完备的私有制形式,消灭了资产阶级所有制,也就消灭了一切生产资料的私有制形式。因此,《共产党宣言》指出:"从这个意义上说,共产党人

---

① 《马克思恩格斯选集》第1卷,人民出版社1995年版,第285页。

可以把自己的理论概括为一句话：消灭私有制。"① 这一概括，表明了共产党的最终目的的最根本要求，即彻底消灭私有制，代之以生产资料公有制。

随着私有制的消灭和公有制的确立，必将引起整个社会关系和社会组织的一系列深刻变革。"共产主义革命就是同传统所有制关系实行最彻底的决裂，毫不奇怪，它在自己的发展进程中要同传统的观念实行最彻底的决裂。"② 阶级差别将最终消失，不仅不再有压迫阶级和被压迫阶级、剥削阶级和被剥削的区别，而且也将消除工人阶级和农民阶级、体力劳动者和脑力劳动者的差别。这样，全部社会生产将集中在联合起来的个人手里，公众的权力即国家，就将失去其政治性质，不再是原来意义上的一个阶级压迫另一个阶级的有组织的暴力机关了，国家的阶级统治职能便消失了。失去政治性质的公众权力，便成为纯粹从事经济文化管理和一般社会事务管理的机关。如果就共产党的最近目的来说，为了取得反对资产阶级斗争的胜利，还需要使无产阶级联合成为一个阶级，并建立无产阶级政治统治的国家的话，那么在无产阶级利用国家力量消灭了资产阶级所有制关系后，一切阶级对立和阶级本身存在的条件也就消灭了，无产阶级及其统治的国家也将归于消亡。《共产党宣言》指出："代替那存在着阶级和阶级对立的资产阶级旧社会的，将是这样一个联合体，在那里，每个人的自由发展是一切人的自由发展的条件。"③ 这就是说，在阶级和国家消亡之后，代替它的组织形式将是共产主义的联合体。在这个联合体里，人们将获得真正的平等和自由。人们之间将不再有根本的利害冲突，个人与个人之间、个人与社会之间的根本利益将是一致的。每个人都能使自己的思想、知识、才干得到充分的发展，每个人的自由发展不但不会妨碍别人的自由发展，反而可以成为别人自由发展的条件。人们之间和谐融洽，互相帮助，共同发展。这是对共产主义社会根本特征的高度概括，是对共产党人最终奋斗目标的明确阐述。

---

① 《马克思恩格斯选集》第 1 卷，人民出版社 1995 年版，第 286 页。
② 同上书，第 293 页。
③ 同上书，第 294 页。

第三节 党的组织建设的认真探索

一 党的民主集中制原则的初创

无产阶级政党不仅要有科学的政治纲领，还要有正确的组织建设原则。正确的组织建设原则是党的先进性和革命性的规范要求，是实现党的政治纲领的制度保证。马克思和恩格斯在创建和领导无产阶级政党的过程中，探索初创了无产阶级政党的民主集中制原则，奠定了无产阶级政党的组织建设的基础。马克思和恩格斯虽然在他们的著述中，没有明确使用过"民主集中制"这个词，但是在他们制定的《共产主义者同盟章程》和《国际工人协会共同章程》及其他一些著作中，都对民主集中制思想做了重要的阐述。

首先，无产阶级政党必须以民主的原则组建起来。

马克思和恩格斯从历史唯物主义的科学世界观出发，认为无产阶级革命运动是绝大多数人的、为绝大多数人谋利益的独立运动，必须依靠大多数人的共同奋斗，才能取得胜利。无产阶级政党是科学社会主义理论同广泛发展的工人运动相结合的产物，它虽然不是所有无产阶级群众都参加的，但是必须体现绝大多数人的利益并为绝大多数人谋利益的性质。所以，必须按照民主的原则来组织、实行民主制度，而绝不能把无产阶级政党搞成少数人的密谋组织，不能在无产阶级政党内部搞个人独裁。

共产主义者同盟就是以民主原则为基础组建起来的，同盟章程规定，"所有盟员都一律平等"；支部、区部和中央委员会的领导人都由选举产生，并且"可随时撤换之"；同盟的代表大会是全党的立法机关，"代表大会的一切立法性决议须提交各支部讨论，以便决定是否可以接受"。[①] 这些规定都体现了共产主义者同盟在组织上的民主制精神。恩格斯后来谈到共产主义者同盟的历史时曾指出："密谋时代遗留下来的一切旧的神秘名称都被取消了；……组织本身是完全民主的，它的各委员会由选举产生

[①] 中共中央党校党建教研室选编：《共产主义运动国际章程汇编》，河南人民出版社1980年版，第4—6页。

并随时可以罢免,仅这一点就已堵塞了任何要求独裁的密谋狂的道路"。[①]

第一国际坚持了共产主义者同盟所确立的民主原则,并且作了进一步的丰富和完善。第一国际的共同章程规定:"加入协会的一切团体和个人,承认真理、正义和道德是他们彼此间和对一切人的关系的基础,而不分肤色、信仰或民族";章程强调工人阶级要团结起来,"争取平等的权利和义务",并进而指出:在国际工人协会内部,"没有无义务的权利,也没有无权利的义务"。章程还规定:全协会工人代表大会"由协会各分部选派代表组成",代表大会每年召开一次,"宣布工人阶级的共同的愿望,采取使国际协会顺利进行活动的必要办法";"确定总委员会驻在地,并选举总委员会委员"。总委员会不是凌驾于各国工人组织之上的一个指挥中心,而是"沟通各种全国性组织和地方性组织之间联系的国际机关",它要在全协会代表大会年会上作"关于过去一年活动的公开报告";平时,为了加强各国工人团体的联系,还要"发表定期报告"。总委员会应"使一个团体中提出的但具有普遍意义的问题能由一切团体加以讨论",而不是由它擅自决断;"应主动向各种全国性团体或地方团体提出建议",而不是对它们发号施令。共同章程还规定:"每一个支部均有权任命一个和总委员通讯的书记";"每一个承认并维护国际工人协会原则的人,都可以成为国际协会的会员。每一支部都应对接受的会员的品质纯洁负责";"加入国际协会的工人团体,在彼此结成亲密合作的永久联盟的同时,完全保存自己原有的组织"。[②] 以上这些原则规定,都表明了第一国际在组织制度上的民主特性。

19世纪70年代中后期,国际工人运动进入在各个民族国家建立独立工人阶级政党的新时期,先后有20多个欧美国家建立了社会主义工人政党。在这一新时期,各国工人党争取到了开展合法的公开活动的权利,使扩大党内民主生活有了可能。同时,党组织的发展和壮大也需要扩大民主;否则,就不利于调动全体党员的革命积极性,也不利于同党的官僚腐化行为作有效的斗争。所以,马克思和恩格斯在这一时期特别强调扩大党

[①] 《马克思恩格斯选集》第4卷,人民出版社1995年版,第200页。
[②] 中共中央党校党建教研室选编:《共产主义运动国际章程汇编》,河南人民出版社1980年版,第30—33页。

内民主问题。他们主张，要用一种更能发挥全党的智慧和力量的组织制度去代替秘密斗争条件下由党的领导决定一切的旧制度。应当遵照党章规定按时召开党的代表大会，使全党有更多的发表意见的机会，防止个人专断。恩格斯曾经给德国党的领导人倍倍尔写信指出：“应当坚持每年召开一次党代表大会。即使为了遵守党章，你们执行委员会也必须这样做；否则，你们就会为那些喜欢叫喊的人提供极好的口实。而且，让全党哪怕一年有一次发表自己意见的机会，一般说来也是重要的。这样做任何时候都是必要的，而现在则更加必要”。① 此外，在遵循共同原则的基础上，党内应该开展自由讨论和批评，不能压制不同意见。恩格斯说：“在党内绝对自由地交换意见是必要的”。② 党的领导人要正确对待批评，“不要那么气量狭小，在行动上少来点普鲁士作风”。③ 恩格斯甚至建议德国党创办一种刊物，“在纲领和既定策略的范围内可以自由地反对党所采取的某些步骤，并在不违反党的道德的范围内自由批评纲领和策略”。④ 恩格斯还说：“批评是工人运动生命的要素，工人运动本身怎么能逃避批评，禁止争论呢？难道我们要求别人给自己以言论自由，仅仅是为了在我们自己队伍中又消灭言论自由吗？”⑤

在各国社会主义工人政党广泛建立和蓬勃发展的情况下，1889年7月，恩格斯领导创建了第二国际。第二国际完全是以加强各国工人政党的国际联系和协调统一其行动纲领为目的国际组织，它没有固定的国际组织机构，其基本的组织形式就是每隔几年召开一次各国党的代表大会。这种形式奠定了各国工人阶级政党独立自主、平等协商的民主传统。

其次，无产阶级政党离不开必要的集中制。

马克思和恩格斯在强调无产阶级政党的民主制原则的同时，也十分注重集中制原则的必要性。民主是集中指导下的民主，集中是民主基础上的集中。如果将二者割裂开来，把任何一方面绝对化，都是错误的，都不能把无产阶级政党建设好。

---

① 《马克思恩格斯全集》第38卷，人民出版社1972年版，第474页。
② 同上书，第37卷，人民出版社1971年版，第435页。
③ 同上书，第38卷，人民出版社1972年版，第88页。
④ 同上书，第517页。
⑤ 《马克思恩格斯选集》第4卷，人民出版社1995年版，第687—688页。

共产主义者同盟章程不仅体现了民主制的精神,而且体现了集中制的精神。同盟章程规定:"中央委员会是全盟的权力执行机关"。"区部委员会是区内各支部的权力执行机关","区部委员会必须根据盟的意图对各支部所进行的讨论加以领导"。支部是同盟的基层组织,"接收新盟员须经支部事先同意"。盟员要"服从同盟的一切决议","保守同盟的一切机密","凡不遵守盟员条件者,视情节轻重或暂令离盟或开除出盟。凡开除出盟者不得再接收入盟。""开除盟籍的问题只能由代表大会决定。"[①]

第一国际在确立了民主原则的基础上,也提出了明确的集中的要求。国际章程明确规定:"总委员有权增加新的委员";在紧急情况下,总委员会有权决定"早于规定的一年期限召开全协会代表大会"。它应该"使欧洲各国中的社会状况调查工作能同时并在共同领导下进行";在需要立刻采取实际措施时,"使加入协会的团体能同时和一致行动"。[②] 这些规定都体现了必要的集中制精神。鉴于国际内部无政府主义思潮的危害愈益严重,第一国际又不断扩大了总委员会的权力。使总委员会有权监督每个国家的国际所属组织严格遵守国际的共同章程和条例的原则;有权审定独立支部的章程和条例;有权接受或不接受新的支部和小组;也有权将国际的分部、支部、联合会委员会以及联合会暂时开除;有权解决属于一个全国性组织的团体或支部之间、或各全国性组织之间可能发生的纠纷;有权派出代表出席第一国际所属的各国、各级组织的一切会议并发表意见。

针对巴枯宁无政府主义者鼓吹绝对自治,反对一切权威的错误论调和攻击国际总委员"集权"、"独裁"的谬论,马克思和恩格斯都对其进行了严厉批判。尤其是恩格斯写的《论权威》一文,是清除巴枯宁无政府主义的有力檄文。恩格斯指出:现代社会有一种使各个分散的活动愈来愈为人们的联合活动所代替的趋势,联合活动就是组织起来,而没有权威能够组织起来吗?无数人合作的活动,首要条件"是要有一个能处理一切所属问题的起支配作用的意志,——不论体现这个意志的是一个代表,还是一个负责执行有关的大多数人的决议的委员会,都是一样。不论在哪一

---

① 中共中央党校党建教研室选编:《共产主义运动国际章程汇编》,河南人民出版社1980年版,第9—14页。

② 《马克思恩格斯选集》第2卷,人民出版社1995年版,第610—611页。

种场合,都要碰到一个表现得很明显的权威"。恩格斯抨击巴枯宁分子说:"把权威原则说成是绝对坏的东西,而把自治原则说成是绝对好的东西,这是荒谬的。"他进而提出:"革命无疑是天下最权威的东西。革命就是一部分人用枪杆、刺刀、大炮,即用非常权威的手段强迫另一部分人接受自己的意志。获得胜利的政党如果不愿意失去自己努力争得的成果,就必须凭借它的武器对反对派造成的恐惧,来维持自己的统治。"恩格斯还以巴黎公社为例来说明权威的重要性,"要是巴黎公社面对资产者没有运用武装人民这个权威,它能支持哪怕一天吗?反过来说,难道我们没有理由责备公社把这个权威用得太少了吗?"①

马克思和恩格斯还把无产阶级政党实行必要的集中制与要求党的各级组织和党员严格遵守党的纪律结合起来,认为遵守党的纪律是实现党的集中领导的重要保障。马克思说过:"我们现在必须绝对保持党的纪律,否则将一事无成。"② 巴枯宁分子鼓吹无政府主义,也对党的纪律持否定态度。他们认为第一国际应是"独立的支部的自由联合",而决不能变成"'服从纪律的支部'的教阶制的和权威的组织"。国际是"未来人类社会的萌芽,它现在就应当正确地反映我们的自由和联盟的原则"。对此,恩格斯批驳说:"没有任何党的纪律,没有任何力量在一点的集中,没有任何斗争的武器!那末未来社会的原型会变成什么呢?简而言之,我们采用这种新的组织会得到什么呢?会得到一个早期基督徒那样的畏缩胆怯的而又阿谀奉承的组织"。③ 这说明,没有党的纪律,没有必要的集中,党就会变成一个松散的毫无战斗力的团体。这样的组织是不能带领无产阶级完成革命、解放的历史任务的。

最后,无产阶级政党反对搞个人崇拜。

按照民主集中制原则组建起来的无产阶级政党,其领袖和普通党员群众在基本权利和义务上都是平等的。马克思和恩格斯肯定领袖的重要作用,但是他们强调领袖首先是一名普通战士。领袖不是天生的圣人,而是在与广大群众并肩战斗中锻炼成长起来的优秀分子,他必须时刻置身于群众之

---

① 《马克思恩格斯选集》第3卷,人民出版社1995年版,第227页。
② 《马克思恩格斯全集》第29卷,人民出版社1972年版,第413页。
③ 同上书,第17卷,人民出版社1963年版,第519页。

中，从中吸取力量才能很好地发挥自己的作用。恩格斯曾指出："在我们党内，每个人都应该从当兵做起；要在党内担任负责的职务，仅仅有写作才能或理论知识，甚至二者全都具备，都是不够的；要担任领导职务，还需要熟悉党的斗争条件，掌握这种斗争的方式，具备久经考验的耿耿忠心和坚强性格，最后还必须自愿地把自己列入战士的行列中"。① 无产阶级政党的领袖的威望不是靠权力支撑的；也不是靠自吹自擂说大话来达到的，而是因为他思想先进、行为正确、意志坚定，能够带领无产阶级争取解放斗争的胜利，受到人们心悦诚服的拥护和支持才形成的。马克思和恩格斯作为国际无产阶级革命导师的领袖地位就是这样确立起来的。恩格斯曾说："马克思由于他在理论上和实践上的成就已经赢得了这样的地位，各国工人运动的最优秀的人物都充分信任他。他们在紧要关头都向他请教，而且总是发现他的建议是最好的。他已经在德国、法国、俄国赢得了这种地位，至于在比较小的国家就更不用说了。所以，并不是马克思把自己的意见，更谈不上把自己的意志强加于人，而是这些人自己来向他求教的。马克思所起的特殊的、对运动极端重要的影响，正是建立在这种基础上的。"②

马克思和恩格斯坚决反对党的领袖把自己凌驾于全党之上，独断专行，颐指气使，要求广大党员群众对其惟命是从。他们认为，如果是这样的话，无产阶级政党就会蜕变为密谋性的宗派组织。马克思在揭露巴枯宁阴谋集团时，曾指出：巴枯宁一方面极力宣扬无政府主义、高嚷反对一切权威，一方面又"以一个宗派的奠基者的姿态出现"，③ 在他所创建的阴谋集团中发号施令，行使着"独裁者"的权力。"对巴枯宁先生来说，学说……过去和现在都是次要的东西——仅仅是抬高他个人的手段。"④ 拉萨尔也是这样。马克思指出：拉萨尔的"那个拼凑起来的宗派主义组织是同真正的工人阶级组织相矛盾的"。⑤ 马克思称拉萨尔为"工人独裁者"；⑥ 是具有"独裁

---

① 《马克思恩格斯全集》第22卷，人民出版社1965年版，第82页。
② 《马克思恩格斯选集》第4卷，人民出版社1995年版，第646页。
③ 《马克思恩格斯全集》第16卷，人民出版社1964年版，第466页。
④ 《马克思恩格斯选集》第4卷，人民出版社1995年版，第603页。
⑤ 《马克思恩格斯全集》第16卷，人民出版社1964年版，第476页。
⑥ 《马克思恩格斯选集》第4卷，人民出版社1995年版，第566页。

欲"的"十分危险的人物"。[①] 然而，在德国社会主义工人党中却长期有一些人对拉萨尔顶礼膜拜，恩格斯对这种现象批评说："掩饰拉萨尔的真实面目并把他捧上天的那种神话，绝不能成为党的信条。"[②]

马克思和恩格斯一直反对领袖人物搞个人崇拜和迷信。他们认为，这是从根本上违反历史唯物主义、破坏民主集中制原则的不良现象，对无产阶级政党的组织建设危害极大。马克思和恩格斯特别警惕并防止国际工人运动中日益滋长的对他们本人的个人崇拜。在第一国际期间，马克思对于不论来自哪个方面的"正式的或私下的赞扬"，"都毫不在意"。[③] 1865年9月，威廉·李卜克内西为国际伦敦代表会议写了《关于德国工人运动的报告》，因其中关于马克思个人"谈得太多了"，马克思就"没有向代表会议宣读"。[④] 在1866年9月，国际中央委员会的英国委员马修·劳伦斯曾提议马克思为中央委员会主席，马克思立即声明说："无论在什么情况下，我都不能接受这个建议"。[⑤] 马克思夫人燕妮曾写信给威廉·李卜克内西说："摩尔进行各种各样的工作，辛辛苦苦……他担负着一切困难工作而不要任何荣誉"。[⑥] 马克思后来回忆说：我和恩格斯"两人都把声望看得一钱不值"；"由于厌恶一切个人迷信，在国际存在的时候，我从来都不让公布那许许多多来自各国的、使我厌烦的歌功颂德的东西；我甚至从来也不予答复，偶尔答复，也只是加以斥责。"[⑦] 恩格斯和马克思一样，也对个人崇拜表示极大厌恶。他说："任何身居高位的人，都无权要求别人对自己采取与众不同的温顺态度。"[⑧] 特别是在马克思去世后，恩格斯独自担负起指导国际工人运动正确开展的历史重任，各国工人阶级也对恩格斯表示格外尊敬和爱戴。在恩格斯70岁生日时，人们纷纷给他祝寿，恩格斯不满地指出："这完全是不必要的热闹，我无论如何不能忍受。"[⑨]

---

① 《马克思恩格斯全集》第29卷，人民出版社1972年版，第29页。
② 《马克思恩格斯选集》第4卷，人民出版社1995年版，第707页。
③ 《马克思恩格斯全集》第33卷，人民出版社1973年版，第454页。
④ 同上书，第31卷，人民出版社1972年版，第490页。
⑤ 《马克思恩格斯全集》第31卷，人民出版社1972年版，第256页。
⑥ 同上书，第33卷，人民出版社1973年版，第684页。
⑦ 同上书，第34卷，人民出版社1972年版，第289页。
⑧ 同上书，第38卷，人民出版社1972年版，第72—73页。
⑨ 同上书，第37卷，人民出版社1971年版，第498页。

后来,他又说:"马克思和我都从来反对为个别人举行任何公开的庆祝活动,除非这样做能够达到某种重大的目的;我们尤其反对在我们生前为我们个人举行庆祝活动。"① 针对唱高调、说空话、阿谀奉承的行为,恩格斯尖锐地批评说: "说空话和崇拜各种传奇剧式的行为,越来越不可忍受。"②

马克思和恩格斯树立了反对个人崇拜的楷模,这是无产阶级领袖必备的优良品质,是无产阶级政党民主集中制的必然要求和重要体现。只有始终坚持这一点,无产阶级政党的组织建设才能真正搞好。

二 党内斗争的正确开展

无产阶级政党实行民主集中制原则,为的是增强党的生机活力和凝聚力、战斗力。然而,无产阶级政党内部并不都是那么思想统一、步调一致,也会产生这样那样的分歧,甚至形成尖锐的矛盾和斗争,对此,必须正确对待,妥善处理。这也是无产阶级政党组织建设的重要内容之一。

无产阶级政党内部之所以会产生矛盾和斗争,原因是多方面的。其一,是无产阶级自身的发展造成的。恩格斯指出:"无产阶级的运动必然要经过各种发展阶段;在每一个阶段上都有一部分人停留下来,不再前进。仅仅这一点就说明了,为什么'无产阶级的团结一致'实际上到处都是在分成各种不同的党派中实现的,这些党派彼此进行着生死的斗争"。③ 这说明,无产阶级也有先进与落后之分,有正确和错误之分,因而必然会产生分歧和斗争。所以,恩格斯说:"无产阶级的发展,无论在什么地方总是在内部斗争中实现的"。④ 其二,是小资产阶级对无产阶级政党的影响。随着资本主义的发展,大批小资产者遭到破产,降落到无产阶级队伍里来,也有不少人加入了无产阶级政党。这样,"在日益壮大的工人政党内,小资产阶级分子的增多是不可避免的"。⑤ 恩格斯还进一步分析说:"党不断加强的、不可控制的向广度扩展,会造成这样的情况,

---

① 《马克思恩格斯全集》第22卷,人民出版社1965年版,第309页。
② 同上书,第39卷,人民出版社1974年版,第322页。
③ 《马克思恩格斯选集》第4卷,人民出版社1995年版,第619页。
④ 同上书,第653页。
⑤ 同上书,第740页。

即新党员比从前入党的人难于消化。大城市的工人，即最有见识和最有觉悟的工人，已经同我们站在一起。现在加入的不是小城市或农业地区的工人，就是大学生、店员等等；或者是与破产斗争的小资产者和农村手工业者，这些人还占有小块土地或承租小块土地，而且现在还有真正的小农。……在这种情况下可能有人越出对我们的党来说根本不许可的界限，那时就要引起某种意见分歧"。① 为数不少的小资产者加入无产阶级政党，不可避免地也把小资产阶级的自私、狭隘、易于冲动又容易动摇的弱点带到党内来，影响无产阶级政党的健康发展。所以，恩格斯说："我们一直在党内同小资产阶级的市侩庸俗习气作最无情的斗争"。② 其三，是资产阶级对无产阶级的收买腐蚀。资产阶级为了控制工人运动，破坏无产阶级政党的发展，往往收买拉拢工人阶级队伍中的一些上层分子，使之变成"工人贵族"。恩格斯曾针对英国宪章派领导人的变化指出："英国无产阶级实际上日益资产阶级化了，因而这一所有民族中最资产阶级化的民族，看来想把事情最终弄到这样的地步，即除了资产阶级，还要有资产阶级化的贵族和资产阶级化的无产阶级。"③ 受资产阶级的收买拉拢，一些工人政党的领袖人物开始腐化起来。马克思曾揭露和抨击拉萨尔说：他"故意疏远工人；奢侈享乐；向'贵族血统'的代表人物献媚"；"经常利用党去干私人的肮脏勾当"，"利用工人去从事个人犯罪行为"。恩格斯也指出：拉萨尔"总打算以党作幌子利用一切人以达到自己的私人目的"。④ 鉴于此，无产阶级政党必须通过党内斗争，来防止腐化，并清除腐败分子。

鉴于以上几方面的原因分析，马克思恩格斯认为无产阶级政党在内部斗争中不断发展，这是一条客观规律。对此，恩格斯讲的十分明确、深刻，"看来任何大国的工人政党，只有在内部斗争中才能发展起来，这是符合一般辩证发展的规律的。"⑤ 所以，开展积极的党内斗争，不断清除异己力量的影响，是无产阶级政党巩固和发展的客观需要。马克思曾就第

---

① 《马克思恩格斯全集》第 39 卷，人民出版社 1974 年版，第 348—349 页。
② 同上书，第 35 卷，人民出版社 1971 年版，第 444 页。
③ 《马克思恩格斯选集》第 4 卷，人民出版社 1995 年版，第 552 页。
④ 《马克思恩格斯全集》第 29 卷，人民出版社 1972 年版，第 27、32 页。
⑤ 《马克思恩格斯选集》第 4 卷，人民出版社 1995 年版，第 651 页。

一国际的发展状况提出："国际的历史就是总委员会对那些力图在国际内部巩固起来以抗拒真正工人阶级运动的各个宗派和各种浅薄尝试所进行的不断斗争。这种斗争不仅在历次代表大会上进行，而且更多的是在总委员会同个别支部的非正式的商谈中进行。"① 在无产阶级政党中不能人为地制造矛盾和挑起纷争，但对于党内斗争存在的客观性决不能忽视。恩格斯说："矛盾绝不能长期掩饰起来，它们总是以斗争来解决的。"② 不懂得这一点，对此麻痹大意或采取调和主义态度，都会使错误思潮泛滥，腐败现象愈加严重，最终会葬送党的前途。

纵观无产阶级政党内部斗争的历史，可以看出，党内斗争是十分复杂的，有时是相当激烈的，并且还会经常不断地出现。党内错误的东西，有的表现为"左"倾盲动主义，有的表现为右倾改良主义；有的鼓吹无政府状态，有的则大搞专制独裁统治；有的是好心同志失足出错，也有的是野心家、阴谋家蓄意作乱。这许多形形色色的错误现象所引起的党内斗争，虽然在性质和方式上都不同于阶级斗争，但同这些错误危害所进行的斗争，就其重要性来说，并不亚于阶级斗争。所以，恩格斯曾说过：马克思和我"一生中对冒牌社会主义者所作的斗争比对其他任何人所作的斗争都多（因为我们把资产阶级只当作一个阶级来看待，几乎从来没有去和资产者个人交锋）"。③

对各种不同的党内斗争，要区别其性质和表现形式，采取适当的方式来解决。其一，进行批评教育的方式。这是对党内犯错误的同志所应采取的基本方式，包括对犯了严重政治错误的领导人，都应这样来处理。恩格斯说："使人们不要再总是过分客气地对待党内的官吏——自己的仆人，不要再总是把他们当作完美无缺的官僚，百依百顺地服从他们，而不进行批评。"④ 通过批评揭露错误，明辨是非，使犯错误的人幡然悔过，重新回到正确路线上来。恩格斯还指出：开展党内批评，"无疑会使许多人感到不愉快"，但是，"这对于党来说，一定要比任何无批判的恭维更有益处"。⑤

---

① 《马克思恩格斯选集》第4卷，人民出版社1995年版，第602页。
② 《马克思恩格斯全集》第36卷，人民出版社1974年版，第359页。
③ 《马克思恩格斯选集》第4卷，人民出版社1995年版，第653页。
④ 《马克思恩格斯全集》第38卷，人民出版社1972年版，第33页。
⑤ 同上书，第34卷，人民出版社1972年版，第399页。

他还说:"人们都公开发表意见,比暮气沉沉要好得多。"① 其二,进行公开地揭露批判。这是对在党内搞阴谋诡计的人所应采取的斗争方式。针对巴枯宁阴谋集团的活动,马克思和恩格斯指出:"要对付这一切阴谋诡计,只有一个办法,然而是具有毁灭性力量的办法,这就是把它彻底公开。把这些阴谋诡计彻头彻尾地加以揭穿,就是使它们失去任何力量。"② 恩格斯还说:"当马克思发现有人对他搞秘密阴谋时,他正是采用这个最强有力的而且是他最经常采用的手段之一;把他的对手拉到光天化日之下,公开对他们展开进攻。"③ 其三,做坚决的组织处理。对于那些犯了错误而不接受批评,死不悔改,最终堕落为无可救药的腐化分子、背叛分子,尤其是那些混入无产阶级政党内大搞阴谋诡计的投机分子,应从组织上清除出党,以便纯洁党的组织,维护党的团结,增强党的战斗力。恩格斯说:"一个健康的党随着时间的推移必定会把废物排泄掉"。④ 当然,对犯错误的党员作开除出党组织的处理,应是很慎重的事,不能动辄就采取"赶出去"的办法。恩格斯曾对德国党出现的这种情况进行过批评。他说:"党的领导进行的斗争非常不高明。李卜克内西往往威胁要把他们'赶出去',甚至通常很有分寸的倍倍尔,也在一怒之下发表了很不聪明的信。……我要竭力说服他们,使他们相信采取任何'赶出去'的做法是不恰当的,这样做不是着眼于有说服力地证明这种行动对党的危害,而仅仅是着眼于对成立反对派的谴责。"⑤ 恩格斯还就此专门给威廉·李卜克内西去信说:"如果非开除不可,那只有举出昭然若揭、证据确凿的卑鄙行为和叛变行为的事实(明显的行为),才能开除"。⑥

党内斗争是不可避免的,但是无产阶级政党决不能为斗争而斗争。党内斗争本身不是目的,其目的主要是为了维护党的团结统一,开展党内斗争不过是实现这一目的的手段而已。

党的团结统一,是党的事业能够取得胜利的基本保证。马克思和恩格

---

① 《马克思恩格斯全集》第39卷,人民出版社1974年版,第348页。
② 同上书,第18卷,人民出版社1964年版,第372页。
③ 同上书,第37卷,人民出版社1971年版,第388—389页。
④ 同上书,第34卷,人民出版社1972年版,第264页。
⑤ 同上书,第37卷,人民出版社1971年版,第435—436页。
⑥ 同上书,第441页。

斯从创建无产阶级政党伊始，就十分重视和强调这个问题。共产主义者同盟成立时，马克思和恩格斯就在《共产党宣言》中明确指出：只有"工人通过结社而达到的革命联合代替了他们由于竞争而造成的分散状态"，他们才能挖掉"资产阶级赖以生产和占有产品的基础本身"，从而成为资本主义的"掘墓人"。所以，联合的行动，是无产阶级获得解放的首要条件之一。"全世界无产者，联合起来！"① 第一国际建立时，马克思在他起草的《临时章程》中首先说明了创立国际工人协会的必要性，指出："工人阶级的解放应该由工人阶级自己去争取"；但是，"为达到这个伟大目标所做的一切努力至今没有收到效果，是由于每个国家里各个不同劳动部门的工人彼此间不够团结，由于各国工人阶级彼此间缺乏亲密的联合"；"劳动的解放既不是一个地方的问题，也不是一个民族的问题，而是涉及存在有现代社会的一切国家的社会问题，它的解决有赖于最先进各国在实践上和理论上的合作"；"每个国家的工人运动的成功只能靠团结和联合的力量来保证"。② 为了促成当时各国工人运动的团结和联合，马克思起草第一国际的《成立宣言》和《临时章程》时，采取了原则坚定而行文十分巧妙的方式，努力做到使各国的工人组织都能够接受。后来，由于第一国际内部的意见分歧和派别活动越来越严重，马克思又进一步强调指出："让我们回忆一下国际的一个基本原则——团结。如果我们能够在一切国家的一切工人中间牢牢地巩固这个富有生气的原则，我们就一定会达到我们所向往的伟大目标。"③ 马克思还以巴黎公社中布朗基派和蒲鲁东派常常就某些问题陷入无谓的争吵，浪费了大量时间和精力，又影响了革命队伍内部的团结，从而使敌人有了可乘之机，反扑过来，致使巴黎公社革命最终归于失败的典型事例，告诫人们："革命应当是团结的，巴黎公社的伟大经验这样教导我们。"④

党的团结统一，既是组织上的统一，更是思想和行动上的统一。马克

---

① 《马克思恩格斯选集》第1卷，人民出版社1995年版，第284、307页。
② 中共中央党校党建教研室选编：《共产主义运动国际章程汇编》，河南人民出版社1980年版，第19—21页。
③ 《马克思恩格斯全集》第18卷，人民出版社1964年版，第180页。
④ 同上。

思曾明确指出过:"为了保证革命的成功,必须有思想和行动的统一。"①所谓思想和行动上的统一,是指全党在科学理论和正确纲领上的一致性,而不是不分是非的要求思想和行动一律。

思想和行动统一与组织统一是辩证的关系。一方面,二者密切联系,相互促进。没有思想和行动统一,就不会有真正的组织统一;同样,没有组织统一,思想和行动统一也难以保证。但是,二者有时也会出现矛盾。权其轻重,思想和行动统一更带有目的性,而组织统一固然重要,但它最终要服务于思想和行动的统一。有时单纯追求组织统一对实行思想和行动统一不仅无益反而会有害。

马克思和恩格斯都曾对威廉·李卜克内西和奥古斯特·倍倍尔在德国社会民主工党（爱森纳赫派）与全德工人联合会（拉萨尔派）的合并中,所表现出来的急于求成、追求形式上统一的错误给予过严肃批评。恩格斯说:"不要让'团结'的叫喊把自己弄糊涂了。……这些团结狂,或者是一些目光短浅的人,想把一切都搅在一锅稀里糊涂的粥里,但是这锅粥只要沉淀一下,其中的各种成分正因为是在一个锅里,就会以更加尖锐的对立形式再出现它们之间的差别"。② 马克思认为:通过两派合并实现德国工人运动的统一是必要的,但是"决不能拿原则做交易"。③ 也就是说,合并的前提应该是拉萨尔派必须抛弃拉萨尔主义,不再做拉萨尔派,而在爱森纳赫派的正确纲领的基础上实现合并。但是,李卜克内西等人却没有坚持正确的纲领原则,而是在接受了拉萨尔主义许多错误观点的情况下,搞出了一个两派合并的纲领,实现了组织上的团结统一。马克思认为:这是一个"极其糟糕的、会使党精神堕落的纲领",两派合并"这种一时的成功"是用放弃原则这种"过高的代价换来的"。④ 所以,马克思又专门写了《德国工人党纲领批注》一文,批判其给无产阶级政党在理论和原则问题上造成的危害。

马克思和恩格斯不仅反对在有损于党的思想和行动统一的情况下,单纯追求组织上的合并统一,甚至主张为了党的思想和行动统一,可以而且

---

① 《马克思恩格斯全集》第 18 卷,人民出版社 1964 年版,第 385 页。
② 《马克思恩格斯选集》第 4 卷,人民出版社 1995 年版,第 617 页。
③ 同上书,第 3 卷,人民出版社 1995 年版,第 296 页。
④ 同上。

应该与机会主义派别实现组织上的决裂。当然，马克思和恩格斯一贯反对在党内搞分裂活动，主张以积极的思想斗争，消除分歧，统一思想，维护党的团结统一。但是，如果党内已经形成了机会主义派别，虽经坚决的斗争，而机会主义派别就是不解散，不改正自己的错误思想和行为。这表明它同党的正确思想和纲领已经达到了不可调和的地步，如果再维持组织上的表面统一，就会给党的事业带来极大危害。在这种情况下，党就应该与机会主义派别断然决裂，或者把机会主义派别开除出党，或者从旧组织体系中拉出队伍来，另建新的党组织。马克思和恩格斯对待法国工人党组织上分裂的态度就充分说明了这一问题。1879年10月，法国工人党成立，在马克思的直接指导下，制定了一个正确的革命纲领。但法国党成立后不久，党内就产生了以马隆和布鲁斯为代表的机会主义派别（可能派）。他们要求取消党内规定的最终目标——社会主义和共产主义，认为只要提出一些在当时情况下"可能"争取到的要求就行了。他们反对党纲中的革命要求，企图把法国工人党变成改良主义的党。在1882年法国工人党的代表大会上，可能派占了多数，革命派经过斗争后，决然退出了大会，另外单独举行自己的代表大会。法国工人党由此发生了分裂。对此，恩格斯持完全赞同的态度，他说："不可避免的事还是发生了，互不相容的因素已经分开。这是一件好事。起初，在工人党创立的时候，必须容许所有接受纲领的人参加到党里来；如果接受纲领的时候暗地里还有保留，这在以后是一定会表现出来的。"① 他还说："在法国，早已预料到的分裂发生了。……争论的问题完全是原则性的，……并且使分裂成为不可避免的事。这也好。"② 法国工人党的革命派分裂出来后，虽然人数减少了，但是思想和行动比以前统一了，组织上团结了，因而实际力量更增强了。正如恩格斯所指出："老黑格尔早就说过：一个政党分裂了并且经得起这种分裂，这就证明自己是胜利的党"。③

对于党的团结统一问题，恩格斯又进一步精辟地论述说："在可能团结一致的时候，团结一致是很好的，但还有高于团结一致的东西。"④ 这

---

① 《马克思恩格斯选集》第4卷，人民出版社1995年版，第650页。
② 同上书，第652—653页。
③ 同上书，第619页。
④ 同上书，第653页。

里讲的团结一致应该理解为是指组织上的统一，而高于组织上统一的东西则是思想原则和行动纲领上的统一。无产阶级政党在讲组织上统一的时候，决不能忽视更不能损害思想原则和行动纲领上的统一，而要努力争取思想和行动统一与组织统一两方面的密切结合，实现党的真正团结一致。

第四节　党的相互关系的正确阐述

一　共产党同各种民主政党的关系

1848年6月，在马克思和恩格斯的指导下，创立了共产主义者同盟，这是世界上第一个以科学社会主义为理论基础建立起来的具有国际性的共产党组织。马克思和恩格斯在为之所作的纲领《共产党宣言》中，不仅阐明了共产党的阶级基础和阶级性质，阐明了党的理论原则、奋斗目标和实现途径，而且还阐明了共产党与各民主政党的关系。这为马克思主义党际关系理论的形成奠定了基础。

所谓各民主政党，马克思和恩格斯又把它们统称为"各种反对党派"，即在当时条件下反对现存的社会制度和政治制度的党派，包括其他工人政党、小资产阶级政党及一切反对封建势力的资产阶级民主主义政党和争取民族独立的政党。

马克思和恩格斯在阐明共产党同这些民主政党的关系时，首先指出："共产党人为工人阶级的最近的目的和利益而斗争，但是他们在当前的运动中同时代表运动的未来。"[①] 这就是说，共产党必须把无产阶级的当前利益和长远利益、最近目的和最终奋斗目标结合起来。共产党人不能脱离各国社会发展的实际状况和现实面临的迫切斗争任务，而好高骛远，空谈共产主义远大目标的实现。必须实事求是地考虑当前运动的性质和特点，实际参加各国正在开展的革命运动。当然，共产党人也不能把眼光仅仅局限于当前的斗争水平和近期利益的实现，而忘记共产主义革命的远大目标。所以，他们在参加所有眼前的革命运动时，都要把它看作是实现共产主义远大目标的一个步骤，努力把革命进行到底，并不断推进革命运动的进程，为最终消灭一切私有制，消灭一切阶级，实现共产主义而不懈奋

---

① 《马克思恩格斯选集》第1卷，人民出版社1995年版，第306页。

斗。指出这一点非常重要，这是确定共产党和各种民主政党的关系的理论基础。

关于共产党与其他工人政党的关系，马克思和恩格斯认为，它们都是无产阶级政党组织，其阶级性质是相同的，其最近目的是一样的，即都是为了使无产阶级形成为阶级，推翻资产阶级的统治，由无产阶级夺取政权。所以，共产党与其他工人政党不是相对立的，不能互相排斥，而应密切联合，互相支持，共同为无产阶级的解放事业而奋斗。例如，在英国，共产党要支持宪章派领导的工人阶级反对压迫、争取政治权利的斗争。在美国，共产党支持土地改革派领导的手工业者和工人反对种植园主和土地投机分子，要求无偿分给劳动者土地的运动。当然，共产党在与其他工人政党联合斗争的同时，也要看到其他工人政党所存在的缺陷。它们往往在组织上具有宗派性和狭隘民族性，在行动上具有密谋盲动性和动摇性，在理论上具有模糊性和非科学性，所以，它们一般只能为无产阶级的眼前利益而斗争，缺乏彻底消灭私有制，实现共产主义社会的奋斗目标和远大理想。共产党必须克服其他工人政党的上述缺陷，体现出自己的先进性，不能使自己停留在其他工人政党的水平上，而要力求帮助其他工人政党提高到共产党的原则高度。共产党要成为各国工人政党中最坚决的、始终代表整个无产阶级革命运动的利益、始终推动整个运动不断前进的部分。

对于小资产阶级政党，共产党也要争取同它们采取联合行动。在资本主义制度下，小资产阶级也处于受压迫的地位，他们有反抗压迫和消灭剥削制度的要求。共产党可以也应该与小资产阶级政党结成联盟，反对共同的敌人。但是，小资产阶级政党往往在革命的目的性上与共产党有根本的区别，它们只要维护和恢复小私有制，过人人平等、自食其力的小农和手工业生活。这是不符合社会进步发展规律和趋势的要求的，实质上是要拉历史车轮倒转。所以，共产党在联合小资产阶级政党一道开展反对资本主义统治的斗争中，一定要坚持自己的奋斗目标和革命原则。例如，在法国有一个自称为"社会主义民主党"的小资产阶级政党，其代表人物是赖德律—洛兰和路易·勃朗。它反对金融资产阶级掌权的七月王朝，要求建立共和制，同时主张依靠资产阶级国家的帮助建立"国家工场"来实现社会主义。共产党人既可以联合这个小资产阶级政党一道去反对保守的和激进的资产阶级，又要对它的不切实际的空谈和幻想进行批判和斗争。

对待进步的资产阶级政党，马克思和恩格斯认为，共产党也应该支持它们反对封建专制统治的斗争。摧毁封建专制统治是无产阶级获得解放的先决条件，无产阶级的解放斗争只有在资本主义条件下才有可能取得成功。共产党和资产阶级政党在一定时期在社会变革要求上会有共同之处，可以一道开展斗争，但是，二者毕竟是阶级性质不同的政党。资产阶级政党以维护资本主义制度、压迫和剥削无产阶级为目的，而共产党则以消灭资本主义制度、最终解放无产阶级乃至全人类为己任，所以，二者终将从一时的联合走向对立斗争。马克思和恩格斯在《共产党宣言》中以德国为例，明确地阐述了这一问题。德国当时正处在资产阶级民主革命的前夜，只要资产阶级采取革命的行动，共产党就同它一起去反对专制君主制以及构成这个统治的社会基础的一切落后因素。但是，在这种联合中，共产党要认识到完成民主革命并不是自己的目的，它一分钟也不能忽略教育工人尽可能明确地意识到资产阶级和无产阶级的敌对的对立，以便德国工人能够立刻利用资产阶级统治所必然带来的社会的和政治的条件作为反对资产阶级的武器，以便在推翻德国封建统治阶级之后立即开始反对资产阶级本身的斗争。要把德国的资产阶级革命只看作是无产阶级革命的直接序幕。

经过上述分析，马克思和恩格斯总结性地指出：

第一，"共产党人到处都支持一切反对现存的社会制度和政治制度的革命运动。"[①] 当时，所有国家的现存社会制度和政治制度都是建立在私有制基础上的剥削制度。不管这些国家的革命运动是无产阶级革命，还是小资产阶级革命，抑或是资产阶级民主革命，或者是反对外强奴役的民族革命，都具有历史进步性，都有利于无产阶级解放事业的发展，因而，共产党都应给以支持，并积极参加这些革命运动，与领导这些革命运动的各种政党联合斗争。

第二，"在所有这些运动中，他们都强调所有制问题是运动的基本问题，不管这个问题的发展程度怎样。"[②] 这就是说，共产党在参加当前一切革命运动的过程中，都不能仅仅局限于点滴经济利益的改善和些微政治

[①] 《马克思恩格斯选集》第1卷，人民出版社1995年版，第307页。

[②] 同上。

权利的扩大，而应特别强调所有制的变革，要坚持自己的政治纲领，保持自己的独立性。所有制的变革是一切社会变革的基本问题。共产主义革命的最根本任务是彻底消灭私有制，共产党在任何时候都不能忘记这个基本问题。尽管有些国家的资本主义生产和所有制关系发展程度还比较低，还不具备彻底消灭私有制的物质条件，共产党人也不能丢弃这个基本问题和根本任务。有些国家的革命还是资产阶级民主革命，但这个革命进行得越彻底，就越能为实现消灭私有制创造更为有利的社会条件。

第三，"共产党人到处都努力争取全世界民主政党之间的团结和协调。"① 共产党为了完成不同历史阶段的革命任务，必须团结一切可以团结的力量，建立广泛的统一战线。不管是其他工人政党，还是小资产阶级政党，或者是资产阶级政党，只要它们为争取民主、推进社会进步而努力，共产党就应该与它们在一定程度上团结起来，通过协调共同行动。只有这样，才能最大限度地孤立最主要的敌人，聚集起尽可能广泛的浩浩荡荡的革命大军，不断取得革命的胜利。

二 国际工人组织与其成员组织的关系

如果说共产主义者同盟作为国际性的共产党，它是一个思想和组织完全统一的整体，其所属区部、支部不是具有一定独立性的构成单位，它奉行的基本原则是下级服从上级、全党服从代表大会和中央委员会，因而尚不存在同盟与其各成员组织相互关系如何处理的问题，而继共产主义者同盟之后出现的国际工人协会，却是一个各国工人组织的联合组织。各国工人组织具有并不完全相同的纲领、组织形式和运动水平，其相对独立性较强。如何把这些不同类别的工人组织团结统一在第一国际的整体范围内，使之在对敌斗争中能够联合起来，共同行动，正确处理国际与其成员组织之间的关系，就成了一个关系重大的问题。这也是任何国际组织都必须认真对待的一个大问题。

第一国际对这一问题的处理是成功的。它在马克思和恩格斯的指导下，探索形成了一条坚持国际的联合统一与各国工人组织独立自主相结合的正确原则。虽然这还不是严格意义上的政党联合的相互关系，但是，它

---

① 《马克思恩格斯选集》第1卷，人民出版社1995年版，第307页。

为以后各国无产阶级政党组成国际组织如何处理好内部关系提供了经验，奠定了基础。

第一国际强调联合统一，维护国际总委员会的权威。第一国际成立的目的，就是"要成为追求共同目标即追求工人阶级的保护、发展和彻底解放的各国工人团体进行联络和合作的中心"；[①]"它的任务就是组织劳动力量，团结各种各样的工人运动，使它们联合起来"。[②] 为此目的，就要有相应的组织制度作保证。根据国际章程和条例的规定，全协会的代表大会是最高权力机关，讨论、决定各国工人运动联合行动的重要事宜。代表大会通过的纲领、章程和决议，协会的各级组织都必须执行。由代表大会选出和任命的总委员会是执行代表大会决议的机关，第一国际在各国的所属组织均应定期向总委员会报告自己的活动情况，并接受总委员会的工作调查和建议。第一国际对其内部出现的否定总委员会的权威、企图削弱总委员会权力的错误，进行了坚决的斗争。1865年12月，伦敦法国人支部的小资产阶级民主派分子勒·吕贝曾起草了一个新的国际章程草案，并擅自在比利时一份资产阶级民主派报纸《佛尔维耶回声报》上发表。勒·吕贝主张取消总委员会的领导作用，使之变为仅从事组织互助、信贷、统计等技术性工作的秘书处。他的这一荒谬主张和违反国际组织原则的做法受到国际总委员会的强烈谴责。1867年，巴黎的蒲鲁东主义者企图同总委员会争夺筹备召开国际洛桑代表大会的领导权，他们擅自提出自己关于代表大会的议程，并于7月20日在《法兰西信使报》上公开发表，同时还发表了巴黎支部关于洛桑代表大会致各国工人团体的呼吁书，要求人们按照他们拟定的议程作会议准备。对这种违反章程规定的越权行为，总委员会坚决进行了抨击。7月23日，总委员会通过了一项决议指出："任何分部都无权提出自己的议程，只有总委员会有权拟定代表大会议程"，[③]有力地回击了蒲鲁东主义挑战总委员会职权的行为。尔后，巴枯宁分子在1869年国际巴塞尔代表大会上图谋控制总委员会的阴谋破产后，便转而攻击总委员会是"权威主义"、"独裁者"，鼓吹"绝对自治"。巴枯宁分

[①] 《马克思恩格斯选集》第2卷，人民出版社1995年版，第610页。
[②] 同上书，第3卷，人民出版社1995年版，第125页。
[③] 《第一国际总委员会会议记录》（1866—1868），中国人民大学出版社1987年版，第132页。

子的破坏活动也受到坚决回击，总委员会的权力不仅没有被削弱，反而在1872年海牙代表大会上得到进一步加强。马克思指出："总委员会本身是协会中为保持协会的统一和防止敌对分子篡夺所必要的有效力量之一。"①恩格斯在谈到第一国际内部的组织关系时，也明确指出："如果联合会不把某些权力给予联合委员会，并且最终给予总委员会，那么联合会的存在是不可能的"；"为了进行斗争，我们必须把我们的一切力量捏在一起，并使这些力量集中在同一个攻击点上。"②

第一国际在强调联合统一的同时，也允许和支持各国工人组织独立自主地开展活动，这主要表现在如下几个方面：

在思想上，第一国际考虑到当时各国工人运动的实际发展水平有别，只要符合无产阶级解放的总方向，在具体认识上并不强求完全一致。第一国际成立时，各种社会主义流派并存，除了马克思主义之外，还有英国的工联主义、法国的蒲鲁东主义、意大利的马志尼主义等等。第一国际没有把某一种理论确定为必须统一信奉的思想而强加给各国工人阶级，而是容纳了各种思想流派，使各国工人阶级在联合起来开展解放斗争的进程中，通过不断的思想交流乃至论争，来辨别是非正误，"逐步导致一个共同的理论纲领的形成"。③ 马克思在阐述国际总委员会与各国工人组织的关系时曾明确指出："批判地审查"某个组织的纲领，"不属于总委员会的职权范围"；这个纲领是不是如实地反映了无产阶级运动，也不是总委员会要研究的任务。总委员会"只是要了解，它同我们协会的总的方向即工人阶级彻底解放有没有什么相抵触的地方。""我们协会根据自己的原则允许每个支部在不违背协会总方向的情况下自由制定它的理论纲领。"④后来，马克思在致拉法格的信中又说："总委员会不是罗马教皇，我们容许每个支部对实际运动抱有自己的理论观点"。⑤

在组织上，第一国际作为各国工人团体进行联络和合作的中心，没有为各国工人阶级规定统一的组织形式。它在自己的章程中明确提出"加

---

① 《马克思恩格斯全集》第33卷，人民出版社1973年版，第436页。
② 《马克思恩格斯选集》第4卷，人民出版社1995年版，第606页。
③ 《马克思恩格斯全集》第16卷，人民出版社1964年版，第393页。
④ 同上书，第393—394页。
⑤ 同上书，第32卷，人民出版社1974年版，第663页。

入国际协会的工人团体,在彼此结成亲密合作的永久联盟的同时,完全保存自己原有的组织。"① 鉴于后来巴枯宁阴谋集团在第一国际内部的猖狂破坏行为,在1871年9月国际伦敦代表会议上修订组织条例时,作出了新的规定:所有地方支部、小组及其委员会,今后一律定名为国际工人协会支部、小组和委员会,冠以该地地名。因此,所有支部和小组,今后不得再用宗派名称,如实证论派、互助主义派、集体主义派、共产主义派等等。或者用'宣传支部'以及诸如此类的名称成立妄想执行与协会共同目标不符的特殊任务的分立主义组织。尽管如此,上述国际章程中关于"完全保存自己原有的组织"的原则并没有被否定,只是要求使用统一名称,并不得搞分立主义活动。修订后的组织条例同时规定,"每一个支部均有权根据当地条件和本国法律的特点制订自己的地方性章程和条例。但是,此种章程和条例的内容,不得与共同章程和条例有任何抵触。"② 这也体现了第一国际各成员组织独立自主的特点。恩格斯曾就第一国际的组织形式概括说:"我们协会具有一种特殊的组织结构,这种结构给予每个全国性的或地方性的联合会以充分的行动自由,而对于协会的各个中央机关则只是在必要的范围内才给予全权,以便使这些机关能够顺利地为纲领的统一性和共同利益而斗争"。③

在行动上,第一国际只是给各国工人阶级确定共同的斗争目标,并引导它们为共同目标而联合行动,关于各国工人运动的具体活动方式,国际并不强求一律。各国工人组织可以而且应该根据本国的实际情况,采取适当的方式来开展活动。马克思指出:"协会没有规定政治运动的固定形式;它只要求这些运动朝向一个目标。国际是联合起来的团体的网,它布满整个劳动世界。在世界上的每一地区,我们的任务都从某种特殊的方面体现出来,那里的工人用他们自己的方法去完成这一任务。"④ 国际只对那些在各国工人运动中具有普遍意义的问题进行讨论并做出相应的决议,以指导各国工人运动的开展,而不就具体问题制定行动措施要求各国支部

---

① 《马克思恩格斯选集》第2卷,人民出版社1995年版,第612页。
② 中共中央党校党建教研室选编:《共产主义运动国际章程汇编》,河南人民出版社1980年版,第38—39页。
③ 《马克思恩格斯全集》第18卷,人民出版社1964年版,第68—69页。
④ 同上书,第17卷,人民出版社1963年版,第683页。

统一执行。同时，它也反对任何一个国家的工人组织把自己认为正确的东西强加于第一国际，企图通过第一国际决议使其他国家的工人阶级都接受它的做法的错误行径。法国的蒲鲁东派就曾从自己的信条出发，把建立合作制当作无产阶级解放的必由之路，要求国际代表大会就此作出决议，由此挑起了一场激烈的斗争。最后，大会通过决议指出："国际工人协会的职责是使工人阶级的自发运动变得步调一致，是把它们联合起来，而决不是指使或强迫它们接受各种各样死板的制度。因此，代表大会不应当推行某种具体的合作制度，而只应当公布若干共同的原则。"[1] 后来，恩格斯在总结第一国际时期的经验时，又着重指出：法国人向来认为自己"负有解放欧洲的使命"，"解放世界的使命"；自认为自己具有"领导运动的长子权利"，在第一国际里，他们"也把这个观点当做天经地义的东西来坚持"。[2] 恩格斯认为，这是违背第一国际确立的各国工人组织在平等的基础上实现国际合作的原则的错误行为。

三　各国无产阶级政党之间的关系

19世纪70—80年代，欧美各国工人阶级相继建立了各自民族国家的独立政党，这样，大批社会主义工人党产生，由此，也产生了严格意义上的无产阶级政党的党际关系问题。在此基础上建立的第二国际，在处理党与党的关系方面进行了有益的探索，采取比较松散的形式，在各国党完全平等的基础上实现国际联合，以确保各国社会主义工人政党独立自主的根据本国国情领导工人运动的开展。

第二国际的组织原则是对第一国际组织原则的继承与发展。它们都体现了各国工人组织要求联合统一与保持各自独立自主有机结合的精神。所不同的是，第一国际是一个具有统一肌体的联合组织，虽然其内部也确定了许多民主原则，体现各国工人组织的独立自主，但它更加强调和追求的是各国工人组织之间的团结联合和行动一致。马克思指出："国际一方面让各国工人阶级的运动和意愿享有充分的自由，同时它又能够把工人阶级

---

[1] 伊·布拉斯拉夫斯基：《第一国际第二国际历史资料》（第一国际），三联书店1964年版，第55—56页。

[2] 《马克思恩格斯全集》第35卷，人民出版社1971年版，第261页。

团结成为一个统一的整体,第一次使统治阶级及其政府感觉到无产阶级的国际威力。"① 由于对敌斗争和内部斗争的需要,第一国际不断加强了总委员会的权力,使集中的一面越来越突出。这是适应当时国际工人运动发展状况的需要的。而第二国际的建立,其目的虽然也是为了加强各国工人阶级政党的团结、联合,但鉴于各国工人阶级在思想上、组织上的水平提高,各国工人阶级政党独立自主开展革命活动的能力增强,也就更加强调相互间平等交往、民主协商、自主活动的一面。所以,第二国际本身不再具有集中统一的组织形式,尤其是不再设立居于各国无产阶级政党之上的享有一定特殊权力的中央领导机关。这样,各国工人阶级政党独立自主地开展活动,得到了充分展现。

首先,恩格斯强调各国党必须在平等的基础上加强国际合作。马克思主义认为,无产阶级的解放事业是国际性的,无产阶级历史使命的完成有赖于各国工人阶级的共同奋斗,因此,各国工人阶级政党必须坚持国际主义原则,根据不同时期实际斗争状况的需要采取适当的组织形式而联合、团结起来。但是,这种联合必须是平等、自愿、自主的联合,这样,才能真正充分发挥每个党的积极性,互相支持、协作共进。所以,恩格斯曾说:"国际合作只有在平等者之间才有可能,甚至平等者中间居首位者也只有在直接行动的条件下才是需要的。"② 他还说,"国际联合只能存在于国家之间,因而这些国家的存在,它们在内部事务上的自主和独立也就包括在国际主义这一概念本身之中。"③ 可见,强调国际合作、国际联合不能否定平等、自主和独立,而坚持平等、自主和独立也不能否定国际合作、国际联合,只有把二者有机地结合起来,才能更好地推进各国无产阶级的解放事业。

其次,恩格斯反对把自己的意志强加于别国党的大党主义。一个党在国际工人运动中的地位,主要取决于它在国际无产阶级解放斗争中所起的实际作用的影响,而不取决于一个党的主观愿望和意图。在某一时期,一国工人阶级政党可能成为国际工人运动的先锋力量,但它也绝不能把自己

---

① 《马克思恩格斯全集》第18卷,人民出版社1964年版,第484页。
② 同上书,第35卷,人民出版社1971年版,第261页。
③ 同上书,第39卷,人民出版社1974年版,第84页。

凌驾于其他国家工人阶级政党之上，去领导和指挥别国党，强迫别国党服从自己的意志。在1881年10月，此时第二国际虽然尚未建立，但欧美一大批国家已经建立起社会主义工人党，这时，恩格斯就曾指出："违反别人的意志去影响别人的任何企图，都只会对我们有害，只会毁灭在国际时代取得的原有的信任。在革命事业中我们在这方面的经验实在太多了"。①第二国际建立后，恩格斯更加强调各国党平等协商、自主活动的重要性。他特别关注当时处于"大党"地位的德国党和法国党，告诫他们不要摆出一副领导者的架势，企图使别国党都遵从自己。1893年6月，恩格斯曾就法国党在一份声明中提出法国社会主义在国际革命运动中应起领导作用的说法，提出了批评，认为这会使各国工人阶级政党之间的正确关系原则受到破坏。1894年1月，恩格斯在给拉法格的信中又强调指出："任何一次国际行动，都必须就其实质和形式事先进行协商。我认为，如果某一个国家公开提出倡议，然后要别的国家跟着它走，这种做法是不能容忍的。"② 他还说，"千万不要事先不同别人商量就独自公开提出倡议，这样就把事情搞坏了。内部的政治条件，特别是每个国家议会现在的情况，是千差万别的，对一个国家来说是最好的办法，对别一个国家可能是绝对行不通甚至是有害的。"③ 所以，任何党和组织都不能干预别国党和组织的内部事务，碰到需要联合行动的事，一定要经过平等协商来达成。恩格斯甚至认为，即使是有的国家的无产阶级政党取得了斗争的胜利，它也不应把自己的做法当作唯一正确的道路，强要别国人民遵从实行。他说："胜利了的无产阶级不能强迫他国人民接受任何替他们造福的办法，否则就会断送自己的胜利。"④ 恩格斯关于无产阶级政党之间相互关系的正确阐述是有着极为深远的意义的。

---

① 《马克思恩格斯选集》第4卷，人民出版社1995年版，第647页。
② 《马克思恩格斯全集》第39卷，人民出版社1974年版，第185—186页。
③ 同上书，第187页。
④ 《马克思恩格斯选集》第4卷，人民出版社1995年版，第649页。

第八章　无产阶级革命问题的阐发

无产阶级革命是无产阶级推翻资本主义制度，创立社会主义制度，最终走向共产主义社会的根本途径。马克思和恩格斯关于无产阶级革命的理论，既是对无产阶级解放斗争经验的科学总结，又是指导各国无产阶级革命正确进行并取得胜利的思想武器。这一理论揭示了无产阶级革命的必然性和必要性，阐述了无产阶级革命的性质、任务和目的，指明了无产阶级革命的条件和方式。这一理论是科学社会主义理论的基本原理之一，对无产阶级革命具有深远的意义。

第一节　"革命是历史的火车头"

"革命是历史的火车头。"[①] 这句名言揭示了革命与社会历史发展的相互关系，强调了革命对历史发展的积极推动作用，也表明了马克思主义对待革命的科学态度。

一　革命的历史必然性

所谓革命，广义地说，是指人们改造自然和社会的巨大变革，如改造自然的巨大变革，有科技革命、产业革命等；改造社会的巨大变革，有生产方式的革命、政治制度的革命、思想文化的革命等。而狭义上的革命，主要是指政治制度的革命，即政治革命。政治革命是社会意义上的革命的一种特殊形式，是先进阶级推翻反动阶级的政治统治、以进步政治制度代替腐朽政治制度的激烈变革。它促使一种社会形态向另一种更高级的社会

[①] 《马克思恩格斯选集》第 1 卷，人民出版社 1995 年版，第 456 页。

形态演变。无产阶级革命就是指的这种政治革命。

革命的产生不是历史发展进程中的偶然现象，也不是人们随心所欲掀起的社会运动。任何政治革命的爆发都有其深刻的社会历史原因，无产阶级革命亦不例外。

首先，革命的根本原因是社会生产力与生产关系的矛盾运动。

历史唯物主义认为，生产力和生产关系是社会生产方式中相互依存、相互作用的两个方面。生产力是最活跃的因素，而生产关系一经建立，就具有相对的稳定性。二者的矛盾运动是推动社会发展的基本动力。政治革命的最深刻的根源就在于生产关系一定要适合生产力的发展要求这一客观的必然的规律。正如马克思所指出："社会的物质生产力发展到一定阶段，便同它们一直在其中运动的现存生产关系或财产关系（这只是生产关系的法律用语）发生矛盾。于是这些关系便由生产力的发展形式变成生产力的桎梏。那时社会革命的时代就到来了。"① 社会革命就是要消灭过时的、束缚生产力发展的旧的生产关系，建立适合于生产力发展的新的生产关系，以解放生产力并促进生产力的进一步发展。而为了消灭旧的生产关系和建立新的生产关系，又必须推翻以旧的生产关系为经济基础并维护着旧生产关系的反动上层建筑，进行政治大革命。也就是说，社会革命决不会停留在经济领域里。但是，"一切争取解放的阶级斗争，尽管它必然地具有政治的形式（因为一切阶级斗争都是政治斗争），归根到底都是围绕着经济解放进行的。"② 经济解放就是要根据生产力发展的需要来变革生产关系。这一社会的基本矛盾运动便是政治革命的根本起因。政治革命既是生产力与生产关系矛盾运动的必然结果，又是解决生产力与生产关系尖锐矛盾的根本途径和方式。由此可见，当一种生产关系对生产力的发展还起积极的促进作用时，任何人要人为地"制造"革命，是决然不会成功的。同样，当一种生产关系已经严重地阻碍生产力的发展、政治上层建筑已经不能满足生产力发展引起的生产关系变革的要求时，政治革命就会产生。这时，任何力量想阻止和取消革命，也是不可能的。

马克思和恩格斯运用历史唯物主义的基本观点，分析了资本主义社会

---

① 《马克思恩格斯选集》第 2 卷，人民出版社 1995 年版，第 32—33 页。
② 同上书，第 4 卷，人民出版社 1995 年版，第 251 页。

的基本矛盾，揭示了无产阶级革命的历史必然性。

资本主义社会的生产力与生产关系的矛盾，集中表现为生产的社会化与生产资料的资本家私人占有制之间的矛盾。生产社会化，是指资本主义使封建社会的个体小生产变为社会化的大生产。首先，表现在生产资料使用的社会化，从过去只供个人使用的生产资料，变成了由大批人共同使用的生产资料。其次，表现在生产过程的社会化，从过去的个人行为变成了一系列的互相联系、分工协作的社会行为。最后，表现在产品的社会化，从过去个人劳动创造的产品，变成了许多人劳动共同创造的社会产品。恩格斯指出：对现在工厂生产出的产品，"没有一个人能够说：'这是我做的，这是我的产品'。"[1] 这种社会化的大生产，在客观上必然要求生产资料和产品归全社会所有，由社会进行统一管理和分配。然而，在资本主义社会里，生产资料却是资本家私人所有，社会化了的生产过程却在资本家私人支配下进行，共同劳动的产品却归资本家占有，这样，生产的社会化和资本主义私人占有之间就产生了日益尖锐的矛盾。

资本主义的基本矛盾表现在经济生活上，就形成了单个企业生产的有组织性和整个社会生产的无政府状态之间的矛盾，形成了生产无限扩大的趋势和社会购买力相对缩小之间的矛盾。在资本主义制度下，资本家为了榨取更多的剩余价值，增强自己的竞争能力，总是千方百计改善经营管理，严密劳动组织，提高劳动生产率，因而单个企业的生产是有组织有计划地进行的。但是，资本主义私有制却使每个企业之间各自为政，激烈竞争，使整个社会的生产带有盲目性，从而陷入无政府状态，形成单个企业的有组织性和整个社会生产无政府状态之间的矛盾。同时，资本家为了追求最大限度的利润，不断扩大生产规模，不断采用先进科学技术，以便生产更多更廉价的商品。资本的技术进步势必提高资本的有机构成，从而降低对劳动力的需求，使大量劳动力难以找到工作，生活没有保障。加之，资本主义的分配制度使财富大量集中在资本家手中，而工人仅能得到相当于劳动力价格的勉强维持生存需要的工资，社会贫富两极分化现象日益严重，导致社会消费能力即劳动人民的购买力相当低下。由此，产生了生产与消费失调的矛盾。上述两方面的矛盾发展到剧烈程度，便导致严重的生

---

[1] 《马克思恩格斯选集》第3卷，人民出版社1995年版，第619页。

产过剩现象,从而引发经济危机,每当经济危机到来时,商品大量积压找不到销路,许多工商企业倒闭,银行纷纷关门,股票行市猛跌,大批工人失业,生产大幅度下降,整个社会陷于瘫痪,犹如发生了一次"社会瘟疫"。经济危机是资本主义基本矛盾发展的必然产物,由于资本主义制度本身不能解决它的基本矛盾,因而经济危机就成为资本主义制度不可避免的周期性现象。经济危机表明,"资产阶级的关系已经太狭窄了,再容纳不了它本身所造成的财富了。"① "生产资料的集中和劳动的社会化,达到了同它们的资本主义外壳不能相容的地步。这个外壳就要炸毁了。资本主义私有制的丧钟就要响了。剥夺者就要被剥夺了。"②

其次,革命的直接原因是阶级矛盾的极端激化。

在阶级社会里,生产力与生产关系的矛盾表现为阶级矛盾。占统治地位的反动阶级总是利用政权的力量维护旧的生产关系,从而维护本阶级的利益;而新生的先进阶级则顺应生产力发展的要求,致力于摧毁旧的生产关系和政治制度,以新的生产关系和政治制度代替之,从而解放生产力,推动整个社会的进步。当阶级矛盾在通常情况下还处于一般性的对立状态时,对立的阶级尚能经由某种协调机制而共处于一定政治秩序范围内;而当阶级矛盾达到十分尖锐的程度时,对立阶级之间的冲突达到不可调和的地步,革命就会爆发。

资本主义社会生产社会化和生产资料私人占有之间的矛盾,表现在阶级关系中,就是无产阶级和资产阶级的对立与斗争,在资本主义社会里,无产阶级是社会化大生产的担当者,但生产资料却被资本家所占有。这种生产者和生产资料的分离,是资本主义生产方式确立的前提条件,它造成了无产阶级和资产阶级的根本对立。随着资本主义生产的发展,经济危机频繁发生,无产阶级和资产阶级的对立也愈加尖锐。在经济危机期间,出现了一种怪现象:一方面,商品堆积如山,卖不出去;另一方面,无产阶级和劳动人民的购买力越来越低,他们比其他任何时候都更加感到生活必需品的缺乏。经济危机愈严重,工人遭受的苦难就愈深重。资产阶级为了摆脱经济危机,采用解雇工人、降低工人工资等方法加重对工人和其他劳

---

① 《马克思恩格斯选集》第1卷,人民出版社1995年版,第278页。
② 同上书,第2卷,人民出版社1995年版,第269页。

动人民的盘剥。这就必然要加剧资本主义社会的阶级矛盾，引起政治危机，促使无产阶级反对资产阶级的斗争高涨，直至爆发为公开的革命，无产阶级推翻资产阶级而建立自己的统治。对此，马克思鲜明地指出："无产阶级和资产阶级间的对抗仍然是阶级反对阶级的斗争，这个斗争的最高表现就是全面的革命。"①

二 革命的历史作用

历史上一切反动统治阶级和社会改良主义者都对社会革命持否定态度，他们既看不到革命的历史必然性，也无视革命的历史进步作用。他们认为，革命是违背历史"正常"轨道的"疯狂行动"，是社会肌体的一种"病症"。所以，他们极力地反对革命，残酷地镇压革命。马克思和恩格斯与这种反动态度相反，他们认为，革命是历史发展规律的一种表现形式，也是解决社会基本矛盾、促进社会进步的根本途径。

马克思和恩格斯在总结1848年欧洲大革命的经验时指出：1848年欧洲革命是一次伟大的社会革命运动。法国二月革命推翻了七月王朝；德国三月革命和东南欧的民族解放斗争动摇了奥地利、普鲁士和沙俄等国的反动统治；而巴黎工人的六月起义，则是无产阶级反对资产阶级压迫和剥削的一次伟大战斗。马克思和恩格斯详细论述了欧洲各国革命的进程，充分肯定和颂扬了人民群众在革命中所迸发出来的极大革命积极性和革命首创精神，热情讴歌了革命对人类历史发展的巨大推动作用。由此，马克思形象的把革命比喻为历史的火车头。恩格斯也生动地指出："革命成为社会进步和政治进步的强大推动力。……一个民族在这种剧烈的震动时期，5年就走完在普通环境下100年还走不完的途程。"② 概括马克思和恩格斯关于革命的历史进步作用的论述，主要有以下几点：

第一，革命极大地解放生产力，促进社会生产力大发展。

生产力的发展是人类社会发展的最终决定力量。如前所述，生产力发展到一定阶段，会遇到落后生产关系的阻碍，遇到反动上层建筑的钳制，

---

① 《马克思恩格斯选集》第2卷，人民出版社1995年版，第194页。
② 同上书，第512页。

因而需要通过革命来推翻旧的上层建筑，改变旧的生产关系，建立新的生产关系和上层建筑，这样就解放了生产力，大大推动社会生产力的发展，从而促进整个社会的进步。

马克思和恩格斯在《共产党宣言》中评价资产阶级在历史上的革命作用和揭示资产阶级能够战胜封建主阶级的原因的时候，充分肯定地指出，其根本所在就是资产阶级打破了已经成为束缚生产力发展的桎梏的封建所有制关系，代之以资产阶级的生产关系，从而"资产阶级在它的不到一百年的阶级统治中所创造的生产力，比过去一切世代创造的全部生产力还要多，还要大"。① 而无产阶级之所以要起来革资产阶级的命，根本原因也在于资产阶级的生产关系也不再能适应社会生产力发展的需要了。无产阶级要用暴力推翻资产阶级而建立自己的统治，并利用自己的政治统治，一步一步地夺取资产阶级的全部资本，建立以生产资料公有制为基本内容的新的生产关系，使社会生产力再一次得到大解放，从而"尽可能快地增加生产力的总量"。②

可见，解放生产力，促进生产力的大发展，是任何一次政治革命的真谛之所在，如果不能体现这一点，那么，就称不上是真正意义上的革命。

第二，革命从根本上更新政治制度和政治体系。

恩格斯曾经指出：革命暴力"是社会运动借以为自己开辟道路并摧毁僵化的垂死的政治形式的工具"。③ 列宁也说过："从马克思主义观点来看，革命究竟是什么意思呢？这就是用暴力打碎那由于同新的生产关系发生矛盾而到一定的时候就要瓦解的上层建筑"。④ 建立在陈旧生产关系上的旧的政治制度由于腐化衰败，在根本上已不能适应社会发展的需要。同时，由于旧的政治制度流弊甚深，积重难返，运用政治改革的方式已无法使之起死回生。在这种情况下，只有通过革命，实行政治制度的彻底更新，才能为社会和政治发展开辟道路。革命主要是通过政权由腐败阶级向先进阶级手中的转移来实现政治制度的更新的。

革命不仅意味着政治制度的更新，还意味着与政治制度相联系的整个

---

① 《马克思恩格斯选集》第 2 卷，人民出版社 1995 年版，第 277 页。
② 同上书，第 293 页。
③ 同上书，第 3 卷，人民出版社 1995 年版，第 527 页。
④ 《列宁选集》第 1 卷，人民出版社 1995 年版，第 631 页。

政治体系的更新。革命荡涤旧的政治上层建筑的一切污泥浊水，使政府组织机构、法律法规政策、政治行为规则、政治活动方式、政治交往关系、政治文化形态等都会发生巨大的变革，从而生成一种新的政治秩序、新的政治体系，促进社会政治生活的进步与发展。

第三，革命极大地提高人民群众的政治意识和政治能力。

在革命时期，千百万受压迫的、平时不能参与政治生活的劳动群众都会焕发出革命的热情和理想，表现出创造历史的无比力量和智慧。列宁在解释马克思所说的"革命是历史的火车头"这句话时指出："革命是被压迫者和被剥削者的盛大节日。人民群众在任何时候都不能像在革命时期这样以新社会制度的积极创造者的身份出现。在这样的时期，人民能够做出从市侩的渐进主义的狭小尺度看来是不可思议的奇迹。"[①] 当1871年巴黎公社革命爆发后，马克思热情地赞扬巴黎无产阶级说："这些巴黎人，具有何等的灵活性，何等的历史主动性，何等的自我牺牲精神！……历史上还没有过这种英勇奋斗的范例！"[②] 历史上的一切革命总是在不同程度上发动了人民群众，依靠人民的力量起来推翻反动阶级的统治，埋葬腐朽的旧制度，才使社会的发展实现了飞跃的进步，而革命的阶级和人民也正是在革命的惊涛骇浪中经受了锻炼，在改造客观世界的同时也改造了自己的主观世界。

马克思和恩格斯曾经指出："革命之所以必需，不仅是因为没有任何其他的办法能推翻统治阶级，而且还因为推翻统治阶级的那个阶级，只有在革命中才能抛掉自己身上一切陈旧的肮脏东西，才能成为社会的新基础。"[③] 恩格斯还指出："每一次革命的胜利都带来道德上和精神上的巨大的跃进！"[④] 历史上的革命运动已充分证明，人民群众正是在革命斗争的实践中逐步认识社会的发展规律，在政治上不断成熟起来的。人民群众在革命时期所受到的教育和锻炼是和平时期所无法比拟的。因而，可以说，没有革命就没有人类自身的进步。

---

① 《列宁选集》第1卷，人民出版社1995年版，第616页。
② 《马克思恩格斯选集》第4卷，人民出版社1995年版，第599—600页。
③ 同上书，第1卷，人民出版社1995年版，第91页。
④ 同上书，第3卷，人民出版社1995年版，第527—528页。

第二节 无产阶级革命的性质和根本问题

一 无产阶级革命的性质和特点

无产阶级革命是代表新生产力的无产阶级联合其他劳动阶级，反对资产阶级和一切剥削阶级的统治和奴役的社会革命运动。无产阶级革命与以往历史上的革命在本质上是根本不同的。

与以往的一切革命相比，无产阶级革命具有如下特点：

第一，无产阶级革命是彻底消灭一切私有制的革命。以往的革命虽然也推动了社会的变革和进步，但都是以一种新的私有制代替旧的私有制，只是私有制形式不同罢了。地主阶级的革命以封建的私有制代替了奴隶主私有制；资产阶级的革命又以资本主义私有制代替了封建私有制。私有制的形式变化了，但其本质并没有根本改变。而无产阶级则不然，"在无产阶级的生活条件中，旧社会的生活条件已经被消灭了。无产者是没有财产的；……无产者只有废除自己的现存的占有方式，从而废除全部现存的占有方式，才能取得社会生产力。无产者没有什么自己的东西必须加以保护，他们必须摧毁至今保护和保障私有财产的一切。"[1] 由于资产阶级私有制是建立在阶级对立、阶级剥削上面的最后而又最完备的私有制形式，无产阶级消灭了资产阶级私有制，也就消灭了一切生产资料的私有制，代之以生产资料的公有制。因而，马克思和恩格斯强调指出："从这个意义上说，共产党人可以把自己的理论概括为一句话：消灭私有制。"[2] "共产主义革命就是同传统的所有制关系实行最彻底的决裂"。[3]

第二，无产阶级革命是为绝大多数人谋利益的运动。以往的一切社会革命，其结果都是使少数剥削者攫取了革命的果实。虽然一个占统治地位的剥削阶级被推翻了，但另一个剥削阶级又起而掌握国家政权，继续对人民群众实行剥削和压迫。马克思和恩格斯对此曾做过明确阐述："过去一切阶级在争得统治之后，总是使整个社会服从于它们发财致富的条件，企

---

[1] 《马克思恩格斯选集》第1卷，人民出版社1995年版，第283页。
[2] 同上书，第286页。
[3] 同上书，第293页。

图以此来巩固它们已经获得的生活地位。"① 尽管被剥削劳动群众也曾掀起或参加过以往的革命，但他们通常是不自觉地被利用来为少数剥削者的利益火中取栗。历史上无数次的农民革命，虽然也能给封建统治以沉重打击而推动了历史的发展，但由于农民不代表先进的生产方式，所以农民革命不是陷于失败，就是成为地主阶级改朝换代的工具，而不能求得广大劳动人民的翻身解放。无产阶级革命则相反，"无产阶级的运动是绝大多数人的，为绝大多数人谋利益的独立的运动"。② 无产阶级是先进的阶级，它代表社会发展的方向。无产阶级在资本主义社会中处于最低层，只有解放全人类才能最后解放自己。所以，无产阶级革命不仅体现了无产阶级的根本利益，而且也体现出了农民和小资产阶级等一切被压迫劳动人民的利益。无产阶级革命不仅能够调动起无产阶级的所有力量积极参加，而且能够团结其他一切被剥削劳动群众共同战斗。

第三，无产阶级革命是不断前进的历史过程。以往的一切革命，是在一种新的私有制关系已在旧私有制体系内孕育和生长起来的条件下进行的，革命的任务就是要打破维护旧私有制关系的政治桎梏，为新私有制关系的进一步确立和发展开辟道路。所以，以往的革命通过以夺取政权为革命的终结。取得统治地位的新的剥削阶级为了维护自己的利益，便很快丧失了革命性和进步性，成了保守的反动的阶级，并逐渐成了新的革命的对象。而无产阶级革命则不同。在资本主义社会里，资本主义的基本矛盾必然导致无产阶级革命的爆发，但是，却没有生成新的社会主义生产关系。无产阶级在革命胜利后，还要"利用自己的政治统治，一步一步地夺取资产阶级的全部资本，把一切生产工具集中在国家即组织成为统治阶级的无产阶级手里，并且尽可能快地增加生产力的总量"。③ 所以，无产阶级革命夺取政权绝不意味着革命的结束，而是更重要更困难的革命任务的开始。所以，无产阶级必须永葆革命性和先进性，直至实现共产主义。

第四，无产阶级革命是要彻底消灭一切阶级和阶级统治的革命。以往的革命只是使国家政权从一个阶级转到另一个阶级手中，革命完成了，阶

---

① 《马克思恩格斯选集》第1卷，人民出版社1995年版，第283页。

② 同上书。

③ 同上书，第293页。

级依然存在，阶级压迫继续进行，阶级斗争又重新开始，所不同的，"只是用新的阶级、新的压迫条件、新的斗争形式代替了旧的"。① 每一个新的统治阶级都想永久保持自己的统治不变。而无产阶级革命则大不一样，它是要彻底消灭一切阶级和阶级统治的革命。当然，无产阶级为了消灭资产阶级的剥削和压迫，为了实现自身的解放，首先必须使自己组织成为阶级，首先必须取得政治统治。然而，维持自己这个阶级和阶级统治的存在绝不是无产阶级革命的目的。马克思和恩格斯在《共产党宣言》中明确指出："如果说无产阶级在反对资产阶级的斗争中一定要联合为阶级，如果说它通过革命使自己成为统治阶级，并以统治阶级的资格用暴力消灭旧的生产关系，那么它在消灭这种生产关系的同时，也就消灭了阶级对立的存在条件，消灭了阶级本身的存在条件，从而消灭了它自己这个阶级的统治。"② 这也就是说，无产阶级之所以要组成阶级并夺取政权，只是向无阶级社会过渡的一种需要。在总结1848年欧洲大革命的经验时，马克思和恩格斯又指出："对我们说来，问题不在于改变私有制，而在于消灭私有制，不在于掩盖阶级对立，而在于消灭阶级，不在于改良现存社会，而在于建立新社会。"③ 马克思在批评巴枯宁分子鼓吹"力求实现各阶级在政治、经济和社会方面的平等"的论调时指出："不是各阶级的平等——这是谬论，实际上是做不到的——，相反的是消灭阶级，这才是无产阶级运动的真正秘密"。④ 后来，恩格斯在回顾共产主义者同盟的历史时，又明确指出："现代被压迫阶级即无产阶级如果不同时使整个社会摆脱阶级划分，从而摆脱阶级斗争，就不能争得自身的解放。"⑤

二 无产阶级革命的根本问题

一切革命的根本问题是国家政权问题。自从人类进入阶级社会以来，各阶级之间的斗争，主要是围绕着国家政权展开的。马克思指出："每一次革命都破坏旧社会，所以它是社会的。每一次革命都推翻旧政权，所以

---

① 《马克思恩格斯选集》第1卷，人民出版社1995年版，第273页。
② 同上书，第294页。
③ 同上书，第368页。
④ 同上书，第16卷，人民出版社1964年版，第394页。
⑤ 同上书，第4卷，人民出版社1995年版，第197页。

它具有政治性"。"一般的革命——推翻现政权和破坏旧关系——是政治行为。"① 无产阶级革命亦不例外,虽然无产阶级最终要消灭一切阶级和阶级统治,使国家归于消亡,然而要达到这一目的,它必须首先夺取和掌握国家政权,为其最终目的的实现创造条件。马克思和恩格斯说:"每一个力图取得统治的阶级,即使它的统治要求消灭整个旧的社会形式和一切统治,就像无产阶级那样,都必须首先夺取政权"。②

之所以说国家政权问题是一切革命的根本问题,是由国家的本质和作用决定的。马克思主义认为,国家是一个阶级压迫另一个阶级的工具,是阶级矛盾不可调和的产物。它的主要成分是军队、警察、法庭、监狱等。国家政权是上层建筑的重要组成部分,它是在一定的经济基础上产生,并为一定的经济基础服务的。因此,历史上的一切统治阶级都把国家政权当作自己的命根子,利用它来巩固自己的政治统治,维护其赖以生存的经济基础。一切剥削阶级当他们掌握了国家政权之后,总是不断地加强国家机器,用以镇压人民群众的反抗。对于他们来说,失去了政权,就不能保持其经济和政治的特权,就意味着其阶级统治的灭亡。对于被剥削阶级来说,要改变自己被压迫、被剥削的地位,就必须推翻剥削阶级的统治,建立自己的政权。无产阶级如果不夺取国家政权,不但不能改变旧的经济制度,甚至要改善自己的处境,也只能是一种空想。由于国家政权的这种实质和作用,决定了它是革命的根本问题,是一切阶级历来争夺的中心目标。无产阶级通过革命斗争从资产阶级手中夺取国家政权,使自己上升为统治阶级,建立无产阶级专政,这是无产阶级革命取得胜利的根本和首要的标志。无产阶级革命的最终目标是要消灭一切阶级和剥削制度,所以无产阶级革命所面临的敌对势力要比历史上一切革命所面临的敌对势力更强大的多,更顽固的多,无产阶级只有夺取政权,并依靠自己的政权的力量,才能保卫和巩固革命成果,进行社会主义改造,组织社会主义的经济、政治和文化建设,为最终消灭一切阶级和剥削制度、实现共产主义创造条件。

无产阶级在夺取国家政权之后,决不能沿用旧的国家机器来为自己服

---

① 《马克思恩格斯全集》第1卷,人民出版社1956年版,第488页。
② 同上书,第84—85页。

务。马克思明确地指出:"工人阶级不能简单地掌握现成的国家机器,并运用它来达到自己的目的。"① 无产阶级要取得革命的胜利就必须打碎资产阶级的国家机器,建立无产阶级自己的革命专政。其所以必须如此,是由资产阶级国家机器的反动本质和无产阶级革命的性质所决定的。

首先,从资产阶级国家的反动本质来看,资产阶级的国家机器是用来镇压无产阶级,维护资本主义制度的暴力机构。无产阶级如果不将它彻底打碎,就不能解除套在自己身上的枷锁,摆脱受奴役的地位。所谓打碎资产阶级国家机器,就是要彻底消灭和摧毁资产阶级的反动军队、警察和官僚机构。资产阶级的反动军队和警察,是支持旧制度的最顽固的工具,是维护资产阶级纪律、支持资本统治、驱使劳动者对资本奴隶般的驯服和顺从的最坚固的柱石。资产阶级的旧官吏和旧官僚机构,是一个庞大的严如密网一般地缠住整个旧社会全身,并阻塞一切毛孔的可怕的寄生机体。正是这些反动的国家机器,把劳动人民压在社会的最底层,无产阶级只有通过革命斗争将它彻底打碎才能够获得翻身解放。而对于那些与人民的生产、生活有联系的机构,如银行、技术性行政管理机关等,却不必打碎,可以把它们改造成为新的、有利于人民的社会机构。

其次,从无产阶级革命的性质来看,无产阶级革命与以往的一切革命是根本不同的。以往的社会革命,除了奴隶制代替原始公社以外,都是剥削阶级的改朝换代,是以一种私有制代替另一种私有制的革命。为了维护传统的私有制,新的统治阶级只要按照本阶级的利益,对原有的国家机器加以改良充实,使之更加完备,就能适应自己的阶级统治。所以,过去的"一切变革都是使这个机器更加完备,而不是把它摧毁。那些相继争夺统治权的政党,都把这个庞大国家建筑物的夺得视为胜利者的主要战利品"。② 无产阶级革命要消灭一切剥削制度,消灭一切阶级,用公有制代替私有制,用社会主义战胜资本主义,最终实现共产主义。因此,无产阶级必须"集中自己的一切破坏力量",③ 彻底打碎旧的国家机器,建立新型的无产阶级专政的国家机器,才能巩固和发展革命的胜利成果,实现无

---

① 《马克思恩格斯选集》第3卷,人民出版社1995年版,第52页。
② 同上书,第1卷,人民出版社1995年版,第676页。
③ 同上书,第1卷,人民出版社1995年版,第67页。

产阶级的历史使命。马克思 1871 年 4 月在给路·库格曼的信中又特别强调过这一点，他说："如果你读一下我的《雾月十八日》的最后一章，你就会看到，我认为法国革命的下一次尝试再不应该像以前那样把官僚军事机器从一些人的手里转到另一些人的手里，而应该把它打碎，这正是大陆上任何一次真正的人民革命的先决条件。"① 列宁曾指出："这个结论是马克思主义国家学说中主要的基本的东西。"②

第三节　无产阶级革命的基本方式

无产阶级革命必须打碎资产阶级国家机器，建立无产阶级专政，这是马克思主义的科学结论，但是如何达到这一目的呢？这就涉及到无产阶级革命以什么方式来进行的问题。通常，社会革命有两种基本方式：一是暴力革命，一是非暴力的和平斗争。特定的革命究竟采取哪种方式，并不以革命者的意志为转移，它取决于社会政治文化传统、革命主客观条件的成熟程度和革命与反革命的力量对比等多种因素，其中，政治力量的对比是决定性的因素。

一　暴力革命的必要性

暴力革命就是采用战争或流血斗争的方式用武力打碎旧的国家机器，推翻统治阶级的政治统治，建立新的政治制度和政治秩序。暴力革命是社会革命的最基本方式，在人类社会历史上，绝大多数的社会革命者采用了暴力革命的方式。

暴力革命之所以是社会革命的最基本方式，其原因主要在于：

第一，就国家的实质来看，国家本身就是进行阶级压迫的暴力机关。资产阶级国家是资产阶级压迫无产阶级和广大劳动人民的强力工具，资产阶级的政治统治就是依靠这个强力工具来维持的。资产阶级为了维护自己的统治，总是不断地加强暴力机关，并首先使用反革命暴力，发动内战，把刺刀提到日程上来。所以，无产阶级要革命，必须以革命暴力对付反革

---

① 《马克思恩格斯选集》第 4 卷，人民出版社 1995 年版，第 599 页。
② 《列宁选集》第 3 卷，人民出版社 1995 年版，第 134 页。

命暴力。资产阶级的国家机器从一开始，就是作为对无产阶级实行专政的暴力工具而出现的。随着资产阶级日益走向没落和反动，在人民中愈加孤立，也就愈要依靠反革命暴力，用逮捕、监禁、苦役、屠杀等暴力形式压迫劳动人民，镇压革命运动。面对资产阶级国家这样一个基本事实，无产阶级只有武装起来才能对付资产阶级的反革命暴力，解除这个阶级的武装，以便战胜和消灭这个阶级。

第二，就统治阶级的本性来说，任何居于统治地位的阶级都不会轻易放弃自己的阶级统治，自行退出历史舞台，资产阶级同样如此。无产阶级革命要推翻资产阶级的政治统治，剥夺他们的政治经济特权，而资产阶级出于切身利益的需要，总是要利用自己手中掌握的武装力量进行拼命的反抗。所以，要推翻武装起来的资产阶级，无产阶级必须组织和运用革命的暴力。

第三，就革命的本质来说，它是对立阶级利益对抗的总爆发，是对立阶级之间生死存亡的大搏斗。在革命斗争中，革命与反革命双方必然要最大限度地动员和调动包括武装力量在内的一切力量进行反复较量。因此，社会革命具有空前的残酷性和激烈性，在这其中，暴力往往是敌对双方的主要依据力量和必然的选择手段。暴力是政治力量构成要素中最有组织、最为直接、最具威慑力的力量，对于政权的更替来说，暴力是最强有力的有效手段。无产阶级革命不采用这一手段就达不到革命的目的。

马克思和恩格斯一直非常强调暴力革命的必要性。早在1847年，马克思在《哲学的贫困》一书中，批判蒲鲁东的社会改良主义观点时，就明确指出："建筑在阶级对立上面的社会最终将导致剧烈的矛盾、人们的肉搏，这用得着奇怪吗？"他还借用一位叫乔治·桑的历史小说家的名言，指出：在阶级对抗的情况下，"在每一次社会全盘改造的前夜，社会科学的结论总是：'不是战斗，就是死亡；不是血战，就是毁灭。问题的提法必然如此'。"① 在《共产党宣言》中，马克思和恩格斯又强调指出："共产党人不屑于隐瞒自己的观点和意图。他们公开宣布：他们的目的只有用暴力推翻全部现存的社会制度才能达到。"② 后来，马克思又曾形象

---

① 《马克思恩格斯选集》第1卷，人民出版社1995年版，第194—195页。
② 同上书，第307页。

地强调暴力革命的伟大历史作用,他说:"暴力是每一个孕育着新社会的旧社会的助产婆。"① 恩格斯也说:"暴力在历史中还起着另一种作用,革命的作用;……它是社会运动借以为自己开辟道路并摧毁僵化的垂死的政治形式的工具"。② 恩格斯在批判巴枯宁分子反对一切权威的谬论时又指出:"这些先生见过革命没有?革命无疑是天下最权威的东西。革命就是一部分人用枪杆、刺刀、大炮,即用非常权威的手段强迫另一部分人接受自己的意志。"③

19 世纪 70 年代以后,各主要资本主义国家进入相对稳定的发展时期,各国社会主义工人党主要以合法的和平的手段来同资产阶级作斗争,维护工人阶级的利益。马克思和恩格斯这时也不再把暴力革命看作无产阶级革命的唯一方式,对工人阶级争取普选权的斗争以及在议会选举中取得的成就曾给予积极的肯定和赞扬,但是,面对由此而出现的单纯迷恋于议会斗争、鼓吹和平长入社会主义的论调,恩格斯也进行了坚决批判。他警告各国工人政党说:之所以要利用普选权,"我们的主要任务就是不停地促使这种力量增长到超出现政府制度的控制能力,不让这支日益增强的突击队在前哨战中被消灭掉,而是要把它好好地保存到决战的那一天。"④ 如果统治阶级使用暴力来对付我们,"这将使我们从议会斗争的舞台转到革命的舞台"。⑤ 恩格斯在临终前还特别声明:"我认为,如果你们宣扬绝对放弃暴力行为,是决捞不到一点好处的。没有人会相信这一点,也没有一个国家的任何一个政党会走得这么远,竟然放弃拿起武器对抗不法行为这一权利。"⑥ 可见,暴力革命是马克思和恩格斯始终坚持的无产阶级革命的重要思想之一,这一思想揭示了人类社会革命发展的基本规律,揭示了无产阶级革命的根本特性。

二 和平斗争夺取政权的可能性

马克思和恩格斯强调暴力革命在社会变革中的必要性,但并没有把这

---

① 《马克思恩格斯选集》第 2 卷,人民出版社 1995 年版,第 266 页。
② 同上书,第 3 卷,人民出版社 1995 年版,第 527 页。
③ 同上书,第 227 页。
④ 同上书,第 4 卷,人民出版社 1995 年版,第 523 页。
⑤ 《马克思恩格斯全集》第 22 卷,人民出版社 1965 年版,第 327 页。
⑥ 同上书,第 39 卷,人民出版社 1974 年版,第 401 页。

条道路绝对化。恩格斯说过:"阶级之间的战争的进行,并不取决于是否采取真正的军事行动,它并不是永远都要用街垒和刺刀来进行的。"① 在通常情况下,和平斗争也是政治革命的一种重要方式。在特殊情况下,也有可能通过和平斗争取得政治革命的胜利。

所谓和平斗争,就是通过宣传教育,组织发动群众,开展政治罢工、游行示威、集会抗议、请愿谈判、议会斗争、不服从不合作的抵制行为等,造成强大的政治声势和政治压力,孤立、动摇统治阶级,迫使统治阶级交出政权,实现政治权力非暴力性的交替。

关于和平斗争取得革命胜利的可能性,马克思主义从未予以否认。早在1847年,恩格斯在《共产主义原理》中谈到能不能用和平的办法废除私有制时,便说道:"但愿如此,共产主义者当然是最不反对这种办法的人。共产主义者很清楚,任何密谋都不但无益,而且有害。他们很清楚,革命不能故意地、随心所欲地制造,革命在任何地方和任何时候都是完全不以单个政党和整个阶级的意志和领导为转移的各种情况的必然结果。"② 鉴于当时几乎所有的资本主义国家的统治阶级经常向劳动人民诉诸武力,残酷地镇压人民革命运动,无产阶级与资产阶级的矛盾日益尖锐化,马克思和恩格斯主要是号召无产阶级和被压迫的劳动人民用暴力砸碎套在他们身上的枷锁,但他们也期待着通过和平方式取得革命胜利的可能性。马克思还指出:"我们应当向各国政府声明:我们知道,你们是对付无产者的武装力量;在我们有可能用和平方式的地方,我们将用和平方式反对你们,在必须用武器的时候,则用武器。"③

无产阶级革命的斗争方式在不同的国家会有不同。1871年3月18日巴黎的无产阶级举行了英勇的武装起义,马克思对巴黎公社运动给予了高度的评价,认为它"是把人类从阶级社会中永远解放出来的伟大的社会革命的曙光"。④ 可就在巴黎公社革命爆发的同一年,马克思认为英国工人阶级实现社会主义的道路与法国是不相同的。"在英国,工人阶级面前就敞开着表现自己的政治力量的道路。凡是利用和平宣传能更快更可靠地

---

① 《马克思恩格斯全集》第8卷,人民出版社1961年版,第249页。
② 《马克思恩格斯选集》第1卷,人民出版社1995年版,第239页。
③ 《马克思恩格斯全集》第17卷,人民出版社1963年版,第700页。
④ 同上书,第18卷,人民出版社1964年版,第61页。

达到这一目的的地方，举行起义就是不明智的。在法国，层出不穷的迫害法令以及阶级之间你死我活的对抗，看来将使社会战争的这种暴力结局成为不可避免。但是用什么方式来达到结局，应当由这个国家的工人阶级自己选择。"① 1872年，马克思在海牙代表大会闭幕后，在阿姆斯特丹群众大会的演说中又指出："工人总有一天必须夺取政权，以便建立一个新的劳动组织，……但是，我们从来没有断言，为了达到这一目的，到处都应该采取同样的手段。我们知道，必须考虑到各国的制度、风俗和传统；我们也不否认，有些国家，像美国、英国——如果我对你们的制度有更好的了解，也许还可以加上荷兰，——工人可能用和平手段达到自己的目的。"②

无产阶级革命的斗争方式随着形势的发展变化而改变，19世纪40年代至50年代，德国是一个经济落后、封建割据和野蛮专制的国家，工人群众没有任何民主权利。马克思和恩格斯当时都认为像德国这样的国家，无产阶级的革命斗争主要采取武装斗争的形式。后来形势发生了变化，普法战争后德国实现了统一，资本主义工业在德国得到了迅速的发展。工人运动也出现了新的高潮。在1890年2月的选举中，德国社会民主党获得了四分之一以上的选票。根据这些情况，恩格斯认为曾在1848年以前到处都起过决定作用的街垒巷战方式已经陈旧了，无产阶级政党应该积极进行争取民主的斗争，应该利用普选权。恩格斯赞扬德国工人阶级在革命实践中做出了重大贡献，他说："他们给了世界各国同志一件新的武器——最锐利的武器中的一件武器，向他们表明了应该怎样使用普选权。"③

无产阶级的革命斗争方式，还在很大程度上取决于反动统治阶级对于绝大多数人民的意志抵抗到什么程度，决定于在争取社会主义的斗争中统治阶级是不是采取暴力。恩格斯指出："如果旧的东西足够理智，不加抵抗即行死亡，那就和平地代替；如果旧的东西抵抗这种必然性，那就通过暴力来代替。"④

总之，根据马克思和恩格斯的论述，我们可得出这样几点认识：（1）

---

① 《马克思恩格斯全集》第17卷，人民出版社1963年版，第683页。
② 同上书，第18卷，人民出版社1964年版，第179页。
③ 《马克思恩格斯选集》第4卷，人民出版社1995年版，第516页。
④ 同上书，第216页。

暴力革命与和平斗争两手要并用。暴力革命是无产阶级革命的最基本方式，也是开展和平斗争的坚强后盾；而和平斗争是通常情况下经常被运用的手段，它为暴力革命积蓄力量和准备条件。历史上的任何一次革命，可以说都是暴力革命与和平斗争这两种方式交织或交替使用的。（2）一旦出现通过和平斗争取得革命胜利的可能性，革命者就应紧紧抓住这一机会，力争革命以和平斗争方式获得成功。因为，这对革命人民来说是最为有利、最少痛苦的道路。马克思主义主张不要放过革命以和平发展的一切可能的机会，哪怕这种方式胜利的希望很小，也要努力地去争取使之变为现实。（3）各国无产阶级革命在什么时候主要采取什么斗争方式，要由各国的无产阶级及其政党独立自主地去确定。革命的领导者一定要从本国的经济、政治、文化和历史传统等情况出发，根据革命形势和阶级力量对比状况，采用最适当有利的革命方式，既反对不加分析地照搬别国的模式，也要反对把自己的革命方式强加于别国。

第四节　无产阶级革命的战略策略

一　正确把握革命的客观形势和主观条件

任何革命都不是人们随心所欲的产物，它是随着社会经济和政治的发展所形成的一定客观形势和主观条件相结合的结果。无产阶级革命亦不例外。正确把握革命的客观形势和主观条件，是革命发生发展的基本规律，是马克思主义无产阶级革命的重要战略策略思想。对此，马克思和恩格斯曾经指出："历史上周期性地重演着的革命动荡是否强大到足以摧毁现存一切的基础；如果还没有具备这些实行全面变革的物质因素，这是说，一方面还没有一定的生产力，另一方面还没有形成不仅反抗旧社会的某种个别条件，而且反抗旧的'生活生产'本身、反抗旧社会所依据的'总和活动'的革命群众，那么，正如共产主义的历史所证明的，尽管这种变革的观念已经表述过千百次，但这对于实际发展没有任何意义。"[①]

由此可见，无产阶级革命的客观形势，就是指资本主义社会基本矛盾引起的种种社会矛盾达到极其尖锐的程度，造成了全面的社会危机。这是

[①]《马克思恩格斯选集》第1卷，人民出版社1995年版，第93页。

无产阶级革命发生的根据，是革命的客观形势成熟的标志。马克思在总结1848年欧洲大革命的历史经验时指出："在资产阶级社会的生产力正以在整个资产阶级关系范围内所能达到的速度蓬勃发展的时候，也就谈不到什么真正的革命。只有在现代生产力和资产阶级生产方式这个要素互相矛盾的时候，这种革命才有可能。"① 资本主义社会的基本矛盾所造成的全面社会危机，使工人阶级"越来越降到本阶级的生存条件以下。工人变成赤贫者，贫困比人口和财富增长得还要快"，这表明，一方面，工人阶级在资本主义社会中已经不能生活下去了；另一方面，"资产阶级再不能做社会的统治阶级了"，"社会再不能在它统治下生存下去了"。② 这时，无产阶级革命的要求就会空前高涨，资产阶级的统治已摇摇欲坠，由此，意味着无产阶级革命的客观形势已经形成。

　　无产阶级革命的主观条件，不仅是指无产阶级的革命要求和积极性的高涨，更重要的是指无产阶级革命力量的增强，即革命阶级必须具备较高的觉悟程度和组织程度。首先要提高无产阶级的革命觉悟，增强它们对革命的必然性和必要性的认识，增强其对革命的性质、条件、方式、进程和目的的认识。无产阶级只有具备了高度的革命觉悟，才能作为一个自为的阶级而凝聚成强大的反对资产阶级统治的革命力量。其次，要增强无产阶级的组织程度，当无产阶级还是"分散在全国各地并为竞争所分裂的群众"的时候，是不可能举行真正意义上的无产阶级革命并取得胜利的。只有"工人通过结社而达到的革命联合代替了他们由于竞争而造成的分散状态"时，特别是建立了无产阶级的政党，有了成熟的革命政党领导的时候，无产阶级才能真正起到资本主义"掘墓人"的作用。是否有一个成熟的无产阶级革命政党，是衡量革命主观条件状况的重要标志。马克思指出："即使在最有利的政治条件下，工人阶级要取得任何重大的胜利，都有赖于培养和集中工人阶级力量的那个组织的成熟程度。"③

　　马克思和恩格斯在把握革命的客观形势和主观条件，从而确定正确地革命态度方面，为人们做出了榜样。当革命因各种主客观因素的促使而爆

---

① 《马克思恩格斯选集》第1卷，人民出版社1995年版，第470—471页。
② 同上书，第284页。
③ 《马克思恩格斯全集》第16卷，人民出版社1964年版，第365页。

发后，他们对革命爆发的必要性和伟大意义给予充分肯定，并热情地投身革命的洪流中去，以正确的纲领指导革命取得尽可能大的成就。他们在1848年欧洲大革命中的表现便充分说明了这一点。但是，马克思和恩格斯坚决反对在客观形势和主观条件都不具备的情况下，人为地盲目地发动革命运动，认为这会造成无谓的牺牲，会使人们丧失对革命的信心。

1848年欧洲革命失败后，以马克思和恩格斯在深入考察各国资本主义经济发展状况的基础上，认为革命在短期内不会重新到来了，要把共产主义者同盟发动群众迎接革命的进攻策略，改变为组织群众长期积聚革命力量的策略。他们严厉批评了维利希、沙佩尔等人仍然认为革命会很快到来，坚持要立即发动起义夺取政权的冒险主义错误。马克思指出：这是在危急关头，轻举妄动。他分析说："对革命的暴力镇压给革命的参加者，尤其是给那些被迫离乡背井流亡在外的人的震动是那样的大，甚至那些坚强的人在一个较长的时期内也都失去了自制力。他们看不清历史的进程，不想了解，运动的形式已经改变。这就使他们去玩弄秘密阴谋和革命，从而使他们自己以及他们为之服务的事业，都同样声誉扫地；这就是促成了沙佩尔和维利希失策的原因。"①

恩格斯在总结1848年欧洲革命的经验时，曾就革命起义的策略问题做过一大段非常精彩的论述，充分体现了革命导师对待革命的正确态度。恩格斯指出："起义也正如战争或其他各种艺术一样，是一种艺术，它要遵守一定的规则，这些规则如果被忽视，那么忽视它们的政党就会遭到灭亡。这些规则是从各政党的性质和在这种情况下所要对待的环境的性质中产生的逻辑推论，它们是如此浅显明白，1848年的短时期的经验已经使德国人十分熟悉它们了。第一，不要玩弄起义，除非你有充分的准备应付你所玩弄的把戏的后果。起义是一种带有若干极不确定的数进行的演算，这些不确定的数的值每天都可能变化。敌人的战斗力量在组织、训练和传统的威望方面都占据优势；如果你不能集中强大的优势力量对付敌人，你就要被击溃和被消灭。第二，起义一旦开始，就必须以最大的决心行动起来并采取进攻。防御是任何武装起义的死路，它将使起义在和敌人较量以前就遭到毁灭。必须在敌军还分散的时候，出其不意地袭击他们；每天都

---

① 《马克思恩格斯全集》第18卷，人民出版社1964年版，第625页。

必须力求获得新的胜利，即令是不大的胜利；必须保持起义的最初胜利给你造成的精神上的优势；必须把那些总是尾随强者而且总是站在较安全的一边的动摇分子争取过来；必须在敌人还没有能集中自己的军队来攻击你以前就迫使他们退却；用至今为止人们所知道的最伟大的革命策略家丹东的话来说，就是要：'勇敢，勇敢，再勇敢！'"①

对于布朗基，马克思和恩格斯高度赞扬过他不屈不挠的革命精神，但对他不顾客观形势和主观条件怎样，盲目地发动革命起义，一次次遭到失败，却不吸取教训，又一次次轻率地举行起义的行为，持坚决的否定和反对态度。布朗基曾认为社会发展的力量是"意识的作用"，而不是有规律的。他认为，"规律"一词只有对自然界来说才有意义。在人类社会中被称为"规律"的东西，是同理性和意志不相容的。所谓"规律"，就是"荒谬、虚伪或欺骗，有时三者兼而有之"。所以布朗基不是根据社会发展的规律去制订正确的行动纲领和策略，而是仅凭自己的意志盲目起义，其结果是不可能成功的。布朗基一生曾数次被捕，他活了74岁，有37年是在监狱里度过的。恩格斯指出："布朗基主要是一个政治革命家；他只是在感情上，即在同情人民的痛苦这一点上，才是一个社会主义者，但是他既没有社会主义的理论，也没有改造社会的确定的实际的建议。"所以，布朗基往往"在没有任何外部导因的情况下开始起义"；"把一切革命想像成由少数革命家所进行的突袭"。② 实践说明，这种不顾客观形势和主观条件而随意发动的革命起义，是不可能取得成功的。

二　各国无产阶级革命应联合行动同时发生

马克思和恩格斯认为，资本对无产者的剥削和压迫具有国际性，各国无产阶级反对资产阶级的斗争也不仅仅是一国范围内的事情，也具有国际性质。所以，各国的无产阶级加强联合，团结起来，共同斗争，共同胜利。

马克思恩格斯分析了在自由竞争的资本主义时代，欧洲资本主义国家的经济、政治、地理环境等基本状况，认为无产阶级革命至少将在几个主

---

① 《马克思恩格斯选集》第1卷，人民出版社1995年版，第566—567页。
② 同上书，第3卷，人民出版社1995年版，第243、244页。

要的资本主义国家内同时发生。马克思和恩格斯在《德意志意识形态》一书中,首次指出:"交往的任何扩大都会消灭地域性的共产主义。共产主义只有作为占统治地位的各民族'一下子'同时发生的行动,在经验上才是可能的,而这是以生产力的普遍发展和与此相联系的世界交往为前提的。"① 恩格斯在《共产主义原理》一文中回答无产阶级革命能不能单独在某个国家内发生的问题时,明确回答说:不能。他分析指出:"单是大工业建立了世界市场这一点,就把全球各国人民,尤其是各文明国家的人民,彼此紧紧地联系起来,以致每一国家的人民都受到另一国家发生的事情的影响。此外,大工业使所有文明国家的社会发展大致相同,以致在所有这些国家资产阶级和无产阶级都成了社会上两个起决定作用的阶级,它们之间的斗争成了当前的主要斗争。因此,共产主义革命将不是仅仅一个国家的革命,而是将在一切文明国家里,至少在英国、美国、法国、德国同时发生的革命"。② 随后,马克思和恩格斯在《共产党宣言》中又强调指出:"联合的行动,至少是各文明国家的联合的行动,是无产阶级获得解放的首要条件之一。"③ 由于当时的资本主义还处在自由竞争时期,世界殖民地还没有瓜分完毕,资本主义国家之间的矛盾还没有发展到极端激化的程度,因而单独在一个国家发动无产阶级革命,便容易遭到国际资本的联合镇压,使革命遭到失败。马克思在总结1871年巴黎公社运动失败的教训时指出:"巴黎公社之所以失败,就是因为在一切主要中心,如柏林、马德里以及其他地方,没有同时爆发同巴黎无产阶级斗争的高水平相适应的伟大的革命运动。"④ 另外,由于资本主义大工业的发展在欧洲比较集中,一国的事变和斗争会直接影响到其他的国家和人民,这有利于各国无产阶级在革命斗争中加强联系、互相支持,如果在几个主要的资本主义国家同时发动无产阶级革命,就能形成强大的革命力量去推翻资本主义的统治。因此,马克思号召各国无产阶级在革命斗争中要加强团结,"劳动的解放既不是一个地方的问题,也不是一个国家的问题,而是涉及存在现代社会的一切国家的社会问题,它的解决有赖于最先进各国在实践

---

① 《马克思恩格斯选集》第1卷,人民出版社1995年版,第86页。
② 同上书,第241页。
③ 同上书,第291页。
④ 《马克思恩格斯全集》第18卷,人民出版社1964年版,第180页。

上和理论上的合作"。①

马克思和恩格斯关于无产阶级革命将在几个重要资本主义国家同时发生的观点，决不意味着是这种革命将在某一天或某一个时刻"同时发生"，它将是一个历史的发展时期。比如在一年或几年的时间内，主要资本主义国家前后相继的爆发无产阶级革命，形成一个互相促动和支持的革命高涨的局面。关于这一点，恩格斯在《共产主义原理》中曾经指出："在这些国家的每一个国家中，共产主义革命发展得较快或较慢，要看这个国家是否有较发达的工业，较多的财富和比较大量的生产力。因此，在德国实现共产主义革命最慢最困难，在英国最快最容易。共产主义革命也会大大影响世界上其他国家，会完全改变并大大加速它们原来的发展进程。"② 可见，革命导师在考察工人运动的发展时，已经注意到各个国家的经济政治发展不平衡现象，根据不同国家每一阶段的特点，提出无产阶级革命胜利进程的种种设想。19世纪40至60年代，马克思和恩格斯认为英国是当时最有条件首先取得无产阶级革命胜利的国家。到了70年代以后，他们认为德国的工人运动已处于国际无产阶级斗争的前列，是最有可能首先获得革命胜利的国家。尽管这样，马克思和恩格斯始终认为欧洲各国的经济政治发展联系紧密，相互之间的影响很大，这样的革命决不是孤立进行的。尽管各国的无产阶级革命发生有先有后，但基本上同处于一个历史阶段。直到19世纪90年代，恩格斯仍坚持共产主义革命在主要资本主义国家同时发生的观点。1892年，他指出："如果革命首先在法国爆发，譬如说在1894年，德国会立即跟上，接着法德两国无产阶级联盟将迫使英国行动起来，一举粉碎三国阴谋以及法俄阴谋。那时，对俄国的革命战争就要开始——即使俄国连一点革命的反响都没有——管他呢！"③ 1894年，恩格斯在《致保尔·拉法格》的信中，又再次指出："我们在很多年前所预见和预言的情景将会实现：法国人发出信号，开火，德国人解决战斗。"④

鉴于此，马克思和恩格斯在《共产党宣言》中提出了"全世界无产

---

① 《马克思恩格斯选集》第2卷，人民出版社1995年版，第609页。
② 《马克思恩格斯选集》第1卷，人民出版社1995年版，第241页。
③ 《马克思恩格斯全集》第38卷，人民出版社1972年版，第545页。
④ 同上书，第39卷，人民出版社1974年版，第245—246页。

者，联合起来"的伟大口号后，毕生致力于这一活动，除创建了共产主义者同盟之外，又先后创建了第一国际和第二国际，以亲身实践写下了促使各国无产阶级革命联合行动同时发生的光辉篇章。

三 工农联盟是无产阶级革命的基本力量

在无产阶级的领导下，建立工农联盟，依靠工农大众的力量，夺取民主革命和社会主义革命的胜利，这是马克思主义的基本原理之一。

无产阶级在革命中与农民结成联盟是必要的。首先，无产阶级革命的目的是要彻底消灭私有制和一切阶级压迫、阶级剥削，必然会遭到所有反动阶级的镇压和反抗，所以，它面临的敌人是十分强大的。在《共产党宣言》中，马克思和恩格斯就曾指出：为了对共产主义这个"幽灵"进行神圣的围剿，"旧欧洲的一切势力，教皇和沙皇、梅特涅和基佐、法国的激进派和德国的警察，都联合起来了"。① 面对反动势力的集结，无产阶级单靠本阶级的力量就难于获得革命的胜利。它也必须尽可能地联合一切受压迫和剥削的劳动群众，形成足以战胜敌人的强大力量，才有可能取得革命的成功。其次，资产阶级掌握着全国的政权，拥有庞大的军事力量，控制着全国的经济命脉和交通枢纽，掌握着宣传舆论工具，所以，它在政治、军事、经济、文化等方面比无产阶级占有明显的优势。资产阶级还在长期统治中积累了丰富的反对革命的统治经验。在这种情况下，无产阶级只有广泛地组织起宏大的革命力量，才能战胜实力强大的敌人。尤其在资本主义经济不发达的国家里，工人阶级力量尚弱，而农民是数量众多的被剥削被压迫的劳动群众，他们占全国人口中的大多数。恩格斯1894年在《法德农民问题》一文中说："农民到处都是人口、生产和政治力量的非常重要的因素。"② 无产阶级在革命斗争中只有团结农民，教育农民，领导农民同反动统治阶级作斗争，才能在政治上、经济上动摇资产阶级的统治，造成使革命阵营占绝对优势的阶级力量的对比，从而夺取革命的胜利。如果没有牢固的工农联盟，那么无产阶级就不能夺取政权，即使夺取了政权，也不能维持和巩固下去。最后，在资本主义社会中，农民所处的

---

① 《马克思恩格斯选集》第1卷，人民出版社1995年版，第271页。
② 同上书，第4卷，人民出版社1995年版，第484页。

经济状况，决定了他们不是先进生产力的代表，也不可能创造出先进的生产关系。这决定了这个阶级革命的局限性。马克思指出："各个小农彼此间只存在地域性的联系，他们利益的同一性并不使他们彼此间形成共同关系，形成全国性的联系，形成政治组织，就这一点而言，他们又不是一个阶级。因此，他们不能以自己的名义来保护自己的阶级利益"。"他们不能代表自己，一定要别人来代表他们。他们的代表一定要同时是他们的主宰，是高高站在他们上面的权威，是不受限制的政治权力"。① 所以，对于农民，无产阶级不去积极的联合他们，他们就可能会被资产阶级所联合，资产阶级会利用农民固有的小私有者的观念，煽动他们去反对无产阶级的共产主义革命。1848年巴黎工人六月起义失败的重要原因之一，就是狡猾的资产阶级离间了工农关系，欺骗了农民，孤立了无产阶级，致使工人阶级的起义斗争没有得到农民的支持。对此，马克思指出："在革命进程把站在无产阶级与资产阶级之间的国民大众即农民和小资产者发动起来反对资产阶级制度，反对资本统治以前，在革命进程迫使他们承认无产阶级是自己的先锋队而靠拢它以前，法国的工人们是不能前进一步，不能丝毫触动资产阶级制度的。"②

无产阶级与农民结成联盟不仅具有必要性，而且具有完全的可能性。首先，农民即是小私有者，又是劳动者。它和无产阶级有着共同的利益。他们共同受着资本主义的剥削。马克思指出："很明显，农民所受的剥削和工业无产阶级所受的剥削，只是在形式上不同罢了。剥削者是同一个：资本。单个的资本家通过抵押和高利贷来剥削单个的农民；资本家阶级通过国家赋税来剥削农民阶级。"③ 因此，"只有资本的瓦解，才能使农民地位提高；只有反资本主义的无产阶级的政府，才能结束他们在经济上的贫困和社会地位的低落。"④ 其次，农民所以向往与无产阶级结成联盟，还在于无产阶级与农民之间有天然的联系。从历史上看，由于资本主义的发展，破产的农民不断流入城市沦为雇佣工人，成为补充城市无产阶级的后备军。并且，工人和农民是社会物质生活资料的主要创造者，他们之间有

---

① 《马克思恩格斯选集》第1卷，人民出版社1995年版，第677—678页。
② 同上书，第386页。
③ 同上书，第456页。
④ 同上。

着千丝万缕的联系，这些条件都有利于结成工农联盟，有利于工农联合起来开展反对资产阶级的斗争。恩格斯就此曾指出："毫无疑问，总有一天贫困破产的农民会和无产阶级联合起来，到那时无产阶级会发展到更高的阶段，向资产阶级宣战"。① 另外，农民虽然有摆脱压迫和剥削的革命要求，但由于它存在着散漫性、无组织性、缺乏远大目光等阶级的局限性。因此，它单靠自己的力量是不可能获得翻身解放的，只有和无产阶级结成巩固的联盟并接受无产阶级的领导，才能推翻地主和资本家的剥削和压迫。无产阶级要教育农民，使他们认为到这一点，这样，"农民就把负有推翻资产阶级制度使命的城市无产阶级看作自己的天然同盟者和领导者"。②

各国无产阶级斗争的历史经验，充分证明了工农联盟的重要性。1848年欧洲革命失败后，马克思和恩格斯在总结其经验教训时，曾着重强调了这一点。在法国，路易·波拿巴之所以能够上台，正是由于农民的不觉悟，对波拿巴存有迷信，视他为救世主。就此马克思指出，法国无产阶级如果能够把农民从资产阶级的影响下争取过来成为自己的同盟军，"于是无产阶级革命就会得到一种合唱，若没有这种合唱，它在一切农民国度中的独唱是不免要变成孤鸿哀鸣的"。③ 在德国，同样由于没有强大的农民运动相配合而使革命失败了。马克思在总结德国革命的经验，展望革命的前景时说："德国的全部问题将取决于是否有可能由某种再版的农民战争来支持无产阶级革命。如果那样就太好了……"④ 1871年巴黎公社失败的一个重要的教训，就是因为无产阶级没有与农民结成革命的联盟，因此，即使暂时夺得了政权，也不能保持和巩固。马克思指出："如果公社治理下的巴黎同外省自由交往起来，那么不出三个月就会引起一场农民大起义"。⑤ 但是由于敌人的严密封锁，加上巴黎公社的领导对争取农民同盟军的重大意义认识不足，因此没有采取积极的行动，从而使自己处于孤军作战的地位，最后革命遭到了反动势力的血腥镇压。1875年5月，马克

---

① 《马克思恩格斯全集》第4卷，人民出版社1958年版，第511页。
② 《马克思恩格斯选集》第1卷，人民出版社1995年版，第681页。
③ 同上书，第699页，注①。
④ 同上书，第4卷，人民出版社1995年版，第548页。
⑤ 同上书，第3卷，人民出版社1995年版，第63页。

思在《哥达纲领批判》中，又对德国工人党接受和宣扬拉萨尔把工人阶级之外的农民和其他一切阶级都视为"反动的一帮"的错误论调，进行了严厉抨击，再次强调了工农联盟的重要意义。

四 无产阶级革命与被压迫民族的解放斗争紧密联系互相支持

伴随着无产阶级革命的兴起和发展，被压迫民族争取独立的解放斗争也蓬勃开展起来。无产阶级应如何对待民族解放运动，无产阶级革命与民族解放运动是什么关系也就成了马克思和恩格斯所应考察研究并着力阐明的重要问题。马克思和恩格斯关于民族解放斗争的正确理论，为无产阶级革命更好地进行提供战略和策略的指导。

马克思和恩格斯深刻地揭示了民族压迫的根源，指出私有制关系是造成民族压迫进而引起民族解放斗争的根本原因。消灭民族压迫，争取民族解放斗争的成功，必须消灭私有制关系。1847年11月，马克思和恩格斯在伦敦举行的纪念1830年波兰起义17周年的国际大会上分别发表演说，阐明了他们关于民族解放斗争的基本观点。马克思在演说中指出："要使各国真正联合起来，它们就必须有一致的利益。要使它们利益一致，就必须消灭现存的所有制关系，因为现存的所有制关系是造成一些国家剥削别一些国家的条件。"[①] 从这一点上来说，民族解放斗争的根本任务与无产阶级革命是一致的。所以，马克思进而指出：一国无产阶级革命与被压迫民族的解放斗争是互为条件、互相促进的，而被压迫民族解放斗争的胜利在很大程度上取决于无产阶级革命的胜利。他说："消灭现存的所有制关系只符合工人阶级的利益。只有工人阶级有办法做到这一点。无产阶级对资产阶级的胜利也就是对民族冲突和工业冲突的胜利，这些冲突在目前使各国互相敌视。因此，无产阶级对资产阶级的胜利同时就是一切被压迫民族获得解放的信号。"[②] 恩格斯在演说时讲了这样一句名言："一个民族当它还在压迫其他民族的时候，是不能获得自由的。"[③] 这句话也深刻地揭示了压迫民族的无产阶级革命同被压迫民族的解放斗争之间的密切关系。

[①] 《马克思恩格斯选集》第1卷，人民出版社1995年版，第308页。
[②] 同上书，第308—309页。
[③] 同上书，第309页。

之所以如是说，是因为：压迫民族的统治阶级为了推行对外侵略扩张政策，奴役和压迫其他民族，就必然要强化它的国家机器，首要的是建立和维持一支庞大的武装力量。毫无疑问，统治阶级运用这支武装力量发动对外侵略战争，奴役其他民族的同时，也会用它来对付本国人民，加强对本民族劳动人民的压迫。统治阶级的对外侵略和奴役行为，不仅使受其侵略和占领的民族遭受极大的苦难，也使本民族陷入痛苦的深渊。统治阶级会强迫劳动群众的子弟充军，去为其侵略战争卖命；也会增加赋税，加重对劳动人民的剥削，以供养一支庞大的军队；还会以狭隘民族主义的旗号，来麻痹人民的斗志，转移人民斗争的视线，挑拨本民族人民与被压迫民族人民的矛盾，以削弱本民族无产阶级和其他劳动群众反对反动的统治阶级的革命斗争。所以，压迫民族的无产阶级应当认识到，被压迫民族的解放斗争是对自己的革命事业的有力援助，要抵制和反对本民族统治阶级的对外侵略和奴役政策，支持被压迫民族的解放斗争。因此，恩格斯又进一步指出："只要波兰没有从德国人压迫下解放出来，德国就不可能获得解放。正因为这样，波兰和德国才有着一致的利益，也正因为这样，波兰的和德国的民主主义者才能够为解放两个民族而共同努力。……既然各国工人的生活水平是相同的，既然他们的利益是相同的，他们的敌人也是相同的，那么他们就应当共同战斗，就应当以各国工人的兄弟联盟来对抗各国资产阶级的兄弟联盟。"①

在《共产党宣言》中，马克思和恩格斯又指出："人对人的剥削一消灭，民族对民族的剥削就会随之消灭。民族内部的阶级对立一消失，民族之间的敌对关系就会随之消失。"② 这句话再次明确地指出了民族剥削的根源是阶级剥削、民族敌对关系的根源是阶级对立的道理。马克思和恩格斯认为：无产阶级对待民族问题的基本态度有两个方面：一方面，无产阶级首先要打倒本国的资产阶级，取得政治统治。它必须"上升为民族的阶级，把自身组织成为民族，所以它本身还是民族的"。③ 忽视自己的民族特点和民族范围内的斗争任务是错误的。另一方面，无产阶级又不能把

---

① 《马克思恩格斯选集》第1卷，人民出版社1995年版，第309—311页。
② 同上书，第291页。
③ 同上书，第291页。

自己的斗争仅仅局限于资产阶级民族主义的界限内。"工人没有祖国"。①在资产阶级民族国家里,工人阶级完全处于受压迫、受剥削的地位,这样的国家根本不属于工人所有。无产阶级反对资本统治的斗争是国际性的事业,各国无产阶级要加强彼此间的联合,团结统一,共同斗争,不能受国家和民族的界限所束缚,否则,无产阶级就不可能争取彻底的解放。无产阶级在本国、本民族取得统治后,就要促使民族分隔和对立更快地消失,从而铲除造成民族剥削、民族压迫的根源。鉴于此,马克思和恩格斯提出要求说:"共产党人强调和坚持整个无产阶级共同的不分民族的利益";②"共产党人到处都支持一切反对现存的社会制度和政治制度的革命运动"。③ 无疑,这些革命运动包括民族解放运动在内。

在1848年欧洲大革命中,民族解放运动风起云涌。马克思和恩格斯密切关注着东南欧民族解放斗争的发展,及时总结其经验教训,进一步阐述了无产阶级关于民族问题的正确主张。他们指出:无产阶级应与反动统治阶级的民族奴役政策彻底决裂。在《新莱茵报》上,恩格斯揭露了德国封建王朝在制造民族不和、建立黩武主义方面犯下的血腥罪行。他用大量历史事实说明一个深刻的道理:一切反动统治者及其外交家为了延长专制政权的寿命,无不唆使各民族互相残杀,利用一个民族压迫另一个民族。德国人在过去曾充当压迫其他民族的工具,因此,革命的德国应该抛弃自己过去的一切,"在自己获得自由的同时,也让一向受它压迫的人民获得自由",④ 而不能继承反动统治阶级的衣钵,实行压迫其他民族和向外扩张的政策。恩格斯还指出:"德国将来自由的程度要看它给予毗邻民族的自由的多少而定。"⑤ 如果不改变奴役其他民族的旧政策,那么它自己刚刚获得的自由就会被束缚在用来束缚别的民族的锁链上。马克思和恩格斯始终把民族解放运动和工人运动有机地结合起来,作为整个欧洲革命中不可分割的组成部分来看待。首先,他们十分强调无产阶级革命对民族解放斗争的重大意义。马克思说:"欧洲的解放——不管是各被压迫民族

---

① 《马克思恩格斯选集》第1卷,人民出版社1995年版,第291页。
② 同上书,第285页。
③ 同上书,第307页。
④ 《马克思恩格斯全集》第5卷,人民出版社1958年版,第95页。
⑤ 同上书,第178页。

争得独立,还是封建专制政体被推翻,都取决于法国工人阶级的胜利的起义。"① 在总结各国民族独立运动相继失败的经验教训时,马克思又指出:"只要工人还是奴隶,匈牙利人、波兰人或意大利人都不会获得自由!"②

其次,马克思和恩格斯也非常看重民族解放斗争对无产阶级革命的重要性。恩格斯曾明确指出:"建立民主的波兰是建立民主德国的首要条件。"③ 马克思曾经预言说:"看吧,在东方,由各民族的战士组成的革命军已经同以俄国军队为代表的、联合起来的旧欧洲相对峙,而巴黎已经出现了'红色共和国'日益逼近的征兆!"④ 尽管这一预见未能成为现实,但它体现了马克思关于民族解放斗争是无产阶级革命的促动力的思想。马克思和恩格斯认为:民族解放斗争对德国、法国和英国的革命有不可估量的影响,将成为欧洲革命新高涨的序幕,并不可遏制地推动革命运动向前发展。在《德国的革命和反革命》这一重要著作中,恩格斯根据德国的革命实际,总结了这个经验教训。他指出:"我们甚至现在也还认为,在欧洲大陆将来的任何动荡中,匈牙利仍然是德国的必需的和天然的同盟者。"⑤

到19世纪的50—60年代,民族解放运动又有新的发展。1851年中国爆发了反帝反封建的太平天国革命运动,马克思预言说:"中国革命将把火星抛到现今工业体系这个火药装得足而又足的地雷上,把酝酿已久的普遍危机引爆,这个普遍危机一扩展到国外,紧接而来的将是欧洲大陆的政治革命。"⑥ 这里马克思提出了一个重要思想:东方的民族解放运动不可避免地要加深资本主义世界的政治和经济危机,削弱资本主义势力从而在欧洲引起革命。1857—1859年印度反对英国殖民统治的民族起义,使英国不断消耗人力和财力,被马克思视为"我们最好的同盟军"。⑦ 他推论说,如果欧洲大陆重新爆发革命,英国就不能重新占据它在1848年和

---

① 《马克思恩格斯全集》第6卷,人民出版社1961年版,第175页。
② 《马克思恩格斯选集》第1卷,人民出版社1995年版,第401页。
③ 《马克思恩格斯全集》第5卷,人民出版社1958年版,第391页。
④ 同上书,第6卷,人民出版社1961年版,第603页。
⑤ 《马克思恩格斯选集》第1卷,人民出版社1995年版,第544页。
⑥ 同上书,第695页。
⑦ 《马克思恩格斯全集》第29卷,人民出版社1972年版,第250页。

1849年所占据的那种傲慢地位。1863年1月，波兰又举行了反抗沙皇专制统治的武装起义。这一起义，震撼了全欧洲，推动了欧美各国工人阶级的联合，成为第一国际建立的"起点"。马克思指出：在波兰"这个重要的欧洲问题没有解决以前，工人运动总会遇到障碍，遭受失败，发展也将延缓"。① 恩格斯也说："只要波兰还被分割，还受压迫，那么不论是国内的强大的社会主义政党的发展，还是德国和其他国家的无产阶级政党同除流亡者以外的任何波兰人的真正的国际交往的发展，都不可能。"② "欧洲的工人政党同波兰的解放是休戚相关的"，因为，"瓜分波兰是把俄国、普鲁士和奥地利这三个军事专制国家连接起来的锁链。只有波兰的恢复才能拆散这种联系，从而扫除横在通向欧洲各民族社会解放道路上最大障碍"。③ 恩格斯还曾经专门写了题为《工人阶级同波兰有什么关系？》的三篇文章，说明了各国工人阶级应支持波兰的民族解放斗争的意义，恩格斯指出：国际工人协会应"在自己的旗帜上写道：'抵抗俄国对欧洲的威胁——恢复波兰！'"④ 19世纪60年代后期，爱尔兰反对英国殖民统治的运动再次高涨。英国政府采取残酷镇压的政策来打击芬尼亚党人的民族解放斗争。马克思和恩格斯从英国工人运动和国际无产阶级革命的利益出发，主张坚决支持爱尔兰人民的正义斗争。马克思指出："我长期以来就认为可能借英国工人阶级运动的高涨来推翻统治爱尔兰的制度；我在《纽约论坛报》上总是维护这种观点。但是我更深入地研究了这个问题以后，现在又得出了相反的信念。只要英国工人阶级没有摆脱爱尔兰，那就毫无办法。杠杆一定要安放在爱尔兰。因此，爱尔兰问题才对整个社会运动有这样重大的意义。"⑤ "我愈来愈相信——问题只在于要使这种信念在英国工人阶级中扎根——，在英国工人阶级对爱尔兰的政策还没有和统治阶级的政策一刀两断以前，……它在英国本土永远不会做出任何有决定意义的事情。"⑥ 正因如此，马克思认为：第一国际"中央委员会的特殊任务就

---

① 《马克思恩格斯全集》第16卷，人民出版社1964年版，第222页。
② 同上书，第35卷，人民出版社1971年版，第261页。
③ 同上书，第18卷，人民出版社1964年版，第630页。
④ 同上书，第16卷，人民出版社1964年版，第171页。
⑤ 同上书，第32卷，人民出版社1974年版，第398页。
⑥ 同上书，第625页。

是唤醒英国工人阶级，使他们意识到：爱尔兰的民族解放对他们来说并不是一个抽象的正义或博爱的问题，而是他们自己的社会解放的首要条件。"① 马克思不仅认为爱尔兰民族解放运动能够推动英国工人阶级革命的发展，而且认为它对国际工人运动也有促进意义。

19世纪70年代后，马克思和恩格斯仍一如既往地关注和支持民族解放运动的发展，并多次重申他们在19世纪40年代后期阐明过的观点。如1870年3月，马克思指出："奴役其他民族的民族是在为自身锻造镣铐。"② 恩格斯在1874年5月又说："压迫其他民族的民族是不能获得解放的。它用来压迫其他民族的力量，最后总是要反过来反对它自己的。只要俄国兵士还侵占着波兰，俄国人民就既不能获得政治解放，也不能获得社会解放。"③ 这些话的实质含义，就是要求各国无产阶级特别是压迫民族的无产阶级要支持被压迫民族的解放斗争，并把它看作是无产阶级革命得以爆发和取得胜利的有利的促进条件。

---

① 《马克思恩格斯全集》第32卷，人民出版社1974年版，第656—657页。
② 《马克思恩格斯选集》第16卷，人民出版社1964年版，第474页。
③ 同上书，第3卷，人民出版社1995年版，第242页。

第九章　无产阶级专政思想的确立

无产阶级专政的思想是马克思主义国家学说的实质。按照历史唯物主义原理，人类社会由原始社会发展到以私有制为基础的阶级社会，再由阶级社会发展到无阶级的共产主义社会，这是历史发展的必然规律，而无产阶级专政则是由资本主义通向共产主义的必然的过渡，是历史必由之路。

第一节　过渡时期：无产阶级专政的必要性

一　无产阶级专政思想的提出

无产阶级专政是马克思主义学说的主要之点。充分理解马克思主义关于无产阶级专政的思想，首先就是要认清无产阶级专政的历史必然性。

在马克思主义形成时期，无产阶级政治统治的思想就确立了。1845年秋—1846年夏，马克思和恩格斯合写的《德意志意识形态》就十分明确地提出了无产阶级革命首先应当夺取政权，建立无产阶级的政治统治，最终消灭一切阶级统治的思想。他们指出："每一个力图取得统治的阶级，即使它的统治要求消灭整个旧的社会形式和一切统治，就像无产阶级那样，都必须首先夺取政权"。[①] 以往一切革命都是以一种剥削阶级政权代替另一种剥削阶级政权，而无产阶级革命是要消灭一切剥削阶级旧政权。1847年马克思在《哲学的贫困》一书中指出："劳动阶级在发展过程中将创造一个消除阶级和阶级对立的联合体来代替旧的市民社会，从此再不会有原来意义的政权了。"[②] 恩格斯写的《共产主义原理》更是明确地

[①] 《马克思恩格斯选集》第 1 卷，人民出版社 1995 年版，第 84—85 页。
[②] 同上书，第 194 页。

提出了建立无产阶级的政治统治的思想。他说："无产阶级革命将建立民主的国家制度，从而直接或间接地建立无产阶级的政治统治"。①

到1848年2月发表《共产党宣言》时，马克思和恩格斯对无产阶级专政思想又做了进一步阐述，提出了无产阶级"建立自己的统治"，"由无产阶级夺取政权"，"无产阶级上升为统治阶级，争得民主"等等这样一些论断。尽管《宣言》没有使用"无产阶级专政"这个术语，但这一理论概念所包含的实质内容在《宣言》里已作了明确阐述。后来，恩格斯在讲到什么是德国科学社会主义的观点时说，"即无产阶级必须采取政治行动，必须实行无产阶级专政作为达到废除阶级并和阶级一起废除国家的过渡。这种观点在《共产党宣言》中已经申述过并且以后又重述过无数次"。②

阶级斗争的中心问题始终是旧的统治阶级为了维护自己的经济利益而极力保持、巩固自己的政治统治，而新兴阶级为了实现自己的经济利益而力图争得自己的统治。资本主义是人类社会最后一个分裂为两大对抗阶级的社会。以资本家所有制为中心的全部资本主义社会的经济基础，被资本主义的全部上层建筑保护着。强大的资产阶级国家机器、资产阶级政治制度、法律制度及其设施、资产阶级的意识形态和传播资产阶级各种思想、观点、理论的舆论工具，无一不是为巩固资本对劳动的剥削和统治服务的。无产阶级同资产阶级的斗争必然发展到以夺取政权、推翻资产阶级的统治、建立无产阶级自己的统治为目标。然后，无产阶级才能运用国家这种有组织的集中的权力进一步为实现无产阶级的经济解放创造条件。在资产阶级掌握着强大的国家机器的情况下，资产阶级决不会自动放弃对生产资料的占有和对剩余价值的剥削，也决不会自动交出国家政权，退出历史舞台。马克思特别从1848年欧洲革命失败的经验和在这之后欧洲政治舞台上长期的反动黑暗统治中看到，无产阶级要在资产阶级统治的范围内改善自己的处境只能是一种幻想。只有以各种方式进行同资产阶级的阶级斗争，推翻资产阶级的统治，实现无产阶级专政，才能争取无产阶级的最后解放。马克思在总结1848—1850年的法兰西阶级斗争的经验时，第一次

---

① 《马克思恩格斯选集》第1卷，人民出版社1995年版，第239页。
② 同上书，第3卷，人民出版社1995年版，第199页。

提出了"工人阶级专政！""无产阶级的阶级专政"等重要观点。① 这比《共产党宣言》中的提法更集中、更概括、更鲜明。

1848—1849年欧洲革命时期，马克思和恩格斯参加了革命，总结了革命失败的经验，提出了任何阶级革命之后建立的临时国家政权都需要实行专政的思想。马克思和恩格斯提出"工人阶级专政"的思想，主要是基于对1848年欧洲革命经验的总结所得出的这样一个结论，"在革命之后，任何临时性的政局下都需要专政，并且是强有力的专政"。② 专政就是指用强力粉碎和清除全部旧政治制度，包括旧官僚机器、旧军队、旧检察机关、旧法官；革命阶级要掌握一切国家权力，要武装人民，以革命的暴力镇压反革命的暴力。1848年欧洲各国革命失败，欧洲的反革命势力用镇压和大屠杀来庆祝自己的胜利。针对这种反革命的残暴行为，马克思总结失败的经验说："仅仅这种反革命的残酷野蛮行为就足以使人民相信，只有一个方法可以缩短、简化和集中旧社会的凶猛的垂死挣扎和新社会诞生的流血痛苦，这个方法就是实行革命的恐怖"。③ 所谓"革命的恐怖"，就是革命阶级的专政。马克思和恩格斯认为，德国资产阶级革命由于没有对封建阶级实行专政而归于失败，法国资产阶级则对其他阶级实行严酷的专制统治而巩固了自己的政权，并用暴力把工人企图推翻资产阶级的起义镇压下去了。资产阶级反对封建阶级的阶级斗争和资产阶级对付工人阶级的经验，都说明了资产阶级专政对于资产阶级胜利的必要性。这一深刻经验表明：面对着资产阶级专政，工人阶级要想取得自己的胜利，必须实行"工人阶级专政"。

马克思和恩格斯除了总结法国、德国革命的经验明确提出无产阶级专政外，还提出了下一次革命必须打碎资产阶级国家机器的思想。马克思指出：法国资产阶级政府拥有50万军队和50万官吏，是一个"俨如密网一般缠住法国社会全身并阻塞其一切毛孔的可怕的寄生机体"。④ 无产阶级决不能用这样的军事官僚国家机器来实现自己的任务，必须把它"摧毁"。

---

① 《马克思恩格斯选集》第1卷，人民出版社1995年版，第400、462页。
② 同上书，第313页。
③ 《马克思恩格斯全集》第6卷，人民出版社1961年版，第318页。
④ 《马克思恩格斯选集》第1卷，人民出版社1995年版，第675页。

1852年，马克思在致约瑟夫·魏特迈的信中，对无产阶级专政又作了更为深刻、经典的论述。他指出：对于阶级和阶级斗争问题，"我所加上的新内容就是证明了下列几点：（1）阶级的存在仅仅同生产发展的一定历史阶段相联系；（2）阶级斗争必然导致无产阶级专政；（3）这个专政不过是达到消灭一切阶级和进入无阶级社会的过渡"。① 这段话是对马克思主义无产阶级专政思想的高度概括。至此，表明马克思主义的无产阶级专政思想正式形成。

二 过渡时期的国家只能是无产阶级专政

无产阶级取得国家政权，打碎资产阶级国家机器，为社会主义代替资本主义创造了政治前提。但是，社会主义代替资本主义这个历史任务，并不是在解决了政权问题之后马上就能实现的。从资本主义社会到社会主义社会，中间还必须经历一个"过渡时期"。1875年，马克思在《哥达纲领批判》中提出了这一精辟的论断。马克思指出："在资本主义社会和共产主义社会之间，有一个从前者变为后者的革命转变时期。同这个时期相适应的也有一个政治上的过渡时期，这个时期的国家只能是无产阶级的革命专政。"② 在这里，马克思第一次明确提出了关于过渡时期的观点。马克思在这里所说的共产主义是包括共产主义的第一阶段和高级阶段在内的通称，因此这里所说的过渡时期，也就是指从资本主义过渡到共产主义第一阶段即社会主义社会。这个时期不是一个独立的社会形态，而是介于资本主义社会形态和社会主义社会形态之间的一个"特别时期"。在这里，马克思也第一次把无产阶级专政和过渡时期结合在一起来加以强调。

过渡时期和革命专政相结合的思想是马克思分析研究了社会历史演进的规律后所得出的一个重要结论。以往社会形态的更替是从一种剥削制度到另一种剥削制度，虽然也是一个长期的斗争发展过程，但是，由于它们同属剥削制度，新的经济关系早已从旧社会内部孕育生长起来，新兴阶级取得政权后，用不着一个很长的过渡时期来改造旧社会，建设新社会。尽管是这样，马克思仍认为，也需要一个暴力强制的过渡阶段。在《资本

---

① 《马克思恩格斯选集》，第4卷，人民出版社1995年版，第547页。
② 同上书，第31卷，人民出版社1995年版，第314页。

论》中，马克思一方面分析了资本主义经济关系是在封建社会内部通过商品经济自身的发展而产生的，指出它是商品经济关系发展的必然产物，同时又指出了新兴资产阶级除了利用雇佣劳动关系的无声强制保证资本家对工人的统治外，还要"以最残酷的暴力为基础"，"利用国家权力，也就是利用集中的、有组织的社会暴力，来大力促进从封建生产方式向资本主义生产方式的转变过程，缩短过渡时间"。①

社会主义社会取代资本主义社会，是要彻底消灭私有制和一切剥削制度，这是人类历史发展上一次最伟大、最艰难的变革，这一根本性的转变决不可能一下子顺利地实现，必然会经历一个激烈动荡的过渡时期和暴力强制的转变阶段。即便是资本主义发展到垄断资本主义，到了社会主义的"入口"，它仍然是资产阶级私有制，不借助于革命政权的强制力量，资产阶级私有制终究变不成公有制。蒲鲁东曾把在资本主义社会里工人组织合作社称为工人阶级解放的道路，作为一种解救社会的理想方案，遭到马克思的批评。马克思指出：合作社"决不能改造资本主义社会。为了把社会生产变为一种广泛的、和谐的自由合作劳动的制度，必须进行全面的社会变革，社会制度基础的变革，而这种变革只有把社会的有组织的力量即国家政权从资本家和大地主手中转移到生产者本人的手中才能实现"。②新社会的上层建筑也要重新建立。资产阶级的国家机器是为维护资本对劳动的剥削服务的，不对其加以根本改造，就不能为创立、巩固发展社会主义经济基础服务。资产阶级的意识形态，作为社会占统治地位的思想，统治了数百年，渗透到社会生活领域的各个方面。马克思主义虽然在资本主义社会里就产生了，但它要在社会的一切思想领域成为占统治地位的思想，也必须要经过与各种非科学、非无产阶级思想长期斗争的过程，才能把人们从资产阶级思想的束缚和影响下解放过来，使之成为具有共产主义觉悟的新人。

在总结巴黎公社的经验时，马克思又强调了革命过渡的思想。在《法兰西内战》初稿中他指出："资本和地产的自然规律的自发作用"只有经过新条件的漫长发展过程才能被"自由的、联合的劳动的社会经济

---

① 《马克思恩格斯全集》第 23 卷，人民出版社 1972 年版，第 819 页。
② 同上书，第 16 卷，人民出版社 1964 年版，第 219 页。

规律的自发作用"所代替。① 在《法兰西内战》的定稿中,马克思进一步指出:工人阶级知道,"为了谋求自己的解放,并同时创造出现代社会在本身经济因素作用下不可遏止地向其趋归的那种更高形式,他们必须经过长期的斗争,必须经过一系列将把环境和人都加以改造的历史过程"。② 马克思和恩格斯都曾强调,要完成这一改造的历史过程,必须实现无产阶级专政。巴黎公社之所以最后失败了,就是因为无产阶级专政运用的太少了。

正是经过这样长期的研究,马克思才在《哥达纲领批判》中第一次明确提出了过渡时期的思想,并且对过渡时期与无产阶级专政的关系做了科学的论述,揭示了过渡时期的国家只能是无产阶级的革命专政的重要道理。那么,为什么从资本主义社会到共产主义社会的过渡时期的国家只能是无产阶级专政呢?

首先,这是消灭阶级的需要。

无产阶级革命是以生产资料的社会主义公有制代替资本主义私有制,彻底消灭一切剥削制度的革命。生产资料的公有制不可能在以私有制为基础的旧的社会形态内部自发地产生出来。因而,无产阶级必须首先夺取政权,然后利用政权的力量去逐步消灭私有制,建立起社会主义的公有制。

对生产资料私有制的改造必然要遭到资产阶级和一切剥削阶级的强烈反抗,无产阶级不凭借政权的强制力量,就不保能证生产资料所有制改造的顺利进行。马克思总结巴黎公社的经验时说:公社并不取消阶级斗争,而是通过阶级斗争致力于消灭一切阶级,从而消灭一切阶级统治。但是,公社提供合理的环境,使阶级斗争能够以"最合理、最人道的方式经历它的几个不同阶段"。由于无产阶级的敌人还没有消失,不仅会发生"奴隶主们的一些分散零星的暴动",而且会不断遭到"各种既得利益和阶级自私心理的抗拒",公社可能引起"激烈的反动和同样激烈的革命"。因此不仅要有无产阶级的革命专政,而且要"增强社会革命力量"。③ 这就决定了从资本主义向共产主义过渡,非要有一个相当长的过渡时期不可,

---

① 《马克思恩格斯选集》第3卷,人民出版社1995年版,第99页。
② 同上书,第60页。
③ 同上书,第98—99页。

非要有无产阶级专政不可。马克思在抨击巴枯宁无政府主义的谬论时,进一步强调指出:"工人对反抗他们的旧世界各个阶层实行的阶级统治必须持续到阶级存在的经济基础被消灭的时候为止"。①

其次,是组织经济文化建设的需要。

共产主义社会是生产高度发展,产品极大丰富的社会。无产阶级夺取政权后,必须建立社会主义的生产关系,以促进生产力的发展,不断丰富社会的物质产品。大力提高劳动生产率是无产阶级专政的一项根本任务,因为不这样就不可能最终过渡到共产主义。恩格斯在《共产主义原理》中就曾指出:无产阶级革命"只能逐步改造现社会,只有创造了所必需的大量生产资料之后,才能废除私有制"。② 而大力发展社会生产力,彻底改造旧经济,彻底消灭一切私有制,又同样会遭到资产阶级和一切剥削阶级的反对和破坏,还会遇到小资产阶级和各种旧习惯势力的抵制和反抗。这也决定了从资本主义向共产主义的过渡,必须有一个政治上的过渡时期,决定了这个过渡时期的国家只能是无产阶级的革命专政。在《共产党宣言》中,马克思和恩格斯又明确指出:无产阶级取得政治统治后,要尽可能快地增加生产力的总量。"要做到这一点,当然首先必须对所有权和资产阶级生产关系实行强制性的干涉"。③ 为此,他们还提出了10项过渡性的措施。

共产主义社会是一个全体人民都具有高度政治思想觉悟、良好道德品质的社会。为了提高人们的思想觉悟,为过渡到共产主义创造条件,无产阶级必须在上层建筑领域进行一系列的文化革命,必须加强社会主义的科学文化教育,同旧的传统观念和旧的意识形态彻底决裂。要完成这一任务,比完成政治、经济方面的任务更加困难和复杂,所以,也需要一个相当长的过渡时期和无产阶级政权对文化革命和文化建设的组织、领导。

社会环境和人的改造是一个长期过程。从旧经济改造成为自由人的联合体要经过漫长的过程才能实现,在这个过程中,无产阶级为了达到自己的目的,唯一可以利用的东西正是国家。马克思在《巴枯宁〈国家制度

---

① 《马克思恩格斯选集》第3卷,人民出版社1995年版,第291页。
② 同上书,第1卷,人民出版社1995年版,第239页。
③ 同上书,第293页。

和无政府状态〉一书摘要》中说,"只要其他阶级特别是资本家阶级还存在,只要无产阶级还在同他们进行斗争(因为在无产阶级掌握政权后无产阶级的敌人和旧的社会组织还没有消失),无产阶级就必须采用暴力措施,也就是政府的措施;如果无产阶级本身还是一个阶级,如果作为阶级斗争和阶级存在的基础的经济条件还没有消失,那么就必须用暴力来消灭或改造这种经济条件,并且必须用暴力来加速这一改造的过程。"[1]

过渡时期,就是生长着的共产主义因素同衰亡着的资本主义因素斗争的时期。过渡时期的特点及任务决定了这个时期还需要有国家,而这个时期的国家只能是无产阶级的革命专政。不实行无产阶级的革命专政,就不可能过渡到共产主义社会。

第二节 无产阶级专政的内容和形式

一 无产阶级专政的内容

在马克思和恩格斯关于无产阶级专政的论述中,没有给无产阶级专政下一个明确的定义,也没有具体地阐明无产阶级专政的内容。但是,从马克思和恩格斯对无产阶级专政问题所作的大量论述中,我们可以对无产阶级专政的内容进行一些概括提炼,以利于更好的理解马克思主义无产阶级专政的思想。

无产阶级专政与历史上一切剥削阶级的专政有着本质的区别。以往的奴隶主阶级专政、封建主阶级专政和资产阶级专政,都是剥削阶级掌握国家政权,是少数剥削者对大多数劳动人民的统治。它们建立在生产资料私有制基础上,维护少数剥削者的利益,使剥削者享有特权,而对广大劳动人民实行压迫和专政。无产阶级专政则不同。它是建立在生产资料公有制基础上、为社会主义公有制经济服务的上层建筑。它使广大人民群众享有民主权利,对少数剥削阶级残余势力及破坏社会主义秩序的反动分子实行打击。它对内主要是组织人民群众进行经济文化建设,对外防御敌人的侵略和颠覆活动。它的历史使命是消灭一切剥削制度和一切阶级,为实现共产主义创造条件。具体说来,无产阶级专政包括如下几方面的内容:

---

[1] 《马克思恩格斯选集》第 3 卷,人民出版社 1995 年版,第 286 页。

第一，无产阶级专政是工人阶级及其政党领导的国家政权。

工人阶级是无产阶级专政的领导力量。无产阶级专政的实质就是工人阶级对社会实行国家领导，是工人阶级一个阶级掌握国家领导权，它绝不与其他任何阶级分享领导权。这是由工人阶级的阶级特性和历史使命决定的。马克思主义认为，工人阶级是人类历史上先进的、革命的和有前途的阶级。"其余的阶级都随着大工业的发展而日趋没落和灭亡，无产阶级却是大工业本身的产物。"[1] 它与社会化大生产相联系，是先进生产力的代表，比其他任何阶级都富有远见和革命的组织性、纪律性。只有这个阶级才能担负起领导无产阶级政权、建设社会主义和共产主义的历史重任，这是其他阶级所做不到的。因此，马克思对巴黎公社的无产阶级专政性质曾给予充分肯定和赞扬。他指出："巴黎公社把革命的领导权掌握在自己手中"，"普通工人第一次敢于侵犯他们的'天然尊长'的执政特权，在空前艰难的条件下，虚心、诚恳而卓有成效地进行他们的工作"。[2] 恩格斯指出："因为公社委员几乎全都是工人或公认的工人代表，所以公社所通过决议也都带有鲜明的无产阶级性质。这些决议，要么是规定实行共和派资产阶级只是由于怯懦才不敢实行的，然而却是工人阶级自由行动的必要前提的那些改革，……要么就是直接代表工人阶级的利益有时还深深地触动了旧的社会制度。"[3]

工人阶级对无产阶级专政国家的领导是通过自己的先锋队共产党来实现的。马克思和恩格斯在《共产党宣言》中就正确阐明了无产者和共产党人的关系，指出共产党人的最近目的就是领导无产阶级"推翻资产阶级的统治，由无产阶级掌握政权"。[4] 共产党的领导作用是无产阶级领导作用的集中表现，无产阶级政党是无产阶级的先锋队，只有通过无产阶级政党的领导，才能把群众的利益和意志集中起来，才能协调各部分人的关系，才能为无产阶级专政制定正确的方针、政策和策略，指明无产阶级事业的发展方向和前途。没有无产阶级政党的领导，无产阶级就不能取得革命的胜利，即使偶然地取得了胜利，夺得了政权，由于缺乏无产阶级政党

---

[1] 《马克思恩格斯选集》第1卷，人民出版社1995年版，第282页。
[2] 同上书，第3卷，人民出版社1995年版，第60页。
[3] 同上书，第8页。
[4] 同上书，第1卷，人民出版社1995年版，第285页。

的坚强、统一的领导，政权也不能巩固，革命很快就会由胜利走向失败。巴黎公社就是最好的证明。1870年普法战争爆发以后，巴黎各派革命的政治力量在国际国内阶级斗争紧张激烈的形势下，一度在推翻梯也尔卖国政府、保卫祖国、保卫巴黎、建立公社等共同要求下联合起来，赶跑了政府，成立了巴黎公社。但夺得政权后，没有一个统一的政治力量来领导，由群众选举产生的公社委员会领导机构中有蒲鲁东派、布朗基派、新雅各宾派、资产阶级激进共和派等各种派别及无派别先进分子。各派在巩固政权及社会经济措施方面的许多重大问题上争论不休，得不到统一。最后，公社委员会从组织上分裂为多数派、少数派。当敌人大军压境的时候，两派还在那里争吵不休。没有一个无产阶级政党的领导，这是巴黎公社在四面受敌的情况下迅速失败，政权得而复失的根本原因之一。鉴于此，恩格斯曾经告诫德国社会民主工党说："德国社会民主工党，正因为它是工人政党，所以必须推行'阶级政治'，即工人阶级的政治。既然每个政党都力求取得在国家中的统治，所以德国社会民主工党就必然力求争得自己的统治，工人阶级的统治，即'阶级统治'。而且，每个真正的无产阶级政党，从英国宪章派起，总是把阶级政治、把无产阶级组织成为独立政党当作首要条件，把无产阶级专政当作斗争的最近目的。"[①] 国际无产阶级运动的历史已充分证明，没有无产阶级政党的领导，无产阶级专政既不能实现，也不能巩固，也无从完成自己的历史使命。无产阶级专政不是自发斗争的产物，而是自觉斗争的结果。

第二，无产阶级专政是以工农联盟为阶级基础的国家政权。

无产阶级专政必须由工人阶级来领导，并不是说只有这一个阶级可以参加政权。恩格斯早在《共产主义原理》中就指出，无产阶级专政的建立可以有"直接或间接"两种形式。在当时英国那样的工业较发达的国家里，无产者已占人民的大多数，无产阶级可以直接建立自己的政治统治；而在法国和德国那样的大工业不太发达的国家，无产阶级专政只能间接地建立。因为这样的国家，大多数人民不仅是无产者，而且还有小农和小资产者，小农和小资产者正处在转变为无产阶级的过渡阶段，因而他们很快就会同意无产阶级的要求，接受无产阶级的领导，和无产阶级结成一

[①] 《马克思恩格斯选集》第3卷，人民出版社1995年版，第201页。

定的阶级联盟,来建立无产阶级专政的国家政权。所以,无产阶级必须要做争取农民的工作,"把站在无产阶级和资产阶级之间的国民大众即农民和小资产者发动起来反对资产阶级制度,反对资本统治"。① 恩格斯晚年再谈《法德农民问题》时,又说:无产阶级政党"夺取政权已成为可以预见的将来的事情。然而,为了夺取政权,这个政党应当首先从城市走向农村,应当成为农村中的一股力量"。②

建立工农联盟,对于无产阶级夺取政权和巩固政权具有至关重要的意义。在资本主义制度下,农民也是受剥削的劳动者,他们是工人阶级可靠的同盟军。工人阶级只有把农民团结联合起来,才能形成足以战胜剥削阶级反动统治的强大革命力量,从而摧毁资产阶级统治,建立无产阶级专政。否则,无产阶级革命就"不免要变成孤鸿哀鸣"式的"独唱",③是不可能胜利的。无产阶级取得革命胜利,建立了无产阶级专政后,同样也离不开农民的支持,要继续保持与农民阶级的密切联盟。只有把无产阶级专政建立在稳固的工农联盟的基础上,无产阶级才能掌握对绝大多数人民群众的领导权,造成在国家内的多数统治。这样,这个政权才有牢固的根基,才有战胜一切敌对势力、克服一切困难的力量,才能无往而不胜。马克思和恩格斯在总结巴黎公社失败的教训时,已经充分说明了这一点。

第三,无产阶级专政是人民民主和对敌人专政相结合的国家。

任何阶级的政权都包含民主和专政两个方面,是二者的统一,是对统治者的民主和对被统治者的专政。如资产阶级政权既是资产阶级内部的民主,又是资产阶级对无产阶级和所有劳动阶级的专政。任何国家政权都有鲜明的阶级性,从来不存在抽象的"民主"和"专政"。

无产阶级专政是人民民主与对敌人专政两方面的有机结合。首先表现为在劳动人民内部实行民主,这是破天荒第一次以劳动阶级的民主代替剥削者的民主,以大多数人的民主代替了极少数人的民主。早在《共产主义原理》中,恩格斯就指出:"首先无产阶级革命将建立民主的国家制度";"如果不立即利用民主作为手段实行进一步的、直接侵犯私有制和

---

① 《马克思恩格斯选集》第1卷,人民出版社1995年版,第386页。
② 同上书,第4卷,人民出版社1995年版,第485页。
③ 同上书,第1卷,人民出版社1995年版,第684页注①。

保障无产阶级生存的各种措施，那么，这种民主对于无产阶级就毫无用处。"① 巴黎公社作为创建无产阶级专政的第一次伟大尝试就是这样做的。它废除了资产阶级的常备军，代之以"武装的人民"；打碎了旧的官僚机构，代之以由人民普选产生、受人民监督、为人民负责的政权机关；取消了统治者的高薪特权制，实行公社公职人员与普通工人一样的薪金制。马克思指出：公社"是由人民自己当自己的家"；②"公社给共和国奠定了真正民主制度的基础"。③ 恩格斯也说：公社是"新的真正民主的国家政权"。④

无产阶级专政的另一面，就是无产阶级和广大劳动人民对剥削阶级分子和各种破坏分子的专政，这是多数人民群众对少数敌人的专政。巴黎公社在保卫无产阶级的民主制、维护劳动人民利益的同时，也对破坏无产阶级民主和社会秩序的坏人进行了打击和镇压。巴黎公社宣布：我们所建立的秩序，"将是真正的、惟一持久的秩序"，为此，"需要严惩共和国的敌人"，"决不容忍扰乱公共秩序的人逍遥法外，不受惩罚"。巴黎公社确认，"秩序和自由是共和国存在的基础，两者是密不可分的。"⑤ 对这一点，马克思和恩格斯都曾给予充分肯定，但同时也认为巴黎公社对专政的力量运用得不够，镇压敌人不力，这也是巴黎公社最终失败的原因之一。马克思说：这归咎于他们的"仁慈"和过分"诚实的"考虑。⑥ 恩格斯更全面深刻地分析说："获得胜利的政党如果不愿意失去自己努力争得的成果，就必须凭借它以武器对反动派造成的恐惧，来维持自己的统治。要是巴黎公社面对资产者没有运用武装人民这个权威，它能支持哪怕一天吗？反过来说，难道我们没有理由责备公社把这个权威用得太少了吗？"⑦

二 无产阶级专政的形式

无产阶级专政是人类历史上最高最新类型的国家，在内容上同资产阶

---

① 《马克思恩格斯选集》第1卷，人民出版社1995年版，第239页。
② 《马克思恩格斯全集》第17卷，人民出版社1963年版，第565页。
③ 《马克思恩格斯选集》第3卷，人民出版社1995年版，第58页。
④ 同上书，第13页。
⑤ 罗新璋编译：《巴黎公社公告集》，上海人民出版社1978年版，第23、38、46页。
⑥ 《马克思恩格斯选集》第4卷，人民出版社1995年版，第600、601页。
⑦ 同上书，第3卷，人民出版社1995年版，第227页。

级专政的国家和一切剥削阶级专政的国家有本质的不同，在形式上也同这些国家有原则区别。马克思和恩格斯在对各国工人阶级夺取政权的革命斗争进行经验总结的基础上，对无产阶级专政的形式做了科学的预测，无产阶级专政的形式只能是民主共和国，这是他们的基本结论。

政权形式从历史发展到今天，主要是两种：君主制和民主共和制。近代资产阶级国家还有君主立宪制，这是民主共和制的一个变种，是资产阶级同封建阶级妥协的产物。无产阶级取得政权后采取什么形式，马克思和恩格斯起初对这一问题总是持十分谨慎的态度，从运动发展的实际进程去考察，总结实际经验，而不凭空猜测。马克思在1848年论及德国资产阶级革命胜利后应采取何种政治形式时就说过："国家制度的最终确立不能依靠颁布命令的办法，而要在我们即将进行的运动中实现。因此，问题不在于实现这个或那个意见，这种或那种政治思想；问题在于理解发展的进程。"[①]

在1848年2月革命中，法国工人阶级同资产阶级一道建立了民主共和国。巴黎工人称它为"社会共和国"。但他们迅速发现，这个民主共和国不是为自己服务的，它仍然是资产阶级的统治，维护资产阶级对工人阶级的压迫和剥削。工人不堪忍受，举行了大规模的六月起义来推翻资产阶级的统治，遭到了残酷的镇压而失败。这次起义未能实现工人阶级的"社会共和国"的愿望，也提供不出这个"社会共和国"的具体形式，仅有模糊的意向而已。但是马克思从阶级斗争的实际进程中却提出了这样一个伟大思想，即无产阶级不能利用资产阶级的国家机器来达到自己的目的，下一次革命应当打碎这个资产阶级国家机器。

无产阶级将用什么样的政权形式来代替打碎的资产阶级国家机器呢？1871年，巴黎公社诞生了。马克思在总结巴黎公社的经验时指出："巴黎无产阶级在宣布二月革命时所呼喊的'社会共和国'口号，的确是但也仅仅是表现出这样一种模糊的意向，即要求建立一个不但取代阶级的统治的君主制形式、而且取代阶级统治本身的共和国。公社正是这个共和国的毫不含糊的形式。"[②] 马克思还指出：公社这种共和国形式完全不同于资

[①] 《马克思恩格斯全集》第5卷，人民出版社1958年版，第47页。
[②] 《马克思恩格斯选集》第3卷，人民出版社1995年版，第55页。

产阶级共和国的形式。"公社完全是一个具有广泛代表性的政治形式",它消除了一切旧有的政府形式都具有的非常突出的压迫性,用劳动人民的民主制代替资产阶级的官僚集中制,把资产阶级民主变成无产阶级民主,使人民真正享有管理国家的民主权利。所以马克思说:公社的真正秘密就在于:它实质上是工人阶级的政府,是生产者阶级同占有者阶级斗争的产物,是终于发现的可以使劳动在经济上获得解放的政治形式。马克思特别强调后面这一点的重要性。他说:"如果没有最后这个条件,公社体制就没有实现的可能,就是欺人之谈。"① 巴黎公社的经验进一步证实了马克思和恩格斯关于未来无产阶级统治的政治形式应当是民主共和国的思想,而不是用公社这一具体制度来代替、取消民主共和国。后来,恩格斯在《1891年爱尔福特纲领草案批判》中仍然十分强调民主共和国,他说:"如果说有什么是毋庸置疑的,那就是,我们的党和工人阶级只有在民主共和国这种形式下,才能取得统治。民主共和国甚至是无产阶级专政的特殊形式,法国大革命已经证明了这一点。"② 1894年3月6日,恩格斯给拉法格的信又肯定了这一点。他说:"对无产阶级来说,共和国和君主国不同的地方仅仅在于:共和国是无产阶级将来进行统治的现成的政治形式。"③ 巴黎公社既然是未来社会共和国的一定形式,也可以有他种形式、多种形式。所以,马克思发现公社是无产阶级统治的新形式后,并没有否定、取消关于民主共和国的思想。

国家形式除了政权组织形式问题外,还有一个国家结构形式问题。国家结构是指一个国家的整体和部分、中央同地方的关系。马克思和恩格斯一般是主张建立单一制共和国的。在1848年3月德国革命时,马克思和恩格斯就提出建立统一的、不可分割的德意志共和国的要求,马克思称之为"中央集权制"。他说:"在德国,中央集权制和联邦制的斗争就是近代文明和封建主义的斗争。……即使俄罗斯不来敲德国的大门,经济关系本身也会迫使德国采取严格的中央集权制。即使从纯资产阶级的观点看来,德国牢不可破的统一也是摆脱它目前的贫困和创造国家财富的首要条

---

① 《马克思恩格斯选集》第3卷,人民出版社1995年版,第58—59页。
② 同上书,第4卷,人民出版社1995年版,第412页。
③ 同上书,第734页。

件。"① 马克思还多次论证过实现民族的统一国家是资产阶级反对封建制度的产物，也是资本主义经济发展的必然要求。当然，马克思和恩格斯也从各个国家不同的情况出发来对待联邦制和单一制共和国问题，并不是一概排斥联邦制。1891年，恩格斯谈到德国无产阶级只能采取统一而不可分的共和国时，也谈到其他国家的结构形式问题，他说："联邦制共和国一般说来现在还是美国广大地区所必需的，虽然在它的东部已经成为障碍"。② 总之，社会化大生产的发展要求必须打破封建独立王国的壁垒而实现统一的国家。资产阶级需要统一的共和国，社会主义更需要统一的共和国，"生产资料的全国性的集中将成为自由平等的生产者的各联合体所构成的社会的全国性的基础"。③ 恩格斯在1891年讲得更清楚："在我看来，无产阶级只能采取单一而不可分的共和国的形式"。④ 因为单一制共和国比联邦制共和国有更多的自由。由于各个国家的历史情况不同，在形成统一的共和国的过程中有时也可以把联邦制作为一种过渡的形式。所以，马克思和恩格斯一般主张统一的共和国是符合社会经济发展要求的。

第三节 无产阶级专政的历史进程

一 强化无产阶级专政的理念

建立无产阶级专政是人类社会发展的必然历史进程和必经阶段，所以，无产阶级及其政党必须认清这一历史发展的必然要求，树立坚定的无产阶级专政的理念，毫不动摇地争取和实行无产阶级专政。

首先，要认清资本主义国家的本质，破除对资本主义国家的迷信。恩格斯曾针对19世纪后半期资本主义国家的某些变化，着重强调了这一点。在《反杜林论》中，恩格斯已经看到资本主义经济中刚刚出现的趋向于垄断甚至趋向于国家资本主义的现象，指出国家作为资本主义社会的正式代表不得不承担起对生产的领导这种现象，这是马克思在《资本论》中还没有谈到的。然而，恩格斯并没有把国家资本主义的早期现象拿来冒充

---

① 《马克思恩格斯全集》第5卷，人民出版社1958年版，第48页。
② 同上书，第22卷，人民出版社1965年版，第275页。
③ 《马克思恩格斯选集》第3卷，人民出版社1995年版，第130页。
④ 《马克思恩格斯全集》第22卷，人民出版社1965年版，第275页。

社会主义。恩格斯认为,国家垄断资本主义的出现不是资本主义内部出现了"社会主义因素"。资本主义在生产关系方面采取某些"社会化的形式",这是资本主义生产资料私人占有和社会化大生产之间的矛盾进一步尖锐化的必然要求。但国家资本主义不过是资本主义生产关系发展了的形式,它同社会主义公有制是根本不同的。虽然这种国家垄断资本主义为过渡到社会主义提供了最好的条件,一旦无产阶级掌握政权,就能把社会生产的绝大部分掌握在无产阶级国家的手里,建立社会主义公有经济,成为改造社会的强大物质力量。国家垄断资本主义愈发达,夺取政权后过渡到社会主义愈容易,需要的时间愈短。但是,国家垄断资本主义无论距离社会主义多么近,它仍然不是社会主义,它本身不能自然而然地转变成社会主义经济。恩格斯说:"无论转化为股份公司,还是转化为国家财产,都没有消除生产力的资本属性。""现代国家,不管它的形式如何,本质上都是资本主义的机器,资本家的国家,理想的总资本家。它越是把更多的生产力据为己有,就越是成为真正的总资本家,越是剥削更多的公民。工人仍然是雇佣劳动者,无产者。资本主义关系并没有被消灭,反而被推到顶点。但是在顶点上是要发生变革的。生产力归国家所有不是冲突的解决,但是它包含着解决冲突形式上的手段,解决冲突的线索。"[①] 恩格斯一针见血地指出资产阶级国家不过是"真正的总资本家",资本主义发展到国家资本主义,资本关系并没有被消灭。只有通过无产阶级革命,取得国家政权,建立无产阶级专政,把生产资料变成为无产阶级国家的财产,资本主义所固有的矛盾才能得到解决,社会的自发发展才能被自觉的进化过程所代替。

其次,坚决反对各种否定无产阶级专政的谬论。马克思和恩格斯一方面同无政府主义者主张取消一切国家的观点作斗争,一方面又同德国社会民主党害怕无产阶级专政的庸人心理作斗争,坚决地捍卫无产阶级专政学说。他们批判无政府主义要求立即废除国家的观点,指出无产阶级胜利后所遇到的唯一有组织的机器正是国家,但这样的国家必须进行根本的系统的改造才能运用来为无产阶级的统治服务,决不能把无产阶级专政同以往剥削阶级的专政混为一谈,一概加以否定。无政府主义者鼓吹立即废除一

[①] 《马克思恩格斯选集》第3卷,人民出版社1995年版,第629页。

切国家，这是对社会历史发展进程的无知。同时，马克思和恩格斯又批判害怕无产阶级专政的思想。当1891年《哥达纲领批判》公开发表后，德国社会民主党的国会议员卡尔·格里伦贝格尔在国会里回答民族自由党人指责他们提倡"无产阶级专政"时竟说："德国社会民主党按照自己对德国情况的看法制订出它的纲领，因此，在我们看来，根本不存在任何关于革命的无产阶级专政的问题"。考茨基把这一情况报告给恩格斯，并告诉他，现在处处都是和平长入社会主义的概念而不是无产阶级专政的概念，恩格斯正是针对党内的这种思想，又在1891年3月纪念巴黎公社20周年之际，再次公开出版马克思的《法兰西内战》一书，并为之写了一篇"导言"。针对德国党内在国家问题上的右倾机会主义思想，他指出：尽管德意志帝国采取了一些经济和政治上的改良措施，但由此而形成对剥削阶级国家的"迷信"和"崇拜"是不对的。实际上，国家无非是一个阶级镇压另一个阶级的机器，而且在这一点上民主共和国并不亚于君主国。国家再好也不过是在争取阶级统治的斗争中获胜的无产阶级所继承下来的一个祸害；胜利了的无产阶级也将同公社一样，不得不立即尽量除去这个祸害的最坏方面，直到在新的自由的社会条件下成长起来的一代有能力把这全部国家废物抛掉。同时，恩格斯还针对党内那种害怕"无产阶级专政"的庸人心理写道："近来，社会民主党的庸人又是一听到无产阶级专政这个词就吓出一身冷汗。好吧，先生们，你们想知道无产阶级专政是什么样子吗？请看巴黎公社。这就是无产阶级专政。"①

二 指明无产阶级专政的历史过渡性

无产阶级专政是社会发展的必然产物，但无产阶级专政也不是永恒的，而是有其历史过渡性。这一认识，也是马克思主义关于无产阶级专政思想的重要内容。

马克思和恩格斯联系无产阶级专政的历史任务指明了它的过渡性质。在《1848—1850年的法兰西阶级斗争》一文中，马克思提出了"工人阶级专政"这一概念后，继而又进一步指出：革命的社会主义"就是宣布不断革命，就是无产阶级的阶级专政，这种专政是达到消灭一切阶级差

---

① 《马克思恩格斯选集》第3卷，人民出版社1995年版，第13—14页。

别，达到消灭这些差别所由产生的一切生产关系，达到消灭和这些生产关系相适应的一切社会关系，达到改变由这些社会关系产生出来的一切观念的必然的过渡阶段。"① 1852年马克思致魏德迈的信再次强调这个专政不过是达到消灭一切阶级和进入无产阶级社会的过渡。1872年，恩格斯在《论住宅问题》中指出："德国科学社会主义的观点，即无产阶级必须采取政治行动，必须实行无产阶级专政作为达到废除阶级并和阶级一起废除国家的过渡。"②

从这些论述中可以看出，无产阶级专政所肩负的历史任务就是要消灭旧的生产关系，并进而消灭一切阶级，使人类社会过渡到无阶级的共产主义社会。当这一任务还没有彻底完成时，无产阶级专政就有它存在的必然性和必要性；当这一历史任务完全完成后，无产阶级专政便失去其继续存在的意义。所以，无产阶级专政本身也具有历史过渡性，有它存在和发挥作用的特定历史阶段。无产阶级要完成自己的历史使命，必须要建立无产阶级专政，但无产阶级专政本身不是无产阶级革命的目的，而仅仅是消灭阶级、进入无阶级社会的手段。无产阶级不可能死抱着这个"专政"不放。

马克思在《哥达纲领批判》中，肯定了在资本主义社会和共产主义社会之间有一个政治上的过渡时期，这个时期的国家只能是无产阶级的革命专政。这个过渡时期结束后，社会发展进入了共产主义第一阶段，也就是后来人们通常所理解的社会主义社会，还有没有无产阶级专政存在的必要呢？对于这一问题，马克思没有做出明确的回答，他只是说："在共产主义社会中国家制度会发生怎样的变化呢？换句话说，那时有哪些同现在的国家职能相类似的社会职能保留下来呢？这个问题只能科学地回答"。③所谓"科学地回答"，也就是说由以后的社会实践来回答。马克思不打算在还不具备回答这一问题的客观条件的时候，仅凭个人的意志去构想未来社会的国家形态问题，这是唯物主义历史观的表现。否则，就会陷入空想。现在，我们认识到，社会主义社会还要有无产阶级专政，还要坚持无

---

① 《马克思恩格斯选集》第1卷，人民出版社1995年版，第462页。
② 同上书，第3卷，人民出版社1995年版，第199页。
③ 同上书，第314页。

产阶级专政,因为率先进入社会主义社会的国家虽然消灭了剥削阶级,消除了阶级对立、对抗的状态,但还没有完全消灭阶级差别和阶级本身,阶级矛盾和阶级斗争在一定范围内还存在,在国际上还有劳动阶级与剥削阶级之间的对立与斗争,所以无产阶级专政还有存在的必要条件,还要继续发挥无产阶级专政的作用。这是对马克思主义无产阶级专政的历史过渡性思想的继承与发展。

还需要说明的一点是,虽然社会主义社会还需要有无产阶级专政,但它已经不是原来意义上的国家了。这不仅体现在性质的根本改变上,还体现在其职能和方式的改变上,无产阶级专政的暴力镇压职能已开始减弱,而组织经济文化建设的职能大大增强。即便是在一定范围内必不可少的镇压职能,除了依法惩治极少数敌人的破坏活动外,更多的是对各种违法犯罪分子进行改造教育,使他们中的大多数人能改邪归正,重新做人。总之,无产阶级专政的阶级统治和暴力镇压的一面将越来越弱化,这是符合从阶级社会向无阶级社会过渡的历史规律的必然表现,也体现了无产阶级专政的过渡特性。

三 昭示无产阶级专政的最终消亡

马克思和恩格斯不仅指出了无产阶级专政是"政治上的过渡时期",是从国家到非国家的过渡,而且明确指出,无产阶级专政最终将归于消亡。这是关于无产阶级专政的历史过渡性合乎逻辑的进一步推论。

恩格斯曾指出:"马克思和我从1845年起就持有这样的观点:未来无产阶级革命的最终结果之一,将是称为国家的政治组织逐步解体直到最后消失"。"为了达到未来社会革命的这一目的以及其他更重要得多的目的,工人阶级应当首先掌握有组织的国家政权并依靠这个政权镇压资本家阶级的反抗和按新的方式组织社会。"[①] 在《共产党宣言》中,他们又进一步指出:"如果说无产阶级在反对资产阶级的斗争中一定要联合为阶级,如果说它通过革命使自己成为统治阶级,并以统治阶级的资格用暴力消灭旧的生产关系,那么它在消灭这种生产关系的同时,也就消灭了阶级对立的

---

① 《马克思恩格斯选集》第4卷,人民出版社1995年版,第656页。

存在条件，消灭了阶级本身的存在条件，从而消灭了它自己这个阶级的统治。"① 在这里，他们指出了国家消亡的条件和前途，但尚未解决经过哪些必要的步骤才能消亡。当时既没有提出过渡时期，也没有把共产主义划分为两个阶段。在《哥达纲领批判》中，马克思提出了政治上的过渡时期需要无产阶级专政的国家，这种国家是过渡性的，是一种革命的暂时存在的形式，使这一问题进一步明确。1872—1873年，恩格斯在为批判巴枯宁无政府主义而写的《论权威》中，提出了"政治国家"的概念。他说："所有的社会主义者都认为，政治国家以及政治权威将由于未来的社会革命而消失，这就是说，公共职能将失去其政治性质，而变为维护真正社会利益的简单的管理职能。"② 过渡时期的无产阶级专政的国家当然属于政治国家。共产主义第一阶段即社会主义社会则是由"政治国家"向"非政治国家"的转化，直到国家最终消亡。马克思和恩格斯还指出了国家消亡的经济条件和政治条件，经济条件是生产力的高度发展达到足以消灭一切阶级差别；政治条件是不再存在需要镇压的阶级。恩格斯在《反杜林论》中谈到国家消亡的条件时说："无产阶级将取得国家政权，并且首先把生产资料变为国家财产。但是这样一来，它就消灭了作为无产阶级的自身，消灭了一切阶级差别和阶级对立，也消灭了作为国家的国家。""那时，国家政权对社会关系的干预在各个领域中将先后成为多余的事情而自行停止下来。那时，对人的统治将由对物的管理和对生产过程的领导所代替。国家不是被'被废除'的，它是自行消亡的。"③ 后来，恩格斯在《家庭、私有制和国家的起源》中又指出："阶级不可避免地要消失，正如它们从前不可避免地产生一样，随着阶级的消失，国家也不可避免地要消失。在生产者自由平等的联合体的基础上按新方式来组织生产的社会，将把全部国家机器放到它应该去的地方，即放到古陈列馆去，同纺车和青铜斧陈列在一起。"④

马克思和恩格斯没有讲到国家消亡的外部条件，因为他们设想无产阶级革命的胜利是世界性的胜利，并且首先在几个主要资本主义国家同时胜

---

① 《马克思恩格斯选集》第1卷，人民出版社1995年版，第294页。
② 同上书，第3卷，人民出版社1995年版，第227页。
③ 同上书，第3卷，人民出版社1995年版，第630—631页。
④ 同上书，第4卷，人民出版社1995年版，第174页。

利。在那种情况下，革命胜利后的过渡时期和国家存在的时间将是比较短暂的，国家消亡也将比较简单。然而，社会实践的历史进程表明，无产阶级专政国家的消亡是一个相当长的历史时期，决不可以匆忙地宣布国家消亡。

第十章 共产主义社会的科学预见

共产主义是无产阶级奋斗的最终目标，人类最高理想的社会。根据马克思的科学划分，共产主义社会分为低级和高级两个发展阶段，即通常讲的社会主义社会和共产主义社会。经过无产阶级和劳动人民100多年的英勇战斗，社会主义已变成了活生生的现实；而共产主义社会在全世界得到完全实现，还需要经过若干代人的努力奋斗。

第一节 "在批判旧世界中发现新世界"

一 对未来新世界的科学预测

对于如何实现最理想的社会，在人类历史上有许多人进行过孜孜不倦的追求。例如，19世纪初期法国的圣西门、傅立叶，英国的欧文等人，就曾提出过种种未来新社会的方案，其中有很多精彩的论述和光辉的思想。但是，由于他们不理解资本主义的发展规律和无产阶级的伟大历史作用，致使他们的方案都成为不符合实际而难以实现的空想。对于他们的学说，人们称之为空想社会主义。马克思和恩格斯吸收了他们学说中的合理成分，摒弃了不切实际的空想，根据对人类社会特别是资本主义社会发展规律的研究，对人类的理想社会——共产主义做出了科学的预测。早在1843年，马克思就说过："新思潮的优点就恰恰在于我们不想教条式的预料未来，而只是希望在批判旧世界中发现新世界。"[①]

共产主义代替资本主义是人类社会发展的必然趋势。马克思和恩格斯在批判资本主义社会时，对未来社会做了一些大略的设想，认为共产主义

---

① 《马克思恩格斯全集》第1卷，人民出版社1956年版，第416页。

社会是人类历史上最理想的社会制度。共产主义社会是人的本质发展的要求，是与社会生产力的高度发展相联系的，是实现了生产资料公有制，彻底消灭阶级差别，国家自行消亡，以"各尽所能，按需分配"的原则组织有计划的生产，劳动者获得全面发展的社会形态。

马克思和恩格斯在《德意志意识形态》中明确地提出了"共产主义社会"的科学概念，还概括地阐述了未来共产主义社会的某些基本特征。马克思和恩格斯认为，继资本主义社会之后的共产主义社会（他们有时又称社会主义社会），"是以生产力的普遍发展和与此相联系的世界交往为前提的"。[①] 它将没有私有制，没有阶级差别，没有政治国家。19世纪40年代后期，马克思和恩格斯在《共产主义原理》《共产党宣言》等著作中，通过分析资本主义社会基本矛盾的发展趋势，对共产主义社会的基本特征又作了原则的论述，并肯定了空想社会主义者的一些积极主张。50—60年代，马克思致力于政治经济学研究，在《资本论》等著作中，他从资本主义社会的基本特征及其发展趋势上，进一步对未来社会的物质前提、生产、分配以及经济运动的特点提出许多科学预见。70—80年代，社会主义政党在欧美各国纷纷建立，为了帮助各国党制定革命的科学的纲领和正确的路线，马克思和恩格斯在反对形形色色的机会主义斗争中，写了《哥达纲领批判》《反杜林论》等一系列光辉著作，进一步论述了共产主义社会的一般特征，并提出了共产主义社会发展阶段的学说。19世纪90年代，恩格斯在《法德农民问题》中，又进一步阐述了对生产资料私有制进行社会改造的原理。

马克思和恩格斯通过对资本主义生产力、生产关系及其矛盾运动的考察，不仅在资本主义社会内部发现了共产主义社会的物质前提——高度社会化的生产力，而且根据资本主义社会的发展趋势预测了共产主义社会的生产组织和交换组织。在他们看来，由于社会生产力的积极推动，资本主义生产关系必然转化为共产主义生产关系，而在推翻资本主义社会以后，人类社会会更快地、健康地向前发展，其内在动力就是社会生产力、社会生产关系和上层建筑这些基本社会要素的演变。

---

① 《马克思恩格斯选集》第1卷，人民出版社1995年版，第86页。

（一）社会生产力的演进

共产主义社会是先进生产力发展的必然结果，先进生产力发展要求则是一切社会变迁和政治变革的终极原因。马克思指出："随着新生产力的获得，人们改变自己的生产方式，随着生产方式即谋生的方式的改变，人们也就会改变自己的一切社会关系。"[①] 以大机器生产为起点的社会化生产与资本主义私人占有制的矛盾冲突不可调和，先进的社会生产力发展必然要求冲破资本主义的私人占有制度，建立崭新的共产主义社会。

马克思和恩格斯都没有具体说明也不可能说明未来共产主义社会生产力的发展水平究竟是怎样的，但是有一点他们的认识是很清楚的，那就是共产主义要建立在比资本主义生产力水平更高的发展程度上。否则，共产主义就不能实现。恩格斯在《共产主义原理》中就指出："摆脱了私有制压迫的大工业的发展规模将十分宏伟，相形之下，目前的大工业状况将显得非常渺小，正像工场手工业和我们今天的大工业相比一样。工业的这种发展将给社会提供足够的产品以满足所有人的需要。"到那时候，现在的"这种生产就会显得十分不够，还必须大大扩大。"[②] 因此，马克思和恩格斯在《共产党宣言》中又提出要求，无产阶级在建立起自己的政治统治后，还必须"尽可能快地增加生产力的总量"。

（二）社会生产关系的演进

生产资料所有制是整个社会生产关系的基础，它的演变直接制约着向共产主义阶段的过渡。马克思和恩格斯首先就"最先进的国家"变革全部生产方式提出了一些可供采取的措施，包括：（1）剥夺地产，把地租用于国家支出。（2）征收高额累进税。（3）废除继承权。（4）没收一切流亡分子和叛乱分子的财产。（5）通过拥有国家资本和独享垄断权的国家银行，把信贷集中在国家手里。（6）把全部运输业集中在国家手里。（7）按照总的计划增加国家工厂和生产工具，开垦荒地和改良土壤。（8）实行普遍劳动义务制，成立产业军，特别是在农业方面。（9）把农业和工业结合起来，使城乡对立逐步消灭。（10）对所有儿童实行公共的和免

[①] 《马克思恩格斯选集》第1卷，人民出版社1995年版，第142页。
[②] 同上书，第242页。

费的教育。取消现在这种形式的儿童的工厂劳动。把教育同物质生产结合起来。虽然后来马克思和恩格斯又曾指出:"那些革命措施根本没有特别的意义";① 也就是说,不是所有先进的国家都一定这样去做,但这些措施反映了马克思和恩格斯重视向共产主义过渡中必须变革生产关系的思想。

马克思和恩格斯还谈到生产力不发达、个体农民占多数的国家在无产阶级夺取政权以后,应怎样走向共产主义社会的问题,恩格斯说:"在向完全的共产主义经济过渡时,我们必须大规模地采用合作生产作为中间环节,这一点马克思和我从来没有怀疑过"。② 按照马克思和恩格斯的设想,在那些生产力落后的国家,先通过示范和提供社会帮助的办法,使农民的私人生产变为合作社生产,然后再转变为全社会所有的联合生产。这表明,经典作家在分析社会阶段的发展和过渡时,充分考虑到生产力水平不同的国家应采取不同的生产关系改造方式。

分配方式是生产关系的重要方面,马克思在《资本论》第1卷中谈未来社会的分配方式时,明确指出要实行按劳分配,同时指出,按劳分配也不是固定不变的模式。"这种分配的方式会随着社会生产机体本身的特殊方式和随着生产者的相应的历史发展程度而改变"。③ 后来,恩格斯在致康·施米特的一封信中总结当时关于未来社会产品分配的一场辩论时又强调了这一点。恩格斯深刻地指出:"分配方式本质上毕竟要取决于有多少产品可供分配,而这个当然随着生产和社会组织的进步而改变,从而分配方式也应当改变。但是,在所有参加辩论的人看来,'社会主义社会'并不是不断改变,不断进步的东西,而是稳定的、一成不变的东西,所以它应当也有一个一成不变的分配方式。但是,合理的辩论只能是:(1)设法发现将来由以开始的分配方式;(2)尽力找出进一步的发展将循以进行的总趋向。"④ 可见,马克思和恩格斯都认为,分配方式在未来社会不同发展阶段上是不断演进的。

---

① 《马克思恩格斯选集》第1卷,人民出版社1995年版,第249页。
② 《马克思恩格斯全集》第36卷,人民出版社1974年版,第416页。
③ 《马克思恩格斯选集》第1卷,人民出版社1995年版,第293—294页。
④ 《马克思恩格斯全集》第23卷,人民出版社1972年版,第95页。

(三) 上层建筑的演进

在论及未来社会发展问题上,马克思和恩格斯总是纳入上层建筑这一要素予以说明。在《共产党宣言》中他们就指出,随着私有制关系的消灭,宗教的、道德的、哲学的、政治的、法的等一切意识形态的观念等都会随之而改变,这是不需要经过深思就应该明白的道理。同时,他们也指出:当阶级差别在发展进程中已经消失而全部生产集中在联合起来的个人的手里的时候,公共权力就失去政治性质。后来,在《哥达纲领批判》中,马克思和恩格斯进一步表达了这一思想。他们认为在过渡时期结束后,共产主义社会中的国家制度和国家职能都会发生新的变化,并指出对这种变化只能科学地回答。同时认为,共产主义第一阶段,由于是刚刚从资本主义社会中产生出来的,因此它在各方面,在经济、道德和精神方面都还带着它脱胎出来的那个旧社会的痕迹。也就是说,在这些方面,也要进行不断地变革,才能过渡到共产主义高级阶段。

一 预测未来社会的科学方法

马克思和恩格斯对未来社会的预测,是他们运用辩证唯物主义和历史唯物主义原理,考察资本主义社会基本矛盾及其发展趋势所得出的结论。马克思和恩格斯创立的唯物辩证法和唯物史观是马克思主义政治经济学研究的主要方法,也是预见未来社会发展趋势的基本方法。这是一种科学的哲学与科学的经济学相结合的论证。其中哲学论证是一种世界观和方法论的方法,为共产主义理论提供了一个世界观基础和框架。而经济学论证具有实证科学的特点。恩格斯指出:"现代资本主义生产方式所造成的生产力和由它创立的财富分配制度,已经和这种生产方式本身发生激烈的矛盾,而且矛盾达到了这种程度,以至于如果要避免整个现代社会毁灭,就必须使生产方式和分配方式发生一个会消除一切阶级差别的变革。现代社会主义必获胜利的信心,正是基于这个以或多或少清晰的形象和不可抗拒的必然性印入被剥削的无产者的头脑中的、可以感触到的物质事实,而不是基于某一个蛰居书斋的学者的关于正义和非正义的观念。"[1]

马克思和恩格斯以毕生的精力对资本主义社会进行了缜密和深刻的研

---

[1] 《马克思恩格斯选集》第 3 卷,人民出版社 1995 年版,第 500—501 页。

究，但在涉及未来新社会时却十分谨慎，只限于指出新社会最一般的原则和特征。这并不是马克思和恩格斯缺乏预见的能力和水平，而是他们精通历史的辩证法，深知"在将来某个特定的时刻应该做些什么，应该马上做些什么，这当然完全取决于人们将不得不在其中活动的那个既定的历史环境"。① 如果对未来新社会做具体的细节描述，既可能陷入空想而谬误百出，又可能束缚新社会建设者的思维和行动。这显示出马克思和恩格斯预测未来社会与众不同的独特方法。马克思和恩格斯在预测未来社会这个问题上，采取了彻底的辩证唯物主义的立场和严格的科学态度。他们一再声明，"我们不打算把什么最终规律强加给人类"。②

马克思和恩格斯关于未来社会实行生产资料公有制、有计划地组织和调节生产、实行不同于资本主义社会的分配原则等结论，都是从考察资本主义经济运动规律中得出的。马克思和恩格斯对未来社会的预测，最主要的特点是抽象性和一般性。为了进行科学的抽象，他们在考察资本主义经济运动规律时，必然要舍掉那些非资本主义的因素，而以纯粹形态的资本主义为前提；在预测未来社会时，必然要舍掉不同国家的一些具体特点。

马克思和恩格斯运用这种抽象法对于未来共产主义的设想，只能涉及未来社会的最一般特征，而不可能提供出未来社会的具体细节。马克思和恩格斯都认为，对于未来设想得愈是具体，愈可能陷入空想。《资本论》是马克思论述共产主义的主要著作，他在这里也只是考察未来制度所由以成长的现存的要素，而对未来社会本身只是提出了最一般的原则。1886年，英国要出一本《什么是社会主义》的小册子，请恩格斯谈谈社会主义社会的特征。恩格斯说："无论如何应当声明，我所在的党没有提出任何一劳永逸的现成方案。我们对未来非资本主义社会区别于现代社会的特征的看法，是从历史事实和发展过程中得出的确切结论；脱离这些事实和过程，就没有任何理论价值和实际价值。"③ 1893年，恩格斯在回答"你们德国社会党人给自己提出什么样的最终目标"这个问题时，这样指出："关于未来社会组织方面的详细情况的预定看法吗？您在我们这里连它们

---

① 《马克思恩格斯选集》第 4 卷，人民出版社 1995 年版，第 643 页。
② 《马克思恩格斯全集》第 22 卷，人民出版社 1965 年版，第 628—629 页。
③ 同上书，第 36 卷，人民出版社 1974 年版，第 419—420 页。

的影子也找不到。当我们把生产资料转交到整个社会的手里时，我们就会心满意足了。"① 所以，关于未来共产主义，我们可以肯定说那是一种最理想、最美好的制度，至于具体的情形，还是一个未来实践才能回答的问题。

第二节 人类最高理想的社会

根据唯物史观，马克思和恩格斯科学地论证了随着生产力的发展，人类从无阶级社会到有阶级社会再到无阶级社会，从自然经济到商品经济再到产品经济的发展，是合乎规律的历史进程；而且，他们还根据当时欧美的实际情况与历史传统，设想共产主义革命将在英、美、法、德等文明国家"同时发生"。由于有世界上最发达的经济和文化为基础，加上胜利后各国的协调合作，国际上已无严重敌对势力的包围，生产力必将蓬勃发展，新制度必将迅速显示其优越性，与生产不够发达相联系的私人占有、阶级差别、商品经济和政治国家，也必将相继消灭或消亡。这尽管只是共产主义社会的大致轮廓，但它已经向我们表明：共产主义是人类历史上最美好、最进步、最合理的社会制度。

马克思和恩格斯把推翻资本主义社会制度以后建立起来的新的社会制度，即"未来的非资本主义社会"，统称为共产主义社会，这在《共产党宣言》等著作中，都有明确的表述。但马克思和恩格斯也意识到，不可能在资本主义社会之后立即进入成熟的共产主义社会，而会经历一个共产主义社会的低级阶段。1875年，马克思明确把共产主义社会按其成熟的不同程度可分为"第一阶段"和"高级阶段"，并对共产主义社会的两个发展阶段做了科学的论证和具体的说明，揭示了两个发展阶段的区别和联系。

一 共产主义社会的初级阶段

1875年马克思在《哥达纲领批判》中第一次从未来社会中划出一个共产主义社会"第一阶段"。由于它是刚刚从资本主义社会中产生出来

---

① 《马克思恩格斯全集》第22卷，人民出版社1965年版，第628—629页。

的，因此在经济、道德和精神方面都还带着旧社会的痕迹。它除了有和共产主义高级阶段相同的共性，还有不同的特点。至于它和资本主义社会比较，更存在本质的区别。那么，这个阶段的基本特征究竟有哪些呢？

第一，生产资料公有制。

马克思和恩格斯认为，公有制并不是基于某种平等观念而设想的社会制度，而是社会生产力发展到一定高度的必然产物，是社会化大生产所要求的经济关系。解决资本主义社会生产社会化与生产资料私人占有这一基本矛盾，首先就是变私有制为公有制。因此恩格斯说："在实行全部生产资料公有制"的基础上"组织生产"，是未来社会同资本主义社会"具有决定意义的差别"。① 马克思和恩格斯所设想的用公有制代替私有制，并不是要恢复原始的公有制，而是要建立"高级得多、发达得多的共同占有形式"，② 是要"使整个社会直接占有一切生产资料——土地、铁路、矿山、机器等等，让它们供全体和为了全体的利益而共同使用"。③

在共产主义社会第一阶段，究竟采取什么具体形式实现公有制呢？马克思曾设想过合作社的形式。马克思早在《资本论》中就肯定过合作社这种形式。在《法兰西内战》中又谈到"合作制生产"，他指出："如果它要去取代资本主义制度，如果联合起来的合作社按照共同的计划调节全国生产，从而控制全国生产，结束无时不在的无政府状态和周期性的动荡这样一些资本主义生产难以逃脱的劫难，那么，请问诸位先生，这不是共产主义、'可能的'共产主义，又是什么呢？"④ 这里已明确地把合作社这种形式同共产主义新社会联在一起。马克思批判了拉萨尔鼓吹的"依靠国家帮助"建立合作社来实现社会变革的谬论，但马克思并不否定合作社本身。

第二，个人消费品实行按劳分配。

在共产主义社会第一阶段，由于生产力发展水平还不够高，社会产品还不够丰富，旧的社会分工还存在，劳动还是谋生的手段，因此，在消费品的分配上，只能实行"按劳分配"的原则。即"每一个生产者，在作

---

① 《马克思恩格斯全集》第 37 卷，人民出版社 1971 年版，第 443 页。
② 《马克思恩格斯选集》第 3 卷，人民出版社 1995 年版，第 481 页。
③ 同上书，第 4 卷，人民出版社 1995 年版，第 390 页。
④ 《马克思恩格斯选集》第 3 卷，人民出版社 1995 年版，第 60 页。

了各项扣除之后,从社会领回的,正好是他给予社会的。他给予社会的,就是他个人的劳动量。……他以一种形式给予社会的劳动量,又以另一种形式领回来。"① 实行这个原则,是一个巨大的历史进步,每个劳动者的报酬都按同一尺度——劳动来计量,就这一点来说,所有劳动者是平等的,根本改变了资本主义社会中"劳者不获,获者不劳"的极不合理状况。但是,按量分配也有其弊病,每个人都像其他人一样"只是劳动者",都用"同一尺度去计量",从这个意义上说是平等的。但是由于劳动者不同的个人天赋,各个人的工作能力会有不同,分配到手的消费品数量便不一样。即使数量相同,每个劳动者的家庭负担也有不同,在实际生活水平上也会有差别。这是按等量劳动领取等量产品而产生的事实上的不平等,"但是这些弊病,在经过长久阵痛刚刚从资本主义社会产生出来的共产主义社会第一阶段,是不可避免的。权利决不能超出社会的经济结构以及由经济结构制约的社会的文化发展。"②

第三,不再有商品货币关系。

马克思指出:"在一个集体的、以生产资料公有为基础的社会中,生产者不交换自己的产品;用在产品上的劳动,在这里也不表现为这些产品的价值,不表现为这些产品所具有的某种物的属性,因为这时,同资本主义社会相反,个人的劳动不再经过迂回曲折的道路,而是直接作为总劳动的组成部分存在着。"③ 恩格斯在《反杜林论》中,对这一问题作了进一步阐述。他说:"直接的社会生产以及直接的分配排除一切商品交换,因而也排除产品向商品的转化(至少在公社内部)和随之而来的产品价值的转化。"④

还应指出,马克思虽设想在共产主义社会第一阶段无商品货币关系,但他认为仍要利用商品关系的等价交换原则。《资本论》讲到,在未来的"自由人联合体"中,"劳动时间就会起双重作用。劳动时间的社会的有计划的分配,调节着各种劳动职能同各种需要的适当的比例。另一方面劳动时间又是计量生产者在共同劳动中所占个人份额的尺度,因而也是计量

---

① 《马克思恩格斯选集》第3卷,人民出版社1995年版,第304页。
② 同上书,第305页。
③ 同上书,第303页。
④ 同上书,第660页。

生产者在共同产品的个人可消费部分中所占份额的尺度"。① 这就是说,计划生产和按劳分配两方面都要计算劳动时间,利用等价交换原则。《哥达纲领批判》更明确指出,分配消费品时,"这里通行的是调节商品交换(就它是等价的交换而言)的同一原则";② 共产主义第一阶段的生产和分配既然还要利用等价交换原则,也就是在一定程度上还要利用价值规律。因此恩格斯讲到共产主义社会"不需要著名的'价值'插手其间"时,专门加注说明:"在决定生产问题时,上述的对效用和劳动支出的衡量,正是政治经济学的价值概念在共产主义社会中所能余留的全部东西"。③ 可见在没有商品货币的共产主义社会中,等价交换原则和价值规律还会有"余留"的价值。

第四,国家开始消亡。

《哥达纲领批判》在指出从资本主义社会到共产主义社会之间的过渡时期的国家只能是无产阶级的革命专政后,接着说:"这个纲领既不谈无产阶级的革命专政,也不谈未来共产主义社会的国家制度。"④ 未来共产主义社会的国家制度是怎样的?马克思认为,"这个问题只能科学地回答"。

根据马克思的分析,共产主义社会的国家制度既不同于资产阶级国家,也不同于无产阶级的革命专政,但仍然会保留某些同现在的国家职能相类似的"社会职能"。

马克思在《哥达纲领批判》中谈到对社会总产品的扣除时,其中专列一项"同生产没有直接关系的一般管理费用"。⑤ 这说明共产主义社会第一阶段国家制度的社会职能就是一般管理职能,与此相联系就有"同生产没有直接关系"的管理机构和管理人员即国家工作人员。《资本论》讲未来社会的扣除时,其他项目同《哥达纲领批判》一样,但是没有"同生产没有直接关系的一般管理费用"⑥ 这一条。由此可见马克思在

---

① 《马克思恩格斯全集》第 23 卷,人民出版社 1972 年版,第 96 页。
② 《马克思恩格斯选集》第 3 卷,人民出版社 1995 年版,第 304 页。
③ 同上书,第 661 页。
④ 同上书,第 314 页。
⑤ 同上书,第 303 页。
⑥ 《马克思恩格斯全集》第 25 卷,人民出版社 1974 年版,第 990 页。

《哥达纲领批判》中首次设想共产主义社会第一阶段仍有国家制度，便相应地从经济上增加了供国家使用的"一般管理费用"。

马克思谈到"一般管理费用"时说："同现代社会比起来，这一部分一开始就会极为显著地缩减，并随着新社会的发展而日益减少。"[①] 这里的"极为显著地缩减"，反映马克思的"廉价政府"思想，认为未来国家要精兵简政，尽量减轻人民的负担，这是它同资产阶级国家的根本区别。这里的"日益减少"，反映国家是一个消亡过程。

总之，由于社会主义社会实行生产资料公有制和按劳分配制度，消灭了阶级和阶级差别，因此，作为阶级专政工具的国家开始消亡。原来意义上的国家职能发生了根本变化，即"对人的统治将由对物的管理和对生产过程的领导所代替"。[②]

二　共产主义社会的高级阶段

马克思和恩格斯对共产主义社会从理想形态上进行过多种描述。《共产党宣言》中说，共产主义社会是"每个人的自由发展"的"联合体"。《资本论》中说：共产主义是比资本主义"更高级的、以每个人的全面而自由的发展为基本原则的社会形式。"《哥达纲领批判》中更明确详细地说："在共产主义社会高级阶段，在迫使个人奴隶般地服从分工的情形已经消失，从而脑力劳动和体力劳动的对立也随之消失之后；在劳动已经不仅仅是谋生的手段，而且本身成了生活的第一需要之后；在随着个人的全面发展，他们的生产力也增长起来，而集体财富的一切源泉都充分涌流之后，——只有在那个时候，才能完全超出资产阶级权利的狭隘眼界，社会才能在自己的旗帜上写上：各尽所能，按需分配！"[③]

根据马克思和恩格斯的科学预见，共产主义社会的基本特征可以概括为：

第一，生产资料公有、社会生产力高度发展和产品极大丰富。

社会主义和共产主义是同一社会形态在经济上成熟程度不同的两个发

---

① 《马克思恩格斯选集》第3卷，人民出版社1995年版，第303页。
② 同上书，第755页。
③ 同上书，第305—306页。

展阶段。这种成熟阶段的不同，首先表现在共产主义阶段比社会主义阶段具有更高的生产力水平，因而，生产关系的发展程度和社会产品的丰富程度也不同。

生产力的高度发展和社会产品的极大丰富，既是共产主义高级阶段的基本特征，也是由社会主义过渡到共产主义的首要物质条件。

在社会化大生产的基础上，社会全体成员共同占有全部生产资料，共同参加劳动和对生产的管理。按照马克思和恩格斯的设想，联合劳动是共产主义社会（包括两个阶段）劳动者与物质生产条件的结合方式。劳动者在全社会的范围内与物质生产条件直接结合，是联合起来的劳动者，又是物质生产条件的共同占有者。整个社会就是一个经济主体，一个"联合体"。由于全社会实行单一的公有制，社会生产完全可以有计划地控制和调节，劳动者的劳动可以成为直接的社会劳动。

早在《共产主义原理》一文中，恩格斯就指出："由社会全体成员组成的共同联合体来共同地和有计划地利用生产力；把生产发展到能够满足所有人的需要的规模；结束牺牲一些人的利益来满足另一些人的需要的状况。"[①] 这就明确地说明了共产主义社会中，不仅生产资料共同占有和使用，彻底消灭了剥削，是一个真正经济平等的社会，而且生产力发展水平十分高，社会产品极大丰富，能满足所有人的需要。马克思在《资本论》中又说："设想有一个自由人联合体，他们用公共的生产资料进行劳动，并且自觉地把他们许多个人劳动力当作一个社会劳动力来使用。"[②] 在这里，马克思明确地揭示了"自由人联合体"内生产资料的公有性质。接着，马克思指出：在那里，鲁滨逊的劳动的一般规定又重演了，不过不是在个人身上，而是在社会范围内重演。鲁滨逊的一切产品只是他个人的产品，因而直接是他的使用物品。这个联合体的总产品是社会的产品，这些产品的一部分重新用作生产资料。而另一部分则作为生活资料由联合体成员消费。依据马克思在《资本论》中的系列分析，我们可以明确鲁滨逊所处的环境是一个不存在商品和商品生产的环境，他生产的产品只有其个人的使用价值，而没有价值。而未来的"联合体"社会中，鲁滨逊的劳

---

① 《马克思恩格斯选集》第1卷，人民出版社1995年版，第243页。
② 《马克思恩格斯全集》第23卷，人民出版社1972年版，第95页。

动的一般规定又要在社会范围内重演，则意味着产品经济在全社会的范围内代替了商品经济。

共产主义社会生产力水平的高度发展，包含着两个基本内容，一是劳动者科学技术知识水平和生产熟练程度的极大提高，人们的个人才能有了全面的发展。到那时，每个人既可以从事脑力劳动，又可以从事体力劳动，人们奴隶般地服从分工的情形已经消失。二是劳动工具的不断改进。一切生产部门广泛地采用现代化科学技术的最新成就，劳动生产率空前提高。由于这两个方面的提高，产生了以下结果：第一，社会的总劳动提供的产品除了满足社会成员按当时水平对生存资料的需要外，还有大量的剩余，这些剩余能够满足全体社会成员对享受资料，特别是发展资料的需要。第二，整个社会从事物质生产劳动的时间大大缩短，使全体社会成员有充分自由的时间来获得全面教育的机会。第三，全体社会成员的科学文化水平极大地提高，每个成员在德智体方面得到全面发展。只有到那时，人类才能真正成为社会的主人、自然界的主人，自身的主人——自由的主人，从而实现从必然王国到自由王国的飞跃。

第二，实行"各尽所能，按需分配"。

实行"各尽所能，按需分配"的原则，是共产主义经济成熟和人们共产主义思想觉悟极大提高的必然结果和重要标志，也是共产主义社会与社会主义社会的最根本的区别。这个体现人类社会最高理想的共产主义原则，是马克思和恩格斯在1845年批判当时反动的社会主义流派时第一次提出来的。他们说："共产主义的最重要的不同于一切反动的社会主义的原则之一就是下面这个以研究人的本性为基础的实际信念，即人们的头脑和智力的差别，根本不应引起胃和肉体需要的差别；由此可见，'按能力计报酬'这个以我们目前的制度为基础的不正确的原理应当——因为这个原理是仅就狭义的消费而言——变为'按需分配'这样一个原理，换句话说：活动上，劳动上的差别不会引起在占有和消费方面的任何不平等，任何特权。"[①]

所谓"各尽所能，按需分配"，就是社会成员尽自己能力为社会劳动而工作。同社会主义相比，它不仅是有劳动能力的人应履行的义务和

---

① 《马克思恩格斯全集》第3卷，人民出版社1960年版，第637—638页。

一种谋生手段，而且成为社会成员的一种习惯，生活的第一需要。人们的劳动已不再与个人物质利益相联系，不再作为分配劳动成果的尺度。共产主义社会将保证满足每个社会成员的个人消费品的需要，不仅是保证满足衣、食、住、行等方面最基本的生活需要，而且要保证一个具有高度文化教养的，其个性得到全面发展的人的物质和文化生活的一切合理需要。这样，人们在消费方面的任何不平等和特权将彻底消除，劳动成为乐生事业。

各尽所能和各取所需是相互联系、不可分割的。在共产主义社会里，只有当全体社会成员都尽其所能地为社会自觉劳动，而这种劳动都是运用最先进技术装备的、具有很高效率的高质量的劳动，才能创造出极大丰富的社会产品，才能对个人消费品实行各取所需。反过来，只有满足每一个社会成员在物质和文化生活方面的一切合理需要，才能保证他们成为全面发展的共产主义新人，才能使他们尽其所能地、自觉自愿地为公共利益进行没有报酬条件的劳动。从这里可以看出，实行"各尽所能，各取所需"的原则，要求有很高的物质条件和精神条件。

第三，人们思想觉悟极大提高。

共产主义社会将是全体社会成员具有高度的共产主义思想觉悟和道德品质的社会。经过共产主义第一阶段的发展，从资本主义社会脱胎出来所不可避免地带有的道德和精神方面的旧的痕迹已经完全清除。随着共产主义物质基础的建立，"同传统的观念实行最彻底的决裂"已经成为现实。每个人都具有高尚的共产主义觉悟和道德品质。人们处处为公共利益着想，事事服从整体利益，自觉遵守公共秩序和纪律。

共产主义社会人们共产主义觉悟的极大提高，还集中表现在共产主义的劳动态度上。在社会主义社会，劳动还是谋生的手段。到共产主义社会，劳动则成了人们生活的第一需要。这是由于生产力发展水平和人们共产主义思想觉悟提高的必然结果。

第四，消除了旧的社会分工及由此造成的社会差别。

共产主义社会将是彻底消灭了旧的社会分工和三大差别的社会。社会分工是各种社会劳动的划分和独立化。每次社会分工都是生产力发展的结果，而社会分工又促进了生产力的提高和生产的社会化、专业化。但在以生产资料私有制为基础的社会形态中，社会分工带有阶级对抗的性质。在社会主义制度下，已经消除了旧的社会分工的阶级对抗性质，逐步建立有计划的分工和协作。但是，旧的分工的束缚和影响还不能立即消灭，工农之间、城乡之间、脑力劳动和体力劳动之间的差别仍然存在。只有到了共产主义社会，旧的社会分工的痕迹才能最终消灭。

在《共产主义原理》一文中，恩格斯指出："城市和乡村之间的对立也将消失。从事农业和工业的将是同一些人，而不再是两个不同的阶级，单从纯粹物质方面的原因来看，这也是共产主义联合体的必要条件。"在分析了"联合体"内生产力状况之后，恩格斯接着指出："通过消除旧的分工，通过产业教育、变换工种、所有人共同享受大家创造出来的福利，通过城乡的融合，使社会全体成员的才能得到全面的发展。"① 由此可见，"自由人联合体"是不存在城乡差别、工农差别和旧的社会分工的。生产力的发展，为劳动者的自由个性创造了现实基础；充裕的自由时间，使个人可以充分发挥自己的个性和才能，用文化科学技术的最新成就全面武装自己，全体社会成员的教育科学文化水平将极大地提高。那时，每个社会成员都将从旧的社会分工的束缚下彻底解放出来，成为既能从事体力劳动又能从事脑力劳动，既能做这样的工作又能做那样的工作的全面发展的共产主义新人。

第五，成为每个人都能全面而自由发展的联合体。

共产主义社会将是阶级彻底消灭和国家完全消亡的社会。一般说来，从无产阶级国家的产生到完全消亡，中间要经历政治国家、非政治国家两个发展阶段。到了共产主义社会，随着阶级差别的彻底消灭和按需分配代替按劳分配，"国家政权对社会关系的干预在各个领域中将先后成为多余的事情而自行停止下来。那时，对人的统治将由对物的管理和对生产过程的领导所代替"。② 在共产主义社会里，管理共同事务的机构虽然还存在，但它的社会职能已经失去其阶级性质。管理工作人人都可以承担，工作人员也将大为减少。它将是一个没有国家的劳动者自由平等的联合体。

在《德意志意识形态》一书中，马克思和恩格斯就曾指出："只有在

---

① 《马克思恩格斯选集》第1卷，人民出版社1995年版，第243页。
② 同上书，第3卷，人民出版社1995年版，第631页。

共同体中，个人才能获得全面发展其才能的手段，也就是说，只有在共同体中才可能有个人自由。……从前各个人联合而成的虚假的共同体，总是相对于各个人而独立的；由于这种共同体是一个阶级反对另一个阶级的联合，因此对于被统治阶级来说，它不仅是完全虚幻的共同体，而且是新的桎梏。在真正的共同体的条件下，各个人在自己的联合中并通过这种联合获得自己的自由。"① 这可以说是他们关于"自由人联合体"思想的最初表达。随后，他们在一些主要著作中，又多次讲到无产阶级国家消亡之后将由一个新的组织形式"联合体"来代替。最经典的表达当然还是马克思和恩格斯在《共产党宣言》中的那段著名的话语，"代替那存在着阶级和阶级对立的资产阶级旧社会的，将是这样一个联合体，在那里，每个人的自由发展是一切人的自由发展的条件。"②

人的自由而全面发展的思想，在马克思主义整个理论体系中占有极其重要的地位。马克思主义经典作家始终把人的彻底解放和人的自由而全面发展作为共产主义社会取代资本主义旧社会的重要特征和基本标志，作为无产阶级政党伟大的奋斗目标。1894年，意大利社会党人卡内帕请求恩格斯为即将在日内瓦出版的周刊《新纪元》题词，用简短的字句来表述未来的社会主义新纪元的基本思想，以别于但丁曾说的"一些人统治，另一些人受苦难"的旧纪元。恩格斯回信说："要用几句话来概括未来新时代的精神，而又不堕入空想主义或者不流于空泛辞藻，几乎是不可能的"。但是，恩格斯毕竟还是做了。他说："除了《共产党宣言》中的下面这句话，我再也找不出合适的了：'代替那存在阶级和阶级对立的资产阶级旧社会的，将是这样一个联合体，在那里，每个人的自由发展是一切人的自由发展的条件。'"③ 这足以说明，实现人的自由而全面的发展，始终是马克思主义最基本的价值取向和最崇高的目标，是共产主义新社会的最重要的特征和最基本的标志。

可见，社会主义和共产主义是共产主义社会形态发展过程中相互联系又相互区别的两个不同的阶段。社会主义是共产主义的必要准备；共产主

---

① 《马克思恩格斯选集》第1卷，人民出版社1995年版，第119页。
② 同上书，第294页。
③ 同上书，第4卷，人民出版社1995年版，第730—731页。

义是社会主义社会发展的必然趋势。

第三节 为共产主义事业而努力奋斗

一 从必然王国到自由王国的飞跃

实现共产主义的过程，是人类社会不断从必然王国向自由王国迈进的过程。必然王国和自由王国作为社会历史范畴，表明人类对社会发展规律把握的程度，是人类发展的两种历史状态，它们之间既是相互联系的，又是相互对立的。必然王国，是指人们受盲目必然性的支配，特别是受到自己所创造的社会关系奴役的社会状态。自由王国，是指人们摆脱了盲目必然性的奴役，成为自己社会关系的主人，从而也成为自然界的主人的社会状态。必然王国和自由王国的对立是相对的。以往的社会进步和人类在历史上争取到的某种程度的解放，包含着向自由王国前进的因素，但总的说来，人类仍处在必然王国中。

随着社会主义建设的发展，共产主义社会的到来，人类将完成从必然王国向自由王国的飞跃。恩格斯曾指出："一旦社会占有了生产资料，商品生产就将被消除，而产品对生产者的统治也将随之消除。……人们第一次成为自然界自觉的和真正的主人，因为他们已经成为自己的社会结合的主人了。人们自己的社会行动的规律，这些直到现在都如同异己的、统治着人们的自然规律一样而与人们相对立的规律，那时就将被人们熟练地运用起来，因而将服从他们的统治。人们自己的社会结合一直是作为自然界和历史强加于他们东西而同他们相对的，现在则变成他们自己的自由行动了。一直统治着历史的客观的异己的力量，现在处于人们自己的控制之下了。只是从这时起，人们才完全自觉地自己创造自己的历史；只是从这时起，由人们使之起作用的社会原因才在主要方面和日益增长的程度上达到他们所预期的结果。这是人类从必然王国进入自由王国的飞跃。"[①]

由必然王国进入自由王国的飞跃，决不是自发地实现的，需要人们为之积极争取和努力奋斗。社会实践是人类的必然王国通过自由王国的根本途径。无产阶级进行社会主义革命，推翻资本主义制度，代之以无产阶级

---

① 《马克思恩格斯全集》第 2 卷，人民出版社 1957 年版，第 323 页。

专政类型的国家政权和生产资料的社会主义公有制，标志着人类从必然王国向自由王国飞跃的开端。社会主义制度的建立，只是这种历史性飞跃的真正起点，在前进的道路上，仍然会遇到新的必然的王国，由于这样那样的原因，违背社会发展规律的事情仍会继续发生。人类只能逐步地由必然王国向自由王国迈进。社会主义打开了通向自由王国的大门，而自由王国的大厦却要人们一砖一瓦地去建造起来。所以，从必然王国进入自由王国，并不是轻而易举的事，而是一个十分艰巨的历史任务，需要经历一个漫长的历史过程。

在人类历史发展的长河中，每一次社会形态的变革和飞跃，无不都要经历一个长期的曲折反复的斗争过程。人类将进入一个新的社会形态，也都要经过一个由不成熟到逐步成熟的艰难的发展完善过程。封建社会代替奴隶社会是这样，资本主义社会代替封建社会也是如此。以资本主义制度的确立为例，英国的资产阶级革命开始于 1640 年，但是，在战胜国王以后，接着就出现了 1660 年的旧王朝复辟，二直到 1689 年"光荣革命"成功，才使资产阶级的政治统治在英国基本确立下来，其间经历了约半个世纪的过程。此后，又不断地进行政治改革运动，英国的资本主义制度才得以完善和巩固。法国资产阶级革命从 1789 年爆发，到 1875 年第三共和国成立，经历了整整 86 年的时间，中间交织着革命与反革命、复辟与反复辟、共和与帝制、内战与外战、征服外国和投降外国等曲折复杂的事变，几经动荡，资产阶级政权才在法国稳定了局面。就整个资本主义制度来看，从创建到最终确立，大约经历了二三百年的时间。如果从资本主义生产关系在西欧封建社会末期萌芽算起，到资本主义制度在世界上占统治地位，则经历了五六百年之久。资本主义制度的建立是用一种剥削制度代替另一种剥削制度，尚且如此；社会主义制度的建立是用公有制代替私有制、彻底消灭一切剥削制度的社会大变革，这比以往任何社会变革都深刻得多，它遭遇的困难、波折会更多、更严峻，在全世界获胜的时间也会更长。马克思曾指出："无产阶级革命，例如 19 世纪的革命，则经常自己批判自己，往往在前进中停下脚步，返回到仿佛已经完成的事情上去以便重新开始把这些事情再做一遍"。[①] 他还说："过时的东西总是力图在新生

---

① 《马克思恩格斯选集》第 1 卷，人民出版社 1995 年版，第 588 页。

的形式中得到恢复和巩固。"① 可见，社会主义制度的建立不可能是一帆风顺的，一蹴而就的。

社会主义制度的创立不容易，而创立以后，要在自身基础上发展起来，完成向共产主义社会的过渡则更艰巨。无产阶级建立自己的政治统治，只是万里长征走完了第一步，更重要更困难的任务是利用自己的政治统治，大力发展社会生产力，创造出比资本主义更高的劳动生产率，发展社会主义民主政治，大力推进教育科学文化事业，为彻底消灭阶级和阶级差别，进入共产主义社会创造条件。这是人类发展史上最伟大、最艰巨的事业，是前无古人的伟大创举。完成这一事业，必然是一个包含若干发展阶段的漫长的历史过程，并且不会是平坦的，会出现这样那样的失误，会遭受各种各样的挫折。但是，只要世界人民坚定信念，开拓创新，勇往直前，就一定能战胜各种艰难险阻，完成从必然王国进入自由王国的飞跃，胜利地到达共产主义的彼岸。

二 树立不畏艰难、努力奋进的精神

马克思和恩格斯不仅创立了科学社会主义理论，为人类指明了实现共产主义的伟大奋斗目标，而且是伟大的实践者。他们积极投身于国际无产阶级的革命运动，为之奉献了自己的毕生心血。马克思和恩格斯不仅为人们留下了科学社会主义的真理，而且也留下了为真理而奋斗、而献身的崇高精神。

第一，为人类幸福而奋斗的志向。

马克思在中学时代就确定了为人类幸福而工作的人生观和幸福观。1835年他中学毕业时写的《青年在选择职业时的考虑》一文，这样说道："人们只有为同时代人的完美、为他们的幸福而工作，才能使自己达到完美"。"历史承认那些为共同目标劳动而自己变得高尚的人是伟大的人物；经验赞美那些为大多数人带来幸福的人是最幸福的人；宗教本身也教诲我们，人人敬仰的理想人物，就曾为人类牺牲了自己"。"如果我们选择了最能为人类福利而劳动的职业，那么，重担就不能把我们压倒，因为这是为大家而献身；那时我们所感到的就不是可怜的、有限的、自私的乐趣，

---

① 《马克思恩格斯选集》第1卷，人民出版社1995年版，第602页。

我们的幸福将属于千百万人，我们的事业将默默地，但是永恒发挥作用地存在下去"。① 马克思非常喜欢希腊神话中的普罗米修斯。在他1841年写的博士论文中，他赞美了普罗米修斯敢于反抗一切神灵、造福于人类的优秀品质。他认为进步的哲学就是应该像普罗米修斯那样，"宁肯被缚住在崖石上，也不愿作宙斯的忠顺奴仆"。要冲破各种束缚，传播真理的火种，给人类带来温暖和幸福。可见，马克思青年时代就已经把为人类幸福和进步而工作当做自己的奋斗指针，而且在以后艰难的战斗岁月里，他始终实践着这一人生价值追求。恩格斯亦是如此。

第二，坚定的共产主义信念。

马克思和恩格斯经过考察人类社会发展的规律，提示资本主义社会的基本矛盾，总结国际工人运动的斗争经验，展望人类解放的光辉前景，形成了他们科学共产主义的理论，阐明了共产主义作为高于资本主义社会的更美好的社会制度一定能实现。这不是基于良好的主观愿望的空想，而是建立在严密的科学论证基础上的合理预测。

马克思和恩格斯通常是在三种情况下论及未来共产主义社会的。一是在揭露资本主义社会矛盾运动的规律中，在同资本主义制度进行对比分析中，指明历史发展的必然趋势和必然结果。二是总结无产阶级的实践经验，制定国际无产阶级解放运动的纲领时，提出各国无产阶级所要达到的总目标。三是在评价空想社会主义和批判其他各种错误的社会主义思潮的时候，论证共产主义新社会的性质和一般特征。通过这三种情况的阐述，我们可以看出：一方面，表明马克思和恩格斯阐述的共产主义不是凭空猜测的乌托邦，而是根据人类社会发展规律提示的一种必然趋向；另一方面，表明了马克思和恩格斯对未来共产主义具有真诚的向往和必胜的信念。他们毕生都在不断深化对共产主义理论的研究，都在为宣传共产主义理论而鼓与呼，都在为实现这一理想而积极工作。

在马克思逝世后，恩格斯沉痛地指出：人类失去了一个最重要的头脑，各国无产阶级在紧要关头"请教的中心没有了"；但他仍然坚定地认为："最后的胜利仍然是确定无疑的，但是迂回曲折的道路，暂时的和局部的迷误——虽然这也是难免的——，现在将会比以前多得多了。不过我

---

① 《马克思恩格斯全集》第40卷，人民出版社1982年版，第7页。

们一定要克服这些障碍，否则，我们还活着干什么呢？我们决不会因此丧失勇气。"①

第三，不屈不挠的革命斗志。

马克思和恩格斯不仅是伟大的思想家、理论家，而且是杰出的无产阶级革命家，是无产阶级解放斗争的英勇战士。他们早就指出："共产主义对我们来说不是应当确立的状况，不是现实应当与之相适应的理想。我们所称为共产主义的是那种消灭现存状况的现实的运动。"② 所以，他们从开始创立科学社会主义理论时，就积极地投身到火热的无产阶级解放斗争中去，始终站在国际工人运动的潮头，发挥着一个导师、领袖和战士的作用。恩格斯在马克思去世后，在他墓前发表讲话指出："马克思首先是一个革命家。他毕生的真正使命，就是以这种或那种方式参加推翻资本主义社会及其所建立的国家设施的事业，参加现代无产阶级的解放事业，……斗争是他的生命要素。很少有人像他那样满腔热情、坚忍不拔和卓有成效地进行斗争。"③

马克思和恩格斯始终怀着高昂的革命斗志，什么政治迫害、生活困苦、斗争挫折等都不能使他们颓丧。1848年欧洲革命失败后，马克思和恩格斯没有动摇革命的意志，他们一方面认真总结革命的经验教训，根据情况变化调整斗争策略，一方面又发出庄严的号召：无产阶级的"战斗口号应该是：不断革命。"④ 巴黎公社失败后，马克思及时指出："公社的原则是永存的，是消灭不了的；在工人阶级得到解放以前，这些原则将一再表现出来。"⑤ 胜不骄，败不馁，不屈不挠，勇往直前，生命不息，战斗不止，这就是体现在马克思和恩格斯身上的坚强的革命精神。

第四，勇攀科学高峰的精神。

作为科学社会主义的创始人，马克思和恩格斯孜孜不倦地进行学习、钻研，敢于向一切权威理论质疑、挑战，也不断地刷新自己的认识，努力探索科学的奥秘，勇攀科学的高峰。恩格斯评价马克思说："马克思在他

---

① 《马克思恩格斯全集》第35卷，人民出版社1971年版，第460页。
② 《马克思恩格斯选集》第1卷，人民出版社1995年版，第87页。
③ 同上书，第3卷，人民出版社1995年版，第777页。
④ 《马克思恩格斯选集》第1卷，人民出版社1995年版，第375页。
⑤ 《马克思恩格斯全集》第17卷，人民出版社1963年版，第677页。

所研究的每一个领域……都有独到的发现,这样的领域是很多的,而且其中任何一个领域他都不是浅尝辄止。""在马克思看来,科学是一种在历史上起推动作用的、革命的力量。任何一门理论科学中的每一个发现——它的实际应用也许还根本无法预见——都使马克思感到衷心喜悦。"①

在进行科学研究的过程中,马克思克服了极度艰辛的生活困难,有时是忍着病魔的折磨坚持研究写作。为了《资本论》的写作,马克思几乎每天都到大英博物馆去查找资料,进行研究,风雨无阻。马克思经常写作到深夜,这严重地损害了他的健康。1867年4月,他曾经给一位朋友写信说:"我一直在坟墓的边缘徘徊。因此,我不得不利用我还能工作的每时每刻来完成我的著作,为了它,我已经牺牲了我的健康、幸福和家庭。"② 对这部著作的写作,恩格斯曾评述说:"马克思在公布他的经济学方面的伟大发现以前,是以多么无比认真的态度,以多么严格的自我批评的精神,使他的论述很少能够在形式和内容上都适应他的由于不断进行新的研究而日益扩大的眼界。"③ 马克思晚年为了研究东方社会向社会主义的发展问题,还专门学习了俄语。恩格斯晚年为了进一步发展唯物辩证法,又转向对19世纪中叶诸多自然科学的最重要成就进行研究,写作了《自然辩证法》。马克思和恩格斯不愧为在科学研究的征途上不断开拓进取的光辉楷模。

---

① 《马克思恩格斯选集》第4卷,人民出版社1995年版,第776—777页。
② 《马克思恩格斯全集》第31卷,人民出版社1972年版,第543页。
③ 《马克思恩格斯全集》第24卷,人民出版社1972年版,第42页。

下 篇

19 世纪的国际共产主义运动

第十一章　共产主义者同盟

1847年6月，共产主义者同盟在伦敦诞生。共产主义者同盟是世界上第一个无产阶级政党组织，是马克思主义与欧洲工人运动初步相结合的产物，它的建立标志着国际共产主义运动的兴起。共产主义者同盟建立不久，就发生了震撼世界的1848年欧洲革命。同盟积极参加了革命，做出了英勇的贡献。革命结束后，同盟遭受了统治阶级的镇压和摧残，力量受到了严重削弱，经过了一段恢复和调整后，被迫解散。同盟在其存在的短短5年时间里，在欧洲各国传播了马克思主义理论，组织了工人阶级的斗争，积极参加了欧洲的革命运动，为无产阶级政党的建立和发展积累了有益经验。同盟在国际共产主义运动史的历史功绩是重大的，地位是重要的。

第一节　对正义者同盟的改造

一　正义者同盟的状况

马克思和恩格斯在创立科学社会主义理论的同时，也非常注重将这一理论同欧洲各国工人运动相结合，致力于创建真正无产阶级的革命政党，以领导各国工人运动健康地发展。当时，在许多国家已建立起一些工人阶级的政党性组织。如英国的宪章协会、法国的四季社、德国的正义者同盟等。这些组织为工人阶级的利益开展了积极的斗争，但是，它们还受着资产阶级或小资产阶级社会主义思潮的影响，组织涣散，带有宗派性和密谋性，不能真正发挥一个无产阶级先进政党的作用。马克思和恩格斯认为，要建立一个先进的无产阶级革命政党，就要加强与这些已有的工人政党性组织的联系，在此基础上进行创建。在当时各国的工人政党性组织中，德国工人的正义者同盟是较好的一个。所以，马克思和恩格斯主要做争取和教育、改造正义者同盟的工作。

正义者同盟是德国工人阶级的第一个独立的政党性组织，它的前身是流亡者同盟。在19世纪30年代中期以前，德国流亡者就在国外建立了各种政治性的团体，主要的是1834年先后在瑞士和巴黎建立的"青年德意志"和"流亡者同盟"。1836年，这两个组织中的无产者派在巴黎创建了新的组织——正义者同盟。正义者同盟的主要领导人有卡尔·沙佩尔、亨利希·鲍威尔和约瑟夫·莫尔等人。同盟的基层组织为支部，每个支部由5—10人组成，几个支部组成为区部，全同盟由人民会所或人民院领导。这个组织是半宣传、半密谋性质的团体，带有神秘主义、宗派主义和密谋的色彩，先后接受了魏特林的平均共产主义、布朗基的空想社会主义、"真正的社会主义"等社会主义思潮的影响。同盟的宣言指出："我们希望世界上的一切人都是自由的。希望无论什么人生活得都一样：不比别人好，也不比别人坏，希望大家共同承受社会的重负、苦难、欢乐、喜悦……为此目的，我们建立了自己的同盟。"①

1839年5月12日，同盟的一些成员在巴黎参加了由布朗基领导的"四季社"发动的密谋起义，以失败告终。起义被镇压后，同盟的组织遭到了破坏，大多数盟员被逐出了巴黎。同盟的领导人，有的仍留在巴黎，魏特林移居瑞士，卡尔·沙佩尔、亨利希·鲍威尔等被捕出狱后去了伦敦。从1840年起，正义者同盟的活动中心从巴黎移到了伦敦。此后，同盟的组织获得了壮大，参加者除了德国人外，还有荷兰人、斯堪的纳维亚人、匈牙利人、捷克人、斯拉夫人和俄国人。同盟成员的思想状况也发生了一些变化，对布朗基主义的信仰大大下降，对卡贝的空想社会主义的信仰有所增长，魏特林的空想社会主义的影响仍占统治地位。1846年秋天，同盟中央从巴黎迁到了伦敦，由卡尔·沙佩尔、亨利希·鲍威尔和约瑟夫·莫尔等人组成新的中央。由于客观形势的变化和欧洲工人运动的蓬勃发展，制定同盟的纲领又重新提上了日程。在1845年2月至1846年1月间，在同盟中展开了关于纲领问题的讨论。在这段时间里，同盟内部思想

---

① 何宝骥、李应柴：《国际共产主义运动历史长编》（第1卷），吉林人民出版社1987年版，第105页。

分歧和斗争激烈复杂，空想社会主义思潮影响很大，主要是魏特林主义和"真正的社会主义"。这些思潮的存在，严重妨碍同盟思想上的统一和组织上的发展，说明同盟还不是无产阶级的社会主义政党组织。

威廉·魏特林（1808—1871年），出身裁缝工人家庭，早年在德国从事共产主义理论宣传，流亡巴黎时参与创立了正义者同盟，为同盟的建立与发展作出过贡献。他的思想倾向在总体上属于空想社会主义，反映了不成熟的无产阶级和手工业者的理想追求。1838年底，魏特林为同盟起草了《现实的人类和理想的人类》这一纲领性文件，标志着他的平均共产主义理论的诞生。1842年12月，他在瑞士出版了《和谐与自由的保障》，系统阐述了他的空想社会主义理想，成为他的代表作。在该书中，魏特林尖锐批判了资本主义制度，认为私有制是万恶之源，是一切社会不平等的根源，只有消灭私有制才能解放无产阶级和贫苦穷人。他还认识到，统治阶级是不会自动放弃私有制的，只有通过无产阶级的革命斗争，才能消灭私有制，实现社会平等和自由。并且，他对于无产阶级的历史使命具有一定的认识。在他所设想的"和谐与自由的社会"里，没有剥削、压迫，没有私有制，财产共有、共享，人人劳动，人人平等。他的这些思想对于启发工人阶级的政治觉悟起了积极作用。马克思开始对魏特林评价很高，把他的《和谐与自由的保障》一书称为是德国工人史无前例的光辉灿烂的处女作。但是，魏特林的历史观不是唯物主义的，他不懂得社会发展规律，认识不清资本主义的本质和发展趋势，不真正理解无产阶级的历史地位和伟大使命。因此，他不能给无产阶级的解放事业指明正确的出路。他反对依靠现代无产阶级政党和无产阶级有组织的斗争实现变革旧社会的目的，而是依靠社会上的流氓无产者的盲目暴动去实现他的宏伟计划。他还把希望寄托在进行共产主义移民区的实验、争取有善心的有产者同情和支持上。1843年2月，他提出了一个荒谬的计划，主张由2万—4万智勇双全的好汉组成一支义勇军，进行一场消灭私有财产、实现社会平等的游击战争。同年5月，他又写了《一个贫苦罪人的福音》一书，给自己的共产主义理想涂上了宗教的色彩，把共产主义的实现归结为原始基督教，把他本人说成是第二个救世主。魏特林的上述思想是不切实际的空想，背离了社会发展规律，在当时德国工人运动中造成很坏影响，是推动工人运动前进的阻力。

在共产主义者同盟内部，另一种有影响的错误思潮是"真正的社会主义"。这是19世纪中期在德国工人阶级中产生的一种小资产阶级社会思潮，代表人物是卡尔·格律恩（1817—1887年）、海尔曼·克利盖（1820—1850年）等人。它把德国费尔巴哈的人本主义哲学和法国空想社会主义的某些社会理想结合起来，宣扬社会主义是人的本质的实现，是"爱"的哲学。"真正的社会主义"者大肆鼓吹超阶级的人道、人性，既害怕资本主义的发展，又害怕阶级斗争和无产阶级革命，主张通过和平的方式建立一个符合人的本质、充满爱的自由人共同体。他们所宣传的这种思潮，实质上是反映了贫困、破落的小生产者的利益和愿望，是资本主义有了一定发展但发展还不充分条件下的产物。

在正义者同盟内部，沙佩尔、鲍威尔和莫尔等领导人在斗争实践中逐渐意识到魏特林主义和"真正的社会主义"的缺陷，开始怀疑这些思潮的指导意义。在1845年关于同盟纲领问题的争论中，他们反对了魏特林提出用密谋手段实现共产主义的错误主张，认为共产主义不是随意就可以建立起来的，它的实现需要一个自然的历史过程，具有社会经济的规律，不能轻举妄动。在实现共产主义的手段和道路问题上，他们认为必须经过无产阶级的革命斗争，夺取政权，才能改变无产阶级的历史地位。经过纲领问题的讨论，正义者同盟的主要领导人提高了思想认识，开始转向接受马克思主义科学理论的指导，为建立一个真正的无产阶级政党准备了必要的条件。

二 改造正义者同盟的斗争

马克思和恩格斯认为，要争取和改造正义者同盟这样的工人政党性组织，以此为基础建立一个真正的无产阶级政党，必须首先批判各种小资产阶级社会主义思潮，使正义者同盟脱离其影响，用科学社会主义理论武装各国工人队伍。为此，他们认为迫切需要建立一个研究和宣传革命理论的组织。在马克思和恩格斯的积极努力下，1846年初"共产主义通讯委员会"在比利时首部布鲁塞尔成立。当时确定的这个国际性组织的主要目的是，使各国家的社会主义者建立起一种经常性的联系，了解各国工人运动的发展情况，宣传科学社会主义理论，批判各种错误思潮，为建立国际性无产阶级政党打下思想基础和组织基础。参加这个组织的多半是一些具有社会主义思想的知识分子和进步的民主人士，比如威廉·沃尔弗、约瑟夫·魏德迈、斐迪南·沃尔弗、格奥尔格·维尔特等人。马克思和恩格斯和比利时的社会主义者菲力浦·日果被选为领导核心。共产主义通讯委员会的创建是马克思和恩格斯建立无产阶级先进政党的准备步骤。

马克思和恩格斯首先开展了反对魏特林主义的斗争。自1844年起，魏特林与马克思建立了通讯联系。次年，他应邀到布鲁塞尔与马克思和恩格斯见了面，并参加了共产主义通讯委员会。由于魏特林在工人运动中有较大的威信，起初马克思和恩格斯对他抱有很大的希望，尽力帮助他克服空想社会主义思想，掌握科学共产主义，在工人运动中发挥积极作用。可是，魏特林自以为是，听不进别人劝解，以救世主的姿态出现，仿佛他口袋里装着能在地上建成天堂的现成药方，并且觉得每个人都在打算窃取他的这副药方。这样，在马克思主义和魏特林主义之间不可避免会发生尖锐的对立。在1846年3月布鲁塞尔共产主义通讯委员会会议上，双方就德国革命的理论和策略问题展开了激烈争论。会议一开始，恩格斯在开幕词中提出要制定团结无产阶级进行斗争的共同纲领，接着马克思指责了魏特林的共产主义宣传不符合德国的实际。他们认为，德国当前的革命只能是资产阶级性质的民主革命，无产阶级必须制定出正确的参加民主革命的理论和策略，并且批评了魏特林的"手工业共产主义"、"哲学共产主义"思想。魏特林却坚持认为即将到来的德国革命是共产主义革命，这个革命所需要的只是勇气和热情，而不需要科学的理论和政策。他还宣称对于讨论理论问题不感兴趣，并且讥笑马克思和恩格斯的理论是闭门造车，是对共产主义的背叛。马克思和恩格斯针锋相对地批判了魏特林的错误，指出一个组织如果不能给工人阶级以严格的科学思想和学说，那就同传教士所玩弄的空洞而无耻的把戏没有什么区别；那种不给民众以任何可靠的、深思熟虑的行动依据而只是激发民众的做法，完全是对民众的欺骗，只能把他们引向毁灭。魏特林和马克思、恩格斯的斗争是根本的理论和政策斗争，反映的是小资产阶级空想主义与科学社会主义之间的对立，最后导致了马克思和恩格斯与魏特林的完全决裂。在这场斗争中，马克思和恩格斯的正确原则和立场得到了各国工人群众和组织的支持，赢得了初步的胜利。

在同魏特林主义斗争的同时，马克思和恩格斯还进行了反对以格律恩、克利盖为代表的"真正的社会主义"的斗争。从1844年"真正的社会主义"开始流行起，马克思和恩格斯就十分重视对它的批判。1845年秋天以后，马克思和恩格斯就在《德意志意识形态》等著作中对它进行了理论批判，指出了它的危害性。接着，他们又在共产主义通讯委员会内部对它进行了斗争。马克思和恩格斯对于"真正的社会主义"的批判主要是对它的代表人物克利盖和格律恩的斗争。克利盖原是德国威斯特伐利亚大学的学生，后当过记者，1844年成为"真正的社会主义者"。1845年他在去美国的途中认识了马克思和恩格斯，并与正义者同盟建立了联系。他在美国以同盟特使的身份参加土地改革派的活动。1846年初，他创办并主编《人民论坛报》，以德国共产主义者的代表自居，大肆宣扬"真正的社会主义"。他把共产主义描绘成一种"爱的宗教"，鼓吹如果在北美拿出一些土地，无偿分给贫困者，就可以建立起"充满天国的爱的村镇"；"用爱把一切人团结起来"，共产主义就可以实现了。他的这些言论不仅是荒谬的，而且在工人阶级中造成思想上的混乱，影响很坏。为了批判克利盖的错误，以正确的理论武装工人运动，1846年5月11日，布鲁塞尔共产主义通讯委员会召开会议，讨论和批评他的活动。会议通过了由马克思和恩格斯起草的《反克利盖通告》。《通告》揭露了他的"爱的共产主义"的实质，明确指出，克利盖在美国宣扬的不是共产主义，反而"大大地损害了共产主义政党在欧洲以及在美洲的声誉"；他"所鼓吹的那些荒诞的伤感主义的梦呓，如果被工人接受，就会使他们的意志颓废"。[①]《通告》批判了克利盖混淆争取平分土地的民主斗争与共产主义革命的界限的错误，阐述了共产主义者对民主运动应该采取的正确态度。《通告》还以较大的篇幅分析了克利盖学说的小资产阶级的实质及其危害。在会上，只有魏特林等少数人反对《通告》的精神，支持克利盖的观点，被开除出了布鲁塞尔共产主义通讯委员会。该《通告》分发给了各地的共产主义通讯委员会成员，使"真正的社会主义"遭到了沉重的打击。

马克思和恩格斯反对魏特林和克利盖的斗争在国际工人运动中产生了积极的反响。1846年5月，正义者同盟在巴黎和伦敦的领导人给马克思

[①]《马克思恩格斯全集》第4卷，人民出版社1958年版，第3页。

和恩格斯写信,表示支持他们与魏特林和克利盖决裂。伦敦同盟领导人在信中还提出召开共产主义者代表大会的建议,希望能够通过"心平气和的讨论","制订一个大家所必须遵循的计划"。① 马克思和恩格斯接受了他们的建议,并给他们回信,倡议他们在伦敦建立共产主义通讯委员会。同年5月底至6月初,伦敦共产主义通讯委员会宣告成立,作为布鲁塞尔共产主义通讯委员会的分支机构进行活动。这样,布鲁塞尔共产主义通讯委员会与正义者同盟已经开始了组织上的融合,马克思主义在工人运动中的指导地位不断提高。

这时,"真正的社会主义"在正义者同盟巴黎支部中还有很大的影响,格律恩同蒲鲁东主义者结合在一起,危害很大。为了同格律恩进行面对面的直接斗争,肃清他在法国工人运动中的影响,以正确理论指导巴黎正义者同盟的工作,并筹建巴黎共产主义通讯委员会,1846年8月恩格斯受布鲁塞尔共产主义通讯委员会的委托,前往巴黎进行工作。在巴黎,恩格斯详细了解正义者同盟巴黎支部的情况,向盟员说明什么是社会主义、共产主义,深刻揭露格律恩的"真正的社会主义"和蒲鲁东主义的危害。在几次进步工人积极分子集会上,恩格斯尽力阐明无产阶级实现解放的正确目标和途径。恩格斯通过召开多次讨论会等形式,与正义者同盟巴黎支部讨论和批判格律恩"真正的社会主义"的错误。在讨论中,恩格斯对共产主义者的宗旨作了这样的概括:"(1)实现同资产者利益相反的无产者的利益;(2)用消灭私有制而代之以财产公有的手段来实现这一点;(3)除了进行暴力的民主的革命以外,不承认有实现这些目的的其他手段。"② 经过激烈的争论,恩格斯说服了与会的多数人,批倒了格律恩的错误主张。会议通过表决的形式,以13票对2票的多数通过了恩格斯关于共产主义的定义。恩格斯在巴黎还建立了共产主义通讯小组,成员均为正义者同盟巴黎支部的盟员,从而为对正义者同盟的改组创造了又一个有利条件。在战胜了格律恩的"真正的社会主义"以后,1847年春天马克思还针对蒲鲁东的《贫困的哲学》一书,写了《哲学的贫困》这

---

① 《国际共产主义运动史文献史料选编》第1卷,中国人民大学出版社1983年版,第75页。

② 《马克思恩格斯选集》第4卷,人民出版社1995年版,第530页。

一著名论著,进一步从理论上对蒲鲁东小资产阶级改良主义的政治和经济思想进行了系统有力的批判,扩大了马克思主义在工人运动中的影响。

马克思和恩格斯和其他工人阶级领袖通过布鲁塞尔共产主义通讯委员会等组织,进行了不懈的努力,取得了反对各种资产阶级、小资产阶级社会主义思潮的重大成就。这使正义者同盟在思想上、政治上和组织上发生了很大的变化。在实际斗争中,同盟的领导人逐步认识到,他们以前信仰的各种共产主义学说都是不正确的,只有马克思和恩格斯的理论才是科学的,同盟只有在马克思和恩格斯的引导下才能有正确的前进方向。于是,1847年1月,同盟中央正式派出自己的领导人莫尔前往布鲁塞尔、巴黎邀请马克思和恩格斯加入并改组共产主义者同盟。莫尔向马克思和恩格斯表示,他们已经放弃了魏特林主义等各种错误思想,接受了马克思主义理论;如果马克思和恩格斯愿意加入同盟,他们可以在同盟的代表大会上以宣言的形式阐述自己的科学共产主义理论,然后作为同盟的宣言公布于世。马克思和恩格斯认识到建立无产阶级政党组织的条件已经具备,所以,他们欣然接受了同盟的邀请,担负起了从思想上和组织上改造同盟的重任。正如恩格斯所说:"所有这些情况都促进了同盟中,特别是伦敦领导者当中不知不觉发生的转变。他们越来越明白,过去的共产主义观点,无论是法国原始平均主义的共产主义还是魏特林共产主义,都是不够的。……过去的理论观念的毫无根据以及由此产生的实践上的错误,愈来愈使伦敦的盟员相信马克思和我的新理论是正确的。""我们以前认为是同盟的缺点的地方,现在同盟代表们自己承认,并且已经消除;甚至还邀请我们参加改组工作。我们能拒绝吗?当然不能。于是我们加入了同盟。"①

从此,马克思和恩格斯投入到了对正义者同盟的改组工作中,布鲁塞尔共产主义通讯委员会就停止了活动。

第二节 共产主义者同盟的诞生

一 共产主义者同盟成立大会

正义者同盟的领导人接受了马克思和恩格斯关于召开共产主义者代表

---

① 《马克思恩格斯全集》第21卷,人民出版社1965年版,第250、251页。

大会的倡议后，在 1847 年 2 月发出了关于召开改组大会的告同盟书。这个文告宣布，改组大会将于 1847 年 6 月召开，代表大会的议题主要有以下几个：讨论人民委员会的总结报告，选举同盟的新的领导机构，决定未来中央委员会的驻地；彻底改组同盟，修改盟章；通过同盟的纲领——《简明共产主义信条》；创办同盟的机关报；讨论组织和宣传问题。

经过几个月的准备，1847 年 6 月，正义者同盟改组大会在伦敦秘密召开，这实际上是共产主义者同盟的成立大会。来自各支部和区部的 10 多位代表参加了会议，马克思因为经济困难没有参加大会，他派战友沃尔弗代表同盟布鲁塞尔支部参加了大会，恩格斯则代表同盟巴黎支部出席了大会。这次大会的重要任务是，彻底改组同盟，制定新的政治纲领和组织章程，选举新的中央领导机构。

恩格斯主持参加了大会所有文件的起草和审议工作，是大会的实际领导人。沃尔弗被推选为大会的秘书长，担任了整个会务的组织工作。这就保证了大会的正确方向。大会的宗旨是把正义者同盟改组为无产阶级政党。大会的主要议程是，通过了同盟的章程草案，讨论了同盟的纲领《共产主义信条》，选举了同盟的中央领导机构，研究了出版同盟的机关刊物等问题。大会根据马克思和恩格斯的建议，决定将正义者同盟改组为共产主义者同盟，用具有鲜明阶级性的战斗口号"全世界无产者，联合起来"取代了"人人皆兄弟"的旧口号。这个改变不仅仅是名称的变化，更重要的是表明同盟的指导思想和路线已经发生了根本的变化。正如大会的报告所说："旧名称……已与同盟现今的宗旨毫不相干，所以旧名称已不合时宜，它丝毫体现不出我们的意愿。不管有多少人渴望得到正义——或者确切地说，渴望得到他们称之为正义的东西，但决不意味着他们要成为共产主义者。我们与别人的区别，并不在于一般地渴望得到每个人可能有不同理解的那种正义，而在于我们反对现有的社会制度和私有制，在于我们主张财产公有，在于我们是共产主义者。因此，我们的同盟需要有一个恰当的名称，需要一个能够表明我们究竟是什么人的名称，于是我们就选择了这样一个名称。"[①] 大会形成了一致的认识，规定同盟的最终奋斗

---

① 陈陆达、邹积贵主编：《马克思恩格斯科学社会主义史》，山东人民出版社 1989 年版，第 81—82 页。

目标是实现共产主义。大会选举产生了由莫尔、沙佩尔、鲍威尔等组成的中央委员会,决定同盟中央委员会驻地仍设在伦敦。大会还决定创办同盟的机关刊物《共产主义杂志》。

二 共产主义者同盟的纲领

对于无产阶级政党来说,党的纲领十分重要。纲领是党在社会上公开树立起来的一面旗帜,表明这个党是什么样的党,党的水平如何,它的性质、目标、手段、措施是什么等等。马克思和恩格斯在创建共产主义者同盟的过程中,非常重视纲领问题。在他们的主持、指导下,同盟用了8个月的时间,先后三次起草、修改纲领,最后定稿。前后这三个纲领就是:《共产主义信条草案》《共产主义原理》和《共产党宣言》。

《共产主义信条草案》是由恩格斯起草的,它以问答的形式论述了22个问题,指出了无产阶级的产生、发展及其历史使命,实现共产主义的过程、手段、基本条件和步骤等等。《草案》指出,共产主义是无产阶级解放的学说,实现共产主义必须经过革命道路,但是不能通过密谋的方式达到自己的目的。《信条》基本上是一个科学共产主义的文件,是同盟的第一个党纲。但是,它在形式上还没有摆脱过去常用的教义式的问答格式,在内容上还有一些不确切的地方,没有完全反映出科学社会主义的理论水平。共产主义者同盟成立大会决定把《共产主义信条草案》交给各支部进行讨论,让他们提出修改和补充意见。在讨论的过程中,多数支部同意恩格斯的意见。但在巴黎支部和区部讨论的过程中,"真正的社会主义"分子莫译斯·赫斯等人表示反对意见,他们还抛出了自己的错误纲领,企图将共产主义者同盟引向邪路。恩格斯在巴黎区部会议上逐条反驳了他们的文件,并受区部的委托,在《信条》的基础上又起草了一个新的纲领草案《共产主义原理》,准备提交同盟第二次代表大会讨论。

《共产主义原理》虽然还是采取了问答的形式阐明科学社会主义的基本问题,但它在理论内容和形式上都比《共产主义信条草案》更为确切和全面。《原理》共论述了25个问题,这些都是关于无产阶级政党建设的重要理论和战略策略问题。恩格斯在《原理》中,解答了什么是共产主义,什么是无产阶级,无产阶级的特性和历史使命是什么,无产阶级通过什么样的方式取得政权,如何消灭私有制,如何组织公共的社会化大生产，将来的社会是什么样的等等问题。通过解答这些问题，恩格斯既正面阐明了自己的共产主义观点，又澄清了当时在工人运动中存在的种种错误认识。《共产主义原理》在同盟的第二次代表大会上进行了讨论，为同盟产生后来的正式纲领《共产党宣言》打下了基础。

1847年11月29日至12月8日，共产主义者同盟在伦敦召开了第二次代表大会。马克思代表布鲁塞尔区部、恩格斯代表巴黎区部参加了会议。出席会议的还有法国、比利时、英国、瑞士等国家的代表，以及波兰的流亡者，形成了国际无产者的代表大会。沙佩尔当选为大会主席，恩格斯当选为大会秘书。大会对同盟章程的草案进行了修改，正式通过的章程更加准确和完善。大会对同盟的纲领展开了热烈的讨论，经过辩论，马克思和恩格斯提出的科学社会主义原则为大会所接受。大会委托马克思和恩格斯起草新的纲领。大会结束后，马克思和恩格斯立即就新纲领的起草交换了意见，形成了一致认识，然后由马克思执笔写作，在1848年1月完成。这就是《共产党宣言》。《宣言》未经修改，就被共产主义者同盟中央委员会通过了。1848年2月，《宣言》在伦敦公开发表，后来被译成多种文字在全世界工人运动中广泛传播。

《共产党宣言》是同盟的正式纲领，也是国际共产主义运动的第一个周详的理论和实践的党纲。它继承和发展了《共产主义信条草案》和《共产主义原理》的基本精神，运用历史唯物主义原理，以纲领的形式阐述了科学社会主义的根本原则和观点，是马克思和恩格斯的科学理论和实践经验的结晶，为同盟的建设和活动指明了正确的方向。《宣言》共有四个部分：一、资产者和无产者；二、无产者和共产党人；三、社会主义的和共产主义的文献；四、共产党人对各种反对党派的态度。《宣言》的主要内容是：通过分析资本主义社会的产生、发展及其内在矛盾，论证了资本主义必然灭亡的客观规律；通过考察资本主义社会的阶级关系和阶级斗争的状况，指明了无产阶级的伟大历史使命和无产阶级革命的正确道路；通过科学分析无产阶级政党的性质、特点、宗旨和战略策略，指出了无产阶级政党建设是无产阶级革命胜利的重要保证；通过批判当时存在的各种非科学的社会主义思潮，使无产阶级提高了对科学社会主义学说的认识，扩大了马克思主义在工人运动中的传播。

《共产党宣言》这一科学纲领被共产主义者同盟所接受，意味着共产主义者同盟在性质上已根本不同于正义者同盟，而发展成为了共产主义的组织，也就是国际无产阶级的政党组织。这在国际共产主义运动史上的意义是巨大的。

三　共产主义者同盟的章程

无产阶级政党的章程主要是规定党的活动目的、组织原则、工作制度等问题，是体现党的性质和宗旨的重要组织规范。共产主义者同盟很重视章程的建设，成立大会首先讨论了由恩格斯起草的同盟的章程。该章程共有36条，分为7章：一、同盟；二、支部；三、区部；四、中央委员会；五、代表大会；六、一般规定；七、接受盟员。这个章程后来经过马克思的修改，在共产主义者同盟第二次代表大会上通过。

同盟的章程体现了马克思主义建党思想的理论原则和民主集中制的组织原则。章程开宗明义地指出："同盟的目的：推翻资产阶级政权，建立无产阶级统治，消灭旧的以阶级对抗为基础的资产阶级社会和建立没有阶级、没有私有制的新社会。"① 章程的第三条规定了盟员的条件，强调盟员必须承认共产主义奋斗目标，为共产主义事业奋斗，服从同盟的决议，保守同盟的秘密。这些规定，体现了共产主义者同盟作为一个国际无产阶级先进政党的新的风貌。

章程对共产主义者同盟的组织和活动原则作了明确规定。共产主义者同盟的组织体系从低到高分为五级：支部、区部、总区部、中央委员会、党的代表大会。支部是同盟的基层组织，一个支部一般由3到12人组成，有主席和副主席各1人。区部是区内各支部的权力执行机关，一个区部管辖2到10个支部，由支部的主席和副主席组成区部委员会。中央委员会是全同盟的权力执行机关，成员不少于5人。代表大会是同盟的最高权力机关，实行年会制，即每年召开一次代表大会，并规定开会时间为每年的8月。代表大会的一切立法性决议必须提交各支部讨论，由它们决定是否可以接受。以上五级组织是按照民主集中制的原则建立起来的。支部的主席、副主席是按民主选举原则产生的，中央委员会和其他各级领导的成员也是按照民主选举原则产生的，任期是一年。如果选举后的成员不称

---

① 《马克思恩格斯全集》第4卷，人民出版社1958年版，第572页。

职，可以随时撤换。下一级组织要定期向上一级组织报告工作，中央委员会还要向代表大会报告工作，以便使各级组织保持经常的工作联系。当时共产主义者同盟是秘密的组织，但是还强调中央委员会应该同各个总区部保持联系。中央委员会每三个月作一次全面的工作报告；区部是每两个月向总区部报告一次工作；总区部每三个月向中央报告一次工作。以上这些制度虽然因后来发生了1848年革命而没有完全做到，但是却体现了马克思和恩格斯关于建立无产阶级先进政党的设想。就是说，无产阶级政党必须以民主集中制为组织基础，发扬党内民主，党的各级领导人要由选举产生，不能任命，领导人要定期向党组织报告工作。这是无产阶级的先进组织同以往的密谋性的社会主义团体的重要区别。恩格斯对同盟的组织原则有较高评价，他后来说："组织本身是完全民主的，它的各委员会由选举产生并随时可以罢免，仅这一点就已堵塞了任何要求独裁的密谋狂的道路"。① 这些思想不仅在当时是伟大的创举，而且对于社会主义时期执政党的建设仍具有重要的借鉴意义。

从共产主义者同盟的纲领、章程、组织系统和后来的活动来看，它已具备了无产阶级政党的性质，而不仅仅是无产阶级政党的萌芽，是具有一定国际性的无产阶级政党。同盟当时在欧洲7个国家建立了正式支部，共有约400名党员，主要成员是德国人，有300多名，其余的党员分布在法国、比利时、英国、瑞士、荷兰和瑞典等国家。恩格斯1852年12月曾经指出：同盟是"先进的共产主义政党"。② 共产主义者同盟的建立，是马克思和恩格斯建立国际性无产阶级政党的重大举措，标志着马克思主义和欧洲工人运动的初步结合，标志着国际共产主义运动的兴起，具有重要意义。

第三节　共产主义者同盟经受革命风暴的洗礼

一　制定革命的纲领和原则

共产主义者同盟成立不久，1848年欧洲便爆发了轰轰烈烈的大革命

---

① 《马克思恩格斯选集》第4卷，人民出版社1995年版，第200页。
② 《马克思恩格斯全集》第8卷，人民出版社1961年版，第450页。

运动。这是对世界上第一个共产党的严重考验，也是一次战斗的洗礼。

1848年2月法国巴黎工人起义胜利的消息迅速传到了布鲁塞尔、伦敦等地，使这里的共产主义者同盟成员欢欣鼓舞。2月27日，恩格斯发表《巴黎的革命》一文，热烈赞扬法国工人阶级的革命斗争精神，并预言，过不了几个星期，德国人也会燃起革命的烈焰。在这种情况下，设在伦敦的共产主义者同盟中央委员会作出决定，把中央委员会的职权授予同盟布鲁塞尔区部委员会行使，以便就近指导盟员参加欧洲大陆的革命斗争。鉴于同盟在布鲁塞尔的活动已经遭到比利时政府的摧残，而巴黎已经成为整个欧洲革命运动的中心，同盟中央委员会于3月3日又作出决定：将中央委员会迁到巴黎，授权马克思在巴黎组成新的中央委员会。这时，刚成立的法兰西共和国政府作出姿态，撤销了前基佐政府对马克思的驱逐令，主动邀请马克思去法国。一封由法国新政府签署的邀请信写道："勇敢而正直的马克思，法兰西共和国是所有自由之友的避难所。暴政把你们放逐，自由的法兰西向您，向所有为神圣事业和各国人民的友好事业而斗争的人们敞开大门。"[①] 1848年3月随着马克思到达巴黎，同盟新的中央委员会成立。马克思当选为中央委员会主席，沙佩尔当选为中央委员会书记，恩格斯、鲍威尔、莫尔、威·沃尔弗等为委员。新的中央委员会成立后，立即投身于革命的活动中去。3月，德国革命兴起，马克思和恩格斯把同盟工作的注意力转到了德国。他们认真研究德国革命的一些重大问题，部署同盟盟员分头回国参加革命，并反对盟员伯恩施太德等人主张组成义军浩浩荡荡地回国的计划。在3月下旬，马克思和恩格斯为同盟起草了《共产党在德国的要求》，成为同盟参与、指导德国革命的纲领性文件。同盟将这个文件与《共产党宣言》一同分发给回德国参加革命的工人和盟员。

《共产党在德国的要求》共17条，基本的精神是从德国当前的政治经济状况出发，阐明在德国进行民主革命、实现国家统一并将民主革命引向社会主义革命的任务和政策。其主要内容有如下几个方面：

---

① 转引自11院校编写组：《国际共产主义运动史专题教程》，福建人民出版社1986年版，第61—62页。

第一，德国革命的基本任务是，彻底消灭封建专制制度和割据状态，"宣布全德国为统一的、不可分割的共和国"。[①] 在当时，德国的统一问题是革命亟待解决的首要问题。资产阶级和小资产阶级的统一方案有多种，一种是建立一个由奥地利皇帝领导的德意志帝国，另一种是把奥地利排除在外，建立一个由普鲁士领导的德意志君主立宪国，还有一种主张是建立像瑞士那样的联邦共和国。这些方案都不能从根本上解决德国社会的主要矛盾，不能实现人民的权利。只有彻底推翻封建王权，消除割据状态，才能巩固和发展革命的成果。所以，《要求》为德国革命提出的根本任务抓住了问题的要害。第二，《要求》提出了一系列民主改革的措施。比如，实行普选权，规定年满21岁的公民都有选举权和被选举权，并发给人民代表以薪金，保证工人代表能够参加德国人民的国会；武装全体人民，建立人民自己的武装力量，以对付反革命的武装，使军队同时成为劳动大军；实现政教分离，普及国民教育；实行免费诉讼；废除压在人民头上的一切封建义务，把大地产收归国有等等。实现这些措施，实际上是把国家的统一与民主革命的任务结合了起来。第三，《要求》还规定了一些从民主革命到社会主义革命过渡的措施。比如，没收各邦君主的领地和其他封建地产、矿山、矿井等等，全部归国家所有，并在这些土地上运用科学方法大规模经营农业，以利于全社会；农民的抵押地宣布为国家所有；在租佃制流行的地区，地租或租金作为赋税交纳给国家；国家掌握铁路、运河、轮船、邮局等一切运输工具，无偿地由无产阶级支配；建立国家工厂，保证所有工人的生产和生活；实行高额累进税，取消消费品税。提出这些措施，是试图将民主革命与社会主义革命的任务衔接起来，推动革命的深入发展。

《共产党在德国的要求》为共产党提出了一个在民主革命中的行动纲领，它的实质是以革命的方式，自下而上地实现德国的统一，并把资产阶级革命进行到底，为社会主义革命创造条件。这一文件表明了马克思主义关于无产阶级对待民主革命的基本态度，是马克思和恩格斯运用《共产党宣言》的一般原理，研究当时德国的实际而提出的正确纲领，对于指导德国革命具有重要意义。尽管德国革命最后失败了，《要求》的思想没

[①]《马克思恩格斯选集》第4卷，人民出版社1995年版，第201页。

有得到实现，但它的原则、精神是正确的。

二　确定参加革命活动的策略

1848年4月初，300多名共产主义者同盟的盟员和革命者回到了德国，分散在各地参加革命活动。以马克思和恩格斯为主的同盟中央也秘密回到了国内，选择了莱茵省的工业中心科隆作为活动基地。来到科隆后，同盟中央召开会议，研究如何加强盟员之间的联系，充分发挥他们的积极作用。为此，恩格斯、沙佩尔、沃尔弗、德朗克、波尔恩被选派为同盟的特使，到工人运动的中心地区与各地的同盟支部联系，计划再建立一些新的支部，并在同盟支部的外围建立工人联合会，然后组成统一的全德工人政治组织。但是，到各地联络的特使反映，几百个同盟的盟员在投入到群众运动中以后，多数失去了组织联系，主要是分散行动，在群众中的影响并不大。并且，当时德国工人多数为手工工人，政治觉悟参差不齐，组织纪律性不强。所以，很难立即组成统一的全德工人政治组织。在这种情况下，马克思和恩格斯为了能够团结各种民主派组织，密切联系广大的群众，动员广泛的革命力量，决定让各地的盟员积极参加当地的民主运动和民主团体，在运动中以革命左翼的角色开展活动。其目的是通过这种方式，向群众宣传正确的革命理论和政策，提高群众的觉悟，推动革命的前进。这就是同盟在当时所采取的斗争策略。恩格斯在几十年后撰写的《关于共产主义者同盟的历史》中回忆了当时的情况，指出："当时很容易预见到，在突然爆发的人民群众运动面前，同盟是个极其软弱的工具。过去在国外侨居的同盟盟员，有四分之三回国后就改变了自己的住址。他们以前的支部因此大部分都瓦解了，他们和同盟的联系完全断绝。他们中间有一部分比较爱出风头的人，甚至不想恢复这种联系，而各行其是，在自己所在的地方开始开展小小的分散的运动。最后，各小邦，各省份，各城市的条件是非常不同的，以致同盟要发指示也只能发出极为一般的指示；而这种指示通过报刊来传播是要好得多的。一句话，自从使秘密同盟需要存在的原因消失时起，这样的秘密同盟本身也就失去了意义。而这对于刚刚使这个秘密同盟摆脱了最后一点密谋性残余的人们来说，是毫不奇怪的。"①

以马克思和恩格斯为核心的共产主义者同盟中央委员会为团结各种民主力量做了不懈的努力。马克思1848年4月抵达美因兹，在那里就协助同盟美因兹的支部建立了工人教育协会，由瓦劳担任第一主席，克路斯担任书记。协会还发表了《告全体德国工人书》，号召全国工人团结和组织起来，在城乡建立工人联合会，并争取早日建立全国性的工人联合会组织。马克思到达科隆后，在同盟中央的倡议下，4月中旬建立了科隆工人联合会，由哥特沙克任联合会的主席。随后，在同盟盟员的支持和参与下，柏林、维也纳、汉堡、汉姆、科布林兹、巴门、爱北斐特等城市也建立了一批工人团体和其他民主组织。

马克思在科隆期间，科隆主要有三个民主团体，即科隆民主协会、科隆工人联合会与科隆工人业主联合会。民主协会的成员有工人、手工业者和小资产阶级；工人联合会的成员主要是工人。许多盟员参加了这几个组织，担任了领导人，开展了积极的活动。马克思教导盟员既要广泛团结一切可以团结的民主力量，又要认清自己的性质和目标，保持自己的独立性，对小资产阶级民主派采取既团结又斗争的方针，从而扩大了同盟的影响，也推动了工人运动的发展和民主力量的壮大。在马克思的推动下，科隆三个民主团体在1848年6月联合成立了中央委员会，由它负责各组织之间的联系和协调行动，并与其他各地的民主组织联络。同年8月，科隆召开了第一届莱茵省民主主义者代表大会，出席会议的有17个民主团体的40多名代表，马克思和恩格斯出席了大会。这次大会批准科隆三大民主团体所组成的中央委员会为莱茵地区和威斯特伐里亚的区委员会。马克思参加了这个委员会。会后，马克思先后去了柏林、维也纳，会晤了这里的工人联合会和民主协会的领导人，与他们协商了建立工人联合组织、共同开展革命活动等问题。在此期间，马克思参加了维也纳民主联合会会议并作了发言，强调要像巴黎工人六月起义那样开展反对资产阶级的斗争，不要局限于组建自由内阁。马克思在维也纳第一次工人联合会会议上发表了关于西欧社会运动和阶级关系的演说。同年9月，马克思又在这次联合会会议上作了关于雇佣劳动与资本的长篇报告，以通俗易懂的形式从科学

---

① 《马克思恩格斯选集》第4卷，人民出版社1995年版，第203—204页。

理论上向工人阶级宣讲了资本主义社会的经济关系和阶级矛盾的实质。马克思和恩格斯通过自己的精湛的理论水平、大量的实际工作和高超的领导才能,促进了德国各地的民主组织的发展和联合。在他们的影响和带动下,同盟的盟员为联合各民主力量发挥了积极主动的作用。

在团结各民主力量的过程中,为了贯彻正确的政策和策略,马克思和恩格斯与工人运动和盟员中的"左"、右两种错误倾向进行了斗争。"左"的错误的代表人物是哥特沙克。他曾是同盟科隆支部的领导人之一,科隆工人联合会的主席。他认识不清无产阶级在民主革命中的任务,忽视在斗争中联合民主派和农民的重要性,拒绝工人参加国民议会的选举,而是主张立即进行不切实际的社会主义革命,建立工人共和国。1848年5月,马克思在同盟科隆支部的会议上多次对哥特沙克的错误思想进行批评、教育,并对科隆工人联合会的工作给予正确引导。7月,科隆工人联合会改选了领导机关,由莫尔取代哥特沙克任联合会主席。10月,马克思又接任了联合会主席的职务。右的错误思想的代表人物是波尔恩。他曾是同盟布鲁塞尔和巴黎支部的成员,回国后在柏林建立了"柏林中央委员会"和"工人兄弟会",在组织工人运动方面起了一定的积极作用。但是,他认为资产阶级革命就是资产阶级的事情,无产阶级不应参加为推进这一革命所进行的政治斗争,只应关心与自己有关的事情。在工作活动中,他只是限于组织工会和合作社,进行经济斗争和改良,满足于眼前利益,反对进行政治斗争和革命。所以,当统治阶级向革命发起进攻,迫使工人阶级进行反击时,柏林工人兄弟会的一些成员陷入被动状态。另外,他还迎合一部分落后工人的需要,搞宗派活动。马克思和恩格斯及同盟的其他领导人同波尔恩的改良主义错误思想进行了坚决斗争。经过对各种错误思想的批判,马克思和恩格斯宣传了正确的斗争策略,提高了盟员和工人阶级的政治觉悟。

马克思和恩格斯所采取的广泛团结工人阶级并尽力争取资产阶级和小资产阶级民主派的斗争策略,是由当时德国的阶级关系和社会矛盾所决定的,是从实际出发的。从总体上看,1848年德国革命仍然是资产阶级民主革命,所要解决的主要矛盾是推翻封建主义的统治,建立民主的共和国。这是包括工人、农民、小资产阶级和资产阶级在内的社会各阶级、阶层的共同利益。因此,革命的动力是广泛的。但是,由于德国资本主义发展缓慢，国内的阶级关系和革命力量配备又有着与英法资本主义国家显著不同的特点。这主要是：工人阶级还没有完全成长起来，在思想上和组织上还不成熟，受小资产阶级的影响较大；小资产阶级大量存在，并且具有一定的革命性，愿意与无产阶级进行合作，但是它所追求的革命目标是将社会恢复到小生产者所希望的理想境地，而不是想解放社会，所以在革命中表现得缩头缩尾，瞻前顾后，害怕失去自己的利益；资产阶级出于维护本阶级的经济、政治利益的需要，具有反封建的要求，但是它又和封建阶级有着千丝万缕的联系，而且害怕站在它后面进行斗争的无产阶级把革命推向彻底，所以它仅仅想对封建国家施加一定的压力，进行局部的改良，便实行妥协，结束革命。在这种情况下，作为革命主力军的无产阶级及其政党应采取的正确斗争策略就是，在加强自身建设、壮大革命力量的同时，以民主派的身份参加革命，积极联合一切可以联合的力量，与它们结成统一战线，反对共同的敌人。如果过于突出共产主义的色彩，恐怕会在斗争中把自己孤立起来。但是，在与它们进行合作的时候，又要保持清醒的头脑，明确自己独立的利益和目标，而不能成为它们的附庸和牺牲品。当资产阶级、小资产阶级主动开展革命时，无产阶级就应该与它们一起进行斗争，并努力推进革命的深入；当它们为了自己的利益而背叛无产阶级和人民的利益甚至出卖革命时，无产阶级就应该与它们进行斗争，以捍卫自己和人民大众的利益。

恩格斯在1884年撰写的《马克思和〈新莱茵报〉》一文中回忆了当时的情况，充分肯定这是当时唯一正确的斗争策略。他指出："当时德国资产阶级还刚刚开始建立自己的大工业，它既没有力量，也没有勇气，更没有迫切要求去争得在国家中的绝对统治地位；无产阶级也是同样不发展的，是在完全的精神奴役中成长起来的，没有组织起来，甚至还没有能力独立地进行组织，它只是模糊地感觉到自己的利益同资产阶级的利益的深刻对立。因此，虽然它在实际上是资产阶级的危险敌人，但是另一方面它仍然是资产阶级的政治附庸。资产阶级不是被德国无产阶级当时的样子所吓倒，而是被它势将变成而法国无产阶级已经变成的样子所吓倒，所以资产阶级认为唯一的生路就是去同君主制度和贵族进行任何的、甚至最懦弱的妥协；而无产阶级则由于还不知道它自己应该扮演的历史角色，所以它的绝大多数起初不得不充当资产阶级先进的极左翼的角色。当时德国工人应当首先争得那些为他们独立地组成阶级政党所必需的权利：新闻出版、结社和集会的自由——这些权利本来是资产阶级为了它自己的统治必须争得的，但是它现在由于害怕竟不赞成工人们享有这些权利。两三百个分散的同盟盟员消失在突然卷入运动的广大群众中间了。因此，德国无产阶级最初是作为最极端的民主派登上政治舞台的。"[1]

三 创办革命报刊

马克思和恩格斯认为，在全国性的无产阶级统一政治组织建立起来以前，为了及时传达同盟的指示，加强与在各地进行活动的盟员和工人先进分子的联系，宣传自己，争取群众，揭露敌人，同盟必须立即创办一种大型的报纸。他们回国后就着手准备工作，为报纸征集股金，选择通讯员，同其他国家的民主报刊建立联系等等。经过近两个月紧张准备，报纸在1848年6月正式创刊。报纸名字为《新莱茵报》，副标题为"民主派机关报"。报纸的7个编委全是同盟的成员，同盟中央委员会主席马克思任主编。《新莱茵报》在当时是代表无产阶级利益的唯一进步的报纸，是宣传共产主义者同盟的革命理论和策略的机关报，是团结各民主派组织、动员群众进行斗争的舆论阵地。在1848年革命中，《新莱茵报》编辑部实际上发挥了同盟中央委员会的作用，成为了无产阶级革命斗争的指挥部。

《新莱茵报》的政治立场，就是宣传《共产党宣言》和《共产党对德国的要求》的基本精神，为贯彻同盟的革命策略服务。报纸对德国革命中的重大事件适时进行了报道、评述。马克思和恩格斯在《新莱茵报》上提出的德国革命中的政治纲领主要有两个要点：一是建立一个统一的、不可分割的、民主的共和国。这就是同盟在《共产党对德国的要求》中提出的一个重要的政治目标，也是符合无产阶级和广大人民利益的德国统一方式。二是主张对俄国进行一场包括恢复波兰独立统一在内的战争，结束俄国的殖民统治。因为当时欧洲革命面临的最大威胁就是被俄国干涉的危险，只有支持各国的民族民主革命，才能帮助欧洲革命的开展。这两个方面相互联系，相互促进。为了贯彻这个纲领，《新莱茵报》以鲜明的革命精神，无情揭露了封建势力的残暴、资产阶级自由派对革命的背叛，痛

---

[1] 《马克思恩格斯选集》第4卷，人民出版社1995年版，第182页。

斥了资产阶级民主派的怯懦和动摇，有力批判了小资产阶级的短浅和幻想，热情讴歌了无产阶级和广大人民英勇顽强的革命气节。

《新莱茵报》不仅关注德国的革命，还关注欧洲其他国家的革命运动，对于各国发生的政党变动、议会活动、阶级斗争、群众运动等方面的情况及时进行深入分析和评论，制定无产阶级在斗争中应该采取的立场和策略，鼓舞他们的斗志。在法国巴黎工人阶级的六月起义爆发后，马克思和恩格斯热情洋溢地赞颂起义者的英雄行为。为此，马克思写了《六月革命》，恩格斯写了《6月23日事件详情》《6月23日》《6月24日》《6月25日》《〈科隆日报〉论六月革命》等文章。在这些文章中，马克思和恩格斯不仅报道、评述和歌颂六月起义，还从理论上研究关于无产阶级革命和武装起义的一些规律问题，具有重要的理论意义。《新莱茵报》还很关心、支持东欧和东南欧国家的民族解放运动。马克思和恩格斯在报纸上发表了许多文章赞扬意大利、波兰、匈牙利、捷克等国家的解放斗争，将它们看作是欧洲无产阶级解放运动的同盟军。所以，"《新莱茵报》不仅是德国民主派的，而且是欧洲民主派的机关报"。①

《新莱茵报》在团结、宣传和组织群众方面发挥了重大作用，成为各个工人联合会和民主团体的联络核心。到1848年秋天，它已经能够动员起来成千上万的群众参加反对政府阴谋活动的斗争。9月7日，科隆民主协会和《新莱茵报》编辑部在练马场召开了有数千人参加的群众大会。大会通过了致法兰克福国民议会书，要求取消普鲁士政府和丹麦政府缔结的休战协定；还通过了致普鲁士议会书，抗议反民主的市民自卫团法案。9月中旬，当普鲁士国王解散议会、发动反革命政变时，《新莱茵报》立即刊登了马克思的文章，号召人们作好斗争准备，一旦国王采取行动，就以起义来回答。为了揭露、打击普鲁士政府的阴谋，9月13日《新莱茵报》编辑部联合科隆工人联合会和民主协会在佛兰肯广场举行了一次6000多人参加的大会，通过了恩格斯起草的致普鲁士国民议会的呼吁书，呼吁国民议会的议员同政府解散议会的企图展开坚决斗争。大会选举出马克思、恩格斯、沃尔弗等10多人及其他资产阶级、小资产阶级民主派人士共30多人组成安全委员会，领导了这次斗争。9月17日，安全委员会

---

① 《马克思恩格斯全集》第6卷，人民出版社1961年版，第683页。

的领导人又在沃林根组织了大约8000人参加的群众集会，表达拥护民主、反对专制、坚决捍卫革命成果的强烈愿望。这两次大规模的集会，显示了《新莱茵报》的影响力和进步的政治倾向，证明了它的政策正确，沉重打击了反动政府的气焰。

由于《新莱茵报》具有鲜明的革命立场，是沉重鞭挞、斥责各国反动势力的锐利思想武器，政府当局便对马克思和恩格斯进行刁难、限制甚至抓捕审讯，对《新莱茵报》进行迫害和镇压。普鲁士政府一直不承认马克思的"国籍"，不给予他公民权，还处心积虑地把他驱逐出国。在1848年9月下旬，科隆的军事当局就宣布科隆戒严，封闭了《新莱茵报》，使《新莱茵报》一度停刊。到1849年5月，由于马克思被当局驱逐，恩格斯等其他编辑也受到迫害，《新莱茵报》被迫最后停刊。5月19日，《新莱茵报》印出最后一号，即301号。在这一号报纸上刊载着编辑部致科隆工人的告别信，热情洋溢地指出："《新莱茵报》的编辑们在向你们告别的时候，对你们给予他们的同情表示感谢。无论何时何地，他们的最后一句话始终将是：工人阶级的解放！"[①]《新莱茵报》存在了近一年的时间，始终积极贯彻同盟的纲领，传达同盟的指示和意见，宣传民主主义、社会主义和国际主义精神，反映人民的呼声，为人民争取利益，组织革命斗争，表现出了共产主义者同盟英勇顽强的斗争精神和坚定不移的革命意志。《新莱茵报》编辑部在1848年革命中实际上发挥了共产主义者同盟中央的领导作用。

四 英勇参加军事战斗

法兰克福国民议会成立后，在一年多的时间里无所作为，只是在1849年3月通过了一部帝国宪法。这部宪法具有浓厚的封建保守色彩，只有少数条文规定了人民的最低权利。它规定德国为统一的帝国，在德意志联邦内的一切国家都属于这个帝国，只有一定的自主权。即使是这样一个维护君主专制制度的宪法，各邦王朝政府也拒不承认。同年4月普鲁士政府竟然宣布帝国宪法是无政府主义的。萨克森国王蔑视帝国宪法，任命极端反动的分子钦斯基出任首相。由于广大的工人、手工业者和城市小资

---

① 《马克思恩格斯全集》第6卷，人民出版社1961年版，第619页。

产阶级把帝国宪法的通过看作是革命所取得的没有被消灭的唯一果实,所以,当政府当局拒绝承认宪法时,他们就在全国掀起了维护宪法的群众运动。5月3—8日,在萨克森的首府德累斯顿爆发了几千人参加的武装起义。起义者构筑了街垒投入战斗,袭击了政府的军械库,面对前来镇压的上万名政府军毫不畏惧,一直战斗到最后才被迫撤退。在起义过程中,资产阶级袖手旁观,小资产阶级畏首畏尾,只有工人阶级、手工业者表现出了英勇精神。同盟的许多成员参加了起义,并大多壮烈牺牲。

这次起义拉开了德国护宪斗争的序幕,紧接着普鲁士、威斯特伐里亚、普法尔茨、符腾堡、巴登等地也爆发了起义,其中巴登和普法尔茨是起义斗争的中心。在这些起义中,小资产阶级充当了领导者,农民也积极参加,无产阶级成为主力军。马克思和同盟的其他领导人大力支持护宪斗争,同盟的成员参加了各地的起义并处处站在最前列。恩格斯5月11日回到了爱北斐特参加起义,负责领导修筑防御工事、安装大炮和检查街垒的工作。政府立即下令逮捕恩格斯,他只好隐藏起来。当时,马克思和恩格斯和同盟的其他领导人希望法兰克福议会中的左派议员能够担负起起义的领导责任,把巴登和普法尔茨的革命军引到法兰克福,以推动全国的起义。他们亲自来到法兰克福,敦促议会中的左派议员采取行动,又到了巴登和普法尔茨说服起义的领导者将革命军开往法兰克福。结果,由于小资产阶级民主派的妥协软弱,都没有达到目的。6月初,马克思受民主主义者中央委员会的委托前往巴黎,希望同法国的革命者取得联系,得到他们的支持。恩格斯留在国内继续战斗。6月13日,恩格斯参加了盟员维利希领导的一支由先进工人组成的800人的队伍,参加了巴登和普法尔茨的护法起义。他作为维利希的副官,出谋划策,共同制定作战计划,指挥完成了特别复杂、危险的战斗,并亲临战斗一线,参加了4次战斗。后来他精心研究军事问题,撰写了大量军事论文,成为无产阶级的第一位军事家。同盟的其他活动家也积极投入到起义中,不少人血洒战场,为民捐躯。

1849年7月,德国南部起义失败,标志着德国1848年革命最终结束。共产主义者同盟的成员以勇敢顽强的表现为起义打上了鲜明的烙印。马克思和恩格斯在评价同盟在1848年革命中的表现时指出:"共产主义者同盟在两方面受过了考验:第一,它的成员到处都积极地参加了运动,不论在报纸上、街垒中以及战场上，都是站在唯一坚决革命的阶级即无产阶级的最前列。其次，共产主义者同盟受过的考验是1847年各次代表大会和中央委员会的通告以及《共产党宣言》中阐述的关于运动的观点都已证明是唯一正确的观点，在这些文件中的各种预见都已完全被证实"。[①]

第四节　共产主义者同盟的解散及其历史地位

一　同盟的重建和解散

1848年欧洲革命失败后，共产主义者同盟的组织遭到了破坏，力量受到了很大的削弱。各国反动势力到处抓捕革命者，给同盟的活动造成了极大的困难。从此，同盟的发展进入了恢复力量、改组组织、总结经验和统一思想认识的阶段。在马克思和恩格斯的领导和推动下，同盟很快恢复了组织。组织恢复后，主要开展了三项重要工作：一是救济同盟会员；二是创办同盟中央委员会机关报；三是改组和重建同盟的组织。

1849年7月，德国革命彻底失败。8月下旬，马克思和同盟的其他领导人先后来到了伦敦，与以前同盟伦敦中央委员会的一些委员共同建立了新的中央委员会。开始中央委员会的成员主要有马克思、鲍威尔、埃卡留斯、列曼、普芬德、施拉姆。后来相继到达伦敦的恩格斯、维利希、沙佩尔也参加了中央委员会的工作。新的中央委员会建立了新的支部，吸收了新盟员，恢复了已经中断了的组织联系。

同盟中央委员会成立后，摆在面前的一个迫切问题是救济政治流亡者，这是积蓄革命力量的一项重大的政治任务。1849年9月，在伦敦德意志工人教育协会上，根据马克思的建议，成立了德国流亡者救济协会。马克思任委员会的主席。委员会发表了《救济德国政治流亡者的呼吁书》，提出救济的对象是在德国革命中参加了战斗的政治流亡者，不论他们是社会主义者还是自由党人或者民主党人。呼吁书还对开展救济的若干原则作了规定。救济委员会自成立到1850年8月分裂，存在了近一年时间，在帮助流亡者寻找工作、安排食宿、救济生活、团结他们振奋革命斗志等方面起到了重要作用。委员会共解决了几百名流亡者的生计问题。通

[①]《马克思恩格斯全集》第7卷，人民出版社1959年版，第288页。

过救济工作，同盟积聚了力量，团结了队伍，扩大了社会影响，推动了组织的恢复。

同盟中央委员会恢复和发展组织的最重要的措施，是创办机关报。自1849年5月《新莱茵报》被查封以后，同盟中央委员会就失去了机关报，失去了动员、组织、宣传和发动群众的一个不可少的手段。在同盟新的中央成立后不久，马克思等盟员就积极采取措施，筹办中央委员会的机关报。经过一番努力，新的中央机关报《新莱茵报·政治经济评论》于1850年3月在汉堡出版，马克思任主编。它是《新莱茵报》的继续，是同盟中央委员会指导全党工作、提高盟员的理论和认识水平的主要阵地。该刊起初每月出版一期。马克思和恩格斯开始估计革命高潮很快就要到来，打算逐步改为周刊和日报。实际上，杂志共出版了6期，到1850年11月底就停刊了。《新莱茵报·政治经济评论》发表的大部分论文和评论都是马克思、恩格斯、沃尔弗、魏德迈、埃卡留斯等盟员撰写的。马克思写的《1848—1850年的法兰西阶级斗争》和恩格斯写的《德国维护帝国宪法的运动》《德国农民战争》等著名文章都发表在该刊上。在这些论文和评论中，马克思和恩格斯总结了1848年欧洲革命的历史经验，分析了当前的革命形势，制定了将来的斗争策略，还批判了资产阶级和小资产阶级思想家的哲学和政治理论。

自1850年3月开始，同盟着手进行改组和重建工作。为了搞好这项工作，也为了向盟员指明新形势下的斗争方向和策略，同盟中央委员会多次开会研究，并于1850年3月和6月委托马克思和恩格斯执笔撰写了两篇《中央委员会告共产主义者同盟书》，秘密散发到各地，以统一盟员的思想。前一篇主要是总结1848年革命的经验教训，批判小资产阶级的社会本性和革命的不彻底性，明确指出了无产阶级在将来的革命中应该采取的正确斗争策略。后一篇主要是报道了同盟在各地建立组织的情况，提出了同盟今后的建设方向，要求各地组织抓紧时间，积极活动。这两份文件实质上是同盟进行改组和重建的纲领与策略基础。在第一篇告同盟书中，马克思和恩格斯曾预料到，欧洲革命的高潮不久就要到来，小资产阶级民主派将在革命中取得政权，因此他们主要论述了无产阶级在将来的革命中如何对待小资产阶级的策略问题。马克思和恩格斯指出，小资产阶级的革命要求是有限的，他们只是想使社会的变革对自己有利，在革命深入发展时，就会阻碍革命。所以，无产阶级要认清自己的阶级利益，尽可能采取自己独立政党的立场，而不要被小资产阶级的花言巧语所迷惑。马克思和恩格斯还教导无产阶级在革命前、革命斗争中和在小资产阶级夺取了政权的情况下，无产阶级分别应该采取什么样的策略。他们在文章中结合对小资产阶级的研究，对不断革命的理论作了比较详尽的论述："民主派小资产者只不过希望实现了上述要求便赶快结束革命，而我们的利益和我们的任务却是要不间断地进行革命，直到把一切大大小小的有产阶级的统治全都消灭，直到无产阶级夺得国家政权，直到无产者的联合不仅在一个国家内，而且在世界一切举足轻重的国家内都发展到使这些国家的无产者之间的竞争停止，至少是发展到使那些有决定意义的生产力集中到了无产者手中。对我们说来，问题不在于改变私有制，而只在于消灭私有制，不在于掩盖阶级对立，而在于消灭阶级，不在于改良现存社会，而在于建立新社会。"[1]

告同盟书拟定以后，同盟中央委员会就开始了改组和新建同盟的工作。中央委员会派遣鲍威尔去德国进行同盟的改组和重建工作。鲍威尔带着告同盟书，秘密到德国各地进行联络，以同盟书的精神指导盟员的活动。他的活动取得了重大成就，在科隆、法兰克福、美因兹、汉堡、莱比锡、纽伦堡、慕尼黑、斯图加特、巴登等近20个城市改组了同盟支部，并建立了新支部，壮大了同盟在德国的力量。中央委员会还派遣德朗克去瑞士进行同盟的改组和新建工作。他的工作取得了一定的成就，在拉绍德封、维夫、洛克尔等城市建立了一些新的同盟支部，但没有达到预期目的。在这前后，马克思和恩格斯期望欧洲革命的高潮将很快重新到来，并认为只有欧洲几个主要国家的无产者实行国际联合，革命才能取得胜利。基于这种想法，他们在恢复共产主义者同盟的组织的同时，积极同其他各国革命运动的左派人物建立联系，以扩大革命的队伍。1850年4月，以马克思和恩格斯为代表的共产主义者同盟领导人同旅居伦敦的法国布朗基主义者和英国的宪章派进行了谈判。谈判后，他们共同签署了一项有关建立"世界革命共产主义者协会"的协议，协议提出要推翻一切特权阶级，建立无产阶级专政，还规定了协会的组织结构、吸收会员的条件、章程和

---

[1] 《马克思恩格斯选集》第1卷，人民出版社1995年版，第368页。

活动原则。从后来的情况看，共产主义者同盟与英国宪章派左翼建立了较好的联系，而法国布朗基主义者没有合作的诚意。

正当同盟进行改组和重建组织的时候，在1850年夏天，其内部出现了以维利希和沙佩尔为代表的"左派"集团，他们以宗派主义和冒险主义的政策对抗以马克思和恩格斯为代表的同盟中央委员会。双方发生的分歧和斗争主要集中在两个问题上，一是对于革命形势的估计不同；二是对资产阶级的政策和态度不同。分歧和斗争最终导致了共产主义者同盟的分裂。

在1848年革命失败后的一段时间里，马克思和恩格斯对革命高潮的到来抱着乐观态度。马克思在1849年12月曾经估计，在两三个月之内，世界革命的大火就会燃烧起来。在1850年3月，他还认为欧洲即将爆发新的革命。但是，随着欧洲出现经济的繁荣和政治的稳定，革命进入了低潮。马克思冷静地研究了资本主义经济发展史，得出了新的结论：在近期内欧洲不可能再发生革命，"新的革命，只有在新的危机之后才有可能发生"。[①] 根据对革命形势的重新估计，马克思和恩格斯为共产主义者同盟提出了新的任务和斗争策略，即放弃革命即将到来的幻想，做好长期斗争的准备，积蓄力量，迎接未来的革命高潮。为此，在组织上要与小资产阶级民主派决裂，建立无产阶级自己的独立政党。

马克思和恩格斯对革命的正确估计和制定的正确策略，却被在伦敦的小资产阶级流亡者看做是反革命的邪说和政治怯懦的表现。他们期望革命很快就会再度爆发，并号召群众准备革命，筹备成立革命临时政府，大有制造一场轰轰烈烈的革命的气势。这种不切实际的盲目思想和政策在一部分共产主义者同盟中央委员身上也有反映，代表人物是维利希和沙佩尔。从1850年7月开始，维利希就强烈反对马克思对形势的看法和提出的新政策，主张在德国发动革命。沙佩尔等人站在维利希的一边，形成了"左"倾冒险主义的集团。他们认识不清客观形势的变化，不愿做艰苦细致的准备工作，主张在德国立即进行社会主义革命，夺取政权。他们还离开工人阶级的独立政治立场，继续附和资产阶级、小资产阶级的派别，充当它们的帮手。1850年8月，在共产主义者同盟中央委员会会议上，马

---

① 《马克思恩格斯选集》第1卷，人民出版社1995年版，第471页。

克思与维利希发生了争执。维利希反对马克思对小资产阶级民主派所采取的策略，坚持与它们一致行动。在流亡者委员会会议上，维利希同马克思等同盟中央委员又发生了冲突。在德国工人教育协会会议上，维利希声明退出社会民主主义者委员会，受到了马克思的严厉批评。

在9月同盟中央委员会会议上，双方的争论导致了同盟的分裂。参加这次会议的中央多数派代表有马克思、恩格斯、施拉姆、普芬德、鲍威尔、埃卡留斯等，少数派代表有维利希、沙佩尔和列曼。在会上，马克思严肃地强调了革命的艰巨性和长期性，指出德国工人为了取得统治地位，或许不得不再经历15年、20年甚至50年的内战，希望大家做好长期斗争的准备。但是，少数派强烈反对马克思的看法，大肆宣扬唯心主义观点，发表了一些同《共产党宣言》和《中央委员会告共产主义者同盟书》的精神相背离的错误言论，还攻击《共产党宣言》的维护者是"反动分子"。马克思批评他们"用阿谀德国手工业者民族情感的德意志民族观点代替宣言的全面的观点。他们提出唯心主义观点代替宣言的唯物主义观点。他们不是把现实关系，而是把意志描绘成革命中的主要东西。""他们不得不用革命的词句代替实际的革命发展。"[①] 在同盟内部的分裂不可避免的情况下，为了维护党的利益，马克思提出了三条建议：一是将同盟中央委员会从伦敦迁至科隆，由科隆区部委员会负责建立新的中央委员会；二是废除同盟的现行章程，责成新的中央委员会拟订新的章程；三是在伦敦建立两个同盟区部，这两个区部不发生关系，都直接与中央委员会发生联系。马克思提出这种建议的出发点是，既可以与反对派分道扬镳，克服党内的无政府状态，又不要引起全党的大分裂，以便在组织上巩固同盟的统一。沙佩尔等少数派代表不同意马克思的建议，并再次提出要立即发动革命，让无产阶级获得统治地位。中央委员会在就马克思的提议进行表决时，维利希和列曼退出了会场，沙佩尔投了弃权票，会议以6比4的多数票通过。会后，沙佩尔、维利希集团不遵守中央的决定，反而更猖獗地进行分裂活动，还企图另立中央，把马克思等人开除出同盟。他们在中央受到孤立后，便向同盟伦敦区部、科隆区部以及布朗基主义者等小资产阶级派别寻找支援。同年，维利希和沙佩尔主持召开了同盟伦敦区部大

[①] 《马克思恩格斯全集》第7卷，人民出版社1959年版，第618页。

会，宣布另立中央。大会根据维利希的提议，通过了一个使同盟彻底分裂的决议。决议宣布，解除同盟前中央委员会委员的职务，将马克思、恩格斯、施拉姆、普芬德、鲍威尔、埃卡留斯等委员开除出同盟。他们还以伦敦同盟中央的名义向各区部发出了告同盟书，并派了特使去了德国，企图把各地的组织拉到自己一边。到这时，共产主义者同盟实际上已经分裂了。

在维利希和沙佩尔集团加紧分裂同盟的同时，同盟中央委员会的马克思、恩格斯、鲍威尔、埃卡留斯等领导人坚持正确的理论和斗争策略，为维护同盟的权威，捍卫无产阶级的利益，同分裂分子展开了坚决斗争。

1850年9月，同盟伦敦中央委员会通过决议，派豪普特作为特使前去科隆，向在科隆的同盟区部的共产主义者说明伦敦中央委员会发生分裂的真相和原因，促使科隆区部按照中央决议，担负起同盟中央委员会的责任来。科隆区部的领导人丹尼尔斯、毕尔格尔斯、勒泽尔等表示，坚决拥护同盟中央的决定，拥护马克思的领导，竭尽全力履行义务。与此同时，维利希和沙佩尔集团也派人去科隆、美因兹等地进行分裂活动，但没有达到预期目的。9月30日，同盟科隆区部召开会议，选出了由毕尔格尔斯、勒泽尔和奥托组成的新的中央委员会。10月22日，科隆区部又召开了会议，决定遵照执行伦敦中央委员会9月15日会议的决议，立即以同盟新的中央委员会的名义开展工作。会议通过决议，取消伦敦区部9月23日的决议，解散伦敦区部，委托埃卡留斯在伦敦组织第二个区部，直接隶属于科隆中央委员会，草拟同盟的新章程。

同盟科隆中央委员会组成以后，做了大量的工作。它派特使魏德迈、奥托、诺特荣克等人到德国各地恢复和重建同盟的基层组织，加强了各地的共产主义者之间的联系；在1850年10—11月间拟定了同盟新的章程草案，对同盟的目的、组织结构、各级组织的权限、盟员的标准等做了明确的规定；准备在适当的时机召开同盟的第三次代表大会；打算创办《新杂志》作为同盟中央的机关刊物；起草了《1850年12月1日科隆中央委员会告同盟书》，批判了维利希和沙佩尔集团分裂中央的错误，对同盟下一步的工作做了部署。

同盟新的中央成立后，维利希和沙佩尔集团不承认它的合法领导地位，反对同盟中央的决议，要解散新的中央，还继续进行分裂活动。1850年11月16日，他们与法国的布朗基主义者一起拟定了《告各国民主主义者书》，号召法国、德国、意大利、波兰和匈牙利等国的民主主义者举行起义，建立民主共和国。12月1日，同盟科隆中央委员会发布了告同盟书，批判了维利希和沙佩尔集团的错误和分裂活动，宣布将该集团的领导人开除出同盟。这样，同盟就完全分裂了。

正当同盟新的中央积极开展工作的时候，各国资产阶级政府又加紧残酷地对同盟进行了镇压和迫害。自革命失败后，德国和欧洲其他国家的政府一直没有停止对同盟的成员、革命者和民主人士的围剿和进攻。1850年12月，德国政府迫使《新莱茵报·政治经济评论》停刊，同时极力搜捕同盟的成员。1851年5月11日，普鲁士警察当局蓄意制造的"科隆共产党人案"是反动派镇压同盟的顶峰。5月10日，科隆中央委员会的特使诺特荣克在莱比锡车站被捕，被搜出了同盟中央委员会的文件和其他一些盟员的地址。于是，警察当局掀起了逮捕和迫害盟员的狂潮，绝大多数盟员被捕，同盟中央委员会遭到大的破坏。被捕的盟员在科隆被关押了一年之久，受到了严重的摧残。他们表现出了坚定的革命信念和勇敢的斗争精神。反动派经过一年多时间的策划、伪证，于1852年10月7日到11月12日在科隆开庭审判共产党人。绝大多数共产党员在法庭上慷慨揭露反动派的阴谋、捏造和谎言，宣传了共产主义思想。结果，由于法庭指控的证据不足，4人被宣告无罪，7人被判处了6年、5年、3年不等的徒刑。在这期间，马克思和恩格斯为了营救盟员，揭露普鲁士政府和警察当局对盟员的残酷迫害，先后写了《关于最近的科隆案件的最后声明》《揭露科隆共产党人案件》《最近的科隆案件》等文章。在文章中，他们不仅证明案件是捏造的、非法的，而且揭露了资产阶级国家官僚制度的弊病和危害。

由于同盟内部出现了分裂，外部又遭到了敌人的破坏和摧残，科隆审判案结束后，同盟已很难再存在下去。1852年11月17日，伦敦区部根据马克思的建议，宣布解散同盟。

二 同盟的历史地位

共产主义者同盟存在的时间不长，但它在国际共产主义运动史上占有重要地位，做出了不可磨灭的贡献，产生了深远的影响。

第一，共产主义者同盟为无产阶级政党的建设留下了宝贵的经验教训。同盟是世界上第一个以科学社会主义理论为指导的共产主义政党。它有科学的理论纲领《共产党宣言》，有明确的组织章程，有马克思和恩格斯等这样的伟大领袖，有自己的党报。在组织、思想、理论、政治等建设方面，同盟积累了宝贵的经验教训，为世界无产阶级先进政党的建设开创了先河，提供了教益。从此，《共产党宣言》一直是世界无产阶级及其政党的理论旗帜，马克思和恩格斯一直是公认的世界无产阶级的导师，同盟的组织原则民主集中制被确定为无产阶级政党的基本组织原则，同盟培养的各国工人运动的领袖在后来的各国政党和国际组织中发挥了积极作用。所以，可以说，同盟不愧为世界无产阶级先进组织的先驱。

第二，共产主义者同盟的诞生和活动为国际共产主义运动的发展打下了基础。同盟成立以后，无产阶级的斗争进入了有科学理论指导、有组织发展的阶段，马克思主义理论开始与欧洲工人运动结合起来。它在存在的 5 年多的时间里，一直战斗在工人阶级解放斗争的最前列。它在欧美 7 个国家建立和发展了党的组织，开展了共产主义运动，实践了马克思主义的理论和原则，培养了工人运动的活动家和领导人，影响和教育了群众。它以轰轰烈烈的革命活动，显示了欧洲无产阶级力量的强大，震撼了旧的世界，鼓舞了各国人民争取解放的斗争。

第三，共产主义者同盟坚持、检验和发展了马克思主义无产阶级革命斗争理论。同盟在成立后的活动中，特别是在 1848 年革命的活动中，以《共产党宣言》的基本原理为依据，制定了斗争的战略策略原则，实践了马克思主义的无产阶级革命和无产阶级专政理论。在 1848 年革命失败后，马克思和恩格斯深入研究资本主义经济矛盾的发展，总结斗争的经验教训，补充和发展自己的理论。经过 1848 年革命斗争的洗礼，马克思主义理论经受住了历史的检验，同时也从历史的经验中获得了发展。马克思和恩格斯在总结 1848 年革命的经验时所提出的一系列理论，比如不断革命理论、工农联盟理论、无产阶级专政理论等等，都是与总结共产主义者同盟的斗争经验联系在一起的。

同盟解散后，国际共产主义运动进入了一个较长的低潮发展时期。但是，马克思、恩格斯及同盟的一批成员，仍然坚持革命的信念，不懈地进行斗争，为迎接革命高潮的到来准备政治、组织和理论条件。在十几年后，又一个世界性的无产阶级国际组织第一国际成立，并且无产阶级在德国建立了民族国家范围内的无产阶级政党，欧洲各国无产阶级联合斗争的规模更大，水平更高。到了19世纪80—90年代，欧美国家的无产阶级运动进入了普遍的高涨阶段，又组织了影响更大的第二国际。共产主义者同盟为欧洲无产阶级的解放运动奠立的基石是永存的。

正是由于共产主义者同盟具有以上几个方面的意义，恩格斯1885年在《关于共产主义者同盟的历史》一文中，把共产主义者同盟的历史称为是"国际工人运动光辉的青年时代的历史"。[①] 他高度评价了同盟对后来国际共产主义运动的深远影响，指出："目前的国际工人运动实际上是当时德国工人运动的直接继续，那时的德国工人运动一般说来是第一次国际工人运动，并且产生出许多在国际工人协会中起领导作用的人。而共产主义者同盟于1847年在《共产党宣言》中写在旗帜上的理论原则，则是目前欧洲和美洲整个无产阶级运动的最牢固的国际纽带。"[②]

当然，由于共产主义者同盟是世界上最早的无产阶级政党组织，在当时的历史条件下，它还不成熟，在思想、组织、队伍等方面还有历史的局限性。

[①] 《马克思恩格斯选集》第4卷，人民出版社1995年版，第191页。
[②] 同上书，第190页。

第十二章　1848年欧洲革命中无产阶级的斗争

1848年，欧洲爆发了规模宏大的革命运动，革命遍及俄国以外的整个欧洲大陆，其中尤以法国二月革命和德国三月革命的影响最大。这场革命是欧洲各国资本主义继续发展、社会阶级矛盾不断激化的结果。革命的性质总体上来说，属于资产阶级民主革命，革命的主要任务是清除阻碍资本主义进一步发展的各种封建统治势力。但是，由于各国国情不同，不同国家面临的具体革命任务又有差别。有的要彻底扫除封建残余，推进资产阶级民主政治的进程；有的要消灭分裂状况，实现国家统一；有的要推翻异族压迫，争取民族独立。在这场大革命中，无产阶级带着自己强烈的阶级要求登上历史舞台，给这场资产阶级民主革命打上了无产阶级的政治烙印。

第一节　法国无产阶级的革命斗争

一　法国二月革命中无产阶级的斗争

1848年欧洲革命率先在法国爆发。当时统治法国的是1830年7月革命推翻了复辟的波旁王朝后而建立的"七月王朝"。七月王朝是代表金融贵族利益的政权，包括银行家、交易所大王、铁路大王、大矿山主、大森林主和大土地占有者。出身于大金融资本家的国王路易·菲力浦是金融贵族的总代表。

七月王朝时期正是法国工业革命广泛开展的时期，在几乎所有的工业部门中机器生产已逐渐代替了手工劳动，在农业生产中机器亦有较多使用。法国的资本主义有了很大发展。

然而，七月王朝所推行的内外政策，严重影响了资本主义的发展，损害了工业资产阶级的利益。1847—1848年基佐内阁执政时期是七月王朝最腐败、最反动的时期。基佐内阁不断增加赋税、扩大纳税人的范围，推行有利于金融贵族的政策。金融贵族往往把大量资金投入到金融投机活动中以谋取高额利润，而不愿投资于工业生产，使工业资本家因得不到必要的资金信贷而难以扩大再生产，影响生产的发展，基佐政府所采取的外贸政策和关税政策，导致了工业燃料和原材料的上涨，增加了本国工业产品的成本，削弱了它与外国产品的竞争力，影响了本国产品的外销量，也对本国工业的发展不利。在政治上，七月王朝对公民选举权规定了高额财产资格限制，3600万居民中只有20万人有选举权。工业资产阶级在议会中所占议席的数量也越来越少，政府部长的位置均被金融贵族所垄断。七月王朝的反动政策加深了工业资产阶级同金融贵族之间的矛盾，激起了工业资产阶级的反抗情绪。

七月王朝的统治还严重损害了小资产者和农民的利益。成千上万的小业主和手工业者因经受不住金融贵族的投机活动和大工业竞争的打击；而纷纷破产，致使许多小资产者不得不靠典当物品而勉强度日。广大农民在各种苛捐杂税和高利贷的盘剥下，生活也极为艰难。据有关材料表明，政府每年要从农民身上榨取5.6亿法郎，这个数目占国家预算总数的一半。农民抵押债务猛增，破产状况日益严重，沦为衣食无着的无产者。小资产者和广大农民对七月王朝强烈不满，很多地方爆发过农民起义。

金融贵族和工业资产阶级的压迫剥削使工人阶级的处境更加悲惨，工人每天要劳作15—16个小时，所得工资却难以维持最低生活需求，居住条件也十分恶劣。工人还时常遭受着失业的威胁。所有这一切，使工人阶级对七月王朝的统治深恶痛绝，工人的罢工斗争和游行示威接连不断，此起彼伏。

法国工业资产阶级、小资产阶级、农民和工人阶级反对七月王朝的斗争，汇成了声势浩大的革命洪流。尽管他们的政治目的和利益要求各不相同，但在推翻七月王朝、摧毁金融贵族的反动统治这一点上则是一致的。随着斗争的发展，在法国形成了一些不同的反对派集团。以梯也尔和巴罗为首的一部分大资产者和议员，组成了"王朝反对派"。他们要求改革选举，在对外关系上采取独立而强硬的政策，但他们不反对君主制。以拉马丁为首的资产阶级共和主义者，聚集在《国民报》周围，称《国民报》派。他们反对七月王朝的君主制，要求建立共和国，维护工业资产阶级的利益。而以赖德律·洛兰为首的《改革报》派，则是小资产阶级的代表集团，他们不仅要求推翻七月王朝，建立共和国，而且主张实行普选权，进行社会经济改革，改善普通民众的生活条件。当时，也有主张社会主义的派别，一是布朗基领导的"四季社"，以密谋斗争的方法力图消灭资本主义制度，建立共产主义社会。一是著名空想社会主义代表人物德萨米领导的派别，主张进行社会革命，消除私有制，建立公有制的新社会。可见，七月王朝已成为众矢之的，处于风雨飘摇之中。

反对七月王朝的派别发起了"宴会运动"，以此作斗争的重要方式。在宴会上，各政治派别都公开发表演说，根据自己的政治主张抨击政府，鼓吹社会变革。工人群众对这种宴会运动表示支持，他们有时也举行这种活动。德萨米曾主持在巴黎贝尔维尔郊区举行了共产主义者宴会，参加宴会的工人代表在祝酒词中提议"为无产阶级、为剥削者的牺牲品而干杯！""为平等分配权利和义务，为共同劳动和共同享受福利而干杯！"进入1847年后，反对七月王朝的运动不断高涨，仅1847年9月到10月，反对派举行的宴会就有70多次，共约17000人参加。

国王路易·菲力蒲面对蓬勃发展的斗争浪潮，顽固地拒绝任何改革要求，并指令基佐政府严厉镇压各地的群众斗争，取缔倡导改革的宴会运动。

反对派别则针锋相对，决定于1848年1月19日再次举行盛大宴会，开展抗议活动。由于政府的阻挠，宴会又改在22日举行。这天早晨，聚会者冒着大雨纷纷来到马德林广场，人们慷慨激昂的演讲，高唱《马赛曲》，高呼"打倒基佐！""改革万岁！"的口号。聚会群众接着进行了游行示威，他们挺进主要街道，逼近议会所在地波旁宫。政府派军警阻止游行队伍，愤怒的示威群众同军警发生激烈冲突。游行示威者开始分散在临近的各条街道上，拆毁桥梁，修筑街垒，用石块袭击军队，夺取枪支弹药。和平示威发展为武装战斗。

2月23日，革命群众和政府军展开了激烈的街垒战。国王在惊恐之际，决定撤销基佐的首相职务，以缓和紧张局势。一些资产阶级反对派人物认为已达到改革的目的，便四处活动劝说人民停止战斗。但是无产阶级和起义群众不买他们的账,继续坚守街垒,不懈斗争,坚决要求废除七月王朝统治,建立共和国。到23日夜,起义群众就筑起了1500多个街垒,战斗在不断扩大。

2月24日,起义人民对政府的各个主要据点,如市政厅、兵营、广场和哨所等,发动了猛烈的进攻。政府军开始发生动摇。许多重要场所先后被起义者占领,国王的王宫——土伊勒里宫也遭到猛烈攻击。路易·菲力浦感到大势已去,在骑兵连的护卫下,乘坐马车仓皇逃出巴黎,不久流亡到英国。起义人民占领了王宫,捣毁了国王的半身铜像,把国王的宝座搬到巴士底广场上的烈士纪念柱前烧掉。七月王朝被推翻,二月革命取得了胜利。

当巴黎无产阶级和革命群众还在街头英勇奋战的时候,资产阶级于2月24日晚在市政厅大厦宣布临时政府成立。临时政府由11人组成,其中2人为王朝反对派,5人为资产阶级共和派,2人为小资产阶级民主派,还有2人为工人代表,即路易·勃朗和阿尔贝。临时政府表面上是参加革命的各阶级的联合,但实际上资产阶级垄断了一切要职。马克思对此曾指出:"它只能是各个不同阶级间妥协的产物,这些阶级曾共同努力推翻了七月王朝,但他们的利益是互相敌对的。临时政府中绝大多数是资产阶级的代表。"[①]

法国的二月革命就其性质来说,是一次资产阶级民主革命,但它具有鲜明的人民性。在革命斗争中,无产阶级和人民群众提出了自己的政治要求,并进行了英勇的战斗。但是临时政府成立后,即置无产阶级和人民群众的种种要求于不顾,甚至连建立共和国这一人们最关心的基本问题也迟迟不予表明。2月25日,一位工人领袖弗朗斯瓦·拉斯拜尔率工人代表团前往市政厅严正声明:他以巴黎无产阶级的名义,命令临时政府宣布成立共和国。如果人民的命令在2小时内不付诸实施,他就要率20万人回来质问。当时工人武装还没有解散,街垒尚未拆除,革命人民实际控制着巴黎。资产阶级迫于形势的压力,不得不答应在2小时的期限内宣告实行共和制,这样,法国历史上的第二共和国成立了。

法国无产阶级把这个共和国看作是"社会共和国",期望它通过社会

---

① 《马克思恩格斯选集》第1卷,人民出版社1995年版,第382页。

改革满足劳动人民的经济、政治要求，临时政府慑于武装工人力量的威胁，被迫对人民作出了一些让步，实施了一些社会改革措施，2月28日，宣布成立了"工人问题委员会"，由路易·勃朗和阿尔贝任正副主席，成员有工人代表、企业主代表和几名经济学者。该委员会负责研究解决工人的劳动保障问题。由于其机构设在巴黎城郊的卢森堡宫，所以又被称为"卢森堡委员会"。临时政府还颁布了将巴黎工人的工作日缩短为10小时的法令。默认了工人有集会、结社和出版的自由。3月2日起，又先后在巴黎、里昂、马赛等地成立"国家工场"，收容了约11万失业工人和破产的手工业者就业。3月9日，又下令取消了"债务囚禁法"。过去根据该法，到期无力偿债的人就要进监狱。这是七月王朝剥削和压迫劳动人民的野蛮法律。尽管这些社会改革措施是在工人的强大压力下作出的，但毕竟具有民主、进步性质，是工人群众在革命中争得的成果。

二　巴黎工人六月起义

二月革命胜利后，资产阶级临时政府掌握了政权。它一面高唱民主、博爱的论调，宣称要"消除各阶级间所存在的可怕误会"；一面加紧扩充反动武装，阴谋解除工人武装力量，以巩固资产阶级的统治。马克思提出："共和国只不过是旧资产阶级社会的一件新舞衣罢了。"[①]

法国工人阶级在二月革命中浴血奋战，为推翻七月王朝做出了极大贡献，但是二月革命的胜利并没有使他们获得翻身解放，当时，无产阶级的发展还不成熟，又深受路易·勃朗宣扬的"阶级合作"幻想的影响。他们错误地认为建立了"社会共和国"就可以实现劳动权，就可以摆脱资本主义的压迫与剥削，甚至认为这种共和国可以同资产阶级合作去实现，而没有认识到资产阶级所宣布的共和国的实质，没有认识到在资产阶级掌握政权的共和国里是不可能实现劳动权的。临时政府成立"卢森堡委员会"，实际上是借机把工人代表路易·勃朗和阿尔贝排挤出政府。"卢森堡委员会"既无经费又无行政权，其主要作用就是在调解劳资纠纷的形式下散布和平解决劳资矛盾的幻想，根本谈不上保障工人的劳动权。马克

---

① 《马克思恩格斯选集》第1卷，人民出版社1995年版，第387页。

思曾讽刺性地称该委员会是一个"社会主义的礼拜堂"。① 由政府组建的国家工场，把收容的工人按半军事组织编制起来，不管工人有何技术专长，一律被驱使去干修河、筑路、架桥等笨重的体力劳动，发给他们极低的报酬。工人若有不满，资产阶级就说，这就是你们所要的社会主义，以此来败坏社会主义的声誉。临时政府还借口建立国家工场，增加了农民的附加税，并蓄意挑唆说，这是为了养活国家工场的工人，从而离间工人与农民的关系。工人们依赖资产阶级国家组织劳动的幻想逐渐破灭。两大阶级间的斗争越来越公开化和尖锐化了。资产阶级策划的制宪议会选举是其向无产阶级公开进攻的标志。他们决定4月9日举行制宪议会选举，以便成立正式政府，巩固资产阶级的统治。布朗基等人揭露临时政府操纵选举的阴谋，向巴黎工人发出了推迟制宪议会选举的呼吁书。他们指出，在工人阶级没有准备的情况下进行选举，就是要人们像瞎子一样去投票，完全受资产阶级的摆弄。3月17日，工人群众举行示威，迫使临时政府把选举推迟到4月23日。随后，布朗基会同巴黎各进步团体成立了"中央选举委员会"，并于3月25日发表宣言，揭露资产阶级的虚伪性和反动性。他们积极开展宣传工作希望有更多的工人代表当选。4月16日，工人群众又在马尔斯广场和跑马场集会，进行选举准备活动，并向临时政府递交"消灭人剥削人"的请愿书。资产阶级却乘机制造谣言，说以卡贝、布朗基、拉斯拜尔为首的共产主义者集合了20多万工人手持武器向市政厅进发，要推翻临时政府。临时政府遂下令调10万军队开进巴黎，以镇压工人的斗争浪潮。

在4月23日的制宪议会选举中，资产阶级获得了大多数议席。在880名议员中，资产阶级共和派有550名，保皇派212名，小资产阶级100名，工人代表只有18名。由于资产阶级的造谣中伤，著名工人领袖卡贝、布朗基、拉斯拜尔皆落选。这次选举是法国历史上第一次成年男子的普选。工人们原以为普选权会改变他们的政治处境，但结果使他们大失所望。

5月4日，制宪议会开会，宣布结束临时政府。10日，选出5人执行委员会，组成新政府。原来作为工人代表参加临时政府的路易·勃朗和阿

---

① 《马克思恩格斯选集》第1卷，人民出版社1995年版，第384页。

尔贝被排挤出新政府。制宪议会还否决了设立劳动部的提案,并且通过了禁止集会请愿的决议。资产阶级的所作所为激怒的巴黎的工人阶级,5月15日,15万巴黎工人举行了浩大的反政府示威游行。示威群众宣布解散议会,并推举布朗基、路易·勃朗和阿尔贝等组织新临时政府。早有准备的资产阶级立即调集军队驱散示威群众,逮捕了巴尔贝斯、阿尔贝等工人领袖。随后,又逮捕了布朗基,封闭了布朗基领导的"中央共和主义社",查抄了拉斯拜尔领导的"人民之友俱乐部",并下令解散了"卢森堡委员会"。

在二月革命后两大阶级的较量中,资产阶级逐渐占了优势,它向巴黎无产阶级步步紧逼。5月20日起,制定议会开始讨论国家工场问题。资产阶级认为,国家用钱养了11万多工人"只是为了教会他们叛乱","国家工场是无政府主义和掠夺的支柱"。他们先是提出改组法案,进而又作出了消灭国家工场的决定。6月21日议会最终作出决定,凡18—25岁的单身男子一律充军,其余工人驱往外地做苦工。巴黎工人闻讯后,愤怒万分。6月22日,成群结队的工人涌向市区,举行游行示威,高呼"打倒制宪议会"、"劳动和面包"等口号。工人的抗议活动从22日上午9时一直持续到晚10时,有的示威者号召工人们拿起武器,同资产阶级进行抗争。

6月23日,工人们开始武装起来,筑起了数百个街垒,街垒上竖起国家工场的三色旗。他们发表宣言,要求解散制宪议会,审判执行委员会,由人民起草宪法,军队撤出巴黎,释放被捕的革命者,建立一个"民主的社会共和国"。很快,巴黎被分成两半,东部劳动群众居住区处于起义工人控制之下。参加起义的总人数为4万—4.5万人,主要是国家工场的工人,另有一部分铁路工人、私人企业的工人、失业工人和一些激进的知识分子。国家工场中的工人是按半军事编制组织的,他们仍按这种编制起义,因而较有组织性。但由于此前一些著名工人领袖被捕,起义缺乏统一的领导和指挥。一位叫盖尔索济的革命家曾制定了一个军事行动计划,将起义力量分成4个纵队,以工人居住区为根据地,向市政厅和议会分进合击。另组织小型游击队在纵队侧翼和纵队之间独立行动,支持纵队的进攻和保持纵队间的联系。但这一计划未能很好地实行。

工人起义的爆发,使资产阶级感到极度恐慌,急忙授权军事部长卡芬雅克将军指挥全部武装力量镇压工人起义。23日中午，双方激战开始。第一次战斗在圣丹尼区爆发，大批政府军从侧面向克列里街垒进犯，起义工人浴血奋战，前赴后继，一次次给敌人以重创。当起义的旗手倒下时，一名女工马上接过旗帜，挥舞着激励工人奋勇抗战，她中弹牺牲后，又一名女工立即冲上去继续高举旗帜战斗。在起义工人英勇顽强的抗击下，卡芬雅克不得不亲率援军参战。各个街垒的战斗持续不断，晚上，起义工人占领了巴士底广场，直到24日凌晨，优势仍在起义者一边。

面对起义工人的迅猛进军，制宪议会的资产阶级议员们认为执行委员会无能，决定解散执行委员会，将军政独裁大权授与铁腕人物卡芬雅克。24日起义达到高潮，许多妇女、儿童也参加了战斗，运子弹、救护伤员、修筑街垒、传递情报等。起义者开始向市政厅节节进击。当时的巴黎市长马拉斯脱曾这样写道："第八和第九区的政府已为暴徒所占领。射击越来越接近市政厅了。如果我们不能马上得到增援，暴徒就要把我们封锁起来，那时我们其余的军队就会瘫痪。"卡芬雅克调集了约23万人的兵力，分三路向起义者阵地猛攻。起义工人英勇抵抗。据报道，锡特岛附近的一家服装店，由600名工人守卫，卡芬雅克指挥炮兵轰击这所服装店，又用燃烧弹射击起义者，起义者坚持不下火线，最后全部壮烈牺牲。

25日，卡芬雅克集中40门大炮对起义者占领的街区轰击了一整天。起义工人面对敌人的猛烈炮火仍坚持战斗，他们庄严宣告："不是他们消灭我们，就是我们消灭他们，我们绝不后退。"傍晚，起义工人在城内各区的街垒都被攻破，他们被迫撤离市区，退守最后的据点圣安东郊区和坦普尔郊区的一部分。26日，最后一天的战斗在圣安东郊区激烈进行。这里是最坚固的阵地，守卫也很严密。在通往该区的许多要冲处都构筑了巧妙的工事，街垒彼此形成三角形，可以互相掩护。政府军遇到顽强抵抗，卡芬雅克玩弄诱降手腕，提出谈判条件，起义者坚持自己的立场，决心血战到底。卡芬雅克命令多门重炮对街垒猛轰滥炸，最后，政府军以付出重大伤亡的代价，才攻占了起义工人的这一最后据点。

巴黎无产阶级与资产阶级的这次交锋，面对武器装备优良且人数5倍于自己的敌人，浴血奋战了4天，表现出了大无畏的革命精神，在无产阶级革命历史上写下了可歌可泣的英勇一页。这次起义沉重地打击了资产阶级的嚣张气焰，政府军指挥作战的10多名将军，有6名战死，6名受伤，政府军死伤 200 多人，而起义者在战斗中牺牲的人数则无确切的统计数字。

起义被镇压后，资产阶级又对无产阶级采取了残酷的迫害措施，有 1.1 万人被杀，2.5 万余人被监禁或流放。恩格斯曾指出："资产阶级第一次表明了，一旦无产阶级敢于作为一个具有自身利益和要求的单独阶级来同它相对抗，它会以何等疯狂的残暴手段来进行报复。"①

巴黎工人六月起义虽然失败了，但它具有重大的历史意义。六月起义的核心问题是要求共和国通过组织劳动维护劳动权。保证劳动权，实际上是表示控制资本，占有生产资料，意味着消灭雇佣劳动。这是六月起义和二月革命的本质区别。二月革命要求推翻的只是一种国家政体，六月起义要求推翻的已是资产阶级社会。二月革命中无产阶级是作为资产阶级的盟友参加革命的，而六月起义是巴黎无产阶级手执武器与资产阶级进行斗争，打击的是自己的直接敌人。对这次起义，马克思评价说："这是分裂现代社会的两个阶级之间的第一次大规模的战斗。这是为资产阶级制度的存亡而进行的斗争。"②

第二节　无产阶级在德国革命中的斗争

一　德国三月革命中无产阶级的作用

继法国二月革命后，德国在 1848 年 3 月也爆发了大规模的革命运动。

革命前夕的德国，资本主义工业已有较大的发展，开始进入产业革命的阶段。从 19 世纪 30 年代起，德国就形成了一些工业区和工业城市。莱茵—威斯特伐里亚地区较早废除了封建生产方式，资本主义工业迅速发展起来，成为德意志最先进的工业区域。萨克森、西里西亚的纺织工业发展很快，开姆尼成了萨克森的纺织工业中心，那里的一个印花布厂或棉纺厂已雇用上千乃至几千名工人劳动。柏林也发展成为重要的工业城市。普鲁士的机器制造业和布匹印花业，有 1/3 集中在柏林。1846 年柏林的 40 万人口中，有 7 万是雇佣工人。随着资本主义工业的发展，德国资产阶级的

---

① 《马克思恩格斯选集》第 3 卷，人民出版社 1995 年版，第 4 页。
② 《马克思恩格斯选集》第 1 卷，人民出版社 1995 年版，第 398 页。

经济实力不断增强，但它在政治上还处于无权地位。德意志国家的分裂状态和封建专制制度的统治，严重妨害了德国资本主义的发展和资产阶级利益的增长。资产阶级对此极为不满。

当时，德国在政治上仍然处于封建君主专制的割据状态。名义上是联邦制的统一国家，由大小不等的38个政治实体构成，包括1个帝国（奥地利），5个王国（普鲁士、巴伐利亚、萨克森、汉诺威、符腾堡），20多个公国、侯国和4个自由市，诸邦国在内政、外交、军事上各自为政、独霸一方，币制和度量衡也不尽相同，彼此争权夺利、矛盾重重。尤其是奥地利和普鲁士两个最大的邦国为争夺全德领导权，不断进行着激烈的争霸斗争，整个国家长期处于严重的四分五裂之中。消灭封建割据，实现国家统一，成为德国资本主义发展的必然要求。

德国的资产阶级产生较英、法要晚，工业资产阶级的力量薄弱。商业资产阶级有的在经营上和贵族关系密切，有的则是资产阶级化的贵族，当它开始进行反封建的政治活动时，德国的工人运动已经开展起来。资产阶级害怕无产阶级斗争的程度，甚至超过了它对封建贵族统治的不满。这就决定了它在政治上的软弱性和动摇。他们积极要求参与国事，统一国家，发展资本主义。但并不主张根本变革国家制度，而仅仅要求建立君主立宪制的全德联盟。

德国人数最多的阶级是农民，在全德意志联邦占2/3，在普鲁士占3/4强。虽然在19世纪初，各邦国先后宣布农民可以通过交纳"赎金"的方式，摆脱对地主的人身依附，从而逐步废除农奴制度，但是，由于赎卖条件极端苛刻，所以到1848年止，在普鲁士获得"解放"的富裕农民约为6/7，而贫农和中农只有1/5。所以，绝大多数农民仍处于地主、高利贷者和农业资本家的奴役剥削之下，政治上无权利，生活贫苦不堪。特别是小农、佃农和农工，积极要求消灭封建势力。但他们对国家统一、社会进步缺乏明确的认识，不能从事任何独立的政治运动。

在城市，小商人、小手工业者等小资产阶级居于多数。他们苦于经营的艰辛和重税盘剥，具有改变现状的迫切要求。他的阶级地位介于有产者和无产者之间，其政治立场具有摇摆性。但小资产阶级在社会革命中常常起着至关紧要的作用。他们站在谁一边，支持谁，往往成为革命成败的重要砝码。

德国的工人阶级在革命前已达 70 万人之多。他们生活在社会最低层，受着资产阶级和封建主阶级的双重压迫和剥削。因此迫切要求改变现状，推翻封建统治，建立统一的民主共和国。1844 年西里西亚纺织工起义是德国工人阶级独立登上政治斗争舞台的开始。1847 年 5 月，斯图加特的工人和手工业者曾构筑街垒同统治当局展开斗争。但就当时来看，德国无产阶级的力量还不够强大，觉悟程度和组织程度还不高，还担当不起领导革命的历史责任。

由德国经济、政治和阶级矛盾的发展而孕育着的社会革命潮流，因 1847 年的经济危机和法国二月革命的影响引发起来，并迅速波及德意志全境，生成了德国三月革命的汹涌浪潮。

革命首先在邻近法国的德国西南部各邦爆发。1848 年 2 月 27 日，巴登公国曼海姆的人民群众举行集会示威，向政府递交请愿书，要求废除封建义务，实行出版自由和召开全德议会。3 月 1 日，巴登首府卡尔斯鲁厄举行群众示威，支持曼海姆人民斗争的要求。3 月 2 日，巴伐利亚发生了人民群众向国王要求政治自由的请愿运动。3 月 4 日，巴首府慕尼黑的工人和手工业者占领了军械库，夺取武器，使自己武装起来。随即，符腾堡、萨克森、汉诺威等邦也爆发了大规模的群众抗议浪潮。与此同时，一些地方的农民也纷纷起来，袭击地主庄园，烧毁封建契约，给农村封建势力以沉重打击。总之，头一阵革命浪潮，就冲刷掉了德国一大堆陈年垃圾，中小各邦君主的宝座都摇摇欲坠。为了维持自己的王位，这些君主急忙改组政府，任命一些资产阶级自由派首领入阁。君主们还答应制定宪法，同意新闻自由，对政治犯实行特赦。

奥地利和普鲁士两大邦国是德国封建势力最反动的堡垒，两大邦国的首都维也纳和柏林的革命斗争对整个德国革命的进程具有决定的意义。

奥地利是哈布斯堡王朝统治的封建帝国，除奥地利本土外，匈牙利、捷克以及波兰和意大利的一部分也在其统治之下。奥地利首相梅特涅是维护欧洲封建制度的代表人物。阶级矛盾与民族矛盾交织在一起，劳动人民积怨甚深，革命一触即发。1848 年 2 月 29 日，巴黎人民推翻路易·菲力蒲王朝的消息传到维也纳，引起社会各界的强烈反响。西南德意志各邦的革命事件也对奥地利产生巨大震动。3 月 13 日清晨，维也纳的大学生、工人和市民群众集会于等级议会大厦前的广场上举行了声势浩大的反政府示威，人们高呼"自由！宪法！打倒政府！"的口号，争相发表演说，号召全奥地利人不分阶级，不分民族，团结起来，为推翻梅特涅政府、为自由民主而斗争。帝国政府下令军警镇压示威群众，人们同军警展开了搏斗，夺取武器英勇起义。维也纳内城的街巷，很快筑起了街垒，皇宫所在的区、西城区和西南部街垒最多，郊区工厂的工人也攻破关闭的内城城门，纷纷向市区汇集，援助已经起义的人民。军警处处被打退，起义的烽火越烧越旺。傍晚，奥皇斐迪南一世被迫免除了梅特涅政府首相的职务，并同意建立国民自卫军和学生武装组织，但拒绝实行宪政的要求。起义继续发展，3月15日，人民群众包围了皇宫，斐迪南一世才不得不宣布同意召开国民议会，制定宪法，允许资产阶级有参与市政管理的权利。

在普鲁士，1848年3月初，也掀起了反对封建专制政府的民主运动。3月6—9日，柏林一些有资产阶级民主思想的青年曾多次集会，拟订了给国王的请愿书。要求实行政治自由，实行大赦，法律面前人人平等，实行人民代议制度，召开联合的邦议会等。柏林的工人也行动起来，提出了自己的变革要求，除了要求集会、结社、出版等自由权利外，还提出了工作要有保障和设立劳动部，以"改善工人的命运"的要求。3月13日傍晚，约有20万工人、学生和市民群众在动物园举行集会，而后，人们向王宫进发，游行请愿，但遭到骑兵的袭击，有的人被马刀砍杀或被马踩伤，接近王宫的游行队伍被士兵驱散。维也纳人民推翻梅特涅反动政府的消息传到柏林后，柏林人民群情振奋，立即掀起了更大规模的反抗浪潮。3月18日中午，柏林的王宫广场上又举行声势浩大的群众集会，呼吁政治自由和民主制度，抗议军队屠杀群众。国王腓特烈·威廉四世慑于人民的威力，出现在王宫的阳台上讲了一些安抚的话，但难以平息群众激愤的热潮。当军队开来驱赶示威群众并开枪射击时，激起了群众起义的爆发。工人、大学生、其他市民群众立即拿起各种工具和武器，同政府军斗争。全城响起警报，人们开始构筑街垒进行战斗，郊区的工人也手持武器向柏林市中心集聚。起义人民英勇不屈，顽强作战。政府军处处告急，有的士兵同情起义人民，拒绝向群众开枪。到晚上，起义人民已占领了柏林3/5的地区。3月19日拂晓，国王眼看大势将去，急忙变换手法，命令军队停战，宣布撤出城中军队，改组政府，立即召开国民议会，制定宪法。起义人民为之付出了沉重代价，阵亡400多人，受伤达1000多人。指挥镇压起义的"霰弹亲王"害怕人民的惩处，仓忙逃出柏林，躲往英国。普鲁士国王被迫向起义死难者脱帽鞠躬志哀。

维也纳和柏林人民三月起义的胜利，极大地鼓舞了全德各地人民的斗争。广大农民也纷纷组织起来，拿起铁锹、镢头、铁叉等，攻占贵族庄园，赶走收租税的官吏，烧毁地主账簿，有力地打击了封建专制统治的社会基础。

在德国三月革命中，工人阶级始终站在斗争的前列，并在斗争中增强了力量，提高了觉悟。马克思和恩格斯曾科学地预见到德国革命即将到来，从而号召德国工人阶级积极投身于这场大革命中去。革命前夕，他们在巴黎就动员和组织了三四百名侨居国外的德国工人和共产主义者同盟成员返回德国参加革命。德国三月革命爆发后，马克思和恩格斯又为共产主义者同盟起草了《共产党在德国的要求》。这一文件规定了无产阶级在资产阶级民主革命中的斗争纲领和策略原则。其要点有：消灭德国的封建割据状态，建立统一的不可分割的民主共和国；实行普选权，保证议会中有工人的代表；取消旧军队，建立人民武装；无偿地废除压在农民身上的一切封建义务；土地、矿山、运输工具等收归国有；建立统一的国家银行，建立国家工厂吸收失业工人，实行普遍的免费国民教育等。这些要求的实质是把德国资产阶级民主革命视为无产阶级革命的直接序幕，争取资产阶级民主革命的胜利，为向无产阶级社会主义革命过渡创造条件。

二　无产阶级在反对封建势力反攻中的斗争

德国三月革命取得了一定的胜利，但是封建势力并不甘心于他们的失败，总是寻机向革命人民进行反扑。奥地利三月革命后组成的新政府，仍然由梅特涅的余党和君主派人物盘踞着。普鲁士国王威廉四世则于3月底任命莱茵区的大工厂主康普豪森和银行家汉译曼组成新内阁。他们虽然是作为资产阶级的代表组建政府的，但却立即与封建势力相勾结，破坏和阻止革命的发展，恢复旧秩序。康普豪森曾恬不知耻地公开宣称，他们就是"王朝的挡箭牌"。德国无产阶级和革命群众仍然面临着保卫革命胜利的成果，继续将革命推向深入的艰苦斗争。

在奥地利，4月15日公布了帝国钦定宪法。宪法规定皇帝仍享有行政权、武装力量统率权和绝对否决权，宪法对国民议会选举作了高额财产资格和定居年限的限制，工人、短工、职员以及享受社会救济的人等均无选举权；还规定农民义务的取消必须经地主同意并交纳补偿金。这样的宪法，引起了奥地利人民的广泛不满，引发了5月人民斗争的新高涨。5月15日傍晚，维也纳的工人和大学生再次奋起，举行大规模的示威游行，并直接向皇宫霍夫堡宫进发，在连接皇宫广场的各区段同军警发生冲突。涌入市中心的工人又开始构筑街垒，以武装斗争来捍卫革命。5月17日，奥皇及其亲信逃出维也纳。帝国政府被迫同意修改宪法，取消选举资格限制和实行民主选举。但是，反对势力仍一有机会就向革命人民进攻。5月26日，帝国政府又下令解散大学生军团并调动军队用武力执行这一命令。被激怒的大学生立即投入新的战斗，工人和市民群众也迅速布满了维也纳的街道和广场。许多地方又筑起了街垒，维也纳大学的周围就构筑了10道石头壁垒。在郊区通往市中心的各城门处，都发生了工人与政府军的冲突。有的地方工人把政府军赶走了，约有5000多工人冲进了市中心。帝国政府再一次害怕了，被迫取消了解散大学生军团的命令。

经过3—5月的几次较量，帝国政府被迫多次作出让步，奥地利的资产阶级获得了较大的权益，他们便感到满足了，转而对工人等劳动群众革命积极性的巨大增长感到不安，各革命阶级的联合阵线出现裂痕，在许多问题上资产阶级开始倒向政府。随着法国巴黎工人六月起义被镇压，德国的封建反动势力也猖狂起来，开始向革命人民反攻。8月21日，维也纳的工人为抗议政府颁布降低工人工资的通令，又举行示威游行。由于资产阶级的叛变，小资产阶级的观望，工人的这次斗争遭到残酷镇压。8月23日，当又有8000多工人示威游行时，便遭到军警马刀的砍杀或枪击，伤亡达300多人。

奥地利革命人民同封建反动势力的最后一次激烈交战发生在1848年10月。维也纳人民为反对奥皇命令军队开赴匈牙利去镇压那里的人民革命，于10月6日晨，爆发了有10万人参加的抗议活动。工人、大学生和市民群众包围了车站，阻止奥军出发。政府军奉命向抗议群众射击。激愤的群众夺取了政府军的枪支、大炮、顽强还击。经过两个小时的交战，下令向抗议群众开火的指挥官被击毙，政府军溃败，在市中心的斯梯劳广场也发生了战斗。6日下午，国防大臣拉多尔被愤怒的群众拖到大街上，吊死在国防部大厦前的路灯杆上。6日晚，起义人民展开了争夺武器库的激烈战斗。在久攻不下的情况下，起义者使用了4门大炮，经过3个小时的炮击，武器库被打开了缺口，政府守卫部队被迫投降。10月7日晨，起义者掌握了武器库，获得了5万支步枪、大量弹药和其他武器。维也纳已经掌握在起义人民手中。奥皇斐迪南一世再一次狼狈逃离维也纳。这次起义胜利坚持了25天，但是，由于资产阶级的背叛，由于没有得到外部力量的必要援助，在反动势力调集数倍于起义群众的兵力疯狂进攻下，革命的维也纳于11月1日最终陷落。这标志着1848年奥地利革命的最终失败。此后，封建势力全面复辟，奥地利又恢复了封建专制的黑暗统治。

普鲁士在三月革命后，建立起一些民主组织和工人团体，如柏林"人民同盟"、"中央工人俱乐部"等。柏林工人逐步走上了建立组织、开展独立斗争的道路，而资产阶级则极力鼓吹把街头斗争转向议会选举。

5月初，普鲁士进行国民议会选举。民主阵营内部出现意见分歧，开始分化，资产阶级自由派右转，封建反动势力的气焰越来越嚣张。国民议会选举的结果，在400多名议员中，顽固拥护封建王朝的极右势力有150人，主张建立君主立宪制和只希望在专制主义制度下做一些改良的中间派有150人，主张民主共和制的左翼力量只有100人，其中有28名手工业者，而产业工人代表一名也没有。在国民议会中，由于王朝势力强大和资产阶级对革命的背叛，所制定的宪法草案主要体现维护旧制度和资产阶级参政的要求，而劳动人民的权益根本得不到反映。这样的宪法草案激起了人民群众的愤怒抗议，6月4日，柏林工人为了推进革命进程，奋起袭击了军械库，军械库的守军被击溃。但是，由于工人没有及时采取必要的防御措施，也没有完全武装起来，受到政府增援部队的镇压。

攻击军械库失败后，革命力量大大被削弱了，反革命气焰更加嚣张。政府加强了柏林的军警力量，对局势进行严密控制。进入11月，维也纳的陷落，助长了普鲁士反攻的气焰。国王威廉四世立即改组政府，把资产阶级自由派成员全部撤职，任命了由王族成员主政的新政府。同时，下令5万政府军开进柏林，全城戒严，民主组织和工人团体被清剿，进步报刊被查封。12月5日，国王又宣布解散国民议会。普鲁士与奥地利一样，也完全恢复了君主专制的旧制度。

普鲁士三月革命爆发后，马克思和恩格斯也于4月初秘密回国，选择了工业发达、无产阶级比较集中的莱茵省首府科隆作为开展活动的基地。

他们创办了《新莱茵报》作为指导革命的喉舌。它以"民主派机关报"的面貌出现，但字里行间都显现出明确的无产阶级性质。它猛烈的抨击封建专制势力，谴责他们镇压革命的暴行，揭露资产阶级自由派的背叛行径，积极捍卫无产阶级和劳动人民的利益。《新莱茵报》把各地工人组织团结在自己的旗帜下，在革命中发挥了巨大的作用。

三 无产阶级在维护帝国宪法中的斗争

在德国三月革命的推动下，德意志各邦的资产阶级自由派大都参加了政权，这是实现德国统一大业的有利条件。但是资产阶级不愿意依靠人民革命，消灭封建专制制度，建立共和国，从而实现国家的统一。他们主张由各邦选出代表组成全德国民议会，制定统一的帝国宪法，推举一个邦的君主为全德皇帝，由此来实现国家统一。经过一个多月的选举和各邦君主的批准，全德国民议会在美因河畔的法兰克福开幕。选出的议员共有573名，多数是拥护君主立宪的资产阶级自由派，也有相当数量的拥护专制主义制度的右翼势力。全德国民议会讨论统一德国的宪法问题达几个月之久，成为历史上有名的"老太婆议会"。

1849年春，封建势力在许多地方已恢复统治，整个形势开始逆转。法兰克福议会经过长期争吵辩论，才于3月28日通过了一部德意志帝国宪法。宪法规定，德意志是一个统一的帝国，皇帝从各邦国中选出，不对议会负责，拥有对外代表德国宣战、议和以及统率全国武装力量的权力。立法权由两院制的议会行使。加入统一帝国的各邦保持内政的独立，有自己的议会和政府。宪法还作了保护私有财产不可侵犯，保证人身和言论、信仰、集会、结社等自由。规定统一法律、关税、币制和度量衡。同时还规定，农民的封建义务必须经过地主同意并缴纳大量赎金才能废除。这是一部带有浓重保守色彩的宪法，是资产阶级民主思想同封建专制互相妥协的产物。但是，在德国革命连遭失败的情况下，它坚持德国统一，宣布了资产阶级的民主自由权利，仍具有一定的进步意义。

帝国宪法遭到各邦君主的反对和抵制，就连被法兰克福议会选举为帝国皇帝的普鲁士国王威廉四世，也拒绝接受这一桂冠。他认为这个议会是1848年革命的产物，又制定了自由主义的宪法，接受这样的皇位"可能给他带来最大的不幸"。4月28日，普鲁士政府发布通告，声称帝国宪法是一个极端无政府主义的文件，德意志各邦政府必须予以审查和修订。各邦政府为反对帝国宪法而积极行动起来。

封建统治者对帝国宪法的反动态度，激起了人民群众的极大愤怒。人民群众把这部宪法视为三月革命以来唯一尚存的成果，因此，积极掀起了护宪斗争。

5月3日，萨克森的首府德累斯顿的人民首先举行起义，攻打军械库。到傍晚，起义群众修筑起100多座街垒，政府军节节失利。5月4日，萨克森国王被赶走。护宪派成立了临时政府。由于临时政府的行动不够坚决，敌人得以把大批军队调集到德累斯顿。起义的工人和手工业者队伍顽强坚持了4天的战斗。至9日，萨克森起义被镇压。

5月9日，莱茵省的爱北斐特爆发起义。起义者击退前来镇压的普鲁士军队。爱北斐特的战斗推动了其他城市的起义。杜塞尔多夫和佐林根的工人也举行起义。佐林根的起义者占领了军械库，把它变成整个莱茵省起义的武器供应地。由于资产阶级的叛卖，5月16日晚，爱北斐特工人武装遭到敌人袭击，起义被镇压。莱茵省的起义遭到了失败。

普法尔茨的护宪运动也于5月3日开展起来。由资产阶级民主派组成的地区保卫委员会向巴伐利亚政府提出承认帝国宪法，组织人民自卫军等项要求。军队前来镇压的消息激起了人民起义。5月17日，普法尔茨的资产阶级民主派成立了临时政府，宣布普法尔茨脱离拒不承认帝国宪法的巴伐利亚王国。

5月12日，巴登的一些城市爆发了起义。5月13日，巴登首府卡尔斯鲁厄也发生起义，政府调来镇压起义的军队倒戈，巴登大公列奥波德弃城出逃。资产阶级民主派组成了新政府。巴登和普法尔茨成为护宪运动的中心。

6月初，普鲁士政府调兵去镇压巴登和普法尔茨的护宪运动。6月22日，普军的进攻被击退。接着普军再次进攻。6月29日至30日双方在拉什塔特城下展开激战。1.3万名巴登起义人员英勇顽强地抗击普鲁士的6万大军，在重创普军后，撤往瑞士境内。巴登和普法尔茨的护宪运动最终被镇压下去。

在轰轰烈烈的1849年5月护宪斗争中，马克思和恩格斯和许多共产主义者同盟的成员积极支持并参加了这一运动。马克思和恩格斯曾建议法兰克福议会和起义地区的临时政府公开号召起义，把起义扩展到整个德国。他们在城乡劳动人民中进行鼓动工作，组织工人参加起义武装。在莱茵省的紧张战斗中，5月11日，恩格斯曾亲率一支由500多佐林根工人组成的起义队伍，赶到爱北斐特参加反击普军镇压的斗争。6月，恩格斯又作为共产主义者同盟成员维利希指挥的工人志愿军团的副官，直接参加了巴登和普法尔茨抗击普军的战斗。在多次战斗中，恩格斯都表现出了非凡的指挥才能和漠视一切危险的英雄气概。当巴登起义队伍撤向瑞士境内时，恩格斯又指挥少部分人胜利完成了后卫任务。共产主义者同盟的著名领导人约瑟夫·莫尔也多次参加战斗，并在一次战斗中英勇献身。

普鲁士政府在对护宪起义进行镇压的同时，也对马克思主编的《新莱茵报》发动了进攻。在维护帝国宪法的日子里，《新莱茵报》以高度的热情号召德国人民同反革命势力进行斗争。5月16日，普鲁士政府以"煽动居民蔑视现存政府，号召暴力革命和建立社会共和国"为由，勒令《新莱茵报》停刊。1849年5月19日，《新莱茵报》用红色油墨出版了最后一期（第301号），该期刊登的编辑部《致科隆工人》的告别书中声明："无论何时何地，他们的最后一句话始终是：工人阶级的解放！"普鲁士还下令驱逐马克思出境，马克思只好去了法国巴黎，后来又到了英国伦敦。

在5月起义被相继镇压的过程中，法兰克福议会的一些议员见形势不妙，宣布脱离了议会，有的议员被本邦召回，其余的逃往斯图加特，组成一个"残余议会"，6月中旬，被符腾堡的政府军驱散。至7月底，各地的护宪斗争都被镇压下去。至此，从1848年3月开始的德国革命最终告结。

历时近一年半的德国革命失败了，统一德国和使其民主化的根本问题没有解决。割据分裂状况依旧存在，封建专制主义统治没有被消灭。德国革命失败的原因是多方面的，工人阶级虽然进行了浴血奋战，但还没有成熟到掌握革命领导权的程度；小资产阶级民主派的革命不彻底性和动摇性；尤其是资产阶级自由派在革命中的背叛，是导致革命失败的最主要原因。马克思和恩格斯曾指出："1848年三月运动之后，资产者果然立即就夺得了国家政权，并且随即利用这个权力迫使工人即自己在战斗中的同盟者回到从前那种受压迫的地位。资产阶级如果不同那个在3月间被打败了的封建党派结成联盟，最后甚至把统治权重又让给这个封建专制主义党派，是不可能做到这一点的"。① 这次革命虽然失败了，但它沉重地打击了德国的封建势力，促进了德国资本主义的进一步发展，提高了德国无产阶级的觉悟和组织性，促使无产阶级走上更好地开展独立政治斗争的道路。

第三节　东南欧被压迫民族和人民的革命斗争

在1848年法国和德国革命的影响和推动下，东欧和南欧的波兰、捷克、匈牙利、罗马尼亚和意大利，都爆发了被压迫民族和人民的起义斗争，反对沙皇俄国、普鲁士和奥地利等国的残酷统治，争取民族独立和民主权利。这些国家的解放斗争，成为1848年欧洲大革命的重要组成部分。

一　波兰、罗马尼亚人民反对俄、普、奥反动统治的斗争

波兰在历史上曾于1772、1793、1795年先后三次被沙俄、普鲁士和奥地利所瓜分。波兰人民长期以来一直进行着不屈不挠的反对外来统治、争取民族独立的解放斗争。

1848年，波兰各地区又掀起了民族和民主革命的新高潮。3月，波兰西部普鲁士统治下的波兹南地区首先爆发了起义，人们要求民族平等和政治自由，要求恢复1772年俄、普、奥三国第一次瓜分波兰前的疆界，要求武装人民，废除封建义务和平分土地等等。几天内，一支一万多人的起义队伍把普鲁士军队打得落花流水。起义者在波兹南成立了"民族委员会"。接着，奥地利统治下的加里西亚也掀起了革命斗争。农民也起来占领地主庄园，分配土地，建立自己的政权，多次击败政府的"讨伐队"。这些斗争，都给普、奥统治者以沉重打击，但由于起义的领导权掌握在小贵族和资产阶级手中，他们只要求自治，主张与普、奥君主专制妥协，不敢为波兰的完全独立而开展积极的斗争，竭力阻止全民族起义。普、奥统治者采取反革命的两面手法，一面进行欺骗，答应给波兰人民以自治权，以麻痹和削弱人民的斗志，一面增调兵力，准备大肆镇压。4月，反革命

---

① 《马克思恩格斯选集》第1卷，人民出版社1995年版，第365页。

势力发动全面袭击,波兰人民奋起抵抗。但是,小贵族不仅不进行积极抗击,反而公然鼓噪投降。5月,他们在投降书上签了字,从背后给波兰人民以打击,起义被普、奥反革命势力镇压下去。

波兹南、加里西亚革命运动的兴起,迅速影响到沙俄统治下的波兰王国。[①] 那里的人民也纷纷掀起革命斗争。一些重要城市工人和市民群众举行起义,修筑街垒,与俄国统治者展开激烈搏斗。沙皇政府调集了12万大军血腥镇压波兰人民的起义,革命运动刚刚兴起就被沙俄所扼杀。但是,具有顽强斗争精神的波兰人民并不屈服,有的革命者转入地下秘密斗争,有的采取合法方式进行公开斗争,有的则流亡国外,继续从事波兰解放的斗争事业。

1848年欧洲革命时,罗马尼亚土地上主要有3个大公国,即摩尔多瓦、瓦拉几亚和特兰西瓦尼亚。1812年,沙皇俄国就吞并了摩尔多瓦的比萨拉比亚地区,后来,又将名义上隶属于土耳其的摩尔多瓦和瓦拉几亚两公国治于它的实际控制之下。特兰西瓦尼亚公国则处于奥地利统治之下。1848年,罗马尼亚的三个公国都爆发了轰轰烈烈的民族民主革命。

3月,流亡法国的罗马尼亚革命者亲身经历了巴黎人民革命斗争的熏陶,纷纷回国开展革命活动。4月8日,摩尔多瓦首府雅西市举行群众集会,反对外族统治,抨击专制制度。集会者向政府递交一份包括35条改革纲领的请愿书,随后,他们在雅西市人民中间进行了积极的革命鼓动。4月10日晚,摩尔多瓦大公斯图尔扎下令军队对革命者搜捕,300人被逮捕,大部分革命者逃脱。雅西市的革命发动失败了,但是摩尔多瓦乡村地区的农民暴动却蓬勃开展起来,声势越来越大。斯图尔扎向沙皇求援。沙皇急忙派出1万2千名军队开进摩尔多瓦,残酷地镇压了摩各地的革命运动。

4月,瓦拉几亚的革命运动也发展起来。从法国回国的小资产阶级革命民主派的杰出代表贝尔切斯库领导建立了瓦拉几亚革命委员会。广泛进行革命发动,购置武器,成立革命队伍。6月21日,人民起义同时在佛

[①] 在18世纪3次瓜分波兰中,俄国得地最多,占原波兰领土的62%。1807—1809年,在拿破仑法国的控制下,原普奥占领地组成华沙大公国。拿破仑被打败后,在1815年维也纳会议上,沙俄又攫取了华沙大公国的大部分领土并以波兰王国的名义再将其并入俄国,由俄国沙皇兼任波兰国王。

耳恰和普拉霍瓦两县、伊兹拉兹镇及首府布加勒斯特发动。革命委员会宣布了"革命宣言"。宣言共22条，核心内容是废除农奴制和保障国家独立。各地的起义队伍都向首府进发，沿途人数不断增加，声势浩大。6月23日，首府和外地来的起义者汇集一起，涌向王宫，要求瓦拉几亚大公比贝斯库接受"革命宣言"。守卫王宫的士兵拒绝向群众开枪。慑于人民起义的威胁，比贝斯库被迫承认"革命宣言"为瓦拉几亚宪法。两天后，比贝斯库逃往外国。革命委员会组成了临时政府。临时政府进行了一些符合"革命宣言"的改革，并公布了召开制宪会议的法令，但对废除农奴制及分配土地给农民这一根本问题却久拖不决，渐渐失去农民对革命的支持。7月底和8月初，沙俄和土耳其分头派出大军进入瓦拉几亚，起义人民进行了英勇抗击，由于临时政府内部分裂，组织反击不力，布加勒斯特失陷，临时政府被迫解散，瓦拉几亚的革命运动被绞杀。与此同时，沙俄军队还会同奥地利军队血腥镇压了特兰西瓦尼亚的革命运动。到1848年10月，罗马尼亚人民的全部革命斗争都被镇压了下来，又恢复了革命前的反动统治。

二 捷克、匈牙利人民反对奥地利反动统治的斗争

在1848年欧洲革命的洪流中，捷克也爆发了民族民主革命。从16世纪20年代起，捷克长期处于奥地利帝国的统治之下。奥地利对捷克采取分而治之的办法，将其统一领土划分为捷克、摩拉维克和西里西亚三部分，都由它直接统治，捷克人民对奥地利哈布斯堡王朝的统治普遍憎恨。随着欧洲资本主义的发展和外国资本的渗透，捷克的资本主义也迅速发展起来。到19世纪上半叶，捷克已成为奥地利帝国中资本主义最发达的地区。随着工业的发展，资产阶级势力和工人队伍都在不断壮大，人民的民族意识越来越强烈，要求民族独立的呼声日益高涨。布拉格成为捷克民族独立运动的中心。

1848年巴黎二月革命在捷克引起强烈反响。3月，布拉格开始出现大量政治性传单，号召人民起来争取独立和自由。一份传单这样写道：兄弟们！我们一定要从皇帝和贵族的压迫下解放出来，制定宪法，宣布平等、自由、博爱。1848年3月将举行总起义。3月11日晚6时，在资产阶级激进民主派的呼吁下，工人、手工业者、学生等3000多人在圣瓦次拉夫

游泳场集会，推选成立了"特别委员会"，并委托它拟订请愿书。请愿书提出的要求有：召开捷克统一议会，制订宪法，出版、言论、集会、信仰自由，废除徭役，彻底改革政府制度，捷克语和德语具有平等地位等。"圣瓦次拉夫委员会"于3月19日派代表团来维也纳，向奥皇斐迪南一世呈递请愿书，遭奥皇拒绝。3月28日，他们又拟订了第二次请愿书。迫于革命形势发展的压力，奥皇答应作一些变革。但在实现捷克、摩拉维亚和西里西亚统一并建立相应政治组织这一根本问题上，未予答复，反而任命自己的侄子斐迪南·约瑟夫为捷克总督，以加强控制。这激起了捷克人民更加高涨的抗议运动。

5月，布拉格工人、大学生不断举行集会斗争。尤其是5月17日奥皇逃离维也纳的消息传到捷克后，长期以来遭受奥地利野蛮统治的广大人民群众，群情振奋，掀起了更大规模的革命浪潮。6月3日，布拉格工人发动了暴动。大学生也行动起来，筹措武器，准备开展武装斗争。奥皇感到捷克形势的严峻，急派奥帝国元帅、一直担任驻捷军队总司令的文迪什格雷茨率大军去扑灭捷克人民的革命烈焰。文迪什格雷茨在维也纳三月革命爆发后，曾奉诏回维也纳镇压革命，这次，他又气势汹汹返回布拉格，策划对革命运动的严厉镇压。捷克人民没有被敌人的军事威胁所吓倒。6月8日和10日，布拉格大学生相继举行大规模集会，要求将军队撤出布拉格。

6月12日晨，布拉格的工人和大学生又在科恩广场举行集会斗争，而后进行游行示威，向文迪什格雷茨住所进发。文迪什格雷茨命令军队向示威群众开枪射击。镇压革命运动的枪声成了激起人民举行起义的信号。布拉格人民立即拿起各种武器投入战斗。在街道上很快构筑了400多个街垒。反动军队三次进攻环绕老城的街垒，均被击退。6月12日夜，战斗通宵未停。13日，战斗更加激烈，政府军摧毁了一些街垒，起义者又顽强地修复起来，在许多街区都继续着激烈的巷战。起义持续到6月16日，气急败坏的文迪什格雷茨发出最后通牒：起义者如不停止抗击，他将用密集的炮火摧毁整个城市。被吓破了胆的资产阶级自由派人物急忙向起义者劝降，但广大起义者毫不畏惧，视死如归，高唱国歌《喂，斯拉夫人》，继续反击。6月17日，凶恶的敌火用猛烈的炮火向起义者占领的城区连续袭击了6个小时，布拉格城被熊熊烈焰燃烧了整整一夜。在敌人残酷的镇压下，布拉格起义遭到了惨重的失败。这次起义在捷克人民的革命斗争史册上写下了光辉的一页。

匈牙利爆发的人民革命和民族解放战争，在1848年欧洲大革命中占有突出地位。当时，匈牙利是奥地利的一个附属国。奥地利皇帝兼任匈牙利国王，匈牙利的国防、财政、外交大权均由维也纳宫廷掌管，奥皇指派总督管理匈牙利的具体行政事务。匈牙利人民没有言论、出版、结社等自由，长期生活在奥地利统治的阴影下。他们不甘心于这种生活，一直为争取民族独立而进行斗争。

1848年法国二月革命胜利的消息传到了匈牙利的首府波若尼，犹如在一堆干柴上投放了火种，一场争取民族独立，反对封建制度的资产阶级民族民主革命迅速爆发起来。3月3日，以科苏特·约拉什为代表的匈牙利议会中的反对派，提出了一份全面改革的政治纲领草案，要求废除农奴制，建立民主政体，匈牙利实行自治等。随着奥地利三月革命的爆发，梅特涅反动政府被迫倒台，这一消息极大地鼓舞了匈牙利人民的斗志。3月14日，下议院通过了科苏特提交的政治改革纲领草案，并派出100人的大型代表团前往维也纳，要求奥皇批准这一改革纲领草案。

与此同时，在匈牙利的另一重要城市佩斯①，也掀起了轰轰烈烈的革命运动。3月14日晚，以进步诗人裴多菲为首的革命青年在佩斯市的比尔瓦克斯咖啡馆聚会，商讨组织群众游行示威活动。裴多菲满怀激情地朗诵了他的诗篇《民族之歌》：

> 起来，匈牙利人，祖国正在召唤！
> 是时候了，现在干，还不算太晚！
> 愿意做自由人，还是做奴隶？
> 你们选择吧，就是这个问题！
> 我们向上帝宣誓，
> 我们的宣誓，我们不再做奴隶！
> ……

---

① 当时匈牙利的首府为波若尼，1848年4月14日迁往佩斯。1873年，布达、老布达、佩斯3个城市合并为布达佩斯。

与会者一致通过了《十二条》革命纲领。这在当时成为团结、动员和组织人民群众奋起开展革命斗争的思想武器。3月15日下午，上万群众冒雨举行集会和游行，推举组成了治安委员会，作为开展革命斗争的领导机关。

以科苏特为代表的议会反对派坚决改革的要求和广大人民群众声势浩大的革命运动，上下呼应，汇聚成匈牙利争取民族独立和民主变革的巨大洪流。奥皇慑于革命的压力，被迫做出让步，于3月17日授权主张与哈布斯堡王朝妥协的资产阶级温和派人物巴蒂安尼组成匈牙利第一个责任内阁。3月18日，在革命力量的推动下，议会又相继通过了35条法令，统称为1848年法令。这些法令体现了匈牙利国家独立和资产阶级民主改革的性质。奥皇顽固坚持其反动统治，拒不批准这些法令，甚至暗地策划军事镇压匈牙利革命。匈牙利人民义愤填膺，3月28—31日，连续4天举行大规模的示威游行，人们高呼："维也纳欺骗了我们！""共和国万岁！"科苏特为首的激进派清醒地认识到，为了对付反革命的进攻，必须组织国民自卫军。这一提议在匈国民议会中被通过。国民自卫军迅速组建起来。

1848年6月以后，随着巴黎工人起义被镇压，奥地利的反动势力也猖狂起来，开始向革命运动反击。8月31日，奥皇命令叶拉契奇率领3.6万名装备精良的奥军向匈牙利大举进犯。在这危急关头，巴蒂安尼政府吓破了胆，宣布辞职。9月16日，成立了以科苏特为主席的国防委员会，取代政府职权，积极组织反抗。9月29日，匈牙利国民自卫军在韦伦茨湖附近与奥军作战，一举击溃叶拉契奇的军队，歼敌近万名。10月7日，匈自卫军又在欧佐劳地区包围了奥军，迫使9000名奥兵放下了武器。匈牙利人民赢得了独立战争第一个回合的胜利。

12月13日，经过修整加强的5万奥军在总司令文迪什格雷茨的指挥下，向匈牙利发起新的进攻。由于匈军兵力较弱，加上驻守西部边防的司令官戈尔盖指挥不力，节节败退，多瑙河以西地区相继失陷。严重威胁到首都佩斯的安全。1949年1月1日，匈牙利议会和国防委员会撤离首都迁往德布勒森。1月5日，奥军攻占佩斯。

1849年2月，经过整顿和补充的匈军准备反攻。2月5日，戈尔盖的军队经过8小时的鏖战，占领了布朗尼斯科隘口。贝姆·尤若夫也指挥匈军在特兰西瓦尼亚战场上取得了辉煌战果。4月1日，科苏特决定发起新的攻势，集中了5万军队联合作战。4月2日，匈军在豪特冯地区击退奥军，首战告捷；4月4日，在塔比欧比尼地区，打败了叶拉契奇的部队；4月6日，在绍伊塞克附近又战胜文迪什格雷茨亲自指挥的军队。4月10日，匈军攻克北方要塞瓦茨；4月24日，又光复了科马罗姆要塞。气急败坏的维也纳宫廷撤了文迪什格雷茨的职。匈牙利在捷报频传的情况下，4月14日，发布了《独立宣言》，宣布匈牙利是一个"自由、自主和独立的欧洲国家"。科苏特被推选为国家元首。

1949年5月，俄国沙皇决定应奥地利反动王朝的请求，派兵镇压匈牙利的人民革命。6月15日，20万沙俄军队分多路向匈牙利发起进攻。奥皇也调集了约16.6万人的兵力进击匈牙利。这样，俄奥联军约有37万人，1192门大炮；而匈军只有15.2万人和450门大炮，且缺乏必要的训练和装备。面对强敌，身为匈军总指挥的戈尔盖实行消极抵抗政策，试图同哈布斯堡王朝妥协谈判，致使匈军屡吃败仗，沙俄军队长驱直入，很快进入匈牙利腹地。科苏特试图集中兵力，与敌人展开一次决战，这一计划也因戈尔盖的拖延而未能实现。匈军中最骁勇善战的贝姆将军指挥的部队于7月31日遭到失败，任其副官的裴多菲在这次战役中阵亡。8月9日，在又一次与敌人的拼杀中，贝姆身负重伤，全军覆没。8月13日，戈尔盖率3.2万自卫军投降。由克劳普卡将军指挥的另一支3万人的主力部队，又坚持战斗了一个多月，到9月27日，也被迫停止了反抗。

匈牙利的民族解放运动最终在俄奥联军的强力镇压下而落败了，但是，这一历史壮举一直激励着匈牙利人民进行不屈不挠的革命斗争。

三 意大利人民反对奥地利等国反动统治的斗争

意大利是古罗马帝国的本土，曾经有过称雄于世的历史。然而，自罗马帝国灭亡以后，意大利长期陷于四分五裂、纷争不息的局面。外国势力乘机侵入，分而统之。在1818年维也纳会议上，意大利被重新瓜分为八部分。奥地利直接统治着伦巴底—威尼斯地区，并且控制着托斯堪纳、莫登纳、帕尔马和卢卡公国；西班牙统治着两西西里王国[①]；法国军队驻扎

[①] 两西西里王国是意大利南部那不勒斯王国与西西里岛的合称。

在罗马教皇国；只有撒丁王国是个独立国家。意大利人民为争取民族独立、统一和民主制度，不断开展革命斗争。1848年，意大利的革命运动又出现新的高涨。

1848年1月12日，西西里岛首府巴勒莫首先爆发人民起义，揭开了意大利革命的序幕。起义队伍击溃了那不勒斯王国军队并迫其于26日撤离巴勒莫。27日，那不勒斯爆发人民革命运动，国王被迫组成资产阶级自由派内阁，不几日又颁布了宪法。接着，西西里岛也成立了资产阶级临时政府。由西西里岛和那不勒斯掀起的革命风潮，不久便席卷意大利全境。撒丁王国、罗马教皇国和托斯堪纳公国在人民起义的打击下，都实行了立宪制度。

维也纳人民的三月革命，把不可一世的梅特涅首相赶下了台。消息传来，极大地鼓舞了备受奥地利欺压的意大利人民的斗争。3月18日，伦巴底首府米兰爆发了反奥民族起义，经过5天的战斗，赶走了奥地利军队，成立了临时政府。22日，威尼斯兴起反奥人民斗争，宣布成立共和国。不久，整个伦巴底和威尼斯地区获得了解放。3月23日，撒丁国王阿尔柏特对奥宣战，发动了反奥民族战争。意大利各帮也同时加入反奥行列，各地国民自卫军纷纷开往伦巴底参战。意大利民族英雄加里波第也从南美回国，组织了一支伦巴底志愿军，在阿尔卑斯山麓开展游击战争，多次打败奥地利军队。但是，由于5月15日那不勒斯国王斐迪南二世发动反革命政变，推翻自由派内阁，并镇压了西西里起义，使反奥阵营内部遭受挫伤，而撒丁国王阿尔柏特又反奥决心不坚，作战不力。7月23日—25日，撒丁军队在与奥军的一次大决战中失败，米兰重为奥军占领。8月9日，撒丁王国与奥方签订了停战协定。意大利人民反奥的第一次独立战争告一段落。

之后，罗马教皇国的革命形势得以迅速发展。11月15日，反动的罗马政府首脑罗西遇刺身亡。人民涌向街头示威，要求成立民主政府。第二天，罗马人民袭击教皇宫廷，迫使教皇庇护九世同意成立了资产阶级自由派掌权的世俗内阁。11月25日，在人民斗争不断高涨的冲击下，庇护九世逃往那不勒斯王国的埃塔要塞，在那里组织反对民主革命的活动。1849年2月5日，罗马召开制宪会议，宣布成立罗马共和国，选举产生了以"青年意大利党"的领袖、坚定的意大利统一运动的活动家马志尼为首的三个执政官担任共和国政府的首脑。罗马共和国的诞生，是意大利革命进入一个新阶段的主要标志。2月8日，托斯堪纳人民也废黜大公，成立资产阶级临时政府。3月，撒丁王国宣布废除停战协定，恢复对奥战争，但是不久，由于撒丁国王实行片面抗战政策而归于失败。

1849年4月，奥地利、西班牙、法国和那不勒斯王国与罗马教皇庇护九世勾结起来，联合镇压意大利境内的革命运动。4月25日，反革命联军形成对罗马共和国四面包围的局面。在大兵压境的险恶情况下，罗马军民同敌人进行了两个多月的殊死斗争。在这场血与火的罗马保卫战中，加里波第显示了他英勇的战斗精神和杰出的指挥才能。4月30日，他指挥部队沉重打击了法军，迫使法军签订了停战协定。5月间，他又击退了进犯罗马的那不勒斯军队。由于敌人不断增兵，势力强大；也由于罗马三执政在政治上和军事上犯了一些重要错误，罗马军民终于未能抵住敌人的进攻。7月2日，罗马被攻陷，罗马共和国覆灭。威尼斯共和国又坚持战斗到8月22日，最终也在奥地利军队的强攻下而失败。

1848年爆发的东南欧人民的民族和民主革命，虽然没有最终战胜反动势力而均以失败告终，然而，这一场波澜壮阔的人民革命斗争，沉重地打击了沙俄、奥地利和普鲁士等国对他们国家的占领和统治，也有力地削弱了本国的封建势力，大大促进了东南欧国家独立、统一和民主化的历史进程。

第四节　"革命死了，革命万岁！"

一　1848年欧洲革命的特点

1848年欧洲革命是世界近代史上规模最大、范围最广的一次大革命。它把每个阶级、阶层和党派都卷入了革命漩涡中去。这次革命尽管由于各国政治经济发展不平衡，不同国家所面临的具体任务有所不同，但总的来看，其基本任务仍然是消灭封建统治和封建残余，为资本主义发展扫清道路。因此，仍然属于资产阶级民主革命。但是，这次革命和17、18世纪英、法资产阶级革命相比较，是在资本主义有了较大发展，历史条件有了很大变化的情况下发生的革命，各阶级在革命中的地位、作用尤其是资产阶级与无产阶级的关系以及革命的结局等诸多方面都有明显的不同和突出的特点。

第一，17、18世纪的英、法资产阶级革命，发生在资本主义工场手工业时期，资本主义生产方式还未完全确立，封建主义的生产关系和封建专制制度占居统治地位。而1848年革命则是发生在资本主义已经相当发展的基础上，法国的产业革命即待完成，德国也已开始了产业革命。资本主义的生产关系在这些国家已占据统治地位。鉴于此，在英、法早期的资产阶级革命中，人民大众和封建统治阶级的矛盾，始终是革命的基本矛盾，革命的任务和目标十分单纯、明确，整个革命进行的比较彻底。而在1848年革命中，阶级关系已变得相当复杂，既有人民大众与封建专制制度的矛盾，又有无产阶级和资产阶级的矛盾，还有维护民族压迫和争取民族解放的矛盾。前一矛盾仍然是这次革命所要解决的主要矛盾，但是，由于无产阶级已经作为一支独立的政治力量登上历史舞台，无产阶级与资产阶级的矛盾也提上了议事日程。尽管这一矛盾还不是主要矛盾，但它对革命的进程产生了重大影响，使这次革命带有鲜明的无产阶级性质的烙印。

第二，和以往资产阶级的革命相比，资产阶级在革命中的态度也有了变化。在17、18世纪英、法的资产阶级革命中，资产阶级是一个生气勃勃的革命阶级，坚决要求推翻封建专制制度，建立资产阶级的政治统治。当时无产阶级还处在自在的状态，还提不出本阶级独立的经济和政治要求，还是资产阶级革命的"可靠"同盟者。所以，资产阶级在革命中没有其他忧虑，革命性表现得十分坚决。而在1848年革命中，资产阶级一方面要开展反对封建统治的斗争，为资本主义的发展扫清障碍，为此便不得不求助于无产阶级的支持；另一方面，又害怕无产阶级起来革命会危及资产阶级的利益。因而，它又把无产阶级视为"危险"力量而顾虑重重，不敢大胆地发动无产阶级，甚至限制无产阶级的革命行动。当无产阶级和劳动群众掀起激烈的革命风暴时，资产阶级就被革命所吓倒，立即谋求同封建反动势力妥协，相互勾结在一起，对革命进行镇压。德国资产阶级的表现最典型地体现了这一点，马克思曾指出："德国资产阶级发展得如此迟钝、畏缩、缓慢，以致当它以威逼的气势同封建制度和专制制度对抗的那一刻，它发现无产阶级以及市民等级中所有那些在利益和思想上跟无产阶级相近的集团也以威逼的气势同它自己形成了对抗。"因此,"它一开始就蓄意背叛人民,而与旧社会的戴皇冠的代表人物妥协,因为它本身已经从属于旧社会了;它不是代表新社会的利益去反对旧社会,而是代表已经陈腐的社会内部重新出现的那些利益"。[①] 法国资产阶级阶级虽然和德国资产阶级不尽相同,但是它以挑起六月事件的阴谋手段,把工人阶级的政治要求淹没在被枪杀的起义工人的血泊中,也充分暴露了资产阶级的反动本质。

第三,无产阶级积极地参加了1848年大革命,它不仅坚决反对专制制度、民族压迫和国家分裂,而且为本阶级的解放进行了英勇的斗争,成为这次革命中的主要力量和唯一彻底革命的阶级。这在法国表现得最为突出,法国无产阶级不仅是二月革命中推翻金融贵族统治的积极力量,而且还进行了反对资本家压迫的坚决斗争。六月起义充分表现了它坚决彻底的革命精神。但终究由于资本主义发展不充分,手工业工人在无产阶级队伍中还占有相当大的成分,小资产阶级社会主义对工人的影响比较大,觉悟程度和组织程度不够高,没有一个成熟的无产阶级政党领导,所以,它还不能成为这次革命的领导力量。无产阶级为彻底消灭封建制度力求把民主革命进行到底而浴血斗争,而领导革命的资产阶级却畏首畏尾,极力把民主革命事业缩小到最低限度。当资产阶级认为无产阶级和劳动群众的革命气势,已经超越了它所期望和允许的限度时,它便背叛革命,向封建势力出卖革命以换取自己的既得利益或直接利用自己在革命中已谋取到的政权,对无产阶级和劳动群众的革命斗争进行镇压。这是造成1848年革命失败的根本原因。所以与17、18世纪英、法两国的资产阶级革命沿着上升路线而不断发展最后取得重大胜利形成了鲜明的对照,1848年欧洲大革命是沿着下降路线发展而最后归于失败。

二 1848年欧洲革命的意义

波澜壮阔的1848年欧洲革命虽然失败了,但它对人类历史的发展具有积极而又深刻的意义,正如恩格斯所说:"顽强奋战后的失败是和轻易

[①] 《马克思恩格斯选集》第1卷,人民出版社1995年版,第319页。

获得的胜利具有同样的革命意义的。"①

第一，1848年欧洲革命有力地打击了封建专制制度，为资本主义的进一步发展扫清了道路。马克思指出："在这些失败中灭亡的并不是革命，而是革命前的传统的残余，即那些尚未发展到尖锐阶级对立地步的社会关系的产物"。② 这次革命沉重打击了欧洲封建专制制度，削弱了俄、奥、普的反动统治，并彻底摧毁了神圣同盟，瓦解了维也纳体系确立的封建统治秩序。在革命失败后，虽然各个国家的统治阶级都企图完全恢复革命前的旧制度，贵族与教士们都希望时间倒流到古老的时代，并猖獗一时，重新剥夺人民群众在革命中所争得的民主权利，但是，历史发展的规律是不可抗拒的，由于各国革命和在革命中成长起来的资本主义生产关系对于封建专制制度的沉重打击，他们那种完全恢复旧制度的企图已经不可能实现了。1848年欧洲革命的成果在各个国家以后的社会发展中都非常明显地表露了出来。它为后来意大利和德国的统一、19世纪60年代初波兰的农奴解放、1861年俄国的农奴制改革、多瑙河两公国等民族的解放和奥匈协定的签订奠定了基础。这次革命也为后来欧洲资本主义的迅速发展开辟了道路，推动了欧洲各国工业革命的进程。所有这些都充分说明，对于一次大规模的、深刻的社会革命来说，其改造力量不仅会在革命时期表现出来，而且在以后很长时期，甚至在反动时期也同样会表现出来。这种改造力量迫使后来反动统治者不得不违背自己的某些意愿，去完成革命所提出的许多任务。因而在1848年革命以后，在欧洲出现了这样一种说怪不怪的现象，"1848年革命的掘墓人，竟成了它的遗嘱执行人"。③

第二，1848年欧洲革命使无产阶级经受了锻炼和教育，为社会主义革命准备了基础。1848年革命绝不像资产阶级、小资产阶级的代表人物所恶意歪曲的那样，是一些饥馑的"暴徒"因破坏欧洲社会的正常秩序而引起的一次表面动荡。他们宣扬这种谬论，是为了掩盖阶级斗争的实质和否认无产阶级革命的意义。马克思认为，这次革命是"1848年以波澜壮阔的政治形式展开的阶级斗争"。④ 这场阶级斗争集中地表现在欧洲无

---

① 同上书，第550页。
② 《马克思恩格斯选集》第1卷，人民出版社1995年版，第376页。
③ 同上书，第4卷，人民出版社1995年版，第514页。
④ 同上书，第1卷，人民出版社1995年版，第332页。

产阶级反对资产阶级斗争的主要事件上。尽管这些革命事件由于资产阶级的背叛而先后都失败了,但是革命的整个进程都显示出无产阶级的伟大历史作用。

马克思根据这一事实告诫欧洲被压迫人民说,不应对资产阶级抱任何幻想,今后的历史发展都要以无产阶级的成败为转移,无产阶级将成为决定历史命运的阶级。恩格斯进一步指出:"1848年革命虽然不是社会主义革命,但它毕竟为社会主义革命扫清了道路,为这个革命准备了基础。"① 1848年革命对社会主义革命更直接的意义,在于无产阶级通过这次革命实践,受到了深刻的教育,使它认识到自己应该如何正确地进行革命斗争。在法国二月革命时期,无产阶级只是从想像中超出资产阶级共和国的范围,即所谓给共和国打上了"社会"的烙印,后来才逐渐认识到这个"烙印"并没有给自己带来任何好处,于是才被迫采取适合斗争实际需要的办法——武装起义改造整个社会。如果没有1848年革命时期的血的教训,无产阶级不会从幻想资产阶级"施舍"社会主义的迷梦中觉醒过来。对此,马克思明确提出:"1848年革命运动的主要成果不是人民赢得了东西,而是他们失去了东西——他们丢掉了幻想。"②

第三,1848年欧洲革命宣告了各种"超阶级"的社会主义的破产,为马克思主义的丰富发展和广泛传播创造了条件。法国革命的进程清楚地表明路易·勃朗鼓吹阶级合作走向社会主义是根本行不通的,也给其他形形色色的非科学社会主义亮起了红灯。后来,列宁曾明确指出:"1848年革命给了马克思以前的所有这些喧嚣一时、五花八门的社会主义形式以致命的打击。"巴黎工人六月起义的血的教训最终证明了,"一切关于非阶级的社会主义和非阶级的政治的学说,都是胡说八道"。③ 无产阶级从这次大革命的实践中认识到,一些资产阶级和小资产阶级的改革家给他们提供的"各种心爱的万应灵丹"毫不中用,他们必须从各种"超阶级"的社会主义"宗派福音"的影响下摆脱出来,接受马克思主义的指导,才能取得真正的解放。这次革命促进了马克思主义与工人运动的进一步

---

① 《马克思恩格斯选集》第1卷,人民出版社1995年版,第269页。
② 《马克思恩格斯全集》第6卷,人民出版社1961年版,第162页。
③ 《列宁选集》第2卷,人民出版社1995年版,第306页。

结合。

1848年欧洲革命也促进了马克思主义无产阶级革命理论的丰富和发展。马克思和恩格斯亲自参加了这次大革命，他们既是英勇的战士，又随时观察分析革命的态势和趋向，提出斗争的战略和策略，是无产阶级革命的导师。革命失败后，他们在极端困难的流亡生活中，以冷静的科学态度，认真审视这次大革命的全过程，系统地总结了革命的经验教训。从1850—1852年，马克思和恩格斯先后写了《中央委员会告共产主义者同盟书》、《1848年至1850年法兰西阶级斗争》、《德国的革命和反革命》、《路易·波拿巴的雾月18日》等一系列重要著作。在这些著作中，提出了许多关于无产阶级革命的新思想。例如：马克思和恩格斯热情讴歌了革命运动对人类历史发展的巨大推动作用，认为"革命是历史的火车头"，是"社会进步和政治进步的强大推动力";[①] 提出"革命的社会主义"要打碎资产阶级的国家机器，这是真正的人民革命的先决条件；要建立无产阶级的阶级专政，这是达到消灭一切阶级和进入无阶级社会的过渡；无产阶级领导的工农联盟是革命胜利的基本力量；无产阶级的战斗口号应该是"不断革命"；无产阶级革命和民族解放斗争密切联系互为胜利的条件，二者应互相支持，等等。这些重要思想的提出，把马克思主义推进到一个新的发展阶段，为国际无产阶级革命提供了新的思想武器。

1848年欧洲革命虽然失败了，但它是世界近代历史发展的一大壮举，是国际无产阶级革命斗争的光辉篇章。它的积极影响是深远的，它的革命精神是隽永的。"革命死了，革命万岁！"[②]

[①] 《马克思恩格斯选集》第1卷，人民出版社1995年版，第456、512页。
[②] 同上书，第401页。

第十三章　第一国际

第一国际是在19世纪中叶欧美工人运动高涨、各国工人阶级迫切希望加强国际团结的历史条件下诞生的，它是一个群众性的无产阶级国际组织，其本名为"国际工人协会"，简称"国际"。在19世纪80年代末第二国际创建以后，才将其称为第一国际。

建立国际工人协会的目的，是把分散的欧美各国工人组织联合起来，纳入共同斗争的轨道。马克思是第一国际的灵魂。在马克思的直接领导下，国际制定了革命的纲领和章程，通过了许多重要决议，使国际沿着正确的方向发展。第一国际有着光辉的斗争历程。它组织、领导了欧美各国无产阶级争取民主权利和切身利益的斗争，为无产阶级的解放事业作出了重要贡献。同时，在国际内部，也开展了同各种非无产阶级社会主义流派的斗争，为马克思主义在国际工人运动中的传播和主导地位的确立创造了条件。

第一节　国际工人协会的创建

一　欧美各国工人运动的新高涨

1848年欧洲资产阶级革命给封建势力以沉重打击，推动了资本主义的进一步发展。19世纪50至60年代，是资本主义经济蓬勃发展的时期。工业革命到50年代初在英国业已完成，在法国、德国、美国和比利时等国正继续深入发展，即便在经济比较落后的俄国、意大利、西班牙等国，也拉开了工业革命的序幕。

资本主义经济的大发展首先表现在生产、流通能力的迅猛增强上。从蒸汽机数量的增长来看，以1000马力为单位，1850年英国有1290部，法国有 370 部，德国有 260 部；1860 年英国增至 2450 部，法国增加到 1120 部，德国增至 850 部；而至 1870 年英国达到 4040 部，法国增加到 1850 部，德国则猛增到 2480 部。与此同时，交通运输业发展迅速，1848 年英国铁路总长为 7476 公里，法国 1931 公里，德国 5822 公里；1870 年英国达到 21825 公里，法国 17924 公里，德国 21471 公里。世界铁路网总里程由 1850 年的 38568 公里增至 1870 年的 209789 公里。主要工业生产的产量也大幅度提升，英、法、德、美 4 国的煤产量 1850 年为 6870 万吨，1870 年达到 19620 万吨。生产的增长促进了世界贸易的大发展，1850 年世界贸易总额为 1454000 万金马克，1870 年增至 3742000 万金马克，增加了 2.5 倍之多。

随着资本主义大规模的发展，不仅工业资产阶级的力量增长，工人阶级的队伍也迅速壮大。1850—1870 年间，英国棉纺工人从 48.8 万增至 68.8 万。60 年代末，法国产业工人达 290 万，仅巴黎一地就有工人 45 万。1848 年德意志地区产业工人约有 70 万，到 1860 年，仅在普鲁士、萨克森、巴伐利亚和巴登等地就有 150 万，美国加工工业的工人 1840 年为 80 万，1860 年增到 130 万。到 60 年代初，欧洲产生工人已达 874 万，手工业工人达 1123.5 万。随着工人阶级队伍的增大，其阶级素质也在提高，逐步克服了在工场手工业时期存在的分散和行会习气等弱点，增强了组织性、觉悟性和战斗性。

欧美资本主义经济的发展繁荣，为资产阶级积累了巨额财富，但工人阶级和其他劳动群众的生活状况却没有多大改善。英国 19 世纪 40—60 年代，劳动生产率提高了数倍，而工人的实际工资只增加了 19%。1850—1856 年，法国工人的实际工资减少 20%。而在德国则下降 32%。与此同时，工业发展增强了工人的劳动强度，但劳动时间却并没有缩短。法、德等国工人劳动时间都长达 12 至 14 小时，有时长达 15 至 16 小时。即使在英国，工人通过斗争使议会于 1847 年 6 月 8 日通过了适用于女工和童工的 10 小时工作日法案，但是实际上许多资本家并没有遵守这项规定，好多部门工人的工作日仍长达 15—16 小时。各国工人的劳动和居住条件也十分恶劣，伤亡事故、疾患传染屡见不鲜。

随着资本主义经济的普遍繁荣，资产阶级追求剩余价值的欲望越来越大，加剧了资本主义私人占有制与生产社会化的矛盾，导致了 1857 年世界性经济危机的爆发。危机首先从美国开始,很快蔓延到英、法、德、比、俄等许多国家,造成各国经济衰退,大批银行破产,工厂倒闭。资本家把危机带来的损失纷纷转嫁到工人身上,工人工资大幅度下降,大量工人失业。据统计,美国在1857年10月至少有20万工人失业;英国1857年工人失业率从1856年的4.9%增长到6.1%,1858年又猛增到11.9%。工人的生活处境愈加艰难。

为了捍卫自己的经济利益,欧美各国无产阶级不断掀起新的罢工风潮。1859年7月,英国建筑工人大罢工,打破了1848年革命后欧洲工人运动长期沉寂的局面。经过一年的不懈斗争,终于迫使企业主实行9小时半工作日。在德国,1859年掀起了产业工人有史以来第一次大规模的罢工浪潮,罢工运动席卷了主要的工业地区和港口城市。从1860年起,法国工人的罢工斗争也此伏彼起。1862年巴黎印刷工人的罢工产生了重要影响。美国工人的罢工斗争从1857年起就连续不断。1859年2月,宾夕法尼亚所有行业的工人举行了总罢工,影响巨大。连绵不断的罢工斗争,对资本主义制度形成有力冲击,表明欧美工人运动已经走出1848年革命失败而陷入的低谷,出现了新高涨的态势。

综观这一时期工人运动复苏和新高涨的局面,呈现出以下三个方面的特点:

第一,各国工人纷纷建立自己的独立组织并走上独立政治斗争的道路。

在英国,许多比较分散的工会开始合并为同行业的工人联合组织,打破了地方行会的狭隘性。1860年5月,成立了全国性的工人运动的领导机构"工联伦敦理事会"(简称工联)。1861年,英国工联创办了自己的机关报《蜂房报》。在法国,60年代初,巴黎、图卢兹、马赛等地建立起工人互助会,并很快向工会组织发展。1863年,成立了细木工会、炼铁工人联合会等。1864年巴黎石印工人反抗协会成立。1863—1864年立法团选举时,工人提出了自己的候选人,发表了《六十人宣言》,要求工人阶级有普选权,有集会、出版、结社的自由。在法国工人的积极斗争下,迫使波拿巴政府废除了1791年颁布的禁止工人集会、结社和罢工的霞不列法。在德国,50年代出现了许多受资产阶级自由派控制的工人教育社和工人合作社。1862年4月,莱比锡的先进工人摆脱资产阶级的影响,单独成立了前进工人政治协会。1863年5月，全德工人联合会又在莱比锡成立。在美国，1848年欧洲革命失败后，许多革命家流亡到美国，极大地促进了美国工人运动的发展。1857年，在纽约建立了共产主义者俱乐部。60年代成立了一些全国性的工人联合会，在53个工业部门中已有207个工会，联合了约20万人。在1861—1865年的美国南北战争中，工人阶级积极参加反对南方奴隶制的战争，做出了极大贡献。除上述几个主要资本主义国家外，在19世纪60年代，欧洲其他一些国家，如意大利、比利时、瑞士、西班牙、丹麦等国，工人阶级的独立组织也陆续建立起来，并积极开展各种活动。

第二，各国工人阶级之间的联合行动和国际团结大大增强。

随着各国无产阶级的斗争性和组织性的提高，他们也越来越深切地感受到，资本家对工人的压迫和剥削是具有国际性的，他们要取得反抗斗争的胜利，必须加强国际联合，共同战斗。1857年经济危机爆发后，资产阶级经常采取从国外招雇廉价劳动力的办法，来破坏本国工人的罢工斗争。这使各国工人从直接的经济斗争中就意识到团结起来的必要性。在50—60年代，国际上出现了一系列重大的政治事件，如1859年意大利、德国都重新掀起了争取民族统一的斗争；1851—1864年，中国发生了反对封建专制制度和外国殖民主义的太平天国运动；1857—1859年，印度开展了反对英国殖民统治的人民起义；1861—1865年，美国爆发了反对南方奴隶主的内战；1863年，波兰人民发动了反对沙俄统治的民族大起义等等。在这些事件中，各国的反对势力往往也内外勾结，对人民的民族和民主革命运动进行联合镇压。这也增强了各国工人阶级加强联合、互相支援、共同斗争的协作意识和团结精神，使马克思和恩格斯在《共产党宣言》中所发出的"全世界无产者，联合起来！"的伟大口号愈益成为各国工人的实际行动。1859年伦敦建筑工人大罢工，不仅得到国内各行业工人的援助，也得了法国、德国、意大利和美国工人的捐款支持和罢工声援。1861—1864年美国南北战争期间，英国工人就举行了71次大规模的集会，支持美国北方反对奴隶制的斗争，并迫使英国政府放弃了对美南方奴隶主的支持。1862年5月，第三届世界工业博览会在伦敦开幕，法国200名工人和德国50名工人出席了大会。英、法、德的工人进行了广泛的接触和交流。英国工人举行了"国际团结联欢会"，在演说中充分表达了建立工人阶级国际联系的愿望。1863年，欧洲各国工人又不断举行支持和声援波兰民族解放运动的活动。面对这种情况，恩格斯曾说："当时笼罩着整个欧洲的压迫，要求刚刚复苏的工人运动实现统一和抛开一切内部争论"；因为，"无产阶级共同的世界性的利益能够提到首要地位了"。[①]

第三，各国工人运动在思想、理论方面还处于较低的水平，要求马克思主义理论和国际工人运动进一步相结合。

重新高涨的工人运动虽然吸取了1848年革命的某些经验、教训，对马克思主义的认识和接受程度有所提高，但是，各种非科学的社会主义思潮在各国工人运动中还有着极大的影响。在英国是工联主义，在法国是蒲鲁东主义和布朗基主义，在德国有拉萨尔主义，在意大利有马志尼主义，等等。这些思潮及派别虽然反映了当时各国工人运动的某些要求，对于促进工人运动的复兴和发展起过一定的积极作用，但是这些思潮在思想、理论上都程度不同地带有偏颇和缺陷，不能从根本上代表无产阶级共同的、长远的利益和要求，不能为无产阶级的最终解放指明道路和方向。而当时，马克思和恩格斯创立的科学社会主义还只是在部分先进工人中传播，还没有在哪一国的工人运动中占主导地位。

这种现象表明，排除各种非科学的社会主义思潮对工人运动的不利影响，努力争取各国工人运动在马克思主义科学理论的指导下，实现国际联合和团结奋斗，把国际工人运动推向一个新的发展阶段，成为世界社会主义运动发展的客观趋势和必然要求。为了适应国际工人运动发展的客观需要，马克思进行了巨大而艰苦的经济理论研究。1857—1859年，他完成了《资本论》第1卷手稿。1859年6月，出版了《政治经济学批判》第1分册。1861—1863年，他在极端困难的条件下，以每天工作16小时的惊人毅力，写出了23本政治经济学笔记。《资本论》是马克思一生科学研究的最高成就，也是马克思主义理论宝库中最伟大的科学巨著。它彻底揭示了资本主义的经济行动规律，给科学社会主义奠定了全面而又坚实的理论基础。

马克思和恩格斯密切关注国际形势的变化和革命运动的发展。这一时期，他们在美国进步报纸《纽约每日论坛报》和其他报刊上，发表了一系列政论和时评文章，阐述了对德国、意大利的民族统一，美国的内战，

---

① 《马克思恩格斯选集》第4卷，人民出版社1995年版，第620页。

亚洲的民族解放运动等许多问题的看法，有力地抨击了各国的反动势力，鼓舞了各国人民的革命斗志。马克思和恩格斯还十分注意教育和培养国际工人运动的领导骨干，通过这些代表人物促进各国工人阶级的联合。他们把原共产主义者同盟的成员埃卡留斯、列斯纳、威廉·李卜克内西等人聚集在自己周围，促进他们研究革命理论，更好开展革命工作。他们还同魏德迈、库格曼、贝克尔、迈耶尔等革命者保持着经常的联系，指导他们的活动。马克思和恩格斯与英国宪章派的左翼领袖哈尼、琼斯等人也往来密切，帮助他们去影响和争取广大的工人群众并加强与其他国家工人阶级的联合行动。

综上所述，随着欧美各国资本主义经济的高速发展，工人阶级的力量不断增强起来，工人运动出现新的高涨，各国工人阶级加强联合、团结战斗的愿望也愈益强烈。马克思和恩格斯所进行的艰苦理论研究和大量联络指导工作，为各国工人阶级走向联合，创建无产阶级的国际组织，在思想上和组织上起了积极的促进作用。正是在这种情况下，第一国际应运而生。对此，马克思曾经指出："国际工人协会并不是某一个宗派或某一种理论的人为的产物。它是无产阶级运动自然发展的结果，而无产阶级运动又是由现代社会自然的和不可抗拒的趋势所产生的。"[①]

一　伦敦圣马丁堂的盛会

促成第一国际建立的导因和契机，是欧洲各国特别是英、法两国工人阶级对波兰人民反对沙俄统治的民族起义的声援和支持。

1863年1月，波兰人民再一次掀起了反对沙皇俄国反动统治的民族大起义。起义人民宣布了争取波兰民族独立的斗争纲领，提出了一系列关于土地问题和民主问题的要求。沙俄出动了20万大军，对起义群众进行了极其残暴的镇压，最终，波兰人民的起义再一次遭到失败。

沙皇俄国是当时整个欧洲反动势力的支柱和堡垒，是欧洲各国无产阶级和民族力量的共同敌人。所以，波兰人民的起义，得到了欧洲各国工人阶级和民主主义者的同情和支持。欧洲各主要城市都多次举行大规模的群众集会，声援波兰人民的独立斗争，痛斥沙俄对波兰的反动统治及镇压起

---

① 《马克思恩格斯全集》第16卷，人民出版社1964年版，第365页。

义人民的暴行。英、法两国的工人阶级在这场遍及整个欧洲的抗议浪潮中，发挥了积极的带头作用。英国工联主义者和资产阶级激进派在各国流亡者的支持下组织了声援波兰独立全国联盟，法国工人组织了支援波兰委员会。共同的行动促使英、法两国工人加强了联系与合作，以便对两国政府施加压力，迫使它们不要站在沙俄一边参与对波兰人民起义的镇压。这成为第一国际建立的直接推动力。

1863年4月28日，英国"工联伦敦理事会"在圣詹姆斯大厅召开盛大的工人集会，要求政府就波兰问题干涉沙俄的行为，英国政府借口没有法国合作不能采取行动。于是，工联决定邀请法国工人代表，联合举行声援波兰人民起义的群众大会，再向政府施加压力。

1963年7月22日，在圣詹姆斯大厅举行了这次国际性的声援波兰的群众大会。由托伦、佩拉雄、比也尔、科尔东和缪拉组成的法国工人代表团和其他国家的工人流亡者出席了大会。奥哲尔和托伦分别代表英、法两国工人讲了话。之后，工联伦敦理事会又举行了欢迎法国工人代表团会议，会上就建立无产阶级国际联合组织问题初步达成协议，并选出了筹备委员会。其成员主要是英国工联领袖，如制鞋工人乔·奥哲尔，木工威·朗·克里默和埃格林顿，绘画工人费伊西，装订工人戈达尔德等。

在筹备委员会委托下，奥哲尔起草了《英国工人致法国工人》的呼吁书。呼吁书建议，"召开一个有英国、法国、德国、意大利、波兰等国代表参加的会议"，"共同建立各国人民的兄弟团结"。呼吁书在11月10日在贝尔旅馆召开的英国工人代表大会上获得批准；由同情工人运动的激进派教授比斯利译成法文，寄往巴黎。

法国工人收到呼吁书后，展开了热烈的讨论，表示坚决响应。1864年5月，托伦起草了《法国工人致英国兄弟》的答复信。由资产阶级共和派记者昂·勒弗尔带往伦敦。

1864年9月，由托伦、利穆津、佩拉雄等组成的法国工人代表团来到伦敦。9月28日，盛大的国际工人代表会议在圣马丁堂音乐厅隆重举行。参加大会的有英、法两国的工人代表，以及侨居英国的德国、意大利、波兰和爱尔兰的工人代表，一些国家的小资产阶级民主人士也应邀参加了会议，共计2000多人。马克思被作为德国流亡工人的代表邀请参加大会。50年代以来，伦敦流亡者经常召开各种会议，成立各种组织，但其中大多数是充满小资产阶级民主派气息的、远离革命的活动。马克思虽然经常接到邀请，但一般都拒绝参加。而马克思对这次大会则十分重视，他认为这是一次真正的工人运动的联合，反映了发展壮大起来的工人运动的根本要求。因此，马克思决定"打破向来谢绝这类邀请的惯例"，欣然出席了大会，并被选入大会主席团。

大会的参加者斗志高昂，情绪热烈，会场上弥漫着节日的气氛，在伦敦的德国工人歌咏队也到会祝贺，演唱了鼓舞人心的歌曲。会场上掌声和欢呼声绵延不断。大会推选伦敦大学比斯利教授担任执行主席，他号召全世界劳动人民联合起来反对各国政府的侵略政策，为实现正义而斗争。工联领袖奥哲尔宣读了《英国工人告法国工人书》，呼吁英法工人团结一致，统一行动，为反对专制，争取自由，提高工资，改善劳工地位，向各国资本家及其政府作斗争。托伦在会上致答词，宣读了《法国工人致英国兄弟》的回信，热烈响应英国工人的呼吁，主张各国工人团结起来拯救自己，筑成一座坚不可摧的堤坝，抗拒资本主义的害人制度。

勒·吕贝向大会介绍了法国工人代表团提出的关于建立国际组织的方案。该方案在序言中指出："全世界的工人已不再把改善自己地位的希望寄托在天命上，不再相信什么'听天由命，随遇而安'，……他们决定在本国工人之间以及各国工人之间订立友好团结公约，依靠这种公约，就可以把每一个国家的工人阶级从不同程度的奴隶和依赖地位提高到自由和相对独立的公民地位。"方案提出的具体组织计划是：（1）在伦敦建立一个中央委员会，由愿意参加的各国工人代表选举组成，中央委员会的会议在伦敦举行；（2）在英国和欧洲各国的首都及大城市成立分会，分会同伦敦中央委员会保持联系；（3）中央委员会将提出各种供讨论的问题，各分会必须同时对这些问题进行研究和讨论，并向中央委员会提出讨论报告，中央委员会应将各分会提出的一切意见和结论用各种文字印刷出版；（4）在最近一年，在比利时召开一次有各国工人阶级代表出席的工人代表大会，讨论和解决制定章程和协会领导等问题。①

大会还宣读了勒弗尔的贺信，听取了英国代表乔·威勒尔和威·德

---

① 伊·布拉斯拉夫斯基编：《第一国际第二国际历史资料》（第一国际），三联书店1964年版，第33页。

尔、意大利的代表鲁·沃尔弗、法国代表让·巴·博凯以及德国代表埃卡留斯的热情洋溢的支持性发言。埃卡留斯的发言代表了马克思的意思。因为在大会召开前，勒·吕贝曾代表筹委会约请马克思在会上讲话，马克思便推荐埃卡留斯发言。9月26日马克思收到了埃卡留斯的来信，请求马克思帮助他准备在成立大会上的演说稿。① 后来，马克思又曾指出：埃卡留斯"干得很出色，而我在讲台上扮演哑角加以协助"②。

大会听取了英国代表乔·威勒尔提出的决议案："我们听取了法国兄弟对我们宣言的答辩之后，再次向他们表示热烈的欢迎。鉴于他们的计划是为着一切劳动者的利益的，大会接受它作为国际协会的基础；并选举一个委员会，授权它增补新委员，委托它制定该协会的章程与条例。"③ 该决议案在热烈的欢呼声中被一致通过。

大会随即经口头表决选出了一个临时中央委员会，共有35人组成。其成员有英国的工联领袖乔·奥哲尔、威·朗·克里默等以及其他工人运动的代表人物27人；法国的勒·吕贝、让·巴·博凯、茹·德努阿尔3人；意大利的多·拉马和鲁·沃尔弗2人；波兰的艾·霍尔托普1人；德国的则是马克思和埃卡留斯2人。（该委员会从10月18日起称中央委员会，1866年日内瓦代表大会后改称总委员会。）就这样，一个崭新的国际工人组织在与会的各国工人代表的连续欢呼声中诞生了。

这次大会习惯上被称为第一国际的成立大会，但实际上只是它的正式发起大会。英法两国工人阶级为大会作了积极的筹备工作，提出了建立工人国际组织的设想和组织方案，也选出了一个临时中央委员会，但协会的名称、宗旨、章程等在这次大会上都没有定下来。临时中央委员会也只是一个被授权进一步做筹备和完善工作的机构，还不是经正式选举确定的领导机关。但是，不管怎样，圣马丁堂的盛会毕竟宣告了一个新的国际工人组织的诞生，以其特有的历史意义而载入了史册。

三　国际《成立宣言》和《临时章程》

1864年10月5日，临时中央委员会在伦敦苏荷区格里克街18号举行

---

① 《第一国际的建立》（文件集），三联书店1963年版，第40页。
② 《马克思恩格斯全集》第31卷，人民出版社1972年版，第12页。
③ ［苏］N.A.巴赫等编：《第一国际》（第1卷），三联书店1980年版，第49页。

第一次会议。马克思出席了这次会议。这次会议经热烈讨论，确定了几件重要事项。首先选举乔治·奥哲尔为中央委员会主席，威廉·克里默为总书记。选举勒·吕贝为法国通讯书记，艾米尔·霍尔托普为波兰通讯书记。其次，会议推举产生了一个由9人组成的负责起草纲领原则的专门委员会（又称小委员会）。成员有：奥哲尔、克里默、韦斯顿、惠特洛克、马克思、吕贝、沃尔弗、霍尔托普和皮琴。

由于马克思因病提前离会，他不知自己被推选为小委员会成员，而总书记克里默又未能就他当选一事及以后的活动安排及时通知他，使马克思未能参加小委员会10月8日和15日的两次会议以及中央委员会10月11日的会议。在这几次会议上，围绕着国际协会的定名和纲领与章程等问题展开了激烈争论。因为临时中央委员会的组成成分十分复杂，有共产主义者，也有蒲鲁东主义者、工联主义者、老宪章主义者、欧文空想社会主义者、马志尼主义者，还有一些资产阶级激进民主运动、合作运动和慈善运动的代表人物等。各派人物都想按照自己的主张来影响新诞生的协会组织，都想使之成为达到自己目的意图的工具。所以，分歧和争议便在所难免。

在10月8日的小委员会会议上，首先讨论了欧文主义者韦斯顿提出的一份原则宣言草案。与会者认为该草案内容混乱、文字冗长，决定由韦斯顿精简和修改后，再由小委员会将其提交给临时中央委员审议。接着讨论由鲁·沃尔弗提出的《意大利工人协会章程》（草案）。该草案由意大利资产阶级革命家马克尼拟订，沃尔弗把它翻译成英文，试图将其确定为新的国际协会的章程。该章程宣扬通过劳资合作，建立合作社，争取工人在道德、智力和经济三方面的进步。此次会议对该章程草案竟表示"高度赞赏"，并决定把它推荐给中央委员会采用。

10月11日，临时中央委员会召开第二次会议。会议先就韦斯顿和沃尔弗提出的纲领草案进行了审议，结果它们均未被采纳。临时中央委员会决定再由小委员会修改，制定成一个统一的文件。克里默和奥哲尔提议由马克思来完成这项工作，但因当时马克思患病，只好交由勒·吕贝去做。会议还讨论确定了新的国际组织的名称问题。威勒尔和利诺提出把工人国际组织与受资产阶级控制的国际性工人慈善文化团体"世界劳动阶级福利同盟"合并。惠特洛克和埃卡留斯反对这一主张，建议把协会定为

"国际工人协会"。这个提议以 16 票赞成、4 票反对被通过。这一名称鲜明地体现了协会的工人阶级性质。

这次会后，勒·吕贝摈弃了韦斯顿的草案，以沃尔弗提出的草案为基础，再结合成立大会上的三个文件，[①] 起草了新的原则宣言和章程。10 月 15 日，小委员会对勒·吕贝的草案又进行了讨论，表示同意，并提交中央委员会批准。这期间，埃卡留斯曾写信向马克思汇报情况，恳切要求马克思参与制定国际的纲领性文件。他写道："在欧洲工人组织的初生婴儿的身上，你绝对必须打上你的言简意赅的印记。"[②]

10 月 18 日，中央委员会召开第三次会议。由于奥哲尔因事缺席，埃卡留斯被选为会议执行主席。马克思抱病出席了这次会议。当勒·吕贝宣读了他修改的草案后，马克思意识到它根本不合时宜。他后来在致恩格斯的信中追述道："当我听到好心的勒·吕贝宣读妄想当做原则宣言的一个空话连篇、写得很坏而且极不成熟的引言时，我的确吃了一惊，引言到处都带有马志尼的色彩，而且披着法国社会主义的轮廓不清的破烂外衣。"[③] 但出于团结的愿望和策略的考虑，马克思对其只是"温和地加以反对"。经过长时间的讨论，会议通过决议，大体采纳这个纲领，委托小委员会对引言和章程修改定稿。

10 月 20 日晚，小委员会在马克思的住处开会，讨论了很长时间，直到夜里 1 点钟，不仅章程的引言没有修订，章程的 40 条具体规定也只通过了 1 条，最后，会议决定委托马克思再进行全面修订。

马克思认为，"成立国际是为了用工人阶级的真正的战斗组织来代替那些社会主义的或半社会主义的宗派"。[④] 只有坚持科学社会主义的基本原则，才能把欧美整个战斗的工人阶级联合成一支战斗的大军。所以，国际的纲领和章程必须坚持无产阶级的第一个党纲《共产党宣言》的基本精神，否则国际就不可能有正确的目标和方向。同时，马克思也考虑到当

---

① 即《美国工人致法国工人》呼吁书、《法国工人致英国兄弟》答复函、法国工人关于建立工人国际组织的提议草案。

② 《第一国际总委员会会议记录》（1864—1866 年），中国人民大学出版社 1986 年版，第 355 页。

③ 《马克思恩格斯全集》第 31 卷，人民出版社 1972 年版，第 15 页。

④ 《马克思恩格斯选集》第 4 卷，人民出版社 1995 年版，第 602 页。

时各国工人运动的实际发展水平,为了国际工人运动的团结,在坚持原则的同时还要作出某些必要的妥协和让步,使各种社会主义派别都能接受,否则就会把一些派别拒之于国际大门之外,从而脱离各国工人群众。当时马克思曾写信给恩格斯说:"要把我们的观点用目前水平的工人运动所能接受的形式表达出来,那是很困难的事情。……重新觉醒的运动要做到使人们能像过去那样勇敢地讲话,还需要一段时间。这就必须实质上坚决,形式上温和。"① 马克思在不到一周的时间内便起草好了国际工人协会的《成立宣言》和《临时章程》这两个文件,措辞使用灵活,行文安排巧妙,是从实际出发、把科学社会主义普遍原理同当时国际工人运动的实践相结合的典范,是马克思主义团结、统一各国工人运动的典范。10月27日,小委员会欣然通过了马克思起草的这两个文件。11月1日,中央委员会对马克思起草的《成立宣言》和《临时章程》进行了审议,除改动了几个一般性词语外,参加会议的各派别委员们均表示同意,批准公布这两个重要文件。这次会上还批准马克思担任德国通讯书记。11月5日,《国际工人协会成立宣言》在英国工联的机关报《蜂房报》上发表;11月12日,又发表了《国际工人协会临时章程》。11月底,这两个文件被印成小册子出版。

　　马克思在《成立宣言》里总结了19世纪50至60年代社会发展状况的特点和工人运动的成败经验,批判了有害于工人运动的幻想和主张,提出了国际工人协会的奋斗目标和战略措施。

　　首先,《成立宣言》生动地揭示了无产阶级和资产阶级利益的根本对立。马克思指出,在1848年以后的16年间,资本主义经济的增长超过两倍,而工人群众的贫困丝毫没有减轻。他举出大量事实,说明在英国这个典型的资本主义国家里,大多数工人挣扎在仅能维持生命的最低生活水平上,而农业工人和大陆上的工人处境更坏。他根据19世纪中期的情况,驳斥在资本主义制度下工业生产增长会给工人带来福利的谬论说:"不论是机器的改进,科学在生产上的应用,交通工具的改良,新的殖民地的开辟,向外移民,扩大市场,自由贸易,或者是所有这一切加在一起,都不能消除劳动群众的贫困;在现代这种邪恶的基础上,劳动生产力的任何新

---

① 《马克思恩格斯全集》第31卷,人民出版社1972年版,第17页。

的发展，都不可避免地要加深社会对比和加强社会对抗。"而且，"被称为工商业危机的社会瘟疫日益频繁地重复发生，规模日益扩大，后果日益带有致命性"①。

其次，《成立宣言》高度赞扬了各国工人阶级为改善自己的社会和经济地位所开展的积极斗争，肯定了他们所取得的成就。马克思指出，1848年欧洲革命失败后，工人政党和进步报刊被摧毁，先进分子受到迫害而流亡，这种沉闷的政治环境压得工人阶级喘不过气来。但工人阶级并没有放弃斗争。英国工人经过"惊人顽强的斗争"争取到10小时工作日的劳动立法。这不仅是一个重大的实际的成功，而且是一个原则的胜利。因为资产阶级的经济学家曾经狂言，对于工时的任何立法限制都必然要为不列颠工业敲起丧钟，但事实推翻了这个谬论。所以，资产阶级政治经济学第一次在无产阶级政治经济学面前公开投降了。大陆工人独立创办了合作工厂，这证明没有资本家的管理，工人也能自己进行生产，因此，雇佣劳动注定要让位于自愿进行的联合劳动。马克思鼓励各国工人阶级要坚持斗争，不断取得更大的胜利。

再次，《成立宣言》也明确地分析了工人运动存在的弱点，指出了工联主义和蒲鲁东主义的局限性。《成立宣言》指出，争得10小时劳动日的劳动立法，对于工厂工人在体力、道德和智力方面产生了非常良好的效果，改善了工人生产劳动的条件和业余从事政治活动的条件，但不能改变现代资本主义邪恶的基础和工人生活日益下降的趋势。同样，1848年到1864年这个时期的经验毫无疑问地证明，不管合作劳动在原则上多么优越，在实际上多么有利，只要它没有越出个别工人的偶然努力的狭隘范围，它就始终既不能阻止垄断势力按着几何级数增长，也不能解放群众，甚至不能显著地减轻他们的贫困的重担。

最后，《成立宣言》顺理成章的得出几条重要结论：（1）要解放劳动群众，合作劳动必须在全国范围内发展，因而也必须依靠全国的财力。这意味着无产阶级必须消灭资本主义私有制，建立公有制，使自己真正成为生产资料的主人。（2）土地巨头和资本巨头总是要利用他们的政治特权来维护和永久保持他们的经济垄断的。他们不仅不会促进劳动解放，而且

---

① 《马克思恩格斯选集》第2卷，人民出版社1995年版，第603页。

恰恰相反，会继续在它的道路上设置种种障碍。所以，夺取政权已成为工人阶级的伟大使命。（3）工人们所具备的一个成功因素就是人数众多；但是只有当群众组织起来并为知识所指导时，人数众多才能起决定胜负的作用。这里所说的"知识"，显然就是指的革命的理论，也就是马克思科学社会主义的基本原理。（4）过去的经验证明，忽视在各国工人间应当存在的兄弟团结，忽视那应该鼓励他们在解放斗争中坚定地并肩作战的兄弟团结，就会使他们受到惩罚，使他们分散的努力遭到共同的失败。因此，工人阶级必须反对那种为追求罪恶目的而利用民族偏见并在掠夺战争中洒流人民鲜血和浪费人民财富的对外政策。《成立宣言》重申了《共产党宣言》提出的战略口号："全世界无产者，联合起来！"①

《临时章程》分为序言和组织条例两部分。

在《临时章程》的序言部分，即纲领部分，马克思指出：（1）"工人阶级的解放应该由工人阶级自己去争取；工人阶级的解放斗争不是要争取阶级特权和垄断权，而是要争取平等的权利和义务，并消灭一切阶级统治。"（2）"劳动者在经济上受劳动资料即生活源泉的垄断者的支配，是一切形式的奴役，社会贫困、精神屈辱和政治依附的基础；因而工人阶级的经济解放是一项伟大的目标，一切政治运动都应该作为手段服从于这一目标"。（3）"劳动的解放既不是一个地方的问题，也不是一个国家的问题，而是涉及存在现代社会的一切国家的社会问题，它的解决有赖于最先进各国在实践上和理论上的合作。"（4）"本协会设立的目的，是要成为追求共同目标即追求工人阶级的保护、发展和彻底解放的各国工人团体进行联络和合作的中心。"②

在《临时章程》的组织条例部分，马克思初步确立了民主集中制的原则。《章程》规定，国际工人协会的最高权力机关是各支部或联合会选派的代表参加的代表大会，代表大会每年召开一次，研讨工人阶级共同关心的问题，选举中央委员会成员。中央委员会是沟通各种全国性组织和地方性组织之间联系的国际机关，负责对各国工人运动的状况进行调查研究，建议和指导各支部的活动。章程还明确规定："加入国际协会的工人

---

① 《马克思恩格斯选集》第2卷，人民出版社1995年版，第606—608页。
② 同上书，第609、610页。

团体，在彼此结成亲密合作的永久联盟的同时，完全保存自己原有的组织。"① 这就是说，协会只是国际工人联络和合作的中心，而不是领导和指挥中心，各国支配拥有独立自主地决定自己方针政策的自治权利。

可见，马克思在《成立宣言》和《临时章程》中，为了团结工人运动中的各种派别，没有使用"共产党"和"共产主义"这样的称呼和概念，也没有明确提出无产阶级要建立自己的政党并在它的领导下推翻资产阶级的统治、建立无产阶级专政、消灭私有制等鲜明主张。但是，这些原则思想却充分地体现在两个文件的巧妙行文之中，为第一国际指出了"无产阶级运动的基本路线"。②

第二节 国际工人协会的革命活动

一 不断完善国际的组织建设

马克思指出："我们的协会是无产阶级的战斗组织，而绝不是为推选一些清谈家而建立的团体"③。所以，不断加强、完善国际自身的组织建设，是其发挥战斗作用的基础，也是其开展革命活动的重要表现之一。

完善国际的组织建设，最重要的是中央委员会的建设问题。马克思特别关注中央委员会成员的构成和动向，把建设一个有工作能力的、有权威的、团结战斗的、成分上是无产阶级的中央委员会，从而确立并实现无产阶级的领导权，作为国际组织建设的首要任务。

参加成立国际的工联派、蒲鲁东派、马志尼派等原来各有自己的企图，国际成立后，他们积极活动，力图控制国际中央委员会，使国际成为宗派主义的工具。各派利用《临时章程》规定授予中央委员会自行增补成员的"加聘权"，都积极推荐自己的人员加入中央委员会，以扩充各自在国际中的势力。在10月5日—11月29日，中央委员会先后召开的六次会议上，就陆续增选委员37人。连同国际成立大会时选出的35人，中央委员会成员达到了72人。中央委员会的成分更加复杂了。一些小资产

---

① 《马克思恩格斯选集》第2卷，人民出版社1995年版，第612页。
② 《马克思恩格斯全集》第18卷，人民出版社1964年版，第36页。
③ 同上书，第33卷，人民出版社1973年版，第436页。

阶级和资产阶级头面人物也想方设法挤进国际中央委员会。如法国小资产阶级社会主义者路易·勃朗，英国资产阶级激进派代表人物、全国选举改革同盟主席艾德蒙·比耳斯等。意大利的马志尼也企图把国际置于他的控制之中。马克思敏锐地认为，听凭这些人的所为，国际工人协会的无产阶级性质将难以保持，"将使整个事业遭到破坏"。①

为了消除中央委员会组成的混杂现象，加强中央委员会中的无产阶级核心力量，确保新诞生的国际工人协会沿着正确路线发展，马克思与其拥护者也采取了多种对策。他们也利用"加聘权"，极力推荐一些原共产主义者同盟盟员和新涌现的先进工人代表进入中央委员会，以增强工人阶级的力量。在上述提到的新增37名委员中，由马克思和埃卡留斯提议选入的新委员有8人。他们是卡尔·普劳德、弗·列斯纳、格奥尔格·罗赫纳、威廉·考布、路·奥托、D. 科尔奈留斯、托马斯·斯迈尔斯、彼得·彼得逊。1865年4月25日举行的中央委员会上，又通过了一项决议："大陆上的通讯员是中央委员会的兼职委员。"这样，法国通讯书记欧仁·杜邦、瑞士通讯书记海尔曼·荣克、西班牙通讯书记保尔·拉法格等工人运动的优秀活动家，也被吸纳到中央委员会里来。这些人紧密团结在马克思周围，积极支持并执行马克思的路线和政策，确保了无产阶级在中央委员会的领导权。

与此同时，马克思还向中央委员会建议采取一些必要的限制措施，以防止资产阶级分子混入和一些挂名委员的存在。为此，中央委员会先后通过一系列决议，作出了许多相关规定，如"凡不能出席会议者，都不得成为本委员会委员"；"未预先缴纳一年会费者，不得被选进中央委员会"；②"任何人都不能成为名誉会员"。③ 这些规定不仅有效地防止了一些资产阶级和小资产阶级头面人物想挤进中央委员会，以"满足渺小的虚荣心"或施展"阴谋诡计"的企图，而且迫使一些已当上中央委员会委员而又不干工作、不做贡献的人，相继退出了中央委员会。1865年春，中央委员会成员的人数下降至30人左右，基本上成为代表欧洲各国工人

---

① 《马克思恩格斯全集》第31卷，人民出版社1972年版，第451页。
② 《第一国际总委员会会议记录》（1864—1866），中国人民大学出版社1986年版，第31、38页。
③ 《马克思恩格斯全集》第31卷，人民出版社1972年版，第42页。

运动中不同派别的中央领导机构，体现了国际的无产阶级性质。

马克思通过起草国际工人协会的《成立宣言》和《临时章程》，取得了对国际的思想领导权；通过加强中央委员会无产阶级核心力量的斗争又取得了对国际的组织领导权，从而使他实际上成为国际的首脑。

完善国际的组织建设，还体现在对国际的纲领和章程不断修订发展上。首先，经过国际内外斗争经验的积累和国际历次大会的讨论，使第一国际的无产阶级革命纲领逐步发展并愈加明确。在1866年国际日内瓦代表大会通过的第5个决议，首次公开宣布了消灭雇佣劳动制度的必要性。在1868年国际布鲁塞尔代表大会和1869年巴塞尔代表大会上，都曾做出决议，公开确认了生产资料公有制的原则。1871年召开的伦敦代表会议上，通过了马克思和恩格斯拟定的《关于工人阶级的政治行动》的决议，提出了工人阶级要建立独立的政党，通过社会革命实现消灭阶级的目的的要求。这样，马克思和恩格斯在《共产党宣言》中所提出的无产阶级革命的原则要求，一步步在第一国际的纲领中得到了鲜明的体现。其次，国际的多次代表大会和代表会议都对国际章程进行了修订，并于1871年10月，定名为《国际工人协会共同章程和组织条例》。通过多次修订，增补了一些新的内容。其中重要的有：（1）为了保证协会的无产阶级性质，规定"每一个支部都必须由至少三分之二的雇佣工人组成"。（2）加强了总委员的权力，主要有总委员有权接受或不接受新的支部和小组；有权将国际的分部、支部、联合会委员会以及联合会暂时开除；有权解决属于一个全国性组织的团体或支部之间、或各全国性组织之间可能发生的纠纷。（3）国际坚决反对任何独裁和个人专断。1867年9月24日召开的总委员会会议上，鉴于一直担任总委员主席的奥哲尔有利用崇高职务公开推行错误政策的行为，总委员会决定"不委任常务主席"，从此废除了总委员会主席一职。这对于防止国际组织内部出现领袖至上和个人专权而破坏集体领导的现象，具有重要意义。

完善国际的组织建设，搞好各国基层组织建设是其中重要的一环。国际刚成立的时候，它在群众中的影响还是很有限的。马克思为建立国际的各国基层组织作了巨大努力。他依靠原共产主义者同盟盟员及各国工人运动中新出现的优秀组织者，发展国际的各国支部或联合会。在英国，工联是国际的发起人，它的许多领袖参加了中央委员会并担任重要职务。1865

年，泥瓦匠工会和鞋匠工会两个较大的工联组织加入了国际，会员达到1.4万人。1866年，参加了国际的工联会员增加到2.5万人。1867年，有32个工联组织约5万人参加了国际。英国工联成为国际的重要支柱。在法国，1864年12月，托伦等人组建了第一个国际巴黎支部，但参加的人数很少，只有几百人。1865年，根据马克思提议，任命欧·杜邦为法国通讯书记，他到巴黎后，联合优秀工人运动活动家瓦尔兰等做了大量组织联络工作，相继在里昂、卢昂等地又建起6个新的支部。到1870年，由14个支部组建成国际巴黎联合会。在瑞士，由流亡该地的德国1848年革命的老战士约·菲·贝克尔发起组织了国际的日内瓦支部。1868年，瑞士的国际支部猛增到24个。1869年，又分组成德语区支部联合会和法语区联合会。在比利时，著名工人运动活动家德·巴普领导建立了布鲁塞尔国际支部。到1869年，比利时的国际会员已有6万余人。在德国，由于俾斯麦政府的反动统治，建立国际的公开组织十分艰难。1863年成立的拉萨尔领导的全德工人联合会，虽经马克思和其他活动家不断施加影响做争取工作，但它一直拒绝加入国际。德国一开始只是有一些著名工人运动活动家以个人会员身份加入国际。经过艰难的工作，才在佐林根、马格德堡、科隆、莱比锡组建起几个国际支部。1869年，德国社会民主工党宣告成立，并立即加入了第一国际，成为第一国际中强有力的组织之一。此外，在奥地利、捷克、西班牙以及美国也陆续建立起一些国际的基层组织，国际工人协会真正成为具有国际范围和国际影响的工人政治组织。

二　支持工人阶级进行经济斗争

经济斗争关系到工人阶级的直接经济利益，其基本形式就是罢工，主要内容是要求改善劳动条件、增加工资、缩短工时及不能随意解雇工人等等。这是工人阶级最早开展和最常使用的与资产阶级进行斗争的方式。第一国际作为致力于无产阶级解放的国际工人组织，必须要支持和领导各国工人阶级的经济斗争。马克思在国际工人协会《成立宣言》中对1848—1864年各国工人群众贫困状况的分析，对英国工人争得10小时工作日法案的赞扬，对大陆工人独立创办合作工厂的试验的肯定，都体现了支持工人阶级进行经济斗争的思想。1865年4月25日，马克思在中央委员会会议上就德国莱比锡排字工人罢工事件，首次提出援助罢工者的问题。1866

年，马克思在为日内瓦大会起草的《临时中央委员会就若干问题给代表的指示》中，把限制工作日、争取工人 8 小时工作制，作为工人阶级共同的经济斗争纲领。此后，组织对罢工的援助就成为国际总委员会工作的一个重要方面。

1865 年 3 月，德国莱比锡排字工人举行罢工。威廉·李卜克内西写信给国际总委员会，要求伦敦排字工人协会支援他们。总委员会在 1865 年 4 月 25 日的会议上研究了这一问题。4 月 29 日，《蜂房报》（兼做第一国际的机关报）刊登了马克思等人访问伦敦排字工人，表示对莱比锡工人罢工支持的消息。这给莱比锡工人的罢工斗争以很大的激励和鼓舞。

1866 年 3 月，伦敦 1.5 万裁缝工人举行了大罢工。伦敦的雇主们则试图从大陆招募外籍工人来顶替罢工工人的工作。总委员会立即向德、法、比、瑞士等国的国际支部发出通知，呼吁大陆各国工人不要被英国资本家所欺骗，同时还派出总委员会委员豪费（德国裁缝工人）和汉森（丹麦裁缝工人）去英国雇主从德国招来的工人中间做工作，劝说和协助他们回国，从而保证了英国裁缝工人罢工的胜利。罢工中建立的伦敦保护缝纫工人协会立即全体参加了国际工人协会。1866 年 10 月，伦敦编筐业老板从比利时、荷兰招来编筐工人，旨在破坏编筐工人的罢工。总委员会派遣总委员会委员福克斯和荷兰通讯书记德金德兰到被招来的比、荷工人中间进行工作，使他们了解了事情的真相，并帮助他们回到自己的国家。1867 年 4 月，伦敦缝纫工人再度罢工，柏林、不来梅、维也纳、波尔多和巴黎的工人都汇款支持，法国一些城市还专门召开了声援大会，比利时缝纫工人举行了声援罢工，使罢工坚持数月之久。1867 年 3 月的伦敦两万铁路工人大罢工，以及英国的挖土、制筛、编筐、白铁、烟草、理发等行业工人的罢工，都得到了国际总委员会的有力支持，粉碎了资本家破坏罢工的阴谋，使罢工不同程度地取得了胜利。

各国工人之间的罢工斗争是相互声援和支持的。当 1867 年 3 月巴黎 5000 名缝纫工人罢工时，伦敦保护缝纫工人协会预先就向他们发出信息，保证给予有力支持。1867 年 1 月，巴黎铜器工人大罢工，第一国际成员组织的铜器工人互助会号召全行业举行总罢工以示声援。当时 120 家企业老板也集会通过决议，实行同盟歇业，勒令互助会在 10 天内解散，斗争非常激烈。3000 名铜器工人决定奋起应战，并派代表团赴伦敦，向国际总委员会求援。总委员会立即在英国工人中组织募捐，比利时和瑞士国际支部也募捐支持巴黎罢工工人，从而展开了声势浩大的国际援助活动。最后，迫使资本家与工人谈判，接受了工人的要求。瓦尔兰曾代表巴黎工人给国际总委员会写信，自豪地说："人们认为，有协会存在实为一大幸福。"

1868年1月，日内瓦建筑工人要求提高工资20%，将工作日从12小时改为10小时。资本家组成同业公会与工人对峙，拒绝任何谈判。工人请求国际派代表出面与厂主谈判。资本家同业公会不但拒绝与国际代表谈判，而且提出工人必须同国际断绝关系，才能考虑与个别工人进行谈判。于是工人宣布罢工，资本家进行同盟歇业，关闭工场，使3000名建筑工人和9000名家属生活陷入绝境；同时招募意大利工人来破坏罢工，动员资产阶级报刊对国际进行污蔑攻击，收买流氓在街头向工人挑衅，企图引起事端以便政府进行武装镇压。但国际会员带领群众坚持斗争，发动其他行业的工人从道义和物质上给以支援，还派代表向总委员会和各国支部求援。结果这次罢工得到整个欧洲以及美国工人的支援，从德、法、英、美、奥各国寄来捐款6万多法郎，招募来的意大利工人也站到了罢工者一边。资本家压服失败，请政府当局调停，答应实行11小时工作日制和提高工资10%。当时流亡瑞士的俄国革命者谢尔诺·索洛维也维奇曾写信给马克思说：这是"一幅真正扣人心弦的壮丽图景。总之，应该承认：(1)运动非常强大；(2)运动之所以强大，全是因为有国际存在"。①

1868—1869年，比利时工人罢工运动高涨，而政府屡次对工人罢工采取血腥镇压政策。国际总委员会一方面组织对罢工工人的支持和援助，一方面公开揭露和抨击反动当局对工人的残酷迫害行为。1868年春，沙勒罗瓦矿工人抗议资本家再削减工资10%，企图把经济危机造成的亏损全部转嫁到工人头上，因而举行了罢工。政府派军警镇压。国际布鲁塞尔中央支部对罢工进行指导，号召工人冷静而有组织地进行抵抗，避免新的牺牲；痛斥政府与资本家勾结，镇压工人的暴行；对罢工工人家属组织物质救济，并聘请律师为被捕受审的工人辩护，终于使全体被捕工人无罪开释。1869年4月，塞兰的铁工厂工人罢工，又受到军警残酷镇压，许多

---

① ［苏］N. A. 巴赫等编：《第一国际》第1卷，三联书店1980年版，第386页。

工人被枪杀。资产阶级污蔑罢工是国际工人协会的阴谋，搜查并准备迫害国际比利时联合委员会领导人。国际总委员会站出来为罢工者撑腰，组织专门委员会为救济伤员、死者家属发起募捐。1869年5月4日，总委员会还通过了马克思撰写的《比利时的屠杀》呼吁书，痛斥比利时政府和资产阶级残酷压迫和剥削工人阶级的行径，号召欧洲和美国工人阶级声援比利时工人，驳斥资产阶级对国际的诽谤。这一呼吁书在许多国家印成传单散布或在报刊上发表，迫使比利时法庭再次宣判被捕工人无罪。

国际工人协会对各国工人罢工运动的支持和组织领导有着重大的意义。它维护了工人阶级的切身利益，打击遏制了资产阶级及其反动政府残酷压榨工人阶级的行径，显示了第一国际的革命作用，也扩大了国际的影响，壮大了国际的力量。

三　引导工人阶级开展政治运动

马克思曾经指出："工人阶级的政治运动自然是以为自身夺得政权作为最终目的，为此当然需要一个发展到一定程度的、在经济斗争中成长起来的工人阶级的预先的组织。"他还说："到处都从工人的零散的经济运动中产生出政治运动，即目的在于用一种普遍的形式，一种具有普遍的社会强制力量的形式来实现本阶级利益的阶级运动。"[①] 第一国际作为国际无产阶级的革命组织，不仅要积极支持各国工人的经济罢工斗争，更重要的还要引导各国工人开展政治运动。

在马克思起草的国际工人协会《成立宣言》和《临时章程》中，都明确提出了开展工人阶级政治运动的要求。《成立宣言》指出："夺取政权已成为工人阶级的伟大使命"；《临时章程》则号召工人阶级"要争取平等的权利和义务，并消灭一切阶级统治"。[②] 在1867年洛桑代表大会上，曾就政治自由问题进行了热烈讨论，大会通过了一项决议，"代表大会宣布：（1）、工人的社会解放与他们的政治解放是分不开的；（2）取得政治自由是首要的、绝对必需的措施"。[③] 1870年5月3日，马克思在为

---

① 《马克思恩格斯选集》第4卷，人民出版社1995年版，第603—604页。
② 同上书，第2卷，人民出版社1995年版，第606、609页。
③ ［苏］N. A. 巴赫等编：《第一国际》第1卷，三联书店1980年版，第114页。

国际工人协会总委员会起草的《关于对法国各支部的成员的迫害的声明》中再次强调，国际在各国的所有支部的专门任务就是，"要支持各国的任何一种有助于达到我们的最终目标——工人阶级的经济解放——的政治运动"。[①] 1871年9月，在伦敦代表会议上，马克思和恩格斯都针对巴枯宁分子鼓吹放弃政治的谬论做了批驳发言。恩格斯说："绝对放弃政治是不可能的"；"现代生活的实践，现存政府为了政治的和社会的目的对工人施加的政治压迫，无论工人愿意与否，都迫使他们从事政治。"[②] 这次会上通过了《关于工人阶级的政治行动》的重要决议。在1872年的国际海牙代表大会上，再一次重申了工人阶级政治斗争的必要性，并决定把伦敦代表会议《关于工人阶级的政治行动》的决议补写到协会章程里面。

第一国际不仅一般地肯定和强调工人阶级政治运动的必要性，而且实际地引导和支持工人阶级政治运动的开展。这一点，在英国选举改革运动中表现得最为突出。

在英国，1865—1867年间，掀起了广泛的选举改革运动。这场运动是由自由资产阶级发动的，目的是反对贵族和大资产阶级在议会中攫取的政治特权，扩大选举权的范围。1865年1月，自由资产阶级的代表邀请国际总委员会与他们协作，希望在选举改革中得到工人阶级的支持。1月31日，总委员会专门开会讨论了这一问题。马克思认为：选举改革运动虽然就性质来说仍是资产阶级民主运动，但是它将进一步清除封建残余，有利于无产阶级政治斗争的发展，提高无产阶级的政治积极性和阶级觉悟、团结精神。因此，工人群众应参加这一政治运动，并在运动中提出"给全体成年男子以普选权"的独立要求。总委员会决定派出奥哲尔、克里默、埃卡留斯、豪威尔等8人组成代表团，与自由资产阶级磋商共同行动事宜。

2月23日，在圣马丁堂举行了选举改革拥护者会议，会上通过了成立选举改革同盟的决议，提出了争取普选权和秘密投票的政治要求。5月，选举改革同盟通过了章程，选举了12人组成的常设执行委员会，其中半数是国际总委会委员。之后，各工人团体开始集体参加同盟，许多地

[①] 《马克思恩格斯全集》第16卷，人民出版社1964年版，第483页。
[②] 《马克思恩格斯选集》第3卷，人民出版社1995年版，第123页。

方的工联主动建立改革同盟的分会。改革同盟连续举行了几次大规模的群众集会，掀起选举改革运动的高潮。

在盛大的群众政治运动的压力下，1966年3月，英国政府不得不向国会提出了选举法改革的法案。这个法案将选举权扩大到每年7英镑房租收入的房主和每年缴纳7英镑房租的房客。这样，满足了自由资产阶级的政治要求，也使小资产者和部分的上层工人享有了选举权。自由资产阶级表示支持这一法案。参加选举改革同盟的奥哲尔、克里默、豪威尔等工联领导人也背弃国际总委员会的方针，采取妥协政策，同意接受这一法案。马克思等人则向工人群众揭露政府选举法改革法案的反民主实质，批评奥哲尔等人的错误行为。

然而，就连这样一个改革法案，也遭到了英国议会的否决。工人群众响应总委员会的号召，重新强烈要求普选权，在工人革命情绪高涨的压力下，改革同盟领导人被迫回到原来的纲领上来。6月27日，同盟在伦敦召开两万人群众大会，并举行了要求普选权的示威游行。7月2日，又举行了有7万人参加的群众大会，要求普选权的群众运动达到高潮。马克思曾写信给恩格斯说"伦敦工人的游行示威，和我们1849年以来在英国看到的比起来，规模非常巨大，这完全是由国际一手组织的。"[①] 7月23日到25日，同盟接连在伦敦海德公园举行工人示威游行，并与前来镇压的警察发生冲突，有几百人受伤，工人群情激奋。马克思指出，如果英国工人不同统治者发生一场更加尖锐的冲突，他们是不能实现自己民主要求的。

1867年，争取普选权的群众运动，更加汹涌澎湃，仅5月6日，就有50万人在海德公园举行声势浩大的群众大会。在人民群众的不断斗争中，英国议会于8月15日通过了政府提出的新的选举法改革法案。新法案规定，在城市中的房东和每年缴纳10英镑房租的租房者有选举权。该法案是一个极不彻底的改革，它使资产阶级达到了享有选举权的目的，也使少部分收入高的工人上层分子得到了选举权，但是，仍然有400万成年男子被拒于选举权的大门之外，当然更不用说众多的妇女群众了。由于自由资产阶级和工联领导人采取妥协立场，放弃了继续争取普选权的斗争，

---

① 《马克思恩格斯全集》第31卷，人民出版社1972年版，第233页。

致使这场轰轰烈烈的选举改革运动就此而止。

选举改革运动虽然没有达到马克思期望的结果,但这场运动促进了英国工人政治运动的发展,也使国际在英国工人中博得进一步的拥护和支持。所以,这场运动具有重要意义。

四 关注和声援民族解放运动

第一国际始终不渝地坚持反对民族压迫,支持民解放运动,在这方面也做出了重要贡献。

波兰问题是当时民族解放运动的焦点。第一国际就是各国工人在声援波兰独立的活动中创建起来的。它成立后,也一直关注和支持波兰民族解放运动的发展。

马克思在《成立宣言》中就对俄罗斯宰割波兰的行径进行了谴责,号召各国工人明确自己的责任,"洞悉国际政治的秘密,监督本国政府的外交活动,在必要时就用能用的一切办法反抗它。"[①] 在第一国际总委员会的会议上,曾多次讨论波兰问题,并通过了恢复波兰民族主权的决议。在1865年召开的伦敦代表会议上,通过了波兰代表提出的反对俄国奴役波兰并在民主的基础上恢复波兰独立的提案。在1866年的日内瓦代表大会上,又着重讨论了关于消除俄国在欧洲的影响和复兴民主波兰的问题。马克思和总委员会还与英国波兰独立全国同盟一起,多次在伦敦举行纪念波兰人民1863—1864年起义的群众大会。马克思是历次大会的积极筹备者和参加者。在1867年1月举行的纪念波兰起义三周年大会上,马克思发表了重要演说,提出了"没有独立的波兰,欧洲的自由就不能确立"的著名论点。为了宣传国际在波兰问题上的政策,为了动员和教育广大群众,马克思还请恩格斯专门撰写了一组阐述《工人阶级同波兰有什么关系?》的论文,在国际的机关报《共和国》周报上公开发表,宣传第一国际在波兰问题上的策略原则。马克思把复兴民主波兰这样一种全欧洲的政治运动,看作是提高工人觉悟、进行国际主义教育、加强国际工人间团结的纽带,把民族解放运动和无产阶级的解放斗争结合起来。

19世纪60年代,爱尔兰民族解放运动走向高涨。爱尔兰是英帝国的

---

① 《马克思恩格斯选集》第2卷,人民出版社1995年版,第607页。

第一个殖民地，从 12 世纪开始长期遭受英国统治者的侵略和奴役，并于 1801 年强行将爱尔兰正式并入英国。英国殖民者霸占爱尔兰农民的土地，阻挠爱尔兰民族工业的发展，使爱尔兰人民长期处于贫困落后的境地。爱尔兰人很早就开始了反对英国统治者、争取土地和生存斗争。1857 年，流亡在美国的爱尔兰爱国者组建了"爱尔兰革命兄弟会"，亦称"芬尼亚党"。① 该组织建立后，便秘密回到爱尔兰，开展争取民族独立的斗争，这一斗争又被称作"芬尼亚运动"。马克思对芬尼亚党的密谋活动持反对意见，但他认为芬尼亚运动具有积极意义，国际总委员应该动员广大会员支持爱尔兰的民族解放运动。

1867 年 2—3 月间，芬尼亚党人在爱尔兰一些城市发动武装起义，并同政府军队展开了斗争。起义失败后，169 名起义者受到法庭的审讯，其中有一半人被判处苦役。此后，英国政府不断地逮捕芬尼亚党人，并对被捕者残酷虐待，施用毒刑，甚至把他们活活饿死。英国政府的暴行引起了公愤。爱尔兰问题成了英国政治议论的中心。这样，如何对待爱尔兰民族解放运动，就成了英国工人阶级和第一国际面前的一个尖锐而严肃的问题。

国际总委员会不顾奥哲尔等少数工联领导人的阻挠，于 1867 年 11 月 19 日、20 日和 26 日，连续举行关于爱尔兰民族解放运动问题的讨论会。在会上，荣克、列斯纳和杜邦等人都发言抨击英国政府暴行，批评某些工联领导人的民族沙文主义立场，明确论证了爱尔兰人民有权起来反对英国的统治，拿起武器捍卫自己的自由权利。他们热情号召英国工人同爱尔兰争取独立的战士建立联盟，支持爱尔兰的民族解放运动。在 11 月 20 日的总委员会特别会议上，宣读了马克思代表总委员会起草的致英国内务大臣格桑·哈第的意见书《在曼彻斯特被囚禁的芬尼亚党人和国际工人协会》。意见书揭露了英国政府对芬尼亚党人的报复行径和残酷迫害。1867 年 12 月 16 日，马克思在伦敦德意志工人教育协会会议上，作了一个半小时的关于爱尔兰问题的报告，阐述了国际关于爱尔兰问题的纲领，要求英国政府废除 1801 年的殖民主义合并，给予爱尔兰实行自决并从英国分离出去的权利，说明了英国无产阶级在爱尔兰问题上的任务，号召英国工人

---

① 芬尼亚是爱尔兰历史上一个英勇的部落。

支持爱尔兰的民族自决。到1869年下半年，在英国掀起了广泛地争取赦免被囚禁的芬尼亚党人的运动。1869年9月20日，在伦敦特拉法特广场召开了群众大会，为芬尼亚党人积极辩护的总委员会英国委员韦斯顿是大会的组织者之一。10月24日，在韦斯顿参与下，伦敦又举行了20万人的示威游行，马克思同两个女儿燕妮和爱琳娜一起参加了游行。与此同时，恩格斯开始撰写《爱尔兰史》，力图恢复被资产阶级历史学家歪曲了的爱尔兰历史的真实面目。但这项工作因普法战争而中断。

马克思和总委员会发动和组织的声援爱尔兰人民的斗争，教育了英国工人群众，把英国工人自发支持的爱尔兰民族解放运动提高到一个自觉的水平。列宁后来指出："马克思和恩格斯在爱尔兰问题上的政策提供了各压迫民族的无产阶级应当怎样对待民族运动的伟大范例。"[①]

五 支持和保卫巴黎公社革命

1870年7月，法国和普鲁士之间爆发了争夺霸权的王朝战争。挑起这场战争的法兰西第二帝国很快便被打败；路易·波拿巴被迫投降。德军打进法国，包围了巴黎。9月4日，巴黎人民奋起推翻帝制，第二帝国覆亡，法兰西第三共和国宣告成立。然而，新成立的资产阶级临时政府仍然奉行对内镇压无产阶级和广大人民、对外投降卖国的政策。巴黎无产阶级在忍无可忍的情况下，又于1871年3月18日发动了武装起义，并创建了世界历史上第一个无产阶级革命政权——巴黎公社。

马克思和第一国际总委员会始终关注着法国的革命进程，并及时地给法国无产阶级以正确的指导。普法战争爆发后，国际总委员会在7月23日发表了马克思起草的关于普法战争的第一篇宣言，向各国工人阶级说明了战争的起因、性质和前途，号召各国工人加强团结，利用战争的形势来发展无产阶级革命事业，反对非正义的侵略战争。当德军侵入法国后，国际总委员会在9月9日又发表了马克思起草的第二篇宣言。宣言指出战争的性质已发生了变化，号召德国工人阶级应反对德国占领法国领土，迫使本国政府"给法国以光荣的和平"，承认法兰西共和国。为了加强与法国无产阶级的联系和深入了解情况，国际在1870年9月初就派遣总委员会委员奥古

[①] 《列宁全集》第25卷，人民出版社1988年版，第271页。

斯特·赛拉叶为代表赴巴黎进行联络。赛拉叶于1871年2月回伦敦向总委员会报告法国革命情况，3月底重返巴黎，并当选为公社委员。

第一国际巴黎联合会对国民自卫军中央委员会的成立起了倡导和推动作用，它也是3月18日起义的最积极参加者和巴黎公社的支柱。巴黎国民自卫军中央委员会中的16名委员和巴黎公社中的30名委员都是国际会员。巴黎公社实行的许多政策也都是国际历次代表大会讨论通过和作出决议加以广泛宣传的。巴黎无产阶级能够迈出夺取政权和掌握政权这样勇敢的一步，也是与国际6年来对巴黎群众的宣传教育分不开的。在这个意义上，可以说巴黎公社革命不是完全自发的行动，而是在国际原则的思想影响下由无产阶级群众创造出来的。马克思曾指出："事实是，既然所有文明国家的工人阶级的精华都属于国际，而且都浸透了国际的思想，他们在各地的工人阶级运动中就定然会走在最前面。"[1] 恩格斯说："公社无疑是国际的精神产儿，尽管国际没有动一个手指去促使它诞生；要国际在一定程度上对公社负责是完全合理的。"[2]

在巴黎公社革命时期，第一国际总委员会把支持和指导公社的革命活动作为自己的中心任务。在此期间，总委员会先后召开了14次会议，每次都针对巴黎的革命形势，对国际的巴黎支部和巴黎无产阶级提出建议和作出有关的决定。马克思和恩格斯非常注意从各方面收集巴黎的消息，密切注意事态的发展，认真研究公社的各项政策措施。除了通过赛拉叶与公社保持联系外，还同弗兰克尔、瓦尔兰等公社委员书信来往，通过这些渠道，马克思对公社的策略、政策、措施等方面都非常了解，并能提出很多极其中肯正确的重要意见和建议。他们建议公社把那些能使凡尔赛分子声名狼藉的档案转移到伦敦公布，从政治上揭露凡尔赛卖国政府；提醒公社要提高警惕，防止普鲁士给凡尔赛分子占领巴黎提供方便，并向公社通报了"国防政府"外交部长法夫尔和俾斯麦在法兰克福达成秘密协议的详细情况；建议公社加强面对普军一面的蒙马特尔高地的防御工事，提防普军的进攻；建议公社必须在巴黎以外，甚至在其他国家尽快开展工作，以解除巴黎孤立进行斗争的状况；建议公社实行有利于农民和城市小资产阶

---

[1]《马克思恩格斯全集》第17卷，人民出版社1963年版，第656页。
[2]《马克思恩格斯选集》第4卷，人民出版社1995年版，第620页。

级的措施，以团结和争取广大劳动群众的支持；建议公社不要把宝贵的时间浪费在琐碎的事务和私人争执上，要求他们弥补失去的时间，赶紧做他们认为需要做的一切事情，等等。

总委员会还积极动员各国支部和无产阶级支持巴黎公社革命。为此，马克思写了几百封信，号召各国工人起来支持公社的斗争。马克思和恩格斯还在报刊上介绍公社的真实情况，批驳资产阶级反动派对公社的诬蔑和攻击。在国际和总委员会的号召和动员下，各国的国际支部和革命群众纷纷起来以多种斗争形式声援巴黎公社。国际会员、德国社会民主党领导人威廉·李卜克内西和倍倍尔在议会中发表了赞扬和支持公社革命的演说，因此，德国政府以"叛国罪"把他们逮捕入狱。德国广大工人在柏林、汉堡、莱比锡、汉诺威等城市先后举行声援巴黎公社的群众大会。英国伦敦工人和群众也举行有数万人参加的声援大会。瑞士、意大利、西班牙等国的工人也开展了类似的活动。

在公社被镇压后，第一国际和总委员会又为营救公社社员开展了巨大的工作。马克思千方百计地搞到了很多护照送给公社社员，尽力帮助他们逃离法国。马克思和恩格斯还组织了一个专门委员会，帮助流亡国外的公社社员寻找工作和安排生活。1871年6月，法国反动政府通电欧洲各国建议组织反对第一国际的统一行动，并要求引渡避难国外的公社人员。总委员会立即号召各国无产阶级起来反对和制止本国政府附和巴黎政府的通电，支援流亡国外的公社社员。国际还补选龙格、瓦扬和泰斯等公社领导人为总委员会委员。这在政治上捍卫了公社的地位，有力地反击了巴黎政府串通各国反动派迫害公社社员的罪行。在巴黎公社失败两天后，即5月30日，马克思即向第一国际总委员会宣读了他的著作《法兰西内战》，热情讴歌了巴黎无产阶级的英勇斗争精神，及时、深刻地总结了巴黎公社的革命经验。

第三节　国际工人协会的内部斗争

第一国际时期，工人运动中存在着多种非无产阶级的社会主义派别。马克思主义在联合这些派别进行反对资本主义斗争的同时，也同这些派别进行了坚决的思想斗争，逐渐克服了这些流派对工人运动的不利影响，用科学社会主义武装了欧美工人运动，维护了第一国际的团结和统一。

一　消除蒲鲁东主义的危害

蒲鲁东主义是第一国际前期对工人运动危害最大的一种错误思潮。早在19世纪40年代，马克思就对它进行过批判。

比埃尔·约瑟夫·蒲鲁东（1809—1865年）出生于法国柏桑松城郊一个农民兼手工业者家庭，他的家庭和个人历史是一部小资产者在资本主义竞争下走向破产的历史。他的父亲开制桶作坊赔了老本，连土地也被迫卖掉。蒲鲁东从小当过牧童、佣工、排字工人，后与人合作开印刷所，不久也倒闭。蒲鲁东勤奋好学，1838年去巴黎学习，投身工人运动和进行写作。1840年，他因写作《什么是财产》一书，激烈抨击资本主义商业剥削，提出"财产就是盗窃"的论点，从道德和法权方面谴责资本主义社会的不平等现象而著名，被巴黎工人选为国会议员。1848年，他在国会发表演说，谴责资产阶级政府用暴力镇压工人六月起义，1849年，因抨击路易·波拿巴而被判刑。1858年，因在著作中抨击波拿巴政府和天主教会再次被判刑。他于1864年参加第一国际，其思想在法国、意大利、西班牙和瑞士等小生产者占多数的国家中有一定影响。

蒲鲁东站在小资产阶级的立场上，把自由、平等和独立看成是人类普遍理性的最高原则，把维护小私有制作为他终身奋斗的目标，他认为资本主义大私有制造成剥削和贫富不均，违反了平等原则，共产主义要消灭私有制，而人没有财产就不能独立。两者都不符合自由的原则。他幻想建立一个以小生产者"个人领有"为基础的"互助制社会"。在这样的社会中，既有独立又有平等，既保留了私有制又消除了剥削。每个社会成员都是"绝对自由"的。每个劳动者"都能用劳务来换取相应的劳务"，所有的社会成员将"互相效劳，互换产品，彼此贷款，互提信用，互相保证，彼此担保等等。"对此，恩格斯曾指出："整个蒲鲁东主义都渗透着一种反动的特性：厌恶工业革命，时而公开时而隐蔽地表示希望把全部现代工业、蒸汽机、纺纱机以及其他一切坏东西统统抛弃，而返回到旧的规规矩矩的手工劳动。"①

那么，怎样才能实现这样的社会呢？蒲鲁东认为只要筹集资金建立"人民银行"，向生产者发放无息贷款，工人就可以开办合作社、作坊和小工厂，成为"独立自主的"小生产者，同时在他们之间组织直接的"公平交换"以避免商业资本的中间剥削。这样逐步发展财力，最后购买整个国家的生产资料，自由社会就实现了。由此出发，蒲鲁东认为，工人阶级"不应当把革命行动看作是社会革命的手段"，"罢工是违法的"，经济斗争和政治斗争都是不必要的，他鼓吹工人同资本家合作，用和平的手段去改造资本主义社会。恩格斯说：蒲鲁东设想了"一件超出一切范围的荒唐事"，就是要在工人赤贫如洗的情况下，"却想用他们的储金来购买整整一个美丽的法国！"②

蒲鲁东对一切政党和一切政府都持否定态度，提出了"打倒政党、打倒政权，一切人和公民绝对自由"的口号。他认为，无产阶级组织政党进行反对资产阶级的斗争，推翻资产阶级统治和建立自己的政权都是大逆不道的。在他设想的自由社会里"没有任何形式的统治和服从"，"个人只管自己"。他公开宣称：我是一个名副其实的无政府主义者。

1865年1月，蒲鲁东去世，但蒲鲁东主义仍在继续流传。第一国际建立时，法国蒲鲁东主义者托伦等人起了积极作用，但是，他们企图把蒲鲁东主义强加于国际，因此国际内部便发生了同蒲鲁东主义者的激烈争论。在第一国际1865年9月伦敦代表会议和国际的前四次代表大会（即1866年9月日内瓦第一次代表大会，1867年9月洛桑第二次代表大会，1868年9月布鲁塞尔第三次代表大会，1869年9月巴塞尔第四次代表大会）上，马克思主义都同蒲鲁东主义就有关工人运动的诸多重大问题进行了论战。

其一，关于国际工人协会的组织原则问题。第一国际成立后，法国蒲鲁东主义者对章程不满，开始向总委员会争夺领导权。1864年底，国际法国支部出版《临时章程》法译本时，蒲鲁东主义者对章程作了原则性的删改，不提消灭阶级统治，抹去劳动资料被资本家垄断的关键词句，不承认

---

① 《马克思恩格斯选集》第3卷，人民出版社1995年版，第151页。
② 《马克思恩格斯全集》第27卷，人民出版社1972年版，第57、58页。

政治斗争是工人阶级解放的手段，把一个体现马克思主义的纲领篡改成混杂着蒲鲁东主义观点的纲领。1865年7月，巴黎理事会擅自发表《告国际会员书》，提出召开代表大会的议程，要求代表大会重新讨论协会的宗旨和合作社的原则与应用，企图否定总委员会的权威，修改协会的宗旨。马克思建议先召开较小范围的代表会议统一思想，为代表大会制定议程。总委员会接受这一建议，决定先在伦敦召开预备性的代表会议。在伦敦代表会议上，蒲鲁东主义者提出任何会员或经会员介绍的非会员均可以出席代表大会，并有表决权。这一提议被代表会议否定。许多代表认为，如果实行开门会议，将毁灭代表大会的代表性，代表大会就会变成一幕滑稽剧。在日内瓦第一次代表大会上，正式通过了马克思起草的《共同章程》，并宣读了马克思写的《临时中央委员会就若干问题给代表的指示》。这次大会确立了国际的代表大会是最高权力机构，中央委员会是执行代表大会决议的领导机构的地位，排除了蒲鲁东主义者无政府主义思想的干扰。在会上，托伦等蒲鲁东主义者又提出只有工人才能担任协会的领导人，只有体力劳动者才能被选为国际代表大会的代表的说法，其矛头主要指向马克思。这一意见受到与会大多代表的反对。总委员会委员、工联领导人克里默和卡特驳斥了这种宗派主义的立场。克里默指出，国际的建立和兴旺应归功于许多不从事体力劳动的人，马克思把自己的一生献给了争取工人阶级胜利的事业。卡特也作了长篇发言，历数马克思的活动对发展和巩固协会的作用，他强调：要让以无产阶级观点研究政治经济学的那些人务必参加我们的代表大会，并给资产阶级政治经济学的欺骗性论断以致命打击。可见，这时马克思的领导地位已被工人阶级所公认。托伦等人的提议被大会否决，蒲鲁东主义者改变第一国际的民主集中制原则的企图遭到了失败。

其二，关于对待民族解放运动的态度问题。在1865年9月第一国际伦敦代表会议上，马克思及其拥护者从无产阶级解放的总任务出发，认为无产阶级必须关心和支持被压迫民族的解放斗争，建议把波兰问题列入会议议程。但蒲鲁东主义者却认为民族问题是与工人阶级无关的"纯粹政治问题"，支持波兰人民争取民族独立是"一种倒退"，反对会议讨论波兰问题。经过争论，多数代表赞成讨论这个问题，并通过了"在民主的和社会的基础上恢复独立的波兰"的决议。在1866年第一国际日内瓦代表大会上，马克思起草的《临时中央委员会就若干问题给代表的指示》

中，第九个问题专门阐述了欧洲工人阶级为什么要关注波兰问题，但蒲鲁东主义者再次反对讨论波兰"纠缠不清的民族问题"。但大会经过激烈讨论，通过了一项决议，明确指出解放世界各国的工人阶级，这个任务也包括消除俄国的帝国主义影响和复兴民主波兰。由此确立了国际对波兰等被压迫民族争取民族解放斗争的正确态度和原则立场。

其三，关于无产阶级解放道路的问题。日内瓦代表大会的重要议程之一是要讨论和通过马克思起草的《共同章程》。章程规定国际要成为"追求工人阶级的保护、发展和彻底解放的各国工人团体进行联络和合作的中心"。蒲鲁东主义者提出要把"国际"建成一个交换合作社性质的组织，任务是研究如何通过合作制取代资本主义制度。他们在大会讨论合作社问题时，一再强调合作社是无产阶级改造旧社会的唯一道路。大会多数代表批驳了蒲鲁东主义者的上述错误观点，并驳斥了蒲鲁东主义者提出的"国际会议不宜干涉雇主和雇工之间的私人关系"，从而反对国际支持各国工人罢工斗争的错误论调。在1867年洛桑代表大会上，与会多数代表否定了蒲鲁东主义者反对进行任何政治斗争的观点，通过了号召各国工人阶级为"政治解放"和"政治自由"为斗争的决议。这表明，蒲鲁东主义者在无产阶级解放道路问题上的错误主张在国际内部实际上被否定了。

其四，关于所有制的问题，洛桑代表大会对此问题开始了讨论。马克思主义者认为，无产阶级只有消灭生产资料私有制才能获得解放。蒲鲁东主义者则主张维护小生产者的私有制。由于两种意见相持不下，大会未能形成决议。在1868年布鲁塞尔代表大会上继续讨论所有制问题。会前，马克思的巨著《资本论》第一卷出版，马克思在总委员会会议上作了关于所有制问题的报告，这为大会在所有制问题上战胜蒲鲁东主义提供了强大的思想理论武器。通过争论，大会最后通过了一项决议，宣布一切土地、森林、运河、矿山、铁路和电讯、交通等都应成为公共财产。这一决议的通过，是对蒲鲁东主义者维护小生产私有制的理论基础的沉重打击。大会还专门作出了各国工人都应学习《资本论》的决议。这标志着马克思主义在国际工人运动中取得了重大胜利。在1869年的巴塞尔代表大会上，又再次确认了"土地公有制"的主张，回击了托伦等蒲鲁东主义者在这一问题上的顽固立场。这意味着蒲鲁东主义的彻底失败。从此，蒲鲁东主义在国际工人运动中的影响就日渐消失了。

二 纠正工联主义的错误

随着1848年欧洲革命的失败,英国工人阶级反对资本主义的斗争也趋于低落,持续了十几年的宪章运动(1836—1848年)未果而终,使英国工人阶级垂头丧气,挫伤了他们对革命事业的信心。进入19世纪50年代后,英国工人阶级对政治运动普遍表示冷淡,产生了脱离政治的消极情绪。在这种情况下,一部分工人领袖转而组织工人联合会,放弃政治斗争,主张通过与企业主谈判,维护本行业工人的经济利益,争取劳动条件的适当改善和劳动报酬的微薄提高。这就是工联主义的起源。

进入19世纪60年代后,英国工人运动重新高涨。工联在斗争中发展,罢工中涌现出的新工联领导人一度有很大进步,他们积极领导罢工,参加民主运动,主张工人阶级的国际联合,成了第一国际的发起者。英国工人运动的壮大,使资产阶级感到十分恐惧。英国政府对工联上层分子采取既打又拉的两手政策,促使工联领袖回到改良主义道路上去。1867年2月,英国政府成立皇家专门委员会全面调查工联活动,威胁要把工联定为违法组织,加以取缔;与此同时,又通过修改选举法,给工联上层分子竞选议员的机会,并赠封工联领袖名誉头衔,加以利诱。在英国资产阶级多方拉拢下,以奥哲尔、克里默等为代表的许多工联领袖改变了政治态度,在许多重大问题上向资产阶级妥协,背离了第一国际正确路线。他们所奉行的方针政策就被称作工联主义。

工联主义是工人阶级内部的一种改良主义思潮。工联主义者轻视理论,没有远大目标,只顾眼前利益,着眼于经济上的点滴改良。他们不要求改变资本主义制度,只要求资本家减轻剥削程度,他们的口号是"做一天公平的工作,得一天公平的工资"。他们的策略是"防御而不进攻"。他们的斗争目的局限于与资本家签订有利的合同,争取以"忠实的劳动"换取"公平的报酬"和"合理的劳动时间"。工联主义的特点就是社会改良和阶级调和。对此,恩格斯指出:工联主义者是在"向工人鼓吹一种凌驾于工人的阶级利益和阶级斗争之上、企图把两个互相斗争的阶级的利益调和于更高的人道之中的社会主义"。[1]

---

[1] 《马克思恩格斯全集》第22卷,人民出版社1965年版,第316页。

第一国际成立后，马克思一方面看到工联是当时英国无产阶级唯一的组织，它在筹建第一国际的活动中起了积极作用，国际总委员会设在伦敦，许多工联领袖担任了第一国际的重要领导职务，所以对工联采取了团结、依靠的方针；另一方面也看到了工联发展的错误倾向和工联主义思想的危害，对工联领袖的改良主义错误进行了必要的批评和斗争，1865年5月，当总委员会大力支持英、法等国工人争取提高工资的罢工时，老欧文主义者韦斯顿却提出"工资率的普遍提高对工人不会有好处"；"工联所起的作用是有害的"。他要求总委员会讨论这个问题。于是，马克思在6月20日和27日的总委员会会议上作了《工资、价格和利润》的长篇报告，指出资本主义生产的总趋势是不断加强对工人的剥削，工人的工资总是相对地在降低。因此，工人阶级为提高工资而进行的斗争是必然的也是必要的。马克思首先肯定了工联在这方面所作的工作，"行动得颇有成效"；但同时他也指出了工联领袖夸大经济斗争作用的错误。马克思指出：工人为提高工资和福利而进行的经济斗争，"反对的只是结果，而不是产生这种结果的原因。他们延缓下降的趋势，而不改变它的方向；他们服用止痛剂，而不祛除痛根。"因此，"他们应当摒弃'做一天公平的工作，得一天公平的工资！'这种保守的格言，要在自己的旗帜上写上革命的口号：'消灭雇佣劳动制度！'"[①] 马克思的这些论述为英国工人运动指明了方向。

在第一国际内部，马克思主义者同工联主义者在如下几方面产生了政治分歧，马克思主义者同工联主义者进行了坚决的斗争。

第一，在1865—1867年英国的选举改革运动中，马克思和国际总委员会为英国工人阶级制定了正确的方针和策略，即工人阶级在运动中必须提出"给全体成年男子以选举权"的独立政治要求；必须坚持工人阶级对运动的领导权；必须严防资产阶级分子的妥协和叛变。而工联领袖们只把争取普选权看作发动群众争取"体面的斗争成果"的手段，生怕工人阶级大规模的积极斗争会酿成社会革命运动。当资产阶级政府抛出第一个改革法案时，奥哲尔就在《共和国》周报上发表长篇文章，论证该法案对工人是有好处的。在英国议会通过了第二个改革法案后，工联领导人便

---

① 《马克思恩格斯选集》第2卷，人民出版社1995年版，第97页。

公开采取了向资产阶级妥协的路线，完全背叛了第一国际所确定的正确方针，放弃了争取普选权的斗争。对工联领袖们的背叛行为，马克思曾猛烈地斥责说："不论克里默或是奥哲尔，他们两人都在改革同盟中出卖了我们，他们在那里违背我们的意志走上了同资产阶级妥协的道路。"①

第二，在如何对待爱尔兰民族解放运动的问题上，马克思主义者同工联主义者也存在着分歧和斗争。马克思把爱尔兰的民族解放运动同英国无产阶级革命运动联系起来，他认为："'国际'的任务就是到处把英国和爱尔兰的冲突提到首要地位，到处都公开站在爱尔兰方面。"② 但是，总委员会中的奥哲尔等工联领导人却站在资产阶级民族沙文主义立场上，反对爱尔兰独立，极力美化英国政府对爱尔兰的殖民主义政策，指责爱尔兰人民不应该采取暴力斗争方式，等等。马克思及其拥护者尖锐地批判了工联领袖的民族沙文主义思想和政策。总委员会根据马克思等人的建议通过了坚决支持爱尔兰人民斗争的决议。鉴于奥哲尔的表现和他在总委员中的职务与国际的事业极不相称，1867年9月，总委员会决定取消主席一职，奥哲尔被撤销了领导职务。

第三，巴黎公社革命是在第一国际思想影响下爆发的一次伟大的无产阶级革命运动。巴黎公社革命失败后，奥哲尔和另一位总委会委员、英国工联领袖鲁克拉夫特等屈服于资产阶级反动派的压力，与资产阶级一个鼻孔出气，公开诬蔑总委员会和巴黎公社，反对马克思起草的被总委员会通过的《法兰西内战》宣言。奥哲尔攻击说："关于内战的宣言太尖锐了"。他甚至吹捧、美化梯也尔政府的外交部长、勾结德国出卖巴黎的内奸、镇压巴黎公社的刽子手茹尔·法夫尔，说"茹尔·法夫尔的声誉是无可厚非的。"鲁克拉夫特宣称"宣言中有很多地方"他都反对；并诬蔑说："国际竟保护那些所作所为使他憎恶的暴徒，那些不属于国际的暴徒"③。他们还气势汹汹地要求撤销他们在《法兰西内战》宣言上的签名，并扬名要退出协会。这种对巴黎工人阶级的恶意攻击和对敌人的赞美，表明奥哲尔和鲁克拉夫特已经背叛了工人阶级解放事业。他们的行为引起了总委

---

① 《马克思恩格斯全集》第31卷，人民出版社1972年版，第526页。
② 《马克思恩格斯选集》第4卷，人民出版社1995年版，第592页。
③ 《第一国际总委员会会议记录》（1870—1871），中国人民大学出版社1988年版，第205页。

员会大多委员的谴责。在 1871 年 6 月 27 日的总委员会会议上，一致决定把他们清除出国际。从此以后，英国工联领导层发生了分化，一些顽固坚持工联主义路线的人离开了国际，而一些拥护马克思主义路线的工联领导人继续在第一国际的旗帜下为无产阶级的解放事业而奋斗。

三　粉碎巴枯宁集团的阴谋

巴枯宁主义和巴枯宁阴谋集团是第一国际后期（1869—1872 年）在国际内部造成危害最大的错误思潮和破坏性团体。马克思、恩格斯和国际总委员会花费了很大精力同其作坚决斗争，才粉碎了巴枯宁集团的阴谋活动，消除了巴枯宁主义的有害影响。

米哈伊尔·亚历山大罗维奇·巴枯宁（1814—1876 年）出生于俄国一个贵族官僚家庭，毕业于彼得堡炮兵军官学校。1840 年后游历欧洲，曾接受过魏特林的思想，也信仰过蒲鲁东主义，特别欣赏蒲鲁东的无政府主义思想。1848 年欧洲革命中，巴枯宁表现活跃，参加过各种集会斗争。1849 年又参加了德国德累斯顿起义。革命失败后被捕并判处死刑，后减刑并引渡给沙皇政府。巴枯宁在狱中写了长达 10 万言的忏悔书，向沙皇上书乞求宽大，由无期徒刑改判流放西伯利亚。1861 年他从流放地逃往日本，又绕道美国，来到英国。1864 年，他会见了马克思，了解了国际工人协会的情况，他表示愿意为国际工作。随后去意大利、西班牙、瑞士等地，看到破产的小生产者情绪可以利用，便纠合了一些追随者，建立起一个秘密的无政府主义组织"国际兄弟会"。

巴枯宁的思想迎合了破产的小生产者对资本主义的仇恨和急于报复的心理需要，在瑞士、比利时、意大利、法国等小资产阶级众多的国家中有较大市场，在巴黎公社失败后资产阶级暴虐的年代里曾流行一时。巴枯宁无政府主义思想的理论基础是极端个人主义的世界观。巴枯宁认为，人类的全部历史是由动物状态进化到人性状态的历史，人的解放就是个人获得绝对自由的个性解放，把个人置于社会之上，反对一切权威。他认为，不合理的资本主义制度是由于国家凭着权威把财产赐予资本家而造成的，其具体表现就是私有财产继承权的法令。因此，只要废除财产继承权，就可以消灭资本家。他还认为，国家是由人们的信仰产生的，人信奉神在地上的代理人——君主，于是君主及其工具——国家就有了权威。只要人们宣布不信仰国家，国家就可以被废除。总之，巴枯宁的观点就是反对一切权威，主张个人绝对自由；反对一切统治，主张废除国家；反对财产私有，主张废除继承权。他的无政府主义政治纲领是依靠少数流氓无产者，肆意进行破坏活动，摧毁国家和一切权威，宣布废除财产继承权，建立一个使个人有"最充分自由"的"无政府状态"的社会。他反对无产阶级有组织的政治斗争，反对夺取政权，否定无产阶级专政。他把资产阶级骂得淋漓尽致，却不做任何能触动资本主义制度的事情。他号召破坏一切，实际上是在干破坏无产阶级解放斗争的勾当。

巴枯宁对国际工人运动的危害，不仅在于他那套无政府主义的理论和纲领，而主要还在于他对第一国际的阴谋破坏活动。马克思曾说："对巴枯宁先生来说，学说（从蒲鲁东、圣西门等人那里乞取而拼凑成的废话）过去和现在都是次要的东西——仅仅是抬高他个人的手段。如果说他在理论上一窍不通，那么他在干阴谋勾当方面却是颇为能干的。"[①]

巴枯宁为了达到个人的政治目的，绞尽脑汁进行阴谋活动。1867年，巴枯宁在组织他的无政府主义秘密团体的同时，参加了资产阶级的国际和平与自由同盟，当上了这个组织的常委，想利用这个组织来实现他的计划。后来发现这个组织只会空谈没有实力，而第一国际才真正在群众中有威信和力量，便图谋打入国际内部活动。他在国际和平与自由同盟第二次代表大会上故意抛出激进的纲领，使资产阶级代表拒绝接受。然后，他就愤然与国际和平与自由同盟"决裂"。以此为"资本"，他进入第一国际日内瓦支部。但成为国际的一个普通会员并不能使他获得权力，于是他又游说和蒙蔽约·菲·贝克尔与他合作，另外建立了一个社会主义民主同盟，把它的无政府主义秘密团体"国际兄弟会"和"民族兄弟会"隐蔽在同盟里面。这样，社会主义民主同盟便成为一个派内有派、层层控制的"教阶制"组织。该同盟的核心是巴枯宁的"国际兄弟会"，人数以100人为限，被称为巴枯宁的"百名禁卫军"。第二个层次是"民族兄弟会"，分布在欧洲多个国家，受"国际兄弟会"的严密控制。第三个层次才是半公开性质的社会主义民主同盟。同盟内部纪律森严，每个成员都必须无条件地、严格地遵循他从上面得到的一切命令和指示，不询问甚至也不设

---

① 《马克思恩格斯选集》第4卷，人民出版社1995年版，第603页。

法打听他本人在组织中是属于哪一级。"民族兄弟会"甚至不知道还有个秘密的"国际兄弟会"存在。这个组织的最高决策人和指挥者就是"公民B",即巴枯宁。这个高喊反对任何权威的人,在社会主义民主同盟中却有着至高无上的权力。

同盟成立后,巴枯宁便唆使贝克尔出面申请该同盟整个加入第一国际,企图用这样的手段在第一国际内部建立一个独立王国,控制第一国际。他唯恐总委员会不批准其申请,又写信给马克思说:"现在,我的祖国是'国际',而你则是'国际'的主要创始人之一。亲爱的朋友,你是看得出的,我是你的学生,我以此而感到骄傲。"马克思没有受巴枯宁的蒙骗,他在1868年12月为总委员会起草的通告信中,揭穿了巴枯宁的圈套,发出警告说:"既在国际工人协会之内,又在该协会之外进行活动的第二个国际性组织的存在,必将使协会陷于瓦解;……这样,国际工人协会很快就会变成任何一个种族和民族的阴谋家手中的玩物"[①]。总委员会坚决拒绝了社会主义民主同盟的入会申请。巴枯宁一计不成,便以退为进,再次致函总委员会,表示愿意解散同盟组织,让同盟的各支部分别参加第一国际。马克思考虑到还需要争取受同盟影响的群众,便建议总委员会接受其各个支部的入会申请。巴枯宁名义上宣布同盟解散,将同盟中央委员会改称社会主义民主同盟日内瓦中央支部,实际上仍暗中保持秘密的组织联系,继续号令同盟的其他支部,就这样带领他的追随者进入了国际工人协会。

国际总委员会同巴枯宁阴谋集团的斗争经历了如下几个回合:

首先,在1869年巴塞尔代表大会上,巴枯宁及其追随者开始在国际内发难。他们假借反对蒲鲁东主义者之名,提出了废除继承权的提案,声称继承权是构成私有制的一个重要特征,要求大会讨论通过他们的提案,想以此干扰大会原定主要讨论土地所有制问题的议题,控制大会的议程。马克思识破了他们的计谋,为大会起草了《总委员会关于继承权的报告》,指出继承权是私有制在法律上的反映,而不是私有制产生的根源;巴枯宁的无政府主义观点,将经济基础与上层建筑本末倒置,夸大法律的作用,必然转移斗争目标。虽然有较多代表未认清巴枯宁废除继承权提案的实质而投了赞成票,但终因拥护巴枯宁分子提案的人未超过半数,代表

[①] 《马克思恩格斯全集》第16卷,人民出版社1964年版,第383页。

大会未予通过。巴枯宁想当选为总委员会委员的图谋也未得逞，大会还否定了巴枯宁分子要求把总委员会从伦敦迁往日内瓦的主张，打破了他们企图把总委员会控制在自己手中的阴谋。

大会之后，巴枯宁分子更加猖狂地在国际内部进行破坏活动。一方面，从过去表面拥护总委员会，转变为对总委员会和马克思进行无耻诽谤和攻击。他们利用报刊散布谣言，损害总委员会的威信；另一方面，在瑞士的国际组织内大搞分裂活动，夺取瑞士国际组织的领导权。1870年4月，在第一国际罗曼语区联合会举行的代表大会上，巴枯宁分子操纵成立了一个新的联合会委员会，并要求把联合会驻地从日内瓦迁到他们活动的中心汝拉地区去。坚持正确路线的各支部继续承认和拥护原罗曼语区联合委员会。这样，瑞士的国际组织发生了分裂。针对这种情况，1870年6月，总委员会通过了马克思提出的决议案，仍然承认罗曼语区联合委员会为国际在瑞士的地方组织，责令巴枯宁分子新建的组织改称汝拉联合会，使其篡夺国际地方组织领导权的阴谋未能得逞。

其次，1871年巴黎公社革命失败后，第一国际的许多地方组织和会员受到各国反动政府的迫害，国际的处境非常困难。鉴于此，总委员根据恩格斯的建议，不再召开公开的代表大会，而于1871年9月在伦敦召开了秘密的代表会议。这次会议也是马克思主义者与巴枯宁主义者激烈斗争的一次会议。会议谴责了巴枯宁分子在瑞士的分裂活动，做出了一项决议：禁止一切宗派活动，各地方组织"今后不得再使用宗派名称"。会议还驳斥了巴枯宁分子鼓吹放弃政治的谬论，通过了马克思和恩格斯起草的《关于工人阶级的政治行动》的决议，强调了工人阶级开展政治斗争的必要性，明确提出了建立无产阶级独立政党的要求。这些决议，都是对巴枯宁主义者的沉重打击。

会后，巴枯宁分子又进行反扑。他们发表通告，公然反对伦敦代表会议的决议，诬蔑总委员会是操纵在少数几个人手中的"特殊纲领的统治"，叫嚷要同总委员会的"权威主义和专政"做斗争，提出要把总委员会变成"简单的统计通讯局"。针对巴枯宁分子的这一通告，马克思恩格斯写了《所谓国际内部的分裂》的通告，详述了总委员会同巴枯宁分子分歧的由来与发展，揭露和抨击了巴枯宁的两面派手法和分裂活动。

最后，接连遭到失败的巴枯宁，气急败坏地扬言要在国际的下一次代表大会上，同国际总委员会进行最后的决战。此时，国际总委员会也准备彻底清算巴枯宁阴谋集团的破坏行为。1972年9月国际第五次代表大会在荷兰的海牙召开。马克思和恩格斯首次共同参加了这次大会。大会重点讨论了巴枯宁的"社会主义民主同盟"问题。恩格斯代表总委员会作了报告，用大量事实揭露了同盟的阴谋活动，提出"在工人阶级斗争的历史中，我们第一次在工人阶级内部遇到了一个目的不是要摧毁现存的剥削制度，而是要摧毁为反对这种制度而进行最坚毅斗争的协会本身的秘密阴谋。"[1] 大会作出决议，把巴枯宁和他的得力干将詹姆斯·吉约姆开除出国际。这就从组织上粉碎了巴枯宁集团在国际内部的分裂活动。第一国际反对巴枯宁无政府主义和分裂主义的斗争取得了决定性的胜利。

海牙代表大会后，巴枯宁一伙仍不甘心失败。他们吵吵嚷嚷地又集合到瑞士的圣伊米耶，召开所谓的"反权威主义"的国际代表大会。他们宣布否定海牙代表大会的一切决议，不承认新选出的国际总委员会，并通过了一项决议，声称"无产阶级的首要任务是消灭任何种类的政权"。此后，又接连召开多次类似的会议。1873年5月，国际总委员做出决定，凡参加巴枯宁分子反权威主义大会或者承认其各项决议的一切组织、个人，"已经自己把自己置于国际工人协会的队伍之外，并且不再是协会的会员"。

为了从思想上、理论上澄清巴枯宁主义的危害，海牙代表大会后，马克思和恩格斯还写了许多论著和书信，批判他们的荒谬论点。马克思和恩格斯合写了《社会主义民主同盟和国际工人协会》，马克思写了《政治空谈主义》、《巴枯宁〈国家制度和无政府状态〉一书摘要》，恩格斯写了《论权威》、《行动中的巴枯宁主义者》等，对巴枯宁主义进行了系统深刻的剖析、批判，彻底战胜了巴枯宁主义这一危害极大的反动思潮。

第四节 "国际是不会被人遗忘的"

一 国际总委员会迁往纽约

第一国际的海牙代表大会取得了战胜巴枯宁主义及其阴谋集团的重大胜利，但是，马克思和恩格斯也由此看到了第一国际存在的危机。所以，

---

[1] 《马克思恩格斯全集》第18卷，人民出版社1964年版，第158页。

在海牙代表大会上，他们联合其他代表共 11 人一起提出了把总委员会驻地由伦敦迁往纽约的建议。恩格斯在会上就此建议作了专题发言。他一方面说明了为什么要迁移总委员会驻地的原因，另一方面阐述了要迁往纽约的理由。

关于迁移驻地的原因，恩格斯分析说：第一国际成立以来总委员会的驻地之所以一直设在伦敦，是因为伦敦具备两个基本条件：一是当时英国是资产阶级民主发展程度较高、政治环境比较宽松的国家，国际总委员会只有设在伦敦，"总委员会的文件和委员的安全才有保障"。二是当时英国工人阶级的斗争性和组织性较强，在国际工人运动中影响较大，国际总委员会设在伦敦，可以得到英国工联在人力、物力、财力和道义上的多方面支持，只有这样，才能使国际总委员会的组成真正"具有国际性"。①但是，在巴黎公社革命后情况发生了很大变化。英国政府也加紧了对局势的控制和对无产阶级革命的防范。工联领袖为达控制国际的目的，也经常对总委员会和马克思进行指责和攻击，先有克里默，继之有奥哲尔等人，后来又有担任总委员会总书记的黑尔斯，他们制造国际内部的矛盾和分裂，相继离开国际。就连马克思过去的积极拥护者、老战友埃卡留斯也倒向了反对派一边，参与了反对马克思和恩格斯的"诽谤运动"。尤其是巴枯宁分子的捣乱破坏，使国际受到很大伤害。恩格斯指出："什么乱七八糟的人都钻到国际里来了。它里面的宗派主义者猖狂起来，滥用国际，希望会容许他们去干极端愚蠢而卑鄙的事情。"② 这种情况，使国际总委员会"过去的委员大多数都感到厌恶了"，就连马克思和恩格斯也决定不再参加总委员会。可见，国际总委员会已失去了在英国和伦敦进行活动的基础和条件，"所以必须改变总委员会的驻在地"。③

关于为什么要迁往纽约，恩格斯说：在大陆上无论哪里都找不到一个安全的地方。迁到布鲁塞尔去吗？比利时人自己声明说，这不合适，因为人员和文件的安全根本没有保障。迁到日内瓦去吗？日内瓦人坚决表示反对，他们的理由多少同比利时人的理由一样。而迁到法国或德国的什么地

---

① 《马克思恩格斯全集》第 18 卷，人民出版社 1964 年版，第 730 页。
② 《马克思恩格斯选集》第 4 卷，人民出版社 1995 年版，第 617 页。
③ 《马克思恩格斯全集》第 18 卷，人民出版社 1964 年版，第 730 页。

方更不可能,一因为在巴黎公社革命失败后,法国和德国是镇压革命者最严酷的国家。因此,"除纽约外,再没有其它的地方了"。恩格斯进而指出了当时纽约具备的有利条件,"在纽约我们的文件,是会安全的,在那里我们有一个强大的新的组织,在那里我们的党比在任何其它地方都更具有真正的国际性质"。① 当时的美国是一个迅速发展的资本主义国家,工人运动蓬勃发展,而宗派主义者尚未在国际的美国支部内占据什么地位。马克思在回答朋友们的质问时说:"海牙代表大会把总委员会的驻在地迁往纽约。看起来,许多人,甚至连我们的朋友在内,都对这项决定感到惊奇。他们显然忘记了,美国正在成为一个以工人为主的世界,每年有50万工人迁移到这个第二大陆上来;国际必须在这块工人占优势的土地上深深地扎根。"② 后来,恩格斯又明确指出:当时"还能够以国际的名义做出点事情的惟一的国家就是美国,因而出于健全的本能就把最高领导机关搬到那里去了"③。

在海牙代表大会上,关于国际总委员会迁往纽约的提议,尽管受到不少代表的反对,但在马克思和恩格斯的坚持和认真解释下,还是勉强通过了这一议案。法国的布朗基主义者对此表示坚决抗议。瓦扬在会后还专门发表了一篇题为《国际和革命》的文章,指责说:"国际背弃了自己所负的使命;它放弃了革命,它逃到大西洋彼岸去了"。④ 为了消释国际会员对这一重大决定的困惑和不满,在海牙代表大会后,马克思和恩格斯还多次在演说和通信中阐述过把总委员会驻地迁往纽约的理由。马克思和恩格斯原本期望"这样就保证了协会继续存在下去,准备迎接由于局势的变化而必须在欧洲恢复协会的时刻到来"。⑤ 然而,后来的情况却没有能按照马克思和恩格斯的预想发展。

二 国际工人协会的解散

在第一国际的海牙代表大会上,选出了12名委员组成驻纽约的总委

---

① 《马克思恩格斯全集》第18卷,人民出版社1964年版,第731页。
② 同上书,第180页。
③ 《马克思恩格斯选集》第4卷,人民出版社1995年版,第620页。
④ 〔苏〕尤·米·斯切克洛夫:《第一国际》,三联书店1974年版,第258页。
⑤ 《马克思恩格斯全集》第22卷,人民出版社1965年版,第399页。

员会，并赋予它再加聘3名委员的权利。1872年10月11日，国际在纽约的新总委员会加聘弗里德里·阿道夫·左尔格（1828—1906年）为总委员会委员，并选举他担任总委员会总书记。左尔格生于德国，参加过1849年巴登起义，1851年流亡到美国。他与马克思和恩格斯保持着经常的通讯联系，是马克思主义的坚决拥护者。1869年，他参与组建、领导了第一国际北美支部，并成为第一国际美国各支部的联合委员会书记。左尔格出任国际新的总委员会总书记后，立即全身心地投入了工作。10月20日，新总委员会发表了《告国际工人协会各支部和联合会会员书》，宣布它已开始工作，号召贯彻海牙代表大会的各项决议，强调工人阶级在反对剥削阶级的斗争中必须加强国际团结。此后，总委员会坚决维护国际一贯对各国罢工工人进行国际主义声援的行动准则，又尽力组织了对日内瓦首饰工人以及里斯本、开姆尼斯等地工人罢工斗争的支援活动。总委员会还按照惯例从1873年春季就着手筹备国际的第六次代表大会。1873年7月1日，总委员会发出关于召开代表大会的通知书，正式宣布大会将于9月8日在日内瓦举行，并提出了大会的议事日程。但是，由于当时欧洲的反动局势，加之各国协会组织的分裂，绝大多数组织都不能派出自己的代表与会，而且总委员会也无法从美国派出代表前往欧洲。因此，这次代表大会便委托日内瓦的国际组织召开，没有实现预期的目的。

更可悲的是，当国际总委员会在纽约还未能很有效地开展工作的情况下，产生于美国工人运动中的派别斗争很快便反映到总委员会内部来，引起了以左尔格为首的马克思主义者与费·波尔特为首的拉萨尔主义者之间的分歧和激烈争论。这种状况使左尔格很难履行领导职责，于是，他在1847年8月向总委员会提议，无限期地停止行使总委员会的职权。不久，他便辞去总委员会总书记的职务，9月25日，又正式退出了总委员会。左尔格将此情况通报了恩格斯。恩格斯就此事评论说："在纽约，阴谋家和吹牛家在总委员会中获得了多数，左尔格已辞职，并且完全退出了。这样更好。现在我们对已经逐渐衰落的事业不再负任何责任了。"① 恩格斯还致信左尔格说："在你退出以后，旧国际总归是完全地结束并终止了。这也是件好事。……现在，国际在美国也没有威望了。任何想注入新生命

---

① 《马克思恩格斯全集》第33卷，人民出版社1973年版，第127页。

的进一步的努力，都会是愚蠢而徒劳的。"①

左尔格辞职后，卡尔·施佩耶尔当选为总委员会总书记。国际总委员会在名义上又继续存在了近两年的时间，但却没有再开展什么有实际意义的工作。1876年7月15日，国际工人协会的最后一次代表会议在费城举行。出席会议的有总委员会委员10人，北美联合会的代表14人，欧洲没有派出一个代表去。施佩耶尔在会上作了报告，历述了国际的艰难处境，并建议在国际得以恢复的新条件产生之前，国际工人协会无限期解散。会议一致通过了解散国际总委员会的决议案，并发表了"告国际全体会员书"，宣布国际工人协会正式解散，同时仍然呼吁全世界无产者联合起来。

第一国际的解散，是令人感到遗憾的，但这也是当时社会变化发展的一个必然结果，有着深刻历史原因。根据马克思和恩格斯的分析，主要有如下几点：

第一，巴黎公社失败后，欧洲出现的反动形势使国际难以继续存在并发挥应有的作用。

第一国际的革命活动，特别是它对巴黎公社的支持，使资产阶级对国际更加仇恨。巴黎公社失败后，各国资产阶级和反动派掀起了一股疯狂进攻第一国际的恶浪。1871年6月，法国的外交部长法夫尔向欧洲各国政府发出呼吁，要求共同对国际进行讨伐；同年，法国政府又通过一项法令，规定凡加入国际者要判处2个月至2年的监禁，并剥夺公民权。德国政府于1872年5月以"图谋叛国"的罪名判处第一国际德国支部"德国社会民主工党"的领袖奥古斯特·倍倍尔和威廉·李卜克内西2年监禁。荷兰、丹麦、比利时、奥地利、意大利、西班牙、俄国等国政府也都宣布第一国际为非法，对国际会员进行逮捕、审讯和监禁。罗马教皇也号召天主教徒要和"神的死敌"国际工人协会作坚决斗争。各国资产阶级掀起了一个史无前例的诽谤国际和马克思恩格斯的浊流。他们伪造国际的历史，歪曲国际的文件，给国际扣上制造国家叛乱等等的罪名，企图以此破坏国际的威望，消除它在工人中的影响。对这种状况，恩格斯在1877年曾分析说："巴黎公社的失败，使国际陷于无法存在下去的境地。国际被

---

① 《马克思恩格斯选集》第4卷，人民出版社1995年版，第619—620页。

推到欧洲历史舞台的前台的时候，也正是它在各地都无法再展开任何有成效的实际行动的时候。"他还说："鉴于国际在普遍反动的局势下不可能满足仍对它提出的过高的要求，而要照旧充分展开活动，就非使工人运动付出许多流血牺牲的代价不可——鉴于这种形势，它暂时退出舞台"。① 后来，恩格斯又指出："巴黎公社失败以后，国际已不可能在欧洲存在下去。如果继续用旧的形式同政府以及在所有国家都同样狂怒的资产阶级进行斗争，就会付出巨大的牺牲。"②

第二，第一国际内部的分裂使国际已无法有效地开展工作。

随着第一国际在发展中越来越显现出沿着马克思主义正确路线前进的特征，马克思的影响和威望日增。原来加入国际的某些派别的右翼领袖死抱着自己的错误观念不放，并想以自己的错误观念支配整个国际的行动。所以，他们与马克思主义者之间的分歧越来越大，对马克思的妒嫉心越来越强，先后走上了闹分裂的道路，如法国的蒲鲁东主义者、英国的工联领袖等。对此，恩格斯分析指出：当国际"在欧洲成为一种道义上的力量时，争论马上就开始了。各个派别都想利用这个成就。不可避免的瓦解开始了"。③ 尤为严重的是，随着第一国际在各国工人运动中的作用和声望的提高，一些投机分子、野心家也千方百计地钻到国际中来，在国际内部进行阴谋活动，"企图利用协会迅速提高的声誉来满足个人的功名欲或个人的虚荣心"。④ 巴枯宁就是这种"极端危险的阴谋家"。⑤ 马克思曾痛斥巴枯宁说："这个可恶的俄国佬就在我们的队伍中挑起一场公开的大争吵，他把自己的名字当作一面旗帜，用宗派主义的毒药毒化我们的工人协会，并以密谋来遏制我们的行动。"⑥

第三，第一国际的原有组织形式已不能适应工人运动的新特点和新任务。

自19世纪的70年代始，欧美开始了由自由资本主义向垄断资本主义

---

① 《马克思恩格斯选集》第3卷，人民出版社1995年版，第333、334页。
② 《马克思恩格斯全集》第22卷，人民出版社1965年版，第399页。
③ 《马克思恩格斯选集》第4卷，人民出版社1995年版，第620页。
④ 同上书，第3卷，人民出版社1995年版，第333页。
⑤ 《马克思恩格斯全集》第16卷，人民出版社1964年版，第479页。
⑥ 《马克思恩格斯选集》第4卷，人民出版社1995年版，第598页。

的过渡，整个西方世界进入了相对和平发展的新时期。国际工人运动在这种新的历史条件下，呈现出新的特点，面临着新的任务。从工人运动的新特点来看，主要表现为向更广泛的方面迅速发展，正如恩格斯所说："现在的无产阶级世界太大、太广了"。① 再以第一国际的组织形式继续指导整个国际工人运动的广泛开展，就显得力不从心了，已不再能很好地适应各国工人运动发展的实际要求了。第一国际的组织形式已经变得太狭窄了，"这样一条纽带在当时已经变成了一种束缚"。② 从各国工人运动面临的新任务来看，主要是在马克思主义得到广泛传播的情况下，促进马克思主义与各国工人运动的具体结合，建立民族国家的无产阶级独立政党，充分利用和平发展的条件，以新的斗争形式，积蓄革命力量，为迎接未来的社会主义革命做好准备。在1871年9月国际的第二次伦敦代表会议上，马克思和恩格斯就强调了在各国建立无产阶级独立政党的必要性。他们认为：国际停止以旧形式进行活动，就可以使"每一个国家的无产阶级得到机会以独立自主的形式组织起来"。③ 因此，马克思指出："鉴于欧洲的形势，我认为，暂时让国际这一形式上的组织退到后台去是绝对有利的"。④ 恩格斯也明确地讲：第一国际的"旧形式已经过时了"。⑤

加之，国际总委员会迁到纽约后，由于远离欧洲的工人运动，它和欧洲各国支部之间的联系几乎完全中断，难于发挥正常的领导作用，第一国际已经名存实亡了。它宣布正式解散，也属于情理之中的事。

三　国际工人协会的历史地位

第一国际完成了自己所负的使命，退出了历史舞台。它作为广泛团结各国工人阶级共同战斗的国际组织，取得了伟大的成就，在国际工人运动的发展史上，写下了光荣的一页。正如恩格斯所指出的那样："10年来，国际支配了欧洲历史的一个方面，即蕴藏着未来的一个方面，它能够自豪

---

① 《马克思恩格斯选集》第4卷，人民出版社1995年版，第620页。
② 同上书，第3卷，人民出版社1995年版，第334页。
③ 《马克思恩格斯全集》第22卷，人民出版社1965年版，第479—480页。
④ 同上书，第33卷，人民出版社1973年版，第608页。
⑤ 《马克思恩格斯选集》第4卷，人民出版社1995年版，第620页。

地回顾自己的工作"。①

第一，第一国际推动了国际工人运动的发展。

第一国际顺应各国工人阶级团结战斗的愿望，把欧美各国工人团体汇集在为"工人阶级的保护、发展和彻底解放"而共同奋斗的旗帜下面，第一次实现了国际范围内工人运动的联合，使无产阶级反对资产阶级的斗争真正具有了国际的性质。它领导和支持了各国工人阶级开展积极的经济斗争和政治运动，声援了一些国家的民族解放运动，特别是在它的影响和指导下，爆发了伟大的巴黎公社革命，进行了创立无产阶级政权的尝试。这些活动，有力地冲击了资本主义剥削制度和资产阶级的反动统治，激发了工人阶级的革命热情，提高了工人群众的阶级觉悟，把国际工人运动推进到一个新的发展阶段。在第一国际成立之际，欧美各国的工人运动还处于刚刚复苏的状态，带有很强的自发性和分散性。第一国际卓有成效的工作，在很大程度上使这些缺陷得到了克服，大大增强了各国工人阶级的团结、协作精神，提高了他们对共同肩负的历史使命的认识。正如恩格斯所指出：在国际成立之前，各国的工人阶级还是"按照地区和民族来划分和区别的群众，只是由共同蒙受痛苦的感情联结起来，还不成熟，往往一筹莫展地摇摆于热情与绝望之间"②然而，"当国际解散的时候，工人阶级已经全然不是1864年国际成立时的那个样子了"。③

第二，第一国际促进了马克思主义的广泛传播。

恩格斯曾说，"在1864年，运动本身的理论性质在整个欧洲，即在群众中间，实际上还是很模糊的"。④当时马克思主义还只是众多社会主义流派之一，并未被各国工人阶级普遍接受。与此同时，各种非科学的社会主义思潮却在诸多国家的工人群众中有较大的影响。如蒲鲁东主义、布朗基主义、工联主义以及马志尼主义和拉萨尔主义，还有后来出现的巴枯宁主义等。国际发展的历史，也就是马克思主义同这样形形色色的社会主义流派不断斗争并逐渐消除它们的错误影响的历史。当然，马克思主义者同各种非科学的社会主义流派之间的斗争，不是采取残酷打击或简单地拒之

---

① 《马克思恩格斯选集》第4卷，人民出版社1995年版，第620页。
② 同上书，第513页。
③ 同上书，第1卷，人民出版社1995年版，第263页。
④ 同上书，第4卷，人民出版社1995年版，第620页。

门外的办法,而是本着团结的目的,通过论辩和实践活动的验证,来分清是非,以教育广大工人群众,改造各种非科学社会主义的首要人物,促使他们放弃错误观点,接受马克思主义的指导。对那些顽固不化,又大搞诽谤攻击、分裂破坏活动,给国际造成恶劣影响和极大危害的分子,则绝不姑息迁就,断然将他们清除出国际。这样,使马克思主义在各国工人阶级的影响越来越大,传播越来越广,逐步战胜了各种非科学社会主义流派,促进了马克思主义与各国工人运动相结合的进程。与此同时,马克思主义理论自身也在斗争实践中不断得以丰富和发展。马克思曾说:"要不是历史的进程已经粉碎了宗派主义,国际就不可能巩固。社会主义的宗派主义的发展和真正工人运动的发展总是成反比。……国际的历史就是总委员会对那些力图在国际内部巩固起来以抗拒真正工人阶级运动的各个宗派和各种浅薄尝试所进行的不断的斗争。"[①] 第一国际时期是马克思主义广泛传播和深入发展的时期,为马克思主义在国际工人运动中占据主导地位奠定了基础。

第三,第一国际奠定了各国无产阶级建立独立政党的基础。

第一国际是联合起来的国际无产阶级的群众性的政治组织。它不仅起着世界总工会的作用,而且在一定程度上起着国际无产阶级政党的作用。它的活动,为各民族国家的无产阶级建立独立的政党奠定了多方面的基础。首先,马克思主义的广泛传播和自身理论的不断丰富发展,使马克思主义与各国工人运动进一步相结合。马克思为国际制定的正确纲领和策略原则,使国际工人运动沿着正确的方向和路线不断进步。为各国无产阶级建立独立的政党奠定了思想基础。其次,在马克思的指导下所制定的国际章程和组织条例,形成了科学、有效的组织原则。第一国际始终遵循在广泛民主的基础上集体讨论,共同决定重大问题,少数服从多数,尊重和维护中央机关的领导权威的准则,来开展各项活动,体现了民主集中制的精神。它既要求各国无产阶级应加强团结,联合行动,认真遵行统一的战略和策略原则,又强调各国工人阶级"必须考虑到各国的制度、风俗和传统",[②] 独立自主地开展行之有效的斗争活动。这为各国无产阶级建立独

---

① 《马克思恩格斯选集》第4卷,人民出版社1995年版,第602页。
② 《马克思恩格斯全集》第18卷,人民出版社1964年版,第179页。

立政党奠定了组织基础。最后，国际为各国工人运动培养了不少优秀领袖人物，锻炼出一大批先进的骨干分子，为各国建立无产阶级独立政党提供了干部条件。总之，正如列宁后来所说："第一国际完成了自己的历史使命，随之而来的是世界各国工人运动空前大发展的时代，即工人运动向广度发展，以各个民族国家为基地建立群众性的社会主义工人政党的时代。"①

第一国际是在特定条件下建立起来并开展活动的，不可避免地带有某些特定的历史特点和局限性，但是，它作为国际工人运动的先驱组织，其功绩和意义是伟大的。恩格斯曾说：1864年创建国际工人协会的人们，现在"可以骄傲地高呼：'国际完成了自己的任务；它完全达到了自己的伟大目的——联合全世界的无产阶级为反对其压迫者而斗争！'"。②列宁也曾多次对第一国际作过高度评价，他说："第一国际的活动对所有国家的工人运动作出了很大的贡献，留下了深远的影响。"③ "第一国际是不会被人遗忘的，它在工人争取自身解放的斗争史上是永存的。"④

---

① 《列宁选集》第2卷，人民出版社1995年版，第417页。
② 《马克思恩格斯全集》第19卷，人民出版社1963年版，第149页。
③ 《列宁全集》第16卷，人民出版社1988年版，第64页。
④ 同上书，第36卷，人民出版社1985年版，第218页。

第十四章　巴黎公社

1871年巴黎工人起义及随之建立的巴黎公社，无疑是国际无产阶级的一次伟大实践。它对科学社会主义理论的检验和发展，具有重大意义。马克思的光辉著作《法兰西内战》，为巴黎公社树立了一座不朽的历史丰碑。巴黎公社失败了，而马克思深刻地指出："工人的巴黎及其公社将永远作为新社会的光辉先驱而为人所称颂。它的英烈们已永远铭记在工人阶级的伟大的心坎里。那些扼杀它的刽子手们已经被历史永远钉在耻辱柱上，不论他们的教士们怎样祷告也不能把他们解脱。"①

第一节　巴黎无产阶级起义的胜利

巴黎工人"3·18"起义爆发于19世纪70年代初法国特殊的历史环境和条件之下，简言之，它爆发于当时法国民族矛盾和阶级矛盾空前激烈的时刻。用巴黎公社史最权威的研究者、公社的亲历者法国的利沙加勒的话来说就是："3·18"起义是"一个必然会激起的"革命运动。② 这一点对研究和评价巴黎公社至关重要。

一　第二帝国的危机和普法战争的失败

1852年建立的法兰西第二帝国，是代表大金融家、大工业家利益的资产阶级帝国。皇帝路易·波拿巴及其政权建立了一整套庞大的军事官僚机器，拥有统治和镇压人民的50万各级官吏和49万人的常备军，并设有

---

① 《马克思恩格斯选集》第3卷，人民出版社1995年版，第81页。
② 〔法〕普·利沙加勒：《一八七一年公社史》，人民出版社1962年版，第410页。

组织严密的警察机构。这一套严密的国家机器堪称当时的欧洲之最。它监视着人民的一切革命活动，取缔了1848年革命时期人民所争得的一切民主权利。帝国虽设有三院组成的代议机构，即参议院、国务院和立法团，但实际上各院都奉皇帝的旨意进行活动，是皇帝的御用工具与装饰品。此时，第二帝国还利用僧侣和教会势力加强对人民的控制和精神奴役。

19世纪50—60年代，法兰西第二帝国为了适应大资产阶级的需要，大力发展资本主义工商业和银行业，最终完成了法国的产业革命。原来只在个别工业部门使用的蒸汽机，这时已遍及所有主要工业部门。工业生产在其统治的18年间增长了两倍以上；铁路长度也得以增长，据统计，1852—1870年大约增长了3倍半，运输量提高了9倍；外贸额也增长了两倍。

随着工业的发展，资本日益集中。到第二帝国末期，虽然中小企业在法国仍占优势，但拥有5000到1万名工人的冶金工厂已经出现。金融资本的发展和集中程度比工业资本的发展要快得多。到1863年，183家大金融富豪就拥有200亿法郎的股东和债券，他们控制着法国整个银行、水陆交通和大工业企业。到1870年法国的对外投资和贷款总额已达120亿法郎，巴黎开始成为当时的世界金融中心。

第二帝国还借助武力为大资产阶级开辟新的市场，扩大投资场所。为了攫取欧洲霸权，在它存在的18年间，连绵不断地发动对外侵略战争。1853—1856年伙同英国对俄进行克里米亚战争；1859年4月参加了意大利对奥地利的战争，从意大利手中索取了萨伏依和尼斯两块领地；1857年派兵征服阿尔及利亚的卡比利亚地区；1856—1860年间侵略中国，火烧圆明园，侵占中国的港口，索取赔款；1863年强迫柬埔寨接受法国的"保护"；1856年侵占了越南的西贡等地，到1867年把整个越南变成它的殖民地；1862年又伙同英国、西班牙出兵墨西哥。通过对外侵略和扩张，到1870年，法兰西第二帝国已拥有70万平方公里600多万人口的殖民地，法国成为仅次于英国的世界第二大殖民帝国。

第二帝国的反动内外政策，给大金融资本家和工业巨头带来大量超额利润。然而，广大工农劳动群众的处境却每况愈下，日益贫困与破产。在这个时期，工人的劳动强度提高了，工时普遍延长，一般达11—13小时，个别企业竟长达17—18小时，而工人的实际工资不仅没有提高反而下降了。第二帝国时期工人的货币工资虽然增长了10%—40%，而食品价格却上涨50%，房租上涨70%。1857年经济危机期间，工人和广大劳动人民的苦难更加深重。大批工人失业，流离失所。农民的境况同样悲惨，繁重的捐税，高利贷者和地主富农的层层盘剥，使许多农民负债累累，缺少土地，过着朝不保夕的生活。不少农民遭到破产，在全法国和巴黎地区流落为乞丐的竟达几十万人。第二帝国使寡头的富足享乐与民众的贫困破产形成鲜明对照。广大人民的不满情绪与日俱增。19世纪60年代初开始，法国工人运动又重新走向高涨，罢工斗争不断发展并涉及一些主要大城市。政府为了缓和阶级矛盾，拉拢工人，1864年废除了禁止工人集会结社的霞不列法。但事与愿违，政府的让步未能阻止工人运动的前进，工人不仅继续进行经济斗争，还进行政治斗争。1864年立法团进行补充选举时，工人就单独提出了自己的候选人，主张工人参与国家政治活动。1864年2月17日曾发表著名的"60人宣言"，明确提出工人阶级与资本家阶级利益的根本对立。1867年工人坚决反对政府出兵干涉意大利人民争取民主的运动。法国工人运动独立发展的势头日渐壮大。

1864年国际工人协会建立后，1865年初在法国就建立了国际支部。它的建立，为在法国传播马克思主义，清除小资产阶级社会主义的思想影响，起到推动作用。此后，国际会员人数增加，到1865年底已拥有500人。1870年国际巴黎支部已从13个发展为25个，并在此基础上建立了巴黎支部联合会。原来在法国工人运动中占统治地位的蒲鲁东主义者已开始分化，他们逐步摆脱原来的信条，开始接受科学社会主义，形成了以瓦尔兰为首的左派蒲鲁东主义者。他们抛弃了不参加政治斗争的蒲鲁东观念，积极参与和领导工人的政治和经济斗争。法国工人运动在他们推动下又进一步向前发展，尤其在1866—1867年经济危机期间及此后，罢工斗争连绵不断，有的甚至同军警发生了冲突。由于在大罢工中国际会员站在群众前列英勇斗争，"国际"在法国的威信逐步提高，影响日益扩大。

第二帝国政府害怕革命，遂于1868年和1870年对国际会员进行三次大逮捕和审讯。被捕的领导人如瓦尔兰、弗兰克尔等人利用敌人法庭揭露反动政府的暴行，宣传科学社会主义。第二帝国政府妄图阻挠和破坏工人运动的企图未能得逞。国际支部不仅坚持了斗争，还在不少地方建立了新的支部。

到了19世纪60年代末，法国的阶级矛盾和社会矛盾更加深化。除工人阶级外，农民由于处境恶化也倾向革命；小资产阶级共和派也日益公开与政府为敌，抨击时弊。如罗什福尔创办的共和派报纸《马赛曲报》经常刊登批评政府、要求改革的文章。政府竟枪杀了该报记者维克多·努瓦尔，结果引起人民公愤。按利沙加勒的描述：法国工人把《马赛曲报》贴满在政府所在地的墙壁上，以示抗议。1870年1月，工人们发动了20多万人为维克多·努瓦尔送葬，游行队伍高呼着"打倒波拿巴"、"共和万岁"的口号。其声势浩大令利沙加勒感到只要有正确的领导，真可以推翻波拿巴。由此可见，帝国政府反动的内外政策，已极大地激起了法国人民的不满，第二帝国出现了严重的政治危机。在此情况下，第二帝国为了转移国内人民的视线，度过危机，便在准备不足的情况下，匆忙发动了对普鲁士的战争。

1870年7月19日普法战争爆发。这是一场法兰西第二帝国与普鲁士两个王朝之间争夺欧洲霸权的战争。普鲁士企图通过战争，完成自上而下的全国统一，进而夺取法国盛产铁矿并具有战略地位的阿尔萨斯、洛林地区，为此对战争进行了充分的准备。而法国也力图通过战争阻止德意志民族的统一，占领其莱茵河左岸地区，削弱普鲁士。战争的导火线是西班牙王位继承问题。法皇路易·波拿巴以不同意普鲁士亲王列奥波得继承西班牙王位为借口，于1870年7月19日向普鲁士宣战。

战争爆发后，7月23日，第一国际总委员会通过了由马克思起草的《关于普法战争的第一篇宣言》。《宣言》向各国会员揭示了战争的根源、性质，并且提出了无产阶级对待战争的态度。指出，战争的根源和目的是两国统治阶级都在图谋称雄欧洲，因此，总的说来战争的性质是王朝战争。《宣言》结合战争爆发的具体历史条件，对交战双方的战争性质作了具体分析。它指出，在战争开始阶段，法国一方是侵略的非正义的，因为它要阻挠德国的统一，并侵占其领土；而普鲁士一方则具有防御性质，它抵抗法国的侵略，扫除民族统一的障碍，是符合德意志民族发展利益的，因而，德国无产阶级应当反对波拿巴的侵略战争。《宣言》指出："全世界工人的联合终究会根绝一切战争"，未来"新社会的国际原则将是和平，因为每一个民族都将有同一个统治者——劳动！"[①]《宣言》还预见了

---

① 《马克思恩格斯选集》第3卷，人民出版社1995年版，第19页。

战争的结局，它指出，无论如何，"第二帝国的丧钟已经在巴黎敲响了"。[①] 它还预见到德国会在战败法国之后将战争转变为反对法国人民的侵略战争。

战争的进程充分证实了马克思的预言。在法国一方，战争的非正义性，本来就不得人心，而战前又缺乏充足的物质准备，结果法军在前线节节败退。8月4日普军就转入进攻，不久进入法境。战争的失利进一步暴露了第二帝国的腐败无能，更激起法国人民的义愤。巴黎、里昂等大城市接连发生反政府的示威游行。9月1日，法军在色当大败，9月2日，波拿巴签字投降，他亲自统率的10万大军作了普王的阶下囚。波拿巴企图用对外战争延缓其反动统治，结果搬起石头砸了自己的脚。9月3日，波拿巴投降的消息传到巴黎，当天就爆发了巴黎人民的示威游行。9月4日清晨，工人、市民和小资产阶级、国民自卫军战士便包围了政府大厦，驱散了立法议会，当场宣布废除君主制，建立共和国。但由于法国工人阶级尚无自己的政党，"国际"支部的领导人被囚禁或流亡国外，力量薄弱，政权被资产阶级篡夺。保皇党人特罗胥、共和派政客法夫尔等人，在人民群众的压力下，被迫宣布法兰西第三共和国成立。

9月4日革命的胜利，使普法战争进入了一个新阶段，出现了新形势。"国际"总委员会及时于9月6日召开会议，决定由马克思起草一篇新的宣言，并于9月9日在总委员会上一致通过。这篇宣言针对新的形势分析了交战双方战争性质的转化以及无产阶级对待战争的策略。《宣言》首先指出：法兰西第二帝国覆灭后，普鲁士一方已从防御战蜕化为侵略的非正义战争；而法国一方则从非正义的侵略战争转变为正义的防御战争。它还指明了这时普鲁士的无产阶级应坚决反对普鲁士王朝对法国进行的侵略战争，与之订立不割地不赔款的光荣和约；而法国无产阶级则应反对普鲁士的侵略，但不要为资产阶级的爱国主义所迷惑，要认清9月4日革命后建立的资产阶级国防政府的阶级本质，要善于区分阶级利益与民族利益。它还告诫法国无产阶级，在自己的力量不足和外敌入侵的条件下，一切推翻新政府的企图都是蠢举，应当利用共和国的自由，去加强自己的阶级组织，为法国的复兴和阶级的解放而斗争。《宣言》在论述战争结局时

[①] 《马克思恩格斯选集》第3卷，人民出版社1995年版，第17页。

着重指出，如果普鲁士胜利了，法国战败了，法国会与沙俄接近，沙俄会乘机实现其称霸欧洲的野心，甚至会酿成一场世界性的战争，各国无产阶级对此应加以警惕。

马克思起草的关于普法战争的两篇宣言，无疑对指导当时的第一国际及各国支部具有重大意义，但鉴于当时种种历史条件的限制，它们实际上并没有被法国工人阶级广为知晓，在法国工人运动中长期占据统治地位的思潮也并非科学社会主义学说。因此，两篇宣言所起到的实际作用不大。

9月4日革命胜利后建立的资产阶级国防政府，是个卖国反人民的政府，政府首脑兼巴黎总督特罗胥是资产阶级君主派奥尔良党人，他的同党掌管着陆军部和警察局，他们垄断了国家的军政大权；冒牌共和党人、镇压1848年6月起义的刽子手们则充当了他们的助手。这个在革命高潮中诞生的政府，害怕人民甚于害怕侵略者，因此，卖国反人民就成了它的既定方针。

国防政府成立后立即派反动政客梯也尔去欧洲各国游说，答应以复辟帝制为条件，要求欧洲各国在普法间进行调停。同时，它不顾人民的普选要求，立即任命资产阶级分子充当巴黎各区区长，并启用第二帝国时期的警察以对付人民。

只有法国人民在奋起抗战，敌后人民还组织义勇军和自由射手，开展游击战，沉重地打击着入侵之敌。但是，在国防政府成立初期，人民对它的面目还认识不清，对其政府成员的身份又放心不下。于是，巴黎的"国际"会员和工会代表便于9月4日革命胜利的当晚和第二天召开会议，决定在巴黎20个区每区选出代表组成警备委员会，再由他们选出代表组成20区中央委员会。其核心力量是"国际"法国支部的成员，以代表人民监督政府的活动。它代表人民多次向国防政府提出要求，主张人民选举产生官吏，并对政府的国防措施进行监督，武装人民加强抗敌斗争。在人民的强大压力下，政府被迫同意再增建60个营的国民自卫军。结果，在三周内，工人们便组成了194个营30万人的国民自卫军，超过政府规定数字的两倍以上。这支以工人为主体的人民武装成为抗敌的中坚力量。

由于国防政府的不抵抗政策，9月18日普军包围了法国首都巴黎。

国防政府双管齐下，一方面派外长法夫尔向普军秘密乞和，一方面千方百计削弱人民武装，克扣工人自卫军军饷，不发给精良武器，安排保皇派充任工人自卫军营长，夺取其领导权，命令工人自卫军进行无准备的出击，有意制造伤亡。10月27日，法政府军巴赞元帅率17万多人在麦茨向普军投降。10月28日，法政府又加紧向普鲁士乞求和谈。如此昭然的卖国反人民罪行，使人民终于忍无可忍，10月31日和1871年1月22日先后举行了两次推翻国防政府，要求建立公社的武装起义，但都因领导不力而遭镇压。此后，国防政府迫不及待地于1871年1月28日与普方签订了停战协定，以国家的名义正式向侵略者投降，普法战争遂宣告结束。

依据协定，法国要解散正规军武装；在三周内选出新的国民议会和政府，以便正式批准和约。资产阶级政府恭守停战协定，认为自己已经得救了。他们甚至把关于停战和投降的公告并列张贴起来，幻想着巴黎人民会热烈欢迎"和平"。然而，"巴黎像遭到电击似地一跃而起，这一击同时也使马赛、土鲁斯和圣太田行动起来，群众的愤激是这样突然而普遍，人们从11点钟就冒着倾盆大雨涌到市政厅前面，高呼'反对停战！'，群众不顾把守着市政厅大门的别动队的抵抗，冲进了前厅。"① 2月8日，在普鲁士刺刀的庇护下，选出了保皇党占优势的国民议会，2月19日正式组成以工人阶级的凶恶敌人梯也尔为首的新政府，并将首都迁往凡尔赛。2月26日梯也尔签订了"预备和约"。其中规定：法国割让阿尔萨斯、洛林地区、赔款50亿金法郎，三年付清，其中10亿金法郎应于1871年内支付。

至此，新成立的梯也尔政府已毫无后顾之忧，遂全力转向对付工人国民自卫军，蓄谋挑起内战，消灭工人武装，以重新巩固资产阶级在全国的统治。为此，梯也尔政府从1871年2月中旬到3月17日，采取了一系列反动措施：停发工人自卫军军饷，企图以此迫使工人放下武器；3月10日又通过取消延期还债的法令，使挣扎在战争灾难中的工人和广大小资产阶级面临破产；封闭6家革命报刊；任命波拿巴分子瓦伦顿等人为巴黎警察局长，又将普鲁士政府给他留下的一小部分政府军集结巴黎待命；3月

---

① 〔法〕普·利沙加勒：《一八七一年公社史》，人民出版社1962年版，第21页。

9日缺席宣判了工人领袖布朗基的死刑，3月17日又将其逮捕；与此同时，资产阶级乞求普鲁士放回战俘，以加强其反动武装力量；梯也尔反动政府还切断巴黎与外省的一切交通和通讯联系，孤立巴黎；并捏造谎言，称工人自卫军自己集资购铸的大炮是国家财产，应交还国家等。

面对梯也尔政府的种种挑衅，巴黎工人也采取了一些相应对策。首先，于1871年2月15日至3月3日先后三次召开国民自卫军代表大会，选出中央委员会，加强集中领导，并撤换了不称职的军官。其次，把大炮集中到工人住区蒙马特尔和波利维尔，并搜缴了政府的军火库，以充实自己的武器装备。最后，加筑街垒和防御工事。

二 "3·18"起义成为历史的必然

导致巴黎工人"3·18"起义发生和工人阶级夺取政权伟大尝试成为必然的直接导火线是梯也尔政府对蒙马特尔高地的袭击事件。

3月15日，国民议会通过一个包藏祸心的决议：没收国民自卫军的大炮。梯也尔政府立即着手实施这一决议的军事部署，以解除国民自卫军的武装。这样，资产阶级给巴黎工人提出二者择一的办法，或者继续战斗，或者不战而降。但是，国民自卫军中央委员会此时仍然保持纯粹防御立场，对敌人已磨刀霍霍挑动内战，虽然厌恶愤怒，却没有做起义的准备。于是，梯也尔政府决定抢先下手。3月15日，梯也尔紧急调集生力军和精锐部队进入城区，至3月17日，陆续到达巴黎的政府军约3万人。当晚，梯也尔亲自主持的军事会议做出决定：夺取国民自卫军安置于蒙马特尔高地的171门大炮、梭蒙高地的52门大炮；动员首都的一切军事力量去解散国民自卫军中央委员会，并逮捕其成员，取缔一切革命组织，并逐户搜查。当夜两点钟（18日凌晨2时）梯也尔拔剑出鞘，命令军队开始行动。凌晨3点钟，巴黎总督兼首都部队司令官维努亚率领的警察部队和第88团正规军，偷袭蒙马特尔高地国民自卫军大炮阵地，向哨兵开了枪。枪声成为激发人民群众3月18日清晨自发起义的信号。清晨5时，蒙马特尔上空响起警报，拿起武器的国民自卫军和人民群众，包括妇女和儿童，从四面八方奔向大炮阵地，紧紧地包围了正在那里企图把大炮拖走的政府军。妇女们走在前面，她们向政府军展开政治攻势，斥责反动军官，并教育士兵说："你们是人民的儿子，你们为人民的敌人效劳，难道你们甘愿当压迫你们的人手中的工具么？难道你们为胆小鬼效劳而不感到羞耻么？"① 这种政治攻势产生了神奇的效果。士兵们明白了这些责难，于是都枪口朝下。人们欢呼起来，士兵们和国民自卫军战士们拥抱在一起。反动军官勒康特几次下令向群众开枪，但士兵们拒绝执行命令，他们掉转枪口，逮捕了勒康特。大部分政府军转到起义人民方面，梯也尔的反革命阴谋失败了。3月18日巴黎人民的自发起义旗开得胜。

但是，国民自卫军中央委员会对18日凌晨发生的事变毫无知晓。直到18日中午，中央委员会举行紧急会议，仔细研究分析人民自发起义的情况，决定改变保守的防御立场，采取进攻方针，并随即向分散在巴黎郊区的各营发出向市中心挺进的命令。其中，命令巴黎17区各营立即开进巴黎，与18区各营配合行动，占领旺多姆广场，命令第13区杜瓦尔所部攻占警察局，并支援向市政府挺进的各营队。下午3时左右，国民自卫军各营到达市中心，并包围了市政厅。当晚9时50分，市政厅被自卫军攻占，与此同时，陆军部、警察局和其他政府机关也被攻占。国民自卫军完全控制了巴黎中心区，中央委员会迁入市政厅。这样，3·18光荣的工人革命完全掌握了巴黎。这个革命的临时政府就是国民自卫军中央委员会。

综合上述，3月18日起义开始时，的确是自发地爆发的，是被迫进行的。但是，应该断定，国民自卫军中央委员会当天下午介入起义后，改变了起义的自发性，变成完全自觉的行为，从而把这次起义引向夺取政权，而任何自发的起义是不可能夺取政权的。因此，中央委员会是这次起义实际的真正的领导者。

列宁在分析3月18日革命爆发的原因时说："对德战争的失利，被围困时期的痛苦，无产阶级的失业和小资产阶级的破产；群众对上层阶级和对表现出十足无能的长官的愤慨，在对自己处境不满和渴望另一种社会制度的工人阶级中产生的模糊的激愤情景，国民议会的反动成分（这种反动成分令人为共和国的命运担忧），——所有这一切和其他许多原因交织在一起，推动了巴黎居民举行3月18日的革命"。②

---

① 马克思：《关于巴黎公社报刊消息摘录》，商务印书馆1979年版，第234页。
② 《列宁全集》第17卷，人民出版社1988年版，第218页。

第二节 建立无产阶级政权的第一次尝试

一 巴黎公社的建立

在 3 月 18 日起义胜利的当天，反动政府首脑梯也尔便携同其反动军队、警察、宪兵及一帮官僚政客狼狈逃亡凡尔赛。从此，凡尔赛便成为镇压起义，颠覆公社，残酷屠杀公社战士的反革命大本营。

从 3 月 18 日至 28 日 10 天内，领导起义的国民自卫军中央委员会成为工人阶级的临时政府。它在执政期间，忠诚地为保护人民的权益进行斗争，相继发表过 37 件文告和声明。为了整顿局势，保卫革命成果，国民自卫军中央委员会在革命胜利的第二天立即召开会议，讨论决定接管旧政府机关和新政权的建设及公社的选举问题。会议决定撤销旧官僚的职务，派遣自己的代表进驻政府各部，并开除与人民为敌的怠工官员。它稳定了巴黎的社会治安，给反革命分子以沉重打击，驱散并镇压了 3 月 22 日和 24 日发生的两起反革命游行和暴乱。之后，又解除了反对新政权的资产阶级区政府的武装，解散了国民自卫军中反动的资产阶级营队。为了加强城防，把军权交给忠于人民的人，任命杜瓦尔、爱德等人为工人武装的将领。反革命暴乱被扫除后，下令在旺多姆广场构筑街垒进行防御。它初步实行了一系列为人民谋利益的经济措施，适当地解决了群众生活中的紧迫问题，如：撤销了可以拍卖当铺典当物品的旧决定；禁止房东驱除交不起房租的房客；长期债务延缓一个月偿还；两次从银行提款共 200 万法郎以发放自卫军军饷和救济贫困居民等。总之，在国民自卫军中央委员会执政的 10 天里，它摧毁了资产阶级国家机器，初步建立了新政权机关，为改善人民的政治和经济处境，尽到了自己应尽的责任，做出了重要贡献。

但是，由于国民自卫军中央委员会中很多成员是蒲鲁东主义者和布朗基主义者以及新雅各宾派，他们当中不少人虽已参加第一国际，不同程度地受到马克思主义的影响，但原有思想信仰的影响仍然严重存在，这就不可避免地使他们在如何彻底摧毁资产阶级国家机器、建立新型国家、巩固新政权等重大问题上缺乏正确的理论认识。因此，在决定和处理这些重大问题时难免出现失误，犯了一些严重错误。首先，当反动政府逃往凡尔赛后，在敌弱我强的形势下，多数委员没有接受少数委员如杜瓦尔、爱德等人以及自卫军和群众组织关于立即进攻凡尔赛的建议,过分仁慈,以至错过大好时机,使敌人得以站稳脚跟,重整旗鼓。其次,当 3 月 22 日和 24 日反革命暴乱发生后,中央委员会仍保持纯粹防御的立场,对阶级敌人镇压不力,只是在反革命分子枪杀国民自卫军战士之后,才下令还击,将其驱散。再次,在阶级敌人积极准备向巴黎人民进行反扑的形势下,中央委员会没有将主要精力用于进攻敌人和巩固政权,反复声明它只起哨兵作用,是组织选举正式政府的机构,并急于进行公社选举,使政权合法化。在筹备选举时又错误地决定与留在巴黎的资产阶级区长进行谈判,使梯也尔政府得以利用谈判,争取时间,准备反扑,犯了过分诚实和缺乏政治经验的错误。由于反动区长的阻挠,预定于 3 月 22 日举行的公社选举一直拖延到 26 日才举行。

国民自卫军中央委员会为了保障工人的民主权利,使选举有利于工人阶级,它改革了旧选举法,废除了各区候选人人数相等的旧规定,决定按人口比例规定候选人名额的新办法,即每两万人选一名代表,这得以保证人口众多的工人能获得较多的代表名额。同时中央委员会还号召群众在选举代表时注意候选人的政治品质,要选举那些忠于人民的人,防止野心家当选。

3 月 26 日这天,巴黎人民高举革命红旗,兴高采烈地来到投票场,他们第一次履行自己当家做主的权利。据利沙加勒描述:这是一个欢天喜地的日子。巴黎轻松、愉快地呼吸着,就像一个摆脱了黑暗或巨大危险的人一样。凡尔赛的大街上却是阴森森的,宪兵把守着车站,粗暴地检查着过往行人的证件,扣留巴黎所出版的一切报纸,并逮捕所有对巴黎略表同情的人。但是巴黎却可以自由出入。巴黎的大街上生气蓬勃,咖啡馆里熙熙攘攘……同一天,梯也尔在凡尔赛大声喊叫说:不,法兰西不容许这些想要把它浸在血泊里的穷光蛋在它的怀里庆祝胜利。[①]

选举的结果是 86 人当选(原定 90 人,因瓦尔兰、德勒克吕兹等 4 人同时在几个区重复当选)。布朗基因被关押在监狱里而缺席当选。其中,有 21 名资产阶级分子当选,不久,他们宣布退出公社。所以,实际当选的只有 64 名公社委员。它们大多数是工人或代表工人阶级的知识分子。据有关

---

① 〔法〕普·利沙加勒:《一八七一年公社史》,人民出版社 1962 年版,第 118、119 页。

资料统计，在64名委员中，工人27人，代表工人利益的职员和自由职业者37人。从政治倾向来看，布朗基派及其支持者约21人，蒲鲁东派及其支持者约20人，其余为新雅各宾派及无党派人士。第一国际会员近半数。

3月28日，在巴黎市政厅广场上举行了隆重的公社成立典礼。这一天，巴黎阳光灿烂，20万人穿过各条大街涌向市政厅广场，好像千万条支流汇向一条大河一样。在市政厅门前的中央，正对着大门搭了一个大讲台。身上装饰着红绸、被一簇簇红旗衬托着的共和女神雕像耸立在那里，俯瞰着群众队伍。巨大红三角旗在屋顶和瞭望台上飘扬着，好像向全国报道一个好消息的火舌。100营军队涌到了广场上，市政厅前面排列着在阳光下闪闪发光的刺刀。不能再挤到广场上来的其他各营队，全部站在林荫道上。讲台前面旌旗招展，鼓乐喧天，其中有些三色国旗，但全部镶着红边——人民政权的标志。人山人海的广场上唱起歌来，乐队高奏《马赛曲》，公社的火炮像巨雷似地震撼着整个滨河区街道。

"喧哗声突然停止，肃静代替了嘈乱。中央委员会和公社的委员们披着十字形红色绶带登上了讲台。朗维耶讲话说：'现在中央委员会把政权移交给公社。公民们，我高兴得心都要跳出来，话也说不出来了。不过请允许我赞颂巴黎的人民，因为他们给全世界做出了伟大的榜样。'中央委员会的一个委员宣布了当选人的名单。鼓声震天，乐队奏起《马赛曲》，参加游行的20万人也同声唱起了《马赛曲》。人们甚至不想再听下面的演说。朗维耶费了很大的力气，才在片刻的肃静中喊出：'我以人民的名义，'宣告公社成立了。'20万人出自内心地齐声高呼：'公社万岁！'来回答他。人们用刺刀挑着军帽挥舞，旌旗迎风飘扬。千万人从窗口和房顶上挥动着白手帕。联珠的礼炮声、乐队的乐声、铜号声和擂鼓声汇成一片巨大的胜利声。所有的人心里都在欢呼，眼睛里闪着泪花。"[①] 这就是巴黎公社的亲历者利沙加勒对这一具有伟大历史意义的场景的真实描述。世界历史上第一个无产阶级政权巴黎公社光荣诞生。

二 公社的伟大创举

巴黎公社成立之后，以正式法令的形式巩固了革命初期的伟大成果，

[①] 〔法〕普·利沙加勒：《一八七一年公社史》，人民出版社1962年版，第120页。

并采取一系列政治经济文化措施，继续进行摧毁资产阶级国家机器建立无产阶级新型国家的艰巨工作，为此，公社先后颁布了361件公告和法令。

3月29日，公社成立后第一项公告即宣布公社为现今唯一政权，凡尔赛政府及其附庸发出的命令或通告一概无效。同一天，公社组成了自己的政权机构，在公社委员会下设10个委员会，执行以前资产阶级中央政府各部的职权。这10个委员会是，执行委员会和分管军事、粮食、财政、劳动与交换、司法、治安、社会服务、对外联络、教育工作的委员会，并选出了这些委员会的委员。执行委员会主要职责是负责执行公社及其他委员会的决议，是常设机构。10个委员会在最高权力机构公社委员会的领导下进行工作。公社废除了立法、行政、司法三权分立的资产阶级体制，实行立法与行政统一的体制，公社委员会既是立法机构，又是行政机构，它讨论制定法律和法令，又领导各委员会去执行法令。公社各委员会的建立及其职能，表明它在起着国家政权的作用。

公社正式宣布废除资产阶级常备军和旧警察，代之以人民武装——以工人为主体的国民自卫军。这是摧毁资产阶级国家机器的重要表现。

公社废除了资产阶级的司法制度和旧法官，选举公社司法委员会，建立了人民的司法制度，规定法官要由人民选举产生。

公社为新政权的建设和无产阶级民主制度的建设提出了两项极为重要的措施，充分体现了它的历史首创精神。首先，它废除了等级授职制，规定一切公职人员必须由选举产生，公职人员对选民负责，接受选民监督，并可以随时撤换。其次，它废除了官吏的高薪制。4月2日公布了废除国家机关公职人员高薪的法令，规定他们不论职位高低，年薪最高不得超过6000法郎，即相当于熟练工人的工资。

选举及监督制和相对低薪的提出，触及历史上一切官僚政治制度的要害。它是对旧官吏享有政治经济特权和公职人员由社会公仆变为社会主人的根本否定，具有深远的革命意义。国际共产主义运动的历史经验和教训一再证明，巴黎公社实行的上述两项措施，正是无产阶级民主制度的核心和基本特征，必须始终不渝地坚持。历史的进步和变迁不容许也不应该机械地照搬历史经验，但真理的光辉永远不可泯灭。

公社在摧毁了资产阶级压迫人民的物质力量常备军、警察、官僚制度之后，立即着手消灭其精神压迫工具——僧侣势力和宗教特权。4月3日公社颁布法令，实行教会与国家分离，取消宗教预算，将宗教团体财产收归国有，交国家支配。消除教会对学校的影响，使学校摆脱宗教的控制和资产阶级的偏见。

公社对反革命势力也采取了镇压措施：清洗了混入公社及国民自卫军的奸细和叛徒；为了回击凡尔赛屠杀公社被俘战士的罪行，颁布了人质法令，随后逮捕了巴黎大主教及一些反动军官，扣留了人质；封闭了几家反动报刊。但公社在镇压工作中由于受蒲鲁东等小资产阶级思想的影响，对敌人过于仁慈，镇压不力，给敌人造成可乘之机，使凡尔赛不断地对公社进行破坏活动。

推翻资产阶级旧政权，并不是无产阶级的终极目的。公社的最终目的是解放劳动和改造社会。公社是劳动在经济上获得解放的政治形式。它为了劳动者的政治经济解放，在经济、文化等方面进行了许多革命的改造工作。由于当时公社面临着严峻的阶级斗争形势，主要精力用于武装自卫，因此，经济社会改革也只能是初步的。

4月中旬到5月初，公社实行了沉重打击资本主义制度的措施。4月16日公社决定将逃亡企业主的企业暂交工人协会，目前由工人管理，日后进行赎买。尽管这一规定不够彻底，但它毕竟是对剥夺者的剥夺，已开始触及资本主义私有制度，它称得上是向社会主义革命迈进的初步尝试。5月3日得到公社批准的卡福尔军械厂的章程，也初步体现了工人参加企业民主管理的发展方向。该章程规定：在企业中，工人对各级领导者有选举、监督和撤换的权利，企业一切重大决策要交企业工人大会及由它选出的理事会讨论决定。

公社还制定了维护工人阶级利益的其他法令。鉴于面包工人工作时间过长，工作异常辛苦，4月20日公社颁布了废止面包工人夜班的法令。4月27日、28日和5月4日，又具体规定面包工人开工时间不得早于清晨5点等三项法令。为了免除对面包工人的中间剥削，废除了第二帝国时期由警察把持的面包工人职业介绍所。5月9日的法令规定，由公社各区政府免费给失业工人介绍工作。4月27日法令规定，厂主不得任意向工人进行罚款及克扣工资等等。这些法令对限制资本家的剥削，改善工人的生活条件和劳动都起了积极作用，具有鲜明的无产阶级性质。马克思评价说：公社"所采取的各项具体措施，只能显示出走向属于人民、由人民掌权的政府的趋势"。①

公社所施行的另一部分经济措施既有利于工人也有利于广大小资产阶级。3月29日颁布了免缴三个季度（1870年第四季度和1871年第一、二季度）房租的法令以及停止变卖当铺典当品的法令；5月6日法令又规定把20法郎以下的典当品归还本人；4月16日公布了延期还债的法令，规定各处债务一律无息分三年还清；4月24日法令决定征用一切空闲住宅，交给遭受炮火的工人和市民居住。这些法令大大改善了工人的处境，也使负债累累的劳动者和小资产阶级如释重负。这些法令使3/4的商人和手工业者免遭破产。"在历史上破天荒第一次，小资产阶级和中等资产阶级公开地团结在工人革命旗帜下"。②

公社在短暂的时期内，对文化教育工作也进行了力所能及的改革。它为了提高人民的文化教育水平，在4月中旬到5月初，着手从学校清除教会势力，实行世俗和免费教育。为了安排工人就业和使烈士子女接受教育，创办了第一所职业学校。它还制定了医学教育改革方案，免费向公立学校学生提供学习用具，开放博物馆，组织艺术家协会，上演革命文艺节目等等。这些都为提高人民的文化水平，繁荣无产阶级新文艺做出了探索。

公社始终把无产阶级国际主义作为对外政策的原则，为反对民族压迫，为促进各民族工人的团结做出了贡献。在选举委员会的报告中就宣布"公社的旗帜是世界共和国的旗帜"，规定一切外国公民皆可加入公社。公社时期，许多外国革命者当选为公社委员和军队统帅，如匈牙利工人弗兰克尔被选为公社委员；波兰革命者东布罗夫斯基被任命为主要军事指挥官。他们为巴黎公社革命做出了重大贡献。公社为反对大国沙文主义，还推翻了拿破仑一世建立的旺多姆凯旋柱，将旺多姆广场改为国际广场。

公社在制定和实施上述革命政策时，十分注重发扬广大人民的民主权利。它的每项决议和法令几乎都是首先经群众提出并广泛讨论之后才决定的。因此，虽然公社当时没有马克思主义政党的领导，但出于工人阶级的本性和斗争实际的需要，往往使公社做出了正确的决定。

---

① 《马克思恩格斯选集》第3卷，人民出版社1995年版，第64页。
② 同上书，第103页。

综上所述，可以看到，伟大的巴黎无产阶级在短暂的历史时期内，在战火纷飞的环境里，在没有前人的任何经验可以借鉴和缺乏马克思主义政党领导的极其艰难复杂的历史条件下，为了拯救民族的危亡，为了争得人民的民主权利，为了工人阶级和劳动人民的切身利益，为了实现社会解放的崇高理想，发挥了惊人的创造力和英雄气概，坚韧不拔满腔热忱地在探索中前进。巴黎公社为摧毁资产阶级国家机器，创造新国家，解放社会生产力，做出了巨大贡献，从而为国际共产主义运动提供了宝贵的历史经验和教训。虽然这些创举还只是第一次尝试，但从中我们完全可以肯定，巴黎公社是国际无产阶级所向往的新世界，是无产阶级新型国家的典型。正如马克思所说："公社的真正秘密就在于：它实质上是工人阶级的政府"。① 在它存在的 72 天里，使整个巴黎发生了惊人的变化，进行了奇迹般的改造，与梯也尔的攻击相反，"巴黎全是真理；凡尔赛全是谎言"。②

第三节 保卫工人政权的英勇战斗

一 凡尔赛的疯狂进攻

梯也尔反动政府逃窜到凡尔赛之后，一时一刻也未放弃过对公社的反扑。在开始的一段时间里，由于力量不足，凡尔赛只有残兵败将 1 万多人，便一方面施放和平烟幕，麻痹巴黎人们，争取时间，加紧与普鲁士相勾结；另一方面派遣和收买奸细，从内部对公社进行破坏活动。4 月 2 日，梯也尔政府经过一段喘息时间，反动武装已达 6 万人，便悍然发动了对巴黎的武装进攻。保卫公社的英勇战斗开始了。

4 月 6 日，梯也尔将军队整编为两个军，加上普军释放的 5 万名战俘，约 11 万人，与巴黎东部和北部的普军，形成了对巴黎的包围。公社方面军事工作进展不大，仅有 1.6 万作战部队和 4.5 万预备队。虽然公社拥有 1200 门大炮，但由于组织不善，能够配置使用的只有 200 门，且缺少熟练炮手。但为了保卫革命成果，公社战士在忠诚坚定、智勇兼备的军事将领指挥下，与敌人浴血奋战。4 月 7 日，凡尔赛军队依仗优势炮火攻

---

① 《马克思恩格斯选集》第 3 卷，人民出版社 1995 年版，第 58—59 页。
② 同上书，第 67 页。

占了讷伊桥和附近据点。巴黎城防司令东布罗夫斯基率领西线 5000 名装备很差的部队，同 9 倍于自己的敌人激战。17 日，250 名公社的战士在贝康城堡抗击 5000 名敌军的进攻达 6 个小时。21 日，在讷伊方向坚守的公社战士日夜作战，与敌人展开肉搏，击退了强渡塞纳河之敌。在南线，凡尔赛早为夺取伊西和旺夫炮台，不惜用数百门重炮轰击炮台，公社战士为守卫炮台顽强战斗。到 4 月底，公社守住了巴黎的西线和南线，给凡尔赛军以大量消耗。5 月初，公社调整了巴黎防御部署，东布罗夫斯基指挥第一军在西线抗击敌 6 个步兵师和一个骑兵队的猛攻，公社战士充分利用 5 辆装甲车和塞纳河上的 10 艘炮艇与敌厮杀，不仅以少量兵力顶住了敌军主力的进攻，而且支援了南线作战。在南线，敌军进攻的主要目标仍是伊西和旺夫炮台。5 月 3 日，防守木兰——萨克多面堡的第 55 营军官叛变，敌人突然占领了南线这个主要据点，数百名战士阵亡或被俘。接着凡尔赛军发起全线总攻，8 日伊西炮台失守。公社虽在此时加强了军事指挥，但大局已难挽回。13 日旺夫炮台被攻克。在西线，8000 名公社战士与 8 万名装备精良的敌军连续作战，有时还主动出击。但从 5 月 17 日起，凡尔赛军集中重炮开始猛轰巴黎，并集中 13 万人准备进攻市区。

从 4 月初至 5 月中这一段时间，公社委员会和巴黎军民面对敌人的猖狂进攻，不畏艰险，不怕牺牲，同仇敌忾，在公社军事委员杜瓦尔、弗洛朗斯、阿夫里阿尔以及东布罗夫斯基、符卢勃列夫斯基将军的率领下，进行英勇顽强的自卫反击战。公社委员会也为此作出相应决策：整顿了自卫军的纪律；组成了公社水兵军团和骑兵营，建立街垒委员会，加紧修筑街垒；为清除军队中的奸细，成立了军事法庭；改组了执行委员会，加强了政权的集中领导；为挽救危局，成立了公社治安委员会等。

面对数倍于公社战士的敌人，公社委员会向巴黎人民发出战斗的号召：“到街垒上去！”"为了共和国，为了公社，为了自由"，"向敌人进军，你们的代表和你们一起战斗和献身！"这是一场未来反对过去之战，是自由反对暴政之战，是劳动者反对压迫者之战！

4 月底之前，双方的较量仍处于相持态势，随后，由于敌人力量的迅速增加，加之公社军事委员克吕泽烈一直采取消极的防守策略，使整个军事指挥软弱无力，战局终于转向了对公社极其不利的局面。

5 月 21 日，巴黎西南部的圣克鲁城门因防守上的疏忽，敌人得以在奸细杜卡尔的指引下闯进巴黎城，从此开始了震惊世界的 5 月流血周激战。英勇的巴黎军民用鲜血和生命谱写了一篇篇惊天地、泣鬼神的史诗。

一　五月流血周

为了简要描述五月流血周的惨烈，有必要大致记述一下巴黎人民的战斗风貌和崇高的精神，在众多普通的公社战士的事迹中，我们只选取一二便可感受到巴黎人民的英雄气概。

为保卫公社而英勇牺牲的战士们，全都被合葬在拉雪兹神父墓地。每当飘扬着红旗的灵车为烈士送葬时，总是伴随着许多战友。一次，一个妇女伴送着丈夫的遗体来到墓地，她紧紧抱着自己的孩子，对周围的人说："不要忘记，要跟我一起喊：共和国万岁！公社万岁！"

在麦奥门，周围是一片瓦砾堆，近一个月来，百名战士靠着 12 门大炮，发射了 8000 发炮弹。战士们赤裸着上身，胳膊已经被火药熏黑了。第一批战士中唯一活下来的一个水兵，曾目睹自己 20 多位战友怎样被炸得粉身碎骨，但仍坚守不退。他向公社报告说：只要有他在，凡尔赛分子决进不了麦奥门。

在塞纳河边的一家野战医院，当问起伤员情况时，医生回答说："我跟你们的理想不同，我不能希望你们的事业成功，但是我在动手术时从来没见到比这些伤员更坚定、更冷静的人。我认为他们这种勇敢精神是由于有坚定的信念。"一位 18 岁的青年战士，右手已被截肢，他伸出左手大声说："我还有这只手为公社服务！"

一位来自美国的公社访问者，在目睹了巴黎的种种情况后，感慨地写道："亲爱的朋友们，你们看到了，这就是被凡尔赛称作'匪徒'掌握的巴黎。你已经看到巴黎在想什么，怎样哭泣和工作，它热情洋溢，骄傲团结而严肃地对待罪恶。你们应该向人们发出怒吼：革命的种子将从人民的鲜血中更茁壮地发出来。巴黎的理想会从它冒烟的废墟里上升，由被害者的子孙继承下来，永不让它熄灭。"

5 月 20 日梯也尔的攻城炮队进入阵地，300 门大炮同时轰击。宣告了流血周的开始。下午 2 时 30 分，在土伊勒公园里的大树阴下，正在举行给公社的寡妇和孤儿们募款的音乐会。炮弹的不间断地轰击声打断了悦耳的音乐声，破坏了愉快气息。就在这时，凡尔赛的前卫部队在音乐会场附近耀武扬威地进入了巴黎。敌人是首先从圣克鲁门进城的。东布罗夫斯基及时向公社报告了情况。此时，公社委员会正在开会，听到这一消息后最初是一阵茫然若失的寂静，然后像暴风雨般提出了种种问题，大家指责军事委员克吕泽烈的工作失职，虽然最终宣布了他的无罪，但再也没有讨论其他问题，也没有作出决议，更没有在这个千钧一发的时刻制定和实行积极的防御政策。这是公社委员会最后一次正式会议，从此，公社委员会离开了市政厅，解体了。5月22日凌晨3点钟，凡尔赛分子通过已经打开的帕西门、奥特伊门、圣克鲁门、色佛尔门和凡尔赛门等5个缺口潮水般涌进了巴黎。

5月22日，凡尔赛军占领了巴黎东部各区，战斗在各个街垒进行。全巴黎在奋起抵抗，国民自卫军、志愿者、妇女、儿童，全都投入了战斗。街垒像雨后春笋似地迅速从地下长出来。几十个工人在修建保护市政厅的街垒，一群群少年儿童用手推车从圣雅克广场把土运来，几个又深又高，附有堑壕、射击孔的街垒几小时内就筑起了。

巴黎奋起做最后战斗的时候，凡尔赛高兴得发狂了。资产阶级的国民议会及时地召开。梯也尔不肯把宣布绞杀巴黎这份"荣誉"让给他的任何部长。他登上讲台，受到了疯狂的跺脚式的欢迎。这个侏儒狂妄地说："正义、秩序、人道和文明的事业胜利了！指挥攻入巴黎的将军们是伟大的军事家……惩办将是严厉的，惩办要根据法律，通过法律并运用法律。"无疑，这是反革命发布的屠杀令。

深夜，巴黎城笼罩在炮火和烟雾之中。公社战士和市民们在黑暗中轻声交谈，街头巷尾到处是议论着局势的人群，他们一边谈着，一边继续工作，手拿铁锹，搬运铺路石头。此时此刻，人们已不再去责难那些无能的指挥官，也不再去考虑已犯的种种错误，甚至对于战斗结局也不抱任何幻想的一些人，都愿意以视死如归的精神为他们不朽的事业而献身。

巴黎人民的种种努力，如果能得到正确的指导，如果蒙马特尔和名人公墓的炮火能协同作战，进入巴黎的凡尔赛军就会遭到毁灭性的打击。但是，正由于公社战士缺乏有远见卓识的领袖人物的领导，加之没有军事知识和缺乏军事训练的公社战士眼光的局限，以致在自己的住区漫无计划地修筑了几百个街垒，这些街垒由于彼此割裂、分散而难以据守。公社战士们普遍错误地认为敌人将从正面进攻。实际上凡尔赛军凭借他们的优势兵力，处处实施着侧翼攻击。这就必然地导致了巴黎街垒战的结局和整个巴黎人民失败的悲剧。

5月23日，巴黎在炮火场中迎来了黎明。敌人在克里西广场为街垒所阻，50名战士凭借草草堆砌起来的石头堆战斗着。公社战士子弹打光了，就用石头和沥青块当武器。弹尽之后他们不肯投降，约20名战士被凡尔赛军全部枪杀。

5月24日清晨，凡尔赛分子向公社各阵地发起进攻。公社战士据守的大部分街区已经失守。7点钟，在圣欧教堂附近，凡尔赛军遇到拼命抵抗。许多儿童与公社战士并肩战斗，他们被包围后当场被全部屠杀，儿童也无一幸免。早8点，集合在市政厅的15名公社委员决定退出市政厅，由此，公社各战斗部队，各部门之间的联络更加困难，指挥也更加混乱。各个分散街区的战士已近弹尽粮绝，疲惫已极。这一天，原定在拉雪兹神父墓地为东布罗夫斯基将军举行安葬仪式。将军的遗体于前一天夜里被移送时经过巴士底狱，守卫街垒的战士拦住送葬队伍，把遗体放在七月纪念柱前，战士们举着火炬在遗体周围形成一个光亮辉煌的灵床，全体战士依次在这位将军的额头亲吻。鼓手敲击着鼓点，然后用一幅红旗将遗体包裹上，放进棺椁。全体战士脱帽肃立。公社委员韦莫雷尔对大家说："这位曾被人控告叛变的人现在安息在这里了。他是为公社捐躯的人。那么我们呢，我们该怎么办，我们有什么理由不效法他的榜样？"接着他就斥责某些人的怯懦和盲目恐惧。他慷慨激昂地说了最后一句话，"让我们宣誓吧，我们死也不离开这里！"他实践了自己的誓言，附近大炮的轰鸣不时压过他的声音。在场的所有人都落泪了。同一时刻，曾夸口说能够收买东布罗夫斯基的凡尔赛代理人被枪决。24日这一天，名人公墓几乎未经战斗就陷落了，像蒙马特尔高地一样，立刻开始了屠杀。在圣雅克街，一个凡尔赛上校命令将40名被俘的公社战士在他面前一个挨一个地枪决。公社最年长的委员里果就在其中，他被问到姓名时，里果坚定地回答："公社万岁！打倒杀人犯！"

下午2时，部分公社委员、自卫军中央委员、高级将领在图书馆大厅集会，德勒克吕兹发言，他说，还没有完全失败，我们必须奋起作最大的努力，一息尚存都要坚持。我建议公社委员们佩上自己的佩带，在伏尔泰林阴道上检阅我们能够集合的一切营队，然后我们率领他们去收复已经失去的阵地。他的建议打动了所有与会人员，然而却根本无法实现。此时的巴黎只有少数几个区的一部分尚掌握在公社战士手中。这一天，凡尔赛分子加紧了屠杀，搜查哪一幢房子，哪里的全体住户就无一幸免地被枪杀。由于凡尔赛军的大肆屠杀，公社治安委员会下令枪决部分凡尔赛的人质。

5月25日，公社战士只有几千人，敌我双方军力的对比是12比1，显然已无法长期据守，而不得不且战且退。塞纳河左岸全部落入敌手。战斗集中在巴士底狱广场和沙托得奥广场。公社陆军部长德勒克吕兹率100名战士，冒着敌人密集的炮火前进，全部壮烈牺牲，一个名叫多特伊尔的男孩不顾敌人的枪林弹雨，硬是跑到战友的尸体旁取了死者的军帽。孩子们也像战士一样的勇敢无畏，一个男孩在该轮到他走向街垒时，向军官提出要求给他3分钟，因为他母亲就在对面，他要把自己的一支银表给母亲送去，免得她丧失一切。军官被感动了，批准他离开3分钟，并认为这孩子不会再回来了。3分钟后这孩子喊着"我回来了"，并在战友的尸体旁轻轻靠在街垒墙上。

巴黎第10区从前的区长亲自指挥凡尔赛军追捕本区居民，致使俘虏数目大增。他们把这些居民俘虏推进区政府兵营和公共建筑物的院子里，成群地枪毙，步枪不够用，就用速射霰炮扫射。被害者并没有立时全死，夜间，人们听到从流血的尸山发出绝望的垂死呻吟。午夜前后，一些公社委员一致同意从第11区政府撤退。

5月26日至28日，一连5天，炮击声伴着雷雨声，天气闷热潮湿。战士们在这种天气里疲惫不堪，全身湿透，几乎分辨不出攻击来自何方。但公社战士宁死不屈，不动摇，不退却，在法国大革命诞生地巴士底狱硬是坚守了6个小时之久。在成堆的砖瓦中，被凡尔赛军数次击倒在地的红旗一再重新树起，最终，在26日夜，巴士底狱广场陷落。凡尔赛军在普鲁士军的帮助下，从东、北两个方向包围了公社战士。在伯利维尔的主要街道上，公社战士把他们的枪交叉起来，当作担架，高举火炬，敲着大鼓，冒着敌人的枪林弹雨埋葬自己的战友。27日午后4时，凡尔赛军开始围攻拉雪兹神父墓地。200名公社战士面对5000敌人，展开了一场惊心的肉搏战。公社战士以坟墓为掩护，与敌人厮杀。最后剩下的几十名战士退到墓地的一堵墙下仍顽强抵抗，最终被全部杀害。这堵墙就是闻名于世的公社社员墙，至今犹存。这堵墙也因此而成为无声的雄辩见证："说明一旦无产阶级敢于起来捍卫自己的权利，统治阶级的疯狂暴戾能达到何种程度"。①

5月28日上午10时，巴黎的枪炮声逐渐沉寂下来，公社战士发出了最后的炮声，随着这门装填了双倍炸药的大炮最后一声令人心胆俱寒的轰鸣，公社呼出了最后一口气。最后的一个街垒位于拉姆庞诺，一名唯一的战士守卫着它达15分钟。他曾3次把凡尔赛军插上街垒的军旗打得粉碎。也许是因为他的特别的勇敢和机智，他最终得以逃生。

三 悲壮的失败和残酷的镇压

1871年5月28日，凡尔赛军占据了整个巴黎。人类历史上诞生仅72天的工人阶级政权被梯也尔政府扼杀了！公社失败后，嗜血的刽子手们对公社战士进行了历史上罕见的残暴大屠杀，革命烈士的鲜血洒满全巴黎，汇成血渠，流入大街小巷，染红了塞纳河。与在战斗中牺牲的烈士们一样，所有在敌人法庭上受审的战士们大义凛然，视死如归。他们的大无畏英雄气概同样令人们永远铭记不忘。

战事结束后，凡尔赛军立即变成了一支巨大的执刑队。从5月29日开始，在巴黎各地被捕的约5000名公社战士被送到了拉罗盖特监狱。一个营长站在门口检查俘虏，他什么也不问，只说"左边"或"右边"。走到左边的人，口袋被掏空，靠在一道墙边，然后被开枪打死。围墙对面站着三个手捧圣经的神父，为死者祷告。仅拉罗盖特监狱一处，一天之间就处死了1900人之多。监狱的下水道中血流成河。同样的疯狂屠杀在军事学校、蒙梭公园、卢森堡公园都在进行。

没被立即屠杀的公社战士被送到军事法庭。审讯通常不超过一分钟。"你携带过武器吗？你在公社服过役吗？伸出你的手给我看看！"如果被问者态度倔强有点像战士，或者脸上现出不高兴的神情，他们就连姓名或职业都不问，也不考虑他的年龄，就宣告审讯完毕。就这样一直进行到排尾，妇女和老小一概不放过。然后将审讯完毕的人立即交给刽子手，带到花园或附近院子里，门刚关上，行刑士兵就开枪射杀。公社委员莫罗就是在这样的屠杀中死去了。所有被屠杀者都从容就义，并没有什么豪言壮

---

① 《马克思恩格斯选集》第3卷，人民出版社1995年版，第9页。

语。妇女和儿童跟着丈夫和父亲一起被打死。有些从没参加过战斗的女人先冲上前,狠狠打士兵几记耳光,然后自动靠在墙边等着被杀。公社著名领导人瓦尔兰,5月28日在街垒战中被捕,被人认出身份,他被拖到一个军官面前,军官命令将瓦尔兰在罗捷街上枪毙。士兵带着瓦尔兰游街一个小时,他双手被绑在背后,脸上布满了佩刀砍的伤痕,眼珠也从眼窝里耷拉出来。那些毫无人性的士兵甚至在他死后还用枪托敲打他的尸体。

大屠杀一直持续到6月中旬。据不完全统计,公社战士和巴黎人民被杀害者达到3万余人,被捕投入监狱者6万多人。被迫流亡国外者不计其数。这就是资产阶级对3月18日革命进行报复的总结。马克思说:"每当资产阶级秩序的奴隶和被压迫者起来反对主子的时候,这种秩序的文明和正义就显示出自己的凶残面目。那时,这种文明和正义就是赤裸裸的野蛮和无法无天的报复行为。"①

第四节 公社的原则是永存的

一 公社革命的伟大意义

巴黎公社短暂的历史,充满了伟大的业绩,蕴含了丰富的历史经验和教训。正是在这个意义上,它的原则才是永存的。正如马克思所说:"公社的原则是永存的,是消灭不了的;在工人阶级得到解放以前,这些原则将会一再表现出来。"② 巴黎公社革命是把人类从阶级社会中解放出来的社会革命的曙光,是新社会的光辉先驱,它对整个国际无产阶级革命具有重大而深远的意义。

首先,它是人类历史上无产阶级推翻资本主义制度的第一次伟大尝试。它是宣告资本主义必然灭亡的第一个信号。虽然资本主义的最终灭亡和社会主义的最终胜利都将是一个长期的历史过程,但这个"第一次尝试"和"第一个信号",毕竟代表了历史发展规律的必然性和不可抗拒。马克思指出:"工人阶级反对资本家阶级及其国家的斗争,由于巴黎人的斗争而进入了一个新阶段。不管这件事情的直接结果怎样,具有世界意义

---

① 《马克思恩格斯选集》第2卷,人民出版社1995年版,第74页。
② 《马克思恩格斯全集》第17卷,人民出版社1963年版,第677页。

的新起步毕竟已经取得了。"[1]

其次，它是19世纪无产阶级革命的最高体现。它不仅开创了建立工人阶级政权的先例，第一次塑造了社会主义共和国的雏形，使工人阶级终于发现了可以使劳动在经济上获得解放的政治形式。它还极大地鼓舞了无产阶级的斗志，为国际无产阶级提供了进行革命的宝贵经验教训。巴黎无产阶级在创建新生活时的革命首创精神和在保卫公社时的革命英雄主义，给全世界革命者树立了榜样，激励和推动他们英勇战斗。公社失败后，在经历了短暂的革命低潮后，欧美各国纷纷建立工人政党和组织，马克思主义进一步同群众性工人运动相结合，国际工人运动又走向新的高涨。

第三，它检验并证明了马克思主义的正确性。公社的革命实践完全违背了蒲鲁东主义、布朗基主义和形形色色的各种小资产阶级社会主义思潮的信条，宣告了它们的破产。不仅如此，这次革命还丰富和发展了马克思主义的理论宝库，它为无产阶级找到了代替被打碎的资产阶级国家的公社式的新型国家。马克思主义理论必须经受实践的检验并在实践中得到丰富和发展。恩格斯指出："公社是旧的、法国特有的社会主义的坟墓，而同时对法国来说又是新的国际共产主义的摇篮。"[2]

二　公社的基本历史经验

巴黎公社革命是马克思和恩格斯亲身接触到的唯一的一次无产阶级夺取了政权的革命。他们对于终生为之奋斗的无产阶级革命自始至终给予极大的关怀与帮助。他们虽远在伦敦，未能直接参加和领导这场伟大的斗争，但是，早在普法战争爆发前他们就一直密切关注着法国局势的发展，并领导第一国际总委员会不断分析普法两国形势的发展，及时为两国无产阶级制定正确的策略方针。1871年3月18日革命爆发后，他们又以全部热情，以参加者的姿态投入到这一场斗争。马克思注意搜集和摘录了巴黎地区及各国的报刊对公社革命的报导。1871年4月18日他建议"国际"发表一篇宣言，分析巴黎斗争的基本经验，"国际"总委员会委托马克思

---

[1]《马克思恩格斯全集》第33卷，人民出版社1973年版，第210—211页。
[2] 同上书，第36卷，人民出版社1974年版，第228页。

完成这一任务。他带病从4月18日到5月29日前后起草了4个稿件,定稿于公社革命失败后的第三天,5月30日在总委员会上通过,这就是不朽的名著《法兰西内战》。在这本书里,马克思满怀激情,高度评价和歌颂了巴黎无产阶级的伟大业绩,揭露和批判了凡尔赛镇压公社的累累罪行,回击了法国及国际反动势力对公社的谩骂、攻击和污蔑,深刻地总结了巴黎无产阶级的伟大创举及其经验教训,阐明了公社革命的深远历史意义,丰富并发展了科学社会主义理论。1891年恩格斯又为这部著作写了《导言》,它不仅对《法兰西内战》一书作了高度评价,还结合公社革命后20年来的革命实践对公社经验作了补充。

在《法兰西内战》和《导言》中,马克思和恩格斯总结的巴黎公社的主要经验即公社的原则有以下几条。

第一,工人阶级必须在战场上赢得自身解放的权利。

马克思和恩格斯曾多次强调,无产阶级只有用暴力推翻全部现存的社会制度才能达到自己的目的。那么,无产阶级应当怎样运用革命暴力来达到自己的目的呢?巴黎公社以自己的激烈的武装斗争实践,为工人阶级提供了这方面的具体经验。马克思和恩格斯正是以这些经验为依据,进一步丰富和发展了无产阶级暴力革命的理论。

马克思和恩格斯指出,资产阶级是很懂得掌握武装的极端重要性的,他们的第一个信条就是解除自己对手的武装。他们往往首先把刺刀提出日程,用以镇压工人运动。因此,无产阶级应当学会掌握武装,这是未来的最好保证。马克思指出:"巴黎所以能够反抗,只是由于被围困使它摆脱了军队并用主要由工人组成的国民自卫军来代替它。现在必须使这一事实成为制度,所以,公社的第一个法令就是废除常备军而代之以武装的人民。"[①] 4个月以后,马克思又在《纪念国际成立七周年》的讲话中,把这一认识提高到一个新的高度,他指出:巴黎公社"是迄今最伟大的运动。公社就是无产阶级夺取政权,……必须首先建立无产阶级专政,其首要条件就是无产阶级的大军。人阶级必须在战场上赢得自身解放的权利。"[②] 马克思充分肯定了公社关于人民武装的军事制度。他认为其优点

[①] 《马克思恩格斯选集》第3卷,人民出版社1995年版,第55页。

[②] 同上书,第126页。

是：首先，可以消除捐税和国债这一沉重负担的根源，而这是一切社会进步在经济方面的第一个必要条件；其次，可以避免使军队成为少数冒险集团手中的工具，并消除不断出现的篡夺政权的危险；最后，它是抵御外国侵略的最可靠的保障。尽管这些思想主张，在后来的实践中不可能全部实现，但它还是有意义的。

马克思和恩格斯还指出，无产阶级在武装斗争中必须实行穷追猛打的方针。他们以公社的实践说明，在被压迫的奴隶们一旦起来反抗奴隶主的残酷统治时，统治者总是以赤裸裸的野蛮行为和无法无天的报复行动对付无产者，而绝不会讲什么仁慈。面对这种情况，无产阶级必须采取以牙还牙的斗争策略。公社的失败只能归咎于它的"仁慈"，把革命这个权威用得太少了！马克思批评说，由于国民自卫军中央委员会不肯把这个内战继续下去，坚决向凡尔赛进军，因而把时机放过了。这就是说，一旦发动起义，无产阶级必须坚决彻底地把它进行到底，决不可半途而废。这样，马克思就以公社用鲜血换来的教训，把暴力革命的斗争原则具体化了，使之成为工人阶级在以后斗争中应当遵循的准则。具体的真理就是这样在具体的历史实践中被总结出来的。

关于无产阶级暴力革命的学说，很长时期以来一直被当作科学社会主义的绝对真理，被认为是放之四海而皆准的思想武器。这是有偏颇性的。随着资本主义历史环境的演进，无产阶级斗争主客观条件的变化，应当依据具体情况确定无产阶级的斗争方式，而不能一味地强调暴力革命。恩格斯晚年正是因为看到斗争环境的变化，提出了无产阶级应当把武装斗争与合法的议会斗争相结合的重要思想。因此，正确理解和对待巴黎公社暴力革命的经验是重要的。绝对肯定或完全否定它的作用都是不可取的。

第二，无产阶级必须打碎资产阶级国家机器，建立无产阶级新政权。

巴黎公社的一个重大历史功绩，就在于用自己的行动证实了无产阶级革命必须打碎资产阶级国家机器这一重要原理。还在公社失败之前，马克思在致路·库格曼的信中指出："如果你读一下我的《雾月十八日》的最后一章，你就会看到，我认为法国革命的下一次尝试再不应该像以前那样把官僚军事机器从一些人的手里转到另一些人的手里，而应该把它打碎，这正是大陆上任何一次真正的人民革命的先决条件。我们英勇的巴黎同志们的尝试正是这样的。"[1]

早在欧洲1848年革命时,马克思即分析了资产阶级国家机器的产生发展及其本质,指出它是压迫人民的工具,做出必须打碎旧的国家机器的论断。由于缺乏直接的无产阶级革命的实践经验,对于如何打碎和用什么东西来代替的问题,并没有给予回答。现在,公社的革命实践提供了新的经验,因而,已有可能具体地回答和论述无产阶级革命的这个重大课题。

在《法兰西内战》及其初稿和二稿中,马克思反复强调工人阶级不能简单地掌握现成的国家机器,并运用它来达到自己的目的。这一经验说明,对于工人阶级来说,奴役它的政治工具绝不能当成解放它的工具来使用。工人阶级革命必须打碎物质压迫工具和精神压迫工具,特别要彻底摧毁旧的军事官僚机构这些旧国家机器的支柱,决不能幻想利用资产阶级国家机器实现自己的解放。马克思和恩格斯非常重视公社的这一基本经验,甚至把这一经验正式写进了《共产党宣言》1872年德文版序言中,作为对《宣言》的唯一一次重要补充。

同时,马克思又指出,所谓打碎资产阶级的国家机器,并不意味着绝对排斥各种传统的民主措施。例如普选制可加以改造使之为人民服务。他认为旧政府权力的纯粹压迫机关应该铲除,而旧政府权力的合理职能应该从妄图驾于社会之上的权力那里夺取过来,交给社会的负责的公仆。

具有伟大意义的是,马克思从公社活动中发现了代替被打碎的旧国家机器的无产阶级政权形式,并指出这一新型国家的基本特征。他指出,公社是工人阶级执掌政权的形式,"是生产者阶级同占有者阶级斗争的产物,是终于发现的可以使劳动在经济上获得解放的政治形式。"[2] 因此,它是同以往一切形式的剥削者国家有着根本性质区别的新型国家。

马克思认为,这个新型国家的特点除了上述人民武装的军事制度外,它最大的本质性的特点就是,它是由人民自己当家做主,实行真正民主的制度。它的一切公职人员都应由选举产生,对选民负责,并可以随时撤换。同资产阶级普选制每隔几年决定一次由统治阶级中的什么人在议会里代表和压迫人民相反,无产阶级的普选制是由人民选举负责的并随时可以

---

[1] 《马克思恩格斯选集》第4卷,人民出版社1995年版,第599页。
[2] 同上书,第3卷,人民出版社1995年版,第59页。

罢免的公仆。决不容许由社会公仆变为社会的主人，决不容许将政府职务变为某个特殊阶层的私有物。

如前第二节所述，尽管公社所实行的民主制度尚有一些不够完备和完善的具体内容，如公职人员只领普通工人工资等，但它却深刻体现了无产阶级民主制度的核心，其精神实质是决不过时的，是永存的。共产主义运动历史的经验和教训一再证明，如何解决人民当家作主，如何防止国家公职人员由社会公仆变为社会主人的问题，仍然是一个重大的历史性课题。以权谋私等种种"官场病"的滋生和蔓延，乃至吏治腐败的种种表现，归根结底都是社会主义民主制度建设和政治文明建设所要面对的挑战。人民公仆和廉洁政府的形象工程尚远未完成。因此，公社原则并未过时。公社原则之所以永存，就在于它至今都是留给共产党人以深刻启迪和可资借鉴的财富。

第三，公社式的国家是实现解放劳动和改造社会这一伟大目标的政治保障。

马克思在《法兰西内战》一书中深入地论证了过渡时期无产阶级专政的必然性。他指出，无产阶级的伟大目标是解放劳动和改造社会，即达到现代社会由于本身经济发展而不可遏制地趋向着的更高形式——共产主义。但是这一目标决不是一朝一夕只靠几项人民的法令可以完成的，"必须经过长期的斗争，必须经过一系列将把环境和人都加以改造的历史过程"。[①] 首先，马克思认为以自由的联合的劳动条件去代替劳动受奴役的经济条件需要相当长的一段时间才能逐步完成。他说："目前'资本和地产的自然规律的自发作用'只有经过新条件的漫长发展过程才能被'自由的、联合的劳动的社会经济规律的自发作用'代替"。[②] 其次，马克思预见到，在无产阶级夺取政权后，必须经历阶级斗争的几个不同的阶段，并且会不断地遭到既得利益和阶级自私的反抗，以致爆发剥削阶级的分散零星的暴动。因此，公社并不取消阶级斗争，工人阶级只有经过阶级斗争才能致力于消灭一切阶级，从而消灭一切阶级统治。和旧的社会不同的是，公社将提供合理的环境，使阶级斗争能够以最合理最人道的方式达到

[①] 《马克思恩格斯选集》第3卷，人民出版社1995年版，第60页。

[②] 同上书，第99页。

胜利的目的。在这里,马克思根据公社的经验充分论证了过渡时期和无产阶级专政的历史必然性问题,为以后制定关于共产主义社会两个发展阶段的原理奠定了基础。

从上述论证可知,马克思并不认为无产阶级专政的建立就是无产阶级伟大目标的实现。但是毫无疑义地,通过公社这一政治组织形式,可以立即向这个伟大目标迈进。无产阶级专政是无产阶级改造旧社会和建设共产主义的有组织的行动手段和强有力的政治保障。

马克思具体地阐述了无产阶级专政的历史任务,他认为,除了上述镇压剥削者反抗,维护人民权力,驱逐或改造大批旧社会败类等项政治改造的任务外,无产阶级国家还必须担负起进行社会经济改造的任务。他指出,无产阶级政权首先应当掌握国家的经济命脉,因为它关系到阶级斗争成败问题。马克思认为,从根本上说:"生产者的政治统治不能与他们永久不变的社会奴隶地位并存。所以,公社要成为铲除阶级赖以存在、因而也是阶级统治赖以存在的经济基础的杠杆。"[①] 这就是说,无产阶级国家的重大历史任务,就是把生产资料的资本主义私人占有制变成社会所有制,同时,改变分配方式,建立新的生产组织。

马克思还提到了无产阶级国家在社会思想文化改造方面的任务。财产的任何一种社会形式都有各自的道德与之相适应。随着社会生产资料公有制的确立,要求有一个与之相适应的意识形态。公社排除教会对学校的干涉,对人民的思想解放是一个开端。无产阶级国家还要使人人都能享受教育,提高全社会的文化水平,要"把科学从阶级统治的工具变为人民的力量,把科学家本人从阶级偏见的兜售者、追逐名利的国家寄生虫、资本的同盟者,变成自由的思想家!只有在劳动共和国里面,科学才能起到它的真正的作用"。[②]

第四,无产阶级政党的领导是完成无产阶级历史使命的关键。

马克思坚信无产阶级专政一定会完成自己的艰巨复杂的历史使命,因为工人阶级的社会变革是现代社会发展的必然的产物,而且公社的业绩证明工人阶级日益充分地认识到自己的历史使命,并在公社的实践中表现出

---

① 《马克思恩格斯选集》第3卷,人民出版社1995年版,第59页。
② 同上书,第104页。

完成这一使命的英勇决心和创造精神。

马克思还从公社的失败中认识到,无产阶级事业的胜利,最关键的一点是要有一个了解运动的规律并真正代表革命的人们所形成的领导核心,即先进的革命政党。公社的失败是诸多主客观历史条件决定的,从根本上说,就是因为缺少一个先进政党的领导。它让一些极力阻止工人阶级真正运动的以往革命的遗老和革命空喊家扮演了显要的角色,然而它又没有必须的时间去摆脱这些必不可免的祸害,因而才犯下了一系列重大错误,导致革命失败。如:没有向凡尔赛进军,将革命进行到底;对团结农民这支同盟军问题重视不够;对法兰西银行没有没收,致使法国的经济命脉实际上一直掌握在凡尔赛政府手中,成了它们的输血管和对巴黎进行破坏活动的黑据点,等等。正是基于这些深刻的教训,1871年9月,在第一国际伦敦代表会议上,代表们一致接受了马克思和恩格斯的下述论断:工人阶级"只有组织成为与有产阶级建立的一切旧政党对立的独立政党,才能作为一个阶级来行动。工人阶级这样组织成为政党是必要的,为的是要保证社会革命获得胜利实现这一革命的最终目标——消灭阶级"。[①] 这些论断在1872年9月第一国际海牙代表大会上被正式决定载入了第一国际的《章程》中。这是马克思和恩格斯从公社革命中为无产阶级和社会主义运动提出的最重要的任务。

综上所述,马克思和恩格斯正是在公社经验的基础上,把自己在19世纪40年代末50年代初所创立的无产阶级革命和无产阶级专政的学说,做了详尽的发挥和精湛的论述,并把它提到了新的高度,从而使国际无产阶级清晰地看到打碎旧的国家机器之后所建立的新型国家的轮廓。当然,由于公社实践本身的局限,它还只能表明通过人民自己实现的人民管理制的发展方向。因此,马克思的许多阐述还只是一种科学预见。这些学说和论断已被后来的马克思主义者在实践中进一步丰富和发展。

[①] 《马克思恩格斯全集》第17卷,人民出版社1963年版,第455页。

第十五章　欧美各国社会主义政党的建立

19世纪的最后30年，是自由资本主义向垄断资本主义过渡的时期。这一时期，资本主义经济得到迅速发展，相应地，无产阶级队伍和力量也在增强，国际共产主义运动在度过巴黎公社失败后的低潮时期后，又逐渐走向新的高涨。适应各国无产阶级斗争的需要，欧美许多国家相继建了独立的无产阶级社会主义政党这些政党。根据各国资本主义相对"和平"发展的特点，积极利用资本主义的普选制度，开展议会斗争，利用一切合法手段壮大自己的力量，维护工人阶级的利益，取得了显著成就。其中，德国社会民主党成立最早，影响最大，处于这一时期国际工人运动的前列。

第一节　德国社会主义工人党的形成和发展

一　全德工人联合会的成立

从19世纪50年代起，德国资本主义进入迅速发展的时期。在1850—1870年的20年间，德国的工业几乎翻了两番，随着经济的发展，德国工人阶级的力量有了很大的增长。到60年代初，德国工人运动开始呈现出蓬勃发展的新局面。一些积极的工人运动的活动家开始进行广泛的发动宣传，致力于使工人阶级摆脱资产阶级民主派的影响，建立自己的政治组织，走独立发展的道路，拉萨尔便是其中比较优秀的一位。

斐迪南·拉萨尔（1825—1864年）曾参加过1848年德国革命，并结识了马克思，为《新莱茵报》撰写过稿件，自称是马克思的学生。19世纪60年代初，当德国工人运动又开始趋于高涨的时候，他积极地投身于社会主义的宣传活动。1862年4月，拉萨尔在柏林郊区奥立宁堡手工业者协会上向工人发表了演说,并以《工人纲领》为题印成了小册子,广为散发。1863年3月,他应莱比锡工人代表大会的邀请,写了《给莱比锡全德工人代表大会的莱比锡中央委员会的公开答复》。后来,这个《公开答复》也印刷成册,到处传播。这两个小册子使拉萨尔在德国工人运动中名声大振,也标志着拉萨尔主义的出现。他的基本主张是:在政治上争取普选权,通过普选促使国家成为"自由的国家";在经济上,创办由国家帮助的合作社,使工人阶级免除剥削并取得"不折不扣的全部劳动所得。

拉萨尔的宣传鼓动,在工人群众中引起了强烈反响。1863年3月24日,莱比锡工人代表大会以1350票对两票决定赞成拉萨尔。紧接着,汉堡以及莱茵区的杜塞尔多夫、索林根、科隆和厄尔倍菲尔德等城市的工人大会也接连表示赞成拉萨尔的《公开答复》。5月17日,在莱茵河畔的法兰克福召开了一个新的工人大会,拉萨尔作了4个小时的演说,获得了与会者的鼓掌赞成。5月19日,拉萨尔在工人教育协会上继续进行演说,工人们以400票对40票表示拥护拉萨尔。

1863年5月23日,11个城市的工人代表,代表数千名会员在莱比锡召开了工人代表大会,成立了"全德工人联合会",并选举拉萨尔为联合会的主席。联合会是以拉萨尔的信条为纲领的,在组织上实行主席独裁制,地方组织不享有任何权利,只能执行主席的决定。联合会成立时,会员约有400人(到70年代初发展到2万人),在全体德国人中只占区区少数,但它毕竟在德国工人运动史上是工人阶级摆脱资产阶级影响,建立自己的独立政治组织的重大举措,所以,联合会的成立是德国工人运动发展的一个重大成果。

马克思和恩格斯对拉萨尔的宣传鼓动活动和全德工人联合会的成立表示了肯定态度。马克思在给施韦泽的信中说:"在德国工人运动沉寂了15年之后,拉萨尔又唤醒了这个运动,这是他的不朽的功绩。"[1] 恩格斯也说:"1849年欧洲革命失败后,德国的社会主义只能秘密地存在。只是在1862年,马克思的学生拉萨尔才重新举起社会主义的旗帜"。"它在舞台上的出现却标志着德国社会主义发展的第二阶段的起点。这是因为拉萨尔

---

[1] 《马克思恩格斯全集》第32卷,人民出版社1974年版,第557页。

靠自己的天才、勤奋和无限充沛的精力，竟然把工人运动发动起来了"。①

然而，拉萨尔的功绩是极为有限的。他在通过宣传鼓动使工人运动重新兴起并建立了独立组织的同时，并没有给工人的解放指出一条正确的道路。他不主张革命，而是企图通过与俾斯麦政府合作的方式使工人得到解放。他不仅这样说，也这样做，在他进行工人运动的鼓动的同时，就开始了同铁血宰相俾斯麦的秘密勾结。据有关材料披露，拉萨尔曾先后直接与俾斯麦交谈过多次，有时这种交谈常常进行数小时。正因为如此，马克思和恩格斯对拉萨尔的纲领和策略采取了否定态度。马克思在批判《工人纲领》时说："这东西无非是把《宣言》和其他我们时常宣传的、在某种程度上已成为口头禅的东西，卑劣地加以庸俗化而已。"② 马克思还谴责说：拉萨尔"存心要把工人政党出卖给俾斯麦，以便获得'无产阶级的黎塞留'的美名"。③

由于全德工人联合会深受拉萨尔主义的影响，所以，被称为拉萨尔派。马克思和恩格斯试图通过批评帮助，使全德工人联合会转上正确发展的轨道，但这种努力未能如愿。1864年，拉萨尔为了争夺一个公使的女儿，在与情敌的决斗中丧生。但全德工人联合会仍然继续奉行拉萨尔主义的错误主张，始终未能成为马克思主义的政党组织。

二 德国社会民主工党的创建

在19世纪60年代的德国，继全德工人联合会成立不久，还出现了另一个全国性的工人组织，即德意志工人协会联合会。它于1863年6月7日在法兰克福成立，开始领导权掌握在资产阶级自由派手中，公开宣扬劳资合作的思想。1864年10月，工人运动的杰出活动家奥古斯特·倍倍尔（1840—1913年）被选为这个组织的常务委员，他开始为德意志工人协会联合会摆脱资产阶级的影响、开展工人阶级的独立斗争而努力工作。

1865年7月，著名社会主义活动家威廉·李卜克内西（1826—1900年）因反对俾斯麦政府被逐出柏林，他来到法兰克福，加入了德意志工

---

① 《马克思恩格斯全集》第22卷，人民出版社1965年版，第288—289页。
② 同上书，第30卷，人民出版社1974年版，第320页。
③ 同上书，第31卷，人民出版社1972年版，第50页。黎塞留：法国专制政体时期最著名的国务活动家、公爵、红衣主教，擅长搞阴谋。

人协会联合会,帮助倍倍尔转向社会主义,两人紧密协作,共同对德意志工人协会联合会进行改造。李卜克内西是参加过1848年革命的老战士,巴登起义失败后被捕入狱,出狱后流亡到日内瓦,后来又去了伦敦。他在伦敦侨居10多年,与马克思和恩格斯联系十分密切,成了他们的学生和战友。在马克思和恩格斯的指导下,李卜克内西认真研究了科学社会主义理论,积极参加革命实践活动。1862年,李卜克内西回到柏林,开始在工人中间展开了马克思主义的宣传工作。他散发了《共产党宣言》,并对拉萨尔主义进行了批判。不久,便在金德工人联合会柏林分会中形成了最早的拉萨尔的反对派。1864年第一国际成立之后,李卜克内西又积极进行了宣传工作和组织工作。他宣读第一国际的《成立宣言》,后来又利用《社会民主党人报》公开发表了《成立宣言》和《共同章程》。于是,在所有较大的城市里都出现了第一国际的秘密支部。在李卜克内西的帮助下,倍倍尔认真阅读了第一国际的"宣言"和"章程",并以个人名义加入了第一国际。

1867年10月,德意志工人协会联合会在格拉举行了第四次代表大会,倍倍尔被选为主席。自此,这个组织的领导权从资产阶级分子手中夺回到工人阶级手中。1868年9月,在纽伦堡举行的第五次代表大会上,第一国际总委员派埃卡留斯出席,协会通过了与第一国际章程相类似的纲领和参加第一国际的决议,实现了同资产阶级的彻底决裂。德意志工人协会联合会的转变,为无产阶级政党的建立创造了条件。

这一时期,为了帮助德国工人阶级创建独立的政党,马克思和恩格斯做了大量指导工作。为此,恩格斯专门写了《普鲁士军事问题和德国工人政党》一文,这篇文章是应李卜克内西的要求而写的,1865年2月在汉堡出版。这篇文章不仅正确地分析了德国的政治形势,指出了无产阶级的战略策略,强调了建立无产阶级政党的重要性,而且还对拉萨尔主义进行了批评。这篇文章在德国工人运动中引起了激烈争论,但通过争论,在许多地方组织中出现了反对拉萨尔派领导人同俾斯麦勾结的浪潮,开始批判拉萨尔主义。接着,马克思《资本论》第1卷的出版也为德国马克思主义拥护者的成长起了巨大影响作用。《资本论》第1卷是1867年在德国首先出版的。这本巨著问世之后,立即受到了一些工人运动活动家的重视。全德工人联合会成员威·白拉克读了这本书之后,立即写了好几篇宣传文章，并在汉堡全体会员大会上做了关于《资本论》问题的报告，大会根据他的报告通过了赞颂马克思的决议，马克思主义进一步与德国工人运动相结合。

经过李卜克内西和倍倍尔的积极活动以及马克思和恩格斯著作的广泛传播，不仅进一步扩大了马克思主义拥护者的队伍，而且还促进了全德工人联合会的分化，动摇了拉萨尔的继承人施韦泽对联合会的独裁统治。1869年3月，全德工人联合会在巴门召开了代表大会。在这次大会上，通过了限制主席独裁权的决议，许多会员还提出了与德意志工人协会联合会联合起来的建议。这一变动使施韦泽极为愤怒，在1869年6月18日他发动了一个"政变"，声称全德工人联合会将于6月24日解散，并将遵照拉萨尔的旧章程恢复原先的全德工人联合会。这一行为激起了联合会会员对施韦泽的更大不满。白拉克、盖布、约克、弗里茨舍等几十人宣布退出全德工人联合会，并发表了《告全德工人联合会会员书》，号召立即召开德意志社会民主派全国代表大会，以便真正联合起来并参加国际工人运动。

德国工人运动发展的新情况表明，建立一个摆脱拉萨尔主义的新的工人政党的条件已经成熟。1869年7月，倍倍尔、李卜克内西、白拉克等人发表了关于召开社会民主派代表大会的宣言，建议在这个大会上成立工人阶级政党。在这个宣言中签名的有100多人是德意志工人协会联合会会员，有60多人是原全德工人联合会会员。

1869年8月7日至9日，全德社会民主派代表大会在爱森纳赫城召开。出席这次代表大会的有：德意志工人协会联合会，已脱离全德工人联合会的团体，第一国际在德国的9个支部，共262人。代表大会听取了倍倍尔就纲领问题和组织问题作的报告后，进行了热烈的讨论。大会决定建立独立的德国社会民主工党，并通过了党的纲领。这个纲领是根据国际工人协会的成立宣言和章程写成的，其主要观点有：现今的政治制度和社会制度是极不合理的，因而必须坚决反对；为劳动阶级的解放而斗争，不是为阶级特权和优先权而斗争，而是为平等权利和平等义务，为消灭一切阶级统治而斗争；政治自由是劳动阶级经济解放的必不可少的前提；德国社会民主工党是"国际工人协会的一个分支，并拥护它的一切权力"。不过，这个纲领并没有完全摆脱庸俗民主主义观点，也还有拉萨尔主义教条的痕迹，但总的来说，这是一个好的纲领。大会还选举产生了一个由5人组成的委员会和一个由11人组成的监察委员会，其主要领导人是倍倍尔、李卜克内西和白拉克。由于德国社会民主工党是在爱森纳赫城宣告成立的，所以，后来又被称为"爱森纳赫派"。

德国社会民主工党的创建，是马克思主义与德国工人运动相结合的成果，是德国工人运动前进的重要表现，标志着德国工人运动进入了一个新的发展阶段。

三 两派合并——德国社会主义工人党形成

普法战争结束后，德国实现了自上而下的统一，建立了以普鲁士为首的德意志帝国，国内统一市场形成。德国从法国攫取了50亿法郎的赔款和具有丰富工业资源的阿尔萨斯和洛林地区，这使德国资本主义经济在19世纪70年代迅速发展，在世界工业总产量的比重迅速上升。

随着德国资本主义经济的迅速发展，无产阶级的队伍迅速壮大，工人运动广泛开展，这使德国的统治阶级惊慌不安。俾斯麦政府加紧了对工人阶级的镇压，公开逮捕和监禁工人领袖，取消工人集会和言论自由等。当时爱森纳赫派与拉萨尔派的工人都遭到了反动政府的迫害。阶级斗争的形势，迫切要求德国工人阶级团结起来，共同对敌。另外，德国的统一，也为工人阶级在全国范围内进行革命斗争创造了有利条件。在这种形势下，工人们迫切要求克服其内部的分裂，加强合作，齐心协力促进工人运动的发展。

1872年9月，爱森纳赫派在美因兹召开了代表大会。大会委托党的执行委员会，在同全德工人联合会进行原则性的合作方面尽量达成协议。在1874年7月的科堡代表大会上，通过了"要统一，不要合并"的口号，以作为德国社会民主工党对全德工人联合会所采取的政策的准绳。爱森纳赫派多次向拉萨尔派提出联合起来的建议，均被拉萨尔派拒绝。但是，由于拉萨尔派长期执行机会主义路线，它的头头们之间又连续发生内讧，这引起工人群众的不满，使他们逐渐在工人运动中陷于孤立，面临着瓦解的困境，因此，后来它反而主动提出与爱森纳赫派合并的要求。1874年10月10日，全德工人联合会书记特耳克亲自前往莱比锡拜访了李卜克内西，提出合并的建议。德国社会民主工党的领导人背弃了科堡代表大会的决议，立即同意进行关于合并的会谈。11月2日，两派的代表在柏林举行了第一次会谈，讨论克服工人运动分裂的途径。12月11日两派机关报《人民国家报》和《新社会民主党人报》分别报道了谈判的消息，得到两派成员的普遍赞同。

马克思和恩格斯一直关注着德国工人运动的团结和统一，原则上支持爱森纳赫派为促进两派的团结和统一所作的努力，并向爱森纳赫派领导人做了大量工作。但他们在两派合并问题上一贯旗帜鲜明，反对向拉萨尔派妥协投降，主张两派合并要从无产阶级的利益出发，坚持原则，决不为一时的成功，而拿原则来做交易；如果条件还不成熟，在两派合并之前，可以先缔结一项反对共同敌人的行动协议，建立起一个临时的联系组织，以便在实际斗争中检查拉萨尔派是否真正放弃他们原来的立场和观点，为真正的统一做准备。然而，爱森纳赫派主要领导人李卜克内西等人为了追求一时表面上的团结，竟然牺牲革命原则，没有接受马克思和恩格斯的告诫，过分热衷于组织的合并，加之李卜克内西理论上的不成熟和低估了理论对工人运动的实际意义，因而向拉萨尔派做了无原则的妥协和让步。1875年2月14日至15日。双方各派9名代表，爱森纳赫派有李卜克内西、盖布、奥艾尔莫特勒、伯恩施坦等，拉萨尔派有哈森克莱维尔、哈赛尔曼、哈特曼等，在哥达城举行了合并代表大会的预备会议。会议进行了关于合并的基本文件的讨论，制定了一个充满拉萨尔观点的纲领草案。会议还决定5月召开合并的代表大会。1875年3月7日在双方的机关报上公开发表了纲领草案。马克思和恩格斯从报上看到纲领草案后，非常吃惊，认为这是一个极其糟糕的纲领，它会使德国社会民主工党堕落，使德国工人运动迷失方向。3月18日至28日，恩格斯写信给倍倍尔，指出纲领草案中的原则性错误。4月底至5月初，马克思抱病写了《德国工人党纲领批注》（即《哥达纲领批判》），严厉地批评了德国社会民主工党领导人向机会主义妥协投降的行为，并对"纲领草案"作了逐条逐句的批判。同时，进一步阐述了科学社会主义的基本原理，制定了无产阶级的纲领原则。马克思将该《批注》寄给白拉克，请他阅后转交给倍倍尔和李卜克内西等人，提醒党的领导人在最后关头避免这样妥协的不利后果。李卜克内西没有接受马克思和恩格斯的批评帮助，他在给恩格斯的信中说，为了合并，"即使再作一些让步我都是愿意的"，"对我来说，这个带有合并的不完美的纲领却比没有合并的最完善的纲领要胜过一千倍"。① 同时他也没有接受倍倍尔的反对意见,只是对"纲领草案"作了个别文字的改动。

1875年5月22—27日,73名拉萨尔派的代表和56名爱森纳赫派的代表,在哥达城召开了合并大会。大会的主要议程是,讨论党章、党纲和选举中央领导机构。会上,拉萨尔派不肯放弃任何拉萨尔信条,而爱森纳赫派领导人委曲求全,一再退让。纲领草案未作多大修改就在大会上通过,这就是"哥达纲领"。大会还通过新的党章,废除了拉萨尔派的反民主的原则,确立了民主的组织制度。大会决定建立统一的"德国社会主义工人党"(1890年后改称为德国社会民主党)。会上选出了由三名拉萨尔派代表和两名爱森纳赫派代表组成的中央执行委员会。拉萨尔派的《新社会民主党人报》和爱森纳赫派的《人民国家报》暂时作为中央机关报保留了下来。

爱森纳赫派与拉萨尔派的合并,打击了拉萨尔派的宗派主义,基本上结束了德国工人阶级长期分裂的局面。从此,德国工人阶级在一个统一的党的领导下迅速发展。两派合并一年后,党员人数从2.4万余人猛增到3.8万人左右。1876年,党办的报纸刊物达23种之多,新的党组织遍及全国,工人阶级的力量得以壮大。与此同时,工会运动也实现了统一,到1877年,会员人数增加到5万人左右,发行了15种工会刊物。但这种合并是一次付出了过高代价的合并,它通过的《哥达纲领》尽管提出了许多重要的政治和社会要求,但总的来看,充满了庸俗民主主义的观点,特别是充满了拉萨尔主义的观点,它较之爱森纳赫纲领倒退了一大步,使党无论在理论方面还是实践方面都降低了水平。

四 德国社会主义工人党在斗争中发展

1875年哥达合并大会后,德国社会主义工人党在社会上的影响日益增长,工人运动不断发展。1878年春,在柏林、莱比锡、汉堡等许多城市的工人纷纷集会,抗议俾斯麦政府的反动政策。在1877年的国会选举中,工人党得到近50万张选票,12个议席。1878年,工人党党员发展到近4万人,领导着26个工会联合会共计5万会员,拥有41种党报和工会

---

① 《研究"哥达纲领批判"参考资料》,三联书店1978年版,第161、164页。

报纸。这种情况说明，工人党已成为最强大的反对党，成为容克地主和资产阶级推行反动政策的最大障碍。

为了镇压日益高涨的工人运动，摧毁德国工人阶级政党，俾斯麦利用1878年5月和6月先后发生的暗杀德皇威廉一世的事件，嫁祸于德国社会主义工人党，于1878年10月，在国会中强行通过了《镇压社会民主党企图危害治安的法令》，即"非常法"。它规定：一切社会主义团体、书刊等都一概禁止；对社会主义团体的任何支持，都要受到惩罚；政府可以随时宣布戒严，可以任意逮捕和放逐所谓危害治安的"危险分子"等。这样，德国社会主义工人党就被置于非法地位。俾斯麦以"非常法"为借口，对德国党和工人群众进行了残酷的迫害。在推行"非常法"时期，有1300多种刊物被禁止出版，320多个工人团体被解散，900多人被放逐，1500多人被判处监禁和劳役。仅在"非常法"宣布后的两个月内，就有521名党员被捕入狱。顿时，白色恐怖笼罩全国。

起初，德国党的领导人对俾斯麦政府的镇压缺乏应有的准备，以致对突如其来的袭击不知所措。党的执行委员会和议会党团中的右倾分子竟然声明解散党的组织。这一错误决定造成了严重的后果，使党内处于思想混乱和组织瘫痪状态，一些混入党内的不坚定分子纷纷宣布退党。赫希伯格、施拉姆和伯恩施坦迁居瑞士的苏黎世，组成"苏黎世三人团"，宣扬右倾投降主义。莫斯特、哈赛尔曼则要求采取"左倾"无政府主义的个人恐怖策略，要求立即实行暴动。李卜克内西也一度动摇，他在议会演说中竟宣称要遵守"非常法"。但是，在俾斯麦政府的疯狂进攻面前，德国的广大党员群众却表现出坚定的革命立场。他们迅速地恢复了联系，建立了秘密组织，继续进行斗争，这对纠正党的领导人的错误，起了重要作用。

在德国党处于危难之时，马克思和恩格斯积极支持广大党员群众的革命斗争，帮助党的领导人纠正错误，使党度过难关。他们在给倍倍尔等人的信中，分析了德国的政治形势，给党制定了正确的策略。他们指出，统治阶级的高压政策，并不表明其强大，而是表明他们对革命力量的恐惧。"非常法"将从反面给德国工人以"革命教育"，"迫使德国无产阶级走上革命的道路"。[①] 马克思和恩格斯要求德国党采取合法斗争与秘密斗争相

---

① 《马克思恩格斯全集》第19卷，人民出版社1963年版，第170、171页。

结合的策略；要密切党和广大群众的联系；要建立党的秘密组织，创办党的秘密刊物；要采取各种形式进行革命宣传，鼓舞和领导群众的革命斗争。

为使党能够坚持正确的革命策略，马克思和恩格斯同德国党内的"左"、右倾错误思潮进行了严肃的斗争。当时，流亡在瑞士苏黎世的赫希伯格、施拉姆和伯恩施坦结成了右倾投降主义宗派集团，即所谓"苏黎世三人团"。1879年，他们以《德国社会主义运动的回顾》为题发表文章，公开鼓吹德国党应该实行阶级投降政策，竟称"非常法"是无产阶级自己招致的，党应以忏悔求得法令的取消。并认为党不应该是"片面的工人党"，而应该是一个"富有真正仁爱情神的人"的全面党。文章诬蔑工人阶级不能依靠自己的力量解放自己，要服从"有教养的和有财产的资产阶级的领导"；党不应该搞暴力革命，而应该声明"它不打算走暴力的、流血的革命道路，而决定走……合法的、即改良的道路"；党不应该为最终目的而奋斗，而应该"用全部力量，全部精力来达到最近目标"，等等。这是一篇投降主义的文章，"三人团"的右倾机会主义构成了德国党的主要危险。

为了彻底批判"苏黎世三人团"的右倾投降主义，1879年9月，马克思和恩格斯写了《给奥·倍倍尔、威·李卜克内西、威·白拉克等人的通告信》。信中指出，"苏黎世三人团"要取消党的无产阶级性质，竭力淡化无产阶级与资产阶级之间的阶级斗争，是对无产阶级事业的背叛，要求把他们从党内清除出去。马克思和恩格斯说："将近40年来，我们一贯强调阶级斗争，认为它是历史的直接动力，特别是一贯强调资产阶级和无产阶级之间的阶级斗争，认为它是现代社会变革的巨大杠杆；所以我们决不能和那些想把这个阶级斗争从运动中勾销的人们一道走。"[①] 通告信给予"苏黎世三人团"以沉重打击，帮助党的领导人提高了认识，同机会主义划清了界限，对于克服党内右倾投降主义起了重大作用。

在批判右倾投降主义的同时，马克思和恩格斯还批判了"左"倾机会主义。以莫斯特、哈赛尔曼为代表的一些人完全否定合法斗争，而主张采取无政府主义的个人恐怖策略，提出"暴动，立即暴动！"的口号。他

---

① 《马克思恩格斯选集》第3卷，人民出版社1995年版，第685页。

们攻击党的领袖，并把党内分歧公开暴露给敌人，还妄图分裂党，成立新党。马克思说：莫斯特等人已经不是对个别人的攻击，而是对整个德国工人运动的污蔑。党如果执行他们的那套"愚蠢的密谋计划"，就会脱离群众，陷入孤立，从而使党和革命趋向灭亡。

在马克思和恩格斯的教育和广大党员群众的共同努力下，德国党的领导人克服了在"非常法"初期的慌乱状态，迅速纠正了错误，又着手恢复党的各级组织和工人组织，领导群众同俾斯麦反动政府进行了坚决而又灵活的斗争。1880年8月20日，德国党在瑞士的维登举行"非常法"后的第二次秘密代表大会。大会听取了倍倍尔、李卜克内西等人的报告，批判了"左"右倾机会主义思潮，制定了党的斗争策略。大会对"哥达纲领"做了重要修改，以"用一切手段达到自己的目的"的策略代替了"力求用一切合法手段达到目的"的错误说法。这意味着，党在以后的工作中将把合法斗争与非法斗争结合起来。大会决定《社会民主党人报》为党的正式机关报，撤销"苏黎世三人团"担任的党报编辑职务，并决定把莫斯特、哈赛尔曼清除出党。大会还决定，在非常法时期，由党的国会党团代行党的执行委员会的职责，领导全党开展工作。维登代表大会是一次成功的代表大会，它正式结束了党内的混乱和动摇时期。大会的决议强调要把合法与非法的斗争结合起来，采取革命的策略反对"非常法"和俾斯麦反动政府，这为党领导工人群众最终战胜"反社会党人法"奠定了基础。

1883年，德国党又在哥本哈根举行秘密代表大会，决定在国会党团中设立一个由5人组成的执行委员会，全权负责党的工作。执行委员会与恩格斯、《社会民主党人报》编辑部密切联系，深入贯彻马克思对德国党和工人运动的指导精神，领导各地党员按照维登代表大会的决议，并根据本地具体情况建立秘密组织，继续开展斗争。

在苏黎世出版的《社会民主党人报》，为贯彻党的非法斗争与合法斗争相结合的策略进行了卓有成效的工作。尽管俾斯麦政府千方百计监视和破坏报纸的发行工作，但是《社会民主党人报》设法通过地下投递网"红色战地邮局"，秘密运进国内，并分发到全国各地，对在德国工人运动中宣传马克思主义、提高无产阶级的觉悟起了非常积极的作用。

此外，根据形势的变化，党成立了各种形式的合法群众组织，如

"教育俱乐部"、"互助储金协会"、"社会保险储金协会",甚至"养兔协会"、"古琴狂欢协会"等,作为党的外围组织,开展活动。党还利用合法的名义进行公开的工作与斗争,如组织郊游、野餐、音乐会、晚会、为遇难同志的家属募捐、为去世的工人活动家举行葬礼、为被流放的同志送别等。这些公开的活动掩护了党的活动,保护和发展了与群众的联系。

与此同时,党还充分利用了德意志帝国给予工人选举权的权利,利用竞选活动和议会讲坛积极开展合法斗争,不仅反对"非常法"的迫害,而且也揭露反动政府欺骗工人的行径,抨击政府扩军备战的对外扩张政策和战争政策。俾斯麦政府在推行其高压政策——"鞭子政策"的同时,颁布了一系列旨在迷惑工人的"社会立法",如"疾病保险法"、"意外灾害保险法"、"残疾和老年保险法"等等。针对俾斯麦政府的"糖饼政策",党及时批判了有些人受此政策的引诱而主张同政府妥协的错误,同时告诫党员和工人群众,不要忘记自己的奋斗目标,不要相信政府的"真诚"的改良政策,指出上述法令同社会改革没有任何共同之处,也没有触动现代工人问题的任何一个方面,它不过是企图把工人运动引上歧途的反革命策略手段。与此同时,党在理论上加强了科学社会主义的宣传工作。1882年恩格斯的《社会主义从空想到科学的发展》德文版出版,并在社会上广为传播,党的报刊《社会民主党人报》、《新时代》等,在宣传革命理论、党的斗争策略方面都做出了重要贡献。

维登代表大会和哥本哈根大会之后,德国党贯彻了正确的斗争策略,巧妙地把公开斗争与秘密斗争,合法斗争与非法斗争结合起来,使理论、经济和政治三条战线上的斗争相互配合,取得了巨大的成就。党在议会斗争中赢得了一个又一个胜利,在选举中所得选票迅速增长。1881年党仅获31万多张选票;1884年得选票近55万张;1887年增加到76万多张;到1890年,即"非常法"破产的前夕,得票数猛增至142万张,在国会中占据了35个席位,成为国会中强有力的政党。与此同时,在"非常法"后期,革命形势重新高涨。在这一时期,党员已达15万人,在党影响下的工会拥有30余万会员,党和工会主办的报刊有104种之多,拥有订户60多万。1889年5月,党领导鲁尔矿区11万多名矿工举行了规模空前的罢工斗争,并同军警发生了流血冲突。这次大罢工震动了全国,得到了萨克森和上西里西亚的矿工的支援,也是19世纪德国最大和最有威力的一次罢工。接着，各地建筑工人、冶金工人、纺织工人也相继举行罢工。据统计，1889年，罢工次数达1000多次，参加者30多万人。连续不断的罢工运动有力地打击了普鲁士政府的反动统治，俾斯麦被弄得焦头烂额，一筹莫展。连反动派的军警和密探也不得不承认在工人阶级那里有一个强大的、但却摸不着、打不烂、冲不破的网。无论反动派采取什么样的手段，都阻挡不住工人运动的发展。

德国党在斗争中所取得的一系列胜利，预示了"非常法"的破产。1890年1月，当俾斯麦要求国会再次延长"非常法"时，遭到多数票否决。3月，俾斯麦被迫下台。10月，"非常法"虽经几次延长，终于宣布期满废除。它同时也宣告了俾斯麦政府利用暴力镇压社会主义运动的反动政策的破产，这是德国党领导工人阶级进行英勇斗争所取得的伟大胜利。

德国党从1869年成立到1900年31年间，走过了一段艰难险阻的路程，特别是经历了长达12年之久的反"非常法"的斗争。但在马克思和恩格斯的正确指导下，德国党制定了正确的路线、方针和政策，依靠广大工人群众，克服了党内的"左"右倾错误，取得了一个又一个的胜利，为国际无产阶级反对资产阶级的斗争积累了宝贵的经验，赢得了声誉，以"德国工人阶级的英雄时代"而载入史册。

第二节 马克思恩格斯对各种错误思潮的批判

一 对拉萨尔主义的批判

拉萨尔主义是德国工人运动中影响颇为深远的一种小资产阶级社会主义思潮。不仅在拉萨尔生前甚为流行，即便是在拉萨尔死后10多年，在德国工人阶级政党内仍有很大的影响。"哥达纲领"就是一个充斥着拉萨尔主义错误观点的极其糟糕的纲领。马克思和恩格斯曾对拉萨尔主义进行过长期的批判斗争，尤其是在《哥达纲领批判》一文中，又对拉萨尔主义主要错误进行了深刻剖析，阐明了科学社会主义的正确观点，划清了科学社会主义与拉萨尔主义的界限。

第一，批判哥达纲领草案空谈"劳动是一切财富和文化的源泉"的观点，指出了变革资本主义私有制的重要性。

哥达纲领草案一开始写道："劳动是一切财富和文化的源泉"。这是拉萨尔观点的翻版。拉萨尔曾极力鼓吹劳动是"一切财富的源泉",是"一切文化的源泉"。马克思指出,劳动不是一切物质财富的唯一源泉。物质财富本身是由使用价值构成的,要创造某种使用价值,不仅需要劳动,而且还要有自然物质。因为劳动和自然界一样也是使用价值的源泉;而且只有劳动和自然界结合起来,才能创造出财富,自然界为劳动提供材料,劳动把材料变为财富。因此,作为无产阶级政党的纲领,必须特别强调生产资料所有制问题,并且把它作为工人运动的基本问题。

马克思指出:生产资料所有制是生产关系的基础,它决定着人们在生产中的地位、相互关系以及产品的分配。在19世纪70年代的德国,生产资料被地主和资产阶级所垄断,劳动和劳动产品由他们掌握和分配。因此,劳动创造的财富越多,地主和资产阶级就越富有;相反,"一个除自己的劳动外没有任何其他财产的人,在任何社会的和文化的状态中,都不得不为另一些已经成了劳动的物质条件的所有者的人做奴隶。他只有得到他们的允许才能劳动,因而只有得到他们的允许才能生存。"[①] 但是,纲领草案却避开劳动的物质条件和生产资料所有制问题,空谈什么"劳动"和"财富",实质是在哄骗无产阶级,要他们相信:在没有生产资料的情况下,只要依靠劳动就可以创造出财富。这是剥削阶级的说法。

马克思严肃指出,无产阶级政党的纲领不应泛泛地空谈"劳动",而应当明确地指出,资本主义私有制是最大的祸害,应当清楚地证明,"在现今的资本主义社会中怎样最终创造了物质的和其他的条件,使工人能够并且不得不铲除这个历史祸害。"[②]

第二,批判了哥达纲领草案所谓"公平分配"、"不折不扣的劳动所得"的庸俗经济学观点,明确提出了共产主义社会两个阶段的原理,论证了社会主义社会和共产主义社会的分配原则。

哥达纲领草案提出了"劳动应当不折不扣和按照平等的权利属于社会一切成员"的要求。这是把拉萨尔的"分配决定论"作为口号写在党的旗帜上面。在拉萨尔看来,不必消灭资本主义私有制,只要实行"公平分配",就实现了"社会主义"。马克思指出,把所谓分配看做事物的

---

① 《马克思恩格斯选集》第3卷,人民出版社1995年版,第298页。
② 同上书,第300页。

本质并把重点放在它上面，是根本错误的。因为消费资料的任何一种分配，都不过是生产条件本身分配的结果。而生产条件的分配，则表现为生产方式本身的性质。就是说，分配方式是由生产方式决定的。

就产品的分配来说，从来不可能是"不折不扣的"，因为必须从社会总产品中扣除一部分作后备基金、扩大生产的基金和补偿消费掉的生产资料的费用等等，然后在消费品中还要拿出一部分作为管理费以及学校、医院、养老院等等的基金。社会总产品只有在作了这些扣除之后，才可以在劳动者之间进行分配。可见，分配不是"不折不扣的"，而是"有折有扣"的。

对于刚刚从资本主义社会中产生出来的，在经济、道德和精神方面都还带着它脱胎出来的那个旧社会痕迹的社会，马克思把它称为共产主义社会的第一阶段。在共产主义社会的第一阶段即社会主义社会，社会总产品即使在作了上述的各项扣除之后，也不可能按照所谓"平等权利"实行平均主义的"公平分配"，而只能实行按劳分配的原则，即按照每一个劳动者向社会提供的劳动的数量和质量进行分配，多劳多得，少劳少得。每一个生产者，在作了各项扣除之后，从社会方面正好领回他所给予社会的一切。这种分配原则，同资本主义社会劳者不获、获者不劳的分配原则相比，是巨大的进步。这里，"不劳动者不得食"这个社会主义原则已经实现了；"按等量劳动领取等量产品"这个社会主义原则已经实现了。

但是，这里通行的是一种形式的一定量的劳动可以和另一种形式的同量劳动相交换的原则，而这种原则又同资产阶级等价交换商品的权利在形式上有某些类似。所以，马克思说：在这里平等的权利按照原则仍然是"资产阶级的权利"。因为它是以不平等为前提的，它把劳动这个同一标准应用在不同的人身上，应用在事实上各不相同、各不同等的人身上。首先，它默认劳动者的不同等的个人天赋，因而也就默认劳动者不同等的工作能力是"天然特权"；其次，它默认劳动者事实上富裕程度的不同，因为每个劳动者婚姻情况和赡养的人口多少不同，因而即使在劳动成果相同、从而领得的消费品份额相同的条件下，实际生活水平也会有差别。

对于社会主义社会按劳分配原则所体现的事实上的不平等，马克思认为，作为一种权利来说，它仍然是"资产阶级的权利"。马克思把它称为按劳分配原则的"弊病"，并且指出这种"弊病"，在共产主义社会第一阶段是不可避免的。因为权利永远不能超出社会的经济结构以及由此所制约的社会的文化发展。所以，在社会主义社会，"按劳分配"所体现的这种"资产阶级权利"，还不可能按照人们的主观意愿，简单地加以否定、消除。

当然，共产党人的最高理想是按需分配的共产主义社会。马克思指出："在共产主义社会高级阶段上，在迫使人们奴隶般地服从分工的情形已经消失，从而脑力劳动和体力劳动的对立也随之消失之后；在劳动已经不仅仅是谋生的手段，而且本身成了生活的第一需要之后；在随着个人的全面发展，他们的生产力也增长起来，而集体财富的一切源泉都充分涌流之后，只有在那个时候，才能完全超出资产阶级权利的狭隘眼界，社会才能在自己的旗帜上写上：各尽所能，按需分配！"①

第三，批判了哥达纲领草案否定农民革命性和宣扬民族主义的谬论，重申了工农联盟和无产阶级国际主义原则。

哥达纲领草案说：与工人阶级相比，"其他一切阶级只是反动的一帮。"这是拉萨尔的观点。拉萨尔篡改《共产党宣言》，胡说农民同地主、资产阶级一样，是"反动的一帮"。马克思指出：拉萨尔"这样粗暴地歪曲《宣言》，不过是为了粉饰他同专制主义者和封建主义者这些敌人结成的反资产阶级联盟"。②

针对哥达纲领草案的错误和拉萨尔对《宣言》的篡改，马克思重申并且进一步论证了《宣言》在阶级分析基础上对社会各阶级所得出的科学结论。《宣言》明确指出，无产阶级是大工业本身的产物，是先进生产力的代表，是真正革命的阶级；作为大工业体现者的资产阶级，也不是一开始就是反动的阶级，它同力求保持过时的生产方式的封建主和中间等级相比，是被当做革命阶级看待的；中间等级即农民、小工业家、小商人、手工业者，是具有两重性的阶级。他们一方面为了维护自己的地位，免于灭亡，所以不是革命的，而是保守的，甚至是反动的；另一方面他们又具有革命性，因为他们中的大多数将随着资本主义的发展而破产，转入无产阶级队伍，他们能够站到无产阶级立场上来，支持无产阶级的革命斗争。因此，无产阶级政党的纲领要正确对待中间等级，特别是人数众多的农

---

① 《马克思恩格斯选集》第3卷，人民出版社1995年版，第305—306页。
② 同上书，第308页。

民，把他们作为无产阶级的同盟军。

由此可见，哥达纲领草案对社会各阶级不作历史的具体的分析，说什么对工人阶级说来，中间等级"同资产阶级一起"并且加上封建主"只组成反动的一帮"，这不仅在理论上是错误的，而且在实践上是极其有害的。

哥达纲领草案还同《共产党宣言》的国际主义原则相反，特别是在国际工人协会为无产阶级的国际团结做了积极的推动工作之后，又公然抛弃国际主义原则，宣扬狭隘的民族主义观点。这是对拉萨尔的追随，拉萨尔就是从最狭隘的民族主义观点来理解工人运动的。

针对哥达纲领草案的错误和拉萨尔的观点，马克思重申并且强调了《共产党宣言》所已经阐明的国际主义思想：无产阶级反对资产阶级的斗争，从形式上看，是本国范围内的斗争，其斗争的直接舞台就是本国，当然首先应该打倒本国的资产阶级；但是，就内容来说，则是国际性的，它反对资产阶级的斗争，不仅是反对本国资产阶级，而且也是反对国际资产阶级。因此，各国无产阶级在反对共同敌人的斗争中，总是互相支持、互相帮助的；并且只有在坚持"全世界无产者，联合起来"的国际主义原则下，才能取得胜利。

第四，批判哥达纲领草案中宣扬拉萨尔"废除铁的工资规律"和依靠国家帮助建立生产合作社来实现工人阶级的解放的谬论，强调了无产阶级革命的重要思想。

纲领草案把废除"铁的工资规律"作为党的奋斗目标，这是带有拉萨尔印记的货色。拉萨尔认为，工人阶级贫困的根源是所谓的"铁的工资规律"，因此，只要"废除"这个"规律"，实行"公平分配"，就可以实现社会主义。纲领草案在马克思的《资本论》等著作已经科学地阐明了工资理论和剩余价值学说之后，倒退到拉萨尔的所谓的"铁的工资规律"谬论那里去，是"真正令人气愤的退步"。这种谬论，掩盖了资本主义剥削的实质和秘密，是反对无产阶级革命的，无产阶级贫困的根源在于建立在资本主义私有制基础上的雇佣劳动制度，因此，只要通过无产阶级革命，废除了雇佣劳动制度，当然也就废除了它的规律，"不管这些规律是'铁的'还是海绵的"。[①]

[①] 《马克思恩格斯选集》第3卷，人民出版社1995年版，第310页。

纲领草案还说：德国工人党要求在劳动人民的民主监督下依靠国家帮助建立生产合作社，以便从中产生出调节总劳动的社会主义组织，这也是拉萨尔提出的所谓"救世良方"。在拉萨尔看来，工人只要取得了普选权，把自己的代表选进议会，就可以通过议会决议，依靠"国家帮助"，建立合作社，从而实现社会主义。纲领草案承袭拉萨尔的观点，散布幻想，放弃革命，把现有的阶级斗争换上了拙劣的空话，从阶级运动的立场退到了宗派运动的立场。马克思一针见血地指出："'总劳动的社会主义的组织'不是从社会的革命转变过程中，而是从国家给予生产合作社的'国家帮助'中'产生'出来的，并且这些生产合作社是由国家而不是由工人'建立'的。这真不愧为拉萨尔的幻想：靠国家贷款能够建设一个新社会，就像能够建设一条新铁路一样！"①

第五，批判了哥达纲领草案关于"自由国家"的谬论，明确提出了从资本主义到共产主义有一个"政治上的过渡时期"的观点，进一步论证了过渡时期无产阶级专政的必然性。

纲领草案把争取"自由国家"作为党的奋斗目标，这是拉萨尔的机会主义国家观。拉萨尔把国家看成是脱离经济基础的永恒的东西，他不把资本主义社会当做资本主义国家的基础，也不把社会主义社会当做社会主义国家的基础，而是空谈什么"现代社会"、"现代国家"，并且要求建立"自由国家"。马克思说：使国家变成"自由的"，这决不是已经摆脱了狭隘的奴才思想的工人的目的。在德意志帝国，"国家"差不多是和在俄国一样地"自由"。资本主义国家尽管形式纷繁复杂，但都是建立在资本主义社会的基础上的资产阶级专政。德意志帝国，是"一个以议会形式粉饰门面、混杂着封建残余、同时已经受到资产阶级影响、按官僚制度组成、以警察来保卫的军事专制国家"。②因此，无产阶级必须通过革命，以自己的专政取代资产阶级专政。

但是，纲领草案既没谈到无产阶级的革命专政，也没谈到未来共产主义社会的国家制度。马克思运用彻底的发展论，考察了未来共产主义的发展问题，并且根据无产阶级在资本主义社会中的作用，根据资本主义社会

---

① 《马克思恩格斯选集》第3卷，人民出版社1995年版，第312页。
② 同上书，第315页。

发展情况的实际材料，根据无产阶级与资产阶级利益的对立状况，总结全部革命学说，得出了一个著名的论断："在资本主义社会和共产主义社会之间，有一个从前者变为后者的革命转变时期。同这个时期相适应的也有一个政治上的过渡时期，这个时期的国家只能是无产阶级的革命专政。"[①]

马克思认为，共产主义社会的最基本特征，是全部生产资料归全社会所有。但是，在无产阶级推翻资本主义并且取得政权后，不可能一下子完成这个艰巨任务，因而在经济上，必须有一个从前者变为后者的"革命转变时期"。但是，在经济上要实现这个革命转变即剥夺剥夺者，必然遇到资产阶级的反抗。因此，同经济上革命转变时期相适应的，也必然有一个政治上的过渡时期，而这个时期的国家，也只能是无产阶级专政。在这里，马克思进一步明确提出了政治过渡时期的理论；并且把政治上实行无产阶级专政建立在经济上革命转变的基础上，论证了实行无产阶级专政的客观必然性；论证了经济上的"革命转变时期"、"政治上的过渡时期"和国家是"无产阶级的革命专政"三者之间不可分割的联系，从而丰富和发展了过渡时期和无产阶级专政的理论。

马克思和恩格斯对拉萨尔主义的批判，极大地增强了德国党的理论素养和战斗性，使之处于欧洲工人运动的先导地位，对欧美其他国家工人运动的发展和社会主义政党的建立起了鼓舞和带动作用。

二 对杜林主义的批判

马克思和恩格斯对拉萨尔主义的批判，使之在德国社会主义工人党内的影响日渐削弱。但是，由于德国是一个资本主义发展较晚的国家，工人阶级队伍的主要成分是刚破产的农民和手工工人，小资产阶级的思想意识比较浓重。马克思和恩格斯对拉萨尔主义的批判，主要是在与党的领导人的通信中进行的，广大党员和工人群众对之了解甚少，所以，德国党内的小资产阶级的思想基础并未受到根本触动。正因如此，在爱森纳赫派与拉萨尔派合并后不久，一股新的小资产阶级社会主义思潮又传播到德国党内来，造成了极为有害的影响，这就是杜林主义。

欧根·杜林（1833—1921年）毕业于柏林大学，1861年获哲学博士

[①]《马克思恩格斯选集》第3卷，人民出版社1995年版，第314页。

学位,之后在柏林大学任讲师。19世纪60年代,杜林就反对马克思主义,1867年《资本论》第1卷出版后,他就撰写过攻击文章。进入70年代,他宣称自己改信社会主义,但要对社会主义理论进行全面革新。杜林俨然以一个社会主义"改革家"的姿态出现,又是登台讲演,又是著书立说,先后出版了《国民经济学和社会主义批判史》(1871年)、《国民经济和社会经济学讲义》(1873年)和《哲学教程》(1875年)等。杜林不仅提出了荒谬理论体系,而且还臆造了改造社会的完备的实践计划,自诩为是发现了终极的绝对真理的"新理论"。他有时也称赞马拉、巴贝夫和巴黎公社的革命家,有时甚至用激烈的词句对社会的某些方面进行抨击。因此,他的理论曾经风靡一时,不仅迷惑了一些青年大学生,而且在德国党内也掀起了一股"杜林热"。

虽然杜林从来没有加入过德国社会主义工人党,但在德国党内却形成了一个以伯恩施坦、莫斯特、恩斯等为骨干的狂热崇拜杜林的集团。1875年10月初,恩斯写信给《人民国家报》编辑部,称杜林是"科学领域最勤奋的先驱",如果党排斥这样的人物,"党就会灭亡"。1876年7月,莫斯特刚出狱就登门求见杜林,并于同月11日和25日以《社会问题的解决》为题在柏林作了两次讲演,把杜林的假社会主义吹捧为工人阶级的"救世良方"。甚至党的主要领导人之一的倍倍尔也在党的机关报上发表了《一个新的共产党员》的文章,向党员介绍杜林,说杜林的著作是继马克思的《资本论》之后的优秀著作,党从杜林身上获得了"精神力量和科学力量"。

然而,德国社会主义工人党的领导人李卜克内西和白拉克则表示反对杜林主义,并将这一严重现象写信通报给恩格斯,请求他反击杜林主义。马克思和恩格斯十分关注刚刚统一的德国社会主义工人党。他们认为,及时批判杜林主义,对于提高德国党的理论水平,维护党的团结,指明工人运动的方向,都是十分必要的。早在1876年2月,恩格斯就认为有必要并且着手对杜林进行过批判。5月20日,恩格斯写信给马克思,商讨对杜林主义的对策,表示打算彻底批判杜林的著作。次日,马克思在复信中坚决支持恩格斯的意见。当时马克思正集中精力从事《资本论》的写作和修改,恩格斯便毅然中断了《自然辩证法》的研究和写作,着手准备批判计划。在马克思的热情支持和密切合作下—恩格斯从1876年5月底起到1878年7月止的两年多的时间里,写了一系列批判杜林的文章。这些文章,先后刊登在1876年10月1日创刊的德国党的中央机关报《前进报》上。1878年7月,恩格斯又把这些文章汇集成书,即著名的《反杜林论》。后来,恩格斯又将其中的"引论"第一章和第三编第一、二章,改编成《社会主义从空想到科学的发展》一书,单独出版,传播和影响甚广。

由于杜林的"体系"非常庞杂,涉及广泛的理论领域,所以恩格斯也不得不涉及非常广泛的领域。恩格斯说,"因此消极的批判成了积极的批判;论战转变成马克思和我所主张的辩证方法和共产主义世界观的比较连贯的阐述",[①] 即系统地阐述了马克思主义的三个组成部分:哲学、政治经济学和科学社会主义。

第一,批判了杜林唯心主义的先验论和形而上学观点,阐述了辩证唯物论的基本原理。

杜林哲学体系的核心是唯心论的先验论。他认为,在自然界和人类社会存在之前,就在某个地方存在一些原则,这些原则构成"世界模式",然后才有自然界和人类社会,自然界和人类社会都应当适应这些原则。一句话,他认为,先有思想、原则,后有物质世界。恩格斯批判了杜林这种"原则"在先的先验主义谬论。他指出:原则不是研究的出发点,而是它的最终结果;这些原则不是被应用于自然界和人类历史,而是从它们中抽象出来的;不是自然界和人类去适应原则,而是原则只有在适合于自然界和历史的情况下才是正确的。这是对事物的惟一唯物主义的观点,而杜林先生却把事情完全头足倒置了。

杜林诬蔑说辩证法是个"粗糙的木偶",是"欺骗手段",声称"在事物中没有任何矛盾","矛盾甚至是背理的顶点"。恩格斯用大量事实证明,不论在自然界、社会和人的思想中无不存在矛盾,提出了"运动本身就是矛盾"的著名论断,阐述了矛盾的普遍性和客观性,并且对辩证法下了一个经典定义:辩证法不过是关于自然、人类社会和思维的运动和发展的普遍规律的科学。

第二,批判了杜林的庸俗政治经济学观点,阐述了马克思主义政治经

[①] 《马克思恩格斯选集》第3卷,人民出版社1995年版,第347页。

济学的基本原理。

杜林鼓吹反动的"暴力论",把政治暴力看做第一位的东西,把经济看做第二位的东西,完全颠倒了经济基础和上层建筑的关系。他认为,私有制和剥削制度是由暴力产生的,因此,暴力是绝对坏的东西;只要消灭暴力,不必消灭资本主义的生产方式,社会主义就能实现。恩格斯批判杜林这些谬论时指出:不是暴力产生私有制,而是私有制产生暴力;暴力仅仅是保护剥削,但是并不引起剥削;资本和雇佣劳动的关系才是无产阶级受剥削的基础,这种关系是通过纯经济的途径而绝不是通过暴力的途径产生的。恩格斯还认为,对暴力在历史发展中的作用,必须作具体分析。他指出,暴力除了剥削者运用它来镇压劳动人民,起着阻碍经济发展和社会前进的反动作用外,它在历史中还起着另一种作用,它是社会运动借以为自己开辟道路并摧毁僵化的垂死的政治形式的工具。

恩格斯在批判杜林庸俗经济学观点时,阐述了马克思主义政治经济学的基本原理,特别强调了剩余价值学说的重大意义。他说,马克思创立的剩余价值学说,使经济领域得到了明亮的阳光的照耀,科学的社会主义就是从此开始,以此为中心发展起来的。

第三,批判了杜林的假社会主义,阐述了科学社会主义的基本原理。

杜林的"社会主义",是用先验论的办法编造出来的。他认为,社会主义理论根本不是社会发展客观规律的反映,不是无产阶级的阶级利益的反映,而是从所谓"普遍的公平原则"中引申出来的,是绝对真理、理性和正义的表现。杜林所要建立的社会主义社会,是以"普遍的公平原则"为基础的"社会的自然体系"。在这个社会里,生产仍然按照资本主义方式进行,而分配则是按照所谓公平原则进行,"以等量的劳动交换等量的劳动",使生产者得到"自身劳动的全部产品"。恩格斯严正指出,这既不是科学的社会主义,也不是空想的社会主义,而只能是"特殊普鲁士的社会主义"。

恩格斯运用辩证唯物主义观点,分析了资本主义社会基本矛盾的运动过程,揭示了资本主义必然死亡,社会主义必然胜利的历史规律,阐明了无产阶级革命的必要性。恩格斯还精辟地论述了科学社会主义的任务,他指出:"完成这一解放世界的事业,是现代无产阶级的历史使命。深入考察这一事业的历史条件以及这一事业的性质本身,从而使负有使命完成这一事业的今天受压迫的阶级认识到自己的行动的条件和性质,这就是无产阶级运动的理论表现即科学社会主义的任务。"[①]

恩格斯对杜林主义的批判教育了很多人,使他们初步划清了科学社会主义与小资产阶级社会主义的界线。布洛赫写信给恩格斯说,杜林主义在汉堡是无法生根的,那里惟一的一个杜林主义的拥护者,看了文章之后,也改变了自己的看法,原来拥护杜林的伯恩施坦也声称,他读了恩格斯的文章之后,从根本上认识了杜林的错误。对杜林主义的批判,使德国党摆脱了思想理论上的一度迷惘,重新回到以马克思主义为指导的正确道路上来。

三 对"青年派"错误思想的批判

在德国"非常法"被废除后,德国社会主义工人党重新取得了合法地位。恩格斯帮助德国党研究了新的斗争形势,确定了一条正确有效的策略方针,即充分利用已争取到的合法地位,在各个方面展开公开合法的斗争,特别要利用普选权这一武器,争取群众、教育群众、组织群众、锻炼群众,为夺取政权做好准备;同时,注意农村的工作,争取建立工农联盟;一旦党取得多数选票,便要依靠工人阶级和农村中的劳动者以及党在军队中的力量,利用时机夺取政权;第一步建立民主共和国,第二步实现社会主义。这一策略方针是符合当时德国的实际情况的。

但是,德国党内却出现了反对这一策略方针的"左倾"盲动主义派别——"青年派"。"青年派"以保尔·恩斯特为代表,其成员大都是青年作家和大学生,他们极力主张对政府采取冒险主义的暴力策略,反对利用合法地位进行议会斗争,诬蔑党的策略方针是维护小资产阶级利益的机会主义路线,并且宣称他们的活动原则同马克思主义是"一致的"。"青年派"打着坚持唯物论的幌子,把历史唯物论变成僵硬的公式,简单地对待社会发展问题,搅乱了人们对历史唯物论的正确认识。"青年派"利用掌握了《萨克森工人报》编辑部的条件,大肆宣传他们的错误观点,给德国社会主义工人党的正常活动造成极为不利的干扰。

恩格斯不得不起而对"青年派"的错误言行进行批驳。1890年9月,

---

① 《马克思恩格斯选集》第3卷,人民出版社1995年版,第634页。

恩格斯写了《给〈萨克森工人报〉编辑部的答复》,指出"青年派"在理论方面,宣扬的是被歪曲得面目全非的"马克思主义"。"其特点是:第一,显然不懂他们宣称自己在维护的那个世界观;第二,对于在每一特定时刻起决定作用的历史事实一无所知;第三,明显地表现出文学家所特具的无限优越感。"恩格斯借用马克思在19世纪70年代末对在一些法国人中间广泛传播的所谓"马克思主义"进行否定时说的一句话,来嘲讽"青年派":"我只知道我自己不是'马克思主义者'"。恩格斯还指出:"青年派"在实践方面,完全不顾党进行斗争的一切现实条件,而幻想轻率地"拿下障碍物"。这种不屈不挠的年轻人的勇气也许会受到赞扬,但是,"如果把这种幻想搬到现实中去,则可能把一个甚至最强大的、拥有数百万成员的党,在所有敌视它的人的完全合情合理的嘲笑中毁灭掉。"①

对"青年派"在历史唯物论方面的错误,恩格斯也进行了剖析批评。1890年6月6日,恩格斯曾专门给恩斯特写了一封信,明确指出:"至于谈到您用唯物主义方法处理问题的尝试,那么,首先我必须说明:如果不把唯物主义方法当作研究历史的指南,而把它当作现成的公式,按照它来剪裁各种历史事实,那它就会转变为自己的对立物"。②1890年8月5日,恩格斯给施米特的信中再次批评了"青年派",他说:"对德国的许多青年著作家来说,'唯物主义'这个词大体上只是一个套语,他们把这个套语当作标签贴到各种事物上去,再不作进一步的研究,就是说,他们一把这个标签贴上去,就以为问题已经解决了。但是我们的历史观首先是进行研究工作的指南,并不是按照黑格尔学派的方式构造体系的诀窍。必须重新研究全部历史,必须详细研究各种社会形态存在的条件,然后设法从这些条件中找出相应的政治、私法、美学、哲学、宗教等等的观点。在这方面,到现在为止只做了很少的一点工作,因为只有很少的人认真地这样做过。"③

为了帮助人们对历史唯物主义有更正确的认识,恩格斯在1890年9月致布洛赫的信中进一步阐明说:"根据唯物史观,历史过程中的决定性

---

① 《马克思恩格斯选集》第4卷,人民出版社1995年版,第398页。
② 同上书,第688页。
③ 同上书,第691—692页。

因素，归根到底是现实生活的生产和再生产。无论马克思或我都从来没有肯定过比这更多的东西，如果有人在这里加以歪曲，说经济因素是惟一决定性的因素，那么他就是把这个命题变成毫无内容的、抽象的、荒诞无稽的空话。"① 恩格斯强调指出，在历史发展过程中，经济因素仅仅是最终的、决定性因素，而不是惟一因素，影响着历史进程的还有上层建筑等其他因素，因此，在分析历史的某一过程或某一社会现象时，就不能只估计到经济因素，还要估计到其他因素与经济因素的交互作用。从此出发，才能掌握事物的特点。恩格斯不仅批判了"青年派"把唯物史观庸俗化的错误，也从自我反思的角度指出了导致这一错误的原因。他说："青年们有时过分看重经济方面，这有一部分是马克思和我应当负责的。我们在反驳我们的论敌时，常常不得不强调被他们否认的主要原则，并且不是始终都有时间、地点和机会来给其他参与相互作用的因素以应有的重视。"②

恩格斯对"青年派"错误的批判，既具有深远的理论意义，又为党制定策略方针指明了方向，使"青年派"中的一些人改正了错误，提高了思想认识，回到德国党的正确路线中来。

四　对福尔马尔右倾机会主义的批判

随着"非常法"被迫废除，德国统治阶级开始推行社会改良的自由主义政策，即用"糖饼政策"来补充"鞭子政策"，相继颁布了一些新的改良法令，确立了关于星期日休息、禁止学龄儿童作工、最大限度劳动日为11小时、产妇休假等项制度。

由此，在德国党内一股右倾机会主义思潮迅速滋长起来，并且成为党内的主要危险。该右倾机会主义思潮的主要代表人物是格·亨·福尔马尔（1850—1922年），他于1875年参加社会民主运动，曾担任过德国社会主义工人党机关报《社会民主党人报》的编辑，并当选过德国国会和巴伐利亚议会的议员。他认为，统治阶级废除"非常法"是对工人真正友好的表现，是按照人民的要求办事，因此社会主义者应当"用友好的手欢

---

① 《马克思恩格斯选集》第4卷，人民出版社1995年版，第695—696页。
② 同上书，第698页。

迎善意"。他认为，无产阶级"通过议会可以达到一切目的"，只要社会民主党进行宣传教育，争取更多的选票和议员，就可以"和平地"实现社会主义等等。福尔马尔的右倾机会主义观点在德国党内不仅没有受到批判，反而得到不少人的赞同和支持。更为严重的是，党的领袖倍倍尔和李卜克内西等也随声附和，并且把主张暴力革命、坚持革命策略的人一概斥之为"无政府主义"者。

当时，德国党在各国社会主义工人政党中影响最大，威信较高，居于主导地位。为了使德国党和其他国家的社会主义政党坚持革命方向，摆脱右倾机会主义影响，恩格斯在1890年3月给李卜克内西的信中曾指出："在当前，我们应当尽可能以和平的和合法的方式进行活动，避免可以引起冲突的任何借口。但是，毫无疑问，你那样愤慨地反对任何形式的和任何情况下的暴力，我认为是不能接受的。""因为根据你的理论，我和马克思也成了无政府主义者了，因为我们从来也没有打算像善良的战栗教徒那样，如果有人要打我们的右脸，我们就把左脸也转过去让他打，无疑，这一次你做得有点过头。"① 1891年上半年，恩格斯又连续采取了三项有力措施，向右倾机会主义者发出了"三发重型炮弹"。

其一，1890年10月，德国党在哈雷召开了"非常法"废除后的第一次代表大会。大会决定把党的名称改为"德国社会民主党"，决定另拟新的纲领以代替"哥达纲领"。为了使德国党能够制定一个新的革命纲领，摆脱福尔马尔右倾机会主义的影响，恩格斯不顾德国党领导者的阻挠和反对，于1891年1月，在考茨基主办的《新时代》杂志上公开发表了马克思于15年前写的《哥达纲领批判》。恩格斯说："既然哈雷党代表大会已把关于哥达纲领的讨论提到了党的议事日程，所以我认为，如果我还不发表这个与这次讨论有关的重要的——也许是最重要的——文件，那我就要犯隐匿罪了。"②《哥达纲领批判》的公开发表，在党内引起了强烈反响。广大党员和工人群众表示欢迎，右倾机会主义者坚决反对。党的议会党团代表卡尔·格里伦贝格尔在议会讲坛上公然声明：社会民主党并不同意马克思关于无产阶级专政的观点。考茨基虽然被迫发表了《哥达纲领批

---

① 《马克思恩格斯全集》第37卷，人民出版社1971年版，第362—363页。
② 《马克思恩格斯选集》第3卷，人民出版社1995年版，第293页。

判》，但是又说：马克思对拉萨尔的看法不是社会民主党的看法。李卜克内西则说：德国社会民主党人不是马克思派，不是拉萨尔派，他们是社会民主党人。我尊重马克思，但是我更尊重党！

其二，恩格斯于1891年3月写了《"法兰西内战"导言》。这篇《导言》是恩格斯为纪念巴黎公社20周年所出版的马克思的著作《法兰西内战》德文第三版（纪念版）而写的。《导言》对公社的教训做了极其鲜明的总结，指出：法国每次革命以后工人总是武装起来了，因此，掌握国家大权的资产者的第一个信条就是解除工人的武装，结果，在每次工人赢得革命以后的新的斗争中，又总是工人失败。这个总结，是专门用来反对流行于德国的"对国家的迷信"的，完全可以称为马克思主义在国家问题上的最高成就。《导言》强调指出，巴黎公社最重要的经验，就是夺得政权的无产阶级不仅要铲除旧的国家机器，而且要防止公职人员由社会公仆变为社会主人的问题。为此，公社采取了两项重要措施：对公职人员实行普选制、撤换制；对公职人员付给与工人同样的工资。《导言》针对右倾机会主义者诬蔑无产阶级专政的谬论，尖锐指出："近来，社会民主党的庸人又是一听到无产阶级专政这个词就吓出一身冷汗。好吧，先生们，你们想知道无产阶级专政是什么样子吗？请看看巴黎公社。这就是无产阶级专政。"①

其三，恩格斯于1891年6月写了《1891年社会民主党纲领草案批判》，即《爱尔福特纲领草案批判》。德国党哈雷代表大会以后，由倍倍尔和李卜克内西草拟了新的纲领草案，准备提交1891年10月爱尔福特党代表大会讨论。恩格斯认为，纲领草案比1875年纲领前进了一步，但仍然有右倾机会主义的错误。为了进一步痛击右倾机会主义，批判纲领草案中的错误，恩格斯写了这篇文章。恩格斯指出，在德国，鼓吹和平地"长入"社会主义，纯粹是欺人之谈，他们就"不问一下自己，是否这样一来，这个社会就会不像虾要挣破自己的旧壳那样必然要从它的旧社会制度中长出来，就会无须用暴力来炸毁这个旧壳，是否除此之外，这个社会在德国就会无须再炸毁那还是半专制制度的、而且是混乱得不可言状的政

---

① 《马克思恩格斯选集》第3卷，人民出版社1995年版，第13—14页。

治制度的桎梏"。① 在德国，不敢提废除君主制、建立民主共和国的要求是完全错误的。因为德国党和工人阶级，只有在民主共和国的政治形式下才能取得统治，民主共和国甚至是无产阶级专政的特殊形式。恩格斯说，《纲领草案》简单地用"无计划"几个字说明资本主义的特征是不对的。因为垄断组织已经出现，在那里不仅私人生产停止了，而且无计划性也没有了，即资本主义变成了垄断资本主义。垄断资本主义"接近"社会主义，证明社会主义已经不难实现；但是，它仍然是资本主义，而不是右倾机会主义者所说的什么"国家社会主义"。恩格斯严肃地指出：为了眼前暂时的利益而忘记根本大计，只图一时的成就而不顾后果，为了运动的现在而牺牲运动的未来，这就是机会主义。机会主义只能把党引入迷途，因此必须同它进行不调和的斗争。

李卜克内西在接到《草案批判》后，只对纲领草案作了细小修改就发表在《新时代》上。考茨基也不满意这个纲领草案，他另拟订了一个草案也发表在《新时代》上，并且在党的1891年10月召开的爱尔福特代表大会上通过为党的新纲领。新纲领比"哥达纲领"和倍倍尔、李卜克内西拟订的纲领草案前进了一步：基本上肃清了拉萨尔主义，提出了无产阶级政党的政治和经济要求，论证了资本主义必然灭亡、社会主义必然胜利的规律。但是它仍然存在着严重的错误，主要是没有提出无产阶级专政问题。

恩格斯的批判，在一定程度上遏止了右倾机会主义的蔓延，使人们进一步认清了马克思主义与右倾机会主义的区别，对德国党和其他国家的社会主义政党的健康发展起了积极作用。

第三节 美法英等国社会主义政党和组织的建立

19世纪的最后30年，继德国社会民主工党创建后，欧美一大批国家又相继建立了社会主义政党和组织。主要有：荷兰（1870年），捷克（1872年），美国（1876年），丹麦（1878年），法国（1879年），比利时（1879年），西班牙（1879年），意大利（1882年），英国（1884

---

① 《马克思恩格斯全集》第22卷，人民出版社1965年版，第273页。

年)，挪威（1887年），奥地利（1888年），瑞典（1889年），瑞士（1889年）。在这些政党的领导下，国际工人运动进入了一个新的发展阶段。

一 美国工人政党和组织的建立

美国是后起的主要资本主义国家，1861—1866年的南北战争，为资本主义的迅猛发展扫清了道路。加之南北战争以后，西部大片新领地的开拓以及与此有关的铁路、公路、运河和港湾的建设，促进了工业的增长和广大国内市场的建立。到19世纪70年代，资本集中加快，特大垄断组织开始形成。与此同时，美国的工人队伍也迅速壮大起来，但是，他们的生活条件却相当困难。工人一天要劳动10小时之多，劳动强度特别高。来自爱尔兰、东欧和南欧、中国和日本的侨工，处境更加困苦。因此，早在19世纪60年代美国工人就为缩短劳动时间和改善劳动条件进行积极的斗争。

1866年8月，美国历史上第一次全国工人代表大会在巴尔的摩开幕。出席大会的代表有60人，代表着6万有组织的工人。大会通过了关于争取8小时工作日、关于工人的政治活动、关于合作社、关于组织非熟练工人等决议。大会经过争论确认了工人独立政治活动的必要性，并通过了建立全国劳工同盟的决定。马克思对这次代表大会给予很高的评价。他在1866年10月9日致路·库格曼的信中指出："在巴尔的摩召开的美国工人代表大会使我感到很高兴。那里的口号是组织起来对资本家作斗争，而且令人惊讶的是，在那里，我为日内瓦提出的大部分要求由于工人的正确本能也同样被提出来了。"[①]

1873年，美国爆发了经济危机，由此带来工人工资降低，失业增加，导致了声势浩大的罢工运动。工人运动的发展迫切需要一个无产阶级政党的领导，美国工人由此开始了筹建社会主义工人政党的工作。1874年4月，第一国际美国联合会第二次代表大会曾通过决议，赞同国际海牙代表大会关于建立独立的无产阶级政党的决议。随后，各州相继建立工人的社会主义组织。1875年夏，在国际支部和伊利诺斯工人组织的联席会上，

---

① 《马克思恩格斯全集》第31卷，人民出版社1972年版，第533页。

制定了将国内所有社会主义组织合并成统一政党的计划,并将计划写信告诉马克思,征求他的意见。1876年7月16—19日,在费城召开了第一国际美国联合会最后一次代表大会,讨论了有关国内社会主义者联合以及建立统一政党的问题,并成立了党纲、党章起草委员会。19—22日,在费城又召开了美国社会主义者联合代表大会,出席大会的代表,代表着全国3000名有组织的社会主义者。会议通过了党章和党纲,正式成立美国劳动人民党。该党是由马克思主义者左尔格、奥托·魏德迈和拉萨尔主义者阿道夫。斯特拉赛、阿·布加里埃尔等联合创建的。它在自己的纲领上宣布是为社会主义而奋斗,但由于拉萨尔派在成立大会上占多数,拉萨尔主义者菲·范·派顿当选为党的全国委员会书记,在党的纲领中也带有明显的拉萨尔主义的印记。1877年12月,在党的第二次代表大会上,美国劳动人民党改称美国社会劳工党。

美国社会劳工党的成立,标志着美国社会主义运动进入了新阶段。由于积极支持工人运动,特别是积极参加了1877年美国铁路工人大罢工,明确提出了争取8小时工作制和铁路收归国有的口号得到了越来越多的美国工人的支持。到1879年,该党就在25个州里发展到约1万名党员,到1878年先后创办24种报纸,在美国社会上产生了较大的影响。

美国社会劳工党的成员多数是德国移民,具备欧洲多年来阶级斗争所取得的经验,有可能使美国无产阶级掌握并利用欧洲无产阶级在40年斗争中所得到的智慧上和精神上的成果,从而加速他们自己胜利的到来。因此,马克思和恩格斯特别寄希望于美国社会劳工党。但是,由于党内拉萨尔主义的影响,存在着严重的宗派主义和教条主义。由于其成员几乎全是德国移民,并且大多数人不大懂得美国通用的语言,更不了解美国的国情。他们拒绝做工会工作,嘲讽落后的工人和工人组织,不肯同土生土长的美国工人打成一片。他们不善于把马克思主义普遍原理同美国工人运动的实践相结合,而是企图把自己也没弄懂的理论当做教条硬塞给美国工人。

马克思和恩格斯越是寄希望于美国社会劳工党,越是对他们的错误采取批判的态度。恩格斯严肃而中肯地指出:美国社会劳工党是人口中的少数,主要又是德国移民,因此,必须向占绝大多数的本地的美国人靠拢,而不要期待美国人向自己靠拢,必须完全脱掉外国服装,成为彻底美国化的党。这个党必须有一个明确的积极纲领,它的最终目的是工人阶级夺取政权，进而实现整个社会对一切生产资料的直接占有。恩格斯说，美国社会劳工党成员必须努力学习革命理论，并且把这一理论同美国工人运动相结合。恩格斯曾致信左尔格，批评说："德国人一点不懂得把他们的理论变成能推动美国群众的杠杆；他们大部分连自己也不懂得这种理论，而用学理主义和教条主义的态度去对待它，认为只要把它背得烂熟，就足以满足一切需要。对他们来说，这是教条，而不是行动的指南。"① 之后，他又指出："我们的理论是发展的理论，而不是必须背得烂熟并机械地加以重复的教条，越少从外面把这种理论硬灌输给美国人，而越多由他们通过自己亲身的经验（在德国人的帮助下）去检验它，它就越会深入他们的心坎。"② 恩格斯告诫美国社会劳工党，必须把《共产党宣言》作为自己的战斗旗帜，把它规定的策略，即40年来引导各国社会主义者从胜利走向胜利的策略原则具体应用于美国。但是，由于种种原因，特别是美国社会劳工党受到拉萨尔分子的控制，恩格斯的期望没能成为事实。1887年恩格斯曾失望地说："这个党只有一个虚名，因为到目前为止，实际上它在美国的任何地方都没有作为一个政党出现。"③ 1889年，拉萨尔主义者派顿集团的残余被赶出党外，新当选的施维希契·约纳斯派拟订了新的党纲，党内马克思主义者的力量有所加强，但仍未能发挥一个真正无产阶级先进政党的作用。到19世纪90年代，该党逐渐失去了社会主义政党的性质。

在这一时期的美国工人运动中，还有一个起过重要影响作用的工人组织，即"劳动骑士团"。它于1869年在费城成立，主要联合了非熟练工人，其中包括许多黑人。在1878年以前，它是一个带有秘密性的团体。它以"劳工的得救"作为自己的"信仰"，主要手段致力于建立合作社和互助组织。"劳动骑士团"成立后，获得了很快的发展，到19世纪70年代末期，已有数万会员。到1886年，它已拥有约70万名会员。恩格斯曾说："劳动骑士是整个美国工人阶级所创立的第一个全国性的组织；……是美国实际上整个雇佣工人阶级的产儿"。④ 1986年11月，他又说：

---

① 《马克思恩格斯选集》第4卷，人民出版社1995年版，第677页。
② 同上书，第681页。
③ 《马克思恩格斯全集》第21卷，人民出版社1965年版，第389页。
④ 同上。

"'劳动骑士'已经成了一种真正的力量,特别是在新英格兰和西部地区,而且,由于资本家的疯狂反对,这种力量将日益增大。"① 但是,后来由于"劳动骑士团"的领导者反对全国性的罢工斗争,阻止工人群众参加政治运动,逐渐失去了在工人群众中的威信和影响。恩格斯指出:"'劳动骑士'的最大的弱点就是他们在政治上的中立态度"。② 到19世纪90年代末,这一团体便瓦解了。

二 法国工人党的建立

法国的工人运动,在度过巴黎公社失败后的低潮时期之后,到19世纪70年代后期,又重新开始活跃起来。这时期,新涌现出来的工人运动的活动家保尔·拉法格和茹尔·盖得等人,为宣传革命理论、加强工人团结、创建工人政党做了大量卓有成效的工作。

1876年10月,在巴黎召开了法国第一次全国工人代表大会。出席大会的代表共360名,其中巴黎工会组织的代表有255名,其他各工业中心的代表95名,尽管大会通过的决议具有改良主义的性质,但这次大会的召开标志着法国工人运动的复兴,具有重要意义。

1877年11月,盖得主编的《平等报》创刊。报头的铭言是"自由、团结、正义",在原则声明中指出:"人类的自然进化和科学进化必然导致土地和生产工具的集体占有。我们正是根据这一论据来研究整个现象的。"《平等报》成了团结社会主义者开展斗争的阵地。

1878年1月,法国第二次全国工人代表大会在里昂召开。出席大会的有来自巴黎的工人组织和23个城市的180名代表。这次大会的各项决议并没有比第一次代表大会提供更多新的东西,但它对法国工人运动的进一步发展仍起了促进作用。会议还做出决定,委托巴黎工人组织在1879年筹备召开国际工人代表大会。法国资产阶级政府害怕工人运动的高涨,下令禁止召开国际工人代表大会。以盖得主编的《平等报》为核心的社会主义者则发表了反对这一禁令的抗议书。1879年9月15日晚,国际工人代表大会的主要组织者盖得、杰维尔、马萨尔等38人被捕。10月24

---

① 《马克思恩格斯选集》第4卷,人民出版社1995年版,第677页。
② 同上。

日，盖得等人在巴黎法庭上受审。盖得慷慨激昂地阐述了社会主义的理论，抨击政府破坏国际工人代表大会的暴行。盖得和他的战友还在狱中发出了一份题为《法国革命社会主义的纲领和策略》的宣言书，号召人们为"劳动和生产的人的利益"起来革命，并满怀信心地指出："因为它是正义的革命，所以迟早会实现。"

1879年10月，法国第三次全国工人代表大会在马赛举行。这次大会便成了法国工人党的成立大会。出席大会的代表共有130人，代表45个城市的工人群众。大会首先通过决议，将会议名称改为"法国社会主义工人代表大会"。继之，通过了组建法国工人党的决议，成立了党的总执行委员会。大会深入地讨论了雇佣劳动问题和所有制形式问题。特别是以压倒多数通过了73名代表提出的要实现生产资料集体占有的建议。"建议"指出，"社会问题只有在每个人的需要得到充分满足和才能得到充分发展的时候才能解决"，而"造成物质和精神上不平等的个体占有制既不能满足这样的需要，也不能保证这样的发展"。因此，必须"实现土地、地下资源、机器、交通道路、建筑物和积累的资本的集体占有，以利于全人类"。"应采取一切可能的办法争取实现全部劳动工具和生产力集体占有。""这次大会宣布，雇佣工人不仅有必要组成工人党"，而且要努力组织竞选活动，但不是想通过议会手段使劳动获得解放，而是为必然要发生的革命准备力量。大会还认为必须把经济领域里的阶级对立引向政治领域，利用选票使雇佣工人和资产阶级做斗争。

法国工人党宣告成立后，为了给党起草一个好的纲领，盖得于1880年5月初前往伦敦，通过拉法格的引见，会见了马克思和恩格斯。在马克思和恩格斯的帮助下商讨制定了法国工人党的纲领草案。党纲理论部分的导言是马克思口授的。纲领明确指出：无产阶级只有采取集体占有方式占有生产资料，才能使自己获得解放。这种集体占有制只有通过组成为独立政党的生产者阶级——无产阶级的革命活动才能实现。1880年11月，法国工人党在哈佛尔举行了第二次代表大会，通过了党的纲领，因此，这个纲领就被称为《哈佛尔纲领》。

但是，法国工人党的纲领通过不久，便遭到贝努瓦·马隆和保尔·布鲁斯等人的激烈反对。他们要求取消党纲上规定的最终目标——社会主义和共产主义，认为只要提出一些在当时情况下"可能"争取到的要求就行了。反对党纲中的革命要求，主张把工人的注意力集中到争取城市议会之类的地方自治机关方面。否定党的民主集中制原则和组织纪律，要求党的地方组织拥有任意修改党纲和实行"自治"的权力，以"适应"当地的具体情况。总之，他们企图把法国工人党改变为改良主义的党，把无产阶级的活动禁锢在"可能"的范围之内。于是，以马隆等为代表的可能派由此形成。法国工人党内以盖得和拉法格为代表的革命派，在马克思恩格斯的帮助和支持下，同可能派进行了尖锐的斗争。在1882年圣亚田例行代表大会筹备期间，可能派在代表资格问题上玩弄阴谋，从而取得了112名代表名额中的86个名额。在代表大会上，可能派企图用多数压少数的手法，迫使大会按照自己的观点修改党纲的总纲部分。革命派在经过斗争之后，决然退出大会，并且在卢昂单独召开了自己的代表大会。革命派卢昂代表大会，确认1880年二大通过的马克思主义的《哈佛尔纲领》为自己的纲领，宣布它是党的所有联合会和小组统一的和必须遵守的纲领。大会还决定保留法国工人党的名称。与此相反，留在圣田代表大会的可能派完全取消了哈佛尔大会通过的党纲，另行通过了抛弃无产阶级性质的纲领，确定自己的新名称为"革命社会主义者工人党"（或"社会主义同盟"）。恩格斯在致爱·伯恩施坦的信中，严肃批评了他的巴黎记者们认为可能派是"真正的工人政党"的错误，明确指出，"这帮人根本不是什么党，更不是什么工人政党"；"他们从骨子里就是激进资产阶级政党的尾巴"。①

马克思和恩格斯认为，法国工人党的这次分裂是不可避免的，因为两派争论的问题完全是原则性的。革命派要把工人运动作为无产阶级反对资产阶级的斗争来进行，而可能派却要把运动的阶级性和党纲都丢开，只求获得更多的选票和"支持者"。恩格斯总结了法德两国社会主义政党内部斗争的经验，强调说："无产阶级的发展，无论在什么地方总是在内部斗争中实现的。"② 就是说，无产阶级政党内部不同思想的对立和斗争是必然的，而且只有经过这种必要的斗争，才能达到新的团结，党才能发展，阶级才能前进。这是符合一般辩证发展规律的。所以，在可能团结一致的

---

① 《马克思恩格斯选集》第4卷，人民出版社1995年版，第654页。
② 同上书，第653页。

时候，团结一致是好的，是特别重要的。但是，还有高于团结一致的东西，即需要同冒牌社会主义者进行斗争的时候，就要果敢地进行斗争，直到同他们不仅在思想上而且在组织上分裂。

法国工人党经过这次斗争，不仅没有削弱自己的力量，反而变得更加坚强、巩固、有力。在19世纪80年代，它卓有成效地领导了法国工人运动，促进了工人运动的发展。

三　英国社会主义政党和组织的建立

英国是早起的资本主义国家，曾经在世界上处于工业垄断地位。马克思和恩格斯认为，英国是无产阶级革命的物质条件达到成熟程度最高的国家。英国的工人阶级曾经走在国际工人运动的前列，发挥过积极的带动作用。但是，正是由于英国的这种工业垄断地位，也给英国工人运动的发展带来负作用，使之形成了一个工人贵族阶层，对工人阶级的政治解放持消极态度。英国工联的长期活动所造成的影响，就充分体现了这一点。在19世纪70年代，由于欧洲工人运动的蓬勃发展和马克思主义的广泛传播，英国的工人运动又有了新的发展。进入80年代后，在英国也出现了几个开展社会主义运动的团体。

最早建立的社会主义组织是英国民主联盟。其发起人和领导者是亨利·迈尔斯·海德门。1881年3月2日海德门等人在伦敦举行了建立民主联盟的第一次预备会议，决定必须建立一个新党，以作为工人的代表，并决定在1881年6月8日召开民主联盟成立大会。在成立大会上，海德门向与会者散布了他写的小册子《大家的英国》，以此来阐述民主联盟的纲领。这本小册子中，有两章内容不过是逐字逐句照抄或复述马克思《资本论》中的某些原理，但是，却"既不提书名，也不提作者"。[①] 只是在"序言"中笼统地说，这两章的内容"要感谢一位伟大的思想家和有创见的作家的著作"。海德门这种任意抄袭《资本论》的做法，事前并没有征求马克思的意见。根据海德门的想法，成立民主联盟的目的是想利用一些资产阶级激进派和民主派，反对政府压制爱尔兰的政策和土地国有化的要求。并组织工人阶级，重振宪章运动，建立一个类似德国社会民主

[①] 《马克思恩格斯全集》第35卷，人民出版社1971年版，第240页。

党式的组织。海德门为联盟制定的纲领共有9条：（1）普选权；（2）任期三年的议会；（3）平均选区；（4）议员薪俸的规定；（5）舞弊和受贿的选举人应以刑法定罪；（6）废除上院的立法权；（7）爱尔兰自治；（8）殖民地和附属国自治；（9）土地国有。可见这是一个具有资产阶级民主主义性质的纲领。

英国民主联盟成立后，发展很缓慢。海德门等领导人一开始就推行宗派主义和关门主义的政策。他们以工会头头落后和反动为借口，拒绝在工会里做群众工作；以工人不进行"公开的革命斗争"为借口，不支持他们争取8小时劳动日的斗争。这样，民主联盟就成了一个脱离工人群众的宗派组织。

1884年，英国民主联盟由于内部斗争而分裂为两派。一派以海德门等为首，改称为"英国社会民主联盟"，继续奉行宗派主义和关门主义政策。恩格斯曾经形象地指出，这个联盟活像1849年的罗伯特·勃卢姆纵队：1个上校，11个军官，1个号手和1个士兵。虽然如此，联盟在工人群众的推动下，也组织和领导过一些工人反对资本家的斗争，起过一定的积极作用。另一派称"社会主义者同盟"，主要代表人物有"威廉·莫利斯、厄·见·巴克斯、马克思的小女儿爱琳娜及其丈夫爱德华·艾威林等人。他们反对海德门宗派主义和关门主义的政策，认为工联尽管有严重的缺点，但英国工人运动的真正发展道路，不应当是放弃工会，而应当是在团结它一道前进中帮助它克服缺点，吸引广大的无产者群众参加有组织的斗争。社会主义同盟在恩格斯的关怀和指导下，曾经向工人群众宣传了马克思主义，参加了工人的罢工斗争，推动了工人运动的发展。但是，同盟成立不久，一些无政府主义者便混了进来。对此，恩格斯曾经多次警告同盟的领导者，要他们注意蓬勃展开的运动，驱逐无政府主义分子。事实却相反，无政府主义者不仅没有被驱除，反而在同盟中占了优势。在这种情况下，同盟遂于1890年瓦解。

1884年，在英国还成立了一个公开奉行改良主义政策的社会主义团体"费边社"。它的领导者是肖伯纳和韦伯等。它以善于等待时机、避免决战的拖延战术而著称的古罗马将军费边命名。费边社反对马克思主义关于阶级斗争和社会革命的理论，否认无产阶级的历史使命；宣扬通过"合法的、和平的手段"，通过民主选举的地方自治的市政机关，逐步实行并扩大市政机关对自来水、电车、电力等的所有权,"一点一滴地"实现社会主义。费边社成员认为,他们提出的走向社会主义的途径对于英国是惟一可行的途径,因为只有它才适合英国人民的性格、历史和传统。恩格斯指出,费边社"害怕革命,这就是他们的基本原则";"他们的社会主义是市政社会主义"。①

第四节 "社会主义比任何时候都富有生命力"

一 欧美各国社会主义政党的建设经验

欧美各国的社会主义政党和组织,都不同程度地提出了改造资本主义和实现社会主义的主张,促进了各国工人运动的发展,也把国际工人运动推进到一个新的发展阶段。但是,这些政党和组织又都程度不同地带有时代的烙印,都受着资本主义发展阶段和物质条件的制约,政治上还不够成熟,群众基础比较薄弱,都面临着提高理论水平、加强组织性的迫切任务。马克思和恩格斯十分关心这些政党的建立和成长,及时总结它们的经验教训,给以正确的指导,帮助它们健康发展。

第一,社会主义政党必须以科学社会主义为指导思想,坚持理论与实践相结合的原则。马克思和恩格斯的伟大历史功绩,在于把社会主义从空想发展为科学。科学社会主义是建立在实践的唯物主义基础之上的开放的思想体系,不是封闭的、僵化的教条。欧美各社会主义政党虽然都宣布科学社会主义为党的指导思想,但是,在实践中却出现了对科学社会主义采取自由化态度的错误倾向,出现了对科学社会主义教条式理解和附加到科学社会主义名义下的错误观点。法国可能派把科学社会主义剪裁得适合自己需要,完全变成资产阶级的货色;而美国社会劳工党的一些领导人则把科学社会主义当作万古不变的教条,以为只要把它背得烂熟就可以成为包医百病的药方。针对这些错误,马克思和恩格斯一再强调理论必须与实践相结合,"我们的理论不是教条,而是对包含着一连串互相衔接的阶段的发展过程的阐明"。②

---

① 《马克思恩格斯选集》第4卷,人民出版社1995年版,第718页。
② 同上书,第680页。

第二，社会主义政党必须坚持无产阶级革命的原则，坚决同"左"右倾机会主义作斗争。欧美各国社会主义政党在建立和发展过程中，由于统治阶级的影响和各种新成分的增多，产生了"左"右倾机会主义。有的党的领导人放弃了革命原则，向机会主义者妥协退让，给党的事业带来严重危害。有些党的领导人坚持革命原则，同机会主义者进行不调和的斗争，保证了党的纯洁和发展。恩格斯在总结欧美各国党的经验教训时说："看来任何大国的工人政党，只有在内部斗争中才能发展起来，这是符合一般辩证发展规律的。"①

第三，社会主义政党必须同广大工人和劳动群众建立广泛而密切的联系，代表群众的根本利益。但是欧美有些社会主义政党的领导人却实行宗派主义和关门主义政策，无视群众的力量，也不关心群众的利益，严重脱离了广大群众，把自己限制在狭窄的圈子里，致使党不能发挥战斗堡垒作用。针对这种情况，恩格斯指出：社会主义者"应当参加工人阶级的一切真正的普遍性的运动，接受运动的实际出发点"。②

第四，社会主义政党必须在革命实践中培养和选拔干部，以保证党的正确路线的贯彻执行。欧美各国社会主义政党在党的建设中，涌现出了一批无产阶级革命家和宣传鼓动家，他们在贯彻和执行党的正确路线中，起了非常重要的作用；但是由于各党还处在初创时期，通晓马克思主义的领导骨干还较少，因而在复杂多变的环境下，难免要犯这样或那样的错误，影响了正确路线的贯彻和执行。对此，恩格斯指出，无产阶级政党要善于在斗争中学习，特别是从本身的错误中、从痛苦的经验中学习。

二 欧美各国社会主义政党的积极作用

19世纪70—80年代，欧美各国社会主义政党的建立和发展，尽管存在着这样那样的缺陷，但都做了许多积极的工作，为国内和国际工人阶级解放运动的恢复和发展发挥了积极的领导和促进作用。

首先，欧美各国社会主义政党和组织的建立及其活动，促进了马克思主义同各国工人运动的进一步结合。

---

① 《马克思恩格斯选集》第4卷，人民出版社1995年版，第651页。

② 同上书，第680页。

19世纪70年代后,各国无产阶级政党和革命工人组织,为了满足广大工人学习马克思主义的需要,出版了恩格斯的《论住宅问题》、《反杜林论》、《家庭、私有制和国家的起源》、《路德维希·费尔巴哈和德国古典哲学的终结》、恩格斯整理的马克思的《资本论》第2卷等。再版了马克思和恩格斯的《共产党宣言》(在欧美各国已被译成10余种文字出版,并且用许多种文字多次再版)、马克思的《哲学的贫困》、《路易·波拿巴的雾月十八日》、《资本论》第1卷等。恩格斯的科学社会主义的入门著作《社会主义从空想到科学的发展》,在1880年初版后的12年里被用10种文字出版。这些著作的出版、再版及其在工人中的传播,对于提高工人觉悟,促进工人运动的发展,有着重要的意义。

在马克思和恩格斯思想的哺育下,在工人运动的实践锻炼中,欧美各国涌现出一批工人运动的领袖和马克思主义宣传家。如德国的威·李卜克内西、奥·倍倍尔、威·白拉克,法国的茹·盖得、保·拉法格、奥·赛拉叶,美国的左尔格,英国的艾威林、爱琳娜等。他们创办报刊,出版马克思和恩格斯的著作,组织工人学习会,向工人作通俗讲演,宣传马克思主义。他们有人还撰写了宣传马克思主义、指导工人运动的理论著作,如德国的卡尔·考茨基的《马克思的经济学说》,倍倍尔的《妇女和社会主义》,法国的拉法格的《工人政党和资本主义国家》、《议会主义和布朗基主义》,俄国的格·瓦·普列汉诺夫的《社会主义与政治斗争》、《我们的意见分歧》等著作,都起了传播马克思主义的极其重要的作用。

其次,欧美各国社会主义政党和组织的建立及其活动,推动了各国工人运动的高涨。

美国劳动人民党于1876年创建后,积极促进美国工人运动的发展。1877年,引发了规模巨大的全国铁路工人罢工。到19世纪80年代,美国工人运动又出现了新的高潮。1886年5月1日,全国举行了以争取8小时工作日为内容的总罢工。这次罢工工人达30万之多,致使火车停驶,主要工业部门瘫痪,给美国资产阶级以沉重打击。尤其在芝加哥城,无产阶级与资产阶级的斗争最为激烈。5月3日,资产阶级打死6名手无寸铁的罢工工人,激起了无产阶级的无比愤怒。5月4日,3000多名工人举行抗议大会。在大会进行中,反动军警又进行镇压,当场打死打伤工人200余人,数百人被捕。反动政府判处7名被捕工人领袖死刑。工人在法庭上进行了英勇不屈的斗争,并警告资产阶级说:"你们在这里踩灭一粒火星,但在那里,在你们前后,在各处,烈火正在燃烧着,这是来自地层的大火,你们无法把它扑灭。"他们的正义斗争得到全国工人和国际无产阶级的有力支援。1886年5月1日的罢工运动,在国际工人运动史上具有重大意义。在1889年7月第二国际成立大会上,将每年5月1日定为国际劳动节。恩格斯曾经高度评价了这次工人运动。他认为美国工人阶级投入了运动,阶级战争在美国的爆发,击破了美国"例外论"的论调,动摇了世界资产阶级的"主要支柱"。他说:"地球上资产阶级的最后一个天堂正在迅速地变为涤罪所,而只有刚成长起来的美国无产阶级的迅速发展,才有可能使它不致像欧洲那样变为地狱。"[①]

法国工人党成立后,也致力于工人运动的推动工作。1886年,爆发了德卡兹维尔煤矿工人大罢工。罢工持续达6个月之久,沉重地打击了资产阶级的统治。这次罢工,成为法国政治生活的中心议题之一,众议院为此曾经进行过激烈的争论,结果在众议院里第一次组成了同资产阶级政党相对立的工人反对派。恩格斯认为,法国工人反对派的形成,乃是1886年可以与美国工人"五一"罢工相并列的第二个大事件。

19世纪80年代,英国工人运动也有了发展,1886年,伦敦失业工人举行了示威游行,揭开了新的罢工运动的序幕。1888年,伦敦一家火柴厂700多名女工举行罢工,并且取得了胜利。1889年,煤气工人举行罢工,迫使资本家让步。同年,3万码头工人和3万其他工人举行了规模空前的罢工,也以工人的胜利而告终。1890年"五一"节,年已70高龄的恩格斯,参加了伦敦20多万工人的示威游行。当天,恩格斯在《"共产党宣言"1890年德文版序言》中写道:"今天的情景定会使全世界的资本家和地主知道,全世界的无产者现在已经真正联合起来了。"

值得注意的是这一时期的国际工人运动已开始越出了西欧和美国的范围,扩展到中东欧和其他洲的一些国家。俄国、波兰、奥匈帝国的匈牙利和捷克以及塞尔维亚等地工人运动都有了初步发展。亚洲的日本和印度也出现了早期工人罢工的斗争。

最后,欧美各国社会主义政党利用普选权,积极开展了议会斗争。

[①] 《马克思恩格斯全集》第36卷,人民出版社1974年版,第482页。

19世纪70年代以后，世界资本主义处于相对和平发展的时期，各国社会主义政党大都以合法的身份开展活动，利用普选权，做教育、发动群众的工作，争取把工人阶级的代表较多的选入议会，以议会作为新的舞台来同资产阶级做斗争，维护工人阶级的利益。在这方面，成就最突出的是德国社会主义工人党，本章前面已有所述。其他国家的社会主义政党也在议会斗争中程度不同地取得了一些成绩。恩格斯曾对这一点给予充分肯定，他指出："由于这样有成效地利用普选权，无产阶级的一种崭新的斗争方式就开始被采用，并且迅速获得进一步的发展。人们发现，在资产阶级用来组织其统治的国家机构中，也有东西是工人阶级能利用来对这些机构本身作斗争的。……结果弄得资产阶级和政府害怕工人政党的合法活动更甚于害怕它的不合法活动，害怕选举成就更甚于害怕起义成就。"①

　　总之，19世纪70—80年代，欧美各国社会主义政党的建立与发展，是各国工人运动进步发展的必然结果，也是国际共产主义运动前进到一个新的历史阶段的重要标志。虽然这些政党还存在着诸多不足，但它们所起的历史进步作用是值得肯定和赞誉的。恩格斯在1886年纪念巴黎公社15周年时撰文指出："放眼环顾一下吧。革命的工人社会主义比任何时候都富有生命力，它现在已经是一支使所有掌权者——无论是法国激进派、俾斯麦、美国的交易所巨头，或者是全俄罗斯的沙皇——胆战心惊的力量。"②

---

① 《马克思恩格斯选集》第4卷，人民出版社1995年版，第517页。
② 《马克思恩格斯全集》第21卷，人民出版社1965年版，第299页。

第十六章　第二国际

第二国际是19世纪末20世纪初资本主义由自由竞争向垄断过渡的历史时期社会主义政党和工人团体的国际联合组织。它是在欧美工人运动重新高涨并向横的方向发展，马克思主义得到广泛传播和欧美各国社会主义政党普遍建立的基础上建立的。其目标是实现以无产阶级政党、工人团体的国际联合战胜垄断资本主义的国际联合。第二国际在组织社会主义力量，反对资本主义和军国主义方面取得了重大的成就，它也正确地解决了当时工人运动的纲领和策略原则问题，在国际内部清算并战胜了无政府主义，从而促进了工人运动的团结和发展。但是，第二国际在反对内部右倾机会主义尤其是对伯恩施坦修正主义斗争方面力度不够，致使修正主义在各国党内逐渐滋长泛滥。第一次世界大战爆发后，第二国际大多数政党的首领完全背叛了无产阶级和社会主义，抛弃国际大会决议的革命精神，投入本国资产阶级政府的怀抱，成为社会沙文主义者，使第二国际在思想上、政治上彻底破产。第二国际的建立及其主要活动和它最后的破产给国际共产主义运动提供了宝贵的经验教训。

第一节　第二国际在风雨中诞生

一　第二国际的建立

自1871年普法战争结束到19世纪末20世纪初，世界资本主义由自由竞争阶段发展到垄断阶段。

19世纪最后30年间，欧美各国相继完成以电为动力的新一轮科技革命，科学技术的进步极大地提高了劳动生产率和生产的社会化程度，随着生产力的迅速发展，促使欧美各国的生产关系、经济结构也发生了深刻的变革，各种垄断组织相继出现并得到发展，垄断代替自由竞争并逐渐占据资本主义经济的主导地位。随着资本主义的发展，无产阶级反对资产阶级压迫和剥削的斗争，在经过1871年巴黎公社失败一度消沉的局面后，又逐渐高涨起来，并开始越出西欧、北美，扩展到中欧、东欧和亚洲、非洲的一些国家。工人运动的发展促进了马克思主义在欧美的广泛传播。马克思主义的广泛传播，对启发无产阶级觉悟，教育和组织工人群众，指导国际工人运动方面起了积极作用。在马克思、恩格斯的指导和帮助下，社会主义政党和团体在欧美十几个国家相继建立和发展起来，从而极大地推动了国际共产主义运动的发展，为第二国际的成立奠定了广泛的基础。

第一国际解散后，虽然没有一个统一的国际无产阶级组织，但无产阶级国际主义团结仍然铭刻在各国工人心中。各国的工人运动活动家致力于在本国建立独立的社会主义政党，同时保持各国无产阶级的国际联系。19世纪70年代末80年代初，一些国家的社会主义者曾多次提议重建无产阶级的国际组织，但由于工人运动尚未恢复，各国党正在创建中，成立新的国际组织的条件尚不成熟，因此，筹建新国际的活动没有达到预期的结果。马克思和恩格斯对于建立新的国际组织一直予以高度的重视，他们认为在时机未成熟之前过早建立任何国际组织不仅无益而且有害，在他们看来，作为各国无产阶级政党联盟的新国际"将是纯粹共产主义的国际，而且将直截了当地树立起我们的原则"。[①] 1882年，当德国著名的工人运动活动家约·菲·贝克尔向恩格斯建议成立一个新的国际时，恩格斯指出："新的国际再也不会是一个宣传的团体，而只能是一个行动的团体了"。[②]

到19世纪80年代中后期，客观形势有了很大变化。随着工人运动的重新高涨，马克思主义的广泛传播和欧美社会主义政党的普遍建立，各国党和工人阶级要求加强国际团结，共同反对资产阶级的愿望越来越强烈。在许多社会主义政党和工会组织的会议上，愈来愈多地提出重建无产阶级国际联合组织的建议。这一切表明，建立新的国际组织的条件逐步成熟。1887年10月，德国社会民主党在瑞士圣加伦举行的代表大会上决定，于

[①] 《马克思恩格斯选集》第4卷，人民出版社1995年版，第621页。
[②] 《马克思恩格斯全集》第35卷，人民出版社1971年版，第268页。

1888年秋天召集国际工人代表大会，法国工人也提出了类似的建议。但是他们的行动却比较迟缓，并未立即进行具体的筹备工作。与此同时，英国工联、法国的可能派也十分热衷于建立新国际，而且行动相当迅速。他们于1888年11月在伦敦开会，决定1889年7月在巴黎召开国际工人代表大会，建立新的国际组织，企图按他们的原则统一国际工人运动。而此时，德国社会民主党和法国社会主义工人党的主要领导人对事态的严重性和危害性仍缺乏足够的认识，表现得犹豫不决。他们不仅没有及时揭露可能派的阴谋反而采取调和态度，停止自己的筹备工作，与可能派进行谈判，有人甚至主张参加"可能派"召开的代表大会。

恩格斯了解到这些情况后，毅然放下其他一切工作，迅速采取了相应的措施。一方面揭露可能派的机会主义实质及其控制国际组织领导权的阴谋；另一方面严肃地批评了德法两党的革命派，使他们认识到加速筹建新国际的重要性和迫切性。在恩格斯的帮助和敦促下德国社会民主党的威廉·李卜克内西、倍倍尔和法国工人党的盖得、拉法格等领导人认清了可能派的意图，开始积极行动起来。1889年2月，他们在荷兰海牙召开了预备会议，决定在"可能派"开会的同一时间、同一地点召开国际社会主义者工人代表大会，以便让广大工人群众对比两个大会，明辨真伪，识破"可能派"的机会主义本质。

1889年7月14日，即法国人民攻占巴士底狱100周年纪念日，国际社会主义者代表大会在巴黎佩特雷尔大厅隆重开幕。出席大会的有欧美22个国家的393名代表，其中有许多久负盛名的工人运动领袖和活动家。这是工人阶级的一个具有广泛代表性的国际大会，会场庄严而热烈，大厅悬挂着红旗和马克思的肖像以及"全世界无产者，联合起来！""实行生产资料社会化"等标语。大会选出威廉·李卜克内西、倍倍尔、瓦扬、盖得、拉法格等人组成的主席团，李卜克内西和瓦扬任执行主席。恩格斯由于忙于《资本论》第3卷的整理工作未能参加大会。

可能派的国际工人代表大会推迟到7月15日才召开，参加大会的有10个国家的550名代表，仅法国代表就占了477名，其余73名外国代表中，英国社会民主联盟和工联代表占了一半。欧洲任何一个大党都未派代表参加可能派的代表大会，因此，这次会议似乎只是法国可能派的一次会议，而不具有真正的国际性。

参加国际社会主义者工人代表大会的代表，除了马克思主义者外，还有无政府主义者和改良主义者。大会一开始，就围绕如何对待可能派代表大会的问题展开了激烈的辩论。一部分抱有调和情绪的代表，以加强国际工人运动团结为理由，要求不惜任何代价同可能派代表大会合并，还有一部分代表则在原则上反对合并。以李卜克内西为代表的马克思主义者则坚决反对无原则的合并。李卜克内西在发言中指出，不惜任何代价的合并是错误的，合并是有条件的，只有可能派承认马克思主义对国际工人运动的领导权的条件下才能谈得上合并。李卜克内西提出了一项实行合并的提案，大会经过激烈的辩论，最后通过了李卜克内西提出的决议草案，否定了无原则调和的主张。大会依据决议派代表同可能派大会的代表进行了谈判。由于可能派大会的代表拒绝接受马克思主义的指导并提出一切代表资格的有效性应该由他们来决定的无理要求，合并未能实现。试图合并的计划失败之后，大会转入了正式议程的讨论。

国际社会主义者工人代表大会讨论的中心问题是国际劳工立法和工人阶级的政治斗争与经济斗争的任务。这是当时工人运动发展所提出的迫切问题。倍倍尔向大会提出了一个有关劳工立法的决议草案。草案指出，鉴于无产阶级遭受的剥削与压迫，无产阶级及其政党必须利用一切手段进行斗争，迫使资产阶级政府颁布有利于工人的劳工立法，如实行8小时工作制、保护女工、禁止童工、建立劳动的社会保险等。同时，还指出这些要求不是目的本身，而是吸引工人参加斗争，组织、教育工人的手段，也是无产阶级争取解放的必要条件。"只有当无产阶级组织起来并取得政权，剥夺资产阶级的生产资料，建立社会主义制度，劳动和人类才能获得解放。"大多数代表支持倍倍尔的决议草案，但无政府主义者表示反对。他们在"左"的词句伪装下，要求拒绝进行议会斗争和争取社会改良的斗争，他们认为经济斗争、争取8小时工作制是徒劳无益的，这些要求即使实现了，也不能减轻工人阶级所受的剥削。他们否认工人组织起来的意义，拒绝在工人群众中进行积蓄革命力量的艰巨工作。而英国代表凯尔·哈蒂等一部分社会改良主义者则走向另一个极端，认为争取8小时工作制的斗争比一切革命的意义都大，宣扬"资本主义自动崩溃论"。大会经过激烈的争论，最后通过了倍倍尔的提案。

为了进一步说明马克思主义立场，驳斥无政府主义和社会改良主义的观点，大会还通过了关于无产阶级经济斗争和政治斗争的决议。决议充分肯定了无产阶级经济斗争是启发劳动人民觉悟的手段和工人阶级解放的必不可少的"先决条件"。同时指出，为了工人阶级的解放，只靠劳工的经济组织和经济斗争是不够的，"无产者应当加入决不与其他政党妥协的社会主义政党的队伍"，参加政治斗争，夺取政权。但是，决议中也片面地夸大议会斗争的作用。如决议一方面正确提到：工人阶级应当参加争取普选权的斗争和议会斗争，直到夺取政权；凡是工人阶级尚未争取到普选权的地方，必须争取普选权；凡是已实施普选权的地方，要利用它为争取工人阶级利益而斗争；另一方面又错误地提出了要"利用自己的投票权竭力在现在制度下夺取政权"，这种看法在当时是不切实际的。

大会最有意义的工作是通过"五一"国际劳动节的决议。为了纪念美国芝加哥工人 1886 年 5 月 1 日为争取 8 小时工作制进行的罢工斗争和支援美国工人预定在 1890 年 5 月 1 日举行的总罢工，根据法美两国代表的提议，大会通过了关于"五一"国际劳动节的决议。决议规定：在一个作为永久规定的日子里，组织大规模的国际游行示威，以便在一切国家和一切城市，劳动者都在同一天里要求执政当局从法律上把工作日限制在 8 小时以内，并实现国际代表大会的其他一切决议。从此，5 月 1 日就成了全世界劳动人民团结战斗的节日。

大会另一个重要决议是：关于取消常备军和实行全民武装的问题。

7 月 20 日，大会在"社会革命万岁"的口号声中宣布闭幕。次日，各国代表聚集在贝尔·拉雪兹公墓，向巴黎公社战士墙敬献花圈、发表演说，表达各国工人对为无产阶级革命事业而牺牲的英雄们的崇敬和继承公社事业的决心。

巴黎代表大会虽然没有正式宣布新的国际联合组织的建立，但大会在制定适应当时国际工人运动情况的方针、政策的同时，确定了定期召开国际代表大会的原则，为各国社会主义政党在马克思主义旗帜下的国际联系和团结奠定了基础。所以，这次代表大会实际上就是第二国际的成立大会，或称为第一次代表大会。

第二国际的成立加强了国际无产阶级的团结，推动了国际共产主义运动的发展。它的诞生标志着国际共产主义运动进入了一个新的历史时期：国际工人运动向横的方面发展和国际工人组织向独立自主、相互协商形式发展的新时期。

二 第二国际的组织形式和活动方式及其特点

第二国际是各国社会主义政党和工人团体的国际联合组织。它是第一国际的继续和发展，但在组织形式和活动方式上又有新的特点。第二国际组织形式的特点是比较松散。第二国际长期没有正式的组织名称，1900年以后才使用"国际社会党代表大会"的名称；长期没有常设的中央领导机构，1900年成立的社会党国际局，也只是一个权力有限的通讯联络和情报交流机构；长期没有自己的纲领和章程，直到1907年斯图加特代表大会才通过了《国际代表大会和国际局章程》；长期没有机关报，1900年才把比利时工党的机关报《人民报》作为自己的机关报；第二国际没有统一的组织系统，它的组织形式和活动方式是每隔几年召开一次国际代表大会，加强联系与合作，不过会议只是交流经验和互通情报，讨论共同关心的国际问题和斗争策略问题，并做出相应的决议，但所通过的决议和制定的策略方针对各国党只具有指导意义，不具有明确的约束力，参加国际的各国社会主义政党和团体的活动具有较大的自主性和灵活性。由此可见，第二国际是各国社会主义政党和工人团体在独立自主的基础上自由联合、横向联系、自主协商的一种组织形式。

第二国际的这种组织形式和活动方式，是与当时欧美资本主义发展的特点和国际工人运动的水平相适应的。这一时期，欧美资本主义迅速发展和相对稳定的政治局面，使国际工人运动有一个相对"宽松"的斗争环境；而且此时的西方资产阶级革命已经基本结束，东方的资产阶级革命尚未成熟，资本主义的内外部矛盾有可能经调解方法来解决。这一时期，国际工人运动继续向更广泛的方面发展，再加上各国的情况不同，发展水平不一，因此，各国无产阶级革命的路线和策略，再也不可能也不应当由一个统一的国际中心下令指定，而应当由各国社会主义政党根据本国的具体情况来制定。当时各国社会主义政党和团体的主要任务是教育、训练工人阶级，进行议会内外的合法斗争，而非直接地进行武装起义和国内战争。所以在当时的条件下，松散形式的国际组织，在处理无产阶级与资产阶级的关系上，有利于无产阶级力量的生存、发展和壮大；在处理各国党之间的关系上，有利于各国党独立自主地解决本国革命的具体问题，可以避免国际组织对各国党内部事务的干涉。对第二国际的组织形式和活动方式，恩格斯曾经给予了高度的赞扬，他指出："每一个国家的无产阶级得到机会以独立自主的形式组织起来。这一点实现了，因而现在国际要比从前强大得多了。我们也应该按照这一方向在共同的基础上继续我们的工作。为了不致蜕化成为宗派，我们应当容许讨论，但是共同的原则应当始终不渝地遵守。自由联合和历次代表大会所支持的自愿联系——这就足以保证我们取得胜利，这种胜利已是世界上任何力量都不能从我们手中夺去的了"。①

第二节　对国际工人运动的促进

第二国际从成立起先后召开过9次代表大会。即1889年巴黎代表大会、1891年布鲁塞尔代表大会、1893年苏黎世代表大会、1896年伦敦代表大会、1900年巴黎代表大会、1904年阿姆斯特丹代表大会、1907年斯图加特代表大会、1910哥本哈根代表大会、1912年巴塞尔代表大会。从1889年巴黎代表大会到1896年伦敦代表大会，是第二国际的前期。这一时期，以马克思主义者战胜可能派开始，以国际工人阶级将无政府主义者排除于国际大会之外结束，它是第二国际主要政党组织社会主义力量进行合法斗争并取得辉煌成就的时期。当时资本主义仍处于自由竞争向垄断过渡的最后一段和平发展时期，暴力革命的条件尚未成熟，无产阶级主要是通过工会活动、议会活动等合法形式来反对资本主义的剥削与压迫。所以，第二国际的主要任务是组织各国社会主义政党团结、教育工人群众，长期积蓄革命力量，准备在条件成熟时发动无产阶级革命。

一　第二国际反对无政府主义的斗争

在第二国际的前期活动中，本着有"左"反"左"，有右反右的方针，主要开展了反对无政府主义的斗争，同时也反对了一些右倾机会主义思潮。早在第一国际时期，马克思主义者就曾经对巴枯宁的无政府主义进行过坚决斗争，将巴枯宁等人开除出第一国际。但无政府主义者阴魂不

---

① 《马克思恩格斯全集》第22卷，人民出版社1965年版，第479—480页。

散。随着资本主义由自由竞争向垄断过渡，在资本的竞争和倾压下，大批小生产者破产，不断补充到无产阶级队伍中来。他们的悲观失望的情绪、自由散漫的传统、盲目报复的心理等助长了工人运动中无政府主义思潮的滋长，无政府主义者反对政治斗争，反对议会斗争，反对一切国家。他们否认组织无产阶级政党的必要性，主张采取冒险策略，举行毫无准备的总罢工，进行个人恐怖暗杀活动。因此，无政府主义是第二国际实现自己任务的主要障碍。

第二国际前期，无政府主义的主要代表有法国的工团主义、德国的青年派和荷兰的纽文胡斯分子等。在1889年第二国际的成立大会上，无政府主义者就反对在代表大会上讨论劳工立法问题，他们认为，劳工立法在经济上是不可能实现的，而工人争取这种法律的斗争只会加强对工人的奴役，同时意味着对伟大的革命社会主义原则的否定。他们在"左"的词句的掩护下，反对工人争取8小时工作制的斗争，反对无产阶级参加政治斗争，反对合法斗争，不加分析地说参加议会斗争就是背叛革命。无政府主义者的这些荒谬的观点遭到与会多数代表的反对，大会通过了倍倍尔提出的国际劳工立法决议，在经济斗争和政治斗争问题上都取得了反对无政府主义的初步胜利。

无政府主义者并不甘心失败，在1891年8月第二国际布鲁塞尔代表大会上，他们再次发难。这次大会的中心议题是无产阶级对待军国主义和战争应该采取何种态度问题。因为从19世纪70年代以来，欧洲逐步形成了德、意、奥和英、法、俄两个敌对的军国主义集团。双方都在疯狂地扩军备战，战争威胁不断增长。面对这种形势，第二国际必须解决如何对待军国主义和战争威胁的问题，制定相应的斗争策略。会上，李卜克内西就军国主义问题做了长篇发言，他分析了军国主义形成的根源，揭示了军国主义同资本主义的联系，指出了无产阶级对待军国主义的正确态度。大会通过了李卜克内西提出的决议草案。决议指出，军国主义是资本主义制度的产物，各国人民要想确保和平，就必须把斗争矛头指向资本主义剥削制度。只有消灭资本主义制度，"建立起消灭人剥削人现象的社会主义社会制度，才能结束军国主义，奠定各国人民之间的和平"。大会号召各国无产阶级加强国际团结，把反对军国主义的斗争同争取社会主义的斗争联系起来。但是无政府主义者荷兰代表纽文胡斯却反对大会的决议，他认为在资本主义制度下不可能发生任何进步的和正义的战争，因而主张反对任何战争，并提出要用拒绝服兵役和举行国际总罢工的办法，制止一切战争。这种主张遭到了多数代表的驳斥，纽文胡斯的提案被否决。

布鲁塞尔代表大会争论的另一个问题，是关于国际工人阶级统一策略问题。无政府主义者借口资产阶级血腥镇压工人，要求制定国际工人阶级统一的策略，让各国工人阶级采取统一行动反对镇压。倍倍尔代表德国代表团反对这一提议，他指出，国际工人运动还没有成熟到用"国际"的名义规定社会主义政党按统一的策略采取行动，还不能规定统一的策略，而只能提出关于策略的一般性要求，如向工人广泛宣传马克思主义，以提高工人阶级觉悟，争取社会主义者成为工人阶级大多数等。大会投票赞成开除无政府主义者。无政府主义者在第二次代表大会上遭到惨败。

1891年布鲁塞尔代表大会以后，无政府主义者在巴黎采取了暗杀手段，在议会、剧院搞投掷炸弹等恐怖活动，这就给资产阶级提供了镇压工人运动的借口，给工人运动的开展造成了很大的困难。这种以个人恐怖代替群众性阶级斗争的做法，遭到恩格斯的强烈反对。恩格斯要求把无政府主义者从第二国际中驱逐出去。

1893年8月，第二国际第三次代表大会在苏黎世召开。荷兰无政府主义者纽文胡斯等又混了进来。大会再次对无政府主义否认政治斗争的错误进行了批判，指出为了夺取政权，工人阶级开展的争取普选权，争取工人立法和其他改革的斗争是必要的。大会在讨论对待军国主义和战争态度问题时争论激烈。纽文胡斯再次提出的反战总罢工的策略遭到大多数代表的反对，最后通过了德国代表团提出的决议草案。决议重申了布鲁塞尔大会关于反对军国主义的决议，号召各国社会党全力反对本国统治阶级的沙文主义宣传，指出只有摧毁作为军国主义和战争根源的资本主义制度，才能消除战争，实现世界和平。决议还规定各国党在议会中的代表，有责任投票反对军事拨款，反对维持常备军，要求裁军。同布鲁塞尔决议相比，这是一个新的进步。

正在苏黎世访问的恩格斯应邀出席代表大会的闭幕式，并发表了演说。在演讲中，他回顾了马克思主义和社会主义运动的发展，高兴地说："社会主义从一些小的宗派发展成了一个使整个官方世界发抖的强大政党。"如果马克思还活着，将会以理所当然的自豪心情来回顾自己毕生的事业。恩格斯充分肯定了第二国际对无政府主义的斗争，号召各国无产阶级团结战斗，"我们应当按照这一方向在共同的基础上继续我们的工作。为了不致蜕变成为宗派，我们应当容许讨论，但是共同的原则应当始终不渝地遵守。"①

1896年7月，第二国际在伦敦召开了第四次代表大会，大会肯定了前三次代表大会反对无政府主义斗争的成果，通过了李卜克内西提出的将无政府主义者驱逐出"国际"的决议。至此，第二国际反对无政府主义的斗争取得了决定性的胜利。

反对无政府主义斗争的胜利，是第二国际前期活动的重大成就。第二国际在反对无政府主义的斗争中，在一系列重大问题上通过了基本符合马克思主义的决议，为国际工人运动和社会主义运动的路线和策略奠定了共同的基础，促进了工人运动的发展。可是，第二国际在批判无政府主义的同时，没有及时防止右倾思潮的滋长，在一些理论问题上没有划清马克思主义与右倾机会主义的界限。如批判无政府主义反对参加议会斗争，却不适当地夸大了议会斗争的作用，将"利用投票竭力在现存制度下夺取政权"视为无产阶级革命的主要斗争手段；批判无政府主义反对政治斗争的观点，但害怕罢工的思潮有所抬头。恩格斯晚年在指导第二国际反对无政府主义的同时，也同机会主义进行了不调和的斗争。他接连不断地发表了许多文章和著作，在无产阶级革命理论和战略策略的一系列问题上批判了机会主义，并反复告诫第二国际各国党，利用普选权并不是放弃自己的革命权。面对机会主义在第二国际滋长的情况，恩格斯曾警告第二国际领导人"让机会主义牵着走得太远了"。② 第二国际虽然也对机会主义进行了批判，但不够坚决有力，致使后来机会主义在各国党内还渐占了上风，造成了严重的危害。

二 第二国际反对资本主义的斗争

第二国际在批判无政府主义的同时，还制定了一系列反对资产阶级、捍卫工人利益的方针政策，在组织和积聚革命力量，反对资本主义和帝国

---

① 《马克思恩格斯全集》第22卷，人民出版社1965年版，第480页。
② 同上书，第39卷，人民出版社1974年版，第308页。

主义，促进工人运动的发展等方面，进行了大量的工作，取得了重大成就。

第二国际多次代表大会曾专门讨论并通过了关于反对资本主义的一系列决议，要求各国工人政党组织、教育工人开展反对资产阶级、捍卫自己切身利益的斗争。第二国际通过的关于国际劳工立法的决议，关于"五一"劳动节的决议，关于经济斗争和政治斗争的决议，关于社会民主党政治策略的决议，关于反对军国主义和殖民主义的决议等等，都基本正确地回答了当时国际共产主义运动所面临的一些重大问题。正是由于马克思主义反对无政府主义斗争的胜利，恩格斯对右倾机会主义的批判，第二国际所通过的正确决议的贯彻和实施，有力地推动了各国工人运动的发展和反对资本主义斗争的开展。

第二国际成立大会作出了关于"五一"国际劳动节的决议后，5月1日就成了全世界劳动人民团结战斗的节日。每年的5月1日，在世界上不同的国家，成千上万不同肤色、不同性别、不同职业、不同年龄的工人同时举行罢工和示威游行，争取实行8小时工作制和改善工人的生活和劳动条件。如1890年5月1日，在美国、英国、法国、奥地利、德国、比利时、意大利、荷兰等国的大城市里，都举行了大规模的罢工斗争和示威游行，并取得了一些胜利。从1890年开始的国际无产阶级的"五一"节斗争，沉重地打击了国际资产阶级的统治，加强了无产阶级的国际团结，显示了无产阶级的战斗力量，启发了工人阶级的政治觉悟。正如恩格斯所指出的："无产阶级的五一节活动之所以有划时代的意义，不单单是因为具有使之成为战斗工人阶级第一次国际行动的普遍性质。还使我们能够证实各个国家里的运动所取得的最令人欢欣鼓舞的成就。"[①]

为了争取和捍卫自身的利益，各国社会主义政党不断领导无产阶级掀起声势浩大的反对资本主义的罢工浪潮。德国从1890年至1891年发生了206次工人罢工，参加者达3.8万人；1896年发生了480多次罢工，有12.8万人参加。美国从1885年至1894年发生了1.3万多次罢工，参加人数超过330万；1895年至1904年发生了2万次罢工，参加人数达450万。法国从1890年至1899年，参加罢工的人数达92.8万人。英国在国际成

[①] 《马克思恩格斯全集》第22卷，人民出版社1965年版，第69页。

立大会后不久,就发生了持续月余的伦敦码头工人大罢工,参加罢工者 6 万多人,到 1890 年全国参加罢工者达 39 万多人。比利时在 1891 年 5 月,爆发了 10 万煤矿工人大罢工,要求实现普选权。法国 1892 年爆发的卡尔莫煤矿工人大罢工,使社会主义者于同年在卡尔莫市政选举中获胜。在奥匈帝国、意大利、俄国及其他欧洲国家罢工斗争也开展得有声有色。罢工斗争取得了可观的成果,法国工人的工作日普遍由 12 小时以上缩短到 11 小时,某些企业缩短到 8 至 9 小时。不少国家政府不得不颁布一些有利于保护工人利益的法律。

罢工斗争的重大意义还在于,通过实际斗争,各国工人阶级的组织性进一步加强,工会组织的作用不断扩大,新的工会组织不断涌现,在此基础上许多国家建立了全国统一的工会组织。如 1892 年 3 月,德国建立了全德工会总委员会,拥有会员 32.9 万人。在英国,新的工会组织不断涌现,从 1889 年到 1891 年就建立了 60 多个新工会。在法国,从 1890 年到 1894 年,工会组织从 1000 个增加到 2000 个,1895 年成立了全国总工会。美国到 1900 年工会会员达到 80 万人。1901 年 8 月,德、英、比、丹、挪、芬、瑞典等国的工会代表在哥本哈根召开了国际工会代表会议,通过了定期召开工会代表会议的决定,成立了常设机构——国际工会秘书处。

在开展经济斗争的同时,欧美许多国家的无产阶级政党遵循第二国际的政治策略,引导广大群众进行了政治斗争,尤其是利用各种方式积极开展合法斗争,进行议会内外的种种活动,取得了重大成就。第二国际所属的主要政党在议会选举中,议席从无到有,从少到多,有的党甚至成为议会中势力强大的党派。德国社会民主党在 1890 年的议会选举中获得 142 万余张选票,拥有 35 个议席;1893 年在国会选举中所得选票比 1890 年增长 25%,占选票总数的 23.3%,议席由 35 个增长到 44 个。法国工人党在 1893 年议会选举中获得 60 万张选票,12 个议席;意大利工人党在 1892 年议会选举中获得 26000 多张选票,6 个议席;英国在 1892 年也有 15 名工人代表进入议会;1894 年比利时大选中,比利时工人党有 28 名代表被选入议会。美国、荷兰、瑞士、瑞典、丹麦、挪威,甚至罗马尼亚、保加利亚等国的无产阶级政党,在议会选举中也取得了程度不同的成果。欧美各国社会主义政党选票和议席逐渐增加,表明了党对议会活动的宣传组织工作的巨大成就,它提高了党的社会地位和作用,加强了党同广大人民群众的密切联系，扩大了党在人民群众中的影响，增强了工人阶级胜利的信心。社会主义政党的党员参加了议会，就使得各国党通过议会代表，充分利用议会讲坛，揭露统治阶级的反动政策，宣传社会主义思想，争取有利于劳动人民的立法和社会改革等等。它对于争取教育工人群众，扩大社会主义政党的影响有着重要意义。

第二国际各国社会主义政党还创办了大量的报刊，广泛宣传了科学社会主义思想，加速了马克思主义的传播，促进了社会主义政党与组织的发展。19世纪90年代，各国充分利用合法条件，创办了大批的社会主义报刊，如德国的《前进报》、《社会民主党人报》、《新时代》杂志、《莱比锡人民报》，法国的《平等报》，英国的《正义报》，西班牙的《社会党人》周刊，美国的《社会主义者》、《人民周刊》，等等。这些报刊成为向群众进行社会主义宣传的有力工具和阵地。此外，各国党还大量翻译出版了马克思和恩格斯的著作，出版发行各种通俗解释马克思主义的小册子和专门著作，设置工人教育机构，培训党和工人运动的骨干分子。恩格斯晚年为捍卫马克思主义的纯洁性而进行的反对"左"右倾机会主义的斗争，以及在整理出版马克思的遗著等方面所作的大量工作，对马克思主义的广泛传播有着重要的意义。马克思主义的广泛传播，各国党在各方面取得的成就，使党的力量和影响不断增长。如德国社会民主党就成为当时"全世界最统一、最团结、最强有力的党"。[①] 党员数量居各国之首。不仅在国内的阶级斗争中发挥了很大的作用，而且在第二国际中产生着重大影响。法国工人党在19世纪90年代初是法国最有影响的社会主义政党，在议会、报刊宣传和工会组织等方面都占有重要地位。除德法两党以外，其他各国社会党也有很大发展，同时还在许多国家建立了一批新的社会主义政党与组织。1890年澳大利亚成立了社会主义联盟，1891年保加利亚建立了社会民主党，1892年意大利成立社会党，荷兰、波兰、立陶宛、罗马尼亚（1893年）匈牙利、智利（1894年）、芬兰（1895年）等国也分别建立了社会主义政党和组织。1898年，俄国建立了社会民主工党。

此外，第二国际还开辟了无产阶级革命运动的一个新领域，即妇女解放运动。在第二国际成立大会和其他代表大会上曾多次专门讨论妇女解放

[①] 《马克思恩格斯全集》第22卷，人民出版社1965年版，第484页。

问题，认为妇女的解放斗争是阶级斗争而不是男女斗争，妇女运动是整个工人运动的一个重要组成部分。1907年8月，由第二国际妇女运动领导人克拉拉·蔡特金（1857—1933年）发起，在斯图加特召开了第一届国际社会主义妇女代表大会，成立了国际民主妇女联合会。1910年8月，在哥本哈根召开的第二届国际社会主义妇女代表大会上，蔡特金提议：为了纪念1909年3月8日美国纽约和芝加哥服装行业女工为争取选举权、8小时工作制和增加工资而举行的罢工游行，把每年的3月8日作为全世界劳动妇女的节日。来自17个国家的全体代表一致通过了这项提案。从此以后，3月8日就成了全世界劳动妇女反对压迫和剥削、争取妇女和儿童的权利、争取妇女解放的团结战斗的光辉节日。

总之，第二国际在资本主义相对和平发展时期，在组织社会主义力量，进行合法斗争方面取得了重大的成就，对国际工人运动的发展起了积极的推动作用，为国际共产主义运动积累了宝贵的经验，也为以后的发展奠定了良好的基础。但是，随着合法斗争的进程，第二国际内部滋长着一股右倾机会主义思潮。各国马克思主义者在反对无政府主义的同时，忽视了对右倾机会主义的批判。这不能不对第二国际以后的活动带来消极影响。

第三节　反对修正主义的斗争

一　伯恩施坦修正主义的出现

19世纪90年代后期，资本主义发展到帝国主义阶段，无产阶级革命作为直接实践的问题提上日程，世界历史进入帝国主义和无产阶级革命的时代。随着时代的变化，国际共产主义运动进入了新的历史时期，马克思主义者也面临着新的挑战。由于资本主义经济的暂时繁荣，特别是由于卡特尔、辛迪加、托拉斯等垄断组织的出现，使资本主义社会固有的基本矛盾得以暂时缓解。资本主义经济的迅速增长，使一些人对马克思主义关于资本主义基本矛盾和资本主义发展趋势的理论产生了不同的看法。同时，由于在资本主义发展的相对和平时期，无产阶级反对资产阶级的合法斗争，特别是议会斗争取得了重大胜利，加上统治阶级的统治策略由原来的暴力转向"和平"的、"自由主义"的政策，社会主义政党内部围绕着国际共产主义运动的目的和道路，革命和改良，现实运动和长远目标等重大问题，进行了大范围的理论争论。一些人认为，无产阶级只要信奉阶级合作，加强宣传鼓动，走和平的议会道路，就可以夺取政权，实现社会主义，对马克思主义关于阶级斗争、无产阶级革命和无产阶级政党的理论产生了怀疑和非议。1895年8月恩格斯逝世后，第二国际内部的思想和政治分歧越来越大。在第二国际内部出现了一股修正主义逆流，主要代表人物就是伯恩施坦。

爱德华·伯恩施坦（1850—1932年）出生于德国柏林一个穷苦的犹太人家庭，受过中等教育，当过银行职员。1872年加入德国社会主义工党。"非常法令"时期流亡瑞士，成为苏黎世三人团成员之一，宣扬改良主义，在受到马克思和恩格斯严厉批评后，改变了立场。1881年起担任党的机关报《社会民主党人报》主编，在宣传马克思主义方面做了不少工作，成为当时德国理论宣传方面有影响的人物之一。1888年，伯恩斯坦随报社迁往伦敦后，受到工联主义和费边社的影响，对马克思主义又产生怀疑，滋长了机会主义。恩格斯逝世以后，他的思想发生反复，帝国主义时代种种资产阶级思潮和资本主义的发展情况对他产生了很大影响。潜伏在伯恩施坦思想深处的右倾机会主义与改良主义观点开始公开地暴露出来。从1896年10月到1898年，伯恩施坦在德国社会民主党的理论刊物《新时代》上以《社会主义问题》为总标题，发表了一系列歪曲和否定马克思主义的文章。在这些文章中，他借口时代变化，打着"发展"马克思主义，反对"教条主义"的旗号，宣扬马克思主义已经"过时"，公开要求"修正"马克思主义。1899年1月，他写了《社会主义的前提和社会民主党的任务》（以下简称为《前提和任务》）一书，集修正主义谬论之大成，对马克思主义的三个组成部分进行了全面的攻击和系统的"修正"。

在《前提和任务》中，伯恩施坦首先把马克思主义划分为"纯粹的理论"和"应用的理论"，认为凡是在马克思对于资产阶级社会及其发展过程的描述中无条件适用、也就是不同民族和地方一律适用的一切东西，都属于纯粹理论的领域；与此相反，凡是涉及一时的和地方性的特殊现象和推测的一切东西，发展的一切特殊形式，都属于应用科学。伯恩施坦要批判的，不是属于马克思"应用的理论"范围的东西，而是属于"纯粹的理论"中的基本原理，如历史唯物主义学说、阶级斗争尤其是无产阶级反对资产阶级的斗争、剩余价值学说、资本主义社会生产方式的学说以及资本主义社会发展趋势的学说等。接着，他对构成马克思主义基本原理的哲学、政治经济学和科学社会主义理论做了全面的修正。

在哲学方面，伯恩施坦否定辩证唯物主义和历史唯物主义，提出以康德主义来代替唯物主义，用庸俗的"进化论"和折中主义代替革命的辩证法。他攻击唯物主义是"宿命论"。他歪曲存在决定意识的原理，用折中主义解释经济基础和上层建筑之间的辩证关系。他诬蔑辩证法是妨碍正确认识的"陷阱"。他认为，人类社会发展的重大时代是没有飞跃的，只能缓慢地进化。根本否认社会历史发展具有客观规律和人们认识客观规律的可能性，反对"根据客观规律的历史必然性论证社会主义"。

在政治经济学方面，伯恩施坦极力歪曲和诬蔑马克思主义的劳动价值论和剩余价值学说，企图用资产阶级庸俗政治经济学取代马克思主义政治经济学。他诬蔑马克思的劳动价值论是"纯粹思维的构想"，他宣称剩余价值学说是"基于假设的公式"，并不能说明资本主义制度下工人遭受剥削的本质。他根据所谓"经济发展中的新材料"，反对马克思关于资本主义经济危机的理论，美化垄断资产阶级。他认为垄断组织的出现，信用制度的实行，交通运输业的发展，使资本主义制度有了更强的弹性，资本主义危机已不复存在了；他认为资本主义"崩溃论"是没有根据的，从而根本否定了马克思主义关于资本主义必然灭亡、社会主义必然胜利的结论。

在社会主义方面，伯恩施坦宣扬阶级合作，鼓吹社会改良，反对马克思主义的阶级斗争学说、无产阶级革命和无产阶级专政的理论。伯恩施坦极力美化资本主义国家制度。说什么资本主义社会的发展，提供了政治自由、民主和普选制，已经消灭了阶级斗争的根据，议会民主制"在原则上是阶级统治的消灭"。资产阶级民主制的发展，使无产阶级革命成为不可能和不必要。他反对无产阶级夺取政权和建立无产阶级专政，诬蔑马克思的暴力革命学说是"布朗基主义"，是"无谓的生存牺牲"。攻击无产阶级专政是"低级文化"和"政治上的返祖现象"，是"恐怖和独裁统治"。他认为"阶级合作"是社会进步的动力，主张在资产阶级民主制下，无产阶级通过投票等合法手段和从点滴改良着手来实现资本主义和平长入社会主义。他否定无产阶级政党的革命性质,公开叫嚷要把德国党变成"改良的党"、"和平的党"、"民族的党",要党放弃最终奋斗目标。提出"最终目的是微不足道的,运动就是一切"。这句话充分表明了伯恩施坦修正主义的实质,正如列宁一针见血地指出的:"伯恩施坦的这句风行一时的话,要比许多长篇大论更能表明修正主义的实质"。[①]

《前提和任务》标志着伯恩施坦修正主义思想体系的完成。他自己也直言不讳地承认这本书"是在德国被称做修正主义者的社会主义派的基本著作之一"。从此,在国际共产主义运动中披着马克思主义外衣,打着"修正"马克思主义的旗号,实质上歪曲、篡改、否定马克思主义的机会主义思潮,便被称为修正主义。伯恩施坦成为修正主义的鼻祖。

伯恩施坦修正主义出现以后,不仅在德国,而且在欧美各国,立即得到机会主义者广泛而狂热的支持。法国的阁员派、英国的费边派、俄国的经济派、意大利的改良派、保加利亚的宽广派以及美国、比利时、荷兰、瑞士、瑞典等国的机会主义者,都归附伯恩施坦主义的旗帜下,一起攻击"教条式"的马克思主义。伯恩施坦的《前提和任务》在短期内几乎被译为欧洲的所有文字,并且一再重版。修正主义成了一种时髦的国际思潮。

伯恩施坦修正主义的出现决非偶然,它并"不是个别人物的罪孽、过错和叛变,而是整个历史时代的社会产物"。[②]它的出现有深刻的社会历史原因和一定的阶级基础。19世纪70年代以后,资本主义相对和平发展和资产阶级统治策略的改变,是伯恩施坦修正主义产生的重要社会原因。第二国际各国党大多是在资本主义和平发展时期建立和发展起来的,在长期的和平环境中,各国党在议会斗争中取得较大成就,使这些党派滋生了"合法主义"的倾向,而这一时期,统治阶级为了更好地维持自己的统治,部分地改变了统治策略,用比较温和的所谓自由主义政策暂时代替了强硬的"鞭子"政策,在政治上采取了一些改良措施,在经济上对工人做了一些微小的让步。统治阶级这种策略的变化,使社会主义运动中的"合法主义"加强起来。他们错误地认为,僵化的社会关系已经缓和,工人阶级应该欢迎统治阶级的善意,放弃马克思主义的革命原则,这为修

---

① 《列宁选集》第2卷,人民出版社1995年版,第7页。
② 同上书,第494页。

正主义产生提供了客观条件。而工人贵族是修正主义产生的阶级基础。到了帝国主义时代，各国垄断资产阶级为了维护自己的统治，从殖民地夺得的巨量超额利润中拿出一部分收买熟练工人和工人领袖，在工人队伍中培植起一个工人贵族阶层。工人贵族由于其经济利益同资本主义社会的和平、繁荣、对殖民地的掠夺息息相关，逐渐丧失了无产阶级的革命性，工人贵族在工人运动中散布资产阶级改良主义，鼓吹阶级合作，成为修正主义的阶级基础。到了帝国主义时代，由于生产和资本的集中过程加快，使小生产者大批破产并流入无产阶级队伍。小资产阶级软弱、动摇、妥协的阶级本质，表现在工人运动的政治路线上就是机会主义，改良主义。工人运动中小资产阶级成分的加强，为机会主义、修正主义的滋长提供了土壤。此外，这一时期工人运动向更加广泛的方面发展，不免会降低工人运动水平，使伯恩施坦修正主义的泛滥加快。

二 第二国际各国党左派反对修正主义的斗争

伯恩施坦修正主义的出现和泛滥，得到了资产阶级的喝彩和支持，同时也激起了各国党左派的强烈反对，他们为捍卫马克思主义革命原则，展开了反对修正主义的斗争。

反对伯恩施坦修正主义的斗争，首先在德国社会民主党内展开。德国党在6年中连续召开的4次代表大会上，都对伯恩施坦修正主义问题展开了辩论。

1898年10月举行的德国社会民主党斯图加特代表大会上，威·李卜克内西、倍倍尔、考茨基、卢森堡和蔡特金等人就最终目的和运动的关系批判了伯恩施坦的观点。李卜克内西指出，如果承认伯恩施坦的观点是正确的，那么就等于否定了德国社会民主党的性质、纲领和全部历史，就不再是一个无产阶级政党了。卢森堡发言时强调，最终目的对我们来说就是一切，"只有最终目的才构成我们社会主义斗争的精神和内容"。[①] 伯恩施坦的"运动和目的"的话，就是否认无产阶级夺取政权的必要性。蔡特金支持卢森堡的发言，她进一步指出，如果同意伯恩施坦的观点就是放弃夺取政权，而去进行个别的、细小的社会改良，去一点一滴地拼凑社会

[①] 《德国社会民主党关于伯恩施坦问题的争论》，三联书店1981年版，第27页。

主义。

德国党的斯图加特代表大会虽未通过反对修正主义的决议，但它拉开了批判修正主义的序幕。会后不久，卢森堡发表了《社会改良还是社会革命？》一书，这是第一部比较系统地批判伯恩施坦修正主义的重要著作，在这部著作中，卢森堡对伯恩施坦的整个思想体系都进行了深刻的批判，无可辩驳地证明了机会主义同马克思主义毫无共同之处。她明确指出，与伯恩施坦斗争的根本问题，不是斗争的方式和策略问题，而是要不要无产阶级革命、要不要推翻资本主义制度的原则问题。随后又出版了考茨基的《伯恩施坦和社会民主党纲领》，这两部书在反对修正主义的斗争中起了很大作用。

1899年10月，德国党在汉诺威召开代表大会。大会把伯恩施坦问题以"对党的基本原则和策略立场的攻击"为题列入大会的中心议程。会上，倍倍尔作了长达6个小时的发言，他运用丰富的资料和数据，批判了伯恩施坦取消阶级斗争、反对无产阶级革命的改良主义。李卜克内西、卢森堡、蔡特金等都发言驳斥伯恩施坦及其同伙。虽然会上有人为伯恩施坦辩护，但代表大会以压倒多数通过了倍倍尔提出的决议案，重申工人阶级的历史使命是夺取政权，并强调，资本主义社会的发展并没有给党提供任何理由使党放弃或者改变自己的原则观点，"党一如既往坚持阶级斗争的立场"，"党既没有理由改变它的基本原则和基本要求，也没有理由改变它的策略，也没有理由改变它的名称"。[①] 党要用一切符合其基本观点的、使它有希望获得成就的手段来领导工人阶级夺取政权，向它的最终目的前进。

汉诺威代表大会以后，伯恩施坦在党内外大肆宣传他的修正主义理论，甚至公然否定马克思和恩格斯的科学社会主义理论的科学性，主张用批判的社会主义这一名称来代替科学社会主义。在1901年9月党的卢卑克代表大会上，伯恩施坦的修正主义观点又一次受到绝大多数代表的批判，柏林、图林根、巴登等地的代表分别提出了谴责伯恩施坦的提案，要求大会明确表示拒绝伯恩施坦的修正主义政策。伯恩施坦在大会上为自己辩护，并叫嚷对马克思主义有"批评自由"。倍倍尔在发言中尖锐地批判

[①] 《德国社会民主党关于伯恩施坦问题的争论》，三联书店1981年版，第281、282页。

了伯恩施坦在"批评自由"的幌子下进行的修正主义宣传活动。最后，大会通过了倍倍尔提出的点名指责伯恩施坦的决议案，警告伯恩施坦要他放弃自己的观点，否则就要他退党。伯恩施坦被迫表示"尊重和重视"大会的决议。

1903年，德国社会民主党在议会选举中获得空前进展，共获得300多万张选票，81个议席，成为议会中第二大党。这使得以伯恩施坦为代表的"议会痴"恶性发展，他们以为这在实践上证明了和平长入社会主义的正确性，修正主义者再次要求党改变它的阶级斗争和无产阶级革命的策略。1903年9月，德国社会民主党德累斯顿代表大会把党的策略问题列为主要议程。会上，伯恩施坦进行反扑，气焰嚣张地提出挑战说："我一开始就毫不迟疑地向你们声明，我是修正主义者，如果你们还嫌不够，那么，我甚至是个伯恩施坦分子！"① 大会经过激烈斗争，以288票对11票通过了倍倍尔、考茨基、辛格尔一起提出的《关于党的策略问题的决议案》。决议案坚决谴责了修正主义企图改变党的以阶级斗争为基础的策略，用迎合现存制度的政策代替通过战胜敌人来夺取政权的政策，把革命政党变为改良政党的行为。

德国党内反对伯恩施坦修正主义的斗争，对捍卫马克思主义起了很大作用，但是由于他们本身理论上、政治上的局限性以及对新形势下的新问题未能给予全面而科学的回答，他们未能在捍卫马克思主义的同时进一步发展马克思主义，因而在斗争中显得软弱无力。党的决议未能阻止改良主义、修正主义的泛滥。

在德国党内反对修正主义的同时，其他国家的党的左派也展开了反对修正主义的斗争。俄国的普列汉诺夫从1898年起就发表了《伯恩施坦与唯物主义》等一系列文章，从哲学、政治经济学和科学社会主义理论等方面对伯恩施坦的修正主义言论做了比较全面的剖析和批判，较为深刻地揭示了伯恩施坦修正主义的实质和危害性。法国的拉法格写了《马克思的唯物主义和康德的唯心主义》等文章和著作，用以驳斥伯恩施坦拿来"补充"、"修正"马克思主义的新康德主义，并对刚刚形成的垄断资本主义制度进行了马克思主义的解释。保加利亚的布拉戈也夫、意大利的安·

---

① 《德国社会民主党关于伯恩施坦问题的争论》，三联书店1981年版，第600页。

拉布里奥拉、日本的片山潜等都积极参与了对伯恩施坦修正主义的斗争。

第二国际修正主义在实践方面的代表人物是法国的亚历山大·埃蒂耶纳·米勒兰（1859—1943年）。1896年5月，为庆祝法国社会主义者在地方议会选举中取得的胜利，法国各派社会主义者1000多人在圣芒德举行盛大宴会，各社会主义政党、团体的著名领导人盖得、饶勒斯、瓦扬等均出席了宴会。作为宴会主持者的米勒兰首先发表演说，提出了他的全面的改良主义主张。这篇演说后来被称为"圣芒德纲领"，其核心内容就是通过议会选举，逐渐地变资本主义为社会主义。这个纲领被各派社会主义者接受，并作为统一的社会主义议会党团行动的纲领，法国社会主义运动中的改良主义势力增强。

1897年法国发生了一起总参谋部青年军官犹太人德雷福斯无辜被以伪造的文件为依据判处终身监禁的案件。虽然后来证明这个案件缺乏事实根据，但是总参谋部、民主主义和排犹主义各集团仍然坚持反对重审此案。法国社会主义者对此采取了不同的立场。盖得、瓦扬认为这是资产阶级内部的斗争，与无产阶级解放无关，不积极参与，这种消极立场使他们失去争取群众的重要机会。饶勒斯为首的一批社会主义者认为它反映了法国民主制度的危机，坚决要求由社会主义者来领导重新审查这一案件，并积极参加全国的抗议斗争，赢得了很高的声望。以米勒兰为首的独立派社会党人担心妨碍1898年的选举，起初反对社会主义者介入，后来才加入支持重审德雷福斯案件的阵营。德雷福斯案件使法国政府经历了一次严重的政治危机，为了摆脱危机，一些资产阶级政治家开始寻求与社会党人的合作。1899年6月主张重新审理德雷福斯案的路贝当选为总统，建立了一个以瓦尔德克·卢梭为首的新内阁，米勒兰被邀入阁任工商部长。米勒兰未经社会主义议会党团的讨论同意便参加了内阁，与镇压巴黎公社的刽子手加费将军作同僚。这就是著名的"米勒兰入阁事件。"

米勒兰入阁在法国社会主义运动内部立即引起了强烈的反响。以饶勒斯为首的包括可能派在内的一派，称赞米勒兰入阁是"一个伟大的历史事件"，极力为米勒兰辩护；以盖得和瓦扬为首的另一派社会主义者，反对米勒兰入阁，谴责米勒兰入阁是背叛行为。入阁派和反入阁派针锋相对展开激烈争论，法国社会主义运动面临再度分裂的危险。根据许多社会主义者提出的集中讨论一切有争议的问题以实现社会主义运动的团结和统一的建议，各派经过协商决定召开联合大会来审议米勒兰入阁问题。1899年12月，法国各社会主义组织第一次全体代表大会在巴黎召开，会议围绕米勒兰入阁事件进行了全面辩论。会上，饶勒斯竭力为米勒兰辩护，认为一个社会党人参加资产阶级政府，并不违反阶级斗争的基本原则，而仅仅是一个策略问题。饶勒斯的看法得到了维维安尼、白里安等人的支持。而盖得、拉法格等人在发言中坚决反对米勒兰入阁。认为一个社会党人在内阁中陷入资产阶级内阁多数成员重围的时候，他是绝对无能为力的。资产阶级政府之所以作出甘心与社会党人合作的姿态，只是为了想利用这个社会党人作为抵挡社会党攻击的一种盾牌。社会党人入阁不仅要被迫为资产阶级政府所犯的错误和罪行承担责任，而且他通过入阁表明他赞许这些错误和罪行，成为资产阶级巩固其统治的工具。大会经过4天的激烈辩论，最后以818票对634票通过了盖得提出的决议案，宣布"阶级斗争不允许一个社会党人参加资产阶级政府"。但是大会又以1140票对240票通过了德莱萨尔提出的实际上是对米勒兰的改良主义让步、妥协的提案，使得盖得决议的影响力受到削弱。1901年5月在里昂召开的法国各社会主义组织第三次代表大会，又围绕入阁问题在饶勒斯派与瓦扬派、阿列曼派之间展开争论。由于饶勒斯派凭借多数否决了关于米勒兰不再是社会党人的决议案，瓦扬派、阿列曼派退出大会，经与工人党等反入阁派社会主义组织协商，于1902年9月在科芒特里大会上正式宣告组成法兰西社会党（又称革命社会主义统一体）；饶勒斯等几个入阁派团体，早在1902年3月就已正式组成了法国社会党。米勒兰入阁所引发的争论最终导致了法国社会主义运动的彻底决裂。

米勒兰入阁问题的争议也引起了其他社会主义政党的关注，第二国际内部很快也展开了激烈的争论。国际范围内马克思主义者同修正主义者第一次面对面的交锋，是1900年9月在巴黎召开的第二国际第五次代表大会。大会围绕米勒兰入阁事件展开了激烈的辩论，形成了左、中、右三派观点。以盖得、瓦扬等人为代表的左派坚决反对社会党人参加资产阶级政府，并要求对米勒兰的叛卖行为给予制裁。盖得认为，社会党人参加资产阶级政府，并不能改变无产阶级的地位，而且还要为资产阶级内阁的政策和罪行承担责任,给国际团结造成威胁。他们提出的决议草案指出,必须把夺取社会权力理解为对资本家阶级实行政治上的剥夺,社会党人对资产阶级政府应该始终保持不屈不挠的立场。以饶勒斯、安塞尔为代表的右派,极力为米勒兰入阁行为进行辩护。饶勒斯认为,米勒兰入阁是社会主义者利用资产阶级政权的开始,入阁后可以利用阁员身份采取一些改良措施,逐步改变政府的性质,以便和平地过渡到社会主义。米勒兰在会上为自己的行为极力进行辩解,说他入阁是社会党强大的表现,而且有助于无产阶级取得政权。第二国际多数领袖对此采取调和主义立场。根据委员会多数人的委托,考茨基提出了一个折中性的决议草案。决议强调:"个别社会党人参加资产阶级政府,不能认为是夺取政权的正常开端,而只能认为是迫不得已采取的暂时性的特殊手段。""如果在某种情况下,政治形势要求做这种冒险的尝试,那么这是一个策略问题,而不是原则问题;国际代表大会不应对此发表意见"。[①] 考茨基的决议案具有模棱两可、调和折中的特点,因而被左派人物、意大利社会党人费里称之为"橡皮性决议"。但是决议还是以 29 票赞成、9 票反对被大会表决通过。考茨基决议案被通过,表明第二国际修正主义、机会主义势力的增长。

巴黎代表大会以后,修正主义思潮继续泛滥,新的米勒兰事件不断发生。1902 年比利时工人和法国工人的罢工斗争,1903 年荷兰工人的罢工斗争和德国克里米朝工人的大罢工都是由于党的右翼领导人同资产阶级妥协合作而失败。机会主义者的叛卖活动严重地破坏了各国社会民主党的声誉。在这种形势下,第二国际第六次代表大会于 1904 年 8 月在荷兰首都阿姆斯特丹举行。大会讨论的中心问题是"社会党策略的国际原则。在讨论中,大会收到了两个提案:一个是法国代表盖得提出的,建议把德国党谴责修正主义的德累斯顿决议作为草案提交大会讨论;另一个是比利时的王德威尔德和奥地利的阿德勒联合提出的对德累斯顿决议的修正案。这个修正案竭力为修正主义辩护。饶勒斯在发言中极力攻击德国党的德累斯顿决议,比利时代表安塞尔公然为米勒兰入阁喝彩,希望也能得到一个政府职位。倍倍尔、卢森堡、瓦扬、普列汉诺夫、费里等人坚决支持盖得的

[①] 《米勒兰事件》,三联书店 1980 年版,第 44 页。

提议,并在会上发言严厉斥责入阁派的背叛行为。倍倍尔在会上作了长篇发言,揭露了修正主义者以策略为借口出卖原则的行为,并大量引用资产阶级政府用暴力压制工人罢工、枪杀监禁工人的事实驳斥机会主义者为米勒兰辩护的论调,强调制定社会党人策略的国际原则具有重要意义。经过激烈的争论,大会最后以 25 票对 5 票通过了盖得的提案。王德威尔德和阿德勒联合提案以 25 票对 21 票被否决。大会通过的决议严厉谴责了修正主义企图改变党的以阶级斗争为基础的策略,用屈服现存制度的政策来代替夺取政权的政策。决议强调坚决反对修正主义,反对社会民主党党员参加资产阶级政府,不容许任何有助于维持和加强资产阶级统治的行动。

在讨论"社会党策略的国际原则"时,涉及了各国社会主义政党的统一问题。当时,法国、俄国、保加利亚等国家的党存在着不同派别,出现了分裂。针对这种情况,大会通过了关于无产阶级政党的统一的决议。决议指出,为了集中无产阶级力量和资产阶级相对抗,要求各国建立统一的无产阶级政党。但是决议回避了必须在马克思主义基础上实现统一的问题。

大会的另一项重要议程是关于殖民政策问题。这一议程也有两个决议草案。盖得代表法国社会党提出的决议草案,坚决斥责殖民主义,并号召社会党人同殖民主义作斗争。荷兰代表万·科尔提出的决议草案,一方面也谴责了殖民政策,另一方面却主张在现阶段只提出一些改善殖民地居民的物质和文化生活的措施,以及给予一定的政治自由。万·科尔甚至认为,社会主义和殖民政策并不矛盾,在社会主义社会也必须实行殖民政策。可大会最后竟通过了万·科尔的提案,这表明改良主义和大国沙文主义思想在第二国际各国党内已经根深蒂固。

这次大会尽管存在种种缺陷,但它还是在制定各国党统一的策略原则、否定修正主义者所鼓吹的社会改良主义策略上取得了重大成就,因而在国际共产主义运动史上占有重要的地位。

第二国际各国党左派反对伯恩施坦修正主义的斗争,打击了修正主义,捍卫了马克思主义的基本原则,坚持了共产主义运动的正确方向。但当时各国党的领导人本身不够成熟,党内左派力量弱小,对修正主义的严重危害认识不足,没有彻底清算修正主义,更未从组织上同修正主义决裂,因而各国党内修正主义的势力和影响扩大了。

第四节　第二国际的破产

一　第二国际后期内部矛盾加剧

19世纪末20世纪初，世界资本主义进入帝国主义阶段。帝国主义列强为了缓和国内经济政治危机、重新瓜分世界，疯狂进行扩军备战，增加军费。1907年，英、法、俄组成"协约国"联盟，以对抗1882年成立的德、意、奥"三国同盟"，两大帝国主义军事集团之间的矛盾和冲突日趋激烈。帝国主义战争乌云笼罩在各国人民头上。战争危机加剧了各国人民与反动统治者的矛盾，人民群众的革命情绪日益高涨。

在1905年俄国革命的鼓舞下，德国、奥地利、法国、英国、比利时、意大利、匈牙利、保加利亚、罗马尼亚、日本、美国及北欧各国都相继发生过大罢工和游行示威。东方被压迫民族的解放斗争风起云涌，伊朗、土耳其、中国相继爆发资产阶级民族民主革命，印度、印尼、北非各阿拉伯国家的民族独立运动普遍加强。

上述一切说明，1871年巴黎公社失败后资本主义相对和平发展的时期已经结束，战争和革命风暴即将来临。第二国际各国党面临的一个重要任务是要实行战略和策略的转变，由长期的合法斗争策略过渡到革命的斗争策略，制定出反对军国主义和帝国主义战争、推动无产阶级革命和民族解放运动向前发展的方针和策略。

1904年阿姆斯特丹大会之后，社会党国际局先后于1905年1月、1906年3月与10月、1907年7月举行了四次全会、通过了一系列决议、宣言和声明，谴责帝国主义各国的战争政策，并为举行新的代表大会作了准备。

1907年8月18日至24日，第二国际在德国的斯图加特召开了第七次代表大会。出席大会的有来自25个国家的884名代表。这是第二国际规模空前盛大、最有广泛代表性的一次大会。列宁第一次率领俄国布尔什维克代表团参加大会。大会的议程有军国主义和国际冲突、殖民政策、政党与工会的关系等。大会的中心议题是反对军国主义和战争威胁问题。大会组成了各项议程的专门委员会，列宁、卢森堡等各国社会党代表团的主要代表都参加了军国主义和国际冲突委员会。提交委员会的有4个决议草案，一个是由法国社会党人爱尔威提出的决议草案，从半无政府主义立场出发，笼统地反对一切战争，主张以军事罢工和起义来回答不论来自何方的任何战争；另一个是饶勒斯、瓦扬代表法国社会党多数派提出的决议草案，草案不区分战争性质，强调受威胁的国家的工人应当保卫祖国，充满护国主义精神；第三个是盖得代表法国社会党少数派提出的决议草案，把反对帝国主义战争和争取社会主义的斗争对立起来，只限于号召用减少军备、拒绝军事拨款等合法手段进行反战斗争；第四个是由倍倍尔代表德国社会民主党提出的决议草案，草案正确地指出了军国主义是资本主义制度的产物，只有消灭了资本主义制度才能最后消除战争。但是草案又错误地以"防御"和"进攻"作为区分战争性质的标准，也没有明确地提出无产阶级在反对军国主义斗争中的迫切任务，只是强调了运用议会斗争的手段。列宁考虑到倍倍尔的草案有正确的部分，而且又是代表当时最大、最有影响的德国社会民主党提出来的，容易为大会所接受，因此，便联合卢森堡等左派代表，对倍倍尔的草案提出了修正案。修正案指出，军国主义是阶级压迫的工具；必须在青年中进行反对军国主义的教育工作；强调社会民主党的任务不仅要反对发动战争和尽快结束已经发生的战争，还要利用战争造成的危机来加速资产阶级统治的崩溃。这样，就使得倍倍尔的草案发生了原则性的变化，为无产阶级指明了反对帝国主义战争的革命策略方针。经过列宁、卢森堡修正的倍倍尔的决议案被委员会和大会一致通过，它成为指导各国工人政党反对帝国主义战争的重要文献。

  大会又一次讨论了殖民地问题。荷兰代表万·科尔向委员会提出的草案竟然宣称："大会并不在原则上和在任何时候都谴责一切殖民政策，殖民政策在社会主义制度下可以起传播文明的作用。"[①] 伯恩施坦等人则极力赞扬社会主义殖民政策。列宁严厉地批判了这种错误观点，指出所谓"社会主义殖民政策"这一概念本身就是荒谬绝伦的，万·科尔的观点是替殖民战争及野蛮行为辩护。经过斗争，以列宁为首的革命左派团结没有实行殖民政策和深受殖民政策之害的中小国家的代表提出了修正案，大会通过了谴责殖民政策的决议。决议号召各国党同殖民主义作不懈的斗争，并帮助被压迫民族争取民族独立。但德国代表对这一修正案投了反对票。

---

  ① 《第二国际修正主义者关于帝国主义的谬论》，三联书店1976年版，第347页。

这一现象表明机会主义毒素已腐蚀了第二国际的脊髓,给第二国际各国党的实际活动带来消极影响。

大会还讨论了党和工会的关系问题。这一问题的实质是工会应不应该接受党的领导。在讨论中,形成了两种对立的主张。经过斗争,大会原则上通过了否定"工会中立"、但措辞比较含糊的决议。

斯图加特代表大会之后,战争和革命的因素继续增长。国际社会主义运动的分化也进一步加深,机会主义大大滋长,各国党日益明显地分成三派:右派、中派和左派。许多右派愈来愈公开采取社会帝国主义立场,追求与资产阶级的联盟。值得注意的是,第二国际大多数领导人日益转向中派,他们以正统的马克思主义词句装饰自己,实际上在一切重大问题上都倾向机会主义右派。1910年考茨基发表的《巴登和卢森堡之间》一文,标志着中派作为一种政治派别和思潮已最后形成。以列宁为首的俄国布尔什维克党和革命左派忠于马克思主义革命原则和国际代表大会的各项革命决议,积极领导和推动各国工人开展反对军国主义、帝国主义和机会主义的斗争。

在国际局的筹备下,1910年8月28日至9月3日,在丹麦哥本哈根举行第二国际第八次代表大会。参加会议的有24个国家的896名代表。会上,右翼社会民主党人力图回避斯图加特代表大会的决议,把反对军国主义与帝国主义战争的斗争引导到争取和平、要求帝国主义大国之间妥协的和平议会活动中去,而考茨基等人更幻想通过争取帝国主义国家之间缔结和平的外交协议来避免国际冲突。这样,在机会主义分子占优势的情况下,列宁团结左派,同右派和中派进行了坚决的斗争,仍然通过了与斯图加特决议一致的反对军国主义的决议。决议指出了只要资本主义制度存在一天,战争就不会消除。各国有组织的社会主义无产阶级是世界和平的唯一可靠的保障。

哥本哈根代表大会以后,国际形势更趋紧张。世界大战迫在眉睫,反战运动风起云涌。在这种局势下,第二国际于1912年11月24日至25日在瑞士的巴塞尔举行第九次非常代表大会。23个国家的555名代表出席了大会。大会唯一的议程就是国际形势和反战统一行动问题。各国代表在发言中一致谴责了帝国主义政策给世界和平带来的巨大威胁,指出迫在眉睫的战争其实质是帝国主义的侵略和掠夺的战争。反对帝国主义战争,保卫世界和平是无产阶级的历史责任。许多代表要求以无产阶级国际联合的力量来制止战争的爆发。机会主义者虽然在大会上占优势，但由于反战运动的高涨加上革命的社会民主党人的努力，机会主义者没有敢公开为帝国主义战争辩护。大会最后一致通过了《国际局势和反对战争的统一行动》宣言，即著名的《巴塞尔宣言》。《宣言》重申了斯图加特和哥本哈根代表大会制定的反战原则；分析了国际局势；揭露了德、奥、英、俄等帝国主义国家制造战争危机的罪行；指明了即将爆发的战争的非正义性质；确定了各有关国家的社会党和无产阶级反对战争的具体任务。《宣言》呼吁各国无产者和社会党人联合起来，发展群众运动，利用一切手段来反对帝国主义战争。《宣言》警告各国资产阶级，不要忘记普法战争引起了巴黎公社革命、日俄战争唤醒了俄国人民的革命运动的事实，如果帝国主义胆敢发动战争，整个欧洲的无产阶级必将采取极端行动，利用帝国主义战争来加速资产阶级统治的崩溃。《巴塞尔宣言》是国际共产主义运动史上著名的反战文献，它"总结了各国大量的反战宣传鼓动文献，最确切而全面地，最庄严而正式地阐述了社会党人对战争的观点和策略"。① 它是国际无产阶级反对帝国主义战争的一面战斗旗帜。机会主义者表面上拥护宣言，但根本不准备按宣言行事，而且沿着机会主义泥坑继续滑下去。

二 第二国际的破产

1914年8月，第一次世界大战爆发了。战争爆发后，各参战国的统治阶级都宣称自己是为"保卫祖国"、"拯救民族"、"维护文明"而战，以掩盖战争的真实性质，欺骗本国人民，他们还煽动沙文主义狂热来毒害各国无产阶级和劳动群众，使其在战场上相互残杀，破坏和瓦解无产阶级国际团结，削弱人民革命运动。实际上，这场战争是帝国主义列强为了重新瓜分殖民地，争夺国际市场和世界霸权，镇压革命运动而发动的非正义的掠夺性的战争。

第二国际绝大多数社会民主党在战争的考验面前，背叛了国际历次代表大会的决议和《巴塞尔宣言》的革命精神和国际主义原则，公开地或隐蔽地支持本国资产阶级政府进行帝国主义战争，堕落为社会沙文主义

---

① 《列宁选集》第2卷，人民出版社1995年版，第455页。

者。第二国际中最大和最有影响的德国社会民主党，首先要负玷污社会主义的责任。1914年8月4日，德国议会举行战争预算表决时，社会民主党议会党团一致投票赞成政府的军事预算。党的主席哈阿兹还在议会中代表党宣读了支持政府"保卫祖国"的声明。德国党所属的工会还通过决议，鼓吹劳资合作、国内和平，禁止工人罢工，并鼓励工人上前线作战。为了与资产阶级政府行动一致，机会主义者还多方破坏左派占优势的地方组织，迫害左派分子，甚至协助警察把卢森堡、卡尔·李卜克内西、梅林等左派领袖逮捕入狱。正如列宁所说："以前，德国社会民主党是权威，而现在它已经是个不该这么办的样子了。"[①]

在德国社会民主党的带头背叛下，第二国际大多数政党都纷纷发表声明支持本国资产阶级政府进行的战争，在议会中投票赞成政府的战争预算，协助政府动员工人参军，禁止工人罢工。一些国家的党的领导人还参加了资产阶级政府。如法国的盖得参加"国防政府"，担任不管部长，桑巴担任公共工程部部长；英国的韩德逊担任教育大臣和不管部大臣；社会党国际局主席、比利时工人党的领袖王德威尔德也参加了资产阶级政府，担任司法部长；俄国的普列汉诺夫也积极支持国家杜马中的孟什维克议员投票赞成沙皇政府的战争拨款。英国工党、俄国的孟什维克和社会革命党人以及意大利、荷兰、美国、瑞典等国的社会党右派也都先后转到社会沙文主义立场上，支持本国政府所进行的战争。战前的社会民主党"中派"领袖，如德国的考茨基、意大利的屠拉梯、法国的龙格、奥地利的阿德勒、英国的麦克唐纳等人，在战争爆发后都成了隐藏的社会沙文主义者，他们以机会主义的两面手法制造种种谎言，欺骗和愚弄群众，竭力为帝国主义掠夺战争、为公开的社会沙文主义者的叛变行为进行辩护。

第二国际各国党左派，虽然处于少数地位，却坚持原则立场，高举反战和革命的旗帜，旗帜鲜明地揭露帝国主义的战争图谋，批判社会沙文主义。德国社会民主党的卡尔·李卜克内西、卢森堡、蔡特金、梅林等人，从战争爆发起，便英勇地投入了反战斗争。1914年12月2日，当德国议会第二次进行战争表决时，卡尔·李卜克内西独自一人投了反对票，他的大无畏精神给了正在坚持斗争的国际无产阶级以极大鼓舞。以列宁为首的

[①] 《列宁全集》第47卷，人民出版社1990年版，第19页。

俄国布尔什维克党，在帝国主义大战中始终坚持了社会主义和国际主义原则，及时地提出了正确的革命策略，并领导人民群众的反战革命斗争。其他如英国的英克平、威廉斯·罗素、马克林，法国的洛利欧、里昂·吉尔波，荷兰的格尔曼·果特、潘涅库克，瑞士的普拉廷、诺布斯，保加利亚的布拉戈也夫，意大利的康斯坦丁·拉查理，日本的片山潜，美国的德布兹等也都积极进行了反对战争和机会主义的斗争。但由于各国左派力量还比较分散、弱小，有些在理论上、政治上还不够成熟，因此未能阻止第二国际右派领袖的叛变。

由于第二国际的绝大多数社会民主党和国际的著名领袖完全背叛了无产阶级和社会主义，站在资产阶级政府立场上，充当帝国主义战争的帮凶。这表明第二国际已经从无产阶级革命组织蜕变为互相敌对的社会沙文主义集团，成为各个帝国主义国家进行侵略战争的工具。列宁认为："第二国际（1889—1914年）大多数领袖背叛社会主义，意味着这个国际在思想上政治上的破产"。[①]

第二国际各国社会党在帝国主义战争中分裂为两个对立的集团。战争期间，协约国社会党人、同盟国社会党人甚至中立国社会党人各自都举行过分立的代表会议。统一的第二国际由于政治观点上的分歧、机构的瘫痪和组织上的分裂，而处于名存实亡的境地。战争结束后，一些国家的社会民主党曾做过努力，试图恢复第二国际。1919年2月在伯尔尼召开了社会党国际代表会议，正式宣告恢复第二国际的活动。1919年3月，由左派演变而来的各国共产党组织在莫斯科宣布建立第三国际即共产国际。1920年7月在日内瓦举行国际社会党第十次代表大会，通过了新的国际章程。这次会议被认为是第二国际已经复活。1921年2月，刚刚恢复的第二国际又告分裂，各中派政党退出刚刚恢复的第二国际。它们于1921年2月在维也纳召开代表会议，成立了社会党国际工人联合会，又称维也纳国际，宣称既不属于第二国际也不属于第三国际，因而被称为第二半国际。1923年5月，第二国际和第二半国际在汉堡又召开合并大会，正式宣告成立社会主义工人国际。但这个组织无论在纲领、路线，还是指导思想、组织原则上都不同于原来的第二国际了。

---

① 《列宁全集》第26卷，人民出版社1988年版，第2页。

第二国际的破产不是偶然的,而是有其深刻的历史、阶级和思想根源。它是机会主义、修正主义对第二国际各国党长期腐蚀的结果。是以阶级合作为基本特征的机会主义思潮发展到顶点的结果,是帝国主义资产阶级收买政策和资产阶级思想长期影响的结果。第二国际在资本主义和平发展时期,长期进行合法斗争并取得了较大成就,使合法主义、机会主义思潮不断滋长。大战爆发前,修正主义已在第三国际中占据统治地位。大战爆发后,帝国主义战争使机会主义和资产阶级反动政策融合在一起,由社会改良主义、修正主义发展成为社会沙文主义,从而导致了第二国际的崩溃。社会沙文主义和机会主义的共同的思想政治基础是阶级合作和劳资合作,战争使机会主义的阶级合作思想发展到顶点。由战前同资产阶级在思想上的秘密联盟,发展到在战争中同资产阶级在政治上的公开合作。社会沙文主义和机会主义的阶级基础都是少数工人贵族和小资产阶级。这些人从本国资产阶级的海外超额利润中得到一点好处,因此他们的利益同资产阶级殖民掠夺政策有密切联系,在战争中很自然地成为帝国主义战争的狂热支持者。同时,第二国际长期的合法斗争给各国党打上合法主义的烙印。机会主义领袖们幻想通过议会活动、合法斗争,和平长入社会主义。战争期间,他们害怕一旦采取革命行动,不仅会失去既得利益,而且还会遭到暴力镇压,因此便干脆放弃原则和诺言,站到资产阶级政府一边,采取与资产阶级政府相一致的行动,充当资产阶级的工具。所以,第二国际的破产就是垄断资本主义长期的经济、政治、思想影响的结果,是以阶级合作为基本特征的改良主义思潮发展到顶点的结果。第二国际的破产不是社会主义的破产,而是"机会主义和改良主义的破产"。[①]

第五节 为工人运动的广泛发展"准备基础的时代"

作为社会主义政党的国际联合组织,第二国际从1889年成立,到1914年破产,实际存在了25年的时间。第二国际的全部活动,从整体上看,各个时期都有功绩也有错误,但具体分析起来,前期功绩大,后期错误严重。总的说来,在1910年以前,尽管存在机会主义的影响,但第二

[①] 《列宁全集》第26卷,人民出版社1988年版,第9页。

国际中革命派占主导地位,第二国际是一个革命的国际。1910年以后由于中派的形成以及中派同右派结成联盟,机会主义者才在第二国际内部占了统治地位,最后导致了第二国际破产。第二国际有许多经验教训值得总结。

一 第二国际的深刻教训

第二国际的破产给各国无产阶级政党留下了极为深刻的历史教训。

第一,无产阶级政党必须始终坚持以马克思主义为指导,并在斗争实践中根据时代的发展和本国实际情况运用和发展马克思主义,制定正确的战略和策略。马克思主义不是教条,而是行动的指南。它本身需要在不断总结实践经验的基础上丰富和发展。第二国际主要是处在资本主义相对和平时期,长期的和平环境,没有直接的革命形势。在这种情况下,无产阶级政党必须善于利用资产阶级议会制度和其他条件,进行合法斗争,以争取群众、集聚革命力量,为未来的革命决战作准备。第二国际在这方面也取得了较大的成就。但是,随着合法斗争的胜利,党内右倾机会主义思潮泛滥开来。19世纪末20世纪初,世界进入帝国主义和无产阶级革命的时代。新旧时代的交替,提出了一系列新问题,需要各国党给予回答并制定出正确的战略策略。但是由于第二国际各国党一味坚持和平发展时期的斗争策略,幻想通过合法道路取得政权,阶级合作、合法主义和机会主义思潮在党内泛滥起来,并逐渐取得支配地位。因而他们不可能在新的历史条件下运用和发展马克思主义,领导群众前进。帝国主义大战爆发后,第二国际大多数党相继堕落为社会沙文主义,从而葬送了革命事业。

第二,无产阶级政党必须始终坚持无产阶级革命原则,善于同机会主义思潮及其在不同时期的具体表现进行不调和的斗争,要坚决反对沙文主义和合法主义。无产阶级政党是在复杂的环境中领导革命斗争的。因此,党内矛盾和党内斗争是不可避免的。这就要求党正确认识和处理这些矛盾和斗争,从各个时期的实际出发,有"左"反"左",有右反右,而且要十分警惕一种倾向掩盖另一种倾向。第二国际曾同无政府主义进行了有力的斗争,但忽视了日益增长的右倾机会主义的危险。修正主义出现之后,第二国际各国党进行过不同程度的斗争。但由于许多党的领导人对修正主义的危害和根源认识不足,害怕分裂,一味维持所谓党的统一,逐步发展到对修正主义实行妥协、包庇和纵容，使修正主义在党内逐渐占了上风，合法主义蔓延滋长。战争爆发后，合法主义发展为社会沙文主义，从而导致第二国际的破产。

第三，无产阶级政党必须坚持马克思主义建党原则，始终不渝地维护党的先进性和组织的纯洁性。无产阶级政党是无产阶级的先进部队，应由先进的有觉悟的分子组成，在党内实行民主集中制，具有严格的纪律，党应领导其他工人组织。但是在和平发展时期建立的第二国际各国党，为了追求合法斗争的成就而扩大党的队伍，使党的成分严重不纯。同时党内允许派别活动自由，地方组织可以自行其是，致使党内派别林立，思想不一，组织涣散，纪律松弛，为机会主义在党内滋长和蔓延提供了条件。为了适应合法斗争的需要，第二国际多数党还竭力抬高议会党团、工会等合法组织的地位，党与工会"平权"，议会党团成为凌驾于党中央之上的最高机构，完全取消了党对合法组织的领导。这就为机会主义在党内的传播提供了土壤，为机会主义分子篡夺党的领导权提供了方便，最终使无产阶级政党蜕变为机会主义的党，导致第二国际彻底破产。

一　第二国际的历史地位

第二国际虽然最后走向了破产，但综观整个第二国际的历史，它在国际共产主义运动史上有着重要的历史地位，取得了诸多功绩。

第一，第二国际在组织、壮大无产阶级队伍方面取得了很大的成绩。第二国际拥有数十个全国性社会主义政党，成员遍布五大洲，而且还成立了国际工会联合会、国际妇女书记处、社会主义青年国际等群众组织。第二国际利用工会、合作社、互助会、青年和妇女团体等形式在广大工人群众中开展了教育和组织工作，启发和提高他们的阶级觉悟，逐步把他们吸引到争取无产阶级解放的共同斗争中来，国际工人运动真正具有了世界规模。

第二，第二国际在宣传社会主义思想方面做了大量工作，创办了许多党报、党刊、杂志，传播了马克思主义。各国社会民主党充分利用合法斗争的有利条件，通过党、工会、群众团体、议会讲坛，广泛地传播了社会主义思想。各国党还充分利用自己所掌握的报纸、刊物，积极宣传马克思主义，大量翻译出版马克思和恩格斯的著作，从而广泛地传播了马克思主义。第二国际时期还涌现出了一批如普列汉诺夫、考茨基、拉法格、卢森堡等理论家，一些活动家和理论家还对发展马克思主义理论做出了自己的贡献。

第三，第二国际所属各党领导工人阶级进行了反对资本主义制度、维护劳动人民切身利益和民主权利的卓有成效的斗争。第二国际领导和支持工人的罢工运动，捍卫工人和广大劳动群众的切身利益，争取扩大各项民主权利，积累了进行合法斗争和秘密斗争的丰富经验。特别是第二国际通过了"五一"国际劳动节的决议，通过庆祝"五一"国际劳动节的活动，动员和组织世界各国无产阶级在反对资本主义统治的斗争中互相支持、互相帮助，加强了无产阶级的国际团结，推动了国际工人运动的发展。

第四，第二国际围绕国际工人运动的纲领、路线、策略方针等重要问题，通过了大多数正确或基本正确的决议，指导国际工人运动向前发展。从1889年到1914年，第二国际先后召开了9次国际代表大会。1900年建立的第二国际常设机构——社会党国际局共举行了16次会议。综观这些国际代表大会和社会党国际局会议通过的各种决议和发表的各种文告，大多数是正确的或基本正确的，其矛头是指向资本主义制度的，符合工人阶级的阶级利益。当然，也有的决议是不正确的，对机会主义作了让步，如1900年巴黎代表大会通过的考茨基提出的"橡皮性决议"就带有调和主义色彩，但这毕竟是少数。这些正确和基本正确的决议的通过是第二国际内部革命派同各种错误思想、派别进行斗争的结果。总的说来，这些决议对无产阶级战略和策略问题做了马克思主义的回答，对国际工人运动的正确发展具有十分重要的指导意义。

第五，利用资产阶级议会制度，开展合法斗争，取得了重大成就。第二国际较长时间处于资本主义和平发展时期，利用资产阶级议会制度，开展合法斗争，是第二国际各国党在资本主义和平发展时期为积蓄革命力量而采取的一种斗争形式。在这方面，许多党都进行了大量的工作，取得了很大的进展。他们积极参加各种竞选活动，派遣工人代表进入地方性和全国性的代议机构，在议会中组成社会主义政党议会党团，在议会讲坛上揭露资本主义制度，宣传无产阶级政党的主张和政策，宣传社会主义思想，争取有利于工人阶级和人民群众的立法和改革等，积累了议会斗争的有益经验。但也存在夸大合法斗争策略的作用，对其他斗争方式重视不够，而且未能随着形势变化而变换斗争策略的错误。

第六,在第二国际的活动过程中,第二国际的革命马克思主义者同第二国际内部的无政府主义、伯恩施坦主义、米勒兰主义、以考茨基为代表的中派主义等机会主义流派进行了斗争,在斗争中捍卫了马克思主义。虽然同一些机会主义斗争不很坚决和彻底,没有把捍卫马克思主义和发展马克思主义很好地结合起来,但这些斗争给各国无产阶级留下了有益的经验和教训。

列宁认为,第二国际"在广泛传播社会主义、对社会主义力量进行预备性的、初步的、最基本的组织方面,做了非常重要而有益的工作"。[1] "第二国际具有历史功绩,具有觉悟的工人永远不会抛弃的不朽成果:它创立了群众性的工人组织——合作社的、工会的和政治的组织、利用了资产阶级议会制以及所有一切资产阶级民主机构等等"。[2] 正是据此,列宁称"第二国际是为这个运动在许多国家广泛的大规模的开展准备基础的时代"。[3]

---

[1] 《列宁全集》第 26 卷,人民出版社 1988 年版,第 105 页。
[2] 同上书,第 37 卷,人民出版社 1986 年版,第 93 页。
[3] 《列宁选集》第 3 卷,人民出版社 1995 年版,第 791 页。

主要参考文献

1. 许征帆等编著：《马克思主义学说史》（第1卷、第2卷），吉林人民出版社1987年版。
2. 中共中央党校科学社会主义教研室编：《社会主义思想史》（上册），中共中央党校出版社1984年版。
3. 刘佩弦主编：《科学社会主义史纲》，中国人民大学出版社1984年版。
4. 中国人民大学马列主义发展史研究所编：《马克思主义史》，人民出版社1996年版。
5. 吴忠观主编：《经济学说史》，西南财经大学出版社1987年版。
6. 弗·梅林：《马克思传》，人民出版社1965年版。
7. 肖灼基：《恩格斯传》，河南人民出版社1985年版。
8. 王锐生、黎德化著：《读懂马克思》，四川人民出版社2001年版。
9. 张新：《读懂恩格斯》，四川人民出版社2001年版。
10. 何干强：《〈资本论〉的基本思想与理论逻辑》，中国经济出版社2001年版。
11. 罗燕明：《马克思恩格斯思想研究》（1833—1844），中央编译出版社2000年版。
12. 杜康传、李景治主编：《国际共产主义运动概论》，中国人民大学出版社2002年版。
13. 高放主编：《国际共产主义运动通史教程》（上），北京师范大学出版社1986年版。
14. 刘沛汉、姜大为主编：《国际共产主义运动史专题教程》（上），福建人民出版社1986年版。

15. 姜琦、许可成主编：《国际共产主义运动史》，高等教育出版社 1993 年版。

16. 《德国社会民主党关于伯恩施坦问题的争议》，三联书店 1981 年版。

17. 何宝骥、李应柴：《国际共产主义运动历史长编》（第一卷），吉林人民出版社 1987 年版。

18. 王礼训等编：《国际共产主义运动史》，山东人民出版社 1983 年版。

19. 高放：《国际共产主义运动别史》，中国书籍出版社 2002 年版。

20. 周尚文主编：《国际共运史事件人物录》，上海人民出版社 1984 年版。

21. 朱庭光主编：《外国历史大事集》（近代部分·第二分册），重庆出版社 1985 年版。

22. 韩承文主编：《一八四八年欧洲革命史》，上海人民出版社 1983 年版。

23. ［法］普·利沙加勒著：《一八七一年公社史》，人民出版社 1962 年版。

24. 中国人民大学编：《国际共产主义运动史文献史料选编》第 1 卷，中国人民大学出版社 1983 年版。

25. 陈陆达、邹积贵主编：《马克思和恩格斯科学社会主义史》，山东人民出版社 1989 年版。

26. 何宝骥主编：《世界社会主义思想通鉴》，人民出版社 1996 年版。

27. ［奥地利］尤利乌斯·布劳恩塔尔：《国际史》，上海译文出版社 1985 年版。

28. ［苏］N. A. 巴赫等编：《第一国际》（第 1 卷），三联书店 1980 年版。

29. ［苏］C. A. 莫基列夫斯等：《第二国际的复活》，人民出版社 1982 年版。

30. 周海乐著：《第二国际史》，上海社会科学院出版社 1989 年版。

31. 张汉清著：《马克思恩格斯与第一国际》，东北师范大学出版社 1996 年版。

32. 林建华、魏中立等著：《世界工人运动中的国际性组织史纲》，中央编译出版社，1995 年版。

33. 孙伯鍨著：《探索者道路的探索——青年马克思恩格斯哲学思想研究》，南京大学出版社 2002 年版。

34. 余其铨著：《时代精神的精华——从马克思到邓小平》，中央文献出版社 2000 年版。

35. 赵曜等主编：《马克思列宁主义基本问题》，人民出版社 2002 年版。

36. 杨耕著：《为马克思辩护》，黑龙江人民出版社 2002 年版。

37. 尹树广著：《晚年马克思历史观的变革》，黑龙江人民出版社 2000 年版。

38. 孙承叔著：《打开东方社会秘密的钥匙》，东方出版中心 2000 年版。

39. 陈先达等著：《马克思恩格斯思想史》，上海人民出版社 1982 年版。

40. 葛锡有等著：《马克思主义诞生史》，吉林人民出版社 1982 年版。

41. 陈先达、靳辉明著：《马克思早期思想研究》，北京出版社 1983 年版。

42. 鲁越、孙麾、江丹林著：《马克思晚年的创造性探索——"人类学笔记"研究》，河南人民出版社 1992 年版。

43. 顾海良著：《马克思"不惑之年"的思考》，中国人民大学出版社 1993 年版。

44. 李恒瑞等编：《马克思主义哲学史新编》，中共中央党校出版社，1990 年版。

45. 叶汝贤著：《唯物史观发展史》，吉林人民出版社 1985 年版。

46. 孙伯鍨等著：《马克思主义哲学史》（第一卷），山西人民出版社 1982 年版。

47. 顾锦屏等主编：《解放思想史话——马克思主义发展史专题读本》，中央编译出版社 2002 年版。

48. 李殿斌主编：《马克思主义哲学原著选读》，高等教育出版社 2002 年版。

49. 赵明义主编：《科学社会主义》，山东人民出版社 1996 年版。

50. 徐耀新等主编：《科学社会主义新编教程》，南京大学出版社 1990 年版。

51. 徐鸿武、李会滨主编：《科学社会主义》，高等教育出版社 1991 年版。

52. 李爱华等主编：《科学社会主义新论》，西南交通大学出版社 1995 年版。

53. 曹长盛等主编：《世界社会主义共产主义运动》，东北师范大学出版社 1995 年版。

54. 中国社会科学院哲学研究所：《无产阶级专政学说史》（1842—1895），吉林人民出版社 1979 年版。

55. 蔡金发、周海乐、黄复真：《马克思主义发展史》，甘肃人民出版社 1991 年版。

56. 邬名扬：《〈资本论〉与当代》，华文出版社 2001 年版。

57. 胡连生、杨珍：《当代资本主义的新变化与社会主义的新课题》，人民出版社 2000 年版。

58. 张雷声：《资本主义的社会矛盾及其历史走向》，安徽人民出版社 2000 年版。

59. ［美］伊曼努尔·华勒斯坦：《历史资本主义》，社会科学文献出版社 1999 年版。

60. 肖枫：《两个主义一百年：社会主义资本主义》，当代世界出版社 2000 年版。

61. 复旦大学马克思主义研究中心著：《资本主义发展的历史进程研究》，上海人民出版社 2001 年版。

62. 杨伯华、明轩：《资本主义国家政治制度》，世界知识出版社 1984 年版。

63. 庄福龄：《简明马克思主义史》，人民出版社 1999 年版。

64. 黄大强、孙国华：《社会主义民主：跨世纪的沉思》，中国人民大学出版社 1993 年版。

65. 李光灿、吕世伦：《马克思恩格斯法律思想史》，法律出版社 1991 年版。

66. （苏）斯·尤·阿勃拉莫娃：《非洲——四百年的奴隶贸易》，商务印书馆1983年版。

67. 黄宗良、孔寒冰：《社会主义与资本主义：理论、历史和评价》，北京大学出版社2002年版。

68. 黄宗良、林勋健、叶自成：《世界社会主义的历史和理论》，中央编译出版社1995年版。

69. 《马克思主义来源研究论丛》第1—20辑，商务印书馆。

70. 周仲秋著：《马克思的社会主义观》，湖南师范大学出版社2002年版。

71. 周作翰著：《恩格斯的社会主义观》，湖南师范大学出版社2002年版。

72. 王凤海著：《社会主义和人：科学社会主义原理新探索》，黑龙江人民出版社2002年版。

73. 靳英辉、王宏波主编：《科学社会主义专题研究》，西安交通大学出版社2002年版。

74. 施九青著：《两个"必然"及其实现道路》，天津社会科学院出版社2001年版。

75. 郑晓林著：《科学社会主义原理探源》，贵州教育出版社2001年版。

76. 刘土尧著：《社会主义：在历史与未来之间》，红旗出版社2001年版。

77. 荣长海、董四代编著：《社会主义思想史》，天津社会科学院出版社2000年版。

78. 曾向农主编：《从马克思的东方社会理论到有中国特色的社会主义》，宁夏人民出版社2000年版。

79. 江流主编：《辉煌的五十年——一九九九年中国科学社会主义学会论文集》，中央文献出版社2000年版。

80. 林今柱等著：《社会主义大趋势——从新视角探索社会主义代替资本主义的规律性》，中央编译出版社1997年版。

81. 赵仲英著：《马克思早期思想探源》，云南人民出版社1994年版。

82. 荣长海著：《论科学社会主义学说的历史发展》，天津人民出版社

1992 年版。

83.《关于社会历史发展动力问题论文选辑》，求实出版社 1982 年版。

84. 王伟光、徐伟新编：《论社会主义社会的矛盾和发展动力》，求实出版社 1987 年版。

85. 徐伟新著：《社会主义社会发展动力论》，中国社会科学出版社 1991 年版。

86. 贾高建著：《当代社会形态问题导论》，中共中央党校出版社 1994 年版。

87. 刘学灵著：《东方社会政治形态史论》，上海远东出版社 1995 年版。

88. 张树栋、刘广明主编：《古代文明的起源与演进》，南京大学出版社 1991 年版。

89. 张凌云著：《马克思的社会形态理论与当代社会主义》，武汉出版社 1999 年版。

90. 赵家祥著：《马克思主义的社会形态理论简论》，北京大学出版社 1985 年版。

91. 钱乘旦主编：《现代文明的起源与演进》，南京大学出版社 1991 年版。

92. 贾高建著：《在历史的多样性面前：社会经济形态运动的确定性与不确定性及其科学选择》，求实出版社 1989 年版。

93. 鲁凡之著：《中国文化发展形态与"亚细亚生产方式"》，香港精英出版公司 1983 年版。

94. 刘佑成著：《社会发展三形态》，浙江人民出版社 1987 年版。

95. 姜琦、张月明主编：《国际共产主义运动中的党际关系史》，华东师范大学出版 1991 年版。

96. 张蔚萍、张列军著：《马克思主义党的学说概论》，甘肃人民出版社 1984 年版。

97. 卢先福、赵云献主编：《马克思主义党的学说史纲》，中共中央党校出版社 1999 年版。

98. 张式谷、肖贵毓：《马克思恩格斯共产主义社会理论的形成和发展》，江苏人民出版社 1983 年版。

99. 荣剑：《关于跨越资本主义"卡夫丁峡谷"问题》，载《哲学研究》1987 年第 11 期。

100. 张一兵：《试论马克思的历史分期理论中的两种逻辑视角》，载《求索》1994 年第 1 期。

101. 张雅琴：《"三形态说""五形态说"辨析》，载《史学理论研究》1994 年第 1 期。

102. 张凌云：《马克思的社会形态理论与"五形态论"》，载《社会科学战线》1993 年第 4 期。

103. 启良：《马克思历史分期理论的考察》，载《学习与探索》1992 年第 3 期。

104. 孟庆仁：《也谈马克思的历史分期理论——与启良同志商榷》，载《东岳论丛》1995 年第 3 期。

105. 张奎良：《马克思的东方社会理论》，载《中国社会科学》1989 年第 3 期。

106. 储小平：《马克思的历史尺度与东方社会理论》，载《中国社会科学》1989 年第 6 期。

107. 康夏：《对马克思关于东方社会发展道路理论的再思考》，载《哲学研究》1988 年第 9 期。

108. 赵常林：《对马克思"跨越论"的几点看法》，载《北京大学学报》1991 年第 3 期。

109. 刘忠世：《马克思对人类历史发展阶段的多种划分形式及其方法论意义》，载《河北学刊》1994 年第 4 期。

110. 叶显明：《世界历史时代与"跨越"问题》，载《哲学研究》1989 年第 9 期。

111. 江丹林：《关于东方社会发展道路的几个问题》，载《哲学研究》1990 年第 3 期。

112. 江丹林：《社会形态演进规律和东方社会发展道路》，载《哲学研究》1988 年第 9 期。

113. 刘忠世：《人类历史：马克思历史分期理论的研究单位》，载《天津社会科学》1995 年第 6 期。

114. 孟庆仁：《论人类社会历史发展的道路和动因》，载《哲学研究》1987 年第 5 期。

115. 刘广明：《自由和历史——马克思的"两大历史分期理论"概述》，载《南京大学学报》1993 年第 3 期。

116. 秦庆武：《马克思的社会形态理论的再探讨》，载《江苏社会科学》1991 年第 3 期。

117. 王伟光：《社会形态演变规律初探》，载《学术论坛》1994 年第 5 期。

118. 贾高建：《关于社会形态理论发展的五个关节点》，载《求索》1991 年第 5 期。

后 记

马克思主义理论博大精深，国际共产主义运动波澜壮阔。研究马克思主义的原理，考察国际共产主义运动的基本经验，可以从中领悟真理，吸取智慧，提高认识能力，增强精神动力。时代在变化，社会在前进，马克思主义的理论也会随之而不断发展，国际共产主义运动也会因此而呈现出新的特点。但是，马克思主义的精髓永存，国际共产主义运动的进程长往。那些轻言马克思主义过时了、国际共产主义运动消亡了的观点，是没有真正理解马克思主义的真谛，没有把握国际共产主义运动的规律的表现。以上就是我们经过研究，撰著本书的深切体会。

本卷撰稿人（以章节先后为序）：宋士昌：总绪；李爱华：导论，第七章，第八章，第十二章；高继文：第一章，第十一章；赛晓序：第二章；杨素群：第三章；王传剑：第四章；段玉恩：第五章；李晓燕：第六章；王慧媞：第九章，第十章；王佩珍：第十三章；李菡：第十四章；潘广辉：第十五章；杨福禄：第十六章。

本卷由宋士昌总体设计、拟定编写提纲，李爱华主持撰写和书稿初审，王晓明、李荣海、李述森、林辉基、徐东礼、韩民青协助宋士昌定稿。

人民出版社的张维训、孙祥秀、吕一方、吴承琬、崔继新参加了本卷发排前的通读工作。